Wissenschaft und Wiedervereinigung

Studien und Materialien der Interdisziplinären Arbeitsgruppe
Wissenschaften und Wiedervereinigung
der Berlin-Brandenburgischen Akademie der Wissenschaften

Wissenschaft und Wiedervereinigung

Asien- und Afrikawissenschaften im Umbruch

Herausgegeben von
Wolf-Hagen Krauth und Ralf Wolz

Akademie Verlag

Titelabbildung:
A. R. Penck, Der Übergang (1963), Öl auf Leinwand, 94 × 120 cm
(Ludwig Forum für internationale Kunst, Stadt Aachen)

Die Deutsche Bibliothek – CIP-Einheitsaufnahme

Wissenschaft und Wiedervereinigung : Asien- und Afrikawissenschaften im Umbruch / hrsg. von Wolf-Hagen Krauth und Ralf Wolz. – Berlin : Akad. Verl., 1998
(Studien und Materialien der Interdisziplinären Arbeitsgruppe Wissenschaften und Wiedervereinigung der Berlin-Brandenburgischen Akademie der Wissenschaften)
ISBN 3-05-003271-5

Der Akademie Verlag ist ein Unternehmen der R. Oldenbourg-Gruppe.

Das eingesetzte Papier ist alterungsbeständig nach DIN/ISO 9706.

Druck und Bindung: GAM Media GmbH, Berlin

Printed in the Federal Republic of Germany

Inhalt

Dokumentation

Wolf-Hagen Krauth & Ralf Wolz

Disziplinen im Umbruch: Einleitende Bemerkungen

I

Der rasch vollzogene institutionelle und organisatorische Umbau der ostdeutschen Wissenschaftslandschaft nach dem Muster der Bundesrepublik wurde von Beginn an kontrovers diskutiert. Nicht allein gingen die Meinungen über die Erneuerungserfordernisse des bundesrepublikanischen Wissenschaftssystems sehr stark auseinander; ebenso unterschiedlich waren die Auffassungen über Art und Ausmaß der Bewährung realsozialistischer DDR-Einrichtungen. Die wissenschaftspolitischen Entscheidungen über die Abwicklung der Akademien der DDR, die Neugründung von außeruniversitären Forschungseinrichtungen und Hochschulen oder die programmatische und personelle Profilierung der neuen Lehr- und Forschungseinrichtungen wurden vielstimmig kommentiert. Die Spannbreite reichte vom Einsatz einer breitgefächerten Kolonialisierungs- und Kampfsemantik über ambivalente Urteile unter dem Motto „viel erreicht aber wenig gewonnen" bis hin zu den Pressemitteilungen der Bundes- und Landesministerien, in denen die Umsetzung der Wissenschaftsratsempfehlungen gefeiert wurde. Kritik und Zustimmung lassen sich freilich keineswegs fein säuberlich nach Ost und West trennen, wie dies ein prosperierender Mentalitäts-Feuilletonismus so gern nahelegt.

Singularität und Bedeutung des Vorganges waren der Grund für die Bildung einer interdisziplinären Arbeitsgruppe in der Berlin-Brandenburgischen Akademie der Wissenschaften, die selbst ihre Enstehung dem Ereignis Wiedervereinigung verdankt. Aus der Forschung eigenen Distanz sollte nach dem Schicksal wissenschaftlichen Wissens unter der Bedingung des abrupten politischen Wandels in Deutschland gefragt und den bereits vorhandenen Forschungen zum organisatorischen Umbau Analysen der kognitiven Dimension der Wissenschaften zur Seite gestellt werden.

In der turbulenten Übergangsphase der Jahre 1990 bis 1992 hatten die Probleme des Personalabbaues und -transfers im Vordergrund des Interesses von Politik, Öffentlichkeit, Betroffenen und wissenschaftlicher Begleitforschung gestanden. Unvermeidlich führte die Logik des Vordringlichen zu einer Fixierung auf organisatorische Gesichtspunkte, Beschäftigtenzahlen und Geldströme. Mit größerem wissenschaftlichem Abstand zum Geschehen wurden dann auch Analysen der den Um- und Aufbau der Forschungslandschaft gestaltenden Entscheidungsprozesse angefertigt.

Unbeachtet geblieben waren die Veränderungen im Kern der wissenschaftlichen Alltagsarbeit, dem disziplinären Wissen selbst. Fragen nach dem paradigmatischen Zuschnitt einzelner Disziplinen, ihrer theoretisch-methodischen Orientierung, dem Themenprofil, der interdisziplinären Kontaktfähigkeit, den Typen und Formen der Vermittlung von Wissen in die außerwissenschaftliche Umwelt von Politik, Wirtschaft, Erziehung oder der massenmedialen Öffentlichkeit wurden von der Arbeitsgruppe deshalb ins Zentrum der Betrachtung gerückt. Beabsichtigt war, mit diesen Analysen den Grund für zukunftsgerichtete Handlungsempfehlungen zu legen.

Die Arbeitsgruppe *Wissenschaften und Wiedervereinigung* hat ihre Forschungen 1994 aufgenommen und nach dreijähriger Tätigkeit 1997 beendet. Ihre personelle Zusammensetzung war hochgradig multidisziplinär; Mitglieder aller fünf Klassen der Akademie aus neun Disziplinen waren vertreten; wissenschaftliche Mitarbeiter haben in unterschiedlicher Zahl und Dauer mitgewirkt. Insgesamt eine nach Alter und regionaler Herkunft durchmischte Gruppe. Untersucht wurden neben den Asien- und Afrikawissenschaften die Jurisprudenz, Soziologie sowie die Wirtschafts- und Sozialgeschichte; naturwissenschaftlich-technische Forschungsfelder waren Biomedizin, Mathematik und Verfahrenstechnik. Die Ergebnisse des gemeinsamen Forschungs- und Reflexionsprozesses liegen herausgegeben von Jürgen Kocka und Renate Mayntz unter dem Titel *Wissenschaft und Wiedervereinigung. Disziplinen im Umbruch* (Berlin: Akademie Verlag 1998) als Buchveröffentlichung vor.

II

Die Asien- und Afrikawissenschaften wurden von der Arbeitsgruppe als Untersuchungsgegenstand im Hinblick auf die nach ersten Eindrücken gebildete Erwartung ausgewählt, daß in diesem Segment der "Gesellschaftswissenschaften" in der DDR ungewöhnliche Verknüpfungen von historischen Teildisziplinen oder Verknüpfungen mit Teilen anderer Wissenschaften zuwege gebracht worden sind. Im Vergleich zur Bundesrepublik schien eine enge Zusammenarbeit von Geschichtswissenschaft, Literatur- und Sprachwissenschaften, Sozialwissenschaften und Geographie praktiziert und eine besondere Verbindung von Grundlagenforschung und Anwendungsbezug hergestellt worden zu sein.

Um die Wirkungen der mit Vorwissen und Alltagsplausibilitäten verbundenen Erkenntnishindernisse möglichst gering zu halten, hat sich die Arbeitsgruppe entschieden, dichte Beschreibungen der kognitiven Dimensionen anzufertigen. Geschlossenheit und Vergleichbarkeit der Disziplinbeobachtungen wurden durch Orientierung an einem gemeinsamen Frageraster sichergestellt. Auf der Grundlage quantitativer Angaben zum Umfang der jeweiligen Disziplin in Forschung und Lehre sowie der regionalen und institutionellen Verteilung des Personals wurde das jeweilige kognitive Profil über die Erfassung von Daten zu Kontinuitäten und Umbrüchen in den Forschungs- und Lehrinhalten, der Steuerung der wissenschaftlichen Themenwahl sowie die Beziehungen zur außerwissenschaftlichen Umwelt erhoben. Vorwiegend mit Hilfe von Dokumentenanalysen und Interviews, in geeigneten Fällen auch über die Durchführung von Kolloquien mit Experten, wurde für die Zeit vor der Wende in der DDR und die Gegenwart in den neuen Bundesländern nach folgenden Aspekten gefragt: der Differenzierung des Faches; der Gewichtung und Rangordnung zwischen den Subdisziplinen; dem Verhältnis und der Gewichtung von Grundlagen- und Anwendungsforschung; der Beziehung zur marxistisch-leninistischen Philosophie; den Themenschwerpunkten, gewollten und ungewollten Themenvermeidungen; der interdisziplinären Kontaktfähigkeit und Kooperation und der Integration in transnationale westliche und östliche Fachgemeinschaften; dem Selbstverständnis der Disziplin von ihrer eigenen Rolle im Sozialismus, Ausmaß und den Formen der Steuerung und den Möglichkeiten, sich ihnen zu entziehen; schließlich nach der Funktion der Disziplin und ihrer Arbeitsergebnisse für die Politik, die Anwender und die Öffentlichkeit.

Das Ensemble der Asien- und Afrikawissenschaften umfaßt eine Vielzahl von Disziplinen. Es konnte weder von einem einzelnen Bearbeiter überblickt, noch flächendeckend analysiert werden. Versucht wurden deshalb exemplarische Erhebungen zu vier Regionen: dem Vorderen Orient, dem südlichen Afrika, Ostasien sowie Südasien. Komplementär zu diesen vier Regionalberichten wurden eine Untersuchung der Altorientalistik sowie eine Studie zum Konzept der Regionalwissenschaften in der DDR angefertigt.

Die Bearbeitung eines vorgegebenen, identischen Fragenkomplexes durch eine Mehrzahl von Forscherinnen und Forscher hatte den erwarteten Effekt: es entwickelte sich eine Kompaktvorstellungen auflösende, Unterscheidungsfähigkeit fördernde Kommunikation über Perspektiven, Sachverhalte und Urteile. Einheitlichkeit wurde dennoch nicht erzielt. Forschungen, die ein Gebiet allererst erkunden, sollte man dies auch nicht abverlangen. Zu schnell könnten sonst Erkenntnischancen durch das Herrschen einer Meinung verschüttet werden.

III

Anders als die naturwissenschaftlichen Fächer bildeten die Gesellschaftswissenschaften der DDR und die Sozialwissenschaften des Westens in weiten Bereichen keine Kommunikationsgemeinschaft. Zwar hielt man einander auf internationalen Konferenzen Vorträge und 'hüben' wie 'drüben' wurden Rezensionen verfertigt, aber wissenschaftliche Kommunikation im Sinne eines Anschlusses der Informationen aneinander zum Zwecke weiterer Forschung fand nur in Ausnahmefällen statt. Die geläufigen Fachsprachen und die mit ihnen bezeichneten Sachen unterschieden sich grundlegend. So war das Geschriebene der anderen Seite oft weder verständlich noch bedeutsam. Die gelieferte Information beschränkte sich darauf, daß der je andere seinen falschen Überzeugungen noch immer anhing; sie betraf ideologiekritische Zusammenhänge nicht disziplinäre.

Diese historische Ausgangslage macht das Unternehmen einer wissenschaftlichen Beobachtung kognitiver Charakteristika nicht leicht. Anders als in normalwissenschaftlichen Zeiten sehen sich Tatsachenfeststellungen sofort mit der Frage konfrontiert: wer sagt das?

Viele Kommentare zu den wiedervereinigungsbedingten Veränderungen insbesondere der Sozial- und Geisteswissenschaften tun sich offenkundig schwer mit der für Erkenntnis nötigen Distanz. Nicht wenige fangen ohnehin gleich bei der Moral an und wenden die Frage nach den Kriterien für gelingende Forschung in die nach den Charaktereigenschaften der zur Forschung zuzulassenden Forscher. Von der Ethikkommission sind freilich wissenschaftshistorische oder soziologische Erkenntnisse nicht zu erhoffen, allenfalls Urteile über Personen und Platitüden über politisch korrektes wissenschaftliches Arbeiten.

Zum Kern des Erkenntnisproblems, das sich einer Untersuchung wie der vorliegenden stellt, führen eher die Auseinandersetzungen darüber, ob die Asien- und Afrikawissenschaften der DDR mit Aussicht auf Bergung wissenschaftlicher Wahrheiten nur erforschen kann, wer an ihnen teilgenommen hat, Insider ist. Besonders von Ost-Wissenschaftlern ist diese Auffassung häufig und mit Nachdruck vertreten worden. Zwei Erfahrungen sprechen dagegen: die an sozialanthropologische Feldforschung anschließende Reflexion der Beobachterselektivitäten einerseits und das an Häuserwänden kodifizierte Alltagswissen andererseits. Es hält fest: Jeder ist fast überall fremd, was soviel heißt wie: kaum irgendwo Insider.

Die Sozialanthropologie, abhängig von den Erzählungen ihrer Informanten, hat die Hochschätzung dieser Informationsquellen zunehmend mit der Einsicht verbunden, das Verstehen fremder Lebenswelten werde erst durch die Interpretation der Stille, des Ungesagten eröffnet. Für die hinter einzelnen Gesprächsbeiträgen oder Veröffentlichungsformulierungen steckende Einheit und Selektivität sind allerdings Fremde, nicht mit den gängigen alltagsweltlichen Plausibilitäten und Routinen ausgestattete Kommunikationsteilnehmer oder Beobachter besonders sensibel. Sie erstaunen ohne die schwierige verfremdende Anstrengung der Reflexion. Mit einer begrifflichen Anleihe bei der kybernetischen Erkenntnistheorie könnte man sagen: sie vermögen den blinden Fleck zu sehen, der den von ihnen beobachteten Zeitgenossen die Beschreibung ihrer Welt überhaupt erst ermöglicht. - Freilich, weil auch die Unterscheidungen, mit denen sich die Fremden verständlich machen, was die anderen eigentlich tun, auf ihre nicht mehr weiter begründeten Plausibilitätsgrundlagen hin untersucht werden können und müssen, besitzen sie keine ein für alle mal privilegierte, die Wahrheit der Tatsachen zutage fördernde Sicht der Dinge. Eine Welt, die durch Mobilität fördernde Strukturen dafür sorgt, daß jeder nahezu dauernd in sozialen Zusammenhängen handelt, in denen er kein Insider ist, entfaltet deshalb ein hohes Potential an Reflexivität. Sie gerät in eine oft schwierige, manchmal enervierende Dauerkommunikation darüber, was der Fall ist und versucht, sich dies im Begriff Postmoderne verständlich zu machen.

Dies gilt selbstverständlich in aller Schärfe für ein Vorhaben, das sich derzeit, mit welcher konkreten Forschungsabsicht auch immer, mit den Tatsachen des real existiert habenden Sozialismus befaßt.

Im Forschungsvorhaben Asien- und Afrikawissenschaften macht sich die jeder wissenschaftlichen Beobachtung zugrundeliegende Problematik der Selektivität in besonderer, vielfältig gebrochener Weise bemerkbar. Im Verlauf der Feldforschung stößt das wissenschaftliche Interesse an den kognitiven Merkmalen einzelner Disziplinfelder auf das implizite, nicht verschriftlichte Wissen, das die Plausibilitätsgrundlagen der Wissenschaftler und der wissenschaftlichen Institutionen bildet. Die Konfrontation der Akteure mit den Wissensmerkmalen, die von ihnen selbst unbemerkt der Wahl ihrer Themen, der Beschreibung ihrer Probleme oder den Qualitätsurteilen zugrundegelegt wurden, führt in Interviews oder bei Tagungsdiskussionen nicht selten zu Störungen des Kommunikationsflusses durch die Mitteilung von Unverständnis oder scharfer Ablehnung. Im Falle der Untersuchung von Umbrüchen im Gefolge des politischen Umbruches in der DDR wird die Forschungssituation darüber hinaus durch Voraannahmen und Unterstellungen mitbeeinflußt, die herrühren aus dem Vorrat gängiger Ost-West-Gegenüberstellungen, der Beobachtung von Statusunterschieden und Handlungschancen der vom Umbruch betroffenen DDR-Wissenschaftler oder auch unterschiedlichen korporativen Interessen und Handlungsstrategien etwa von DDR-Universitäten bzw. der Akademie der Wissenschaften.

Wer das zukunftsfrohe Vertrauen der marxistisch-leninistischen Gesellschaftswissenschaften in die Wahrheitsgarantie des Zusammenhanges von Parteilichkeit und Selektivität der Erkenntnis nicht teilt und wer auch die Perspektive des Insiders nicht für einen privilegierten Zugang zu wissenschaftlicher Erkenntnis hält, muß die Lösungen im Einsatz von Verfahren zur möglichst weitgehenden Kontrolle der beobachterbedingten Effekte suchen. Das Teilprojekt hat versucht, diese Kontrolle auf zwei Wegen zu erreichen. Es wurde zum einen ein kontinuierlicher, die Durchführung der Erhebungen begleitender Kommunikationsprozeß eingerichtet. An ihm wirkten in der Rolle von Beobachtern der Beobachter Fachwissenschaftler aus universitären und außeruniversitären Institutionen der alten und neuen Bundesländern mit. Im Rahmen zweier Tagungen wurden darüber hinaus Ergebnisse unterschiedlicher Stadien der Forschung der Kritik und Diskussion der Fachöffentlichkeit wie der Informanten ausgesetzt. Ohne deren kritisches Interesse und dauerhafte Hilfsbereitschaft ist das erzielte Ergebnis nicht denkbar. Hierfür soll an dieser Stelle noch einmal allen Beteiligten ausdrücklich gedankt werden. Zum anderen wurden zur Erhebung des empirischen Materials unterschiedliche Methoden eingesetzt. Die spezifischen Verzerrungen, die den Quellensorten Befragung (offene bzw. halbstandardisierte Interviews), wissenschaftliche Publikationen sowie administrative Dokumente aus Archiven der Hochschulen, außeruniversitären Forschungseinrichtungen und Ministerien eignen, wurden durch eine vergleichende Bewertung der jeweiligen Befunde zu kontrollieren versucht.

Den Texten ist freilich deutlich anzumerken, daß die allgemeinste perspektivische Verzerrung nicht ausgeräumt wurde: die Westbeoachter der asien- und afrikawissenschaftlichen Disziplinstrukturen in der DDR sehen die große Übereinstimmung im Feld und viele Unterschiede zur eigenen Wissensordnung, während die Ostbeobachter besonders die Differenzen untereinander beobachten und Gemeinsamkeiten mit dem Außenbeobachter erkennen. Bei der Beurteilung der Arbeiten sowie weiterer Forschung wird es darum gehen, den Blick dafür zu schärfen, welche Fragen welches Auflösevermögen erfordern. Daß hierüber zur Zeit noch kein Konsens erzielbar ist, mag mancher bedauern. Wichtiger als schnelle Übereinstimmung ist jedoch die Bereitschaft zu dem, was in der DDR konstitutionell den Geistes- und Sozialwissenschaften gefehlt hat: ein echter "wissenschaftlicher Meinungsstreit". Denn wer die diskursive Auseinandersetzung sucht, suspendiert die Anwendung 'lokaler', eigener Maßstäbe und läßt sich auf die universalistische Wahrheitsauffassung ein, die fordert, daß jeder Teilnehmer Argumente und Tatsachen vorbringen muß, d.h. alle Zurechnungen auf einen Erkenntnisgegenstand vorgenommen werden, der mit den jeweils avanciertesten theoretischen und methodischen Instrumenten beobachtet, beschrieben und analysiert wird. Wissenschaft ist so zwar ein eminent soziales Unternehmen, das keine Möglichkeit hat festzustellen, wie die Dinge "draußen" stehen. Gleichwohl ist sichergestellt, daß im wissenschaftlichen Alltag keineswegs alles geht, sondern nur, was unter den genannten Bedingungen sich als Erkenntnis bewährt und daß das Immunsystem der Wissenschaft Zumutungen von Wirtschaft, Politik, Öffentlichkeit im Gleichschritt sich zu verändern, abwehren kann und nicht gilt: *cuius regio eius scientia*.

IV

Wenngleich manche in einer Evaluation der Evaluation das wichtigste Ziel einer wissenschaftlichen Untersuchung der jüngsten Vergangenheit sehen, hat die Arbeitsgruppe sie nie beabsichtigt. Nachträglich das wirklich Gute und die übersehenen Guten benennen zu wollen, wäre anmaßend gegenüber der Vielzahl von Fachexperten, die am Prozeß beteiligt gewesen sind. Es wäre aber auch zynisch gegenüber den Wissenschaftlern, die im Gefolge von Abwicklung und Neubildung der Einrichtungen Wissenschaft als Beruf nicht mehr ausüben können. Die im Zusammenhang der Wiedervereinigung vollzogene Umgestaltung der Wissenschaftslandschaft in den neuen Bundesländern ist abgeschlossen. Dies vermag wissenschaftliche Beobachtung sowenig rückgängig zu machen wie sie sich als Ort für die erforderliche gesellschaftliche Trauerarbeit eignet.

Überhaupt ist die dem Begutachtungsgedanken zugrundeliegende Perspektive, dem anderen einen Spiegel vorzuhalten - mit Blick auf die Weltgesellschaft ist von 'Belehrungskulturen' gesprochen worden -, damit er sich und vor allem seine Fehler erkenne, verfehlt. Derartig forcierte Exerzitien in Identitätserziehung, die das 'Ossi' und das 'Wessi' im Akt des Suchens und Benennens hervorzubringen und zu stabilisieren trachten, eignen sich nur für kultur-innen-politische Zwecke sowie die profitable Unterhaltung privater Mentalitäts-Konstruktionsbüros. Für die Gestaltung einer nachhaltigen Zukunft wissenschaftlicher Unternehmungen tragen sie nichts ein, weil ihre kleinräumige Sandkastensicht den weltgesellschaftlichen Verhältnissen und Strukturen des Wissenschaftssystems hoffnungslos unangemessen ist; weil sie Zensuren verteilen, statt Erfahrungen machen wollen.

Was aber kann man zu lernen hoffen, wenn man statt auf die Wissenschaftsorganisation der Niederlande, Frankreichs oder Australiens die versunkene Welt der realsozialistischen Wissenschaft der DDR beobachtet?

Die in Westeuropa und den USA seit den 60er Jahren eingerichteten Lehr- und Forschungszentren für area studies werden gemeinhin in einen Zusammenhang mit der sich in der Nachkriegszeit als Ost-West-Konflikt entfaltenden Weltgesellschaft gestellt. Aufgrund dieser deutlichen politischen Kontextuierung gelten sie als wissenschaftlich wenig integriert und ihre Forschungsgegenstände als stark von politischen Konjunkturen beeinflußt.

Mit der Implosion des sozialistischen Lagers ist der Ost-West-Konflikt nicht mehr länger Zentrum der weltgesellschaftlichen Integration und die daraus entstandenen Impulse für die Regionalwissenschaften verblassen zunehmend. Die öffentlichen Debatten erkennen heute die treibenden und die Asien- und Afrikawissenschaften betreffenden Kräfte auch eher in der Globalisierung der Wirtschaft und den Beziehungen eines Landes zu den derzeit prosperierenden Märkten Ost-, Südost- und Südasiens.

Es ist deshalb zu vermuten, daß für die Zukunft der Regionalwissenschaften in Europa und den USA weiter gilt: Programmatik und Themen der Forschung werden durch eine Mischung aus disziplinären Moden, Erwartungen und Leitbildern staatlicher Organisationen sowie den Problemen des Datenzuganges bestimmt.

Sowohl die Bundesrepublik als auch die DDR scheinen von diesem westeuropäisch-atlantischen Muster in manchen Hinsichten abgewichen zu sein. Während die Regionalwissenschaften in der DDR als Gesellschaftswissenschaften im Sozialismus ihr disziplinäres Profil über die ideologisch bestimmten wahren und gesellschaftlich nützlichen Zwecksetzungen gewannen, einheitlich, geplant und konzentriert ans Forschungswerk gingen und Kenntnisse hervorbrachten, hat sich in der Bundesrepublik eine lange für wissenschafts- und forschungspolitisch rational gehaltene Arbeitsteilung zwischen Hochschulen und außeruniversitären Einrichtungen etabliert. Wie freilich seit geraumer Zeit spürbar hat dies Arrangement den Hochschulen neben den Freiheiten auch die Einschränkungen des „Orchideen"status zuteil werden lassen und sie den modischen Trends und der philologischen oder kulturhistorischen Detailforschung ausgeliefert, während die außeruniversitären Organisationen zwar die politische und gesellschaftliche Legitimation besaßen, jedoch nicht in gleichem Maße auch wissenschaftliches Ansehen.

In beiden Ländern sind in der zweiten Hälfte der 80er Jahre die jeweiligen Defizite durchaus gesehen worden. Man wird aber nicht fehlgehen, wenn man konstatiert, daß beide nicht in der Lage gewesen sind, die gegebenen Strukturen

grundsätzlich zu ändern. Dafür waren der Sozialismus und die Rationalität der Neugründung zu fest etabliert.
Wir wissen, wie die Geschichte weitergegangen ist: der DDR-Sozialismus ist abgewickelt worden und die in der staatlichen Vergrößerung eingetretene bundesrepublikanische Finanznot hat der bequemen Möglichkeit des Wandels ohne Veränderung bestehender Organisationen ein jähes Ende bereitet. Kein Wunder also, wenn allenthalben Bilanz gemacht und nach Konzepten für die Zukunft gesucht wird.
In diesem Zusammenhang ist eine vorurteilslose, an Lernchancen orientierte Musterung von Erfahrungen mit der Organisation wissenschaftlichen Lehrens und Forschens in sozialistischen Ländern eine sinnvolle Verbreiterung der Informationsbasis zur Stärkung des Unterscheidungsvermögens. Die in Planung, Konzentration von Lehr- und Forschungsressourcen, wissenschaftlicher Arbeitsteilung und starker Anwendungsorientierung steckenden Effizienzversprechen sollten nicht leichthin mit der Bemerkung abgetan werden, mit dem Staat DDR seien auch alle seine programmatischen, organisatorischen und institutionellen Vorkehrungen abgewählt worden.

Die Arbeitsgruppe der BBAW hat es für nötig erachtet, an die Stelle der zahllosen schnellen zustimmenden oder ablehnenden Kommentare Forschung zu setzen. Dies verlangte, die Beobachtungen und Urteile der Beteiligten beider Seiten distanziert im Lichte der verfügbaren Quellen zu prüfen; die Affizierung von Instrumenten durch ihre Anwendung im Sozialismus nicht für ihre schlechthinige Verdammung zu halten; andererseits aber auch nicht das Lob von Organisationsformen und Koordinierungsmechanismen zu singen, ohne sich ihre Wirkung auf die wissenschaftlichen Inhalte genau angesehen zu haben, mithin eine Analyse des kognitiven Profils sowie der Strukturen und Prozesse seiner Entwicklung in den Asien- und Afrikawissenschaften durchzuführen.
Die Ergebnisse der Arbeitsgruppe können hier nicht ausgebreitet werden. Einige Hinweise müssen an dieser Stelle genügen. Man kann an der DDR-Wissenschaft lernen, welche Wirkungen die forcierte Forderung und organisatorische Implementierung von Konsens hat. Man lernt beispielhaft die diabolische Seite dieses Wertes kennen, was angesichts der Forderungen nach „Schulterschlüssen" oder der Etablierung einer einheitlichen Stimme der Wissenschaft nicht ohne Interesse ist. Beobachten kann man ebenfalls die Kehrseite einer Effizienzerhöhung durch Redundanzverzicht. Schließlich macht die Analyse der Wissenschaft im Sozialismus die Chancen, Risiken und Gefahren einer durchgängigen Zweckorientierung der Wissenschaft deutlich. Die in diesem Band beschriebenen disziplinären Entwicklungen in der DDR liefern reiches Anschauungsmaterial. In Situationen

schnellen gesellschaftlichen Wandels sind die Folgen solcher Verzweckung durchaus paradox: unter dem Diktat der strikten Umweltkopplung entstehen dauernd neue Disziplinen und Disziplinfelder, die bestehenden geraten unter den Druck einer Dauerreformierung in deren Verlauf ein Beobachter zu jedem gegebenen Zeitpunkt eine mangelnde Anpassung an die Umwelt konstatieren wird. Lehre und Forschung erscheinen im Modus der Dauerkrise. Zweckorientierung, so die Vermutung, ist eine rigide Form der Kopplung von gesellschaftlichen Teilsystemen, die für komplexe, auf eine offene Zukunft hin orientierte Gesellschaften zuwenig Alternativen bereithält.

V

Den Abschluss unserer einleitenden Bemerkungen sollen einige kurze Hinweise auf Gegenstand und Befunde der folgenden Texte bilden.

Drei der in diesem Band versammelten Einzelstudien werden von verschriftlichen Kommentaren begleitet, die während der Konferenz "Die Asien- und Afrikawissenschaften im Umbruch" (Oktober 1995) gehalten wurden. Ein Referatbeitrag - ebenfalls auf dieser Konferenz gehalten - vertieft die Beschäftigung mit einigen Inhalten der Studie zu den Südasienwissenschaften.

Günter Barthel, *Hartmut Schilling* und *Thea Büttner*, die dankenswerterweise Ihre Vortragsmanuskripte zur Verfügung gestellt haben, waren in wichtigen Positionen an der Gestaltung der nahost- und afrikawissenschaftlichen Forschung und Lehre in der DDR beteiligt. Ihre Kommentare setzen sich kritisch mit einigen der Thesen auseinander, die in den zugehörigen Beiträgen entwickelt werden und machen deutlich, wie unterschiedlich Fragen nach Handlungsspielräumen, nach der Binnenentwicklung einzelner Teildisziplinen und nach der Ausrichtung der Fächer beantwortet werden können. So kommt Thea Büttner aus Leipziger Sicht zu einer differenzierten Beurteilung der afrikawissenschaftlichen Produktion, die einigen der pointierten Aussagen Ulrich van der Heydens widersprechen. Günter Bartel macht deutlich, in welchem Umfeld die Gestaltungsmöglichkeiten der nahostwissenschaftliche Forschung der DDR gesehen werden müssen, und kommt dabei zu einem offeneren Befund als Kai Hafez. Einig sind sich beide in der positiven Bewertung der starken Gegenwartsorientierung der Nahostwissenschaften in Forschung wie Lehre. Hartmut Schilling legt Wert auf die Feststellung, daß entwicklungspolitische Motivationen von der Gründungsphase an bis zum Ende den Ausgangspunkt und den Kern der gegenwartsorientierten Regionalwissenschaften der DDR gebildet haben. Das Urteil Waltraud Schelkles über geringen Regionalbezug der Ausbildung in der DDR teilt er nicht.

Alle drei Kommentare lassen sich als vehementes Plädoyer für stark gegenwartsorientierte, interdisziplinär verankerte und auf einer fundierten Sprach- und Methodenausbildung beruhende Regionalwissenschaften lesen. Das bei allen dreien vorhandene Bedauern über den nach 1990 eingetretenen "Abbruch" der in diese Richtung zielenden Traditionslinien, speist das eher skeptische Urteil über die gegenwärtigen Entwicklungen der Fächer in Ostdeutschland.

Mit *Dietmar Rothermund*, der in seinem Referatbeitrag die in der DDR geleistete Forschungsarbeit zur indischen Arbeiterklasse (insbesondere von H. Krüger) analysiert, kommt ein westdeutscher Kenner der DDR-Südasienwissenschaften zu Wort. Trotz aller ideologischer Zugeständnisse hätten sich diese gerade auf dem Gebiet der sozialhistorischen Bearbeitung der Arbeitergeschichte nicht geringe Verdienste erworben und seien international durchaus anschlußfähig gewesen, was die Entwicklung nach 1990 bestätige. Rothermund zeigt sich trotzdem skeptisch, was die dauerhafte Fortsetzung der Forschungen anbelangt.

Ulrich van der Heyden kommt für die Afrikageschichtsschreibung zu einem ähnlichen Urteil, will sie jedoch von der von ihm sogenannten "Auftragspublizistik", die in den DDR-Regionalwissenschaften vielfach an der Tagesordnung gewesen sei, unterschieden wissen. Einen möglichen Ausweg sieht er im Engagement vieler Forscher an der populärwissenschaftlichen Beschäftigung mit Afrika. Das Jahr 1990 bedeutete einen tiefen Einschnitt. Die geringe Kooperation und die latente Konkurrenz zwischen den Lehr- und Forschungsstandorten Leipzig und Berlin zeitigte nach 1990 negative Folgen. An beiden Standorten wurde zwar die entsprechende Infrastruktur für eine afrikawissenschaftliche Ausbildung unter den neuen Gegebenheiten eingerichtet (zumeist mit westlichem Personal). Dennoch wertet van der Heyden die Entwicklungen insgesamt als disziplinaere Einschränkung. Nicht nur Stellen, sondern ganze Gebiete wie etwa die Afrikaphilosophie oder Afrikasoziologie seien weggefallen. Hinzu kommt, daß sich die Gewichte in den Regionalwissenschaften insgesamt in Richtung Islamwissenschaft verlagert hätten, wofür van der Heyden Entwicklungen am Forschungsschwerpunkt (jetzt Zentrum) Moderner Orient in Berlin als Beleg dienen.

Kerrin von Schwerin beschäftigt sich mit den Südasienwissenschaften der DDR und zeichnet u.a. anhand einer exemplarischen Analyse der Verwendung des Begriffs "Klasse" nach, welche Inhalte möglich waren und inwieweit die DDR-Südasienwissenschaft sich an den internationalen Diskussionen orientierte. Sie stellt eine zunehmende Öffnung in den 80er Jahren fest, die sie insbesondere am Bedeutungswandel des Begriffs "Tradition" nachvollzieht. Der Umbruch nach 1990 hatte einschneidende Folgen für die Disziplin, schwächte wie auch bei den anderen behandelten Regionalwissenschaften den Gegenwartsbezug zugunsten einer Stärkung philologischer Ansätze und erschwerte die Zusammenarbeit über Disziplingrenzen hinweg.

Thomas Kampen stellt mit den Chinawissenschaften die Disziplin vor, die wohl am direktesten von politischen Einflüssen abhängig war. Das jeweilige Verhältnis der DDR/Sowjetunion zur Volksrepublik China definierte neben den möglichen Handlungsspielräumen in Forschung und Lehre insbesondere Tenor und Richtung der Beschäftigung mit China. So entstanden Forschungsarbeiten zum aller größten Teil als Auftragsforschungen, initiiert vom MfAA oder in Moskau; ein großer Teil der Arbeiten blieb unter Verschluß. Das Hauptaugenmerk der Beschäftigung mit China, Korea und Japan lag auf gegenwartsorientierten, oftmals ökonomischen Themen (bes. in der Japanforschung). Die Entwicklungen nach 1990 weisen in eine deutlich andere Richtung. Die klassische Sinologie gewann - sieht man auf die Stellenausschreibungen - erheblich an Einfluß.

Einen zur Chinawissenschaft beinahe gegenläufiges Beispiel liefert die Untersuchung von *Hans Neumann*. Er macht in seiner ausführlichen Bestandsaufnahme der Altorientalistik in der DDR deutlich, daß die Gegenwartsferne des Gegenstandes mit einer vergleichsweise geringen politischen Einflußnahme korrelierte. Die Altorientalistik konnte sich mittels gemeinsamer Editions-, Ausgrabungs- und Zeitschriftenprojekte dauerhafte Bande zur internationalen Wissenschaft erhalten. Ideologisch vorgegebene Begriffe und Konzepte blieben nicht unumstritten, sondern wurden Gegenstand wissenschaftlicher Auseinandersetzung. Neumann sieht insbesondere in der interdisziplinären Kooperation außeruniversitärer Forschung mit Editionsvorhaben oder Museen eine Stärke der Altorientalistik der DDR, die nach 1990 keine Fortführung mehr findet.

Kai Hafez und *Gerhard Höpp* beschreiben in ihrer Studie die Entwicklungen in der gegenwartsorientierten Orientwissenschaft. Hafez macht die Verdienste, aber auch die Abhängigkeit der Nahostwissenschaft von außenpolitischen Vorgaben deutlich. Die verschiedenen Phasen der Außenpolitik der DDR finden oftmals ihre Entsprechung in einschlägigen Forschungsprojekten. Eine dauerhafte Zuarbeit im Sinne von Politikberatung fand hingegen nicht statt. Die 80er Jahre sieht er inhaltlich von Stagnation geprägt, ausgelöst durch unklare politische Vorgaben zu wichtigen Themenbereichen wie dem Nahostkonflikt, Afghanistan, oder der Reislamisierung. Gerhard Höpp beschreibt insbesondere am Beispiel der Entwicklungen am Forschungsschwerpunkt Moderner Orient (inzwischen Zentrum MO) die Veränderungen, die sich nach 1990 vollzogen. Hafez und Höpp fassen ihre Beobachtungen abschließend in Thesen zu einer möglichen zukünftigen Gestaltung der Nahostwissenschaften zusammen, wobei sie versuchen, Forschungsorganisationserfahrungen der DDR-Nahostwissenschaft aufzunehmen.

Waltraud Schelkle widmet sich in Ihrer Studie nicht einer spezifischen Region sondern analysiert das Selbstverständnis der gegenwartsorientierten Regionalwissenschaften der DDR. Hierzu bedient sie sich neben der Auswertung der Literatur und schriftlicher Zeugnisse insbesondere Interviews. Die so gewonnenen Ergebnisse überprüft sie in einer Untersuchung des Studienaufbaues der West- und Südasienwissenschaften. Insgesamt kommt sie zu dem Schluß, daß die DDR-Regionalwissenschaften weniger als Regional- oder Entwicklungswissenschaften zu kennzeichnen sind, denn als Gesellschaftswissenschaft mit Sprachausbildung und moderatem Regionenbezug.

Mit der Publikation dieser „Materialien" verbinden Autoren wie Herausgeber die Hoffnung, daß sich reflexive Anstrengungen der asien- und afrikawissenschaftlichen Disziplinen wie auch Handlungs- und Veränderungsintentionen fruchtbar anschließen lassen. Nicht um die Klärung der Fragen der Wiederauferstehung von Wissen ging es. Zu beobachten und zu analysieren war vielmehr, welche Erfahrungen mit der Produktion und Reproduktion asien- und afrikawissenschaftlichen Wissens die realsozialistische DDR präsentieren kann und was daraus für Disziplinen zu lernen ist, deren lokale, nationale Form sich innerhalb einer weltgesellschaftlich gebildeten wissenschaftlicher Gemeinschaft und ihrer kognitiven Dynamik zu bewähren hat. Insofern kann wohl mit einiger Sicherheit gesagt werden, daß der Umbruch nicht abgeschlossen ist. Noch ist freilich undeutlich, ob die Thesen der Pessimisten zutreffen, daß man nun noch schlechter dran sei als zuvor, etwa weil sich im Zuge der Integrationsfolgen die finanzielle Förderung von Wissenschaft eklatant verschlechtert hat; oder weil die alten Strukturgeschiebe nun durch einen neue Differenz zwischen Ost und West überlagert und damit noch schwerer handhabbar ist; oder weil innerhalb der Fächer durch die Neuordnung der Wissenschaftslandschaft der kognitive *mainstream* gestärkt wurde, was keine großen endogenen Veränderungsimpulse erwarten läßt. Eines jedenfalls ist bereits jetzt klar: das Wissenschaftssystem der Berliner Republik wird nicht das der Bonner oder der Ostberliner Republik sein. Nur ganz Furchtsame wird diese Aussicht schrecken.

Waltraud Schelkle

Die Regionalwissenschaften in der DDR als Modell einer Entwicklungswissenschaft?

Hintergrund der Fragestellung

In der Nachkriegszeit begann im Westen - zunächst als Modernisierungstheorie, dann als "*development studies*" - die wissenschaftliche Beschäftigung mit Fragen der Entwicklung von Nationen. Die hohe Nachfrage nach politischer Beratung und Ausbildung für die Entwicklungszusammenarbeit sorgte für eine vergleichsweise rasche Einrichtung entsprechender Lehrstühle sowie inner- und außeruniversitärer Institute.

Begleitet wurde sie von einer bis heute anhaltenden Diskussion um die Eigenständigkeit der betreffenden Forschungen. Werden unter dem Titel "Entwicklungstheorie und -politik" nur die anwendungsbezogenen, theoretisch anspruchslosen Forschungen etablierter Disziplinen wie Soziologie, Ökonomie, Politologie und Humangeographie zusammengefaßt? Oder ist, wie das Gegenmodell der "*development studies*" fordert, ihre Einheit in einer Wissenschaft der Entwicklung zu sehen, die aufgrund der "Natur ihres Gegenstandes" multidisziplinär ausgerichtet sein muß? Ein weiteres Gegenmodell, das der "*area studies*", hat zur Prämisse, daß die wissenschaftliche Beschäftigung mit nationaler Entwicklung insofern eine neue Disziplin konstituiert, als nationale Entwicklung immer geprägt ist von kulturräumlichen und historischen Besonderheiten. Dies kann eigene Methoden sowie einen "angepaßten" Zuschnitt und neuartige Verknüpfungen des überlieferten Fächerkanons erforderlich machen.

Vor diesem Hintergrund untersucht der folgende Beitrag mit Schwerpunkt auf die Region Asien, inwiefern die Regionalwissenschaften der DDR als eine mögliche Realisation konzeptioneller Überlegungen interpretiert werden können, die die Forschung und Lehre auf diesem Gebiet aufwerfen. Denn die Asien-, Afrika- und Lateinamerikawissenschaften der DDR trugen vorderhand modellhafte Züge für eine Umsetzung der letzteren Position. Demnach wären die inzwischen abgewickelten Regionalwissenschaften als großräumlich spezifizierte Subdisziplinen einer Entwicklungswissenschaft zu sehen, die der Gegenstand selbst zu einer interdisziplinären Herangehensweise anhält.

Diese Untersuchung dient einer Zielsetzung der Arbeitsgruppe "Wissenschaften und Wiedervereinigung", i.e. das Möglichkeitsbewußtsein für entsprechende Reformen im gegenwärtigen Wissenschaftssystem dadurch zu schärfen, daß die Produktion und Vermittlung wissenschaftlichen Wissens in ausgewählten Disziplinen vor und nach der Wende analysiert wird.

Erwartungsgemäß ist die Engführung von konzeptionellen Überlegungen, die v.a. im Westen angestellt wurden, und organisatorischen Realisationen, die im Osten stattfanden, nicht umstandslos möglich. So hatten die Regionalwissenschaften der DDR einen deutlich anderen wissenschaftlichen und politischen Ursprung als die westliche Entwicklungstheorie und -politik. Wissenschaftlich entsprangen sie der Imperialismustheorie und der Kolonialgeschichtsschreibung. Politisch stand ihr Aufbau im Zusammenhang mit dem Bestreben der DDR nach diplomatischer Anerkennung, i.e. der Selbstbehauptung gegen die von der bundesrepublikanischen Außenpolitik praktizierte Hallstein-Doktrin. Die im Westen entstehende Entwicklungszusammenarbeit sowie die dadurch beförderte Entwicklungstheorie wurden mit Skepsis betrachtet, trugen sie doch zu deutlich die Züge der Pax Americana. Der Systemgegensatz von Ost und West prägte ihre Etablierung in den 60er Jahren daher in einem fundamentalen Sinne.[1]

In der DDR beschäftigten sich nicht nur die regionalwissenschaftlichen Sektionen mit Entwicklungsländern. Wenn aber die Regionalwissenschaften hierin keinen Alleinvertretungsanspruch besaßen, so läßt sich fragen, warum gerade sie als ein Modell für die Entwicklungsländerforschung untersucht werden sollen. Um diesem Einwand zu begegnen, werden auch solche Forschungen einbezogen, die beispielsweise an der Akademie der Wissenschaften, der Hochschule für Ökonomie oder am Institut für Internationale Beziehungen, stattfanden. Ein solcher Vergleich kann zeigen, inwiefern die regionalwissenschaftliche Herangehensweise die Entwicklungsländerforschung prägte und als diese Herangehensweise Modellcharakter für ein inzwischen gründlich gewandeltes Wissenschaftssystem hat. Im folgenden wird zunächst dargestellt, wie Entwicklung und Unterentwicklung angesichts der kognitiven Weichenstellungen thematisiert wurden, die mit der Zugrundelegung der Imperialismustheorie und der Kolonialgeschichtsschreibung marxistisch-leninistischer Prägung gegeben waren. Damit soll allgemein und soweit es für die hier bearbeitete Fragestellung notwendig scheint, die in Ost und West unterschiedliche Wissenschaftstradition skizziert werden. Auf dieser grundbegrifflichen Ebene erschien eine Unterscheidung zwischen Beiträgen regionalwissenschaftlicher und monodisziplinärer Provenienz entbehrlich. Sodann wird in bezug auf die Asienwissenschaften untersucht, worin die Besonderheiten der Regionalwissenschaften gegenüber monodisziplinären Entwicklungsländerwissenschaften bestanden. Daran anschließend wird versucht, die Frage nach dem Modellcharakter der Regional- bzw. Asienwissenschaft zu beantworten.

1 Die kognitiven Weichenstellungen

In diesem Abschnitt werden die Weichenstellungen untersucht, die mit einem marxistisch-leninistisch geprägten Wissenschaftsverständnis und bestimmten be-

[1] Spanger/Brock (1987): 65ff., Lemke (1993).

grifflichen Vorentscheidungen gegeben waren. Diese Analyse der Produktion und Vermittlung entwicklungsländerbezogenen Wissens in der DDR stützt sich auf eine Beschreibung des immer wieder verwandten Vokabulars bzw. der Ersatz- und Erläuterungsbegriffe. Denn die Wahl geeigneter Begriffe und terminologische Festlegungen hatte unter den Bedingungen des Wissenschaftssystems der DDR einen erhöhten Stellenwert.[2]

Die Gesellschaftswissenschaften der DDR waren in dem Sinne paradigmatisch hochintegriert, daß die marxistisch-leninistische Grundbegrifflichkeit und die Politische Ökonomie als Leitdisziplin nicht in Frage gestellt wurden.[3] Selbst die durchaus vorhandenen, im nächsten Abschnitt noch zu dokumentierenden Kontroversen bewegten sich innerhalb dieses Rahmens. Um so wichtiger waren daher die Vorzeichenwechsel, die sich ausdrückten in der Einführung bislang nicht gebräuchlicher Termini und im bevorzugten Gebrauch von Begriffen, die bis dahin eine sekundäre Rolle spielten oder sogar nur unter Anzeige von Distanz verwandt wurden. Eine solche Karriere machten alle für die hier verfolgte Fragestellung wichtigen Begriffe, i.e. "Entwicklungsländer", "Entwicklung" und "Unterentwicklung".

Die Regionalwissenschaften nahmen ihre bis zur Wende 1989 gültige Gestalt in der zweiten Hälfte der 60er Jahre an. Dieser Zeitraum war wissenschaftspolitisch geprägt von dem Versuch, die Grundlegung der Gesellschaftswissenschaften durch den Marxismus-Leninismus zu forcieren. Dabei zeigte der von der Partei- und Regierungsspitze wahrgenommene Reformbedarf eine mögliche Konfliktlinie, die zwischen einer im politischen System verankerten Wissenschaft und einer an Sachgehalten orientierten Forschung entstehen konnte: Unter Hinweis auf die "Eigenheiten des Gegenstandes" konnte letztere rechtfertigen, sich paradigmatischen Bindungen und ideologischen Vorgaben zu entziehen.[4] Nach marxi-

---

2 Siehe dazu ausführlicher im Forschungsbericht der Arbeitsgruppe *Wissenschaften und Wiedervereinigung* den Bericht des Teilprojekts "Soziologie", vgl. Kaube (1998). Im Abschnitt "Das Phänomen der Ressortforschung" wird die Begründung angedeutet: Die Entwicklungsländerforschung in der DDR operierte unter der Norm der Konsensbildung. Die Einigung auf ein gemeinsames Vokabular ist dann insofern wichtig, als sie eine Manifestation erreichter Konsensbildung darstellt.

3 Jegzentis/Wirth (1991): 71; Khalatbari (1991): 12f.

4 So wurden 1968/69 parteilose Orientalisten an der HUB und an der AdW u.a. vom späteren Vorsitzenden des ZENTRAAL bezichtigt, "[s]ie unterschätzten die Gefährlichkeit des westdeutschen 'Imperialismus', verweigerten die Behandlung aktueller Probleme und die politische Stellungnahme, wichen auf spezifische Einzel- und Randprobleme der Länderforschung aus, beherrschten den Marxismus-Leninismus nur unzureichend und hielten noch immer an 'bürgerlichen' philosophischen Kon-

stisch-leninistischem Gesellschaftsverständnis mußte ein solcher Hinweis als Ausdruck von Verbürgerlichungstendenzen erscheinen, nämlich Wissenschaft ohne Dauerorientierung an materialistischer Grundbegrifflichkeit zu betreiben und einen ideologischen "Standpunkt" weder offen auszuweisen noch positiv auszuzeichnen. Die wissenschaftspolitische Antwort der SED darauf war die Einrichtung regionalwissenschaftlicher Sektionen. Orientalistische Forschung und Lehre sollte durch diese Reform i.S. der Partei ideologisch profiliert werden.[5]
Vor diesem Hintergrund ist zu verstehen, daß alle in der westlichen Entwicklungstheorie und -politik gebräuchlichen Termini zunächst abgelehnt wurden: Den Begriffen der Entwicklungsländer, der Entwicklung und der Unterentwicklung wurde Skepsis entgegengebracht.[6] Einige wurden dann im Laufe der 80er Jahre zögernd und mit mehr oder weniger starken Modifikationen wieder eingeführt.

1.1 Begriff der Entwicklungsländer

In dem hier betrachteten Zeitraum, der sich ungefähr von der Mitte der 80er Jahre bis zur Gegenwart erstreckt, ist die Bezeichnung Entwicklungsländer für die betreffenden Staaten in Asien, Afrika und Lateinamerika gebräuchlich geworden, auch wenn noch vereinzelt an die Diskussionen um diesen Begriff erinnert wird.[7] In seine Bestimmung gehen drei Momente ein: 1. die koloniale Vergangenheit und neokolonial geprägte Gegenwart der betreffenden Länder, 2. ihre heterogene sozialökonomische Struktur, und 3. ihre Zugehörigkeit zum kapitalistischen System.[8] Diese drei Momente sind kurz als kognitive Weichenstellungen der Entwicklungsländerforschung in der DDR zu kennzeichnen.
Die Einheit dieser Länder wird in der kolonialen Vergangenheit bzw. in ihrer frühkapitalistischen Eroberung und Ausplünderung sowie einer in der Regel noch nicht lange andauernden Nationalstaatlichkeit gesehen. Insofern bildet das einheitsstiftende Moment noch immer das, was zuvor den Gebrauch von Synonymen wie "junge Nationalstaaten" oder "befreite Länder" gerechtfertigt hatte. Der

---

zepten fest." (Hafez 1995: 43) So wurde auch in einzelnen Gesprächen die Vermutung geäußert, die Hochschulreform hätte die "Orchideenfächer" zu disziplinieren unternommen. Dies allerdings ohne durchschlagenden Erfolg, z.B. weil logistische Voraussetzungen (v.a. Arbeitsplätze für Ehepartner und Wohnungen) für eine vollständige Zentralisation fehlten.

5 Hafner et al. (1989): 4; Reetz (1991): 7.

6 Hopfmann et al. (1992): S.145; Robbe (1993): 15.

7 Babing (1988): 61; Jegzentis/Wirth (1991): 74.

8 Politische Ökonomie (1986): 792.

aus dieser Situation angeblich notwendig entspringende Antiimperialismus ist das "objektive" Identifikationskriterium für solche Länder.[9]
Als forschungsleitendes Merkmal wurde der vermeintlich objektiv gegebene Antiimperialismus ehemaliger Kolonien immer wichtiger gegenüber der sozialökonomischen Orientierung des Entwicklungsweges. Politisch geebnet wurde dieser Weg durch die Einsicht: "Ein interessantes Phänomen unserer Zeit besteht darin, daß der kapitalistische Entwicklungsweg unter den heutigen weltpolitischen Bedingungen *partiell-tendenziellen* Antiimperialismus auf außenpolitischem Gebiet *als Möglichkeit* einschließt [...]."[10] Diese Aussage war bis Anfang der 80er Jahre politisch brisant.[11] Denn sie beinhaltete, daß die sozialökonomische Orientierung - nichtkapitalistisch oder kapitalistisch - nicht mehr die zentrale Grundunterscheidung war, entlang der es zu forschen galt. Vielmehr konnte, wie im Falle der ASEAN-Länder oder Indiens, mit einem kapitalistischen Wirtschaftssystem durchaus eine dezidiert "antiimperialistische" Haltung einhergehen. Auf der Suche nach "breiten Bündnissen für den Frieden" in den 80er Jahren wurde diese Verselbständigung der politischen Orientierung dann geradezu begrüßt. Die außenpolitisch sich ändernden Akzentsetzungen waren demnach unmittelbar relevant für die merklichen Verschiebungen in der wissenschaftlichen Terminologie.
Die Bezeichnung der asiatischen, afrikanischen und lateinamerikanischen Staaten als "Entwicklungsländer" weist eine gegenüber dem westlichen Verständnis naheliegende Modifikation auf. Das Charakteristikum solcher Länder besteht in ihrer eigenartigen Morphologie, einer heterogenen sozialökonomischen Struktur. Die Gesellschaftsformationen, die gemäß Historischem Materialismus nacheinander auftreten, bestehen hier nebeneinander.[12] An die Stelle der Produktionsverhältnis-

---

9 ZENTRAAL (1974): 7

10 Hundt (1986): 60f.; Hervorhebungen im Original.

11 Daß diese Akzentsetzung zugunsten der politischen Orientierung bzw. Relativierung der "formationellen" Charakteristika auch am Ende der 80er Jahre noch kritisch gesehen wurde, zeigt das in Pfeifer/Picht (1989) dargestellte Forschungsprojekt.

12 Ernst/Schilling (1981): 31ff. Dabei berief man sich durchaus auf Marx, der diese Struktur als Ergebnis "der Wirkung des Kapitals" bezeichnet hatte (vgl. Grienig (1986): 24f.). Die Heterogenität der Vergesellschaftungsweisen spielte auch im Westen, in der strukturalistischen Entwicklungstheorie und in der Modernisierungstheorie der frühen Nachkriegszeit, eine große Rolle. Der Begriff einer "dualen" Wirtschaftsstruktur wird hier der *neueren* sowjetischen Literatur zugerechnet, obwohl er in der DDR schon durch das grundlegende Werk von Khalatbari (1984: erstm. 1971) eingeführt worden war. Dort (Khalatbari (1984): 364f.) wird auch auf den Ursprung des Dualismus-Begriffes hingewiesen: Arthur Lewis (1954) hatte ihn unter Anlehnungen bei der Neuen Ökonomischen Politik (Preobraszensky) der UdSSR und bei der westlichen Entwicklungssoziologie (Boeke) eingeführt. Er legte damit den Grund-

se, die die einander ablösenden, jeweils dominierenden Eigentums- und Herrschaftsverhältnisse kennzeichnen, treten in diesem Ländertypus mehrere solcher Produktionsverhältnisse nebeneinander und sind insofern nur als "Sektoren" zu bezeichnen. Diese "Gleichzeitigkeit des Ungleichzeitigen" ist koloniales Erbe und Resultat "neokolonialer Ausplünderung".

Diese Wahrnehmung der Entwicklungsländer-Charakteristika läßt die Differenzierung von Entwicklungsniveaus zu einem Forschungsproblem werden. Denn Länder mit unterschiedlichen Einkommensniveaus und unterschiedlich ausgeprägten informellen Sektoren repräsentieren dann verschiedene Epochen, die nicht mehr auf einer linearen Zeitachse liegen.[13]

Die Modifikation, den Entwicklungsländerbegriff an die "Mehrsektorenwirtschaft" und eine entsprechend heterogene Sozialstruktur zu binden, kann auch erklären, warum diese Bezeichnung Usus wurde, *nachdem* Substitute gefunden und eingeführt worden waren. Die Termini "junge Nationalstaaten" und "befreite Länder" legen den Akzent auf das, was allen Entwicklungsländern gemein ist. Um so wichtiger wurde es angesichts der zunehmenden Differenziertheit der Dritte-Welt-Länder einerseits, der überwiegend einem kapitalistischen Weg folgenden nationalen Entwicklungen andererseits, dem "Noch-Nicht" begrifflich Ausdruck zu verleihen. Unterentwicklung kann mit Hilfe dieser Modifikation darin gesehen werden, daß die Gleichzeitigkeit des Ungleichzeitigen ein Kontinuieren des Kolonialismus indiziert. Die Kontinuität besteht darin, daß der - mit dem Kolonialismus in diese Länder "eingedrungene" - Kapitalismus noch nicht überwunden wurde.

Diese Begriffsbestimmung bot einerseits die Gelegenheit, sich flexibel auf das wechselnde politische Interesse an der nichtkapitalistischen bzw. kapitalistischen Entwicklung einzustellen.[14] Denn so charakterisierte Länder erlaubten theoretisch,

---

stein der Entwicklungsökonomie im Westen und erhielt dafür 1979 den Ökonomie-Nobelpreis.

13 So etwa im Hinblick auf kapitalistische Entwicklungsländer: "Da der Prozeß der Entwicklung des Kapitalismus hier durch Kolonialismus und Neokolonialismus deformiert wurde, ist nicht die für das klassische Kapitalismusmodell typische Phasenfolge (kleine Warenproduktion - Manufaktur - Privatkapitalismus - privater Monopolkapitalismus - Staatsmonopolistischer Kapitalismus) charakteristisch. Statt einer solchen Abfolge, statt eines Nacheinanders ist hier ein Nebeneinander der verschiedenen genannten Elemente bzw. Entwicklungsstufen der kapitalistischen Formation charakteristisch. Das Nebeneinander verschiedener Wirtschaftssektoren erschwert z.B. die Gruppierung der Entwicklungsländer nach dem Entwicklungsniveau außerordentlich." Grienig, (1986): 10f.

14 So wurde der ZENTRAAL nach Auskunft eines langjährigen Ratsmitgliedes zu-

sowohl den nichtkapitalistischen wie den kapitalistischen Entwicklungsweg zu erforschen: waren sie doch "noch nicht" kapitalistisch, den kapitalistischen Einflüssen nur ausgesetzt, und trugen sie doch dessen Keime schon in sich. Andererseits bedingten außenpolitische Rücksichten, die Mehrzahl heterogen strukturierter Länder dem kapitalistischen System zuzuschlagen: Befreundete sozialistische Länder sollten nicht als Entwicklungsländer klassifiziert werden. Dort, wo diese außenpolitischen Gesichtspunkte ausschlaggebend für das entwicklungstheoretische Interesse waren, wurden sozialistisch orientierte Länder wie Laos oder Burma nicht zu den Entwicklungsländern gezählt.[15]

So wies das mit der Diplomatenausbildung beauftragte Institut für Internationale Beziehungen (IIB, Potsdam-Babelsberg) vier Regionalabteilungen auf (neben den Querschnittsabteilungen Weltwirtschaft, Völkerrecht und Geschichte der Internationalen Beziehungen):

- entwickelte kapitalistische Länder (ohne USA),
- USA,
- sozialistische Länder (RGW-Länder, Angola, Nordkorea etc.),
- Entwicklungsländer (mit den sechs Lehrstühlen Nichtpaktgebundenheit, Neokolonialismus/Entwicklungspolitik imperialistischer Staaten, Asien-Pazifik, Lateinamerika, Naher Osten, Subsaharisches Afrika).

Die Abteilung Entwicklungsländer hatte die Leitfunktion für die Regionalwissenschaften, d.h., bei ihr war seit 1970 formell der ZENTRAAL und die Zeitschrift "asien, afrika, lateinamerika" (aala) angesiedelt. Die Direktorin war Professor R.Wünsche, die ex officio als stellvertretende Vorsitzende des ZENTRAAL fungierte.

Entwicklungsländer stellen also keinen dritten Typus neben den sozialistischen und den kapitalistischen Ländern dar, sondern gehören zu den letzteren. Die Lehrbuch-Formulierung hierfür lautet, daß "das Wesen des sich in der ehemals kolonialen Welt entwickelnden Kapitalismus nicht verschieden von dem in den hochentwickelten Ländern" sei, aber "eine ganze Reihe spezifischer Züge" auf-

---

nächst gedrängt, endlich Forschungen zur nichtkapitalistischen Entwicklung aufzunehmen. Als mit den Jahren größere Arbeiten zu dieser Fragestellung vorgelegt wurden, fanden sie bei den Zuständigen im Außenministerium nur wenig Interesse: Da "draußen" überall *kapitalistische* Entwicklung stattfinde, möge man sich doch bitte diesem weit relevanteren Thema zuwenden!

15 Dagegen hält sich Czaya (1987) vom Institut für Internationale Politik und Wirtschaft (IPW, Berlin) schlicht an die UN-Klassifikation für "least developed countries", wozu auch Laos, die Volksrepublik Jemen etc. zählen.

weise.[16] Die Formel "wesensgleich, aber spezifisch" läßt noch ahnen, daß die Entwicklungsländerforschung in der DDR als Neokolonialismus-Forschung begann und erst Widerstände überwinden mußte, bevor auch die sog. inneren Bedingungen und Hemmnisse für Entwicklung (die Existenz vorkapitalistischer Sektoren) zum Gegenstand der Forschung gemacht werden durften.

Die unter dem Eindruck der marxistisch-leninistischen Imperialismustheorie erfolgte Bestimmung dessen, was Entwicklungsländer kennzeichnet, ließ deren Gesellschaftsformationen als ein Zwischenstadium erscheinen. Hierin kann man, im Vorgriff auf die Diskussion im dritten Abschnitt, einen Grund dafür sehen, daß eher das Modell der Regionalwissenschaften ("*area studies*") als das der Entwicklungsstudien ("*development studies*") für diesbezügliche Forschung und Lehre gewählt wurde. Denn trotz der deduktiv aus der Lehre von den Gesellschaftsformationen gewonnenen Bestimmung des Entwicklungsländerbegriffs schaffen *area studies* Raum für die Erforschung des "Besonderen" und "Konkreten". So ist es dann möglich, auf den spezifischen Charakter jeder nationalen Entwicklung,[17] auf die begrenzte Verallgemeinerbarkeit von Aussagen über "die Entwicklungsländer" bzw. die Abstraktheit allgemeiner Theorie hinzuweisen[18] und zum Thema zu machen.

In diesem Zusammenhang ist zu sehen, daß sich der Schwerpunkt von der Erforschung des "nichtkapitalistischen Entwicklungsweges" zur Erforschung der Möglichkeit kapitalistischer Entwicklung verlagerte. Letzteres, nämlich ob Entwicklung kapitalistisch überhaupt zu denken sei, wurde in den späten 80er Jahren ein kontroverses Thema. Bis dahin herrschte die Überzeugung, daß dies nur "nichtkapitalistisch" der Fall sein könne, weil "die kapitalistische Produktionsweise historisch bereits überlebt ist."[19] Seitdem waren jedoch Länder wie Taiwan oder Malaysia dabei, genau auf diesem Wege ihre wirtschaftliche und soziale Rückständigkeit zu überwinden, und Länder wie Ghana und Indien hatten ihre "nichtkapitalistische" bzw. gemischtwirtschaftliche Orientierung aufgegeben. Ob die entsprechende Kontroverse entlang der disziplinären Grenzen der Entwicklungsländerforschung verliefen - mit den Monodisziplinen auf der einen, den Regionalwissenschaften auf der anderen Seite-, soll im nächsten Abschnitt untersucht werden.

Die genannten drei Momente bilden die Einheit eines marxistisch-leninistischen Entwicklungsländer-Begriffs. So das Lehrbuch, das in der für das Studium aller Fachrichtungen (Natur-, Geistes- und Sozialwissenschaften) vorgeschriebenen

---

16 Politische Ökonomie (1986): 826f.

17 Voigt (1987): 126f.

18 Schmidt (1986): 6.

19 Breetzmann (1988): 108; vgl. ZENTRAAL (1974): Kap. IV.

Grundausbildung in Politischer Ökonomie des Kapitalismus eingesetzt wurde: "Im Gegensatz zu den ahistorischen, ökonomistischen und positivistischen bürgerlichen Entwicklungsländer-Definitionen [...] wird bei dieser Sicht [...] neben den qualitativ sozialökonomischen Merkmalen der historische Aspekt betont: der funktionelle Bezug der Entwicklungsländerproblematik zum imperialistischen Kolonialsystem und zum Neokolonialismus sowie [...] die Leninsche Unterteilung der nichtsozialistischen Welt in Unterdrückernationen und unterdrückte Nationen."[20]

1.2 Bestimmung von Entwicklung und Unterentwicklung

Entwicklung im Sinne der Überwindung von Unterentwicklung wird als Aufdeckung und Lösung "innerer Widersprüche" erfaßt: "[A]llgemeine Kriterien [der Entwicklung] bestehen zunächst und vor allem in den bereits dargelegten allgemeinen Merkmalen der Entwicklung: die Existenz, Bewegung und Lösung von Widersprüchen, der Ablösung quantitativer durch qualitative Veränderungen und der dialektischen Negation."[21] Auch das zu Überwindende, i.e. Verschuldung,

---

20 Politische Ökonomie (1986): 792.

21 Söder (1988): 52; Widersprüche äußern sich auf den unterschiedlichsten Ebenen: So besteht die Außenpolitik dieser Länder darin, "den Widerspruch zwischen politischer Selbständigkeit in den internationalen Beziehungen und ökonomischer Schwäche zu lösen", Wünsche (1988): 43; das Weltmarkt-Verhältnis kapitalistischer Entwicklungsländer zu den "imperialistischen Zentren" ist "widersprüchlich, einerseits von Konkurrenz und andererseits von Verflechtung geprägt", Faulwetter (1988b): 66; das "Unterentwicklungsproblem" der Gegenwart findet seinen deutlichsten Ausdruck "[i]n der widersprüchlichen Verflechtung von inneren und äußeren Faktoren" in Ländern der dritten Welt, Hopfmann/Schilling (1988): 775. Ein eindrückliches Beispiel für die Fixierung auf diese Kategorie ist die folgende Stellungnahme zum Problem der Außenverschuldung: "Under the given conditions, this means that a partial financing of the reproduction process through foreign capital by a large number of developing countries for temporarily solving the permanent *contradiction* between financial necessities and possibilities is possible and vital for a long time to come. This does not at all remove the fundamental *contradictions* in the financial and monetary relations of developing countries to finance capital but rather emphasizes that for developing countries, even after the attainment of independence, the decisive *contradictions* which even sharpen with the increasing effects of neocolonialism, have remained. The *contradictions* appear in various ways, among them, the *contradictions* between political independence and permanent economic dependence, and plunder and the backwardness of the developing countries." Luchterhand (1987): 10 (meine Hervorhebung).

technologische Abhängigkeit, Bevölkerungswachstum, Hunger und armutsbedingte Umweltzerstörung werden unter dem Titel "Verstrickung von Widersprüchen" zusammengefaßt.[22]

Die begriffliche Vorentscheidung, Entwicklung unter der Kategorie des Widerspruchs zu erfassen, bedingt eine im Marxismus-Leninismus notorische Verbindung von deterministischen und dezisionistischen Vorstellungen. Ökonomisch, in der Basis, objektiv sich vollziehende Prozesse gehorchen historischen Gesetzmäßigkeiten, doch, sofern man diese Gesetzmäßigkeiten kennt, lassen sie sich durch die Politik, den Überbau oder den subjektiven Faktor aushebeln oder zumindest erheblich modifizieren. Exemplarisch für diese Verbindung ist das folgende Fazit, ob und wie eine Reform der Weltwirtschaftsordnung zu bewerkstelligen sei: "Die Probleme der NIWO sind und bleiben nur politisch lösbar. [...] Die Schaffung einer NIWO bleibt auf der Tagesordnung, denn sie ist eine historisch gesetzmäßige Notwendigkeit [...]."[23]

Die Orientierung an dieser Kategorie präjudiziert zunächst, daß Entwicklung i.S. der Überwindung von Unterentwicklung ein objektiv notwendiger Vorgang ist, weil Widersprüche zur Auflösung drängten.[24] Das Fortbestehen von Widersprüchen, wie sie insbesondere der kapitalistische Entwicklungsweg beinhaltet, ist dann primär als Unterwerfung des Südens durch den Norden zu denken. So erscheint in vielen Beiträgen nicht die rein ökonomische Ausbeutung als Ziel der Industrieländer, die durchgängig als "imperialistische Länder" bezeichnet werden: "Der Systemerhalt ist das übergreifende Ziel der arbeitsteiligen Einbindung der Entwicklungsländer."[25] Oder in bezug auf Japan: "Die Innovationsstrategie Japans zielt nicht schlechthin auf Profittransfer und unkompensierte Wertströme aus den asiatischen Entwicklungsländern nach Japan. Vielmehr geht es in wachsendem Maße [...] um die Einzwängung der asiatischen Entwicklungsländer in den gesamten Verwertungskreislauf des japanischen Monopolkapitals."[26]

Diese Vorstellung findet ihre kapitalismustheoretische Begründung in der sog. Stamokap-These. Ihr zufolge ist der moderne Kapitalismus durch die Indienstnahme des Staates seitens der "Monopolunternehmen" und "Monopolbanken" gekennzeichnet.[27] Entwicklungshilfe ist infolgedessen als "staatsmonopolistische[r] Kapitalexport" zu qualifizieren.[28]

---

[22] Faulwetter/Stier (1984): 109ff.

[23] Luchterhand (1988): 136.

[24] Z.B. Domdey (1986): 38; Kück (1988): 29f.

[25] Rosenkranz (1989): 199.

[26] Müller (1986): 81; vgl. auch Polzin-Walter (1989).

[27] Dubrowsky/Faulwetter (1987): 37; Stier (1986):28.

[28] Liebscher (1988): 11; vgl.a. Faulwetter/Liebscher (1981); Kannapin (1985a).

Die These vom staatsmonopolistischen Charakter des Spätkapitalismus geht auf die Leninsche Imperialismustheorie zurück. Dabei wird unter Monopol nicht primär die marktbeherrschende Stellung eines einzigen Unternehmens verstanden, sondern Kapitalkonzentration in Verbindung mit der Ausdifferenzierung von Funktionen: Unternehmen einzelner Branchen, Banken oder der Zwischenhandel sind jeweils Monopole i.d.S., daß sie sich auf eine bestimmte Funktion innerhalb des Produktions- und Zirkulationsprozesses spezialisieren. Das zeigt beispielsweise die unter Berufung auf Lenin erfolgende Einordnung der Schuldenkrise, die in den 80er Jahren als weiterer Ausdruck für die sich verschärfende Krise des Imperialismus thematisiert wurde[29]: Diese und die Entstehung der Euromärkte zeige einmal mehr die Richtigkeit von Lenins Analyse, daß im Zuge der kapitalistischen Entwicklung aus bloßen Finanzmittlern "Monopolinhaber" werden, die über "das gesamte Geldkapital aller Kapitalisten und Kleinunternehmer sowie über den größten Teil der Produktionsmittel und Rohstoffquellen des betreffenden Landes" verfügen[30]: "die Verwertung des Leihkapitals [werde] monopolistisch genutzt", der "Zins [werde] zum Monopolpreis", wenn Banken sich ausschließlich der Finanzierung widmen und jede Produktion von ihrer Finanzierung abhängig werde.

Die Orientierung an der Widerspruchskategorie präjudiziert so des weiteren, daß diese Auflösung nicht prozessual zu denken ist: Widersprüche werden wie Rätsel mit einer richtigen Antwort gelöst. Das bedeutet in diesem Falle eine machtvolle Entscheidung zugunsten der fortschrittlicheren Gesellschaftsformation herbeizuführen. Infolgedessen ist Entwicklung wesentlich politischer Kampf um die sozialistische oder nichtkapitalistische Orientierung: "[Die nichtkapitalistische, sozialistisch orientierte Entwicklung] beinhaltet in den heutigen national befreiten Staaten den revolutionären Prozeß der Annäherung an den Übergang zur sozialistischen Revolution unter Führung meist nichtproletarischer, revolutionär-demokratischer Kräfte, die die Interessen breiter Volksmassen verfechten und sich in diesem oder jenem Maße von Prinzipien des wissenschaftlichen Sozialismus leiten lassen." In der zweiten Hälfte der 80er Jahre wurde für diesen Vorgang - im Gegensatz zu früheren Einschätzungen - durchaus ein "Übergangsprozeß von relativ langer Dauer" veranschlagt.[31]

---

[29] Luchterhand (1987); Faulwetter (1988).

[30] Menzel (1986): 75, Zitat Lenin.

[31] Politische Ökonomie (1986): 823. Dabei berief sich der Autor (H. Schilling) weniger auf die Leninsche Lehre vom Sozialismus in einem Lande als auf Marx und Engels. So auch Stier (1988b): 92: "Welche Perspektive haben jedoch die Völker, in denen es aufgrund kolonialer Ausbeutung und Unterdrückung noch zu keiner tiefgreifenden inneren Entwicklung des Kapitalismus kam und damit zur Entstehung der sozia-

Dieses dezisionistische Moment in der Auflösung von Widersprüchen verlagert Fragen bezüglich der Überwindung von Unterentwicklung, i.e. Fragen der Ausgestaltung von Entwicklungsstrategien, in hohem Maße auf die Frage nach den Trägern solcher Strategien. Diese Träger können multilaterale Produzentenvereinigungen und Organisationen, wie beispielsweise ASEAN oder SAARC[32], oder die politischen Parteien und Bewegungen in den Ländern sein.[33] So werden im "Handbuch Entwicklungsländer" eine Vielzahl regionaler Kooperationen zwischen Ländern und Produzenten bestimmter Welthandelsgüter aufgelistet, die z.T. nur formale Organisationen oder nur noch von historischem Interesse sind.[34] Parteien und ihre Programme gewinnen hohe Bedeutung für die Evaluierung des Entwicklungsstandes und der Entwicklungsaussichten von Ländern.[35]
Große Aufmerksamkeit wurde auch der "Bewegung der Nichtpaktgebundenen" alias der Blockfreienbewegung geschenkt. Sie wurde just in dem Zeitraum politisch aufgewertet, in dem sie ihre Bedeutung als Vereinigung bevölkerungsreicher Länder jenseits von NATO und Warschauer Pakt verlor. Die merklich günstigere Beurteilung dieses Zusammenschlusses beruhte auf der größeren Bedeutung, die Fragen der Friedenssicherung und Abrüstung seit dem Antritt der Reagan-Administration geschenkt wurde.[36] So wurde nun das Bestehen der Nichtpaktgebundenen auf "Äquidistanz" zu den Blöcken weniger kritisch beurteilt, während deren Warnungen vor einem durch die SDI-Diskussion angeregten

len Widersprüche, aus denen die Notwendigkeit einer neuen höheren Organisation der Gesellschaft entsteht? [...] Abhold jedem mechanischen Determinismus hielt [Marx] unter solchen Bedingungen ein Überspringen des Kapitalismus, eine nichtkapitalistische Entwicklung für möglich."

32 Fessen (1987); Padel (1986).

33 Baumann et al. (1988): Kap. 2.

34 Stier et al. (1988): 169ff.; Konrad (1988).

35 Stichwort "Avantgardeparteien" in: Stier et al. (1988), Lulei et al. (1988), Klenner/Stelter (1987). Die i.e.S. regionalwissenschaftlichen Beiträge zu Indien handeln ganz überwiegend von der Politik der Kongreß-Partei, vgl. Schaller (1985), Oesterheld/Schaller (1985), Krüger/Heidrich (1985), Schorr et al. (1985), Schaller/Wiedemann (1989). Vgl. außerdem Lorenz' (1987) Beitrag zu Burmas Entwicklung, der praktisch nur aus einer Analyse des Parteiprogramms, der sozialen Struktur der staatstragenden Partei und ihrer Maßnahmen zur Sozialisierung der Wirtschaft im Hinblick auf die Schaffung einer Machtbasis für die Partei besteht.

36 So findet sich in nahezu jedem "Jahrbuch" der 80er Jahre an prominenter Stelle ein Beitrag zur Nichtpaktgebundenheit, der auf die "abenteuerliche Politik" der "aggressivsten Kreise des Imperialismus", insbesondere der USA, eingeht, vgl. Wünsche/Kubiczek (1982): 15; vgl. auch Bator (1983), Wünsche (1984), Wünsche/Spiegel (1986), Wünsche/Voigtländer (1987).

neuen Rüstungswettlauf wegen der eigenen außenpolitischen Interessen volle Unterstützung fand. Diesem außenpolitischen "Tauwetter" fiel ein Buch über internationale Beziehungen von D. Weidemann und R. Wünsche zum Opfer, weil "dessen Kapitel über die Bewegung der Nichtpaktgebundenen aus der Sicht des Außenministeriums zu negativ war."[37] Negativ bedeutete in diesem Fall, daß von Weidemann/Wünsche darauf hingewiesen wurde, daß Nichtpaktgebundenheit oder Blockfreiheit auch eine Absetzung der betreffenden Regierungen vom Warschauer Pakt bedeutete. Als sie nicht bereit waren, entsprechende Passagen zu streichen, wurde die Drucklegung unterbunden.

Zur Fokussierung entwicklungspolitischer Fragestellungen auf die Träger des Entwicklungsprozesses gehört schließlich, daß der Staatstätigkeit eine überragende Rolle für die Umgestaltung des Wirtschaftssystems und der ideologischen Weiterbildung beigemessen wird. Koloniale Strukturen können nur durch einen mächtigen Akteur aufgebrochen werden und zwar nicht reformerisch, sondern indem die Systemfrage im Sinne des Marxismus-Leninismus gestellt wird. "Der Staat in den kapitalistischen Entwicklungsländern dringt in Bereiche und übernimmt heute von Anbeginn Aufgaben, wie das für die Entstehung des Kapitalismus nicht typisch war."[38] Ein wichtiges Instrument hierzu ist die Ausbildung von Kadern mit besonderer Verantwortung für die Bewußtseinsbildung.[39]

1.3 Entwicklungsstrategische Aussagen

Auffallend ist, daß entwicklungsstrategische und -politische Untersuchungen in der DDR eine deutlich geringere Rolle als im Westen spielen. So zeigt eine Themenauswertung der Fachzeitschrift "asien, afrika, lateinamerika" (aala) von 1983-1994, daß weniger als die Hälfte der überregionalen entwicklungsbezogenen Beiträge solche entwicklungspolitischen Inhalts waren (vgl. Anhang B). D.h., von acht bis sechzehn Beiträgen mit Entwicklungsthematik behandelten zwischen zwei und sieben Artikel Fragen der Agrarentwicklung/nachwachsender Rohstoffe, der Industrialisierung und des Technologietransfers, des Handels sowie der Bildungsplanung. Das gilt in noch stärkerem Maße für die auf Regionen bezogenen Beiträge, die in der aala erschienen.

Zugleich sind Abhandlungen über sektorale Entwicklungsstrategien wenig detailliert bezüglich konkreter agrar- oder industriepolitischer "Lehren". Das überrascht angesichts der Befürwortung einer starken Anwendungsorientierung der Ent-

---

[37] Reetz (1991): 12.

[38] Friedländer (1986): 212; s.a. Jegzentis (1987).

[39] Lewin (1986): 146f., Heilmann (1990): 798.

wicklungsländerforschung.[40] Es besteht eine Disposition, sich nicht mit Spezifika der Ausgestaltung aufzuhalten, sondern entwicklungspolitische Maßnahmen, wie beispielsweise Agrarreformen, im Hinblick auf ihre Stoßrichtung als "bürgerlich" oder "revolutionär-demokratisch" zu klassifizieren.[41] Unter der Voraussetzung dieser Grundunterscheidung wird ein aktiver Instrumenteneinsatz vergleichsweise summarisch befürwortet.[42]

Für diese Zurückhaltung bezüglich konkreter entwicklungsstrategischer Schlußfolgerungen können forschungsexterne Bedingungen maßgeblich gewesen sein. Auf der Nachfrageseite ist zu vermerken, daß die entwicklungspolitische Zusammenarbeit in der DDR insgesamt eine geringe Rolle spielte und der Beratungsbedarf daher gering war.[43] Gespräche mit diesbezüglich Forschenden stützen überwiegend diese Aussage. Politikberatung gehörte nicht zur Aufgabenstellung der an den Universitäten oder an der AdW angesiedelten Wissenschaftler/-innen.[44] Von diesen wurde Beratung, angeblich wegen mangelnder Aktualität ihrer Forschungen, nicht nachgefragt. Diejenigen, die am Institut für Internationale Beziehungen bzw. an der HFÖ, Sektion Außenwirtschaft, angesiedelt waren, erbrachten dagegen solche Dienstleistungen für das Außenministerium bzw. das Außenhandelsministerium. Es ist - auch aufgrund der Erfahrungen in anderen Ländern - anzunehmen, daß dabei weniger die Entwicklungspolitik per se als die außenpolitischen oder außenwirtschaftlichen Interessen der DDR zu berücksichtigen waren.

Die organisatorische Anbindung des ZENTRAAL an das IIB - und nicht an die AdW - unterstrich, daß die Entwicklungsländerforschung in der DDR für tagespolitische Zwecksetzungen verfügbar sein sollte, stand sie doch in auffälligem Kontrast zu der organisatorischen Verankerung in anderen sozialistischen Ländern. In diesen Ländern, mit denen man in der "Multilateralen Problemkommission 'Ökonomie und Politik der Entwicklungsländer'" zusammenarbeitete, lag die Leitfunktion bei den nationalen Akademien der Wissenschaften.

Bezüglich der Angebotsseite vermuten Jegzentis/Wirth[45]: "Dies lag einerseits im mangelnden Zugang von Wissenschaftlern zu den relevanten Informationen bezüglich der praktischen Entwicklungspolitik der DDR begründet. Andererseits zeigte sich hier aber auch ein bewußtes oder unbewußtes Umgehen von praxisrelevanteren Themen, die dann quasi automatisch einer stärkeren Zensur unterworfen gewesen wären." Hier lassen die Gespräche darauf schließen, daß dieses

---

40 Rathmann/Wünsche (1974): 725; Barthel (1989): 5.
41 Voigt (1988).
42 Z.B. Khalatbari (1984): 337; Michalski/Michalski (1985): 815f.; Klein (1988).
43 Spanger/Brock (1987): 214; Reetz (1991): 11.
44 Hopfmann et al. (1992): 148.
45 Jegzentis/Wirth (1991): 72.

Vermeiden eher "unbewußter" Natur gewesen sein muß. Die Befragten widersprachen fast einhellig der Vorstellung, es habe eine Feinsteuerung von außen in der Wahl von Themen oder eine laufende Zensur von Veröffentlichungen gegeben. Vielmehr wurde der vergleichsweise hohe Grad an Selbstbestimmung in der Bearbeitung des Gegenstandes hervorgehoben, um damit explizit den im Westen herrschenden - und daher auch bei der Autorin vermuteten - Vorstellungen von allgegenwärtiger Steuerung entgegenzutreten.[46]

Die Zurückweisung der Vorstellung von einer allgegenwärtigen Steuerung scheint nicht zuletzt deshalb glaubwürdig, weil die Betreffenden sich mit der gegenteiligen Auskunft von manchen Veröffentlichungen distanzieren könnten, die sie heute selbst kritisch sehen. Das schließt m.E. nicht aus, daß es Fälle von Zensur, etwa bei der aala, gab, oder daß wissenschaftlichen Einrichtungen "vielfach Forschungs- und Publikationsaufgaben über den Zentralen Plan aufgeherrscht [wurden], die seinen eigentlichen Aufgaben nicht entsprachen".[47] Selbst im letzten Zitat wird eher die Inanspruchnahme für wissenschaftsexterne Aufgaben beklagt als permanenter Eingriff in die konkrete Bearbeitung von Themen. Zusammengenommen widerspricht dies Darstellungen, wonach eine auf Dauer gestellte Feinsteuerung von oben zumindest versucht wurde.[48]

Als Begründung für solche Freiheiten wurde häufig der "Nischencharakter" der wissenschaftlichen Beschäftigung mit Entwicklungsländern angeführt. Daß die Freiräume dennoch nicht ausgetestet wurden, lag nach Auskunft der Betreffenden weniger an offenen Pressionen als an Selbstzensur. Deren Motive waren vielfältig: Sie reichten von der Vermutung, daß durch wissenschaftliche Veröffentlichungen sowieso nichts zu erreichen sei und man sich den Ärger sparen könne, bis zu der Befürchtung, daß der Kollegenkreis ungehalten reagiert oder

---

46 Drastische Fälle, wie Ende der 70er Jahre die Abberufung eines aala-Chefredakteurs wegen einer kritischen Rezension, scheint vor allem dem starken Einfluß von Einzelpersonen zuzuschreiben. Sie konnten solche Relegationen betreiben, nicht weil der Anlaß systemfeindliche Haltungen erkennen ließ, sondern weil sie sich persönlich angegriffen fühlten. Der von der Sanktion Betroffene ließ sich an eine weniger exponierte Stelle an der AdW versetzen.

47 Hopfmann et al. (1992): 147.

48 Reetz (1991): 12; Hafez (1995): Kap.2.3. Auffällig abweichend wirkt die dramatische Darstellung Domdeys (1994): 2, derzufolge ein Leben unter ständiger Androhung von "Überprüfungen [...], hochnotpeinlichen Vorladungen, ja Parteistrafen" zu führen war. Ob die stromlinienförmigen Publikationen von Domdey, Inhaber eines Lehrstuhls für Weltwirtschaft an der HUB, aus Repression und Zwang resultierten, muß an dieser Stelle offen bleiben, Domdey (1984): 222ff., Anhang: "Publikationen des Autors (1953-1983)".

die eigenen Assistenten und Studierenden dadurch Nachteile erleiden könnten. Wissenschaftsinterne Gründe für die entwicklungspolitische Abstinenz könnten darin liegen, daß die kognitiven Weichenstellungen, die - vereinfacht gesagt - mit der Imperialismustheorie und der Kolonialgeschichtsschreibung marxistisch-leninistischer Provenienz gegeben waren, nur geringen Raum für diesbezügliche Schlußfolgerungen ließen. Dies ergibt sich aus dem Zusammenwirken von zwei Momenten: Erstens wird Entwicklung als Befreiung aus einer übermächtigen neokolonialen Ausbeutung verstanden und erfordert eine umfassende sozialökonomische Transformation. Sie ist als säkularer Prozeß vorzustellen, für den allgemein keine Detailschritte oder Strategieempfehlungen in mittelfristiger Perspektive gegeben werden können. Zweitens bedingt die zentrale Stellung der Systemfrage, daß einer Entwicklungspolitik, die unterhalb der Systemfrage ansetzt, das Verdikt "eindimensional" oder oberflächlich droht.[49]

Keine Rolle gespielt haben dürfte dagegen eine in der westlichen Literatur häufig anzutreffende Reflexion, die in der Konsequenz zu entwicklungspolitischer Zurückhaltung führt: sie stößt sich daran, daß die wissenschaftliche Beschäftigung mit Fragen nationaler Entwicklung häufig nur Begleitung und theoretische Ratifizierung dessen ist, was den jeweiligen Regierungen wirtschafts- und außenpolitisch opportun erscheint.[50] Eine solche Kritik ist in DDR-Publikationen nicht anzutreffen, im Gegenteil. Die "Einheit" von außenpolitischem Interesse ("Menschheitsproblem Friedenssicherung"), wirtschaftlichen Verbindungen ("gegenseitiger Nutzen") und Entwicklungszusammenarbeit ("Solidaritäts- und Freundschaftsdienste") in der Entwicklungszusammenarbeit der DDR wurde ausdrücklich unterstützt.[51]

Insofern die wissenschaftsexternen Gründe mit der Wende weggefallen sind, könnte ein Vergleich mit den Beiträgen und Initiativen nach der Wende zeigen, ob diese entwicklungspolitische Zurückhaltung auf das oben skizzierte kognitive Profil der Entwicklungsländerforschung in der DDR zurückzuführen ist. Das soll am Ende des nächsten Abschnittes geschehen. Dort wird auf die Selbstdarstellun-

---

49 Zur Vorstellung von Entwicklung als umfassender, säkular sich vollziehender Transformation vgl. Politische Ökonomie (1986): 797f., Schmidt (1986b): 16f., Stier (1986): 35, Schatter (1988): 137f. Den Vorwurf der Eindimensionalität formuliert explizit Breetzmann (1988): 111, in bezug auf die Alternative von importsubstituierender vs. exportorientierter Industrialisierung, die auch in der westlichen entwicklungsökonomischen Literatur Kritik hervorrief. Daß allen entwicklungsstrategischen Überlegungen die Systemfrage vorgelagert sei, war Lehrbuchwissen vgl. Politische Ökonomie (1986): 811ff.

50 Z.B. Paech et al. (1972).

51 Z.B. Winter (1989).

gen des Faches in der Nach-Wende-Zeit sowie entwicklungspolitische Initiativen eingegangen, um ihnen auch Hinweise auf die Spezifika regionalwissenschaftlicher im Unterschied zu monodisziplinärer Entwicklungsländerforschung zu entnehmen.

2 Entwicklungsländerbezogene Forschungen im Vergleich

Im letzten Abschnitt wurden Beiträge mit Entwicklungsländerbezug ohne Unterscheidung bezüglich der disziplinären Herkunft zitiert. Denn wie bereits erwähnt, fand entwicklungsländerbezogene Forschung und Lehre nicht nur an den regionalwissenschaftlichen Sektionen in Leipzig, Rostock und Berlin statt. In größerem Umfang gab es sie auch an den wirtschaftswissenschaftlichen Sektionen der betreffenden Universitäten, so an der HUB mit ihrem intersektoriellen Arbeitskreis "Weltwirtschaft, Weltfrieden, Ökonomie der Entwicklungsländer",[52] oder bezogen auf die in den 80er Jahren virulente Schuldenkrise am Lehrstuhl Valutaökonomie.[53]
Außeruniversitäre Forschung dazu gab es in bedeutenderem Umfang

- am Institut für Internationale Beziehungen (IIB) Potsdam-Babelsberg, bei dem der ZENTRAAL angesiedelt war;
- an der Hochschule für Ökonomie Karlshorst (Sektion Außenwirtschaft: Institut für Ökonomik der Entwicklungsländer, IfÖE);
- an der Akademie der Wissenschaften (Abt. Allgemeine Geschichte) sowie
- am Institut für Internationale Politik und Wirtschaft (IPW). Das IPW fiel allerdings nicht in den Zuständigkeitsbereich des ZENTRAAL, weil seine Aufgabe in der Ost-West-Dimension lag, so daß man sich mit Entwicklungsländern vorrangig im Zuge einer Beobachtung der "imperialistischen Länder" in der Dritten Welt beschäftigte.

Deshalb wurden Beiträge zur Entwicklung asiatischer, afrikanischer und lateinamerikanischer Länder weder ausschließlich in den drei Fachorganen "aala", "Jahrbuch für Asien, Afrika, Lateinamerika" und "Studien für Asien, Afrika, Lateinamerika" veröffentlicht, noch waren diese auch nur vorrangig Publikationsorgane für die Regionalwissenschaften i.e.S. Sie waren dieses für die Entwicklungsländerforschung insgesamt, obwohl sie vor der Wende nicht so genannt wurde. Ein weiteres Fachorgan bildete das "Economic Quarterly" des IfÖE Karlshorst (dt.: Wissenschaftliche Beiträge), das nicht zuletzt deshalb englischsprachig veröffentlicht wurde, um in Austausch mit Bibliotheken der betreffen-

---

52 Domdey (1988).

53 Kolloch (1987).

den Länder treten zu können. Und es finden sich entsprechende Veröffentlichungen in anderen wissenschaftlichen Organen, so in den "IPW-Forschungsheften" und "IPW-Berichten",[54] in der "Wirtschaftswissenschaft",[55] der "DDR-Außenwirtschaft", der "Deutschen Außenpolitik", der "Einheit" oder in der jeweiligen "Wissenschaftlichen Zeitschrift" der Universitäten und Hochschulen, an denen Forschungen zu Entwicklungsländern stattfanden.

Nach den Gesprächen zu schließen, gab es zwischen diesen Publikationsorganen keine ausgeprägten Prestigeunterschiede. Von der aala durfte man annehmen, daß sie von allen im Entwicklungsländer-Bereich Forschenden gelesen wurde. Da es jedoch, wie gleich ausgeführt werden wird, nicht üblich war, explizit Bezug aufeinander zu nehmen, entfiel weitgehend die dokumentierte Rückmeldung darüber, wie viele Kollegen die betreffende Publikation wahrgenommen hatten. Insofern bot die aala auch keinen bevorzugten oder begehrten Veröffentlichungsort. Vielmehr schien es von persönlichen Beziehungen, "Drähten", abzuhängen, wo man die eigenen Beiträge plazierte.

2.1 Das Phänomen der Ressortforschung

Geplant waren an dieser Stelle ursprünglich zwei vergleichende Fallstudien, etwa zu Bildung und Agrarentwicklung, um herauszufinden, ob sich eine regionalwissenschaftliche Herangehensweise abzeichnete. D.h., es sollte die asienwissenschaftliche Behandlung mit der entwicklungssoziologischen bzw. -ökonomischen Behandlung dieser Themen kontrastiert werden. Davon mußte jedoch aus methodischen Gründen abgesehen werden. Die Grundgesamtheit der zu vergleichenden Beiträge wäre zu klein. Abgrenzbare Themen wurden immer nur von sehr wenigen, manchmal sogar nur einzelnen bearbeitet.

So stammen im Bereich Bildung/Humankapital oder Agrarreformen/-strategie die ganz überwiegende Zahl der entwicklungsökonomischen Beiträge von einer Wissenschaftlerin bzw. einem Wissenschaftler an der HfÖ. Dasselbe gilt auf der regionalwissenschaftlichen Seite. Die betreffenden Asienwissenschaftler waren auf bestimmte Themen innerhalb ihrer Region spezialisiert, z.B. auf sicherheits- und bündnispolitische, schichtensoziologische oder religionswissenschaftliche Themen. Zum Komplex Bildung oder Landwirtschaft gab es nur wenige regio-

---

[54] Z.B. Kannapin et al. (1985b), Höhme et al. (1988): Kap.V, Kannapin/Czaya (1989) bzw. Schilling (1985), Schmidt (1985), Czaya (1986), Autorenkollektiv (1988), Plener (1988), Tietz (1989).

[55] Z.B. Flechsig (1985), Klenner (1986), Klenner/Röbel (1988), Jordan (1989).

nalwissenschaftliche Beiträge[56], bzw. es überwogen verstreute Bemerkungen im Zusammenhang geschichtlicher Gesamtdarstellungen.[57] Die Ergebnisse einer solch vergleichenden thematischen Fallstudie wäre demnach zu stark von den Personen abhängig, die für das betreffende Thema zuständig waren. Und eine Untersuchung der wichtigsten entwicklungsrelevanten Themen würde den hier gesteckten Rahmen sprengen.

Doch ist der Umstand, daß ein solcher Vergleich aus den genannten methodischen Gründen unterbleiben muß, selbst aufschlußreich. Er deutet darauf hin, daß die Forschung in hohem Maße als *Ressortforschung* betrieben wurde. Hierunter soll verstanden werden, daß es personengebundene Zuständigkeiten für die Bearbeitung bestimmter Themen gab. Die Zuständigkeit erwarb man sich üblicherweise mit den Qualifizierungsarbeiten im Rahmen der Dissertationen A oder B. Das eigene "Ressort" scheint dabei sowohl Verpflichtung gewesen zu sein, dieses Thema auf Anfrage jederzeit vertreten zu können, als auch Garantie, in diesem Bereich einen relativ unangefochtenen Vertretungsanspruch erheben zu dürfen.

Eine solche Wissenschaftsorganisation vermeidet Redundanz und Konflikt, wie sie aus der Doppelforschung resultieren können. Dafür gibt es erstens ökonomische und zweitens politische Gründe, wenn man, wie in der DDR, die Wissenschaft als Teil einer Organisation begreift, die in sich zwar gegliedert ist, aber in der alle Teile einer einheitlichen Zwecksetzung folgen.[58]

Erstens kann es dann aus "betriebswirtschaftlicher" Perspektive effizient erscheinen, die betrieblichen Funktionen allenfalls zwei- oder dreifach zu besetzen, in der "Firma Wissenschaft" also die Zuständigkeiten für abgrenzbare Themen auf wenige Personen zu verteilen. Denn wenn Entlassung nicht möglich ist, kann es betriebswirtschaftlich sinnvoller sein, neue Tätigkeiten zu erfinden, als zu viele Betriebsangehörige mit derselben Tätigkeit zu beschäftigen: Kompetenzgerangel, Demotivation u.a.m. wären die erwartbaren Folgen.

Ein weiterer naheliegender Grund für die Vermeidung von Konflikt war zweitens die politische Einbindung des Wissenschaftssystems in der DDR. Die Idee eines kognitiv autonomen Wissenschaftssystems war hier fremd, und zwar nicht nur

---

[56] Z.B. Lewin (1986); Brustinow (1986); Jung (1981); Heidrich (1988).

[57] Z.B. Schaller/Weidemann (1987): 655; Hafner/Herzog (1988): 293f. u. 309f. In manchen asienwissenschaftlichen Gesamtdarstellungen sind die Themen Bildung und Agrarentwicklung sogar auffallend randständig. Dagegen wird die - in den 60er und 70er Jahren übliche - Gleichsetzung von Industrialisierung und Entwicklung akribisch nachvollzogen, so bei Heidrich (1989): 189ff. und passim.

[58] Der Aspekt der Organisationsförmigkeit der Wissenschaft in der DDR wird ausführlicher im Forschungsbericht der Arbeitsgruppe *Wissenschaften und Wiedervereinigung* der BBAW dargestellt. vgl. Kaube (1998).

den Angehörigen des politischen Apparates, sondern, wie es scheint, auch den Angehörigen des Wissenschaftssystems selbst. Unzählige wissenschaftliche Beiträge kennen als Literaturangaben nur die Werke der Klassiker und Parteidokumente. Aussagen von Politikern, insbesondere der Regierungsspitze, werden wie (geteilte) wissenschaftliche Aussagen behandelt und als Belege zitiert.[59]
Wie bereits angedeutet, ging aus den Gesprächen hervor, daß die Zahl der sog. Schubladenarbeiten im Bereich der Entwicklungsländerforschung gering war.[60] Als Begründung wurde vermutet, daß dieser Wissenschaftsbereich zu unwichtig war, zu sehr Nischencharakter hatte, um der dauernden Gängelung für Wert befunden zu werden.[61] Eines der wenigen, mir bekannt gewordenen Beispiele dafür, daß ein Limit der gegebenen Spielräume erreicht werden konnte, ist die Wahl eines Gebietes wie die Bevölkerungsforschung. Sie stand von vornherein im Verdacht, bürgerlich alias Malthusianisch zu sein.[62] Allerdings wurde diese Forschung nicht unterbunden, sondern unter Dauerbeobachtung gestellt.
Damit sind zwei wichtige Gründe für das Phänomen der Ressortforschung genannt, also die Vermeidung von Redundanz und Konflikt durch personale Zuordnung bzw. Aneignung wissenschaftlicher Themen. Doch damit sind nur zwei der Wissenschaft extern gesetzte Bedingungen für die Wahl und den Zuschnitt wis-

---

59 So lautet das erste von drei Zielen des Standardlehrbuchs für Politische Ökonomie (1986): 5, "die Studierenden an die Werke von Marx, Engels und Lenin sowie an die Dokumente der KPdSU, der SED und anderer kommunistischer und Arbeiterparteien heranzuführen [...]." Und der seit 1983 geltene Studienplan für die Regionalwissenschaften formuliert im Eingangspassus: "Das Studium der Regionalwissenschaften als verpflichtender Auftrag der Arbeiterklasse und ihrer marxistisch-leninistischen Partei ist darauf gerichtet, bei den Studenten die Befähigung und Bereitschaft herauszubilden, [...] alle Aufgaben von der Position des Marxismus-Leninismus in der Einheit seiner Bestandteile zu lösen, den Marxismus-Leninismus und die Politik der Sozialistischen Einheitspartei Deutschlands jederzeit und unter allen Bedingungen entschieden zu vertreten [...]." Studienplan (1983): 1.

60 Vgl. auch Reetz (1991): 22.

61 Bezeichnend dafür ist die gesprächsweise mitgeteilte Information, daß der ZENTRAAL dazu überging, zwei Pläne anzufertigen: eine Kurzfassung ohne die altorientalischen und rein philologischen Fächer, die für die Absegnung im ZK bestimmt war, und eine Langfassung mit den besagten Fächern, an der sich die wissenschaftsinterne Planung orientierte. Dies geschah im Einvernehmen mit dem zuständigen Vertreter im ZK. Dieser hatte ein Interesse, den perspektivisch zugunsten der gegenwartsorientierten Fächer verzerrten Forschungsplan reibungslos durchsetzen zu können, auf seiten des ZENTRAAL bestand das Interesse, die inkriminierten Fächer vor mutwilligen Eingriffen zu schützen.

62 Khalatbari (1991).

senschaftlicher Fragestellungen bezeichnet. Beide - der Eigenlogik wissenschaftlicher Forschung nicht unbedingt angemessene - Perspektiven haben vermutlich nur dann Durchsetzungschancen, wenn sie dem wissenschaftlichen Selbstverständnis nicht völlig zuwiderlaufen. Die Aussagen, wonach es die im Westen immer vermutete Zentral- und Detailsteuerung der Forschung nicht gab, deuten darauf hin. Es bedurfte nicht dauernder Androhung, Ressourcen zu entziehen bzw. politisch Mißliebiges zu sanktionieren, um eine auf Konsens gestimmte Entwicklungsländerforschung hervorzubringen. Die Konsensbildung war epistemologisch, in der Wahrheitsauffassung des dialektischen Materialismus begründet.

Die Vermeidung von Redundanz und Konflikt durch eindeutige Zuordnung von Themen und Personen bedeutet spiegelbildlich, daß die Varietät der Forschungsergebnisse minimiert wird. Dies wurde keineswegs als ein dem wissenschaftlichen Erkenntnisprozeß hinderliches Moment betrachtet. Unterschiedliche Positionen mußten in einer theoretisch hochintegrierten Gesellschaftswissenschaft irritieren, war doch davon auszugehen, daß man dieselbe dialektisch-materialistische Methode anwandte und politische Grundüberzeugungen teilte. Geringe Varietät der wissenschaftlichen Deutungen, Bestätigung des bereits Gewußten bzw. des bei den Klassikern bereits Ausgeführten, müssen aus dieser Perspektive geradezu als Gütesiegel erfolgreicher Forschung erscheinen. Entsprechend wird die wissenschaftliche Aufgabenstellung für eine Neuauflage des Lehrbuchs "Politische Ökonomie des Kapitalismus" (1986, S. 6) wie folgt beschrieben: "Es wurde versucht, stets ausgehend von den Erkenntnissen der Klassiker des Marxismus-Leninismus, Antworten auf die neu herangereiften Probleme logisch in das Theoriengebäude der politischen Ökonomie des Kapitalismus zu integrieren, statt etwa einige Kapitel über neue Erscheinungen der kapitalistischen Wirtschaft der herkömmlichen Struktur der marxistisch-leninistischen politischen Ökonomie hinzuzufügen. Die Ansprüche an die Studierenden sind dabei zwangsläufig gewachsen." Der letzte Satz bezieht sich auf ausnahmslos alle Studierenden in der DDR, denn dieses Lehrbuch begleitete das von allen zu absolvierende Grundstudium.

Umgekehrt lassen auf diese Norm, den wissenschaftlichen Konsens zu suchen, auch die von DDR-Beobachtern vorgelegten Interpretationen der Theoriebildung im westlichen Wissenschaftssystem schließen. Die im Westen herrschende Pluralität der Ansätze konnte im Ideellen als jene "Widersprüchlichkeit" erscheinen, die das sozioökonomische System der "imperialistischen Länder" überhaupt kennzeichnet und seine welthistorische Obsoletheit anzeigt.[63] Entsprechend wird

---

[63] So Spiegel (1986): 396 in seiner durchaus instruktiven Auseinandersetzung mit der nichtmarxistischen Entwicklungssoziologie: "Die ideologisch-theoretische Differenzierung und der in manchen Fällen vollzogene Bruch [...] verweisen auf die tiefe Krise, in die die bislang vorherrschenden modernisierungstheoretischen und struk-

die gleichzeitige Anerkennung unterschiedlichster Theorien und Strategien in der Entwicklungsländerforschung als Widerspiegelung der heterogenen Interessen im Kapitalismus,[64] der Undurchsichtigkeit der gesellschaftlichen Verhältnisse[65] oder als mangelnde ideologische Orientierung im nationalen Kampf um Unabhängigkeit gedeutet.[66]

Der Norm der Konsensfindung wurde der Boden durch das gemeinsame Paradigma des Marxismus-Leninismus bereitet, spezifischer durch den im ersten Abschnitt dargestellten Horizont der Imperialismustheorie und der Kolonialgeschichtsschreibung, in dem alle Entwicklungsländerforschung stattfand. So ergaben sich auch aus den Gesprächen keine Anzeichen für ausgeprägte fachspezifische Identitäten der Politökonomen/-innen einerseits, der Regionalwissenschaftler/-innen i.e.S. andererseits.[67] In bezug auf den Kollegenkreis war eine solche differenzierende Wahrnehmung nicht vorhanden, und die eigene Identität entsprang eher persönlichen Neigungen als verallgemeinerbaren Faktoren. Für diese Homogenität spricht außerdem, daß die Veröffentlichungen eher entsprechend den persönlichen "Drähten" zu einer Redaktion als entsprechend der Reputation des betreffenden Organs in einer fachspezifischen community plaziert wurden. Und schließlich wird vor dem Hintergrund der Unterstellung eines geteilten Konsensus verständlich, warum die Bezugnahme aufeinander, das gegenseitige Sich-Zitieren eher die Ausnahme war.

Zur Konsensfindung trug auch die Lehre bei. Wie bereits erwähnt, erhielten alle Studierenden in der DDR vor ihrer eigentlichen Fachausbildung eine Ausbildung in marxistisch-leninistischer Philosophie, Politischer Ökonomie und Wissenschaftlichem Kommunismus. In den regionalwissenschaftlichen Studiengängen war als "Fundament" ein "marxistisch-leninistisches Grundlagenstudium in einer

---

turfunktionalistischen Konzeptionen Ende der sechziger/Anfang der siebziger Jahre gerieten, als die Völker und Staaten der 'Dritten Welt' immer stärker und auch erfolgreicher um die Überwindung des Systems neokolonialer Abhängigkeit und Ausbeutung zu ringen begannen." Auffallend ist, daß primär außerwissenschaftliche Gründe für innerwissenschaftliche Vorgänge (wie die Ablösung eines Paradigmas durch andere) angegeben werden.

64 Flechsig (1985).

65 Schatter (1988).

66 Höpp/Robbe (1983): 181ff.

67 Antworten auf die Frage nach der eigenen wissenschaftlichen Identität - eine Frage, die im Gespräch nicht selten Überraschung und anfängliche Ratlosigkeit hervorrief - sind zu unterscheiden von dem Muster, das sich m.E. den Texten und verschriftlichten Auseinandersetzungen abnehmen läßt. Im nächsten Abschnitt wird argumentiert, daß sich darin doch so etwas wie ein Spezifikum regionalwissenschaftlicher Entwicklungsländerforschung abzeichnet.

erweiterten Form" vorgesehen.[68] Dieses Grundstudium in ML nahm laut Studienplan einen nahezu doppelt so hohen Anteil an der Gesamtstundenzahl der Studierenden ein wie die multidisziplinären Regionalstudien.[69] D.h., die allgemein marxistisch-leninistische Lehre diente als eine vereinheitlichende Plattform, von der ausgehend erst die Besonderheiten der jeweiligen Region ins Gesichtsfeld traten. Diese Ausbildung ebenso wie die sorgfältige Selektion der Studierenden[70] deuten vorderhand auf die spätere Verwendung als Reisekader hin. Dazu bedurfte es ideologisch gefestigter Absolventen und Dozenten, die auf der gemeinsamen Basis ihre Ressorts pflegten.

Allerdings lassen Selbstdarstellungen des Faches auch darauf schließen, daß mit der marxistisch-leninistische Grundausbildung geradezu ein Gegengewicht zu regionalspezifischen Studien gebildet werden sollte. In der Homogenisierungstendenz wird zugleich ein Spannungsverhältnis sichtbar, auf das die politökonomische Ausbildung "in erweiterter Form" eine Antwort sein konnte. Das legen z.B. die Darstellungen von Reetz[71]und Jegzentis/Wirth[72] nahe, wenn sie das eigenständige Profil der Regionalwissenschaften bzw. der Entwicklungsländerforschung betonen. Mit "Eigenständigkeit" wird dabei eine größere Sachnähe bezeichnet, die die Regionalwissenschaften gegenüber den marxistisch-leninistisch stärker integrierten Gesellschaftswissenschaften auszeichnen soll.

2.2 Regionalwissenschaftliche versus monodisziplinäre Entwicklungsländerforschung

Daß die allgemeine Theorie des Marxismus-Leninismus und auf bestimmte Regionen bezogene Analysen in einem Spannungsverhältnis gesehen werden konnten, wurde bereits im Zusammenhang mit der Einrichtung regionalwissenschaftlicher Sektionen Ende der 60er Jahre angedeutet.[73] Ende der 80er Jahre ist dieses Spannungsverhältnis noch einmal dokumentiert. Der dabei zutage tretende Dissens ist um so auffälliger, als er der ansonsten gepflegten Nicht-Bezugnahme auf die Kollegen und Vermeidung öffentlich ausgetragener Debatten widersprach.

Unter monodisziplinärer Entwicklungsländerforschung wird im folgenden grosso modo die Forschung außerhalb der regionalwissenschaftlichen Sektionen und der

---

[68] Studienplan (1983): 11.

[69] Vgl. Kapitel 3.

[70] Reetz (1991): 2.

[71] Reetz (1991): I, 1.

[72] Reetz (1991): 72f.

[73] Vgl. Fn. 4.

AdW verstanden. Sie ist organisatorisch identifizierbar. Das IIB betrieb eine außenpolitisch orientierte Entwicklungsländerforschung, die HfÖ eine außenwirtschaftlich orientierte. Die organisatorische Identifizierbarkeit weist darauf hin, daß für diese Orientierung nicht rein wissenschaftsintern begründete Spezialisierungen verantwortlich sind, sondern auch die Zuweisung von Dienstleistungsfunktionen: Sie sollten v.a. Politikberatung leisten. Die Lehre nahm daneben eine im Vergleich zur Universität bzw. zu den Regionalwissenschaften weniger gewichtige Rolle.

In einem von mehreren Diskussionsbeiträgen, die die aala abdruckte,[74] kritisieren Entwicklungsökonomen der HfÖ die Regionalwissenschaften, v.a. die Grundfragen-Abteilung der Leipziger Sektion für Afrika-/Nahostwissenschaften: "Aus dieser Unsicherheit [der quantitativen und qualitativen Einschätzung des in den Entwicklungsländern vorhandenen Kapitalismus] resultiert dann nicht selten die Neigung, den genannten Problemkreis im Ergebnis langjährigen regionsspezifischen wissenschaftlichen Befassens mit der Materie und/oder als Resultat eigener durch die praktische Tätigkeit in einer dieser Regionen gewonnener Erfahrungen überwiegend z.B. in einer 'lateinamerikanisch-ostasiatischen' oder mehr 'schwarzafrikanischen' Perspektive zu betrachten und kognitiv zu verarbeiten."[75]

Der Angriff richtete sich deshalb primär auf die Leipziger Sektion, weil diese in den Regionalwissenschaften eine (informelle) Leitfunktion hatte. Das wurde nicht zuletzt dadurch begünstigt, daß sie als einzige Sektion einen Bereich "Grundfragen der nationalen Befreiungsbewegung" aufwies, der in der Theoriebildung eine federführende Rolle spielte.[76]

Bemerkenswerterweise wird den "regionsspezifisch" Forschenden von der HfÖ eine theoriekonservative, ja dogmatische Haltung vorgeworfen. Sie würden teilweise noch immer Schlußfolgerungen über die "Perspektivlosigkeit des Kapitalismus" ziehen, im Widerspruch zu einer "Realität", in der "de[r] Kapitalismus in den Entwicklungsländern zur Reife" gelangen kann.[77] Selbstverständlich ging die

---

[74] Sie gingen großteils auf eine 1988 von der Leipziger Sektion initiierte Konferenz zurück, die bereits stattfindende Diskussionen zusammenführen sollte. Dem Beitrag von Hopfmann/Schilling (1988) hatte die aala-Redaktion eine Anmerkung beigefügt, in der "[i]m Interesse der Fortsetzung der im Gange befindlichen Diskussion [...] um die Zusendung von Beiträgen" gebeten wird, m.W. ein Novum, das den mit dem Neuen Denken in der UdSSR zusammenhängenden Umbruch ankündigt. Schmidt (1989) und Block (1989) sind erste Reaktionen auf diese Aufforderung.

[75] Faulwetter et al. (1989): 414.

[76] Vgl. Mährdel/Krause (1985); Hopfmann et al. (1992).

[77] Faulwetter et al. (1989): 415.

These von der "Perspektivlosigkeit des Kapitalismus" mit der herrschenden Lehre konform, die von der HfÖ ventilierte These dagegen nicht.

Damit wird eine überraschende Konfliktlinie zwischen Entwicklungsökonomie einerseits, in den Regionalwissenschaften angesiedelter Politischer Ökonomie andererseits sichtbar. Der Vorwurf lautet zugespitzt, daß zumindest Teile der Regionalwissenschaften bestimmte Ländererfahrungen gar nicht registrierten, sondern den je eigenen Länderfall[78] verabsolutierten, um das Lehrbuch-Diktum zu stützen, kapitalistische Entwicklung könne in ehemaligen Kolonien lediglich zu deformierten Strukturen führen. Sollte dieser Vorwurf im Ansatz zutreffen, dann wäre der Anspruch der Regionalwissenschaften, ein eigenständiges Profil dank sachhaltiger Forschung hervorgebracht zu haben, deutlich relativiert. Dabei spielt keine Rolle, daß in diesem Vorwurf die Regionalwissenschaften vorderhand systemkonformer erscheinen, sondern daß sie wissenschaftliche Forschung auf einem Gebiet vernachlässigten, für das sie zuständig waren und wo die Empirie zumindest irritieren mußte.

Anhand einiger ausgewählter Beiträge soll deshalb untersucht werden, ob diese, erst Ende der 80er Jahre öffentlich ausgetragene, Debatte einen unerwarteten Unterschied zwischen monodisziplinärer Entwicklungsländerforschung einerseits, regionalwissenschaftlicher Entwicklungsländerforschung andererseits signalisiert.[79] Diese inhaltlich-thematische Analyse muß die geplanten - und aus o.a. Gründen verworfenen - Fallstudien ersetzen.

Die Debatte kreiste um drei zusammenhängende Fragen[80]: Ist der in den Entwicklungsländern sich herausbildende Kapitalismus ein "abhängiger" oder ein "ge-

---

[78] Und dabei ist zu beachten, daß erfolgreich sich entwickelnde Länder wie die ASEAN-Staaten lange nicht zum Gegenstandsbereich der Entwicklungsländerforschung gehörten (vgl. Text zu Fn. 10) oder auch so differenziert sich entwickelnde Länder wie Brasilien wegen logistischer Schwierigkeiten (Lebenshaltungskosten, fehlende traditionelle Beziehungen) kaum aus eigener Anschauung bekannt waren.

[79] Von einigen Gesprächspartner ist diese Debatte um die Formationstheorie und ihre Schlußfolgerungen für das Potential kapitalistischer Entwicklung als eine Auseinandersetzung Karlshorst - Leipzig dargestellt worden: Es habe sich dabei um einen persönlich gefärbten Konflikt zwischen Ökonomen gehandelt. Dieser Einschätzung wird hier nicht gefolgt, und zwar nicht, weil die faktische Richtigkeit dieser Aussage bezweifelt wird, sondern weil sie m.E. zu kurz greift.

[80] Vgl. dazu die konzise Darstellung bei Grienig (1985): 765. Das Referat stützt sich auf die Beiträge von Kannapin et al. (1985b), Grienig (1985), Khalatbari (1986), ders. (1989), Spiegel (1987), Hopfmann/Schilling (1988), Robbe (1989), Schilling (1989) einerseits, auf die Beiträge von Faulwetter/Hoffmann (1983), Müller-Bülow (1988), Faulwetter et al. (1989), Schmidt (1989) andererseits. Außerdem wurde der Konferenzbericht von Michalski et al. (1989) und die informative Darstellung

wöhnlicher" Kapitalismus? Wirkt der sich herausbildende Kapitalismus eher konservierend oder letztlich destruktiv auf die Mehrsektorenwirtschaft, das Ensemble der vorkapitalistischen und rudimentär kapitalistischen Produktionsweisen? Hinter diesen beiden esoterischen Fragen der Formationstheorie stand letztlich die Frage, ob Unterentwicklung durch kapitalistische Entwicklung nur graduell vermindert oder ob sie überwunden werden kann.[81] Diese Frage war, so ist der Debatte zu entnehmen, von eminenter außenpolitischer Bedeutung: Wird das Potential zur Überwindung der Unterentwicklung schwach eingeschätzt, so ist - ausgehend von einer langandauernden Koexistenz - nach wie vor der Systemgegensatz eine außenpolitische Handlungsmaxime. Wird das Potential des kapitalistischen Entwicklungsweges dagegen höher eingeschätzt, dann sollte man sich außenpolitisch und außenwirtschaftlich pragmatisch verhalten, z.B. die Systemfrage im Hinblick auf Debatten um die Neue Weltwirtschaftsordnung möglichst in den Hintergrund stellen.

Die eine - und in der Tat größere - Seite wurde von Mitgliedern der regionalwissenschaftlichen Sektionen in Leipzig und Berlin (sowie dem Institut für Demographie an der HUB), des Zentralinstituts für Geschichte der AdW und des IPW vertreten. Sie beantwortete die obengestellten Fragen im jeweils ersteren Sinne: Der Kapitalismus in Entwicklungsländern ist eine durch den Kolonialismus deformierte und in der gegenwärtigen Weltwirtschaft ständig reproduzierte Version des altbekannten Kapitalismus. Allerdings wirkt der Kapitalismus in der Dritten Welt so deformierend und zugleich konservierend in bezug auf die vorkapitalistischen Produktionsweisen, daß das daraus entstehende Unterentwicklungssyndrom einer eigenständigen Politischen Ökonomie und Soziologie der Entwicklungsländer bedarf. Nationale kapitalistische Entwicklung kann deshalb im Regelfall nicht zur Überwindung der Unterentwicklung führen. Vielmehr bedarf es dazu tiefgreifender Reformen wie es das Konzept der "Neuen Weltwirtschafts-

---

entwicklungstheoretischer Schulen von Jegzentis/Wirth (1991) herangezogen. Das Vehikel, das diese Debatte beförderte, war das in der Sowjetunion propagierte Neue Denken, das klingt u.a. im Konferenzbericht von Heßke (1989) an.

[81] Sie war - wohl nicht zufällig - auch auf internationalen Konferenzen der östlichen Hemisphäre ein Thema: So ist dem Protokoll der 10. Plenartagung der "Multilateralen Problemkommission von Akademien der Wissenschaften sozialistischer Länder" zu entnehmen, daß dort (in einem Vortrag des bulgarischen Vertreters) "eine Auseinandersetzung mit der These [erfolgte], daß man sich heute von der Theorie der Gesellschaftsformationen trennen müsse." Übergangslos stellt das Protokoll dann aber fest: "Im Gegenteil sei die Analyse von Formationsfragen notwendiger denn je, auch für die Frage des gesellschaftlichen Fortschritts." ZENTRAAL (1989): 3.

ordnung" bzw. seine realsozialistische Variante, die "Internationale ökonomische Sicherheit", vorsehen.

Dieser Seite, die an die bisher vertretenen Lehren anschloß und für moderate Weiterentwicklung der Kategorien plädierte, stand das Institut für Ökonomik der Entwicklungsländer der HfÖ gegenüber. Es plädierte dafür, die Entwicklungsproblematik innerhalb einer einheitlichen Politischen Ökonomie des Kapitalismus zu betrachten. Damit näherte man sich, z.T. explizit, einem Weltsystem-Ansatz,[82] der in Chronologie ("nachholende Entwicklung") auflöst, was in der marxistisch-leninistischen Orthodoxie als Formation ("abhängige Mehrsektorenwirtschaft") thematisiert wird. Der Gegensatz zwischen beiden ist nicht unüberbrückbar, weil auch die Formationstheorie von einem nur temporären Bestand dieser Mehrsektorenwirtschaft ausgeht. Aber aus der Weltsystem-Sicht ist zu vermuten, daß durch zunehmende Integration in den kapitalistischen Weltmarkt auch ökonomische Unabhängigkeit - und damit die Basis für die Überwindung der Unterentwicklung - entstehen kann, wie sie die Erste Welt erreicht hat. Deshalb komme u.a. dem wissenschaftlich-technischen Fortschritt so große Bedeutung zu, was einer pragmatischen Außenpolitik die konzeptionelle Grundlage lieferte, die so auch vom IIB, Abt. Entwicklungsländer, favorisiert wurde.[83]

Im Rahmen dieser Arbeit interessieren nur die wissenschaftlichen Argumentationsweisen beider Seiten, nicht bestimmte Inhalte. Und dabei ist festzustellen, daß diese Argumentationsweisen sich kaum unterscheiden. Auf beiden Seiten hatten empirische wie dogmatische Argumente ihren konventionellen methodischen Stellenwert. So wie Faulwetter/Stier/Voigt (1989) auf die neuen "Realitäten" verweisen, um ihr Plädoyer für eine Relativierung der imperialismustheoretischen Grundlagen zu stützen, so beruft sich auch die Gegenseite auf die "Realitäten", etwa die Entwicklungen in Asien[84] oder einzelne Ländererfahrungen,[85] um zu begründen, daß es allenfalls behutsamer Anpassungen des kanonischen Wissens bedürfe. Jede Seite versucht die Erfahrungen zu verarbeiten, daß der Kapitalismus in den Entwicklungsländern auf dem Vormarsch ist und daß es auf diesem Wege auch Fortschritt i.S. einer breitenwirksamen Verbesserung der Lebensstandards gegeben hat. Und beide Seiten berufen sich auf die Klassiker Marx, Engels und Lenin, um ihre Position zu verteidigen, der Kapitalismus sei auch bei ungleicher Entwicklung ein einheitliches Phänomen[86] bzw. umgekehrt, daß "es Kapita-

---

[82] Er wird in der Politischen Ökonomie Immanuel Wallerstein zugerechnet und hat methodische Vorläufer in der französischen Annales-Schule der Historiographie.

[83] Hundt (1986), vgl. Fn. 10; Schmidt (1989).

[84] Grienig (1985).

[85] Spiegel (1987): 404ff.

[86] Müller-Bülow (1988): 46; Faulwetter/Theuring (1989): 6.

lismus und Kapitalismus gibt".[87] Das heißt, es war ein geteiltes Verständnis darüber vorhanden, was ein valides theoretisches Argument ist, nämlich nachzuweisen, daß eine Konzeption im Einklang mit den Aussagen kanonischer Texte steht.

Aus den Beiträgen geht also nicht hervor, daß hier die Empiriker platterdings den Dogmatikern gegenüberzustellen wären. Allenfalls trifft die gängige, konkret aber wenig informative Gegenüberstellung von Praktikern und Akademikern einen Aspekt des Dissenses. Die am Ende der 80er Jahre vergleichsweise vehement ausgetragene Debatte war m.E. von differierenden politisch-strategischen Einschätzungen getragen, nicht so sehr von im Kern wissenschaftlichen Auseinandersetzungen. Vielleicht konnte deshalb einer ihrer Hauptkombattanten und -initiatoren, H. Schilling, "einen weitgehenden Konsensus im Grundsätzlichen" feststellen.[88]

Für die hier verfolgte Fragestellung ist allerdings relevant, daß sich - sozusagen im Rücken der Beteiligten - eine innere Differenzierung des "regionalwissenschaftlichen Lagers" vollzieht, die aufschlußreich für das Selbstverständnis der Regionalwissenschaften als Teil einer Entwicklungswissenschaft ist. Bisher wurde nur die von außen an die Regionalwissenschaften herangetragene Kritik referiert: Sie wurde von Faulwetter et al. (1989) dahingehend formuliert, in diesen neige man dazu, einzelne Ländererfahrungen zu verabsolutieren und entwicklungstheoretisch aufschlußreiche Erfahrungen nicht zu rezipieren. In dieses Horn stößt auch Müller-Bülow,[89] wenn er dem Multisektoren-Modell die analytische Bedeutung abspricht, ihm allenfalls eine die Darstellung strukturierende Funktion für historische Untersuchungen und Situationsbeschreibungen zubilligt. Mit der von Faulwetter et al. (1989) geäußerten Kritik verbindet sich dies insofern, als darin der Vorwurf liegt, in regionalwissenschaftlichen Arbeiten würde an veralteten Konzepten festgehalten, obwohl diese sich erkennbar überlebt hätten.

Doch auch innerhalb der Regionalwissenschaften gab es Kritik an Ausprägungen des eigenen Faches. Auf einer Tagung des Wissenschaftlichen Beirats für Afrika-, Asien-, Lateinamerikawissenschaften des Ministeriums für Hoch- und Fachschulwesen wurde festgestellt, "allgemein [sei] ein Defizit in der Erforschung eigener regionalwissenschaftlicher theoretischer und methodologischer Grundlagen zu verzeichnen".[90]

Im besonderen mahnt Spiegel[91] an, selbst Entwicklungssoziologe in der Grund-

---

87 So Schilling (1989): 386, Lenins "lakonische Feststellung" der Inhomogenität des Kapitalismus anführend.

88 Michalski et al. (1989): 320.

89 Michalski et al. (1989): 4.

90 Voigt et al. (1989): 795.

91 Voigt (1987): 403.

fragen-Abteilung der Leipziger Sektion, "formationstheoretisch[e] Erkenntnisse des Marxismus-Leninismus" stärker in die regionalwissenschaftliche Forschung einzubeziehen. Pfeifer/Picht (1989), Sektion Asienwissenschaften der HUB, kritisieren die Tendenz von Regionalwissenschaftlern und Historikern, "die sozialistische Orientierung [...] als das progressivste Ergebnis des nationalen Befreiungskampfes" darzustellen, obwohl dies erst der wirkliche Übergang zum Sozialismus sein könne, an die regionalwissenschaftliche "Fragestellung [sei] unter dem historischen Aspekt des Formationswechsels [heranzugehen]".[92] Von Grienig[93] wird die historisierende Tendenz kritisiert, "die Rückständigkeit der Produktivkräfte und den vorkapitalistischen Charakter der Produktion [...] als Überreste vorkolonialer und kolonialer Zeit" zu betrachten und nicht "in engem Systemzusammenhang mit dem Kapitalverhältnis als ein Ergebnis der konservierenden und destruktiven Wirkung des Kapitals selbst". Und rückblickend stellen Hopfmann/Krause/Schilling[94] fest, es "hätte auf längere Sicht auch wissenschaftsmethodologischer Veränderungen in den Regionalwissenschaften selbst bedurft, um auch die globalen Problemlagen der Menschheitsentwicklung konsistent in deren Lehrgebäude zu integrieren." Mit diesen wissenschaftsmethodologischen Veränderungen ist in erster Linie eine "einzelwissenschaftliche Profilierung", i.e. stärkere Gewichtung der Stammdisziplinen, gemeint.[95]

So gibt es dann am Ende der 80er Jahre auch regionalwissenschaftlich-historische Studien, die ausdrücklich "die formationsgeschichtlich wichtige Frage nach dem Verhältnis von kapitalistischer Industrialisierung, Heterogenität einer abhängigen multisektoralen Ökonomie mit zahlreichen vorkapitalistischen Strukturelementen und 'Unterentwicklung' auf dem kapitalistischen Weg zu beantworten" suchen.[96] Im Unterschied zu konventionellen regionalwissenschaftlichen Arbeiten ist gerade "nicht beabsichtigt, den Werdegang der indischen Bourgeoisie als Klasse in ihrer Gesamtheit nachzuzeichnen und ihre strukturelle Vielfalt zu erfassen."[97] In dem seit Anfang 1988 eingerichteten Asien-Colloquium der Humboldt-Universität beschäftigte man sich zunächst schwerpunktmäßig mit Fragen der "kapitalistischen Evolution".[98] Diese Kritiken bzw. forschungsstrategischen Schlußfolgerungen bezüglich des eigenen Faches können als Appelle aufgefaßt werden, sich angesichts der irritierenden Erscheinungen wieder stärker der mar-

---

92 Pfeifer/Picht (1989): 110f.

93 Grienig (1985): 774.

94 Hopfmann et al. (1992): 147.

95 Hopfmann et al. (1992): 146.

96 Heidrich (1989): 7; vgl. auch Oesterheld (1989).

97 Oesterheld (1989): 6.

98 Relationen (1995): 30.

xistisch-leninistischen Grundlagen, hier: der Lehre von den Gesellschaftsformationen, zu vergewissern.[99]

Üblich war in regionalwissenschaftlichen Studien die summarische Übernahme solcher Theoreme wie dem von der "Mehrsektorenwirtschaft" oder dem "abhängigen Kapitalismus", ohne daß dies erkennbar die Forschung orientierte, informativ für die konkreten Analysen gewesen wäre. Nach dem Selbstverständnis derer, die sich primär ihrer Regionalwissenschaft verpflichtet fühlten, gehörte ihr Fach nicht unbedingt zu einer regional spezifizierten Entwicklungs- oder Entwicklungsländerwissenschaft. Sie neigten im Gespräch mehrheitlich der Auffassung zu, daß sie sich innerhalb einer gegenwartsbezogenen Geschichtswissenschaft regional spezialisiert hatten.[100] In diesen Selbstbeschreibungen erschienen die Regionalwissenschaften als Gegenentwurf zu einer eurozentristischen Geschichtsschreibung oder - positiv ausgedrückt - als wissenschaftsorganisatorischer Ausdruck einer Universalgeschichtsschreibung.

Dem entsprach auch eine Fremdwahrnehmung: Wie bereits erwähnt, wurden im engeren Sinne regionalwissenschaftliche Arbeiten deshalb als wenig geeignet für die politische Beratung, generell für die Praxis, wahrgenommen, weil sie sich nicht mit "aktuellen" Entwicklungen befaßten. Als "wissenschaftlich" gelten konnte demgegenüber die Befassung mit Zeiträumen, die mehr als fünf bis zehn Jahre zurücklagen. In der Selbst- wie in der Fremdbeschreibung kennzeichnete die Regionalwissenschaften somit, daß sie sich mit den als historisch geltenden Entstehungsbedingungen gegenwärtiger Vorgänge befaßten, und dies nicht entlang disziplinärer Grenzen.

Nimmt man die fachintern verlautende Kritik und die von außen, d.h. öffentlich von den Entwicklungsökonomen der HfÖ geäußerte Kritik zusammen, so ergibt sich m.E. folgendes Bild: Die Auseinandersetzungen um den Stellenwert der abhängigen Mehrsektorenwirtschaft scheint mir - im Unterschied zu Jegzentis/Wirth (1991) - nicht so sehr Ausdruck eines Schulenstreites gewesen zu sein. Es läßt sich sogar bezweifeln, ob er eine i.e.S. wissenschaftliche Fragestellung, also die paradigmatischen Grundlagen oder die Relevanz bestimmter Phänomene

---

99 Vgl. auch Block (1989).

100 So konnte beispielsweise ein Ökonom, der als Südasienwissenschaftler tätig war, sich selbst als "gegenwartsbezogener Wirtschaftshistoriker mit regionalem Schwerpunkt" beschreiben. Diejenigen, die sich primär als Vertreter ihrer Disziplin (Politische Ökonomie, Außenhandelsökonomie, Finanzökonomie) verstanden, charakterisierten die primär regionalwissenschaftlich Orientierten auch als "Wirtschaftsgeographen". - Und in seiner Rezension von Spanger/Brock (1987) lehnte Robbe (1989a) die von den Autoren vorgenommene Gleichsetzung der Regionalwissenschaften mit Entwicklungsländerwissenschaften ab.

für die Theorie, betraf. Denn darin schien man sich einig. Vielmehr ging es in erster Linie um die Aktualisierung des Kategorienapparates - und um seinen Stellenwert - angesichts der außenpolitischen und außenwirtschaftlichen Neuorientierung in der Gorbatschow-Ära. In der Tendenz sah die Mehrheit im allgemeinen, die regionalwissenschaftlich Forschenden im besonderen, einen geringeren Bedarf, seinen Stellenwert zurückzudrängen bzw. weniger auf den fundamentalen Unterschied zwischen den beiden Systemen zu bestehen. Allerdings sahen sie eine Notwendigkeit, nun das marxistisch-leninistische Grundlagenstudium zu forcieren und entwicklungsländerbezogene Studien stärker theoriegeleitet zu betreiben.[101]
Der interessante und für unsere Fragestellung weiterführende Punkt ist der darin zum Ausdruck kommende Theoriekonservatismus der Regionalwissenschaften. Er verlieh den Regionalwissenschaften ein Profil gegenüber den außenwirtschaftlich oder außenpolitisch orientierten Entwicklungsländerforschung der HfÖ bzw. des IIB. Theoriekonservativ waren beide Haltungen, die sich in den Regionalwissenschaften abzeichnen: derjenigen, die auf die Grundfragen spezialisiert waren, in der Debatte deshalb an prominenter Stelle standen und ihre Position auch begründeten, wie derjenigen, die auf die regionale Sozialgeschichte spezialisiert waren, deshalb die Terminologie übernahmen und nicht selbst zum Gegenstand der Forschung machten. - Um naheliegenden Fehlschlüssen vorzubeugen: m.E. ist Theoriekonservatismus nicht per se kritikwürdig, selbst dann nicht, wenn er den in der DDR gelehrten Marxismus-Leninismus zum Gegenstand hat.[102] Zumal hier nicht zu

[101] So wehrte man sich mit Seitenhieb auf den pragmatischen Zug des Karlshorster Instituts dagegen, das Grundlagenstudium sein zu lassen: "Und wenn in diesem Zusammenhang oft die 11. 'Feuerbachthese' von Marx ins Feld geführt wird, die auf das 'praktische Verändern' orientiert und diejenigen kritisiert, die 'nur interpretieren', dann wird dabei meist die Partikel 'nur' dort übersehen. Um zu 'praktischen Veränderungen' zu gelangen, bedarf es nicht nur des theoretischen Lösungskonzepts und der wissenschaftlich begründeten Formulierung von Strategie und Politik, sondern - und zwar davor - auch der empirischen, theoretischen und theoriekritischen Analyse [...]." Schilling (1989): 381; vgl. mit etwas anderer Stoßrichtung - nämlich, daß die theoretische Diskussion an bestehende Erkenntnisse anschließen solle - auch Khalatbari (1989): 392.

[102] Das grundlegende Werk von Kuhn (1962): Kap.V u. VIII behauptet in bezug auf die Naturwissenschaften eine "Priorität der Paradigmata" und zeigt auf, daß die "Reaktion auf die Krise" eines solchen Paradigmatas darin besteht, Gegenevidenzen zu Ausnahmefällen zu erklären. Erst wenn ein paradimatischer Ersatzkandidat vorhanden ist, werden diese Gegenevidenzen aufgewertet und zu Stützen des neuen Paradigmas erklärt. Die Übertragbarkeit der Kuhnschen Wissenschaftstheorie auf die Sozialwissenschaften ist in der Literatur umstritten. Jedoch scheinen die Gesellschaftswissenschaften der DDR hinsichtlich der paradigmatischen Selbstsicherheit durchaus den Naturwissenschaften vergleichbar, und insofern ist die Kuhnsche These übertragbar.

beurteilen ist, wie konkret die Analysen waren, die angesichts der konzedierten Irritationen ein Festhalten an den etablierten Lehren rechtfertigen sollten.
An der überlieferten Theorie wurde festgehalten, und zwar nicht wegen Verdrängung bestimmter Erfahrungen. In den Asienwissenschaften wurden die Umwälzungen in der Region durchaus registriert, die schließlich nicht nur die notorischen vier "Tigerländer", sondern auch Vietnam, Indonesien oder Indien betrafen. Das widerspricht dem (negativ oder positiv gewerteten) Vorurteil, daß regionalwissenschaftlich Forschende theoretisch weniger "gefestigt", positiv ausgedrückt: weniger borniert, seien und sich leichter an den Gegenstand "verlieren" würden. Vielmehr bestand man hier auf festen theoretischen Grundlagen bzw. war man nicht bereit, diese aufzugeben.
Eine für Außenstehende naheliegende Deutung wäre, diesen Theoriekonservatismus der gründlichen Ausbildung in Marxismus-Leninismus zuzuschreiben. Dabei ist aber zu berücksichtigen, daß die Mehrzahl derjenigen, die in den 80er Jahren in den Regionalwissenschaften forschten und publizierten, selbst eine monodisziplinäre Ausbildung (v.a. in Ökonomie, Geschichte, klassischen orientalistischen Fächern) erfahren hatten.
In diesem Theoriekonservatismus könnte sich eine Charakteristik regionalwissenschaftlicher Forschung zeigen, die in ähnlich gegenstandsorientierten Wissenschaften wie der vergleichenden Regierungslehre im Westen ebenfalls auftritt. Es steht zu vermuten, daß ein Fach, das sich nicht über einen abstrakt gefaßten Problemgesichtspunkt definiert ("das Soziale" oder "die Ökonomie" der Gesellschaft, Entwicklung national verfaßter politischer Einheiten), sondern über einen konkreten Sachverhalt wie Asien, auf Fremdbezug von Theorie angewiesen sind.[103] Denn Theorie - für die Gesellschaftswissenschaften in der DDR: der Marxismus-Leninismus, insbesondere die Politische Ökonomie - befaßt sich mit Problemstellungen. Ihre "Anwendung" besteht gerade darin, durch ihre Zugrundelegung eine verfremdende Perspektive auf empirisch gegebene Sachverhalte zu gewinnen, die diesen informativ in bezug auf die Problemstellung werden läßt. Das aber genau leistet eine Regionalwissenschaft, und insofern sind Regionalwissenschaften immer anwendungsorientierte Wissenschaften.
Doch während solche Anwendungsorientierung im Westen tendenziell zu Eklek-

[103] So auch das nach der Wende verfaßte "Memorandum", das Grundlage der "Strategiediskussion am Fakultätsinstitut Asien- und Afrikawissenschaften" an der HUB war: "Asien- und Afrikawissenschaften sind keine zufälligen Agglomerationen von Wissensgebieten, sondern eine im Prozeß der internationalen Wissenschaftsentwicklung in den letzten 70 Jahren entstandene Kooperations-, Kommunikations- und Integrationsebene für einen breiten Fächer von Fachgebieten, deren territorialer Untersuchungs- und Vermittlungsgegenstand Asien und Afrika sind." Relationen (1995): 1.

tizismus und/oder einer Inflation von Ansätzen führt,[104] legte sie unter Bedingungen des DDR-Wissenschaftssystems in der Tendenz Orthodoxie nahe. Dafür spricht nicht nur das seit Kuhn (1962) bekannte Phänomen, daß gefestigte Paradigmen, die durch widersprechende empirische Befunde irritiert werden, von der scientific community niemals verworfen werden, bevor nicht ein paradigmatischer Ersatzkandidat gefunden wird. Die Kuhnsche These stellte zunächst nur eine Interpretation der Geschichte naturwissenschaftlicher Theorien dar. Doch scheint sie insofern auf den vorliegenden Fall anwendbar, als der Marxismus-Leninismus in den Gesellschaftswissenschaften der DDR eine so hegemoniale Stellung einnahm, wie dies im Westen sonst nur naturwissenschaftlichen Paradigmen beschieden ist. Auf die sich anbahnende Krise des Marxismus-Leninismus reagierten daher die Regionalwissenschaften mit dem Versuch, die aufgegebenen Rätsel theorieimmanent zu erklären, nach Kuhn die zunächst naheliegendste Reaktion der Wissenschaft. Daß die HfÖ und möglicherweise auch das IIB anders reagierten, wäre, ausgehend von dieser These, mit ihren nicht rein akademischen Aufgaben in der Politikberatung zu erklären.

Hinzu kommt die prekäre Lage der Regionalwissenschaften in bezug auf die Theoriebildung, die der innerfachlichen Kritik - der systematisch Interessierten an den primär historisch Forschenden - in der Spätzeit der DDR zu entnehmen ist. Eine Aufweichung der theoretischen Grundlagen, die Zulassung des Laissez-faire-Prinzips hätte angesichts der Heterogenität des Gegenstandes der Regionalwissenschaften dazu geführt, daß die Norm der Konsensfindung nicht mehr systematisch zu wahren gewesen wäre. Angesichts des möglichen Verlustes eindeutiger theoretischer Grundlagen drohte die Identität des Faches, die Kommunikationsfähigkeit untereinander verlorenzugehen. Der Theoriekonservatismus war daher die DDR-adäquate Reaktion auf dieses Problem. Unter Bedingungen des DDR-Wissenschaftssystems sprach wissenschaftlich vieles dafür, an der herrschenden Lehre festzuhalten.

Zusammenfassend: Die am Ende der 80er Jahre dokumentierten Auseinandersetzungen zwischen Entwicklungsökonomen und Regionalwissenschaftlern (mit starkem Grundlagenbezug) scheinen im Kern kein wissenschaftlicher Schulenstreit gewesen zu sein. Insofern deuten sich darin auch keine prinzipiellen Unterschiede zwischen monodisziplinärer und regionalwissenschaftlicher Entwicklungsländerforschung an. In dieser Auseinandersetzung wurde vielmehr eine innere Differenzierung des regionalwissenschaftlichen Selbstverständnisses sichtbar, die auf ein systematisches Problem dieses Faches aufmerksam macht: ihre

---

[104] Vgl. etwa Nuscheler (1985): 10ff. zur "Dritte-Welt-Forschung", die als solche auch eine gegenstandsorientierte Abgrenzung von "*development studies*" vornimmt.

Gegenstandsorientierung erlaubt i.d.R. nur eine Zweitverwertung der Theorien, die aus den einzelnen "Mutterdisziplinen"[105] stammen. Unter Bedingungen des westlichen Wissenschaftssystems führt dieses Abgeschnittensein von der theoretischen Grundlagenforschung zu einer oft als exzessiv empfundenen Pluralität der Ansätze. In einer anwendungsorientierten Gesellschaftswissenschaft in der DDR scheint dieser Umstand dagegen eine mehr oder weniger ausdrücklich formulierte Orthodoxie begünstigt zu haben.

2.3 Selbstdarstellungen des Faches und entwicklungspolitische Initiativen nach der Wende

Das "Schicksal wissenschaftlichen Wissens im politischen Umbruch", wie es die Arbeitsgruppe u.a. zu erforschen sucht, ist im Falle der Entwicklungsländerforschung nicht in dem Sinne zu erheben, daß die wissenschaftlichen Arbeiten nach der Wende mit denjenigen vor der Wende verglichen werden könnten. Die dafür zur Verfügung stehende Grundgesamtheit ist für einen solchen Vergleich zu klein. Denn Einrichtungen, wie das IIB und die HfÖ, an denen sich u.a. solche Forschung konzentrierte, wurden als vermeintliche "Kaderschmieden" pauschal abgewickelt. Bei den noch wissenschaftlich tätigen Regionalwissenschaftlern ist eine verstärkte Tendenz zur sozialgeschichtlichen Forschung unverkennbar, eine Tendenz, die, wie oben angedeutet wurde, durchaus bereits zu DDR-Zeiten vorhanden war.[106] Davon gibt es selbstverständlich Ausnahmen, etwa die Beiträge zur politischen Entwicklung ehemaliger DDR-Wissenschaftler in Weidemann (1991). Doch ist deren Anzahl und die Bandbreite der behandelten Themen insgesamt zu schmal, um daraus valide Schlüsse ziehen zu können.
Jedoch lassen sich zwei andere "Evidenzen" nutzen, um Aufschluß darüber zu gewinnen, worin das Spezifikum der Regionalwissenschaften und der Entwick-

---

[105] So der in der DDR geläufige Terminus für Politische Ökonomie, Soziologie, Geographie etc., die in den regionalwissenschaftlichen Sektionen "komplex" kombiniert werden sollten.

[106] Vgl. etwa für die Asienwissenschaften die im Forschungsschwerpunkt Moderner Orient (1992) ausgewiesenen Projekte und Publikationen. Dabei besteht Kontinuität hinsichtlich der Gegenwartsorientierung der geschichtlichen Forschung. Entwicklungssoziologisch relevant ist sie jedoch nur in einem sehr weiten Sinne (v.a.: ethnische und religiöse Konflikte im Zuge der Säkularisierung). Sie fallen damit außerhalb des Gegenstandsbereiches dieses Beitrags, was die Verdienste der betreffenden Arbeiten selbstverständlich nicht im geringsten in Zweifel ziehen soll (vgl. dazu den Beitrag von Schwerin im selben Bd.).

lungsländerforschung in der DDR bestand und welches Schicksal dem dort angefallenen Wissen zuteil wurde. Da sind zum einen die Rückblicke auf die in Frage stehenden Sektionen und Einrichtungen bzw. die dort stattgefunden habende Lehre und Forschung. Eine andere Form der "Selbstdarstellung des Faches" sind die entwicklungspolitischen Vereinigungen und Initiativen, die unter wesentlicher Beteiligung ehemaliger DDR-Wissenschaftler/-innen entstanden sind. Die besonderen Schwerpunkte und/oder Herangehensweisen sollen nur insoweit in Betracht gezogen werden, als darin Distanzierung von oder Anschluß an ein früher geteiltes Verständnis von Entwicklung erkennbar werden.
Die nach der Wende verfaßten Selbstdarstellungen der Regionalwissenschaften,[107] jetzt auch unter "Entwicklungsländerforschung" allgemein subsumiert,[108] und/oder die Darstellung einzelner Einrichtungen,[109] sind in hohem Maße von der Erfahrung der Abwicklung geprägt. Insofern äußern sie sich nur allgemein - und verständlicherweise apologetisch - über die Spezifika und das Erhaltenswerte der regionalwissenschaftlichen Studiengänge.
Zunächst hatte es noch ausgesehen, als würden die Asien-, Afrika- und Lateinamerikawissenschaften der DDR nicht den Weg aller Gesellschaftswissenschaften gehen, d.h. organisatorisch aufgelöst und personell weitgehend ausgetauscht zu werden. Dieser Anschein war auch ausschlaggebend für die Wahl dieses vergleichsweise "kleinen Faches" als einer Fallstudie zu "Wissenschaften und Wiedervereinigung". Doch die diesbezüglich geweckten Erwartungen wurden enttäuscht, sei es, weil Versprechen gebrochen wurden, sei es, weil die Erwartungen sich z.B. aufgrund budgetärer Zwänge nicht erfüllen ließen.
Inzwischen gibt es gegenwartsbezogene und multidisziplinäre regionalwissenschaftliche Studiengänge in den neuen Bundesländern noch an der Universität Leipzig (Institut für Afrikanistik)[110] und an der Humboldt-Universität zu Berlin

---

107 Barthel (1993).
108 Reetz (1991); Robbe (1993).
109 Hopfmann et al. (1992); Schwanitz (1993).
110 Das Kommentierte Vorlesungsverzeichnis für das Sommersemester 1995 nimmt ausdrücklich Bezug auf die Leipziger Tradition und bekennt sich zu diesem konzeptionellen Ansatz: "Die Mitglieder des Instituts erkennen die Existenz von drei jeweils transdisziplinär verstandenen Arbeitsbereichen der Forschung an, die zugleich wahlweise inhaltliche Schwerpunkte der gemeinsamen integrierten Afrikanistik-Ausbildung der Studierenden sind: - Afrikanische Sprachen und Literaturen - Geschichte und Kulturgeschichte Afrikas - Politik, Wirtschaft und Gesellschaft Afrikas." (Institut für Afrikanistik (1995): 7) Es ist insofern nicht ganz nachzuvollziehen, inwiefern ein "klassisches Zentrum der Regionalforschung" in Leipzig "zerstört" worden sein soll, vgl. Schwanitz (1993): 59.

(Fachbereich Afrika- und Asienwissenschaften, vgl. Kap. 3). Doch selbst an der HUB ist in der Tendenz eine Re-Traditionalisierung festzustellen, insofern die sozialwissenschaftlichen Fächer ausgegliedert und die Geschichte als Leitdisziplin etabliert wurde.[111] Die Asien- und Afrikawissenschaften dort sind zu einem kulturwissenschaftlichen Studiengang geworden, der eine deutlich schwächere Akzentsetzung bezüglich der Sozialwissenschaften aufweist. Die seit der Wende stattgefundenen Reformen an der HUB führten von einem entwicklungswissenschaftlichen Studiengang weg, wie Grienig[112] zu Recht feststellt.

Was wird in den Rückblicken als Spezifikum und als Erhaltenswertes angegeben? Im Vergleich zur alten Bundesrepublik seien die Regionalwissenschaften nicht primär philologisch und "praxisfern" ausgerichtet gewesen, sondern "unter revolutionspolitischen, aber auch außenwirtschaftlichen Gesichtspunkten als moderne Länderwissenschaften konzipiert" worden.[113] Der bis zur Wende amtierende Vorsitzende des ZENTRAAL gibt an, daß die "Forschungen darauf gerichtet waren, die inneren Gesetzmäßigkeiten des Ablaufs außerordentlich komplexer und komplizierter gesellschaftlicher Prozesse in der Vergangenheit und vor allem in der Gegenwart aufzudecken."[114] Dieses Wissenschaftsverständnis, es ginge um die Suche nach Gesetzmäßigkeiten, wird auch bei Robbe[115] als Spezifikum der Entwicklungsländerforschung in der DDR hervorgehoben, dort aber - selbstkritisch - als Problem vermerkt: "Methodologisch in höchstem Maße unsauber war es, Wünschbares als gesetzmäßig darzustellen und nur die Tatsachen gelten zu lassen, die es stützten."

Eine herausragende Stellung für die Theoriebildung in den Regionalwissenschaften nahm die Abteilung "Grundfragen der Nationalen Befreiungsbewegung" der Leipziger Sektion ein, wie die Skizze der formationstheoretischen Debatte be-

---

[111] So steht selbst in der Studienordnung für den Magisterteilstudiengang "Internationale Beziehungen in Asien und Afrika", der ein modernes politologisches Element in den Asien- und Afrikawissenschaften darstellt: "Seinem Gegenstand entsprechend definiert sich der MTSG Internationale Beziehungen in Asien und Afrika primär als historische Disziplin und gliedert sich organisch in den Rahmen der im Fakultätsinstitut Asien- und Afrikawissenschaften vertretenen geschichtsorientierten Studiengänge ein." Gegebenenfalls, d.h. zur "Analyse gegenwärtiger internationaler Beziehungen" bediene man sich "auch sozialwissenschaftlicher Zugänge und Ansätze, insbesondere Theorien und Methoden der Konfliktforschung und der Wissenschaft von den Internationalen Beziehungen." (abgedruckt in: Relationen (1995): 35).

[112] Grienig (1994): 32f.

[113] Reetz (1991): 3.

[114] Barthel (1993): 5f.

[115] Robbe (1993): 22.

reits gezeigt haben dürfte. Sie war "von Anfang an [...] ein[e] wissenschaftliche Struktureinheit, die in der Kombination des regionalwissenschaftlichen Prinzips mit einschlägigen Sozialwissenschaften die regionalübergreifende 'Dritte-Welt'-Problematik querschnitthaft und vergleichend thematisierte, multidisziplinär analysierte sowie interdisziplinär rezipierte und darstellte."[116] Aus ihr sollte unmittelbar nach der Wende ein "Institut für vergleichende Dritte-Welt-Studien" hervorgehen,[117] was allerdings an der fehlenden Akzeptanz innerhalb der Sektion scheiterte. Das oben skizzierte Spannungsverhältnis zwischen einem systematisch und einem historisch orientierten Teil der Regionalwissenschaften führte hier zu einer Reformblockade, wie die betreffenden Autoren eindrücklich - aus Sicht einer der Parteien - schildern.

Gemeinsam ist allen Rückblicken die Distanzierung von politischer Vereinnahmung und ideologischer Stromlinienförmigkeit, die z.T. als "aufgeherrscht", z.T. als mehr oder weniger selbst gewählte "Anpassung" dargestellt wird. Im Vergleich zu den Selbstdarstellungen des Faches vor der Wende lassen sich aber auch Kontinuitäten feststellen. Zumindest die noch publizierenden Wissenschaftler/-innen fühlen sich offenkundig einem normativen Wissenschaftsprogramm verpflichtet, das bereits zu DDR-Zeiten mit dem feststehenden Begriff der "humanistischen Werte" bezeichnet war. Mit etwas herabgestimmtem Pathos und weniger autoritärem Nachdruck würde wohl heute noch der Aussage zugestimmt werden, daß die "zum Abdruck gelangenden Darstellungen [...] dem großen Ziel untergeordnet [sind], gesellschaftlich bedeutsame Entwicklungen, insbesondere den Kampf um Frieden und sozialen Fortschritt, zu beleuchten [...]."[118] D.h., ein stark normatives, in die Forschung selbst eingehendes moralisches Moment wird nach wie vor befürwortet, allerdings nicht mehr im Sinne einer SED-Auslegung von "Frieden" und "sozialem Fortschritt" interpretiert.

Wiederum interessieren hier nicht bestimmte Inhalte - die im Fall des Friedens und sozialen Fortschritts sogar relativ unstrittig sein dürften -, sondern ihre Bedeutung für das Wissenschaftsverständnis. Das normative Programm soll die Themenwahl und das, was als Ergebnis einer Analyse akzeptiert wird, steuern. So wird in den nicht mit Rückblick, sondern mit der Formulierung zukünftiger Aufgaben befaßten Beiträgen aus der realen Verschlechterung der Situation der Entwicklungsländer auf die Aufgaben der Wissenschaft geschlossen[119]: "Insgesamt kristallisieren sich die Verminderung des Nord-Süd-Gefälles und die Überwindung der Unterentwicklung als zentrale Herausforderungen an die Wissen-

[116] Hopfmann et al. (1992): 145.

[117] Hopfmann et al. (1992): 148.

[118] Barthel (1989): 5; s. auch Voigt et. al. (1989): 789f.

[119] Grienig (1994a): 28.

schaft des 21. Jahrhunderts heraus." Und Rezensionen ist beispielsweise zu entnehmen, daß der Schluß, die Weltwirtschaft sei merkantilistisch verfaßt, und in der Konkurrenz der Wirtschaftsräume gäbe es immer Verlierer, eben die Entwicklungsländer, nicht als das letzte Wort einer Untersuchung gelten soll. Da die Implikationen eines solchen Schlusses global in die Katastrophe führen würden, sei dies normativ nicht akzeptabel, sondern "zynisch".

Durchgängig ist in den mir bekannten Artikeln der Hinweis auf den globalen Charakter des Entwicklungsproblems zu finden. Entwicklungswissenschaft würde demnach sowohl den sog. Norden wie den (ehemaligen) Osten einbegreifen.[120] Zudem wird Entwicklung als eine nur interdisziplinär zu bearbeitende Fragestellung gesehen: "Die Fachwissenschaftler verschiedener Disziplinen müssen zur Kenntnis nehmen, daß die Probleme in der Gegenwart in ihrer sozialen, ökonomischen, kulturellen und politischen Tragweite nur durch interdisziplinäre Zusammenarbeit erkannt und angegangen werden können", wie Grienig[121] zustimmend aus einem Memorandum zitiert.

Einerseits ist daran bemerkenswert, daß Wissenschaft nach diesem Verständnis noch immer zur Problemlösung aufgerufen ist. Die Probleme werden heute prononciert in der ökologischen Gefährdung gesehen, deren Fortbestand u.a. das Scheitern aller bisherigen Entwicklungsmodelle - der auf Marktwirtschaft wie der auf Sozialismus setzenden - anzeige. Die angedeuteten Lösungen sind freilich so umfassender Art, daß weder die ersten Schritte noch die dafür notwendigen Zeiträume vorstellbar werden. Kataloge wünschbarer Entwicklungen, von der Beseitigung der Arbeitslosigkeit in den Entwicklungsländern über die Schaffung ökologisch verträglicher Wirtschaftsweisen bis zur Errichtung effizienter Verwaltungen, werden als Probleme und Lösungen formuliert, mit denen die Wissenschaft - und dann die Politik - sich zu beschäftigen habe.

Eine weitere Kontinuität zeigt sich, wenn die diagnostische Grundlage dieses normativen Programms betrachtet wird. Das Feststellen eines "globalen Veränderungsdrucks", die "schärfer denn je" sich stellende Frage nach den am wenigsten entwickelten Ländern und ihrer "akuten Existenzbedrohung", der "Hintergrund des sich zuspitzenden globalen Problems der Unterentwicklung" sind beliebig vermehrbare Ausdrücke dafür, daß ein dringender Forschungs- und Handlungsbedarf ausgemacht wird. Die Kontinuität besteht darin, daß es in der Diagnose noch immer eine Präferenz für Steigerungstendenzen gibt.[122] Diese Fest-

---

[120] Z.B. Hopfmann (1994).

[121] Grienig (1994a): 29f.

[122] Vor der Wende war dies die notorische Feststellung einer immer weiter sich verschärfenden Krise des Imperialismus sowie der zunehmenden sozialistischen Orientierung der Entwicklungsländer.

stellung liefert dann die Begründung dafür, daß die Wissenschaft zur Problemlösung aufgerufen ist, um die Katastrophe abzuwehren bzw. die willkommene Entwicklung zu befördern. Darin äußert sich ein Verständnis von Wissenschaft, in dem diese ein im gesellschaftlichen Auftrag wirkendes Teilsystem ist, insofern also nicht autonom in der Definition ihrer Problemstellungen sein soll.
Zu DDR-Zeiten entstandenes wissenschaftliches Wissen ging auch in verschiedene entwicklungspolitische Initiativen ein. Ein Anlaß für diese Gründungen war fast immer, daß organisatorische Strukturen geschaffen werden mußten, um Mittel für Arbeitsbeschaffungsmaßnahmen mobilisieren zu können. Da die dafür vorhandenen Mittel jedoch allenfalls für wenige und meist nicht einmal volle Stellen reichen, ist davon auszugehen, daß dies im wesentlichen Versuche sind, ehrenamtlichen Tätigkeiten zugute kommen zu lassen, was in der neuen Bundesrepublik keine - oder nur sehr schwer - formelle Beschäftigung findet.
Die mir bekannt gewordenen Initiativen sind:

- Brandenburgisches Entwicklungspolitisches Institut e.V. (BEI), die unter wesentlicher Mitwirkung von ehemaligen Mitgliedern des IIB an der Universität Potsdam entstand. Der Vorsitzende ist Professor Walter Hundt (ehem. Lehrstuhlinhaber für Asien-Pazifik in der Abteilung Entwicklungsländer des IIB).
- Entwicklungspolitische Gesellschaft e.V. (EpoG), die v.a. auf Initiative ehemaliger Wissenschaftler/-innen am Institut für Ökonomik der Entwicklungsländer, HfÖ Karlshorst, entstand. Der Leiter ist Professor Peter Stier (ehem. Direktor des IfÖE).
- Internationale Wissenschaftliche Vereinigung Weltwirtschaft und Weltpolitik (IWVWW) e.V., und die Internationale Gesellschaft für Weltwirtschaft e.V. (IGfW). Beide Forschungseinrichtungen gingen aus dem Intersektoriellen Arbeitskreis "Weltwirtschaft, Weltfrieden, Ökonomie der Entwicklungsländer" an der HUB hervor. Der Vorsitzende der IWVWW ist Professor Karl-Heinz Domdey (ehem. Lehrstuhl Weltwirtschaft), Leiter der Forschungsgruppe "Entwicklungsländer in der Weltwirtschaft" der IGfW ist Professor Horst Grienig (Lehrstuhl Westasienwissenschaft/Ökonomie).
- Stiftung Nord-Süd-Brücken, die aus den Mitteln des in der DDR bestehenden Solidaritätskomitees hervorging. Der stellvertretende Vorsitzende der Nachfolgeorganisation, des Stiftervereins "Solidaritätsdienst-International e.V.", ist Professor Hartmut Schilling (ehem. Lehrstuhl Ökonomie der Entwicklungsländer, KMU Leipzig).

Besonders aufschlußreich für die hier verfolgte Fragestellung ist die Arbeit des BEI sowie der EpoG, insofern sie eine Schnittstelle von Wissenschaft und Projektarbeit bilden. Beide versuchen v.a. auf der wissenschaftlichen Schiene ihrer Aktivitäten, an die Erfahrungen aus DDR-Zeiten anzuknüpfen; beide sind in der

Kommunalen Entwicklungszusammenarbeit beratend, aber auch projektdurchführend tätig; bei beiden bildet die Bildungs- und Jugendarbeit, Öffentlichkeitsarbeit i.w.S. einen Schwerpunkt.

Die wissenschaftliche Anknüpfung erfolgt im Falle des BEI beispielsweise durch Studien über Dritte-Welt-Beziehungen dreier ostdeutscher Städte vor 1989/90 und über die Kolonialgeschichte Brandenburgs in Westafrika im 17./18. Jahrhundert. Außerdem erfolgt dies durch retrospektive und prospektive Untersuchung der Nord-Süd-Aktivitäten brandenburgischer Unternehmen, die z.T. als Volkseigene Betriebe in Ländern wie Laos, Vietnam oder Angola engagiert waren.[123] Im Falle der EpoG geschieht dies durch eine regionale Schwerpunktbildung ihrer Projektarbeit in den mittelasiatischen ehemaligen Sowjetrepubliken (außerdem: Südliches Afrika),[124] bei denen früher erworbene Kontakte und Landeskenntnisse genutzt werden. Die Publikation einer Zeitschrift "Trialogue - Info-Dienst für Ost-West-Süd-Beziehungen" ist Ausdruck eines generellen Versuches, "das Erbe der RGW-Staaten" in der Dritten Welt aufzuarbeiten und sich mit der "'Ostproblematik' im Kontext deutscher und europäischer Entwicklungspolitik zu beschäftigen".[125]

Der starke Akzent auf Seminar- und Bildungsarbeit scheint hier nicht nur Ausdruck des Anliegens von Nichtregierungsorganisationen allgemein, als Multiplikatoren mit beschränkten finanziellen Mitteln ein Höchstmaß an Bewußtseinsbildung zu initiieren. Darin drückt sich auch ein aus einem wissenschaftlichen Weltbild herrührendes Verständnis von Entwicklung und Unterentwicklung aus, das so selten in bloßer Solidaritätsarbeit entsteht. Die populärwissenschaftliche Öffentlichkeitsarbeit ist vielmehr auch ein Versuch, theoretisch gewonnene Einsichten in die "strukturellen Wurzeln des Nord-Süd-Widerspruchs" und ihre "global[e] Bedeutsamkeit"[126] breitenwirksam zu vermitteln. Neu ist der Versuch, ein solches Verständnis auch in Projektarbeit umzusetzen, wie in der Netzwerkbildung mit zentralasiatischen NROs oder einer arabischen Menschenrechtsorganisation (EpoG) bzw. in der entwicklungspolitischen Begleitung kommerzieller Außenhandelsunternehmen in einem selbst strukturschwachen Bundesland (BEI).

Dies sind teilweise innovative und teilweise zumindest nicht sehr weit verbreitete

---

[123] Hundt et al. (1993): 24, 33.

[124] Insbesondere Mocambique. Auch die Nord-Süd-Brücken fördern schwerpunktmäßig solche Länder in Afrika, die "im Gefolge der Dt. Einheit bzw. im Ost-West-Konflikt mit dt. Beteiligung besonders betroffen waren. Hier: Äthiopien, Angola, Mocambique." (interne Statistik, erhalten durch freundliche Unterstützung von H. Döring, Geschäftsführer der Stiftung Nord-Süd-Brücken).

[125] Stier (1993): 10.

[126] Wie Stier (1993): 9 zustimmend die Regierungserklärung von de Maizière zitiert.

Ansätze in der Arbeit von NROs. Sie konnten aus der spezifischen Konstellation entstehen, in die ostdeutsche Entwicklungsländerforscher/-innen - unfreiwillig und mit großen persönlichen Härten verbunden - nach der Wende geraten sind. Eine Professionalisierung solcher Aktivitäten, die bislang an einer gesicherten Finanzierung scheitert, wäre sicherlich nicht zuletzt entwicklungspolitisch gerechtfertigt. Das gilt um so mehr, als die Einbeziehung der ehemals "Zweiten Welt" in die Entwicklungstheorie und -politik ansteht bzw. sich gerade vollzieht.

3 Die Regionalwissenschaften als Modell?

Die beiden voranstehenden Kapitel resümierend, zeigt sich, daß die Regionalwissenschaften der DDR erwartungsgemäß höchst systemspezifische Züge aufwiesen.

- Die Auffassung ihres Gegenstandsbereiches und das Verständnis der wichtigsten Begriffe wurden von einem einzigen sozialwissenschaftlichen Ansatz grundiert, i.e. der über die Zeit nicht gleichbleibenden, aber jeweils gültigen Interpretation des Marxismus-Leninismus.
- Die Forschung war ressortförmig organisiert, wie es außerhalb der sozialistischen Welt[127] den Betrieben oder Verwaltungen, nicht aber dem Wissenschaftssystem entspricht.
- Selbst Debatten, die vorderhand als Schulenstreit akademischer Art erscheinen, waren so unlösbar mit außenpolitischen und parteiprogrammatischen Überlegungen verknüpft, daß von einem Eigensinn wissenschaftlicher Auseinandersetzung schwerlich die Rede sein konnte.
- Die Selbstdarstellungen des Faches nach der Wende weisen daraufhin, daß dazu ein bis heute geteiltes Verständnis von der Aufgabenstellung der Wissenschaft beigetragen hat, das diese auf Problemlösung und ein bestimmtes normatives Programm ("humanistische Werte") verpflichtet.

Inwiefern können sich dann aber im vereinten Deutschland Reformvorstellungen an kognitiv, wissenschaftsorganisatorisch und normativ so anders verfaßten Regionalwissenschaften der DDR schulen, Reformen, die beispielsweise auf die Einrichtung berufsqualifizierender Studiengänge abzielen oder generell eine der Problemstellung "Entwicklung" angemessenere Verknüpfung von Disziplinen anstreben? Zum einen liefern die Afrika-, Asien-, Lateinamerika- und Nahostwissenschaften, wie sie in der DDR praktiziert wurden, schlicht eine denkbare

---

[127] Damit soll darauf hingewiesen werden, daß auch in Indien oder Japan, also im "Osten", die Vermeidung von Doppelforschung nicht zu den Maximen der Ressourcen- und Reputationszuteilung in der nationalen Wissenschaftsorganisation gehört.

Modellvariante. Es wird sich zeigen, daß ihr Kennzeichen - im Vergleich mit anderen praktizierten Versionen - die Kombination von gesellschaftswissenschaftlicher Grundausbildung mit einer Sprachausbildung ist. Weniger stark gewichtet waren die multidisziplinären Regionalstudien. Zum anderen zeigte bereits die im zweiten Kapitel referierte und gedeutete Kritik an den Regionalwissenschaften, daß darin erstaunlich vertraut klingende Vorwürfe laut wurden. Angesichts der so grundlegend anderen Bedingungen könnte diese Ähnlichkeit auf strukturelle Defizite des Modells der *area studies* hinweisen, die seiner Verbreitung bisher - zu Recht - im Wege standen.

Bevor auf die Varianten des Modells eingegangen wird, soll zunächst die Idee des Modells selbst skizziert werden. Anschließend werden die in der BRD gegenwärtig vorhandenen regionalwissenschaftlichen Studiengänge schematisch mit den Regionalwissenschaften der DDR verglichen. Einen letzten Vergleich erlaubt der - nie implementierte -Vorschlag, an der Universität Leipzig einen "Integrierten Studiengang Regional- und Entwicklungsstudien" einzurichten.

3.1 Das Modell der "area studies"

Regionalstudien als in Lehre und Forschung verselbständigte Fächer hatten ihren Ursprung in den USA während des Zweiten Weltkriegs.[128] 1942 wurde ein "Ethnogeographic Board" gegründet, in dem erstmals Wissenschaftler als Regionalspezialisten (und die später solche Studien vorrangig finanzierenden Stiftungen) mit Repräsentanten des Militärs und der Administration zusammengeführt wurden. Der "ethnogeographische Rat" rekrutierte u.a. Sozialwissenschaftler für den Auslandseinsatz und ließ unzählige Studien anfertigen, die die militärische Besetzung Japans und die Mandatsherrschaft über die pazifischen Inseln wissenschaftlich vorbereiteten und begleiteten.[129] In den ersten zwanzig Jahren, also bis Mitte der 60er Jahre, wurden Regionalstudien ganz überwiegend von privaten Stiftungen finanziert,- explizit um die "nationale Isolation" der amerikanischen

---

[128] US-amerikanische Darstellungen, auf die sich das Folgende stützt, legen nahe, daß dies generell gilt. Gleichwohl könnte es sein, daß *area studies* gleichzeitig und unabhängig - wenn auch vielleicht mit weniger Nachdruck - in der Sowjetunion entstanden. Hafez (1995): 4 weist darauf hin, daß für die Regionalwissenschaften der DDR das Modell der *area studies* prägend war, wie es sowohl in der Sowjetunion als auch in den USA entstanden war.

[129] Prewitt (1982): 19; Brooks (1983): 45.

Universitäten aufzuheben und interdisziplinäre Projekte in den Sozialwissenschaften zu fördern.[130]

Die paradigmatische Plattform der rasch expandierenden Regionalstudien war die Modernisierungstheorie. Sie hat eine starke - erst in jüngster Zeit angegriffene - Integrationskraft, indem sie Regionalforschung um die Leitbegriffe Modernisierung und Nationalstaatsbildung zentrierte.[131] In dieser erkenntnisleitenden und homogenisierenden Funktion ist sie dem Marxismus-Leninismus in den Regionalwissenschaften der DDR vergleichbar. Die Modernisierungstheorie wurde normativ von der Identifikation mit anderen "jungen Nationen", einem naturrechtlich begründeten antikolonialen Motiv getragen und war zumindest nicht nur Wissenschaft gewordener Triumph der heraufziehenden Weltmacht.[132] Das Fehlen einer Tradition klassischer, philologisch ausgerichteter Regionalstudien - wie der Indologie, Sinologie oder Orientalistik in Europa - begünstigte die Verbreitung dieser modernisierungstheoretisch begründeten Regionalstudien,- eine weitere Parallele, nämlich zur Entstehung der marxistisch-leninistisch begründeten Regionalstudien in der Sowjetunion.[133]

Das formale Merkmal von *area studies* ist, daß sie sich an ihrem Gegenstand, dem Land oder der Region, und nicht an disziplinär zugeschnittenen Fragestellungen orientieren. Mit der Etablierung eines solchen Faches wird somit die Vorstellung zurückgewiesen, zur Produktion regionalwissenschaftlichen Wissens genüge es, Spezialisten der relevanten Disziplinen mit Spezialisten der jeweiligen Region zusammenzubringen: "[...] it is a forced marriage and not likely to achieve the larger goal of constructing a scholarship which is vertically and horizontally interdependent as is the world it seeks to understand."[134] Die Gegenstandsorientierung ist also gewissermaßen erkenntnistheoretisch gerechtfertigt, genauer gesagt: abbildtheoretisch. In diesem Sinne manifestiert sich in Regionalstudien nicht nur eine Forschungsstrategie, sondern eine "Theorie des Wissens". Ihr zufolge ist die

---

130 Robinson (1983): 37; Johnson (1974): 560.

131 Smith (1979): 247; McVey (1995): 1.

132 "Given American ideological assumptions, the struggle was not seen as forthright contest for power, with US claims to win out over both Japanese and colonial European, but as the liberation of the Southeast Asian peoples. These at last would be to realize their true identity by creating independent nation-states which would be free to travel the road to modernity which was mankind's birthright. The twin pillars of national self-realization and progress to modernity were to form the paradigm of American scholarship [...], the framework around which knowledge of the area was constructed." McVey (1995): 2.

133 Hafez (1995): 121.

134 Prewitt (1982): 18.

Unterscheidung von Geisteswissenschaften auf der einen und Sozialwissenschaften auf der anderen Seite nicht möglich, es bedarf eines, diese zwei "Kulturen" übergreifenden ganzheitlichen Ansatzes, eben des kulturwissenschaftlichen. Denn für die Untersuchung sozialer Phänomene ist es diesem kulturwissenschaftlichen Verständnis zufolge nicht gleichgültig, an welchem Ort sie auftreten.[135]
Gleichwohl hatten die Regionalstudien immer Leitdisziplinen, die sich besonders eigneten, die interdisziplinär oder multidisziplinär zugeschnittene Forschung und Lehre zu orientieren. In den USA der 50er Jahre war dies die Politikwissenschaft und die Anthropologie, mit den Sprachwissenschaften als "Zuträgern".[136] An die Stelle der Politikwissenschaft sei inzwischen die Geschichtswissenschaft getreten. Sie und die nach wie vor dominante Anthropologie erlaube, durch "Zurückgehen in der Zeit" bzw. Hinwendung zu anderen Sozialgebilden als dem modernen Nationalstaat "alternative Realitäten" in den Blick zu nehmen.
Andere etablierte Disziplinen, wie die Soziologie und die Ökonomie, sind in den *area studies* (hier: der Südostasienwissenschaft) eher durch anwendungsorientierte Teilgebiete wie die Stadtsoziologie oder heterodoxe Ansätze wie die marxistische Politische Ökonomie vertreten.[137] Weiterentwicklungen in den Grundlagen würden daher nicht durch Vertreter der Disziplinen hereingetragen, sondern seien von disziplinär interessierten Regionalwissenschaftlern selbst wahrzunehmen, was allerdings durch das Universitätssystem begünstigt werden muß: "One reason why the US has been a particular channel for this rethinking [des Modernisierungsparadigmas, W.S.] is that the university system there, at its best, is highly competitive and forces area specialists to relate to the theoretical concerns of their discipline. As a result, there is strong pressure for academics to 'keep up' with disciplinary concerns [...]."[138]
Umgekehrt ist daraus zu schließen, daß dort, wo das Universitätssystem keinen solch anhaltenden Innovationsdruck ausübt, disziplinäre Entwicklungen immer erst mit erheblicher Verspätung nachvollzogen werden. Das dürfte Konsequen-

---

[135] Prewitt (1982): 16f.

[136] McVey (1995): 5. "Politics had then been conceived partly as political history focused narrowly on the struggle for national realization, and partly as the study of the institutions favouring or hindering democracy, administrative efficiency, and economic development. [...] History itself was thought of little import, except as it revealed colonial oppression and the stirrings of national political consciousness." Würde in diesem Zitat an die Stelle von Politikwissenschaft ("politics") Politische Ökonomie gesetzt, erhielte man eine zutreffende Inhaltsangabe dessen, was diese für die Regionalwissenschaften der DDR bedeutete.

[137] McVey (1995): 8f.

[138] McVey (1995): 5.

zen für die Reputation des Faches und damit die Anziehungskraft für den wissenschaftlichen Nachwuchs haben, die die Einrichtung regionalwissenschaftlicher Lehrstühle in der BRD nicht begünstigt haben. Damit ist ein erster Einwand gegen das Modell der *area studies* angesprochen: die "phänomenologische" Bestimmung ihrer Fragestellung, i.e. die Gegenstandsorientierung, verhindert ihre Etablierung als eigenständige Disziplin.[139]

Disziplinen entstehen bislang durch Konzentration auf abstrakt gefaßte Problemgesichtspunkte, so die Soziologie, Ökonomie und Politologie. Oder sie entstehen, in neuerer Zeit verstärkt, als eine die traditionellen Disziplinen übergreifende Ausarbeitung eines Begriffs, so die Informationswissenschaft oder die Ethnologie als eine Wissenschaft von der anhaltend reflektierten "Konstruktion" Ethnie. Ein solcher, transdisziplinär auszuarbeitender Begriff ist auch die Entwicklung - möglicherweise besser: Evolution - von Wirtschaftsräumen, die zu einer Entwicklungswissenschaft führen könnte.

Gegenstandsorientierung ist dagegen typisch für die Binnendifferenzierung einer Disziplin, die sich aus Anwendungen ergeben. Dabei entstehen häufig Kombinationen, die abwertend als "Bindestrichwissenschaften" bezeichnet werden, in denen die Mutterdisziplin nur noch bruchstückhaft vertreten wird.[140] Den Regionalwissenschaften gelingt es daher anerkanntermaßen, eigenständige Themen zu formulieren und möglicherweise dem Gegenstand "angepaßt" zu bearbeiten. Doch eine disziplinäre Identität kann sich nicht ausbilden, insbesondere wenn tragende Paradigmen, wie die Modernisierungstheorie oder der historische Materialismus, ihren verbindlichen Charakter verlieren.

Das gilt um so mehr, als das mit der Gegenstandsorientierung eng zusammenhängende Programm der Interdisziplinarität weder in den Regionalwissenschaf-

---

[139] Das wurde auch von den ostdeutschen Entwicklungsländerforscher/-innen teilweise problematisiert: was, so wurde gefragt, konstituiert die wissenschaftliche Einheit Südasiens oder des Nahen Osten? Typischerweise waren diejenigen, die so fragten, Entwicklungsökonomen/-innen oder Regionalwissenschaftler mit primär systematischen (im Unterschied zu primär historischen) Interessen. Summarisch aufgelistet wird die Kritik an den *area studies* in den USA von Prewitt (1982): 14.

[140] Vor der "Etablierung von Bindestrichwissenschaften" warnte auch die Berliner Landeshochschulstrukturkommission in ihren Empfehlungen für die orientalistischen Disziplinen: "Die Fachvertreter der Politik-, Sozial- und Wirtschaftswissenschaften sollen institutionell in ihren Mutterdisziplinen verankert sein, dort auch einen Teil ihrer Lehre anbieten." Vgl. Landeshochschulstrukturkommission (1992): 17. Die weiter nicht begründete Warnung vor solchen Bindestrich-Verbindungen wie Südasien-Soziologie oder Ostasien-Ökonomie wird mit dem vorderhand einsichtigen Argument verknüpft, dadurch könnten auch Studierende der Sozialwissenschaften für orientalistische Fächer interessiert werden.

ten der DDR umgesetzt wurde noch in verschiedenen Projekten der BRD bislang (anhaltend) praktikabel erscheint.[141] Noch gibt es offenkundig keine methodischen Zugänge, etwa durch die Ausarbeitung einer hinreichend abstrakten Grundbegrifflichkeit, die verschiedenen Disziplinen in einer Regionalwissenschaft aufeinander zu beziehen. Erst dann würde beispielsweise eine in der Soziologie als notwendig erachtete Unterscheidung auch für die Analyse des politischen Systems oder der ökonomischen Beziehungen folgenreich sein, letztere nicht ohne die soziologische Bestimmung erfolgen können. Die Nichteinlösung dieses Anspruchs versehrt eine der wesentlichen Begründungen für die Etablierung eines solchen Faches.

Schließlich ist auch im Westen jene Kritik gegen (manche) regionalwissenschaftlichen Herangehensweisen erhoben worden, die in der DDR von der HfÖ lanciert wurde. Die Problematik der Verabsolutierung von Ländererfahrungen bzw. der kulturwissenschaftlichen Herangehensweise beleuchtet schlaglichtartig das folgende, aus der westlichen Wissenschaftspraxis stammende Beispiel: "Während [in den 60er Jahren] die Japanologen das konfuzianische Werte- und Normensystem (hohe Lerndisziplin, Arbeits- und Akkumulationsethik, Gruppenkonformismus, Hierarchisierung aller Lebensbereiche, Konkurrenzauswahl der Eliten) zur Erklärungsgrundlage des 'japanischen Wunders' emporstilisierten, verurteilten viele Sinologen das gleiche Wertesystem (Lernformalismus, Hortungsmentalität, Kleingruppennepotismus, bürokratische Hierarchien, mangelnde individuelle Leistungsbereitschaft und verbreitete Verantwortungsscheu der Eliten) als modernisierungsfeindliche Entwicklungsblockade."[142]

In seinen Empfehlungen für die sog. Kleinen Fächer hat auch die Berliner Landeshochschulstrukturkommission angemahnt,[143] es sei "darauf zu achten, daß die Geschichten der asiatischen und afrikanischen Kulturen nicht isoliert gelehrt und studiert werden. Sonst ergäbe sich für Historiker eine bloße Addition von Geschichten [...]." Anzustreben sei vielmehr eine vergleichende Geschichtswissenschaft, die in der Verbindung mit ethnologischen und anderen sozialwissen-

---

[141] So war den Gesprächen zu entnehmen, daß der vom ZENTRAAL immer wieder beschworene Anspruch auf Interdisziplinarität Programm blieb. Bestenfalls ließ sich multidisziplinäre, i.e. disziplinäre Fragestellungen addierende Behandlung von Themen ausmachen, vgl. auch Hafner et al. (1989): 5. Doch selbst das läßt sich nicht zweifelsfrei behaupten: in vielen Fällen wird ein Thema politökonomisch oder sozialgeschichtlich, also monodisziplinär, behandelt. Trotzdem ist keine - im konventionellen Sinne - rigorose ökonomische oder soziologische Methodik erkennbar. Zu den Schwierigkeiten der Interdisziplinarität im Westen vgl. die Beiträge in Kocka (1987).

[142] Braun/Rösel (1992): 259f.

[143] Landeshochschulstrukturkommission (1992): 15.

schaftlichen Disziplinen eine moderne Orientalistik begründen könnte. Allerdings "geht es vielfach allererst um die Entwicklung geeigneter Kategorien", um diese "Isolation der einzelnen Geschichten" aufzuheben.[144]
Der drohende Provinzialismus der Regionalforschung wird befördert durch eine kleinteilige Abgrenzung der Regionen, also die Einrichtung regionalwissenschaftlicher Institute für Westasien, Ostasien oder Südasien anstatt für Asien oder für die Dritte Welt. Durch eine Stärkung des komparatistischen Moments ist ihm ebenso zu begegnen wie durch eine Internationalisierung der Besetzung von Lehrstühlen: aus den Regionen selbst stammende Wissenschaftler/-innen von internationalem Ruf haben ihr Studium in aller Regel im Ausland absolviert und dürften aufgrund ihrer Sozialisation mit einem größeren Bewußtsein für die Kontingenz der Geographie und der Geschichte ausgestattet sein.[145]- Mit diesen Bemerkungen ist die Frage nach der Umsetzung des Modells aufgeworfen.

3.2 Asienwissenschaftliche Studiengänge im Vergleich[146]

Ein Vergleich asienwissenschaftlicher Studiengänge in der DDR bis 1990 und in der BRD 1995 muß notwendigerweise formal und schematisch verfahren. Es wird versucht, die Akzentsetzungen in der formalen Organisation zu identifizieren und - soweit möglich - auf die zuletzt beschriebene Idee und Kritik des Modells der *area studies* zu beziehen.
Ausgewertet wurden die Studienordnungen und Informationsbroschüren von Studiengängen, deren Vorlesungsprogramme gegenwartsbezogene und fächerübergreifende, kultur- oder sozialwissenschaftliche, Studieninhalte erkennen ließen.[147] Überwiegend sprachlich orientierte Studienangebote, die nur Einführungskurse in Geschichte, Kultur und Ökonomie der betreffenden Region bein-

---

[144] Landeshochschulstrukturkommission (1992): 16.

[145] In der DDR war diese Internationalisierung ansatzweise vorhanden, begünstigt allgemein durch die intensive personelle Entwicklungszusammenarbeit im Bereich der Hochschulausbildung und im besonderen durch die starke Stellung der Sprachausbildung in den Regionalwissenschaften. Die Internationalisierung ergriff - mit einer einzigen mir bekannten Ausnahme (Lehrstuhl für Demographie an der Humboldt-Universität) - jedoch nicht die Lehrstühle.

[146] Die Beschränkung auf die Asienwissenschaften ergibt sich zum einen daraus, daß sie den Vorkenntnissen der Autorin entgegenkommt. Aus den Forschungen ergab sich zum anderen, daß die Asienwissenschaften repräsentativer für die "Normalform" der Regionalwissenschaften sind als etwa die an der Leipziger Universität vertretenen Afrika- und Nahostwissenschaften.

[147] Asien (1995): 204ff.

halten, wurden nicht aufgenommen. Ohne Anspruch auf Vollständigkeit lassen sich in diesem Sinne regionalwissenschaftliche Studiengänge mit Spezialisierungsmöglichkeiten in bezug auf Asien an folgenden Hochschulen finden:

- an der Humboldt-Universität zu Berlin (Fachbereich Asien- und Afrikawissenschaften);
- an der Ruhr-Universität Bochum (Fakultät für Ostasienwissenschaften);
- an der Hochschule Bremen (Fachbereich Wirtschaft, Studiengang Angewandte Weltwirtschaftssprachen);
- an der Heinrich-Heine-Universität Düsseldorf (Ostasien-Institut);
- an der Gerhard Mercator Universität-Gesamthochschule Duisburg (Institut für Ostasienwissenschaften);
- an der Universität zu Köln (Gemeinschaftsprojekt Philosophische Fakultät, Wirtschafts- und Sozialwissenschaftliche Fakultät, Rechtswissenschaftliche Fakultät; Moderne China-Studien);
- an der Universität Konstanz (Sozialwissenschaftliche Fakultät, Orientierungsprogramm Kultur und Gesellschaft des modernen Japan);
- an der Universität Passau (Philosophische Fakultät, Studiengang Sprachen, Wirtschafts- und Kulturraumstudien).[148]

Überraschend ist vielleicht, daß die asienwissenschaftlichen Studienmöglichkeiten an der Universität Heidelberg nicht aufgenommen wurden. Das japanologische und das sinologische Seminar bieten keine im o.a. Sinne regionalwissenschaftlichen Studiengänge an. Und das Südasien-Institut bietet keinen eigenen Studiengang an. Vielmehr können im Rahmen eines Magisterstudiengangs auch Leistungen für das Haupt- oder Nebenfach (z.B. Geschichte oder Ökonomie) am Südasien-Institut erbracht werden. Die Einrichtung eines südasienwissenschaftlichen Studienganges ist allerdings vorgesehen. Nach dem bisherigen Diskussionsstand wird dieser als zwei- oder viersemestriges Aufbaustudium angeboten.
Nicht aufgenommen wurden außerdem die Studienangebote an der Martin-Luther-Universität Halle-Wittenberg (Lehrstuhl für Japanologie) und an der Universität Leipzig (Institut für Indologie und Zentralasienwissenschaften). Hier ist eine Rückkehr zu traditionellen, philologisch ausgerichteten Studien zu verzeich-

[148] Als ein "asienwissenschaftlicher" Studiengang ist dies nur dann zu klassifizieren, wenn die zweite Fremdsprache Thai oder Indonesisch ist und die Fächergruppen, die "kulturraumspezifisch" studiert werden, im Bereich Südostasien liegen. Das ist vorgesehen und möglich, insofern es auch ein Magisterstudium der Südostasienwissenschaft gibt. Hier wurde nur dieser Diplomstudiengang aufgenommen, weil nicht eine erschöpfende Sichtung der Studienmöglichkeiten angestrebt wurde, sondern ein möglichst variantenreicher Überblick moderner asienwissenschaftlicher Studiengänge.

nen, entgegen durchaus unternommener Versuche, insbesondere die "Leipziger Spezifik" auch in der neuen Bundesrepublik zu wahren.[149]
Folgende für einen Vergleich sinnvolle Kriterien ergeben sich aus dem vorliegenden Material:

a) die Art des Abschlusses und vorgesehene Dauer des Studiums;
b) der Stellenwert und die Art der Praktika;
c) die Gewichtung der drei Bestandteile: gesellschaftswissenschaftliche Disziplinen (weitgehend ohne regionalen Bezug), multidisziplinäre Regionalstudien, Sprachausbildung.

zu a)
Der Vergleich der Abschlüsse zeigt, daß auch in der heutigen BRD die Diplom-Abschlüsse überwiegen.

Studieneinrichtung	*Abschluß*
Grundstudienrichtung Regionalwissenschaften der DDR, Studienplan von 1983 (West-, Ost-, Südost- und Südasienwissenschaften)	Diplom, z.B. Diplomindologe/Ökonom, nach 5 Studienjahren (entspricht 10 Semestern)
Humboldt-Universität zu Berlin (Asien- und Afrikawissenschaften)	Magister nach 9 Semestern Regelstudienzeit
Ruhr-Universität Bochum (Ostasienwissenschaften)	Magister nach mind. 8 Fachsemestern
Heinrich-Heine-Universität Düsseldorf (Ostasienwissenschaften)	Diplom-Regionalwissenschaftler(-in) nach 5 Semestern (nur als Hauptstudium oder als Postgraduiertenstudium möglich)
Gerhard Mercator Universität Duisburg (Ostasienwissenschaften)	(Fachhochschul-)Diplom-Regionalwissenschaftler(-in) nach 8 Semestern Regelstudienzeit (+ ca. 8 Monate Prüfungszeit)

[149] Strukturmodell (1993): 40. Das Institut für Afrikanistik bietet dagegen einen multidisziplinären Studiengang an. Zur Abwicklung der Leipziger Sektion und die Überlegungen zu einem Integrierten Studiengang vgl. auch den nächsten Abschnitt. Die Orientarchäologie in Halle, wie sie zu DDR-Zeiten bestand, fiel außerhalb des hier gesteckten Untersuchungsrahmens, weil es nur partiell gegenwartsbezogene Forschungen gab, beispielsweise zur asiatischen Produktionsweise (vgl. im Rückblick Brentjes (1993), sowie den Beitrag von Neumann in diesem Band).

Studieneinrichtung	*Abschluß*
Universität zu Köln (Regionalwissenschaften/China)	Diplom-Regionalwissenschaftler(-in) nach 9 Semestern Regelstudienzeit
Universität Konstanz (Kultur und Gesellschaft des modernen Japan)	Zertifikat nach mind. 2 Semestern, empfohlen als Zusatzstudium nach abgeschlossenem sozialwissenschaftlichem Studium
Universität Passau (Sprachen, Wirtschafts- und Kulturraumstudien/Südostasien)	Diplom-Kulturwirt/-in nach 9 Semestern Regelstudienzeit

Auffallend ist die starke Konzentration auf den ostasiatischen Raum, genauer: China und Japan. Das weist auf den in hohem Maße berufsqualifizierenden Charakter dieser Studiengänge hin, und zwar nicht nur der an Fachhochschulen (Bremen, Duisburg) angebotenen, sondern auch der universitären Studiengänge.[150] Außer einer regionalspezifischen geht damit sogar eine länderspezifische Ausrichtung des Studiums einher. Dies mag unter berufsqualifizierenden Aspekten Sinn machen, ist jedoch wissenschaftlich sicherlich problematisch, worauf die zuletzt angedeutete Kritik an der Tendenz zur Provinzialisierung der Forschungsergebnisse hinweist.

Auf Verwendbarkeit für die Praxis war auch das regionalwissenschaftliche Studium in der DDR abgestellt. Die Untergliederung des für die Asienwissenschaften relevanten Studienplanes (in West-, Ost-, Südost- und Südasien) scheint v.a. unterschiedlichen Anforderungen in der Sprachausbildung geschuldet gewesen zu sein.[151] Allerdings gab es sehr unterschiedliche Auskünfte darüber, inwieweit es gelungen ist, ein auf die "Bedürfnisse der Praxis" zugeschnittenes Ausbildungsprofil herzustellen. Die an den regionalwissenschaftlichen Sektionen Lehrenden gaben an, es habe eine sehr hohe Nachfrage nach den Absolventen gegeben. Ande-

[150] So ging etwa die Gründung des Ostasiatischen Instituts der Universität Düsseldorf auf eine Initiative von Wirtschaftsunternehmen zurück, die dieses Institut auch finanziert. In keiner der Informationsbroschüren fehlt der Bezug auf die weltwirtschaftlichen Entwicklungen, die die Beschäftigung mit diesen zwei Ländern so wichtig mache. Allerdings scheinen Unternehmensvertreter bislang eher "skeptisch" gegenüber asienwissenschaftlichen Studiengängen, vgl. Podiumsdiskussion (1995).

[151] Dabei bildeten die Südasienwissenschaften eine Ausnahme: dort wurde die veranschlagte Stundenzahl für das Erlernen einer asiatischen Sprache gekürzt (von insgesamt 1042 Stunden auf insgesamt 942 Stunden), die Stundenzahl für das Erlernen der englischen Sprache dagegen überproportional erhöht (von normalerweise 360 Stunden auf 554).

re äußerten sich z.T. sehr skeptisch. So wurde darauf hingewiesen, daß, obwohl der überwiegende Anteil der Studierenden eine gesellschaftswissenschaftliche Spezialisierung in Ökonomie gewählt habe, die Ausbildung praxisferner gewesen sei als z.B. das Außenwirtschaftsstudium an der HfÖ. Möglicherweise lag das daran, daß der Studienplan für die Regionalwissenschaften nur eine rudimentäre Ausbildung in propädeutischen Fächern wie Statistik, Rechnungswesen oder Methoden der empirischen Sozialforschung vorsah. So sah etwa die Studienkonzeption der KMU Leipzig für die Studienrichtung Arabist bzw. Afrikanist/Ökonom nur im 3. und 4. Semester eine Ausbildung in "Statistik für Regionalwissenschaftler" à 2 Wochenstunden vor.[152]

Die meisten asienwissenschaftlichen Studiengänge sehen gängige Diplom- bzw. Magisterabschlüsse vor. Zwei Varianten weichen davon mehr oder weniger stark ab: der Diplom-Studiengang in Düsseldorf, der nur als Hauptstudium angeboten wird, und der Zusatzstudiengang in Konstanz. Dadurch wird die Ausbildung in den systematischen Fächern (den gesellschaftswissenschaftlichen Disziplinen) weitgehend oder vollständig auf frühere Studienphasen verlagert. Eine solche Ausrichtung nähert sich dem Modell der "*development studies*". In diesem wird das Studium von der Ausbildung in den entwicklungswissenschaftlich relevanten Disziplinen strukturiert (Entwicklungssoziologie, - ökonomie, - politologie) und nicht von der umfassenden Vermittlung regionalspezifischer Kenntnisse (z.B. Geschichte Chinas, Politik Chinas, Kultur Chinas).

zu b)

Ein wesentlicher Aspekt, nicht zuletzt für den berufsqualifizierenden Charakter eines regionalwissenschaftlichen Studienganges, sind die Vorschriften bezüglich der zu belegenden Praktika.

---

[152] Sowohl das sog. Beil-Programm (ehem. stellvertretender Außenwirtschaftsminister der DDR) als auch die "Immatrikulationspolitik des Ministeriums" (vgl. Schilling (1987): 3) deuteten darauf hin, daß die Verwendbarkeit der Studierenden für die außenwirtschaftliche Praxis erhöht werden sollte. Das hätte eine verstärkte Ausbildung in Währungswirtschaft, Außenhandel etc. zu Lasten v.a. der Sprachausbildung bedeutet.

Universität	*Praktikum*
Grundstudienrichtung Regionalwissenschaften der DDR, Studienplan von 1983 (West-, Ost-, Südost- und Südasienwissenschaften)	obligatorisch; jeweils vierwöchig (gesellschaftspolitisches P. im 1. Studienjahr; wissenschaftliches P. im 2. Studienjahr; berufsqualifizierendes P. im 3. Studienjahr)
Humboldt-Universität zu Berlin (Asien- und Afrikawissenschaften)	Südasienwissenschaften: keine Angaben Südostasienwissenschaften: fakultativ, bis zu 6 Monate auf Regelstudienzeit anrechenbar
Ruhr-Universität Bochum (Ostasienwissenschaften)	keine Angaben
Hochschule Bremen (Angewandte Weltwirtschaftssprachen)	obligatorisch; 5. und 6. Semester an ausländischer Partneruniversität in der jew. Region
Heinrich-Heine-Universität Düsseldorf (Ostasienwissenschaften)	empfohlen
Gerhard Mercator Universität Duisburg (Ostasienwissenschaften)	obligatorisch; ein Auslandssemester, Nachweis über dreimonatigen Sprachkurs und fachnahes Praktikum
Universität zu Köln (Regionalwissenschaften/China)	empfohlen; Auslandspraktika werden im Diplomzeugnis ausdrücklich bescheinigt
Universität Konstanz (Kultur und Gesellschaft d. modernen Japan)	keine Angaben
Universität Passau (Sprachen, Wirtschafts- und Kulturraumstudien/Südostasien)	obligatorisch; mind. 3 Monate Auslandsstudium oder -praktikum + vierwöchiges Berufspraktikum (In- oder Ausland) + sechstägige Exkursion in den gewählten Kulturraum (bei Südostasien ersetzbar durch andere Exkursion)

Die in der DDR-Studienordnung vorgesehenen Praktika zeigen deutlich, daß die Berufsqualifikation im Hinblick auf eine inländische Tätigkeit erfolgte. Das dürfte u.a. damit zusammenhängen, daß die Ausbildung für den diplomatischen Dienst am IIB, Potsdam-Babelsberg, erfolgte. Zwischen den regionalwissenschaftlichen Sektionen einerseits, dem IIB andererseits gab es bis auf wenige Ausnahmen keinen personellen Austausch, weder auf der Ebene der Lehrenden noch auf der Ebene der Studierenden. Das IIB wählte seine Anwärter (und wenigen Anwärterinnen) bereits zu Schulzeiten aus, so daß kein Überwechseln von Regionalwissenschaften Studierenden in die Diplomatenausbildung vorgesehen war. Auch die Lehrenden hatten, abgesehen von den in der Aufbauphase Rekrutierten, die Ausbildung des IIB durchlaufen.

Das Fehlen eines Auslandspraktikums dürfte die Anforderungen an die Sprachausbildung erhöhen, bzw. ein vorgeschriebener Auslandsaufenthalt erlaubt, die vorgesehenen Semesterwochenstunden für "Trockenübungen" zu reduzieren. So verfügt das Institut für Ostasienwissenschaften der Universität Duisburg beispielsweise über ein Auslandspraktikum, in dem ein dreimonatiger Sprachkurs abgelegt werden muß. Obligatorische Auslandspraktika stellen allerdings hohe organisatorische und finanzielle Anforderungen an die betreffende Hochschule.[153]

zu c)

Regionalwissenschaftliche Studiengänge beinhalten normalerweise drei Ausbildungsteile: erstens, die Ausbildung in bezug auf eine oder mehrere gesellschaftswissenschaftliche Disziplinen wie Recht, Ökonomie, Soziologie; zweitens, multidisziplinäre Regionalstudien wie Geschichte, Kultur und Politik Chinas; drittens, schließlich die Sprachausbildung, meist nur in einer Regionalsprache, manchmal auch in einer Weltsprache.

Im folgenden soll die Gewichtung dieser einzelnen Studienelemente in den DDR-Asienwissenschaften einerseits mit denen in den asienwissenschaftlichen Studiengängen in der heutigen BRD andererseits verglichen werden. Dabei ist zu beachten, daß die Auswertung der Studiengänge auf einer schematischen, den Studienplänen entnommenen Zuordnung beruht. Welche Inhalte sich hinter den einzelnen Titeln verbergen, ergibt sich aus Studienordnungen selbstverständlich nicht. In der DDR verblieb auch den einzelnen Sektionen gewisse Gestaltungsmöglichkeiten. So konnten die Lehrveranstaltungen zur "Geschichte der Befreiungsbewegungen" (Lehrgebiet 6, vgl. Anhang B) durchaus schon regionalspezifisch ausgefüllt werden, oder im Klassikerseminar die asiatische Produktionsweise, also ein Thema der marxistisch-leninistischen Entwicklungstheorie, diskutiert werden. Allerdings wurden auch bestimmte Zeitfonds, die zu Regionalstudien hätten genutzt werden können (Lehrgebiet 20), für die Ausbildung in Entwicklungsökonomie verwandt. An der asienwissenschaftlichen Sektion der HUB entfiel aufgrund dieser Gestaltungsmöglichkeiten ein höherer Anteil auf die Geschichte der Region, d.h. auf Regionalstudien, als dies der Studienplan vorsah.

Trotz dieser Einschränkung läßt sich feststellen, daß der Anteil der gesellschaftswissenschaftlichen Ausbildung in der DDR sehr hoch war: fast die Hälfte der Studienzeit (rund 42%) waren der Ausbildung im Marxismus-Leninismus (Lehrgebiete 2-5a und 9) und in der Theorie und Methode einer Gesellschaftswissenschaft (Lehrgebiete 7-8) gewidmet. Nur 13% (439 Stunden von 3390 in 5 Studienjahren) waren in multidisziplinären Regionalstudien gebunden. Der Rest von rund 47 Prozent (1522 Stunden) entfiel auf das Sprachstudium. Einen Eindruck dieser singu-

---

[153] Nuscheler (1993): 48.

lären Gewichtsverteilung liefert das folgende Schaubild (vgl. auch Anhang B).[154]

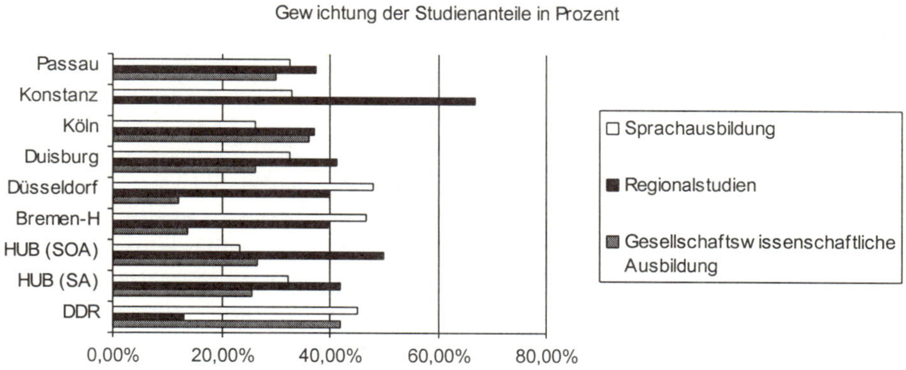

Darin kommt zum Ausdruck, daß die Regionalwissenschaften der DDR eigentlich eher ein entwicklungsländerbezogenes gesellschaftswissenschaftliches Studium mit Sprachausbildung vorsahen. Dafür spricht auch die geringe Bedeutung des Praktikums, die sicherlich den beschränkten Reisemöglichkeiten zuzurechnen ist. Sogar für die Grundausbildung in Marxismus-Leninismus war mehr Studienzeit vorgesehen als für die Regionalstudien (498 gegenüber 439 Stunden), für die Ausbildung in der schwerpunktmäßig gewählten Gesellschaftswissenschaft sogar mehr als doppelt soviel (881 gegenüber 439 Stunden).
Das überrascht zumindest angesichts der in den Selbstdarstellungen des Faches geweckten Erwartungen, die Vermittlung von Regionalkenntnissen habe im Mittelpunkt der Ausbildung gestanden.[155] Tiefere regionalspezifische Kenntnisse, so

[154] Im Falle des Studienplans der DDR (1983) wurden die für Sport veranschlagten Stunden nicht berücksichtigt. - HUB (SOA) bzw, HUB (SA) steht für Humboldt-Universität (Südostasienwissenschaft) bzw. (Südasienwissenschaft). Das Ostasienwissenschaftliche Institut der Universität Bochum konnte keine Studienordnung zur Verfügung stellen, aus der die Gewichtung der Studienanteile hervorgegangen wäre. Der Erhebung des Studiengangs in Passau liegen folgende Festlegungen zugrunde: Sprachausbildung in Französisch und Indonesisch oder Thai; kulturraumspezifische Studien als Restgröße der höchstens vorgesehenen Semesterwochenstunden (166), wenn das vorgeschriebene Programm in den gesellschaftswissenschaftlichen Disziplinen (22 Sws Wirtschaftswissenschaften, ∅ 18 Sws für Rechtswissenschaften oder Informatik, 10 Sws für Psychologie und Führung von Gruppen) sowie das vorgeschriebene Sprachpensum (54 Sws) absolviert wird.

[155] Demgegenüber läßt der Studienplan (1983): 2 in Wortlaut und Syntax erahnen, wel-

ist zu vermuten, wurden erst mit Qualifizierungsarbeiten für die Wissenschaft, d.h. Dissertationen, erworben. Nicht die Regionalwissenschaft war das "Standbein" und die Mutterwissenschaft das "Spielbein", wie Schwanitz[156] meint, sondern die Gesellschaftswissenschaften hatten im Studienplan eindeutige Priorität - sofern nicht das Erlernen der Sprache bereits als Wissenschaft gewertet wird, sondern als Propädeutik. In der Tendenz bedeutet dies eine Abkehr vom Modell der *area studies* und eine Annäherung an das der *development studies*.

Der Fächerkanon für die disziplinäre Spezialisierung war in der DDR weit, d.h. formal unbegrenzt.[157] An westdeutschen Hochschulen ist die Bandbreite schmaler (z.B. auf VWL und Politik oder Rechtswissenschaft an der Universität Köln) und/oder besteht aus einer Kombination (z.B. aus Wirtschaftswissenschaften/Recht/Informatik an der Hochschule Bremen). Mit dieser Beschränkung der Wahlmöglichkeiten wird möglicherweise versucht, ein höheres Maß an interdisziplinärem Zusammenhang zu stiften, als wenn diese Integration zu leisten allein den Studierenden überlassen ist.

Die Gewichtung der Sprachausbildung ist in einzelnen regionalwissenschaftlichen Studiengängen nicht unbedingt Ausdruck einer bestimmten "Philosophie", sondern ein vom Schwierigkeitsgrad der jeweiligen Regionalsprache gesetztes Datum. Die asienwissenschaftlichen Studiengänge in der DDR waren singulär darin, daß nicht nur das Erlernen einer Regionalsprache, sondern außerdem Russisch sowie eine weitere europäische Weltsprache obligatorisch zu lernen war. Wie bereits erwähnt, kann eine geringere Zahl vorgeschriebener Semesterwochenstunden, die die Studierenden mit der Sprachausbildung zubringen müssen, durch Vorschrift eines geeigneten Praktikums kompensiert werden.

Zusammenfassend läßt sich feststellen, daß die in der DDR praktizierte regionalwissenschaftliche Ausbildung formal eine Tendenz zu einem gesellschaftswissenschaftlichen Studiengang mit Entwicklungsländerbezug aufweist. Das spezifisch regionalwissenschaftliche Moment erhielt er v.a. durch die intensive Sprachausbildung in bezug auf die jeweilige Entwicklungsregion.

---

che Überlegungen für diese Gewichtung ausschlaggebend waren: "Absolventen der Grundstudienrichtung Regionalwissenschaften [...] müssen imstande sein, bei richtiger Einordnung der nationalen Besonderheiten der Völker Asiens, Afrikas, Lateinamerikas und Nordeuropas und durchdrungen von Achtung vor den fortschrittlichen humanistischen Traditionen und antiimperialistischen Kampferfahrungen dieser Völker, die Entwicklungsprozesse in diesen Regionen in enger Verbindung mit dem weltweiten revolutionären Prozeß der Gegenwart zu verstehen, zu analysieren und wissenschaftlich zu verallgemeinern."

[156] Schwanitz (1993): 59.

[157] Studienplan (1983): 1.

Möglicherweise war dies mit ein Grund, warum die regionalwissenschaftlichen Sektionen nach der Wende - entgegen zunächst anderslautender Beteuerungen - schließlich doch abgewickelt wurden. Sogar ostdeutsche Regionalwissenschaftler, die für eine Weiterführung dieses Studiengangs plädierten, sahen seine Struktur selbst als begünstigend für die "Ideologisierung und Instrumentalisierung der wissenschaftlichen Arbeit [durch die Wissenschaftspolitik der SED]" an.[158] Im Mehrheitsvorschlag der Kommission für die Reform der Leipziger Sektion wurde daraus v.a. im Hinblick auf die "Grundfragen"-Abteilung gefolgert: "Da sich dieses Konzept [einer multidisziplinären Struktureinheit für die Regionalwissenschaften] in seiner bisherigen Praxis nicht bewährt, sondern ein einseitiges Weltbild und dessen außenpolitische Konsequenzen legitimiert und gefördert hat, wird [eine] Umstrukturierung vorgeschlagen [...]."[159] Diese Umstrukturierung mündete in die traditionelle Einteilung, die Asienwissenschaften philologisch zu definieren und die gesellschaftswissenschaftlichen Disziplinen aus diesen auszugliedern.

Es ist nicht auszuschließen, daß die Wahl dieser Variante - die Kombination von politökonomisch-gesellschaftswissenschaftlicher und sprachlicher Ausbildung unter Vernachlässigung der Regionalstudien - zu einer Ideologisierung geführt hat. Zu fragen ist aber, ob dadurch, daß diese Variante einmal den Intentionen der DDR-Wissenschaftspolitik entgegenkam, bereits das Verdikt über eine solche Form der Organisation regionalwissenschaftlicher Studien gesprochen ist. Die im vorigen Abschnitt ausgeführte Kritik am Modell der *area studies* macht darauf aufmerksam, daß diese Gewichtung als eine mögliche Reaktion auf inhärente Probleme des Modells interpretiert werden könnte.

Auch die westdeutschen Studiengänge, die den Regionalstudien mehr Raum geben, enthalten Elemente, die eine vergleichbare Funktion haben: So kann ein eng gefaßter Katalog von systematischen Disziplinen bewirken, daß die Ausbildung dort gründlicher ist und in den Regionalstudien eine Chance auf Vertiefung hat. Diese Variante ist dem "westlichen" Wissenschaftssystem deshalb angemessener, weil keine Einheitsideologie zur Verfügung steht, die die sozialwissenschaftlichen Disziplinen verzahnen könnte. Noch nachdrücklicher zeigt sich das Ziel der disziplinären Verankerung, wenn sie als Aufbau- oder Zusatzstudiengänge konzipiert werden.

Regionalwissenschaftliche Studiengänge mit starker Gewichtung der systematischen Disziplinen dürften für den wissenschaftlichen Nachwuchs zudem attraktiver sein als dem reinen Modell der *area studies* näherstehende Varianten. Indem

---

[158] Ernst et al. (1993): 43.

[159] Strukturmodell (1993): 38.

sie Profilierungschancen in diesen Disziplinen eröffnen, fördern sie die Mobilität und damit die Karrieremöglichkeiten, essentiell unter den Bedingungen des hiesigen Universitätssystems, in dem eine akademische Karriere i.d.R. den Wechsel von Lehrstühlen erfordert.

Deshalb ist nicht von vornherein auszuschließen, daß die Semesterwochenstunden, die in der DDR für die marxistisch-leninistische Ausbildung vorgesehen waren, unter den jetzigen Bedingungen eher zugunsten der Ausbildung in den systematischen Bezugswissenschaften als zugunsten der Regionalstudien verwendet werden sollten, in dieser Hinsicht also der DDR-Variante zu folgen angeraten sein könnte. In einem "Memorandum", das das Lehr- und Forschungsgebiet Internationale Beziehungen am Fakultätsinstitut für Asien- und Afrikawissenschaften der HUB als Positionspapier vorlegte, wurde an diese DDR-Tradition angeknüpft. Darin wurde auf die Notwendigkeit eines "Ensembles von Fachgebieten unterschiedlicher disziplinärer, nicht zuletzt sozialwissenschaftlich geprägter, Abkunft" hingewiesen. Gleichzeitig wird allerdings eine stärkere Anlehnung an das Modell der *area studies* empfohlen.[160] Tatsächlich blieben die Reformen an der HUB sogar hinter den Forderungen der Landeshochschulstrukturkommission zurück, einen engen Verbund der orientalischen Disziplinen mit sozialwissenschaftlichen Fächern anzustreben. Im wesentlichen wurde ein historisch-kulturwissenschaftlicher Studiengang Asien- und Afrikawissenschaften etabliert, der nur durch solche Fachgebiete wie "Internationale Beziehungen in Asien & Afrika" Fühlung zu entwicklungswissenschaftlichen Fragestellungen hält.

Vor der Frage nach der Gewichtung sozial- und regionalwissenschaftlicher Studienanteile stand auch die vom Senat der Universität Leipzig im März 1991 einberufene, jedoch niemals konstituierte Kommission. Sie sollte einen Vorschlag zur Gründung eines Instituts für Dritte-Welt-/Entwicklungsstudien präsentieren. Dieser Reformvorschlag erlaubt einen letzten Vergleich. Er soll nach dem Vorsitzenden dieser Kommission, Professor Franz Nuscheler (Universität-Gesamthochschule Duisburg), kurz als Nuscheler-Vorschlag bezeichnet werden, obwohl er auf maßgeblichen Vorarbeiten des Leipziger "Grundfragen"-Bereichs beruhte.[161]

3.3 "Integrierter Studiengang Regional- und Entwicklungsstudien"

Der Studiengang sieht die - auch organisatorische - Zusammenfassung von Entwicklungsstudien (systematische Grundlagen), Regionalstudien und Kulturwissenschaften/Sprache vor. Jeder dieser Teilbereiche sollte als Studienschwerpunkt

---

[160] Vgl. Relationen (1995): 1ff.

[161] Vgl. Hopfmann et al. (1992).

gewählt werden können. Die Zusammenfassung zu einem Zentralinstitut bzw. einer Fakultät wird als notwendig erachtet, weil das "Zusammenbasteln von Lehrangeboten aus verschiedenen Fakultäten [erfahrungsgemäß nicht] funktioniert".[162] Außerdem würde dies die Einrichtung von Aufbaustudiengängen wie Graduiertenkollegs ermöglichen.

Der vorgeschlagene Studiengang soll in den Abschluß "Diplomentwicklungswissenschaftler/-in" münden. Damit setzte man sich von einer Studienordnung für "Entwicklungsstudien" ab, die von der Sektion selbst vorgelegt worden war. Während in dieser drei verschiedene Diplomabschlüsse (in Entwicklungssoziologie, -politologie und -ökonomie) möglich sein sollten, wendet sich der Nuscheler-Vorschlag gegen "ein[e] allzugroß[e] Ausdifferenzierung der Abschlüsse" und für eine Stärkung der interdisziplinären Studienanteile gegenüber den "stammdisziplinären".[163]

Im Hinblick auf diesen Abschluß bezieht sich der Vorschlag explizit auf das Modell der *development studies*. Der betreffende Studiengang soll ein Höchstmaß an Interdisziplinarität bzw. an horizontaler Integration solcher Grundlagenfächer wie Internationale Beziehungen, Entwicklungssoziologie, -politik und -ökonomie (Pflichtfächer) herstellen. Als weitere Wahlfächer werden vorgeschlagen: Weltwirtschaft, Demographie, Geographie/Ökologie und Kulturwissenschaften. Sie wären für alle Studierenden gültig.

Das Modell der *area studies* ist in diesem Vorschlag subsumiert: Liegt der Schwerpunkt etwa im Bereich Kulturwissenschaften und Sprachen, so sollten Regionalstudien in Ökonomie, Gesellschaft, Politik, zu obligatorischen Nebenfächern erklärt werden: "die Region [bildet] den übergeordneten Bezugsrahmen". (ebd.) Die multidisziplinären Regionalstudien in bezug auf einen Entwicklungsraum können in Afrika, im Nahen Osten, in Lateinamerika, Südasien/Indien, Südostasien oder Ostasien/China liegen.

Liest man diesen Vorschlag als einen der avanciertesten Versuche, in einer relativ offenen Situation - nämlich kurz nach der deutschen Vereinigung - einen Studiengang zu konzipieren, der der Problemstellung "Entwicklung von Wirtschaftsräumen" angemessen ist, so beantwortet er die im Titel dieses Kapitels gestellte Frage eher abschlägig. Verbindlich ist die systematische Ausbildung in Entwicklungsstudien, d.h. der Studiengang wird strukturiert von der interdisziplinären Ausbildung in Grundlagenfächern.

Ironischerweise bedeutet das, daß die Frage im Titel dieses Beitrages, ob die Regionalwissenschaften *der DDR* ein Modell für eine Entwicklungswissenschaft

---

[162] Nuscheler (1993): 46.
[163] Nuscheler (1993): 48.

waren, implizit zustimmend beantwortet wird. Das ist möglich, weil die Regionalwissenschaften der DDR nicht die regional fokussierten Sozial- und Kulturwissenschaften waren, als die sie vordergründig erscheinen mochten und in Rückblicken auch oftmals dargestellt wurden. Die vor der Wende in Leipzig existierende Variante stimmt mit der nach der Wende vorgesehenen Variante, die nie implementiert wurde,[164] darin überein, daß Interdisziplinarität gefordert ist. Aus der Praxis der Regionalwissenschaften in der DDR ist allerdings einmal mehr zu lernen, daß dazu mehr als studienorganisatorische Anstrengungen notwendig sind. Vielmehr scheint es einer (Meta-)Theorie der interdisziplinären Entwicklungswissenschaft zu bedürfen, die dieselbe Funktion wie der Marxismus-Leninismus im Osten, die Modernisierungstheorie im Westen übernimmt, aber der Pluralität der Paradigmen Rechnung trägt.

Abschließende Bemerkungen

Am Anfang dieses Beitrages stand die Frage: Inwiefern versprechen die DDR-Regionalwissenschaften ein Modell für die Wissenschaft von der Entwicklung zu sein? Die Antwort darauf hat m.E. zwei Teile. Die erste Antwort darauf lautet: Die Regionalwissenschaften in der DDR waren nicht das Modell, als das sie in den mir bekannten Darstellungen nach der Wende erscheinen. Die Regionalwissenschaften waren nicht durch mehr Sachnähe und ein ideologisch entspannteres Verhältnis gekennzeichnet. Sachnähe und Sachferne gab es in der außenwirtschaftlichen und der außenpolitischen Entwicklungsländerforschung ebenso wie in der regionalwissenschaftlichen. Auf Empirie und/oder die Klassiker rekurrierten alle Teilnehmer an der Debatte, die Ende der 80er Jahre publik wurde. Aber vor die Frage gestellt, wie renovierungsbedürftig der Kategorienapparat sei, plädierten die Regionalwissenschaften für eine behutsamere Erneuerung der Orthodoxie als die HfÖ - und wohl auch das IIB. Ein Kennzeichen der Regionalwissenschaften war m.E. ihr Theoriekonservatismus.

Dieser Theoriekonservatismus ist aufschlußreich, weil er nicht nur Ausdruck des Dogmatismus einzelner Regionalwissenschaftler/-innen war. Meine These ist, daß im Rahmen des Wissenschaftsverständnisses der DDR vieles dafür sprach, an den überlieferten Lehren festzuhalten. Unter den Bedingungen des Wissenschaftssystems der DDR war der Theoriekonservatismus die naheliegende Reaktion auf das strukturelle Defizit von *area studies*, die Grundlagenforschung anderen Disziplinen zu überlassen. Werden die theoretischen Grundlagen erschüttert,

[164] Vgl. dazu Hopfmann et al. (1992): 152.

so droht die Identität des Faches, die Kommunikationsfähigkeit untereinander verlorenzugehen.

In genau dieser Situation befanden sich die DDR-Regionalwissenschaften in der zweiten Hälfte der 80er Jahre. Angesichts der Heterogenität ihres Gegenstandes hätte eine "historistische Reaktion" darauf - sich auf das Sammeln empirischer Evidenzen zu beschränken und Theorien als bloße Arbeitshypothesen zu behandeln - dazu geführt, daß die Norm der Konsensfindung nicht mehr systematisch zu wahren gewesen wäre. Diese Norm war mit dem Wissenschaftsverständnis des Marxismus-Leninismus erkenntnistheoretisch verbürgt und mit der ressortförmigen Zuordnung von Forschungsthemen wissenschaftsorganisatorisch sichergestellt. Die DDR-Regionalwissenschaften standen also bezüglich der Wahrung dieser Norm vor größeren Schwierigkeiten, und die Reaktion darauf war, sich den bisherigen Garanten dieser Norm nicht nehmen zu lassen. Der Theoriekonservatismus war daher die DDR-adäquate Reaktion auf ein Problem, das in den *area studies* strukturell angelegt ist.

Insofern verwundert es nicht, daß der avancierteste Reformvorschlag nach der Wende, i.e. der für die Universität Leipzig propagierte Vorschlag eines "Integrierten Studiengangs Regional- und Entwicklungsstudien", sich stärker an das Modell der *development studies* anlehnt als an das der *area studies*. So muß aus meiner Sicht die zweite Antwort auf die eingangs gestellte Frage lauten: Die DDR-Regionalwissenschaften blieben in der Realisation hinter den - in der DDR selbst postulierten - konzeptionellen Möglichkeiten zurück. Dies sahen auch einige der damit befaßten Wissenschaftler/-innen so, insbesondere was die Defizite bei der Umsetzung interdisziplinärer Forschung anging.

Doch scheint mir, daß dieses Zurückbleiben der Wirklichkeit hinter den Versprechungen der Konzeption primär nicht auf persönliche oder fachliche Unzulänglichkeiten der regionalwissenschaftlich Forschenden in der DDR zurückzuführen ist. Dagegen spricht, daß es auch unter ganz anderen wissenschaftsorganisatorischen Bedingungen nur wenige Beispiele für gelungene interdisziplinäre Projekte gibt und daß die im Text angeführten Vorbehalte gegen die Einrichtung strikt regionalwissenschaftlicher Studiengänge gewichtig sind.

Deshalb ist aus diesem Zurückbleiben m.E. zu lernen, daß bereits der Konzeption der *area studies* nicht uneingeschränkt zu folgen ist. Reformvorschläge wie der für die Leipziger Universität und der ursprüngliche für die Humboldt-Universität sind dagegen sinnvolle Abweichungen von diesem Modell. Sie verbanden einen starken Akzent auf die sozialwissenschaftliche Grundausbildung mit organisatorischen Konsequenzen, die aus regionalwissenschaftlichen Einsichten zu gewinnen sind, daß nämlich Entwicklung kulturräumliche Spezifika aufweist und eine komparatistische Herangehensweise fruchtbar ist. Insofern war es eine vertane Chance, diese Reformvorschläge in der neuen Bundesrepublik nicht zu realisieren.

Literatur

Asien (1995) Deutsche Zeitschrift für Politik, Wirtschaft und Kultur, hrsg. von H. Klein et al. im Auftrag der Deutschen Gesellschaft für Asienkunde e.V., Hamburg

Autorenkollektiv (1988): Zur Lage der Entwicklungsländer in der kapitalistischen Weltwirtschaft. In: IPW-Berichte, Nr. 6, S. 1ff.

Babing, A. (1988): Autorenkollektiv: Handbuch Entwicklungsländer, [Rezension von Stier et al. (1988)]. In: IPW-Berichte, Nr. 8, S. 61f.

Barthel, G. (1989): In eigener Sache. In: aala 17, S. 5ff.

Barthel, G. (1993): Die Asien-, Afrika- und Lateinamerikawissenschaften in der ehemaligen DDR. Versuch eines Resümees. In: hochschule ost, Nr. 5, S. 5-13

Bator, A. (1983): Zur Politik der Reagan-Administration gegenüber den Ländern Asiens, Afrikas und Lateinamerikas. In: Jahrbuch 1982, S. 15ff.

Baumann, H. et al. (1988): Politische Systeme in Entwicklungsländern Asiens und Afrikas, Berlin

Block, K.-D. (1989): Karl Marx' politökonomische Analyse der Austauschprozesse auf dem kapitalistischen Weltmarkt und der Konsequenzen für schwach entwickelte Länder. In: aala 17, S. 20ff.

Braun, G. & J. Rösel (1992): Kultur und Entwicklung. In: D. Nohlen & F. Nuscheler (Hg.), Handbuch der Dritten Welt, Bd.1: Grundprobleme - Theorien - Strategien, 3. Aufl., Bonn

Breetzmann, M. (1988): Die Industrialisierung in den Entwicklungsländern. In: Stier et al. (1988), S. 106ff.

Brentjes, B. (1993): Produktionsweise, Geschichtsdetermination oder politische Argumentation. Zum Theorienstreit in der Geschichtswissenschaft in der DDR. In: hochschule ost, Nr. 4, S. 35ff.

Brooks, H. (1983): The Effect of Sponsorship upon Social Science Research. In: Social Science Research Council, Items, Bd.37, No.2/3: Research Support and Intellectual Advance in the Social Sciences. A symposium of views on the postwar history of the social sciences in the United States, New York, S. 43ff.

Brustinow, A. (1986): Die Besonderheiten der Entwicklung des Kapitalismus in der Landwirtschaft Bangladeshs in der gegenwärtigen Entwicklungsetappe. In: Probleme (1986), S. 200ff.

Czaya, E. (1986): Entwicklungsländer im Kampf gegen die Macht der Arzneimittelmonopole. In: IPW-Berichte, Nr. 5, S. 39ff.

Czaya, E. (1987): Die am wenigsten entwickelten Länder und ihre Stellung in der internationalen kapitalistischen Arbeitsteilung. In: IPW-Berichte, Nr. 2, S. 24ff.

Domdey, K.-H. (1984): Weltwirtschaft und Weltwirtschaftslehre, Berlin

Domdey, K.-H. (1986): Kapitalistischer Entwicklungsweg und Kampf um friedliche ökonomische Zusammenarbeit im asiatisch-australisch-ozeanischen Sektor der Weltwirtschaft. In: Probleme (1986), S. 32ff.

Domdey, K.-H. (1988): Forschung, Lehre und Diskussion über Weltwirtschaft und Weltfrieden. Zur Geschichte des intersektoriellen Arbeitskreises Weltwirtschaft, Weltfrieden und Ökonomie der Entwicklungsländer sowie des Lehrstuhls Weltwirtschaft/Außenwirtschaft an der Humboldt-Universität zu Berlin, Berlin (Beiträge zur Geschichte der Humboldt-Universität zu Berlin 20)

Domdey, K.-H. (1994): Weltwirtschaft und Entwicklungsländer, zentrale Anliegen der Internationalen Gesellschaft für Weltwirtschaft. In: Grienig et al. (1994), S. 1ff.

Dubrowsky, H.-J. & H. Faulwetter (1987): The Indebtedness of Developing Countries and its Consequences. In: Luchterhand (1987), S. 20ff.

Ernst, K. & H. Schilling (Hg.) (1981): Entwicklungsländer: Sozialökonomische Prozesse und Klassen, Berlin

Ernst, K. et al. (1993): Sektion Afrika- und Nahostwissenschaften, Lehrstuhl Soziologie: Stellungnahme zum Papier der 'Strukturkommission' der Sektion ANW [14. November 1990], wiederabgedruckt in: hochschule ost, Nr. 5, S. 43ff.

Faulwetter, H. & G. Liebscher (1981): Zum unüberbrückbaren Gegensatz zwischen 'Entwicklungshilfe' und sozialistischer Hilfe der Entwicklungsländer. In: aala 9, S. 598

Faulwetter, H. & U. Hoffmann (1983): Die Mechanismen der Herausbildung kapitalistischer Produktionsverhältnisse in Entwicklungsländern. In: aala 11, S. 953ff.

Faulwetter, H. & P. Stier (1984): Entwicklungsländer am Scheideweg, Frankfurt/M. (Lizenzausgabe des Verlags Marxistische Blätter)

Faulwetter, H. (1988): Die Ausbeutung der Entwicklungsländer durch das internationale Monopolkapital. In: Stier et al. (1988): S. 14ff.

Faulwetter, H. et al. (1989): Ergebnisse und Perspektiven kapitalistischer Transformation in der Dritten Welt - ein Beitrag zur Diskussion um Unterentwicklung (Thesen). In: aala 17, S. 410ff.

Faulwetter, H. & R. Theuring (1989): 25 years of the Institute for the Economy of Developing Countries. In: Economic Quarterly, Nr. 2, S. 3ff.

Fessen, H. (1987): Zwanzig Jahre ASEAN - Rückblick und Ausblick. In: Jahrbuch 1986, S. 44ff.

Flechsig, S. (1985): Neokonservative Wirtschaftstheorie und -praxis im Südkegel Lateinamerikas. In: Wirtschaftswissenschaft 33, S. 204ff.

Forschungsschwerpunkt Moderner Orient (1992): unveröff. Jahresbericht, Berlin

Freitag, G. (1981): Einige Aspekte der Herausbildung von Monopolen in Indien. In: aala 9, S. 1029ff.

Friedländer, S. (1986): Der Staat in kapitalistischen Entwicklungsländern- Ausbeuterstaat und ausgebeuteter Staat. In: Probleme (1986): S. 208ff.

Grienig H. (1985): Kapitalismus in den Entwicklungsländern Asiens. In: aala 13, S. 765ff.

Grienig, H. (1986): Probleme kapitalistischer Entwicklung in den Entwicklungsländern Asiens. In: Probleme (1986), S. 9ff.

Grienig, H. (1994a): Die Herausforderungen an die Development Sciences und das wissenschaftliche Dilemma in den neuen Bundesländern und Ostberlin. In: Grienig et al. (1994): S. 23ff.

Grienig, H. et al. (1994): Chancen auf Entwicklung. Realitäten und Problembewältigung in der Nord-Süd-Dimension. Zur Arbeit der internationalen Gesellschaft für Weltwirtschaft e.V., Berlin

Hafez, K. (1995): Orientwissenschaft in der DDR. Zwischen Dogma und Anpassung, 1969-1989, Hamburg

Hafner, A. & J. Herzog (1988): Sklave - Kuli - Lohnarbeiter. Formierung und Kampf der Arbeiterklasse in Kolonien und national befreiten Ländern. Ein historischer Abriß, Berlin

Hafner, A. et al. (1989): Memorandum. Die Asien- und Afrikaforschung an der Akademie der Wissenschaften der DDR. Ein Rückblick, unveröff. Manuskript, AdW Berlin

Heidrich, J. (1989): Indiens Bourgeoisie und der historische Fortschritt. Die bürgerliche Klasse im Kontext von Formationsentwicklung und nationaler Befreiung, Berlin

Heidrich, J. (1994): Globalisation and the Regionalistic Perspective - Changing Implications for Development, unveröffentlichtes Manuskript eines Vortrags auf der 13th European Conference of Modern South Asian Studies, Toulouse

Heidrich, P. (1988): Agricultural Labour in Indian Society, Berlin (Studien über Asien Afrika und Lateinamerika 39)

Heilmann, P. (1990): Aspekte des Ausländerstudiums in der DDR. In: aala 18, S. 798ff.

Heßke, H. (1989): Formationelle Entwicklung von Staat und Gesellschaft in Entwicklungsländern (Konferenzbericht). In: aala 17, S. 124ff.

Höhme, H.-J. et al. (Hg.) (1988): Krisenprozesse in den internationalen Finanz-, Kredit- und Währungsbeziehungen des Kapitalismus, IPW-Forschungshefte, Nr. 2

Höpp, G. & M. Robbe (1983): Geistige Auseinandersetzungen in Asien. Nichtproletarische Ideologie im Kampf für nationale und soziale Befreiung, Berlin

Hopfmann, A & H. Schilling (1988): Unterentwicklung, sozialökonomische Multisektoralität und gesellschaftlicher Fortschritt in Entwicklungsländern. In: aala 16, S. 773ff.

Hopfmann, A. et al. (1992): Entwicklung und Abwicklung. In: utopie kreativ Nr. 21/22, S. 143ff.

Hopfmann, A. (1994): Chancen auf Transformation - globaler Veränderungsdruck und kapitalistische Weltmarktwirtschaft. In: Grienig et al. (1994): S. 40ff.

Hundt, W. (1986): Zu einigen Aspekten des Verhältnisses von kapitalistischem Entwicklungsweg und Außenpolitik unter asiatischen Bedingungen. In: Probleme (1986): S. 59ff.

Hundt, W. et al. (1993): Brandenburg und die Dritte Welt (Ende 1990 - Mitte 1993), (Brandenburgische Entwicklungspolitische Hefte 7)

Institut für Afrikanistik (1995): Kommentiertes Vorlesungsverzeichnis Sommersemester 1995, Universität Leipzig

Jegzentis, P. (1987): The Crisis of Public Finances - a Result of Contradictions in the Development of Capitalism in the Developing Countries. In: Luchterhand (1987, S. 111ff.)

Jegzentis, P. & V. Wirth (1991): Zum Stand der entwicklungstheoretischen Diskussion in der DDR in den 80er Jahren - ein Literaturüberblick. In: Peripherie, Nr. 41, S. 71ff.

Johnson, C. (1974): Political Science and East Asian *Area studies*. In: World Politics 26, S. 560ff.

Jordan, B. (1989): Zur Agrarpolitik der Kommunistischen Partei Chinas und zu den sozialökonomischen Veränderungen auf dem Lande seit 1978. In: Wirtschaftswissenschaft 37, S. 394ff.

Jung, R.D. (1981): Einige Probleme der kapitalistischen Entwicklung der pakistanischen Landwirtschaft (1951 bis 1977). In: aala 9, S. 58ff.

Jung, R.D. (1991): Zu einigen Problemen der wirtschaftlichen Entwicklung Nepals. In: aala 19, S. 253ff.

Kannapin, K. (1985a): Imperialistische Entwicklungshilfe - Anspruch und Realität. In: IPW-Berichte, Nr. 11, S. 13ff.

Kannapin, K. et al. (1985b): Imperialismus und Industrialisierung der Entwicklungsländer, IPW-Forschungshefte, Nr. 2

Kannapin, K. & E. Czaya (1989): Imperialistische Einflußsphären im Bereich der Entwicklungsländer, IPW-Forschungshefte, Nr. 4

Khalatbari, P. (1984): Ökonomische Unterentwicklung. Eine historisch-politökonomische Analyse, Berlin

Khalatbari, P. (1986): Zusammenhänge zwischen Bevölkerungswachstum, Unterentwicklung und Erhaltung des Friedens. In: Wirtschaftswissenschaft 34, S. 1000ff.

Khalatbari, P. (1989): Einige Überlegungen zur gegenwärtigen Diskussion über die Unterentwicklung. In: aala 17, S. 389ff.

Khalatbari, P. (1991): Bevölkerungswissenschaft in der ehemaligen DDR - Vergangenheit, Gegenwart und Zukunft, Referat für ein Symposium Bevölkerungswissenschaft im vereinten Deutschland, Universität Bielefeld November 1991

Kaube, J. (1998): Soziologie. In: Kocka, J. & R. Mayntz (1998), Wissenschaft und Wiedervereinigung. Disziplinen im Umbruch, Berlin, S. 255-301

Klein, I. (1988): Die Umgestaltung der Außenwirtschaft der Entwicklungsländer. In: Stier et al. (1988): S. 127ff.

Klenner, U. (1986): Zur sozialökonomischen Entwicklung in der Sozialistischen Republik Vietnam - grundlegende Ergebnisse und Erfahrungen. In: Wirtschaftswissenschaft 34, S. 225ff.

Klenner, U. & M. Stelter (1987): Zum Lebensniveau in Ländern sozialistischer Option und zu einigen Konsequenzen für die Sozialpolitik der Avantgardeparteien. In: Jahrbuch 1988, S. 44ff.

Klenner, U. & B. Röbel (1988): Volkswirtschaftliche Entwicklung und soziale Errungenschaften in der Volksdemokratischen Republik Laos. In: Wirtschaftswissenschaft 36, S. 79ff.

Kocka, J. (Hg.) (1987): Interdisziplinarität. Praxis - Herausforderung - Ideologie, Frankfurt/M.

Konrad, N. (1988): Methodische Probleme des statistischen Vergleichs des sozialökonomischen Entwicklungsniveaus der Entwicklungsländer. In: Stier et al. (1988): S. 149ff.

Kolloch, K. (1987): The Policy of the International Monetary Fund and the World Bank with Regard to Developing Countries. In: Luchterhand (1987): S. 57ff.

Krüger, H. & J. Heidrich (1985): 100 Jahre Indischer Nationalkongreß 1885-1985, Berlin

Kück, G. (1988): Die wirtschaftliche und wissenschaftlich-technische Zusammenarbeit der Entwicklungsländer untereinander. In: Stier et al. (1988), S. 27ff.

Kuhn, T.S. (1962): The Structure of Scientific Revolutions, Chicago; dt. als: ders. (1967): Die Struktur wissenschaftlicher Revolutionen, Frankfurt/M.

Kunze, J. (1986): 'Elite' und Unterentwicklung. Zur Analyse und Kritik elitetheoretischer Konzeptionen in der nichtmarxistischen Entwicklungsländer-Soziologie. In: aala 14, S. 216ff.

Landeshochschulstrukturkommission (1992): Empfehlungen der Landeshochschulstrukturkommission, III.3.1.9 Kleine Fächer vom 16. Oktober 1992, Berlin

Lemke, M. (1993): Der Nahe Osten, Indien und die Grotewohlreise von 1959. Zur Anerkennungspolitik der DDR in der zweiten Hälfte der fünfziger Jahre. In: aala 20, S. 1027ff.

Lewin, G. (1986): The Role of Higher Education for the Economic Development of India. In: Schmidt (1986): S. 143ff.

Lewis, A. (1954): Economic Development with Unlimited Supplies of Labour. In: The Manchester School of Economic and Social Studies 22, S. 139ff.

Liebscher, G. (1988): Kolonialismus und Neokolonialismus. In: Stier et al. (1988): S. 10ff.

Lorenz, J. (1987): Zur gesellschaftlichen Entwicklung Burmas seit der Erringung der Unabhängigkeit. In: aala 15, S. 983ff.

Luchterhand, W. (Hg.) (1987): Current Financial and Monetary Problems of the Developing Countries in the World Capitalist Economy, aala special issue, No. 19, Berlin

Luchterhand, W. (1987): The Main Areas of Conflict and Future Development Tendencies in the Financial and Monetary Relations between Developing Countries and Financial Capital. In: Luchterhand (1987): S. 7ff.

Luchterhand, W. (1988): Neue internationale Wirtschaftsordnung. In: Stier et al. (1988): S. 133ff.

Lulei, W. et al (1988): Die Strategie der marxistisch-leninistischen Parteien in den Staaten Indochinas zur Überwindung der Unterentwicklung und zur Errichtung der sozialistischen Gesellschaft. In: Jahrbuch 1987, S. 59ff.

Mährdel, C. & A. Krause (1985): Die Gründung und Entwicklung eines Lehr- und Forschungsbereiches zu Grundfragen der Nationalen Befreiungsbewegung. In: Wissenschaftliche Zeitschrift der Karl-Marx-Universität Leipzig 34, S. 568ff.

McVey, R. (1995): Change and Continuity in Southeast Asian Studies. In: Journal of Southeast Asian Studies, 25th Anniversary Special Issue: Perspectives on Southeast Asian Studies, Nr. 1, S. 1ff.

Michalski, E. & K.-J. Michalski (1985): Die revolutionär-demokratische Umgestaltung der Agrarverhältnisse und die Entwicklung der landwirtschaftlichen Produktion in Afghanistan. In: aala 13, S. 809ff.

Michalski, E. et al. (1989): Theorien über Unterentwicklung und Strategien für Entwicklung in national befreiten Ländern Asiens und Afrikas (Konferenzbericht). In: aala 17, S. 319ff.

Müller, H. (1991): Die Produktionsweisen-Schule - ein soziologisches Konzept zur Erklärung der Unterentwicklung. In: aala 19, S. 207ff.

Müller, L. (1986): Zur monopolistischen Innovationsstrategie Japans in Asien. In: Probleme (1986): S. 79ff.

Müller-Bülow, K. (1988): Developing countries and the Marxist formation theory - some requirements in the political economy of capitalism. In: Economic Quarterly, Nr. 1, S. 46ff.

Nuscheler, F. (Hg.) (1985): Dritte-Welt-Forschung. Entwicklungstheorie und Entwicklungspolitik, PVS Sonderheft 16

Nuscheler, F. (1993): Integrierter Studiengang Regional- und Entwicklungsstudien an der Universität Leipzig (Diplom und Magister) [Juli 1991]. In: hochschule ost, Nr. 5,: S. 46ff.

Oesterheld, J. & E. Schaller (1985): Indira Gandhi - Streiterin für Frieden, Unabhängigkeit und soziale Gerechtigkeit. In: aala 13, S. 194ff.

Oesterheld, J. (1989): Politisches System und Parteien bürgerlichen Charakters in Indien. Fallstudie zur kapitalistischen Formationsentwicklung in Ländern Asiens und Afrikas nach Erlangung der Unabhängigkeit, Berlin, Diss. B

Padel, U. (1986): Südasiatische Vereinigung für regionale Zusammenarbeit - Entstehung, Ziele, Resultate und Perspektiven. In: Jahrbuch 1985, S. 60ff.

Paech, N. et al. (1972): Entwicklungsländerforschung in der Bundesrepublik Deutschland. In: Internationales Asienforum 3, S. 369ff.

Pfeifer, C. & H. Picht (1989): Sozialismus in Asien - Allgemeines, Besonderes, Einzelnes. In: Deutsche Zeitschrift für Philosophie 37, S. 110ff.

Plener, U. (1988): Sozialdemokratische Konzeptionen zur Lösung der Probleme der Entwicklungsländer. In: IPW-Berichte; Nr. 2, S. 16ff.

Podiumsdiskussion: Braucht die deutsche Wirtschaft die Asienwissenschaften? (1995). In: Asien 56: S. 147ff.

Politische Ökonomie des Kapitalismus (1986). Lehrbuch, hrsg. von D. Klein et al., 4. Aufl., Berlin

Polzin-Walter, J. (1989): Wachsende Entwicklungshilfe - Instrument des japanischen Finanzkapitals. In: IPW-Berichte, Nr. 3, S. 49ff.

Prewitt, K. (1982): Annual Report of the President. *Area studies* in the 1980s. In: Social Science Research Council (Hg.), Annual Report 1981-82, New York

Probleme kapitalistischer Entwicklung in Entwicklungsländern Asiens (1986): Berichte, Humboldt-Universität zu Berlin, Jgg. 6, Nr. 4-6, (wissenschaftliche Leitung: H. Grienig)

Rathmann, L. & R. Wünsche (1974): Aus der Arbeit des Zentralen Rates für Asien-, Afrika- und Lateinamerikawissenschaften in der DDR. In: aala 2, S. 725ff.

Reetz, D. (1991): Die Entwicklungsländerforschung in der DDR nach der Wende: Veränderungen in Konzeption und Struktur, Berichte des Instituts für ostwissenschaftliche und internationale Studien, Nr. 7, Köln

Reetz, D. (1993): Ethnic and religious identities in colonial India (1920s-1930s): a conceptual debate. In: Contemporary South Asia 2, S. 109ff.

Relationen (1995): Lehr- und Forschungsgebiet Internationale Beziehungen in Asien & Afrika, Bericht 1990-1994, hrsg. vom Fakultätsinstitut Asien- und Afrikawissenschaften, Philosophische Fakultät III, Humboldt-Universität zu Berlin

Robbe, M. (1989a): [Rezension von Spanger/Brock (1987)]. In: aala 17, S. 345ff.

Robbe, M. (1989b): Entwicklungsländer, Frieden und gesellschaftlicher Fortschritt: Fragen an die Geschichte. In: aala 17, S. 419ff.

Robbe, M. (1993): Verlorene Visionen? Entwicklungsländerforschung in der DDR. In: hochschule ost, Nr. 5: S. 14-24

Robinson, M. (1983): The Role of the Private Foundations. In: Social Science Research Council, Nr. 2/3: Research Support and Intellectual Advance in the Social Sciences. A symposium of views on the postwar history of the social sciences in the United States, New York, S. 35ff.

Rosenkranz, R. (1989): Entwicklungsländer und internationale Arbeitsteilung. Überlegungen zur Stellung von Entwicklungsländern in der kapitalistischen Weltwirtschaft der neunziger Jahre. In: aala 17, S. 198ff.

Schaller, E. (1986): Traditionelles und Neues in Indiens Politik unter Rajiv Gandhi. In: Jahrbuch 1985, S. 72ff.

Schaller, E. & D. Weidemann (1989): Zum 100. Geburtstag Jawaharlal Nehrus. In: aala 17, S. 811ff.

Schatter, M. (1988): Hauptströmungen reformerischen, radikalen und alternativen Entwicklungsdenkens. In: Stier et al. (1988): S. 137ff.

Schilling, H[orst] (1985): Das Ernährungsproblem im Zerrspiegel der bürgerlichen Ideologie. In: IPW-Berichte, Nr. 6, S. 6ff.

Schilling, H[artmut] (1987): Zur Rolle der Wirtschaftswissenschaften in der regionalwissenschaftlichen Forschung und Lehre; Referat vor dem Wissenschaftlichen Beirat für Asien-, Afrika- und Lateinamerikawissenschaften beim Ministerium für Hoch- und Fachschulwesen, 21.5.1987

Schilling, H[artmut] (1989): Ökonomisch-soziale Unterentwicklung und ihre Überwindung als globale politische Herausforderung und als Anspruch an die marxistisch-leninistische Politische Ökonomie. In: aala 17, S. 377ff.

Schmidt, M. (1985): Die Ost-West-Beziehungen und die Probleme der Entwicklungsländer. In: IPW-Berichte, Nr. 12, S. 1ff.

Schmidt, W. (Hg.) (1986): The Human Factor in Developing Countries, aala special issue No.17, Berlin

Schmidt, W. (1986a): The Human Factor and Socio-Economic Development in Third-World Countries. In: Schmidt (1986): S. 7ff.

Schmidt, W. (1989): Internationalisierung der Produktion - Probleme und Konsequenzen für die Arbeitskräftereproduktion in Entwicklungsländern. In: aala 17, S. 8ff.

Schorr, B. et al. (1985): Jawaharlal Nehru, illustrierte historische hefte 35

Schröder, R. (1988): Wissenschaftskonzeption für politische Ökonomie (Konferenzbericht). In: Wirtschaftswissenschaft 36, S. 1373ff.

Schwanitz, W. (1993): Vereint entzweit. Deutsche Akademiker zwischen Zerschlagung und Einpassung aus der Sicht eines Berliner Orientalisten 1986-1992. In: Berliner Debatte INITIAL 4, S. 54ff.

Söder, G. (1988): Entwicklung und Unterentwicklung aus weltanschaulicher Sicht. In: Stier et al. (1988): S. 49

Skolimowski, H. (1980): The Cultural Model of Development: Alternative to Faustian Technology. In: Alternatives 5, S. 477ff.

Smith, T. (1979): The Underdevelopment of Development Literature: The Case of Dependency Theory. In: World Politics 31, S. 247ff.

Spanger, H.-J. & L. Brock (1987): Die beiden deutschen Staaten in der Dritten Welt. Die Entwicklungspolitik der DDR - eine Herausforderung für die Bundesrepublik Deutschland? Opladen

Spiegel, E. (1986): Zu einigen Hauptströmungen in der nichtmarxistischen Soziologie der Entwicklungsländer. In: aala 14, S. 395ff.

Spiegel, E. (1987): Methodologische Überlegungen zur Bedeutung der marxistischen Formationstheorie für die soziologische Erforschung der Entwicklungsländer. In: aala 15, S. 401ff.

Stier, P. (1986): Some Observations of a Human-Resources-Led Development Strategy. In: Schmidt (1986): S. 28ff.

Stier, P. (1988a): Umweltproblematik und Entwicklungsländer. In: Stier et al. (1988): S. 84ff.

Stier, P. (1988b): Marxistische Entwicklungskonzeption und sozialistische Orientierung. In: Stier et al. (1988): S. 92ff.

Stier, P. et al. (Hg.) (1988): Handbuch Entwicklungsländer. Sozialökonomische Prozesse, Fakten und Strategien, Berlin (Lizenzausgabe des Pahl-Rugenstein Verlags)

Stier, P. (1993): EpoG - eine Organisation im Um- und Aufbruch. In: EpoG (Hg.), Eine ostdeutsche Nichtregierungsorganisation stellt sich vor, Berlin, S. 8ff.

Strukturmodell für den künftigen Fachbereich Orientalistik und Afrikanistik an der Universität Leipzig [Oktober 1990] (1993): wiederabgedruckt in: hochschule ost, Nr. 5, S. 37ff.

Studienplan für die Grundstudienrichtung Regionalwissenschaften (1983): Ministerrat der Deutschen Demokratischen Republik, Ministerium für Hoch- und Fachschulwesen, Berlin

Tietz, K. (1989): Neue Industrieländer Ostasiens in der kapitalistischen Weltwirtschaft. In: IPW-Berichte, Nr. 9, S. 27ff.

Voigt, A. (1987): Of the Influence of Neo-Conservative Economic Conceptions and the Limits of their Practicability under the Prevailing Conditions in Latin America. In: Luchterhand (1987): S. 121ff.

Voigt, A. (1988): Hunger und Armut in den Entwicklungsländern. In: Stier et al. (1988): S. 67ff.

Voigt, M. et al. (1989): Lehre und Studium der Asien-, Afrika- und Lateinamerikawissenschaften im 40. Jahr der Deutschen Demokratischen Republik. In: aala 17, S. 789ff.

Weidemann, D. (Hg.) (1991): Nationalism, Ethnicity and Political Development. South Asian Perspectives. Proceedings of the 10th European Conference on Modern South Asian Studies (Venice 1988), New Delhi

Winter, H.-D. (1989): Die DDR und die Staaten Asiens, Afrikas und Lateinamerikas - Zusammenwirken und Dialog für Frieden und Fortschritt. In: aala 17, S. 581ff.

Wünsche, R. & W. Kubiczek (1982): Die Bewegung nichtpaktgebundener Staaten im Ringen um Frieden, Rüstungsbeschränkung und Abrüstung. In: Jahrbuch 1981, S. 15ff.

Wünsche, R. (1984): Die nichtpaktgebundenen Staaten Asiens, Afrikas und Lateinamerikas im Ringen um Frieden, Sicherheit und Entwicklung. In: Jahrbuch 1983, S. 25ff.

Wünsche, R. & E. Spiegel (1986): Die Bewegung nichtpaktgebundener Staaten im Ringen um Frieden, Abrüstung und Entwicklung. In: Jahrbuch 1985, 15ff.

Wünsche, R. & R. Voigtländer (1987): Bedeutung und Ergebnisse der 8. Gipfelkonferenz der Bewegung nichtpaktgebundener Staaten. In: Jahrbuch 1986, S. 15ff.

ZENTRAAL (Hg.) (1974): Grundfragen des antiimperialistischen Kampfes der Völker Asiens, Afrikas und Lateinamerikas in der Gegenwart, Berlin, 2 Bde.

ZENTRAAL (1989): Bericht über die X. Plenartagung der Multilateralen Problemkommission von Akademien der Wissenschaften sozialistischer Länder Ökonomie und Politik der Entwicklungsländer (MPK) in Ulan-Bator (MVR), vom 4.-9.9.1989, unveröff. Manuskript, Berlin

Anhang A: Liste der Gesprächspartner/-innen

Den nachstehend aufgeführten Wissenschaftlern und Wissenschaftlerinnen sei für die äußerst freundliche und engagierte Unterstützung meiner Untersuchungen gedankt.

Dr. Dieter Conrad (Südasien-Institut, Heidelberg)
Dr. Gottfried Freitag (HUB, Asienwissenschaft)
Prof. Dr. Horst Grienig (HUB, Asienwissenschaft)
Renate Gudat (EpoG, ehem. Deutsches Institut für Marktforschung, Außenhandelsministerium)
Dr. Annemarie Hafner (FSP moderner Orient, ehem. AdW)
Prof. Dr. Joachim Heidrich (ehem. AdW)
Dr. Petra Heidrich (FSP moderner Orient, ehem. AdW)
Prof. Dr. Walter Hundt (ehem. IIB, Abt. Entwicklungsländer)
Prof. Dr. Parviz Khalatbari (ehem. HUB, Institut für Demographie)
Prof. Dr. Klaus Kolloch (HUB, Ökonomie)
Prof. Dr. Subrata Mitra (Südasien-Institut, Heidelberg)
Dr. sc. Joachim Oesterheld (HUB, Asienwissenschaft)
Prof. Dr. Martin Robbe (ehem. AdW)
Prof. Dr. Dietmar Rothermund (Südasien-Institut, Heidelberg)
Prof. Dr. Hartmut Schilling (ehem. KMU Leipzig, Sektion Afrika- und Nahostwissenschaften)
Prof. Dr. Waldtraut Schmidt (ehem. HfÖ, Institut Ökonomik der Entwicklungsländer)
Dr. sc. Arnold Voigt (EpoG, ehem. HfÖ, Institut Ökonomik der Entwicklungsländer)
Dr. Christian Wagner (FSP Moderner Orient, Universität Mainz)
Dr. Eva Weidnitzer (DIE Berlin; ehem. KMU Leipzig, Sektion Afrika- und Nahostwissenschaften)
Prof. Dr. Diethelm Weidemann (HUB, Asienwissenschaft)
Dr. Volker Wirth (ehem. HfÖ, Institut Ökonomik der Entwicklungsländer)
Prof. Dr. Renate Wünsche (ehem. IIB, Leiterin der Abt. Entwicklungsländer, stellvertretende Vorsitzende des ZENTRAAL)
Dr. Peter Zingel (Südasien-Institut, Heidelberg)

Anhang B: Stundentafel für die Fachrichtungen West-, Ost-, Südost- und Südasienwissenschaften (Studienplan 1983)

Lehrgebiete	*Marxistisch-leninistisches Grundstudium und gesellschaftswissenschaftliche Ausbildung*	*multi-disziplinäre Regionalstudien*	*Sprachausbildung*
1.Einführung in das Studium der (West- usw.) Asienwissenschaften		60	
2 Marxistisch-leninistische Philosophie	90		
3 Politische Ökonomie	90		
4 Wissenschaftlicher Kommunismus	120		
5 Ausgewählte Probleme des ML	154		
5a Spezialkurs ML (wahlobligatorisch)	30		
6 Grundprobleme der nationalen und sozialen Befreiungsbewegungen		60	
7 Ausbildung in einer gesellschaftswissenschaftlichen Disziplin	450		
8 Zeitfonds für die Spezialisierung nach 7	431		
9 Ausgewählte Probleme des Völkerrechts	14		
10 - 19 (18) Geschichte und Zeitgeschichte, Geschichte der Arbeiterbewegung, Ökonomische Geographie, Ökonomie, Wirtschaftsgeschichte, Staat und Recht, Außenpolitik und Internationale Beziehungen,		245	

Kultur und Literatur, Philosophie, Soziologie (West-, Ost-, Südost- und Süd-) Asiens*			
20 (19) Zeitfonds zur Verfügung der Sektion**		(74)	
21 (20) Asiatische Sprache			1042
			Südasienw. 942
22 (21) Russisch			120
23 (22) Englisch oder Französisch			360
in Südasienw. nur Englisch			Südasienw. 554
Gesamtstunden			
ohne 20 (bzw. 19)	1429 von 3316	365 von 3316	1522 von 3316
mit 20 (bzw. 19)	1429 von 3390	439 von 3390	1522 von 3390

Anteile an der Ausbildung

Anteile in %	*MLG/Ges.wiss.*	*Regionalstudien*	*Sprache*
Variante 1:			
Lehrgeb. 6 in MLG/Ges.wiss. ohne 20 (bzw. 19)	1489/3316 Std 45%	305/3316 Std. 9%	1522/3316 Std. 46%
Variante 2:			
Lehrgeb. 6 in MLG/Ges.wiss. mit 20 (bzw. 19)in Regionalst.	1489/3390 Std. 44%	379/3390 Std. 11%	1522/3390 Std 45%
Variante 3:			
Lehrgeb. 6 in Regionalstud. mit 20 (bzw. 19)in Regionalst.	1429/3390 Std. 42%	439/3390 Std. 13%	1522/3390 Std. 45%

Die Variante 3 liegt dem im Text vorgenommenen Vergleich und der Darstellung im Diagramm zugrunde. Die Erhebungen der übrigen Studiengänge sind bei der Autorin auf Nachfrage erhältlich.

---

* In der Bezeichnung der Teilgebiete gibt es geringfügige Abweichungen; in den Ostasienwissenschaften gibt es kein Teilgebiet Kultur und Literatur.

** Dieser Zeitfonds konnte für die Ausbildung in marxistisch-leninistischer Entwicklungsökonomie (KMU Leipzig) ebenso verwandt werden wie für Regionalstudien (Geschichte der Region, HUB). In der Tabelle im Text ist die Verteilung ohne Berücksichtigung dieses Zeitfonds (Lehrgebiet Nr. 20 bzw. 19) dargestellt.

Kai Hafez & Gerhard Höpp

Gegenwartsbezogene Orientwissenschaft in der DDR und in den neuen Bundesländern: Kontinuität oder Neubeginn?

Vorbemerkung

Die deutsche gegenwartsbezogene Orientwissenschaft entwickelte sich nach dem Zweiten Weltkrieg in zwei deutlich divergierende Richtungen. In der BRD wurden bis weit in die siebziger Jahre vor allem die Traditionen einer philologisch und schriftkundlich orientierten klassischen Orientalistik gepflegt, während in der DDR seit Beginn der sechziger Jahre Praxis- und Gegenwartsbezogenheit und die methodische Öffnung der Orientalistik gegenüber den Sozialwissenschaften gefördert wurden. Die im Rahmen der deutschen Geschichte frühe Entwicklung einer gegenwartsbezogenen Orientwissenschaft in der DDR stand jedoch von Anfang an auch unter dem bestimmenden Einfluß des Marxismus-Leninismus und der Außenpolitik. Die Regionalwissenschaften wurden von der DDR zur Flankierung der für die diplomatische Anerkennung und den Ost-West-Konflikt bedeutsamen Beziehungen zur "Dritten Welt" genutzt. Nach der Sowjetunion besaß der ostdeutsche Staat die wohl größte Orientwissenschaft in der sozialistischen Welt. Politik, Wirtschaft und Kultur des zeitgenössischen Nahen Ostens und Nordafrikas wurden sowohl von der Sektion Afrika- und Nahostwissenschaften der Karl-Marx-Universität in Leipzig als auch von der Humboldt-Universität zu Berlin, der Akademie der Wissenschaften der DDR in Berlin, der Akademie für Staats- und Rechtswissenschaft der DDR in Potsdam-Babelsberg oder der Akademie für Gesellschaftswissenschaften beim Zentralkomitee (ZK) der SED erforscht.[1]
In dem vorliegenden Beitrag soll in komprimierter Form die Geschichte der ostdeutschen Orientwissenschaft, ihrer Institutionen, der politischen Funktion und Forschungsschwerpunkte rekapituliert werden. Erkenntnisleitendes Interesse ist dabei der systematische Vergleich der DDR-Ära mit der gegenwartsbezogenen Orientwissenschaft der neuen Bundesländer seit 1989. Mit der tiefgreifenden gesellschaftlichen Wende des Jahres 1989 ist die vormalige DDR-Wissenschaft zu einem Gegenstand gesamtdeutscher Vergangenheitsbewältigung geworden. Ihr Studium verschafft nicht nur einen Einblick in die wissenschaftlich-propagandistische Beherrschung der deutschen Diktaturgeschichte, sondern sie wirkt in vielfältiger Weise bis in die Gegenwart. Wissenschaftler der ehemaligen DDR sind in eine Zeit extremer politischer Veränderungen und professioneller Verunsicherung geraten; Institutionen der DDR wurden im Zuge einer Integration in das gesamtdeutsche Wissenschaftssystem geschlossen oder umgebaut. Ungeklärt ist dabei bis heute die Frage, ob die Zäsur von 1989 einen völligen wissenschaftlichen Neubeginn einleitete oder ob personelle, institutionelle oder inhaltliche Ele-

---

[1] Zur Rolle der Akademien als Institutionen der wissenschaftlichen Planung und Lenkung vgl. Förtsch (1979); Spanger/Brock (1987): 72.

mente der DDR-Wissenschaft erhalten geblieben sind. Diese Frage scheint aus historischer Perspektive um so berechtigter, als jeder Umbruch in der deutschen Geschichte beharrende Kräfte aufwies und sich die revolutionäre Diskontinuität nie auf die gesamte Gesellschaft, nicht einmal auf die ganzen Führungseliten erstreckte. Wenn Diskontinuität im Zeichen eines fortschrittlichen Umbaus der ehemaligen DDR einerseits wünschenswert erscheint, so muß bei der Bewertung wissenschaftlicher Entwicklungslinien vor und nach 1989 gleichfalls die Frage berücksichtigt werden, ob es gelungen ist, die "kulturelle Substanz" der ostdeutschen Länder zu wahren, wie dies der deutsche Einigungsvertrag vorsieht (EVertr Art. 35,2), und ob von der Zusammenführung der ehemals separierten und konfligierenden wissenschaftlichen Potentiale in Ost und West produktive Impulse für die gesamtdeutsche Orientwissenschaft der Zukunft ausgehen.

1 Geschichte, Funktion und Organisation der gegenwartsbezogenen Orientwissenschaft in der DDR

Die gegenwartsbezogene Orientwissenschaft der DDR war keine "Orchideendisziplin", die sich mit "exotischen" Regionen von peripherer politischer Bedeutung beschäftigte, sondern sie entwickelte sich seit den fünfziger Jahren zu einem außenpolitischen und in geringerem Maße auch gesellschaftspolitischen Gestaltungsinstrument der SED und des ostdeutschen Staates. Die Rahmenbedingungen schuf die Sowjetunion, die sich nach der Beschränkung außenpolitischer Kontakte auf "Volksdemokratien" in der Ära Stalin etwa seit dem Jahr 1953 gegenüber "nationalen Bourgeoisien" in Entwicklungsländern öffnete und damit den systempolitischen Handlungsspielraum für die Entfaltung der ostdeutschen Außenpolitik im Sinne der "Zwei-Staaten-Theorie" (Teilnachfolge zweier deutscher Staaten für das Deutsche Reich) erweiterte. Die Nichtanerkennung der DDR außerhalb des Warschauer Paktes und des RGW infolge der Hallstein-Doktrin wirkte gleichzeitig als hemmender und forcierender Faktor. Sie verhinderte die Aufnahme diplomatischer Beziehungen auf Botschaftsebene, förderte jedoch die Strategienvielfalt der ostdeutschen Politik, die versuchte, die diplomatische Anerkennung und Klärung der für das politische System existentiellen nationalen Frage mit Hilfe ihrer Südpolitik zu erreichen.

Im Zuge dieser Entwicklungen wurde seit Ende der fünfziger Jahre die Herausbildung multimethodischer, praxis- und gegenwartsbezogener, gleichzeitig spezifischer und komparativer Regionalwissenschaften für die Staaten Asiens, Afrikas und Lateinamerikas administrativ gefördert.[2] Unter dem Eindruck des Aufbaus der sowjetischen Asien-, Afrika- und Lateinamerikawissenschaften nach dem XX. Parteitag der KPdSU von 1956 emanzipierten sich in der DDR die modernen Regionalwissenschaften von der Leipziger Kolonialgeschichte Walter Markovs, die trotz ideologischer Konformität den praktischen Erfordernissen der Außenpolitik von der Sprachbeherrschung bis zur Kenntnis der politischen Gegenwart nicht hatte gerecht werden können. Der Prozeß der institutionellen Verselbständigung führte zu Beginn der sechziger Jahre zur Reform des klassisch-philologischen Orientalischen Instituts der Karl-Marx-Universität Leipzig.

Nach dem Aufbau des Orientalischen Instituts in Leipzig gelangte die Wissenschaft seit Mitte der sechziger Jahre in eine zweite Reformphase. Sie beinhaltete bildungsökonomische Rationalisierungsmaßnahmen und führte zur endgültigen Ablösung der in der DDR tätigen "bürgerlichen" Wissenschaftler durch die "Kader"-Wissenschaftler der SED. Die Partei unternahm angesichts des bevorstehenden diplomatischen Durchbruchs und der Ausweitung der außenpolitischen Beziehungen der DDR den Versuch, durch den Aufbau eines wissenschaftlichen Rätesystems und durch die Zusammenlegung der Hochschul- und Akademieinstitute die Leistungsfähigkeit der Entwicklungsländerwissenschaften als "Produktivkraft" der Politik zu erhöhen. In der zweiten Reformphase wurden die noch bestehenden klassisch-orientalistischen Einrichtungen, wie das Institut für Orientforschung der Deutschen Akademie der Wissenschaften oder das Vorderasiatische Institut der Humboldt-Universität zu Berlin, geschlossen oder in ihrer Stellenkapazität reduziert.[3] Die neu gegründete Sektion Afrika- und Nahostwissenschaften in Leipzig, in der das Orientalische Institut als Lehr- und Forschungsbereich Nordafrika/Nahost aufging, wurde nunmehr unbestritten zum Zentrum der Nahostwissenschaft in der DDR. Die Reste der Berliner Hochschulforschung erhielten hingegen lediglich Spezialaufgaben, was in den folgenden Jahrzehnten zu erheblichen wissenschaftsinternen Spannungen zwischen Berlin und Leipzig führte.[4] An der Akademie der Wissenschaften entstand beim Zentralinstitut für Geschichte eine neue Arbeitsgruppe für die Geschichte der Entwicklungsländer, in der auch die Orientwissenschaft integriert wurde.[5]

---

[2] Markov (1957/58); Richter (1985).

[3] Vgl. Reetz (1991a): 78.

[4] Vgl. die Oral History-Interviews mit Eberhard Serauky und Günter Barthel in: Hafez (1995a): 446, 460.

[5] Zu den Reformen seit Mitte der sechziger Jahre vgl. ausführlich Hafez (1995a): 37-43.

1.1 Wissenschaft und Politik

Die *area-studies* fügten sich nicht in das Aufgabenprofil, das Clemens Burrichter, Eckart Förtsch und Manfred Zuber als charakteristisch für die Gesellschaftswissenschaften der DDR bezeichnet haben. Demnach waren diese vor allem gehalten, in Anlehnung an die Beschlüsse der Partei eine "attraktive Programmatik für die Gesellschaft" auszuarbeiten und wirkten damit propagandistisch nach innen, während den Technik- und Naturwissenschaften neben der innergesellschaftlichen Orientierung an den Erfordernissen der sozialistischen Produktion vor allem der internationale Systemwettbewerb als Aufgabenbereich zugewiesen wurde.[6] Mit DDR-internen Problemstellungen kamen die außereuropäischen Regionalwissenschaften jedoch kaum in Berührung, und da der Stellenwert des Internationalismus für die Erziehungsaufgaben der Wissenschaftler relativ gering veranschlagt wurde, zählten sie nicht - wie die Geschichtswissenschaft oder die Philosophie - zu den sogenannten zentralen bewußtseinsbildenden Disziplinen.[7] Die Regionalwissenschaften besaßen durch die Beschäftigung mit der außereuropäischen Welt eine Sonderstellung unter den Gesellschaftswissenschaften, die sie allenfalls mit der Imperialismusforschung teilten und die für eine exklusive Prägung des Wissenschaftsbetriebes - geringe Studentenzahlen, hohe "Reisekader"-Anteile usw. - verantwortlich war.[8]

Die Regionalwissenschaftler waren grundsätzlich als Akteure der Außenpolitik[9] zu betrachten, wobei teils ein engerer, teils ein weiterer Akteursbegriff zugrunde zu legen ist.[10] Zu außenpolitisch orientierten Handlungen im engeren Sinn zählten Aufgaben im Bereich der Politikberatung und der personellen Ausstattung der Außenpolitik. Orientwissenschaftler erstellten Analysen, die sich - etwa im Fall der Libyschen Revolution von 1969 oder der Iranischen Revolution von 1978/79 - am situativen Bedarf des Ministeriums für Auswärtige Angelegenheiten oder der SED orientierten, und versorgten die Außenpolitik und -wirtschaft mit Regionalexperten ("Area-Spezialisten"), d. h. mit dem akademischen Mittelbau unterhalb der Botschafterebene. Die Wissenschaftler selbst gehörten einem disponiblen, vor Ort einsetzbaren Reservoir von Regionalexperten an. Sie konnten zeitlich begrenzt staatliche Aufgaben im In- und Ausland übernehmen, wobei

---

6 Burrichter et al. (1970): 29f.

7 Zur Wirkung der gegenwartsbezogenen Orientwissenschaft im Bereich der sogenannten sozialistischen Bewußtseinsbildung vgl. ausführlich Hafez (1995a): 94-96.

8 Zum Selbstverständnis der Asien-, Afrika- und Lateinamerikawissenschaften der DDR vgl. Engel (1974): 773-780; Brauner et. al.(1974a): 755-766.

9 Zur Geschichte der DDR-Nahostpolitik vgl. Hafez (1995b): 77-94.

10 Vgl. ausführlich Hafez (1995a): 70ff.

die ostdeutschen Freundschaftsgesellschaften für die arabischen Länder die Anerkennungspolitik der DDR flankierten. Externe Propaganda gehörte zu den wichtigsten Funktionen der Regionalwissenschaftler. Zwar besaßen die aktive Bildungshilfe für die Entwicklungsländer (Ausländerstudium) und die Beratung ausländischer Regierungen nur marginale Bedeutung, da orientalistische Kenntnisse durch die Wissenschaftsbetriebe der "Dritten Welt" relativ leicht zu reproduzieren waren. Doch griffen die Wissenschaftler durch Veröffentlichungen, Symposien und Konferenzen, wo sie die Entwicklungspolitik der DDR wissenschaftlich fundierten, Vorgänge in den Entwicklungsländern politisch konform interpretierten und gegenüber den westlichen Wissenschaftsbetrieben einen kompetitiven Wissenschaftsbegriff pflegten,[11] direkt in den Ost-West-Konflikt ein.

Der Wert der Politikberatung für die Außenpolitik ist nur schwer zu ermessen.[12] Es ist davon auszugehen, daß sich Staat, Partei und Wissenschaft in einem Zustand der gegenseitigen Lähmung befanden. Die Wissenschaft war in ihrer Wahrnehmungsfähigkeit durch Eingriffe der Politik und die Entscheidungsfähigkeit der Politik durch die beschränkte Wissenschaftlichkeit der Forschung behindert. Dennoch scheint es kaum möglich, das Wirken der Regionalwissenschaften in der DDR in der Post-Markov-Ära von der Außenpolitik zu trennen, ihr eine von der Tagespolitik unabhängige, vornehmlich weltanschauliche Rolle zuzuschreiben, um etwa im nachhinein eine durchgehende marxistische Wissenschaftstradition zu behaupten. Zwar war die Nähe der Institutionen zur Politik unterschiedlich ausgeprägt (die tagespolitischen Anforderungen an die Universitäten waren im allgemeinen größer als die an die Akademie der Wissenschaften). Darüber hinaus bestand augenscheinlich ein Mehrklassensystem dergestalt, daß nicht alle Wissenschaftler über persönliche Beratungskontakte oder Beschäftigungsverhältnisse im Bereich der DDR-Außenbeziehungen verfügten.

Dennoch gab es zwischen Politik und Wissenschaft zu viele Verflechtungen, um eine Trennung in politikorientierte und autonome Wissenschaftler vornehmen zu können, so daß die gegenwartsbezogene Orientwissenschaftler insgesamt in einem weiteren Sinn als "Akteure der Außenpolitik" zu betrachten sind: Studium und Lehre verpflichteten prinzipiell zum Einsatz für die DDR-Außenpolitik; die Theorie des "nichtkapitalistischen Entwicklungsweges" basierte auf der politischen Assistenz des Ostblocks für die Entwicklungsländer; die Forschung war geprägt von politischen Tabuzonen und parteikonformen Auslegungen. Um nur einige "weiße Flecken" zu nennen: Es gab fast keine monographischen Abhandlungen über die Nahostpolitik der sozialistischen Staaten, und erst mit erhebli-

---

[11] Hahn/Rathmann (1973): 19.

[12] Vgl.Winter (1993): 25-28.

cher Verzögerung wurden der Iran-Irak-Krieg oder die Ära Anwar al-Sadat in Ägypten für die Forschung freigegeben. Die Forschung bewegte sich im Rahmen der außenpolitischen Orientierungen, die weit über die abstrakten ideologischen Forderungen der Theorie des "nichtkapitalistischen Entwicklungsweges" hinaus inhaltlich prägend und normierend wirkten. Ungeachtet persönlicher Motivationen wurden Wissenschaftler in nahezu allen großen (und auch den kleinen) Forschungsfeldern zu "Transporteuren" außenpolitischer Haltungen. Diese inhaltliche Transportfunktion ist für die Einschätzung des Wirkens der Wissenschaftler und für ihr Verhältnis zur Politik weitaus entscheidender als administrative Weisungen oder persönliche Kontakte. Die Tatsache, daß die Forschungsresultate nur bedingt für die Politik nutzbar waren, weist *gerade* darauf hin, daß die propagandistische Wirkung der Forschungspublikationen gegenüber dem Westen und den Entwicklungsländern wesentlich zur Existenzberechtigung der Orientwissenschaft beitrug.

1.2 Politisch-wissenschaftliche Planung und Steuerung

Die in der marxistisch-leninistischen Wissenschaftstheorie verankerte Verpflichtung der Wissenschaftler zur Parteilichkeit im Sinne der Sollwertvorgaben der SED wurde durch ein System von Forschungsplanung und -steuerung ergänzt, das einheitlich für die Asien-, Afrika- und Lateinamerikawissenschaften existierte und auf zwei Ebenen angesiedelt war: den inhaltlichen Planvorgaben durch die SED in den über fünf Jahre angelegten "Zentralen Forschungsplänen der marxistisch-leninistischen Gesellschaftswissenschaften" und der aktiven Wissenschaftskoordination durch ein System regionalwissenschaftlicher Räte und Organe. Letzteres sollte die einzelnen Institutionen in ein landesweites Arbeitsverhältnis integrieren und so die "Produktivkraft"-Funktion der Regionalwissenschaften optimieren.

Das bedeutsamste Gremium war der im Jahr 1966 gegründete Zentrale Rat für Asien-, Afrika- und Lateinamerikawissenschaften (ZENTRAAL), der über lange Jahre von dem Orientwissenschaftler und Rektor der Karl-Marx-Universität in Leipzig, Lothar Rathmann, geleitet wurde.[13] Während jedoch dem Rat häufig pauschal eine von ihm selbst angestrebte Koordinierungs- und Kontrollfunktion für die gesamte Entwicklungsländerforschung der DDR zugeschrieben worden ist,[14] waren faktisch durch die Hochschul- und Akademiereformen präadaptierte Leitungsstrukturen geschaffen worden. Der ZENTRAAL steuerte weniger die Arbeit der einzelnen Institutionen und trat vielmehr bei der Initiierung theoreti-

---

13 Rathmann/Wünsche (1974): 725-740.

14 Bischof (1975): 4.

scher Großprojekte, der Betreuung der wichtigsten Publikationsmedien und der Leitung von Arbeitsgruppen zur Wissenschaftskooperation als produktives Forschungsgremium in Erscheinung. Die historische Bilanz des ZENTRAAL ist gleichwohl zwiespältig, da der Rat durch die Größe der Autorenkollektive, die willkürliche Zusammensetzung von Arbeitsgruppen, ihre zeitlich starren und unflexibel verabreichten Themenstrukturen u.a.m. kaum in der Lage war, ein produktives Forschungsklima zu schaffen.[15] Insgesamt kann damit festgestellt werden, daß der ZENTRAAL trotz seiner wissenschaftskoordinierenden Konzeption, die auch für die Gegenwart modellhafte Züge besitzt,[16] in seiner historischen Rolle für die DDR-Geschichte vor allem als ein Instrument des systembedingten Bürokratismus und der habituellen Bindung der Forscher an das politische System betrachtet werden muß.

Neben dem Wissenschaftlichen Beirat für Asien-, Afrika- und Lateinamerikawissenschaften beim Ministerium für Hoch- und Fachschulwesen[17] und der Zeitschrift "asien, afrika, lateinamerika" repräsentierte die Gründung der Multilateralen Problemkommission "Ökonomie und Politik der Entwicklungsländer" (MPK) zu Beginn der siebziger Jahre den Abschluß der zweiten Reformphase der ostdeutschen Regionalwissenschaften. Die Ziele der MPK waren die Kooperation der Wissenschaftler der sozialistischen Staaten und die Bereinigung von Widersprüchen bei der Einschätzung der Entwicklungsländer.[18] Die realsozialistische Zusammenarbeit war häufig die einzige Möglichkeit, die Isolation der DDR-Wissenschaft zu durchbrechen, die trotz des hohen "Reisekader"-Anteils ihrer Mitarbeiter nur wenige wissenschaftliche Kontakte zur nichtsozialistischen Welt unterhielt. Die Archivalien der ostdeutschen Abteilung der MPK[19] verdeutlichen jedoch zugleich, daß sich die Kommission seit ihrer Gründung in einer permanenten Krise befand. Durch die begrenzte Kooperationsbereitschaft von Staaten wie Rumänien, den "Volksdemokratien" Südostasiens oder Kubas, die die Unabhängigkeit ihrer nationalen Wissenschaftsbetriebe zu wahren trachteten und kein Interesse an einer Moskau-zentrierten wissenschaftlichen Sicht auf die Entwicklungsländer besaßen (zu denen sie sich häufig selbst zählen mußten), aber auch durch thematische Überforderung und organisatorische Ineffizienz war die MPK - wie der ZENTRAAL - letztlich nur bedingt funktionstüchtig. Die Aktenbestände

---

[15] Vgl. die ausführliche Darstellung in Hafez (1995a): 101-107 sowie die Oral-History-Interviews von Eberhard Serauky und Günter Barthel in Hafez (1995a): 458f. 476f.

[16] Vgl. die Darstellung in Kapitel 5.

[17] Barthel/Gaudes (1977): 659-666.

[18] Vgl. Schirmer(1974): 709-716.

[19] Von K. Hafez gesammelte Dokumente zur Orientwissenschaft der DDR aus den Jahren 1972-1990, z.Z. in Hamburg Dt. Orientinstitut.

enthüllen, daß vor allem die DDR-Wissenschaft in den achtziger Jahren strukturelle Reformversuche unternahm. Sie belegen das vergebliche ostdeutsche Bemühen um eine konservativ motivierte Systemstabilisierung, die mit dem "Neuen Denken" konfligierte, wie es die Vertreter aus Staaten wie Polen, Ungarn oder der UdSSR in der Ära Gorbatschow in die gemeinsame wissenschaftliche Arbeit einbrachten.

1.3 Interdisziplinarität

Wenn an dieser Stelle ein "inneres System" der Wissenschaft von einem "äußeren System" unterschieden ist, so geschieht dies, in Anlehnung an die Wissenschaftssoziologie von Walter L. Bühl, aus analytischen Gründen. Das "innere System" der Wissenschaft ist eine Kategorie, die den Wegfall des politischen Systemrahmens simuliert und die akademischen Institutionen selbst, vor allem die Hochschulen, mit ihren "typischen Handlungsformen" ins Blickfeld rückt.[20] Während sich im "äußeren System" der Wissenschaftssteuerung der Regionalwissenschaften die ordnungspolitischen Grundzüge der ostdeutschen Gesellschaft widerspiegelten, zeichnete sich das "innere System", das durch die Simulation des Wegfalls des politischen Systemrahmens und durch die Konzentration auf spezifische Handlungsformen der Wissenschaftsorganisation zum Vorschein kommt, durch eine sowohl multi- bzw. interdisziplinäre als auch komparative Wissenschaftsanlage aus. Anders als im Bereich der Orientwissenschaft an westdeutschen Hochschulen entsprach die Leipziger Wissenschaft dem Prinzip der multidisziplinären *area-studies* anglo-amerikanischer Prägung.
Die grundlegende Aufgabe aller Gesellschaftswissenschaftler in der DDR war es, "den Marxismus-Leninismus in der Einheit seiner Bestandteile zu studieren", um die "vielseitigen komplizierten und widerspruchsvollen Prozesse in der Natur, in der Gesellschaft und im Denken" zu verstehen und das gewonnene Verständnis "schöpferisch" im Interesse der Arbeiterklasse anzuwenden.[21] Die *area*-Kon-

---

[20] "Insoweit die Funktionen und Wirkungen der Wissenschaft für und auf die Gesellschaft im Vordergrund der Betrachtung stehen und die Gesetzlichkeiten des Sozialsystems 'Wissenschaft' ganz aus diesem Kontext ableitbar erscheinen, sprechen wir vom 'äußeren System' der Wissenschaft. Insoweit die Wissenschaft zu analytischen Zwekken (die allerdings auch empirisch ergiebig sein müssen) so betrachtet werden kann, als wäre sie in den verschiedenen sie repräsentierenden institutionellen Ordnungen und Organisationsformen, in den typischen Handlungsformen und Motivationen, in ihrem Normen- und Rollensystem usw. autonom, also ein seinen eigenen Gesetzen folgendes Sozialsystem, sprechen wir vom 'inneren System' der Wissenschaft." Bühl (1974): 33f.

[21] Zentraler Forschungsplan der marxistisch-leninistischen Gesellschaftswissenschaf-

struktion war jedoch kein Exklusivmodell in der DDR. Auch wenn der Schwerpunkt von Forschung und Lehre der Asien-, Afrika- und Lateinamerikawissenschaften auf den nach dem Prinzip der *area-studies* konstruierten Sektionen der Universitäten lag, wies allein der Wissenschaftsbereich Geschichte der Entwicklungsländer der Akademie der Wissenschaften in Berlin eine vergleichbar multidisziplinäre Zusammensetzung auf. Die von den wissenschaftlichen Einrichtungen der Partei, der Staatsorgane und der Gewerkschaft in geringer Kapazität und für spezielle Fragen beschäftigten Regionalexperten waren an "mutterwissenschaftlichen" Lehrstühlen (Ökonomie der Entwicklungsländer, Internationale Arbeiterbewegung) tätig oder mit entsprechenden Forschungsaufträgen (Außenpolitik der Länder Asiens, Afrikas und Lateinamerikas) betraut:
- Akademie für Staats- und Rechtswissenschaft der DDR in Potsdam-Babelsberg: Institut für internationale Beziehungen, Abteilung Außenpolitik der Staaten Asiens, Afrikas und Lateinamerikas; Forschungsschwerpunkte: ausgewählte Fragen der Außenpolitik und der internationalen Beziehungen der Entwicklungsländer, Bewegung der Nichtpaktgebundenen und ihre Zusammenarbeit mit den sozialistischen Staaten, insbesondere in Konfliktsituationen;
- Akademie für Gesellschaftswissenschaften beim ZK der SED, Berlin: Institut für Gesellschaftswissenschaften, Lehrstuhl für internationale Arbeiterbewegung, Fachrichtung nationale Befreiungsbewegung; Lehr- und Forschungsschwerpunkte: internationale Probleme der nationalen Befreiungsbewegungen, kommunistische Parteien in Entwicklungsländern, antiimperialistische Bündnispolitik, methodisch-ideologische Grundlagen der Entwicklungsländerforschung;
- Hochschule für Ökonomie "Bruno Leuschner", Berlin: Institut für Ökonomik der Entwicklungsländer, Lehr- und Forschungsschwerpunkte: Ausbildung von Ökonomen aus den und für die Entwicklungsländer, Erforschung innerer Reproduktionsprozesse der Entwicklungsländer, ökonomische Rolle des Staates, Wirtschaftsstrategien, Differenzierung der Entwicklungsländer usw.[22]

Die Regionalwissenschaften an den Universitäten und bei der Akademie der Wissenschaften hingegen wurden nicht als Mosaik unterschiedlicher Fächer betrachtet, sondern als eine "Integrationsebene verschiedener gesellschaftlicher Disziplinen" auf marxistisch-leninistischer Grundlage, mit dem Ziel, auch die als

---

ten der DDR bis 1975. In: Einheit, Berlin 27 (1972): 170.

22 Informationsmaterial über orientwissenschaftliche Einrichtungen der DDR für einen Katalog der sozialistischen Staaten, Zentraler Rat für Asien-, Afrika- Lateinamerikawissenschaften in der DDR, 3. Dezember 1982, 3-5 (Manuskript); Informationsmaterial über orientwissenschaftliche Einrichtungen der DDR für einen Katalog der sozialistischen Staaten, Zentraler Rat für Asien-, Afrika- Lateinamerikawissenschaften in der DDR, o. J., 5f., 8f. (Manuskript), vgl. Hafez (1995a): 38; Bischof (1975): 3f.

zukunftsweisend erachteten "Nahtstellen" der Forschung zu berücksichtigen.[23] Die Voraussetzungen der interdisziplinären Ausbildung wurden im Verlaufe der sechziger Jahre an den Hochschulen geschaffen. Auch wenn die erste Generation der Regionalwissenschaftler selbst eine monodisziplinäre Ausbildung bei dem Historiker Walter Markov erhalten hatte, soll dieser die disziplinäre Öffnung seinen Schülern "anerzogen" haben, die ihrerseits die Idee übergreifender Kooperation als "Mitgift" unter anderem in das Orientalische Institut einbrachten[24] und sie als eigenständiges Element eines neuen Studienplanes verankerten. Interdisziplinarität wurde als tragendes Prinzip der Lehrstuhlzusammensetzung (a) und des Ausbildungskonzepts (b) etabliert, wenngleich die einzelnen Wissenschaftler trotz multidisziplinärer Studienphase vorwiegend regionale Fachspezialisten (etwa als Arabisten/Ökonomen) blieben, die auf die Kooperation mit Wissenschaftlern anderer Disziplinen (c) angewiesen blieben, sofern ihre Analysen die Grenzen des jeweiligen Faches überschreiten sollten.

Das Ausbildungskonzept der Grundstudienrichtung Regionalwissenschaften entwickelte sich seit den fünfziger Jahren in mehreren Phasen. Im Jahr 1963 entstand der Plan des sogenannten Ergänzungsfachstudiums, das ein philologisches Grundkonzept mit einem theoretisch und methodologisch tragenden Fach zu verknüpfen versuchte. Bei der Konzipierung eines Grundstudiengangs griff ein im Jahr 1965 vom Ministerrat gebilligter Rahmenstudienplan jedoch zurück auf die "Empfehlungen für die weitere sozialistische Entwicklung der Asien- und Afrikawissenschaften an der Karl-Marx-Universität" aus dem Jahr 1960, in denen vier Eckpunkte der regionalwissenschaftlichen Lehre - Marxismus-Leninismus, Fachspezialisierung, Interdisziplinarität und Sprache - formuliert worden waren. Im Jahr 1974 kam es schließlich zur Verabschiedung eines Studienplanes für die Grundstudienrichtung Regionalwissenschaften, der im Jahr 1983 noch einmal überarbeitet wurde. Das Studium, das sich regulär über einen Zeitraum von fünf Jahren erstrecken sollte, besaß vier Komponenten bzw. fünf integrierte Phasen:

- ein marxistisch-leninistisches Grundlagenstudium in erweiterter Form;[25]
- die Ausbildung in einer gesellschaftswissenschaftlichen Disziplin (Geschichtswissenschaft, Wirtschaftswissenschaft, Staats- und Rechtswissenschaft, Sprach-

---

[23] Piazza/Rathmann (1976): 217.

[24] Richter (1985): 516.

[25] "Über die Grundkenntnisse im Dialektischen und Historischen Materialismus, der Politischen Ökonomie und des Wissenschaftlichen Kommunismus hinaus müssen die Absolventen über vertiefte und anwendungsbereite Kenntnisse in der Theorie und Praxis der kommunistischen Arbeiterbewegung und der nationalen Befreiungsbewegung verfügen." Schirmer (1974):713. Besonders in höheren Semestern und vor der Diplomarbeit sollten die Studenten spezielle "Klassikerseminare" absolvieren.

wissenschaft, Kulturwissenschaften, Literaturwissenschaft oder Philosophie);
- das multidisziplinäre Studium ausgewählter Probleme der in der betreffenden Sektion angestammten Regionen, Ländergruppen oder Länder;
- die Spezialisierung auf eine der studierten Disziplinen für die betreffende Region, Ländergruppe oder das Land;
- das Erlernen mindestens einer Sprache der Region.[26]

Die Kombination unterschiedlicher Studienelemente stellte das Spezifische der regionalwissenschaftlichen Ausbildung in der DDR dar. Sie diente der Flexibilisierung im Einsatz außenpolitischer "Kader".[27] Das Studium bestand neben ideologischen und philologischen Elementen aus einem Fach- und aus einem Regionenstudium, wobei letzteres seinerseits in mono- *und* multidisziplinärer Form gelehrt wurde. Das bedeutete im Falle der Orientwissenschaft, daß das Fachstudium, das der Aneignung theoretischer und methodischer Kenntnisse diente, in der regionalen Spezialisierungsphase auf den Nahen Osten und Nordafrika angewandt und durch ausgewählte Problemstellungen anderer Fächer ergänzt wurde. Die Diplomabschlüsse waren, abhängig von der eingeschlagenen Studienkombination, etwa Arabist/Ökonom, Arabist/Philosoph, Arabist/Historiker.

Neben multidisziplinärer Instutitutsanlage und Studium stand die disziplinenübergreifende Kooperation im Vordergrund. Für eine solche Kooperation bestanden in mehrfacher Hinsicht gute Voraussetzungen: die *area*-Anlage der Regionalinstitute begünstigte wissenschaftliche Kommunikation durch die Konzentration wissenschaftlicher Potentiale. Zudem konnten die Wissenschaftler in sogenannten Fachgruppen, die an den Sektionen gebildet wurden, praktisch kooperieren.[28]

Trotz der günstigen institutionellen Voraussetzungen entsprang die Gepflogenheit der Orientwissenschaftler, die Interdisziplinarität ihrer Forschungsmethode hervorzuheben, im wesentlichen dem Forschungspostulat der "Einheit der marxistisch-leninistischen Wissenschaften". Desungeachtet scheiterten die Orientwissenschaftler der DDR an der Umsetzung der multidisziplinären Anlage ihrer Institute und ihres Studiums in die interdisziplinäre Forschungskooperation.[29] Zwar war der Anteil von Gemeinschaftspublikationen der Orientwissenschaftler im Vergleich zum nichtsozialistischen Ausland relativ hoch, doch spiegelten diese Arbeiten, so-

---

[26] Brauner et. al. (1974a): 760; Schirmer (1974): 713.

[27] Brauner et. al. (1974b): 415.

[28] Die Sektion Afrika- und Nahostwissenschaften bildete die monodisziplinären Fachgruppen Geschichte, Ökonomie, Sprachwissenschaft, Staat und Recht, Soziologie, Philosophie/ Ideologie, Kulturwissenschaften, Ethnographie und Altorientalistik, die ihre Arbeit zum Teil in Vorbereitung für die Arbeitsgruppen des ZENTRAAL ausübte. Brauner et. al. (1976): 765.

[29] Vgl. ausführlich die Darstellung in Hafez (1995a): 121-128.

fern sie überhaupt nicht nur eine Sammlung eigenständiger Aufsätze waren, sondern aufeinander bezogene Beiträge enthielten, vor allem multidisziplinäre Betrachtungsweisen wider. Die Vielfalt gesellschaftswissenschaftlicher Herangehensweisen kam hier zum Tragen, da Probleme aus verschiedenen Blickwinkeln betrachtet und diskutiert wurden. Die Sichtweisen blieben jedoch für sich bestehen, ohne daß sie in eine "Gesamtschau" (Heckhausen) eingebracht worden wären.[30]
Zu den Ursachen dieser Entwicklung zählte, neben den Widerständen innerhalb der wissenschaftlichen Gemeinschaft selbst, ein Dilemma zwischen "innerem" und "äußerem Wissenschaftssystem". So forderte die SED unter Berufung auf die Einheit des Marxismus-Leninismus als dem "überlegenen Instrument" zum Verständnis einer komplexen Welt einerseits die Reintegration der Disziplinen in kollektive Arbeitsprozesse, hemmte jedoch gleichzeitig durch die Vorgabe ihrer eigenen, festgelegten Interpretationen marxistischer Politökonomie die Suche nach neuen integrierten Ansätzen. Das Maß der Interdisziplinarität mußte daher zwangsläufig auf die im Marxismus-Leninismus enthaltenen Komponenten beschränkt bleiben. Weder konnte, um nur einige Beispiele zu nennen, der Begriff der "Klasse" durch die Einbeziehung kultur-, religions-, ethno- und sozialhistorischer Überlegungen von seiner reduzierten ökonomischen Herleitung befreit und auf eine den nahöstlichen Gesellschaftsstrukturen angemessene Art und Weise revidiert, noch offensichtliche Lücken der "Theorie der nichtkapitalistischen Entwicklung" hinsichtlich der Analyse der Rolle der Religion, des Nationalismus und des Feminismus im Orient geschlossen werden. Die unabdingliche Befähigung interdisziplinärer Forschung zur Neudefinition zweifelhafter Fachtheoreme war unter den politischen Bedingungen der DDR nicht gegeben.

1.4 Komparative Regionalforschung

Die Regionalwissenschaften der DDR waren durch ein doppeltes Strukturprinzip gegliedert. Neben dem interdisziplinären Regionenstudium wurde die komparative und theoretisch orientierte Regionalforschung institutionalisiert. Die Impulse für den Ausbau dieser Forschungskomponente gingen auch in diesem Fall vom "äußeren Wissenschaftssystem" - Partei und Staat - aus, das nach der ersten Phase des Aufbaus komplexer Regionalinstitute bis Mitte der sechziger Jahre landesweite Anstrengungen zur theoretischen Standortbestimmung der Außen- und Entwicklungspolitik in zentralen Forschungsprojekten förderte.
Der Theoriebedarf des Staates resultierte dabei aus der Veränderung der politischen Konstellationen nach der internationalen diplomatischen Anerkennung der

---

[30] Heckhausen (1987): 138.

DDR. Hatte sich die DDR-Entwicklungs- und Nahostpolitik bis dahin vorwiegend auf revolutionstheoretische Axiome der leninistischen Imperialismustheorie gestützt und diese um Elemente bereichert, die, wie die Kollektivismus- und Rivalitätsthese, die vom "Neokolonialismus" der BRD ausgehende "besondere Gefährlichkeit" hervorhoben, so verlangte die Ausweitung der außenpolitischen und -wirtschaftlichen Kooperation mit der "nationalen Befreiungsbewegung" eine konzeptionelle Aufwertung des außereuropäischen Raumes. Als Ergänzung regionaler Studien mit beschränktem Wirkungsbereich diente die vergleichende Länderanalyse dazu, "die wichtigsten aktuellen Probleme der ehemals kolonialen Welt, die Grundfragen und Haupttendenzen ihrer gesellschaftlichen Entwicklung systematisch und theoretisch geschlossen zu untersuchen"[31] und die gesellschaftlichen Prozesse in den Entwicklungsländern "in die Zusammenhänge der weltweiten Auseinandersetzung zwischen Sozialismus und Imperialismus" einzuordnen.[32]
Solche Übereinkünfte stellten, wie gezeigt, anders als im Fall der interdisziplinären Kooperation, bei der die Vorgabe eines ideologischen Rahmens als innerer Widerspruch wirken mußte, eine förderliche Ausgangsbasis für die *intratheoretische* Kooperation dar. Die bereits vorhandene Ideologie konnte durch regionale Vergleichsstudien differenziert werden. Anstelle einer Vielzahl von Blickwinkeln gab es eine einheitliche Blickrichtung bei der Betrachtung der Entwicklungsländer.
Die Arbeitsgruppen des ZENTRAAL, der auf dem Gebiet der komparativen Regionalforschung eine theoretische Überbaufunktion besaß, waren dementsprechend monodisziplinär ausgerichtet. Hinzu kamen im Jahr 1976 das an der Karl-Marx-Universität Leipzig gegründete Interdisziplinäre Zentrum für Vergleichende Revolutionsforschung unter Leitung von Manfred Kossok, das in der Nachfolge der von Walter Markov institutionalisierten vergleichenden Revolutionsforschung der 60er Jahre stand, sowie ein im Jahr 1985 gegründeter Arbeitskreis zu Problemen der Entwicklungsländer an der Universität Leipzig, der als "repräsentative(s) Gremium für die Diskussion komplizierter neuer Fragen mit großer Zukunftsbedeutung" eingeführt wurde.[33] Die genannten Einrichtungen waren Teil einer integrierten Wissenschaftsstruktur, die die einzelnen Regionalwissenschaftler zusätzlich zu ihrer regionenspezifischen Forschung dazu anhielt, in Arbeitsgruppen, Handbüchern und auf Konferenzen Beiträge zu regionenübergreifenden Themen beizusteuern.

---

31 Rathmann (1974): XXII.
32 Barthel/Gaudes (1977): 662.
33 Kück (1985).

2 Theorie, Positionen und Kontroversen der DDR-Forschung

Das Rätesystem der Regionalwissenschaften sollte für die effektive Umsetzung der politischen Vorgaben sorgen und stellte gleichzeitig im "externzentralistischen Steuerungsmodell" (Förtsch) der DDR-Wissenschaft ein potentielles Moment der Partizipation und der Kommunikation zwischen Wissenschaft und Politik dar. Im Bereich der Regionalwissenschaften kam jedoch eine demokratische Komponente nur begrenzt zum Tragen, und inhaltlicher Nonkonformismus im Sinne eines grundlegenden Widerspruchs gegen den Marxismus-Leninismus und die hieraus abgeleitete Theorie des "nichtkapitalistischen Entwicklungsweges" war in den Publikationen der gegenwartsbezogenen Orientwissenschaft nicht erkennbar. Die These, daß es sich bei der gegenwartsbezogenen Orientwissenschaft um ein herrschaftsfreies "Nischenfeld" handelte, wie es möglicherweise die Alt- und klassische Orientalistik in stärkerem Maß war,[34] ist schon angesichts der das Steuerungssystem ergänzenden Forschungskontrolle durch Zensur[35] nicht aufrechtzuerhalten. Nur selten ergaben sich aus den Gegenständen selbst Freiräume für die Forschungstätigkeit, zumal eine Distanz zu brisanten und aktuellen Themen und ein Rückzug auf historische Gebiete nicht im Sinne der Praxis- und Gegenwartsorientierung der Disziplin lag, die das Forschungsprofil prägte.
Weitaus entscheidender und für die Literaturproduktion im Bereich der Orientwissenschaft prägnanter als die Distanzierung der Wissenschaftler von den politischen Vorgaben war der Wandel, der sich im Verlauf der siebziger und achtziger Jahre innerhalb der zentralen Forschungs- und Rahmenpläne selbst verzeichnen ließ. Im Zuge der diplomatischen Anerkennung der DDR und der Entfaltung ichrer Außenpolitik dominierten in den siebziger Jahren die marxistisch-leninistische Abfolge der Gesellschaftsformationen, der Leninsche "nichtkapitalistische Entwicklungsweg", der "weltrevolutionäre Prozeß" und die Abgrenzung von westlichen Modernisierungs-, Konvergenz- und Dependenztheorien. Im Übergang zu den achtziger Jahren war eine deutliche Desaktualisierung der Ideologie, eine Tendenz zur Terminologie des internationalen Rechts und zur Einbeziehung autochthoner, regionaler Momente (Religion, regionale Konfliktursachen) zu erkennen. Die partielle ideologische Öffnung der Forschung war folgerichtig im Sinne des in den achtziger Jahren von der SED eingeschlagenen entwicklungspolitischen Kurses. Die Partei versuchte, zwischen ideologischer Konsolidierung und politisch-ökonomischer Pragmatisierung zu vermitteln und strebte in diesem Spannungsverhältnis nach flexiblen Formen der Positionsbeschreibung.

---

[34] Vgl. den Beitrag von Hans Neumann im selben Band.
[35] Vgl. ausführlich die Darstellung in Hafez (1995a): 116-119.

2.1 Politische und wirtschaftliche Entwicklung

Die orthodoxe theoretische Grundlage für den wissenschaftlichen Umgang mit der "Dritten Welt" bildete ein in Anlehnung an Lenin konzipiertes, dreistufiges Entwicklungsmodell zum Sozialismus.[36] In der ersten Etappe sollte die formelle Unabhängigkeit von den Kolonial- und Imperialmächten und in der zweiten Etappe, der "Nationaldemokratie", der Übergang zum Sozialismus (dritte Etappe) erfolgen. Die "Nationaldemokratie" sollte nach dem Kampf gegen die "feudalen" Kräfte schrittweise durch "antikapitalistische" Maßnahmen (Verstaatlichungen usw.) in eine zweite Phase übergehen, in der der Klassenkampf gegen das "Bürgertum" die bis dahin mögliche Kooperation ersetzen und so eine Entwicklung zum Sozialismus unter Umgehung des kapitalistischen Stadiums ("nichtkapitalistischer Entwicklungsweg") ermöglichen sollte.

2.1.1 Soziologie

Für die ostdeutsche Orientsoziologie blieb sowohl der Begriff der "Klasse" als auch die der europäischen Geschichte entlehnte, zum "Universalhistorikum" erklärte Stufung der Klassengesellschaften und -formationen grundlegend. Die Wissenschaftler versuchten einen orientalischen "Feudalismus" und die bis in die Moderne reichende Existenz "feudaler" Klassen nachzuweisen.[37] Ohne die Anwendbarkeit des Klassenkonzepts wegen der fortwirkenden Gültigkeit religiöser, ethnischer, tribaler, familiärer, klientelistischer und anderer personaler Bindungen in Frage zu stellen und ohne Zweifel an der Übertragbarkeit der spezifischen west- und mitteleuropäischen Ausprägung der Klassenstruktur zu hegen, wurde eine Fünf-Teilung orientalischer Gesellschaften in "Proletariat", "Bauernschaft", "Kleinbürgertum"/"Zwischenschichten", "Bourgeoisie" und "Feudalklasse" angenommen.[38] Erst in der zweiten Hälfte der achtziger Jahre sind einzelne Beiträge nachzuweisen, die einen Rückgang des "Vulgär-Materialismus"[39] in der Orientsoziologie erkennen lassen. Von einigen, zumeist jüngeren Autoren wurden die in den Forschungsplänen der Regionalwissenschaften gewachsenen Spielräume genutzt, indem Spezifika ökonomischer Klassen - etwa der Bazarbourgeoisie - sowie

---

[36] Zur Einführung in die Entwicklungstheorie der DDR vgl. Spanger/Brock (1987).

[37] Vgl. Brandt et. al. (1987): 21-25.

[38] Vgl. exemplarisch Grienig/Müller (1981): 156-192, sowie die ausführliche Darstellung in Hafez (1995a): 163-180.

[39] Vgl. das Oral-History-Interview mit Gerhard Höpp in Hafez (1995a): 443.

die Beharrlichkeit vorkapitalistischer Verhältnisse hervorgehoben wurden.[40]
Der Klassenbegriff stellte im politischen System der DDR ebensowenig eine wertfreie Analysekategorie dar wie die gesamte Wissenschaft. Die Funktion des Klassenbegriffs und der Klassenanalyse als "Instrument des Klassenkampfes" bestand in der Stützung einer teleologisch orientierten Entwicklungstheorie, die die Strukturierbarkeit von Gesellschaften nach dem ökonomischen Klassenprinzip unabdingbar voraussetzte. Der Flexibilisierung soziologischer Kategorien waren Grenzen gesetzt, die weitgehend mit den Grenzen einer mehrwertbildenden und ausbeuterischen Gesellschaft identisch waren. Da das chinesische Beispiel gezeigt hatte, daß zwischen Soziologie (Klasse "an sich") und Ideologiebildung (Klasse "für sich") ein enger Zusammenhang bestand, wurde von den ostdeutschen Wissenschaftlern auch die Formationsgeschichte Europas eurozentrisch generalisiert, um den Allgemeingültigkeitsanspruch der marxistisch-leninistischen Theorie und den politischen Führungsanspruch der realsozialistischen Staaten im Nahen Osten und Nordafrika zu stützen. Die DDR-Wissenschaft stand damit in der Tradition einer weitgehend spekulativen marxistisch-leninistischen Orientsoziologie.[41] Mit westlichen Interpretationsschulen vom orientalistischen Mosaiksystem, der hydraulischen Gesellschaftsidee Karl A. Wittfogels über den Neomarxismus bis zum neueren Artikulationsparadigma setzten sich die Wissenschaftler nicht auseinander. Die Diskussion über die Marxsche "asiatische Produktionsweise", die zeitweise eine Ersatzfunktion für die fehlende Beschäftigung mit der Orientsoziologie außerhalb der sozialistischen Staaten übernommen hatte, war vor allem von der klassischen Orientalistik der DDR getragen worden, die aufgrund ihrer marginalen politischen Bedeutung größere Interpretationsspielräume besaß.[42]

2.1.2 "Politologie"

Die Staatsmacht im Nahen Osten und Nordafrika basierte aus der Sicht der DDR-Wissenschaft auf der Herrschaftsausübung durch die jeweils dominierenden Gesellschaftsklassen. Zu unterscheiden waren demnach vier verschiedene politische Systeme: "feudal-aristokratische" (Saudi-Arabien, Qatar, Bahrein, Oman, Vereinigte Arabische Emirate), "feudal-bürgerliche" (Kuwait, Jordanien,

---

40 Tunsch (1989): 471-478.

41 Vgl. Farsoun/Hajjar (1990): 160-197.

42 Zur weitaus disparateren Diskussion über den Feudalismus, die "asiatische Produktionsweise" u.a.m. in der Alt- und klassischen Orientalistik vgl. den Beitrag von Neumann im selben Band sowie Hafez (1995a): 175f.

Marokko), "bürgerliche" (Libanon, Tunesien, Ägypten, Sudan) und "revolutionär-demokratische" (Syrien, VDR Jemen, Algerien, Irak, Libyen).[43] Die ostdeutschen Nahostexperten zeigten eine deutliche Präferenz für die militärgestützte Entwicklungsdiktatur zur Stabilisierung der labilen, zwischen unterschiedlichen Klasseninteressen oszillierenden "kleinbürgerlichen" Herrschaft.
Eines der auffälligsten Merkmale der ostdeutschen Wissenschaft war jedoch, daß Gegenstände der Politikwissenschaft nur in Ansätzen und begrenzt auf den Herrschafts- und Staatsmachtbegriff erforscht wurden. Auch er besaß im Grunde keine individuellen Konturen, sondern war in weiten Teilen eine Ableitung des Klassenbegriffs. Das allgemein geringe Ansehen der "Politologie" in der DDR erklärt die Tatsache, daß sich in der Orientwissenschaft lediglich eine Staats- und Rechtswissenschaft etablieren konnte, nicht jedoch eine Politikwissenschaft zur Rationalisierung politischer Vorgänge. Eine Ausnahme stellten lediglich wenige ostdeutsche Schriften am Ende der siebziger Jahre dar, die im Rahmen einer generellen Aufwertung der Biographieforschung und, angelehnt an sowjetische Forschungsergebnisse, den orientalischen Herrschaftsbegriff durch personale Elemente ("Charisma") erweiterten.[44]

2.1.3 Ideologiekritik

Anstelle der Politologie nahm die Ideologiekritik in der Orientwissenschaft einen beträchtlichen Raum ein. Zum Arabischen Nationalismus pflegte die ostdeutsche Orientwissenschaft ein taktisch-strategisches Verhältnis und befand sich mit ihren Analysen in einer Vermittlerposition zwischen der notwendigen ideologischen Distanzierung und der von der DDR betriebenen realpolitischen Annäherung an eine Reihe von arabischen Regierungen. Erst im Zuge des durch die weltweite Anerkennung der DDR wachsenden ideologiekritischen Freiraums war für die ostdeutsche Wissenschaft der Zeitpunkt gekommen, die Historizität des Arabischen Nationalismus deutlicher als zuvor herauszuarbeiten. Vor allem die revolutionären Staaten wie Ägypten und Syrien sollten im Zuge der "sozialen Vertiefung" ihrer Revolutionen durch die Übernahme des Klassendenkens den für die "Bourgeoisie" profitablen nationalen Integrismus der postkolonialen Ära beenden. Ideologische, parteiorganisatorische und andere Maßnahmen des "Klassenkampfes" in Gesellschaft und Wirtschaft sollten zur Stabilisierung der "nichtkapitalistischen Entwicklung" und des Übergangs zum Sozialismus nach sowjetischem Modell beitragen. Hier unterschied sich die DDR-Orientforschung von

---

43 Baumann/Nimschowski (1979): 621-632.

44 Vgl. u.a. Höpp/Polleschack (1979): 843-854.

den westlichen und arabischen Theoretikern, die dem Nationalismus unter den besonderen Bedingungen arabischer Gesellschaften eine über die formelle Unabhängigkeit hinausreichende Bedeutung für die innergesellschaftliche Entwicklung (*nation-building*, Aggregation sozialer Potentiale usw.) zubilligten.[45]
Wenn die Jahre von 1967 bis 1972 als die Zeit des intensivsten direkten Eingriffs der Orientwissenschaftler in den Ost-West-Konflikt betrachtet werden können, so gehörte es zu den wichtigsten Aufgaben der ostdeutschen Forscher, den Wissenschaftlichen Sozialismus vom Arabischen Sozialismus abzugrenzen, der sich seit den sechziger Jahren als "dritter Weg" zwischen Kapitalismus und Sozialismus zu etablieren trachtete. Fragen des Klassendenkens, des Klassenkampfes und internationaler Bündnisse bestimmten die ideologiekritischen Analysen. In allen Arbeiten wurde zwischen "reformistischen" und "utopischen" Konzeptionen des Arabischen Sozialismus unterschieden. Als Prototyp des "reformistischen" Arabischen Sozialismus galten die Ideen des Baath-Gründers Michel Aflaq, der tunesische Dastur-Sozialismus und der Sozialismus Sadatscher Prägung. Trotz starker Stellung der staatlichen Sektoren strebten diese Modelle aus der Sicht der DDR-Wissenschaft keine sozialistischen Gesellschaften an, sondern waren "kapitalistisch orientiert".[46] Als virtuelle Versuche, eigene Wege zum Sozialismus zu gehen, wurden hingegen die "utopischen" Sozialismuskonzeptionen des Irak, Syriens und Ägyptens betrachtet, die gleichwohl als inkonsistent und protowissenschaftlich angesehen wurden.[47]
In der ostdeutschen Ideologiekritik, die auf den Traditionen des europäischen Marxismus basierte, wurde der Arabische Sozialismus als eine Sammlung "utopischer" Seitentriebe oder "reformistischer" Abarten des Marxismus betrachtet. Die Authentizität des Arabischen Sozialismus, der häufig in eklektischer Manier europäische Denktraditionen mit orientalischen Lebensformen und Überlieferungen harmonisiert - Olivier Carré spricht von einer *occidentalisation modulée* -,[48] konnte kaum erfaßt und daher die mangelnde Akzeptanz des Marxismus-Leninismus im Orient von der DDR-Wissenschaft nicht hinreichend erklärt werden. Es ließen sich jedoch drei Rezeptionsphasen in Abhängigkeit von der Stellung des Marxismus-Leninismus im Nahen Osten unterscheiden. Noch zu Beginn der siebziger Jahre dominierte bei den Orientwissenschaftlern der DDR die Erwartung einer ideologischen Annäherung an den Marxismus-Leninismus. Die Wende in der Politik Anwar as-Sadats begünstigte hingegen Tendenzen einer apolitisch-historisierenden Wissenschaft, die sich vor allem auf die hoffnungsvolle Ära Abd an-Nasser

---

[45] Zur Nationalismusrezeption vgl. Höpp/Robbe (1983): 23-25, 79-91.
[46] Timm (1983): 449-453.
[47] Höpp (1970): 234.
[48] Carré (1993): 11-38.

zurückbesann. In den achtziger Jahren schließlich verlagerte sich der Schwerpunkt der Ideologiekritik vom Sozialismus zum politischen Islam, und die nahostwissenschaftliche Sozialismusforschung entwickelte sich zu einem kritischeren, gleichzeitig jedoch politisch unbedeutenden und rein akademischen Diskurs. Eine ausgeprägte Kultur der Kommunismusanalyse existierte in der ostdeutschen Orientwissenschaft nicht, da die machtpolitisch ausgerichtete Entwicklungstheorie eine "Logik der Einparteienstruktur" (Müller)[49] anstelle der Klassensolidarität mit den Vertretern der Arbeiterklasse zugrunde legte. Die Lage der kommunistischen Parteien im Nahen Osten und Nordafrika, die häufig Repressalien ausgesetzt waren, wurde in der DDR nicht untersucht, und den legalen Parteien wurden Bündnisse mit den herrschenden Kräften anempfohlen.[50] Die DDR-Wissenschaft machte sich damit faktisch den Legalitätsbegriff der "national-" und "revolutionär-demokratischen" Regierungen zu eigen, auch wenn eine Auflösung der kommunistischen Parteien in der Region, wie sie in der UdSSR in den sechziger Jahren tatsächlich diskutiert wurde, in der DDR-Orientwissenschaft nicht erwogen wurde.[51] Die Allianzfrage besaß angesichts der realen Kräfteverhältnisse in der Region kaum politische Relevanz und fast ausschließlich legitimatorischen Charakter. Erst in der zweiten Hälfte der achtziger Jahre waren in verschiedenen ostdeutschen Schriften angesichts erodierender Perspektiven der "Nationaldemokratie" Ansätze eines prokommunistischen Votums zu erkennen.[52]

2.1.4 Ökonomie

Wirtschaftswissenschaftliche Untersuchungen besaßen in der marxistisch-leninistischen Forschung, die grundlegend von einer durch ökonomische Faktoren geprägten Welt ausging, naturgemäß eine bedeutende Rolle. Die Orientwissenschaftler der DDR beschäftigten sich eingehend mit Einschränkungen des "parasitären" Konsums in den arabischen Gesellschaften, der Erhöhung der Kapitalgewinne durch die Steigerung des Ölpreises auf der Grundlage nationalisierter Öl-

---

[49] Müller (1991): 23.

[50] Fuchs (1974): 433-445.

[51] Walter Laqueur hat darauf hingewiesen, daß vor allem in den fünfziger und sechziger Jahren, d.h. auf dem Höhepunkt der nationalen Befreiungsrevolutionen, in der Sowjetunion Überlegungen angestellt wurden, ob die regionalen kommunistischen Parteien überhaupt noch eine Existenzberechtigung besaßen oder ob sie sich auflösen und die Kommunisten individuell, wie in einem "Gang durch die Institutionen", in die nationalen Fronten infiltriert werden sollten. Laqueur (1969): 173ff.

[52] Kulow (1987c): 63-74.

industrien, der Dynamisierung der Industrie und Arbeitsplatzentwicklung, der Modernisierung der Agrarstrukturen, der taktischen Heranziehung von Krediten aus den westlichen Industriestaaten, der Entwicklung der *terms of trade* der Entwicklungsländer und anderen Fragen. Während im Bereich der inneren Wirtschaftsfaktoren im Verlauf der achtziger Jahre eine tendenzielle Öffnung gegenüber kapitalistischen Entwicklungen zu verzeichnen war, wurde die kapitalistische Weltwirtschaft während der gesamten Existenzperiode der DDR negativ bewertet. Das grundlegende Bestreben der ostdeutschen Wissenschaftler richtete sich auf die Herauslösung der regionalen Staaten aus dem kapitalistischen Weltwirtschaftssystem, insbesondere auf die verbesserte Nutzung des Erdölkapitals der arabischen Staaten und Irans.[53] Die wissenschaftliche Begleitung der ostdeutschen Außenwirtschaft wurde nach der vorläufigen Regelung der deutschen Frage zu einem der wichtigsten Beschäftigungsfelder der Orientwissenschaftler.

2.1.5 Strömungen der gegenwartsbezogenen Orientwissenschaft

In der ostdeutschen Forschung über die politische und ökonomische Entwicklung des Nahen Ostens und Nordafrikas zeigten sich in den achtziger Jahren verschiedene Momente der Diskontinuität, die dem Wissenschaftsbetrieb trotz des formalen Erhalts einer einheitlichen marxistisch-leninistischen Denkschule in begrenztem Umfang ein heterogenes, pluralistisches Gepräge verliehen. Bei dem Versuch, die Wandlungserscheinungen der speziellen wie allgemeinen Untersuchungen zu systematisieren und sie als Wissenschaftsströmungen zu beschreiben, bewährt sich eine Unterscheidung zwischen orthodoxen und korrektiven Ansätzen. Kennzeichen der Orthodoxie war der Unwille, angesichts der sichtbaren und allseits konzedierten Rückschläge des Sozialismus im Nahen Osten und in Nordafrika die Entwicklungstheorie (Theorie des "nichtkapitalistischen Entwicklungsweges") taktisch, strategisch oder inhaltlich zu revidieren. Es folgte eine Verengung der revolutionären Perspektive auf nur wenige Staaten der Region (vor allem auf Süd-Jemen und Algerien) und ein geistiges Abdriften in eine prophetisch anmutende Vision der zeitlichen Verschiebung der Weltrevolution (Phänomen der Revolutionsverschiebung). Zur interpretativen Kontinuität neigte vor allem die etablierte Leipziger Orientwissenschaft, die noch im Jahr 1988 zu Geduld mit der arabischen Revolution mahnte und von einer "Phase des Kräftesammelns" nach "Perioden des stürmischen Voranschreitens" sprach.[54] Sie war unter den Bedingungen der politischen Entwicklungen der späten siebziger und der achtziger

---

53 Barthel/Rathmann (1974): 895-918.

54 Baumann et. al. (1987): 170, 174; vgl. a. Rathmann/Voigt (Hg.) (1988): 8.

Jahre im Nahen Osten und Nordafrika zur Sprachlosigkeit verurteilt, die Produktivität der Sektion Afrika- und Nahostwissenschaften ging merklich zurück, und die Leipziger Forschung verzeichnete nach dem rasanten Aufbau früherer Jahrzehnte einen Niedergang, von dem die Orientforscher an der Akademie der Wissenschaften in Berlin durch größere fachliche Präsenz profitieren konnten.

Ein begrenztes Phänomen, fraglos jedoch für die Wissenschaftsdiskussion in der Spätphase der DDR von großer Bedeutung, waren Interpretationen, die zu einer Korrektur des "nichtkapitalistischen Entwicklungsweges" mit Blick auf den Nahen Osten neigten. Unter dem Begriff des "zögerlichen Paradigmenwechsels" können jene ostdeutschen Beiträge gefaßt werden, die in speziellen soziologischen oder wirtschaftswissenschaftlichen Fragen oder in der globalen Einschätzung von Kapitalismus, Sozialismus und Demokratie Verbesserungen am ideologischen Deutungssystem vornahmen, wie sie im Rahmen der Desaktualisierungstendenzen der Ideologie in den Forschungsplänen möglich geworden waren. Unter dem Begriff des "Nationalkapitalismus" versuchten sich verschiedene Autoren mit der Unvermeidlichkeit der regionalen Kapitalismusentwicklung zu arrangieren und evaluierten die produktiven Effekte des autozentrischen Kapitalismus - Kapitalismus im Inneren, Distanzierung vom "Imperialismus" nach außen - in den arabischen Staaten.[55] In der zweiten Hälfte der achtziger Jahre waren somit verschiedene Wissenschaftler der DDR bereit, unter der Bedingung der Aufrechterhaltung einer theoretischen Klammer mit dem Marxismus-Leninismus und mit dem Proviso der Wahrung des bestehenden internationalen Mächtegleichgewichts, einen "dritten Weg" der Gesellschaftsentwicklung in Entwicklungsländern anzuerkennen. Eine weitere Variante dieser Forschungsströmung war die Aufwertung der "bürgerlichen Demokratie" als einer Herrschaftsform, die traditionell dem Kapitalismus zugeordnet wurde. Sie sollte die Entwicklung der Arbeiterklasse in der arabischen Welt und die Mobilisierungspotentiale für die sozialistische Revolution fördern.[56]

Wie die temporäre "Revolutionsverschiebung" der orthodoxen Orientwissenschaftler war der "zögerliche Paradigmenwechsel" im Kern ein Anpassungs- und Korrekturvorgang. Er beinhaltete Elemente einer Regression zu Marx, der grundlegend von der Notwendigkeit eines Durchschreitens des Kapitalismus auch in der außereuropäischen Welt ausgegangen war, sowie Anklänge an die binnenmarktorientierten Entwicklungsstrategien der Dependenztheorie. Zwar wurde der "nichtkapitalistische Entwicklungsweg" als Königsweg der Gesellschaftsentwicklung erhalten und niemals einer Revision im Sinne einer Falsifikation seiner

---

[55] Güttler et al. (1989): 633-644.

[56] Kulow (1987b): 75-84.

grundlegenden Annahmen (Umgehbarkeit des Kapitalismus, Bündnis mit der sozialistischen Staatenwelt) unterzogen, die es rechtfertigen würde, von einer Herausbildung verschiedener Schulen der ostdeutschen Orientwissenschaft zu sprechen; doch deutete sich eine *Erweiterung* des theoretischen Instrumentariums an, die zwar den "nichtkapitalistischen Entwicklungsweg" formell unangetastet ließ, ihn jedoch durch ein neues Stadium ergänzte, das einzelnen Ländern, die sich gegen die Logik der Geschichte nicht "nichtkapitalistisch" entwickelten, die Möglichkeit geben sollte, sich durch den "Nationalkapitalismus" (Kapitalismus nach innen, prosozialistische Orientierung nach außen) zum Sozialismus zu entwickeln. In Teilen der Wissenschaft fand damit eine Ausbildung von Strömungen statt, die sich schrittweise und langfristig zu einer Entdogmatisierung des Marxismus-Leninismus und zur Herausbildung eines pluralistischen Gefüges von Wissenschaftsschulen entwickeln konnten. Der "zögerliche Paradigmenwechsel" befreite nicht nur die DDR-Außenpolitik und -wirtschaft von Legitimitätszwängen im Umgang mit den kapitalistischen Staaten des Nahen Ostens und erlaubte profitablere Südbeziehungen; er führte die Wissenschaft auch langsam aus den Sphären von Weltanschauung und Philosophie und bereitete durch die Annäherung an bereits bestehende Paradigmen - letztlich durch einen Prozeß der theoretischen Annäherung und Anpassung an Denkschulen außerhalb der realsozialistischen wie der Dependenztheorie - den partiellen Anschluß an den internationalen Forschungsstand vor.

2.2 Islamwissenschaft

Eine eigene Form des Interpretationswandels vollzog sich im Umgang mit islamischen politischen Ideologien. An dieser dritten ideologiekritischen "Front" veröffentlichten die Orientwissenschaftler der DDR im Übergang zu den siebziger Jahren nur wenige Schriften, in denen sie sich gegen Ideen eines Islamischen Sozialismus, gegen den "reaktionären" Fundamentalismus und für eine Kooperation der "revolutionären Demokraten" mit den konzessionsbereiten Teilen des sogenannten offiziellen (Al-Azhar-Universität) und des intellektuellen Islam aussprachen. Demnach war der Islam als eine Ideologie, die historisch in der "Klassengesellschaft" ihre Form angenommen hatte, nicht im Sinne einer besitz- und klassenlosen Gesellschaft und als eigenständiger Weg zum Sozialismus interpretierbar.[57] Angesichts des noch immer vorhandenen, wenngleich "gesetzmäßig" schwindenden Vertrauens, das der Islam bei der arabischen Bevölkerung genoß, sollte er jedoch vorübergehend zur Legitimierung säkularer revolutionärer Politik

57 Vgl. Rathmann (1974): 352f.

herangezogen werden. Die Orientwissenschaftler unterstützten zugleich das Verbot der ägyptischen Muslimbruderschaft, die als "reaktionäre" und "faschistische" Organisation eingestuft wurde, deren Ideologie längst vergangenen Zeiten und deren Politik überlebten Klassen und Schichten ("Feudalklasse", "Großbourgeoisie") anhing.[58] Im Übergang von den sechziger zu den siebziger Jahren befand sich die DDR-Wissenschaft insgesamt mit ihrer gleichzeitigen Unterstützung eines restriktiven Vorgehens gegen islamische Gelehrte, Institutionen und Gruppierungen und der Forderung nach einem legitimatorischen Einsatz religiöser Symbole im Zeichen der säkularen Revolution in einem ungelösten Spannungsverhältnis zwischen disparaten Strategien der Religionskritik.
Nach der Iranischen Revolution der Jahre 1978/79 und im Zuge der "Reislamisierung" orientalischer Politik veränderte sich die Islam-Rezeption in der DDR grundlegend. Während die zur Orthodoxie neigenden Orientwissenschaftler nur verhalten reagierten und auf einer fortgesetzten Säkularisierung des geistigen und politischen Lebens in Nordafrika und im Nahen Osten beharrten, neigte ein anderer Teil der Wissenschaft offen zum Entwicklungsskeptizismus.[59] Dieser durch die "Reislamisierung" sensibilisierte Teil der Wissenschaft attestierte zumindest im Ansatz einen Bruch mit den bis dahin gehegten Entwicklungsperspektiven und widmete sich in der Folgezeit einer intensiven Islam-Rezeption. Die Wissenschaftler entsprachen damit der erstmals im Forschungsrahmenplan der gesamtsozialistischen MPK für den Zeitraum von 1981 bis 1985 vermerkten Forderung nach einer verstärkten Religionsanalyse und schlugen dabei sehr unterschiedliche Wege ein: von der Diskussion über eine notwendige Reform des Islam im Sinne einer laizistischen Gesellschaftsordnung[60] bis hin zur Überkompensation des marxistisch-leninistischen Entwicklungsskeptizismus durch eine Betonung des "sozialrevolutionären Potentials" islamischer politischer Ideen.[61] Die Lehre Ajatullah Khumainis wurde hier zum Teil in eine einheitliche Traditionslinie mit dem Arabischen Sozialismus Gamal Abd al-Nasser eingebettet, was - gemessen an der nachhaltigen Kritik in den sechziger und siebziger Jahren - eine erhebliche ideologische Aufwertung des islamischen Fundamentalismus bedeutete. Wenngleich Ansätze dieser Art im Verlauf der achtziger Jahre hinter der ernüchterten Feststellung zurückblieben, daß sich kapitalistische Entwicklungen auch in islamisch verfaßten politischen Systemen durchgesetzt hatten, so war dennoch in den achtziger Jahren allen Strömungen des Wissenschaftsbetriebs - auch den zur Orthodoxie neigenden Orientwissenschaftlern - eine Bereitschaft zur "antiimpe-

---

[58] Grzeskowiak (1968): 36f.

[59] Robbe et al. (1980): 261-270.

[60] Höpp (1981): 1041-1052.

[61] Robbe (1981).

rialistischen" Kooperation auf dem Gebiet der Außenpolitik gemeinsam.[62] Noch vor dem "zögerlichen Paradigmenwechsel" in der zweiten Hälfte der achtziger Jahre verdeutlichte damit die nach der Iranischen Revolution veränderte Islam-Rezeption den gesunkenen Stellenwert der DDR-Entwicklungstheorie und ließ den Versuch des Ostblocks erkennen, Einflußverluste im Arabisch-Israelischen Konflikt durch eine Annäherung an die islamische Staatenwelt pragmatisch zu kompensieren.

Als gesondertes Phänomen war zu vermerken, daß die Orientwissenschaftler der DDR in der vergleichsweise theoriefernen Behandlung der "Reislamisierung" und durch die Ähnlichkeit der Problemstellungen für die östliche und westliche Orientwissenschaft stellenweise Anschluß an die internationale Fachdiskussion fanden, von der sie zuvor weitgehend ausgeschlossen waren. Positionen der westlichen, vor allem der bundesdeutschen gegenwartsbezogenen Orientwissenschaft oder Publizistik wurden ausführlich kritisiert, und eine sozialmaterialistische Analyse "religiöser" Phänomene wurde selbstbewußt behauptet.[63]

2.3 Konfliktforschung

Die wissenschaftlichen Mitarbeiter der "Leitorgane" der SED und des MfAA prägten die Diskussion über den Nahostkonflikt stärker als andere Themen, was es erlaubt, bei der Behandlung ordnungspolitischer Fragen von einem "Primat der Leitorgane" auf Kosten der Universitäten zu sprechen. Die enge Verbindung mit der Tagespolitik erklärt auch die definitorische Verengung des "Nahostkonflikts" auf den Arabisch-Israelischen Konflikt. Die Erforschung des Libanesischen Bürgerkrieges, des Iran-Irak-Krieges, des Tschad- und des Westsaharakonflikts wurde nahezu völlig unterbunden,[64] und erst seit Mitte der achtziger Jahre waren durch eine kleine Zahl von Publikationen Öffnungstendenzen zu erkennen.[65]

Die ostdeutsche Einschätzung des Arabisch-Israelischen Konflikts entsprach den Postulaten der sowjetischen Orientalistik über das Wesen des politischen Zionismus.[66] Er wurde als historisch-fiktiv, inhärent rassistisch und chauvinistisch betrachtet und als Ideologie der jüdischen "Großbourgeoisie" dem "antiimperialistischen" Arabischen Nationalismus gegenübergestellt. Die Einschätzung galt ohne Unterschied für alle Strömungen des politischen Zionismus, für den Revisionis-

---

62 Auch (1980): 927-930; Grzeskowiak/Fitz (1981): 919-922; Robbe (1984): 8.

63 Höpp/Grzeskowiak (1984): 477-490.

64 Vgl. das Oral-History-Interview mit Gerhard Höpp in Hafez (1995a): 439.

65 Vgl. u.a. Fürtig (1986): 825-835; ders. (1989): 149-155.

66 Primakov/Vlasov (Hg.) (1987): 459f.

mus ebenso wie für die Sozialdemokratie. Die ostdeutsche Wissenschaft konstruierte bis weit in die achtziger Jahre stereotype Bilder eines "äußerst aggressiven Klassenwesens" der jüdischen "Bourgeoisie".[67] Lediglich die kommunistischen Parteien Palästinas und später Israels wurden als Friedenskräfte betrachtet,[68] wobei jedoch der grundsätzliche historische Wandel der Parteioptionen vom Internationalismus zu einem national fundierten Kommunismus übersehen wurde.
Das grundlegende Verständnis der DDR-Orientforschung vom Arabisch-Israelischen Konflikt zielte auf die Auflösung regionaler und lokaler Konfliktdeterminanten zugunsten einer globalisierten Sichtweise. Als eigentliches Subjekt des Konflikts galt der "Imperialismus", dem die zionistische Bewegung und der Staat Israel nicht nur durch strategische Interessenübereinstimmung, sondern auch durch taktische Subordination verbunden waren. Erst die Ausbildung "staatsmonopolistischer Strukturen" in Israel in den sechziger und siebziger Jahren wertete Israels Rolle auf. Aus der Perspektive der DDR-Wissenschaft entfaltete das Land vor dem Hintergrund westlicher "Monopolinteressen" an den Ressourcen und strategischen Positionen des Nahen Ostens zunehmend eine aggressive und territorialexpansive Politik.[69] Die pauschale ostdeutsche Einschätzung des Zionismus wurde hier durch eine Verengung der Konfliktdynamik von potentiell drei Ebenen - Israel/Palästinenser, Israel/arabische Staaten, Ost-West-Konflikt - auf den Konflikt zwischen den Systemblöcken ergänzt.
Ein wichtiger Bestandteil der globalen Konfliktanalyse war es, der UdSSR und ihren Verbündeten eine bestimmende Rolle im Arabisch-Israelischen Konflikt einzuräumen. In der ostdeutschen Literatur fand die Oszillation der sowjetischen Außenpolitik von einer nach dem Zweiten Weltkrieg prozionistischen zu einer proarabischen Haltung in den fünfziger Jahren keine Beachtung. Die Suez-Krise des Jahres 1956 und der Sechs-Tage-Krieg des Jahres 1967 wurden als politische Erfolge einer ideologisch und emotional gefestigten sowjetisch-arabischen Beziehung dargestellt. Durch die undifferenzierte Analyse der sozialistischen Nahostpolitik verpaßten die ostdeutschen Autoren die Chance zur wissenschaftlichen Wegbereitung einer nach der arabischen Niederlage im Jahr 1967 erforderlichen Neuinterpretation der arabisch-sozialistischen Beziehungen.
Nach dem Oktoberkrieg des Jahres 1973 avancierte die Ablehnung eines "amerikanischen Friedens" im Nahen Osten zum Leitmotiv der DDR-Orientwissenschaft.[70] Er wurde als unfunktional im Sinne einer umfassenden Friedensregelung und als Fortführung der "neokolonialistischen" Kriegs- und Mandatspolitik des

---

67 Bathke/Fuchs (1983): 16.
68 Jörgensen (1978): 274-282.
69 Timm (1989b): 918-920.
70 Röhner (1979): 892-900; Schönfelder (1980): 499-514; Mardek (1982): 37.

divide et impera mit diplomatischen Mitteln abgelehnt. Die Diskussion über die negativen Folgen der Vereinbarungen von Camp David war defensiv geprägt, enthielt jedoch durch einen betonten Legalismus (UNO, Genfer Konferenz usw.), durch die Hervorhebung sowjetischer Konfliktprinzipien und durch die ostentative Hinwendung zur arabischen "Front der Standhaftigkeit" auch offensive Elemente.[71] In der ersten Hälfte der achtziger Jahre, nach der sowjetischen Invasion in Afghanistan, stellte die DDR-Wissenschaft vor allem die Kritik an dem militärischen "Neoglobalismus" der USA und der israelischen Libanon-Invasion in den Vordergrund.

In den späten achtziger Jahren setzte in der nahostwissenschaftlichen Literatur der DDR ein Trend zur Regionalisierung der Konfliktbetrachtung sowie zur Korrektur des Israel-Bildes und des antizionistischen Theorems ein. Die Ursachen des Arabisch-Israelischen Konflikts wurden nicht mehr vorwiegend in globalen Faktoren, sondern auch in der Konfrontation zwischen unversöhnlichen Faktionen der israelischen, palästinensischen und arabischen Gesellschaften gesucht, was einen partiellen Wandel des Zionismus- und Israelbildes einschloß: "Auch in Israel sind nicht alle Juden Zionisten - und nicht alle Zionisten identifizieren sich mit der Außenpolitik der israelischen Regierung."[72] Im Gesamtzusammenhang der vorliegenden Arbeit ist festzustellen, daß die Tendenz zu einer Entideologisierung der Konfliktforschung eine Begleiterscheinung der veränderten sowjetischen Nahostpolitik in der Ära Gorbatschow, der vorsichtigen diplomatischen Annäherung an Israel und der Einstellung auf den Intifada-Aufstand, war und daher später erfolgte als die Flexibilisierung der Ideologie- und Gesellschaftsanalyse (bis hin zur Neubewertung islamischer Phänomene). Die These scheint gerechtfertigt, daß sich das "Neue Denken" Gorbatschows, das im Kern eine Entspannung ideologischer Deutungsmuster über systempolitische Grenzen hinweg bedeutete, auch in Teilen der nahostwissenschaftlichen Beiträge der DDR bemerkbar machte.

Die von der westlichen Forschung geprägte These, daß die DDR Befreiungskriege in der "Dritten Welt" grundsätzlich unterstützte, ist angesichts der Bevorzugung diplomatischer Lösungen und eines entsprechenden "pädagogischen" Umgangs der Orientwissenschaft mit der PLO in den achtziger Jahren zu differenzieren. Während in den Jahrzehnten zuvor die Gewaltfrage kaum thematisiert worden war, wurde nunmehr im Fall des palästinensischen Widerstandes die Bereitschaft zur Unterstützung des Befreiungskampfes von Zweifeln an der realistischen Perspektive des militärischen Guerilla-Kampfes und von der Ablehnung

[71] Ebert (1979): 321-324.

[72] Timm/Timm (1988): 17.

des individuellen Terrors und der Volksbefreiungsideologien verschiedener Teilgruppierungen der PLO begleitet.[73] Zur Richtschnur der Konfliktpolitik wurde aus der Sicht der ostdeutschen Wissenschaft die zunehmend konziliantere Politik der Fatah-Organisation Yasir Arafats - was auch ein hohes Maß an *Verständnisbereitschaft* für die Motive des palästinensischen Terrorismus unter den besonderen Bedingungen der israelischen Okkupation und der Vertreibung einschloß.
Der Libanesische Bürgerkrieg und der Iran-Irak-Krieg wurden vor dem Hintergrund einer sowjetischen "Ausweichstrategie" im Dilemma zwischen verschiedenen befreundeten Staaten bis zum Ende der achtziger Jahre nahezu keiner wissenschaftlichen Aufarbeitung unterzogen. Als die wissenschaftspolitische Deregulierung einsetzte, war auch in diesem Bereich des Nahostkonflikts eine Erweiterung des Forschungsansatzes durch die Einbeziehung lokaler, regionaler und globaler Faktoren nicht zu übersehen.[74] Dennoch waren ideologische und politische Vorgaben auch weiterhin wirksam, vor allem dort, wo die Außenbeziehungen der DDR und der sozialistischen Staatengemeinschaft direkt berührt waren.[75] Ihre Funktion als vielfältiges Instrument der Außenpolitik verlor die gegenwartsbezogene Orientwissenschaft der DDR auch unter den Bedingungen der Lieberalisierung der Konfliktforschung niemals.

2.4 Frauenforschung

In der DDR wurde der gesellschaftlichen Stellung der Frauen und der Frauenemanzipation im Nahen Osten und Nordafrika nur wenig Aufmerksamkeit gewidmet. Die Defizite in diesem Forschungsbereich waren gleichwohl kein spezifisches Phänomen der Orientwissenschaft, sondern - wie im Fall der Politikwissenschaft - bedingt durch das geringe Ansehen der feministischen Wissenschaft in der DDR und in den realsozialistischen Staaten. Zwar berücksichtigte die marxistisch-leninistische Wissenschaft die Frauenemanzipation als Teilbereich des sozialen Wandels, doch waren theoretische Mängel nicht zu verkennen. Die Frauenfrage wurde vor dem Hintergrund der Prämisse einer klassenbedingten Herausbildung und Entwicklung des orientalischen Patriarchats untersucht,[76] zugleich

---

[73] Robbe (1987): 34, 70f.; ders. (1986): 16f.; ders. (1981).

[74] Kulow (1987a): 28; Fürtig (1986): 825-835.

[75] In Fürtigs Analyse etwa waren die sozialistischen Staaten "friedliebende Kräfte", wobei unberücksichtigt blieb, daß etwa die UdSSR, ebenso wie die USA, Waffenlieferanten des irakisch-iranischen Krieges waren. Fürtig (1986): 832-834; vgl. im Gegensatz dazu: Mesbahi (1981): 163-181.

[76] Timm/Aalami (1976): 17f., 20f.

jedoch im Gesamtgefüge der Revolution inkonsequent verortet. Während die ostdeutsche Orientwissenschaft ideologische, politische und ökonomische Fehlentwicklungen nachhaltig kritisierte, wurde die Vernachlässigung der Frauenemanzipation durch die "kleinbürgerlichen" Revolutionäre in den arabischen Staaten nur am Rande getadelt, und in den achtziger Jahren kam es unter dem Eindruck der "Reislamisierung" sogar zu einer Verzichtpolitik in der Frauenemanzipation, um die revolutionären Regimes in ihren traditionellen Gesellschaften zu stabilisieren.[77] Eine orientalische Frauenbewegung, wie sie in der Zwischenkriegszeit existiert hatte, wurde als konsensgefährdend abgelehnt. Die DDR-Wissenschaft brachte hier deutlich ihre Vorliebe für Fragen des ideologischen und politischen Überbaus auch um den Preis einer Konservierung patriarchalischer Bindungen der Sozialstruktur zum Ausdruck und bestätigte gleichsam Nawal El Saadawis Annahme, daß auch in der realsozialistischen Welt das Patriarchat "seine letzten Schlachten schlug".[78]
Die ostdeutsche gegenwartsbezogene Orientwissenschaft konnte für sich in Anspruch nehmen, die normativen historischen Quellen des Koran und des islamischen Rechts ausführlich untersucht und einen für die marxistische Wissenschaftstradition sensiblen Umgang mit orientalischen Traditionen gepflegt zu haben.[79] Erkannt wurde etwa, daß der Islam Frauen nicht die Seele abspricht und Mann und Frau in den kultischen Rechten und Pflichten prinzipiell gleichgestellt sind, während der Koran gleichzeitig das Bild der geistigen, physischen und sozialen Überlegenheit des Mannes konstruiert. Herausgearbeitet wurde auch, daß, gemessen an der relativen Liberalität des Urislam, sich die rechtliche und soziale Stellung der Frauen durch die bis heute wirkende hochislamische Rechtspraxis erheblich verschlechtert hat. In der Forschung über die soziale Stellung von Frauen zeigte sich, daß in bestimmten Randbereichen des wissenschaftlichen Interesses, die für die Außenpolitik der DDR kaum von Belang waren, die Freiräume für fundierte historische und schriftkundliche Untersuchungen wuchsen.

2.5 Kulturwissenschaft

In der politikorientierten DDR-Wissenschaft waren kulturwissenschaftliche Studien von untergeordneter Bedeutung. Gleichwohl stellten sie seit den späten siebziger Jahren auch einen Wachstumsbereich der Forschung dar, zumal aus der

[77] Weidnitzer (1984): 1037f.
[78] El Saadawi (1982): 180.
[79] Vgl. Walther (1980) sowie verschiedene Passagen in Timm/Aalami (1976); vgl. ausführlich die Darstellung in Hafez (1995a): 363-370.

arabisch-islamischen Kultur starke Widerstände gegen die Nachahmung des Marxismus-Leninismus erwuchsen, denen durch eine eloquente Orientwissenschaft der realsozialistischen Staaten begegnet werden sollte. Die spannungsreiche Stellung der Orient-Kulturwissenschaft als gleichermaßen Rand- und Wachstumsbereich war für die Forschungsbeiträge der DDR prägend. Sie zeichneten sich einerseits durch ausgeprägte Schriftkundlichkeit, Literaturtreue und Quellenreichtum aus, fügten sich andererseits jedoch bis weit in die achtziger Jahre in den an deterministischen Entwicklungslinien orientierten, orthodox marxistisch-leninistischen Interpretationsrahmen.

Die kulturtheoretischen Arbeiten basierten auf der Annahme eines grundlegenden Kulturwandels in den arabischen Staaten, verursacht durch das Eindringen neuer Perspektiven der nationalen und sozialen Befreiung.[80] Zur authentischen orientalischen Kultur pflegte die Kulturwissenschaft ein taktisch-strategisches Verhältnis, das letztlich auf die Transformation des traditionell-idealistischen Kulturerbes zugunsten des sozialistischen Realismus zielte, die einfache Negation des *status quo* jedoch ablehnte und einer evolutionären Kulturentwicklung den Vorzug gab.[81] Dabei wurden erstaunlicherweise die Ansätze der Geschichtswissenschaft, die wie die ägyptische Historikerschule von Muhammad Anis nachhaltig vom marxistischen Denken geprägt und die für die wissenschaftliche Fundierung der "revolutionär-demokratischen" Herrschaft Gamal Abd al-Nasser von Bedeutung waren, von der DDR-Wissenschaft nicht rezipiert. Die Innovation wissenschaftlicher Traditionen, die als kultureller Fortschritt der Entwicklungsländer von den ostdeutschen Wissenschaftlern hätte begrüßt werden müssen, wurde statt dessen als unliebsame Tendenz einer wissenschaftlichen Fundierung des Arabischen Sozialismus ignoriert.

Aus Sicht der Orientwissenschaft besaß der "Imperialismus" aufgrund der Vorrangigkeit des ökonomischen und politischen Wandels für die nahöstlichen Regierungen noch immer einen starken Einfluß auf die arabische Kunst und Kultur. Die DDR-Orientwissenschaft erarbeitete im Gegenzug konkrete Vorschläge zur Verbreitung der DDR-Literatur in der Region.[82] Aus ostdeutscher Perspektive hatten sich in der arabischen Welt bereits Ansätze einer realistischen Literatur herausgebildet, die es gegen den westlichen Einfluß kommerzieller Massenware zu schützen galt. Der Realismus in der arabischen Literatur verblieb in den meisten Fällen - etwa bei dem späteren Nobelpreisträger Nagib Mahfus - im Rahmen des bürgerlichen Kritizismus. Doch wies aus Sicht der DDR-Wissenschaft etwa die Einführung und starke Verbreitung der Figur des "revolutionären Helden" auf

---

[80] Bellmann (1984): 17f.

[81] Gruner (1981): 185.

[82] Bohrmann (1981): 214, 217.

weitergehende, fortschrittlichere Einflüsse.[83] In den Bereichen des Films und Theaters hingegen, die für die Erziehung der analphabetischen Bevölkerungen so bedeutsam sein konnten, erkannte die DDR-Wissenschaft nur zögerliche Entwicklungen: hier machte sich für den realistischen arabischen Film die große Konkurrenz Hollywoods und des ägyptischen Kommerzfilms bemerkbar, dort fehlten dramatisch-theatralische Traditionen und führte ein überzogener Agitprop-Ansatz das junge politische Theater in die Akzeptanzkrise.[84]

3 Gegenwartsbezogene Orientwissenschaft in den neuen Bundesländern während und nach der Wende, 1989-1995: Entwürfe für eine dezentralisierte, entideologisierte Orientwissenschaft nach 1989

Im Sommer 1990 hatte Günter Barthel, bis zur Auflösung des ZENTRAAL am 6. Dezember 1989 dessen Vorsitzender, auf einem Kolloquium in Würzburg die Erwartung geäußert, daß die "heutige DDR-Orientalistik" nicht nur in kurzer Zeit "Bestandteil einer einheitlichen, aber nicht homogenen deutschen Orientalistik sein wird", sondern daß u.a. auch die gewonnene "Gedankenfreiheit", die mögliche "Kooperation", die gesunde "Konkurrenz" und nicht zuletzt die "Ausstattung mit modernem Arbeitsgerät" in ihr "neue Initiativen freisetzen" werde.[85]
In der Tat gab es während und nach der "Wende" unterschiedliche Versuche, neben der demokratischen Wahl der Leiter und Räte durch alternative konzeptionelle und strukturelle Entwürfe zum Bestehenden zumindest bis zur Vereinigung der beiden deutschen Staaten im Oktober 1990 eine "eigene" ostdeutsche Orientwissenschaft zu gestalten bzw. Bewahrenswertes dieser Disziplin in die sich spätestens nach dem Einigungsvertrag ankündigende gesamtdeutsche Wissenschaftslandschaft einzubringen. Drei unterschiedliche Beispiele aus dem außeruniversitären und universitären Bereich machen das deutlich:

3.1 Akademie der Wissenschaften

Im Dezember 1989 setzten sich Mitarbeiterinnen und Mitarbeiter des Bereichs Geschichte der Entwicklungsländer (seit Herbst 1990 Bereich Orientforschung) am Institut für Allgemeine Geschichte (IAG) der Akademie der Wissenschaften der DDR (AdW) in einem Memorandum an die Akademieleitung dafür ein, eine

---

83 Bellmann (1977): 126.
84 Richter (1974); Karachouli (1987): 77f.
85 Barthel (1991a): 22.

"Arbeitsgemeinschaft für Asien- und Afrikaforschung" zu schaffen; sie sollte die an der AdW vorhandenen Potenzen in diesen Diszplinen bündeln und koordinieren und dabei imstande sein, "von einer Multidisziplinarität, in der die Asien-, Afrika- und Lateinamerikawissenschaften in der DDR bislang weithin verharrten, zu einer wirklichen Interdisziplinarität überzugehen". Nach Ablauf einiger Jahre sollte die Arbeitsgemeinschaft zu einem Institut umgestaltet werden.[86]
Da sich im Antwortschreiben des 1. Vizepräsidenten der AdW vom 23. Januar 1990 keine absehbare Entscheidung der seinerzeit mitten im Umbruch befindlichen Akademieleitung erkennen ließ, drängte der Bereich im April 1990 auf Ausgründung zu einem "Institut für Orientforschung". An die 1969 im Zuge der Akademiereform aufgelöste gleichnamige Einrichtung anknüpfend, sollte es "dank seiner sozialwissenschaftlichen Profilierung und multidisziplinären und -regionalen Zusammensetzung und Konzentration Spezifisches einbringen und somit namentlich in einem vereinten Deutschland eine Lücke füllen". Dafür wurden drei Forschungskomplexe, die sich aus der bisherigen Arbeit herauskristallisiert hatten, benannt: Entwicklung und Unterentwicklung in historischer Sicht und Perspektive, Konflikte und Konfliktregelungen in Asien und Afrika sowie Europa und die Dritte Welt.[87] Der entsprechende Antrag an den Vorstand der Forschungsgemeinschaft der AdW im Mai fiel allerdings ins Leere: Spätestens nach dem "Kamingespräch" vom 3. Juli, in dem die Evaluierung und Abwicklung der außeruniversitären Forschung in der DDR verabredet wurde, war er für die Akademieleitung faktisch gegenstandslos geworden.
Die Mitarbeiterinnen und Mitarbeiter des Bereichs gaben jedoch nicht auf. Am 17. September wandten sie sich an die Berliner Senatorin für Wissenschaft und Forschung, Barbara Riedmüller-Seel, mit der Bitte, sich für die Wiedergründung des "Instituts für Orientforschung aus dem Bestand unseres Bereichs einzusetzen"; dem Schreiben war eine Denkschrift beigefügt, die vier präzisierte, profilbestimmende Forschungsthemen für das Institut enthielt: Entwicklung und Unterentwicklung in der Dritten Welt, Europa und die Dritte Welt, Konflikte und Konfliktregelungen in der Dritten Welt sowie Religion, Geschichte und Kultur der Dritten Welt in einer multikulturellen Weltgesellschaft.[88] In ihrer Antwort, die erst am 30. Oktober erfolgte, hielt die Senatorin ein Gespräch über die Zukunft des Bereichs allerdings nicht für sinnvoll, "da die Evaluation noch im vol-

---

[86] Asien- und Afrikaforschung an der Akademie der Wissenschaften der DDR (Memorandum), Berlin, Dezember (1989): 5 u. 10.

[87] WB Geschichte der Entwicklungsländer, Antrag auf Gründung eines Instituts für Orientforschung an der AdW (Manuskript), Berlin, April (1990): 2 u. 5.

[88] Höpp an Riedmüller-Seel, 17. September 1990; Denkschrift zu einem Institut für moderne Orientforschung (Manuskript), Berlin, September (1990): 3ff.

len Gang ist. Wir sehen uns aber", fügte sie hinzu, "durchaus in der Lage, im Dezember 1990 oder im Januar 1991 dieses Gespräch zu führen. Wir werden Sie dann unaufgefordert zu einem Gespräch einladen".[89] Das geschah nicht.
Tatsächlich hatte inzwischen nicht nur die staatliche Vereinigung , sondern auch die gemäß Artikel 38 Einigungsvertrag verfügte Evaluierung[90] auch des IAG, darunter des Bereichs Orientforschung, stattgefunden; sie war am 9. und 10. Oktober 1990 auf der Grundlage von Antworten auf 23 Fragen des Wissenschaftsrats, die dem Direktor des IAG im Juli übermittelt worden waren, sowie von "Bewertungskriterien" durch seine Arbeitsgruppe "Geisteswissenschaften" durchgeführt worden.[91] In ihren "Zwischenergebnissen" hielt sie Ende November eine Fortführung des IAG zwar für "nicht sinnvoll", empfahl jedoch ein "Zentrum für Orientforschung in Berlin mit dem Schwerpunkt entweder Vorderer und Mittlerer Orient sowie nördliches Afrika oder Südasien, das in Verbindung zu den einschlägigen Museen - und ggf. im Verbund mit Forschungszentren in Leipzig, Bamberg und anderswo - einen Teil der am Institut für Allgemeine Geschichte vorhandenen Kapazitäten auf diesem Gebiet aufnimmt ...".[92]
Im selben Monat konstituierten sich im Bereich Orientforschung entsprechend seinen profilbestimmenden Forschungsthemen vier Projektgruppen, die die folgenden Themen zu bearbeiten begannen: "Die historische Genesis von Unterentwicklung", "Die Dritte Welt im und nach dem Ost-West-Konflikt unter besonderer Berücksichtigung ihres Verhältnisses zu Europa", "Konflikte und Konfliktregelungen in der Dritten Welt unter besonderer Berücksichtigung von Tradition und Regionalisierung" sowie "Zwischen Beharrung, Anpassung und Reform. Der politische Islam in unterentwickelten und entwickelten Gesellschaften des 19. und 20. Jahrhunderts". Damit suchte der Bereich dem auch bei der Evaluierung geltend gemachten Anspruch Rechnung zu tragen, mit "seiner multidisziplinären Anlage, seiner multiregionalen Zusammensetzung sowie seiner geistes- und sozialwissenschaftlichen Orientierung ... nicht nur Traditionen der Akademie fort(zusetzen), sondern ... auch Eigenes in die deutsche und internationale For-

---

89 Riedmüller-Seel an Höpp, 30. Oktober 1990.

90 Vgl. Einigungsvertrag, 64.

91 Vgl. Geschäftsstelle des Wissenschaftsrates, Fragen an die außeruniversitären Forschungseinrichtungen in der Deutschen Demokratischen Republik, Köln, Juli 1990; dies., Bewertungskriterien für die Bestandsaufnahme in den außeruniversitären Forschungseinrichtungen der DDR, Köln, August 1990. Persönliche Eindrücke eines Evaluierers finden sich u.a. bei Raible (1992): 54-63, und eines Evaluierten u.a. bei Schwanitz (1993a): 54-64; vgl. auch ders. (1995): 51-82.

92 Geschäftsstelle des Wissenschaftsrates, Zwischenergebnisse der Arbeitsgruppe Geisteswissenschaften, Köln, (1990): 6 u. 12.

schungslandschaft ein(zubringen)"[93]. Unterlegt wurde dieser Anspruch mit Publikationen[94] sowie mit nationalen und internationalen Tagungen, darunter "Die Palästinafrage im Rahmen des Ringens um eine internationale demokratische Nachkriegsordnung 1945 bis 1948/49"[95] im September 1989, "Konflikte und Konfliktregelungen in den internationalen Beziehungen seit dem Zweiten Weltkrieg"[96] im Februar, "Reform und Revolution in Asien und Afrika. Das 19. Jahrhundert"[97] im Juni und "Europa und der Nahe Osten in den 90er Jahren"[98] im Oktober 1990, "Krise und Krieg am Golf"[99] im Mai und "Die 'Reorientalisierung' des Orients? Zur Rolle der Tradition in Gesellschaftskonflikten der achtziger Jahre"[100].
In seiner von der Evaluierung sowie nachträglichen Ermittlungen[101] ausgehenden Stellungnahme empfahl der Wissenschaftsrat schließlich im Juli 1991 die Schaffung eines "Zentrums zur Erforschung des modernen Orient", dessen Arbeitsgegenstand unter regionalem Gesichtspunkt "primär das westliche Asien und das nördliche Afrika" sein sollten; dabei solle die "Zugehörigkeit zur islamischen Welt" die "Gemeinsamkeit der Untersuchungsregion in engerem Sinn" bilden. Darüber hinaus sollten der "Kontakt, die Konfrontation und das Wechselverhältnis dieser Weltregion zu Europa (und Amerika)" ein "zentraler Gesichtspunkt" seiner Arbeit darstellen, in deren Vordergrund die Zeit vom 18. bis 20. Jahrhundert stehe.[102] Die "fächerübergreifende Ausrichtung" des Zentrums

---

93 Bereich Orientforschung im Institut für Allgemeine Geschichte, Berlin, (1991): 2ff.

94 Vgl. Bereich Orientforschung im Institut für Allgemeine Geschichte, Berlin, (1991): 5ff.

95 Vgl. Berichte von Mario Keßler in: aala 18 (1990): 141-148, und von Rainer Lambrecht in: Militärgeschichte, Berlin (1991): 109f. Die Beiträge wurden herausgegeben von Martin Robbe (Robbe (1990)).

96 Vgl. Bericht von Dietrich Reetz in: aala 18 (1990): 730-736. Die Beiträge wurden veröffentlicht von Martin Robbe/Dieter Senghaas (Hg.), Die Welt nach dem Ost-West-Konflikt. Geschichte und Prognosen, Berlin 1990.

97 Vgl. Berichte von Dietrich Reetz in: aala 18 (1990): 925-928, und Mathias Pätzold in: Zeitschrift für Geschichtswissenschaft, Berlin 38 (1990): 1103-1105. Die Beiträge wurden herausgegeben von Gerhard Höpp (1991e).

98 Vgl. die Berichte von Klaus Jaschinski in: aala 19 (1991): 362-366, und Wolfgang Schwanitz in: ZfG 39 (1991): 363-365. Einige Beiträge wurden veröffentlicht in: Vierteljahresberichte. Probleme der internationalen Zusammenarbeit, Bonn (1991): 124.

99 Vgl. den Bericht von Ellinor Schöne in: aala 19 (1991): 882-889. Die meisten Beiträge wurden veröffentlicht in: aala 19 (1991): 889-951, und 19 (1991): 1049-1116.

100 Die Beiträge sind veröffentlicht in: Reetz (Hg.) (1991b).

101 Geschäftsstelle des Wissenschaftsrates an Klein, 15. Februar 1991.

102 Wissenschaftsrat, Stellungnahme zu den außeruniversitären Forschungseinrichtungen der ehemaligen Akademie der Wissenschaften der DDR auf dem Gebiet der Geisteswissenschaften, Juli 1991, 92.

wurde hervorgehoben.[103] An dem Zentrum sollten ca. 25 Wissenschaftlerinnen und Wissenschaftler arbeiten, höchstens ein Drittel von ihnen unbefristet, zwei Drittel maximal fünf Jahre.[104]

Der Wissenschaftsrat ging bei dieser Empfehlung von mindestens drei Prämissen aus: der Überzeugung, daß ein "besseres Verständnis von Kultur, Politik, Recht und Gesellschaft der islamischen Länder (...) gegenwärtig dringlich" ist und "in naher Zukunft noch dringlicher werden" wird sowie "ohne historisch orientierte, kulturwissenschaftliche Forschung in Zusammenarbeit verschiedener Disziplinen nicht zu gewährleisten" ist; der Tatsache, daß im Unterschied zu anderen Ländern die moderne Orientforschung "in den alten Bundesländern in relativ wenigen Hochschulen und Einrichtungen betrieben" wird, die "verstreut und mit vergleichsweise geringen personellen Ressourcen ausgestattet sind", hingegen in der DDR die "Entwicklung der gegenwartsbezogenen Orient- und Afrikastudien - nicht zuletzt aus politischen Gründen - seit den frühen sechziger Jahren stark forciert" wurde sowie der Feststellung, daß dabei "ungeachtet bestimmter thematischer Einschränkungen, methodischer Verkürzungen und anderer Probleme, in einer Reihe von Forschungsgebieten Neuland betreten und Beachtliches geleistet" worden ist.[105]

Von den Mitarbeiterinnen und Mitarbeitern des evaluierten Bereichs wurden die Empfehlungen des Wissenschaftsrates bei aller Kritik am Prozeß der Meinungsbildung und Entscheidungsfindung nach der Evaluierung, von dem sie ausgeschlossen waren, als "sachlich und konstruktiv" beurteilt; sie zeigten, daß die Mitglieder bzw. Berater der Kommission "Geisteswissenschaften" bereits "vor Kenntnisnahme der Evaluierungspapiere von Problemen, Ergebnissen und Qualität der Forschung wußten, die im Bereich betrieben wurde".[106]

Anfang August erklärte sich die Max-Planck-Gesellschaft (MPG) auf Vorschlag des Wissenschaftsrates bereit, die Betreuung der empfohlenen geisteswissenschaftlichen Zentren zu übernehmen und zu diesem Zweck, d.h., um den positiv

---

[103] Wissenschaftsrat, Stellungnahme zu den außeruniversitären Forschungseinrichtungen der ehemaligen Akademie der Wissenschaften der DDR auf dem Gebiet der Geisteswissenschaften, Juli 1991, 93.

[104] Wissenschaftsrat, Stellungnahme zu den außeruniversitären Forschungseinrichtungen der ehemaligen Akademie der Wissenschaften der DDR auf dem Gebiet der Geisteswissenschaften, Juli 1991, 114.

[105] Wissenschaftsrat, Stellungnahme zu den außeruniversitären Forschungseinrichtungen der ehemaligen Akademie der Wissenschaften der DDR auf dem Gebiet der Geisteswissenschaften, Juli 1991, 92ff.

[106] Bereich Orientforschung, Stellungnahme zu den Empfehlungen des Wissenschaftsrates für das Institut für Allgemeine Geschichte und den Bereich Orientforschung, Berlin o.D.

evaluierten Wissenschaftlerinnen und Wissenschaftlern "die Weiterbeschäftigung und adäquate Arbeitsmöglichkeiten ab 1. Januar 1992 zu sichern", eine Tochtergesellschaft, die Förderungsgesellschaft Wissenschaftliche Neuvorhaben mbH, zu gründen.[107] Unmittelbar danach bot der Vizepräsident der MPG den Mitarbeiterinnen und Mitarbeitern des IAG an, sich bis zum 20. Oktober 1991 für eine dreijährig befristete Anstellung an den geisteswissenschaftlichen "Forschungsschwerpunkten" (FSP) zu bewerben; die Auswahl solle von einer Präsidentenkommission der MPG vorgenommen werden, welche durch Sachverständige unterstützt wird. Für den künftigen FSP "Erforschung des modernen Orients" wurden als Koordinator Dieter Simon, als Sachverständige Werner Ende und Fritz Steppat benannt.[108]

Am 20. Oktober gingen dem Koordinator Bewerbungen von 27 Mitarbeiterinnen und Mitarbeitern des IAG, darunter 17 Wissenschaftlerinnen und Wissenschaftlern des Bereichs Orientforschung, zu; von letzteren beschäftigten sich damals sieben mit der Region des Vorderen Orients und Nordafrikas.[109] Einen knappen Monat später teilte der Koordinator mit, daß die Präsidentenkommission der "Förderungsgesellschaft" vorschlagen werde, zehn wissenschaftlichen und fünf nichtwissenschaftlichen Mitarbeiterinnen und Mitarbeitern einen Arbeitsvertrag anzubieten.[110] Unter ihnen befanden sich zwei Nahostwissenschaftler; nachträglich wurde zwei weiteren ein auf zwei Jahre befristetes Stipendium angeboten.

3.2 Humboldt-Universität

Die Mitarbeiterinnen und Mitarbeiter des Vorderasiatischen Instituts (VAI) der Humboldt-Universität Berlin (HUB) sahen sich ebenso wie ihre Kolleginnen und Kollegen in den anderen Instituten des Fachbereichs Asien- und Afrikawissenschaften (FBAA, ehem. Sektion Asienwissenschaften) spätestens seit Herbst 1990 mit dem von Artikel 13 Einigungsvertrag bestimmten Übergang ihrer Universität in die Verfügungsgewalt des Landes Berlin konfrontiert, das nun die

---

[107] Zacher an Breitenbach, 1. August 1991.

[108] Weinert an IAG, o.D.

[109] Übergabeprotokoll, Frankfurt/M., 20. Oktober 1991.

[110] Simon an Höpp, 28. November 1991. Vgl. auch Grundsätze für die Personalauswahl bei der Neugründung von gemeinsam von Bund und Ländern geförderten Forschungseinrichtungen oder bei der Integration von Mitarbeitergruppen aus Instituten der ehemaligen AdW in bestehende Forschungseinrichtungen in Berlin und den neuen Bundesländern. In: Mitteilungen KAI-AdW, Berlin (1991): 4ff.

"Überführung oder Abwicklung" auch ihres Instituts zu regeln hatte.[111] Angesichts der im Dezember 1990 einsetzenden Evaluierung zunächst durch die (gewählte) Personal- und Struktur-, dann die (eingesetzte) Struktur- und Berufungskommission (SBK) des Fachbereichs sowie der sich ankündigenden strukturellen und inhaltlichen Abgleichung mit den vergleichbaren Einrichtungen der Freien Universität (FU) präsentierte sich das Institut als ein "interdisziplinär orientiertes Wissenschaftsensemble", das "geistes-, sozial- und kulturwissenschaftliche Disziplinen zu einer komplexen, unikalen Einheit" vereinige. Wie die AdW-Mitarbeiter an ihre in der DDR gewachsenen Traditionen erinnernd, hob das VAI die "Interdisziplinarität" als Grundlage sowohl für den regional orientierten Studiengang "Moderne Vorderasienstudien" mit den Vertiefungsrichtungen Geschichte/Zeitgeschichte, Wirtschaft/soziale Prozesse/Recht, Philosophie/Religion und Kultur/Literatur/Kunst als auch für alle länderorientierten Studiengänge hervor; daraus folge die "regional übergreifende Struktur" des VAI mit den Fachgebieten Arabistik/Islamwissenschaften, Hebraistik/Israelwissenschaften, Iranistik, Wirtschaft/Soziale Prozesse Vorderasiens und Turkologie. Dafür standen seinerzeit 32 Mitarbeiterinnen und Mitarbeiter zur Verfügung - fünf Hochschullehrer (Professoren und Dozenten), drei Oberassistenten, 19 Assistenten, zwei Lehrer und zwei Dolmetscher im Hochschuldienst und eine Sekretärin. Mit dieser Struktur stelle das VAI eine "wertvolle Bereicherung der deutschen Hochschul-Landschaft" dar.[112]
Die mit der Umstrukturierung der HUB und ihrer Überführung in diese Landschaft befaßten Gremien sahen das indessen nicht so. Obwohl im Bericht vom 13. Dezember 1990 über die Evaluierung des FBAA dessen Substanz als "wertvoll" bezeichnet und betont worden war, sie solle "erhalten bleiben", weil es in Europa sonst nur noch an der School of Oriental and African Studies "eine vergleichbare Institution"[113] gäbe, empfahl im Herbst 1992 die Landeshochschulstrukturkommission (LHSK) seine Zergliederung: Im Zuge der Zuweisung von Fächerverbünden sollten grundsätzlich die "ostasiatischen Fächer" an der HUB verbleiben, diejenigen aber, welche "sich mit den Kulturen befassen, die sich vom Maghreb bis nach Mittelasien hinein erstrecken", an der FU konzentriert werden.[114]

---

[111] Vgl. Einigungsvertrag, 49.

[112] Vgl. Vorderasiatisches Institut am Fachbereich Asien- und Afrikawissenschaften der Humboldt-Universität zu Berlin, Berlin o.J., 5ff.

[113] Zit. in Rat des FB Asien- und Afrikawissenschaften, Positionspapier zu den Forderungen des Senators für Wissenschaft und Forschung zur Reduzierung des Strukturkonzepts der Struktur und Berufungskommission des FB (11) Asien- und Afrikawissenschaften der Humboldt-Universität zu Berlin, Berlin o.D.

[114] Empfehlungen der Landeshochschulstrukturkommission Berlin III.3.1.9 Kleine Fächer, 25. September 1992, 10ff.

Trotz des Versuchs, zunächst in Einzelgesprächen u.a. zwischen den Islamwissenschaftlern beider Universitäten im Sommer 1990 sowie durch Aufstellung eines gemeinsamen "Curriculum orientalische Geschichte", dann, ein Jahr später, in Diskussionen zwischen Vertretern der Interdisziplinären Kommission Moderner Vorderer Orient der FU und solchen der Nah- und Mittelostwissenschaften an der HUB sachlich vernünftige und menschlich akzeptable Lösungen für die nötige Koordinierung von Lehre und Forschung in Berlin zu finden, und trotz des Einspruchs des Rates des FBAA wurde die faktische Eliminierung der modernen Vorderasienstudien an der HUB vollzogen: Am 22. Juni 1993 bestätigte der Akademische Senat der HUB das den Empfehlungen der LHSK folgende Strukturkonzept der SBK, demzufolge die Magisterteilstudiengänge (MTSG) Moderne Vorderasien-Studien, Iranistik und Turkologie zu schließen seien und am VAI nur diejenigen für Mittelasienwissenschaften, Islamwissenschaften des nichtarabischen Raumes und Israelwissenschaften zu verbleiben hätten; von den Israelwissenschaften abgesehen, fand der moderne Vordere Orient lediglich noch im MTSG Internationale Beziehungen Asiens und Afrikas, der ebenfalls erhalten werden sollte, für Lehre und Forschung Berücksichtigung.[115]
Waren die Empfehlungen der LHSK bereits vom Rat des FBAA deswegen kritisiert worden, weil das Herauslösen ganzer Komplexe wie z.B. der Vorderasienwissenschaften nicht nur die an der HUB verbleibenden Asien- und Afrikawissenschaften nachhaltig schädige, sondern auch eine "Verarmung der Universitas" bedeute[116], so warfen Mitarbeiterinnen und Mitarbeiter des FBAA, namentlich solche der betroffenen Disziplinen, der SBK vor, mit ihrem Strukturkonzept noch hinter den Empfehlungen der LHSK zurückgeblieben zu sein[117]: Letztere hatte - gewissermaßen als Kompensation für die Verlagerung des nahostwissenschaftlichen Fächerverbundes - nahegelegt, die Vertreter der Geschichts-, Politik-, Sozial- und Wirtschaftswissenschaften in den Asien- und Afrikawissenschaften wenigstens "institutionell in ihren Muttersdisziplinen" zu verankern.[118] Dafür waren allerdings keine Strukturen geschaffen worden! In seiner Stellungnahme vom 1. Juni 1993 zum Strukturkonzept der SBK bemerkte der Akademische Senat der HUB, es müsse bezweifelt werden, ob die von ihr vorgeschlagene

---

[115] Vgl. Positionspapier.

[116] Wissenschaftsrat, Stellungnahme zu den außeruniversitären Forschungseinrichtungen der ehemaligen Akademie der Wissenschaften der DDR auf dem Gebiet der Geisteswissenschaften, Juli 1991.

[117] Vgl. Wissenschaftsrat, Stellungnahme zu den außeruniversitären Forschungseinrichtungen der ehemaligen Akademie der Wissenschaften der DDR auf dem Gebiet der Geisteswissenschaften, Juli 1991

[118] Empfehlungen der Landeshochschulstrukturkommission, 17.

Mitvertretung der Soziologie, Politologie und Wirtschaftswissenschaften asiatischer und afrikanischer Regionen in den entsprechenden Fachbereichen gewährleistet werden kann, "da die dortigen Strukturentscheidungen auf dem Wege der Berufungen längst gefallen sind - und eben nicht in Hinsicht auf eine angemessene Vertretung der Länder Asiens und Afrikas".[119]

3.3 Universität Leipzig

Ein anderes Selbstverständnis entwickelte sich am Fachbereich Orientalistik und Afrikanistik der Leipziger Universität (bis November 1991 Sektion Afrika- und Nahostwissenschaften der Karl-Marx-Universität). Im Unterschied zu den beiden soeben genannten Einrichtungen, die ausdrücklich an den multi- bzw. interdisziplinären, ggf. interregionalen Ansatz in der gegenwartsbezogenen Forschung und Lehre der DDR anknüpften, betonten Mitarbeiterinnen und Mitarbeiter des hier vor allem interessierenden Lehr- und Forschungsbereichs Nordafrika/Nahost (LFB NANO) nachdrücklich traditionelle Werte der Leipziger Orientalistik und suchten sie durchzusetzen. Am 1. März 1990 hatte sich Wolfgang Reuschel, der den LFB von September desselben Jahres bis zu seinem Tode im September 1991 leitete, mit einem Memorandum an seine 45 Kolleginnen und Kollegen gewandt. Darin legte er "als Positivist" Maßstäbe an eine "moderne orientalistische Forschung" an, der "alle nicht aus den Quellen deduzierte(n) Behauptungen" und "unproduktive(n) Spekulation mit formalen Theorien" "zutiefst fremd" seien, und begründete damit die Priorität des philologischen und kulturgeschichtlichen Ansatzes, der sich künftig in der Leipziger Lehre und Forschung durchsetzen sollte.[120] Spätestens seit Dezember 1990, als die Landesregierung auf der Grundlage des Artikels 13 Einigungsvertrag die Überführung auch der Leipziger Universität in die Verfügungsgewalt des Freistaats Sachsen sowie die Abwicklung von Teileinrichtungen der Alma mater beschloß, geschah das auf administrativem Wege - über Struktur- sowie Personal- und Fachkommissionen. Zuerst wurde der multidisziplinär zusammengesetzte und interdisziplinär arbeitende LFB Entwicklungsstudien (ehem. Grundfragen der nationalen Befreiungsbewegung) abgewickelt; seine Mitarbeiterinnen und Mitarbeiter, unter ihnen Nahostwissenschaftler, die eigene Strukturvorschläge entwickelt hatten und für die der von der Universitätsleitung berufene Franz Nuscheler Vorschläge für ein Institut für Entwicklungsstudien sowie für einen integrierten Studiengang Regional- und Entwicklungsstudien vorgelegt hatte, wurden bis März 1992 entlassen.

---

[119] Zit. in Grienig (1993): 32.

[120] Zit. in Bellmann (Hg.) (1994): 8.

Mit Befragungen und Evaluierungen sowie Umstrukturierungsempfehlungen und entsprechenden Ausschreibungen setzte sich am Fachbereich in den Jahren 1992 und 1993 ein von Betroffenen als "philologisch-kulturhistorische Traditionalisierung"[121] bezeichneter Prozeß fort, der für die Angehörigen des ehemaligen LFB NANO formell mit der Gründung des Orientalischen Instituts am 2. Dezember 1993 abgeschlossen war.

3.4 Abwicklung und Umstrukturierung: Institutionelle und personelle Bilanz seit 1991

Für die universitären und außeruniversitären Einrichtungen der DDR, an denen gegenwartsbezogene Orientforschung betrieben wurde, hatte die staatliche Vereinigung gemäß Einigungsvertrag, wie schon angedeutet, drei Möglichkeiten zur Folge.

3.4.1 Abwicklung ohne Folgen

Ersatzlos wurden der Fachbereich Politische Wissenschaft/Internationale Beziehungen der Hochschule für Recht und Verwaltung (bis Mai 1990 Institut für Internationale Beziehungen der Akademie für Staats- und Rechtswissenschaften Potsdam-Babelsberg), das Institut für Ökonomik der Entwicklungsländer an der Hochschule für Ökonomie Berlin, das Institut für Politik und Wirtschaft Berlin, einige universitäre Einrichtungen wie der bereits erwähnte Lehr- und Forschungsbereich Entwicklungsstudien in Leipzig bis Ende 1990 und das Institut für Welt-, Europa- und Überseewirtschaft in Berlin bis Ende 1992 sowie - nach seiner Evaluierung - das ehemalige AdW-Institut für Theorie des Staates und des Rechts bis Ende 1991 abgewickelt; schon vorher waren die Parteihochschule Karl Marx, die Akademie für Gesellschaftswissenschaften beim ZK der SED und andere parteinahe Einrichtungen mit ihren orientbezogen tätigen Mitarbeiterinnen und Mitarbeitern aufgelöst worden.

3.4.2 Abwicklung mit Folgen: Forschungsschwerpunkt Moderner Orient

Am 1. Januar 1992 nahm der FSP Moderner Orient als einer von sieben geisteswissenschaftlichen Forschungsschwerpunkten in Berlin gleichsam als Nachfolgeeinrichtung des Bereichs Orientforschung der AdW seine Arbeit auf; die Betreu-

---

[121] Vgl. Hopfmann et. al. (1992): 151.

ung durch die Förderungsgesellschaft war zunächst auf drei Jahre beschränkt worden und wurde vor Ablauf der Frist um ein Jahr verlängert, um den noch nicht abgeschlossenen Prozeß der "Verstetigung" dieser Einrichtungen zu erleichtern. Erster kommissarischer Leiter des FSP war der Berliner Islamwissenschaftler Fritz Steppat; ihm folgte am 1. Februar 1993 sein Kollege Peter Heine (Münster/Bonn).
In seinem vom wissenschaftlichen Beirat[122] bestätigten Forschungsprogramm definierte der FSP sein Selbstverständnis mit seiner "multidisziplinären Anlage und multiregionalen Zusammensetzung", welche die "Zusammenführung verschiedener Disziplinen wie Geschichte, Ethnologie, Ökonomie, Politik, Sozial- und Literaturwissenschaften mit den Indien-, Afrika, Nahost- und Islamwissenschaften" ermöglichen sollten. Mit dieser Absicht wurden die beiden Forschungsthemen "Indigene Transformation als Prozeß: Auseinandersetzung, Synthese und Neubildung" und "Wechselseitigkeit in ungleichen Beziehungen: Deutschland, der Orient und Afrika vom 18. bis 20. Jahrhundert" formuliert[123]. An ihrer Bearbeitung beteiligten sich zunächst neun wissenschaftliche Mitarbeiterinnen und Mitarbeiter (darunter zwei Nahostwissenschaftler) sowie zwei Stipendiaten, die aus dem Personalbestand der AdW ausgewählt worden waren; bis zum Frühjahr 1994 erreichte der FSP durch Einstellungen vor allem aus den alten Bundesländern ("Durchmischung") seine volle Personalstärke: 18 wissenschaftliche Mitarbeiterinnen und Mitarbeiter (darunter fünf Nahostwissenschaftler), zwei Stipendiaten und vier Doktoranden.[124]
Am 11. November 1994 empfahl der Wissenschaftsrat die Überführung von sechs FSP, darunter des FSP Moderner Orient, in "Geisteswissenschaftliche Zentren" (GWZ), da ein "gesamtstaatliches wissenschaftspolitisches Interesse an der Erhaltung der in diesen Schwerpunkten vorhandenen Forschungspotentiale und an der mit diesen Zentren erreichbaren gezielten Stärkung geisteswissenschaftlicher Forschung" bestehe.[125] Nach der grundsätzlichen Einigung in der Bund-Länder-Kommission über deren Finanzierung - ein Drittel "Grundausstattung"

---

[122] Dem Beirat gehörten an Bley, Helmut/Hannover, Ende, Werner/Freiburg i.Br., Kulke, Hermann/Kiel, Preißler, Holger/Leipzig, Rothermund, Dietmar/Heidelberg, Simon, Dieter/Frankfurt/M. und Steinbach, Udo/Hamburg (Sprecher).

[123] Vgl. dazu, zum Projektfortschritt und zu den Veröffentlichungen der Mitarbeiter die Tätigkeitsberichte 1992, 1993 und 1994 der geisteswissenschaftlichen Forschungsschwerpunkte, die Jahrbücher der Max-Planck-Gesellschaft 1993, 1994 und 1995 sowie Heine (1995): 35f.

[124] Außerdem wurden sieben nichtwissenschaftliche Mitarbeiterinnen eingestellt.

[125] Vgl. Wissenschaftsrat. Empfehlungen zur Förderung Geisteswissenschaftlicher Zentren, 11. November 1994, 46.

durch das Land[126], zwei Drittel "Ergänzungsausstattung" durch die Deutsche Forschungsgemeinschaft (DFG) - forderte die DFG im Februar 1995 die FSP auf, Förderungsanträge zu stellen.
Die Mitarbeiterinnen und Mitarbeiter des FSP Moderner Orient beantragten die Förderung des Projektes "Abgrenzung und Aneignung in der Globalisierung: Asien, Afrika und Europa seit dem 18. Jahrhundert" mit den drei Gruppenprojekten "Islam und Globalisierung. Wahrnehmungen und Reaktionen im 19. und 20. Jahrhundert", "Akteure des Wandels. Konflikt und Synthese morgen- und abendländischer Kulturen in Lebensläufen und Gruppenbildern" und "Lokalität und Staat. Zur Dialektik sozial und räumlich definierter Institutionen in der neueren Geschichte Afrikas und Asiens". Nach der Befragung durch ihre Gutachtergruppe am 18. und 19. Juli entschloß sich der Hauptausschuß der DFG im September 1995, die drei Gruppenprojekte des künftigen GWZ Moderner Orient zu fördern und Mittel u.a. für zehn wissenschaftliche Mitarbeiterinnen und Mitarbeiter (darunter drei Nahostwissenschaftler) zu bewilligen; zwei weitere (unter ihnen der vierte Nahostwissenschaftler) sollten aus der "Grundausstattung"[127] finanziert werden. Dieser Bescheid erfolgte u.a. unter der Prämisse, künftig jene Disziplinen, "die sich primär mit dem Orient beschäftigen", stärker im Disziplinenverbund des Zentrums zu beteiligen.[128]
Das Zentrum Moderner Orient, das ebenso wie zwei weitere Berliner GWZ von dem am 4. Oktober 1995 gegründeten Verein Geisteswissenschaftliche Zentren Berlin für einen Zeitraum von voraussichtlich 12 Jahren getragen wird[129], nahm am 1. Januar 1996 unter dem Gründungsdirektor Peter Heine seine Tätigkeit auf.

3.4.3 Umstrukturierung und Neugründung an den Universitäten

Das Vorderasiatische Institut, ein "Nenn-Institut" am Fakultätsinstitut für Asien- und Afrikawissenschaften der HUB, wurde für die Studiengänge Mittelasienwissenschaften mit einer C-4-Professur (Ingeborg Baldauf) und weiteren drei Stellen, Islamwissenschaften des nichtarabischen Raumes mit einer C-3-Professur (Peter Heine) und zwei Stellen sowie Israelwissenschaften mit einer C-3-Profes-

---

[126] Der entsprechende Beschluß des Abgeordnetenhauses von Berlin erfolgte erst im Juni 1995. Vgl. Der Tagesspiegel, 23. Juni 1995.

[127] Ebenfalls aus der "Grundausstattung" werden vier nichtwissenschaftliche Mitarbeiterinnen finanziert.

[128] DFG an Heine, 4. September 1995.

[129] Vgl. Der Tagesspiegel, 17. Oktober 1995.

sur (N.N.) und einer Stelle ausgestattet.[130] Im Wintersemester 1995/96 gab es indessen noch Lehrveranstaltungen für die (gestrichenen) Modernen Vorderasienwissenschaften und Iranistik, die Mitarbeiterinnen und Mitarbeiter hielten, welche nach arbeitsgerichtlichen Entscheidungen bzw. Vergleichen in Überhangstellen weiter am Institut tätig sind. Die davon ausgehende Bereicherung des Studienangebots wird jedoch infolge Ablaufs der Befristung dieser Stellen im wesentlichen 1996 beendet sein.

Das Orientalische Institut am Fachbereich Orientalistik und Afrikanistik der Universität Leipzig bietet Lehrveranstaltungen für den Magisterstudiengang Arabistik und Orientalische Philologie sowie den Diplomstudiengang Dolmetscher/ Übersetzer mit Arabisch an. Dafür wurde es mit einer C-4-Professur Arabistik und Orientalische Philologie (Dieter Bellmann), drei C-3-Professuren für Arabische Sprach- und Übersetzungswissenschaft (Eckehard Schulz), Geschichte des Vorderen Orients (Lutz Richter-Bernburg) und Wirtschaft und Wirtschaftsgeschichte des Vorderen Orients (N.N.) sowie sechs weiteren Stellen ausgestattet.[131] Die Islamwissenschaft ist nicht vertreten; sie wird aber im Selbstverständnis des Instituts als "traditionell" in die Arabistik integriert betrachtet.[132]

Das Seminar für Arabistik, Islamwissenschaft und Semitistik am Institut für Orientalistik[133] der Martin-Luther-Universität Halle-Wittenberg (MLU) ist 1991 an die Stelle des Wissenschaftsbereichs Geschichte, Sprache und Kultur des Vorderen Orients der Sektion Orient- und Altertumswissenschaften getreten. Es bietet Studiengänge für Arabistik und für Islamwissenschaft an und ist für den ersten mit einer C-4-Professur (Stefan Leder), für den zweiten mit einer C-3-Professur (Jürgen Paul) sowie einer außerplanmäßigen Professur für Semitistik (Arafa Mustafa) und fünf weiteren Stellen ausgestattet.[134]

Der Lehrstuhl für Semitische Philologie und Islamwissenschaft am Institut für Sprachen und Kulturen des Vorderen Orients i.G. der Friedrich-Schiller-Universität Jena (FSU) wurde 1993 gegründet und bietet Studienabschlüsse für Semiti-

---

[130] Hinzu kommt eine Sekretärinnenstelle.

[131] Hinzu kommen je eine Stelle für das Sekretariat und die Bibliothek. Vgl. auch die Strukturempfehlungen der Sächsischen Hochschulstrukturkommission von 1992 in: Heinemann/Schreiber (1996): 147.

[132] Kommentar zu den Lehrveranstaltungen am Orientalischen Institut der Universität Leipzig, Wintersemester 1995/96, 5.

[133] Das zum Fachbereich Kunst- und Altertumswissenschaften gehörende Institut umfaßt außerdem die Seminare für Sprachen und Literaturen des Christlichen Orients sowie für Jüdische Studien.

[134] Dazu kommen je eine Stelle für das Sekretariat und die Bibliothek; für die Bibliothek der Deutschen Morgenländischen Gesellschaft steht eine weitere Stelle zur Verfügung.

sche Philologie und Islamwissenschaft an. Für das erste Fach ist er mit einer C-4-Professur (Norbert Nebes), für das zweite mit einer C-3-Professur (Tilman Seidenstricker) ausgestattet; hinzu kommen zwei weitere Stellen.[135]
Angesichts dieser Bilanz erfüllte sich die 1992 von Wilhelm Krull, einem Mitarbeiter im Wissenschaftsrat, geäußerte Hoffnung, "nicht bloß westliche Strukturen auf den östlichen Teil Deutschlands zu übertragen"[136], offensichtlich nur in Gestalt der von Jürgen Kocka als "Innovation"[137] bezeichneten außeruniversitären geisteswissenschaftlichen Schwerpunkte bzw. Zentren, darunter des FSP bzw. GWZ Moderner Orient; ansonsten dürfte auch in der gegenwartsbezogenen Orientforschung Ostdeutschlands "strukturell nichts erhalten geblieben", nahezu alles, wie der damalige Vorsitzende des Wissenschaftsrates, Dieter Simon, meinte, "mehr oder weniger in westdeutsche Formen gegossen worden" sein.[138]
Das betrifft ebenso die personelle Ausstattung der universitären und außeruniversitären Einrichtungen der Orientforschung, die - was Quantität und Qualität der Stellen betrifft - im wesentlichen dem Vorbild jener in den alten Bundesländern folgte. So überzeugend sie auch wirtschaftlich zu begründen sein mag, so schwerwiegend ist doch der Verlust an wissenschaftlicher Kapazität wie an Lebensperspektive durch die ökonomisch, fachlich, aber auch politisch[139] begründeten "Freisetzungen", die Hermann Klenner einmal als "Knochenkosten des Fortschritts"[140] bezeichnet hat: Höchstens ein Viertel der Nahostwissenschaftler, die einst in den obengenannten universitären und außeruniversitären Einrichtungen beschäftigt waren, dürfte die Möglichkeit erhalten haben, ihre Arbeit dort bzw. in Nachfolgeeinrichtungen fortzusetzen.
Treffen also Kockas Vermutung, daß sich die Vereinigung der beiden deutschen Wissenschaftssysteme "zu westdeutschen Bedingungen"[141] vollziehen werde, und Martin Robbes Wort vom "nahezu lautlosen Abgang" der DDR-Entwicklungs-

---

[135] Hinzu kommt eine halbe Sekretärinnenstelle.

[136] Krull (1992): 26.

[137] Simon (1993).

[138] Kocka (1992): 9.

[139] Zu diesem Verfahren gehört die denunziatorische, indessen haltlose Behauptung, die Asien- und Afrikawissenschaften an der HUB hätten sich "bis jetzt nahezu unverändert in alter Besetzung" halten können, was "eine desolate, zuweilen fachlich indiskutable und inkompetente Lehre" zur Folge gehabt habe. Kowalczuk (1994): 90. Darüber hinaus beobachtete Simon allerdings auch "kaltblütigen Genossenmord". Vgl. Simon (1995).

[140] Klenner (1992): 173.

[141] Kocka (1992): 5.

länderforschung[142] ebenso auf die Orientwissenschaft zu? Die Antwort wird differenziert ausfallen müssen, denn trotz vieler Enttäuschungen vor allem auf seiten der Betroffenen, aber auch mancher Macher, läßt es die Entwicklung der Orientwissenschaften in den ostdeutschen Ländern seit der Wende durchaus sinnvoll erscheinen nachzusehen, ob z.B. die Chance genutzt wurde, unter Fortführung von Bewahrenswertem aus der DDR-Orientwissenschaft "etwas Originäres zu gestalten"[143], ob also das entstehende bzw. entstandene gesamtdeutsche Wissenschaftssystem auch hier wirklich "keine bloße Fortsetzung des bisherigen westdeutschen" war.[144]

4 "Einpassung": Wende auch in Lehre und Forschung?

Die "Einpassung"[145] der gegenwartsbezogenen Orientwissenschaft der DDR hat infolge Abwicklung, Überführung und Umstrukturierung, aber auch durch Dezentralisierung, Entideologisierung, Internationalisierung und freien Informationszugang sowie - bei vorhandenen Strukturen - auch Ressourcenzuwachs und neue Publikationsmöglichkeiten durchaus widersprüchliche Ergebnisse hervorgebracht. Sie können hier lediglich angedeutet werden.

4.1 Von der Multidisziplinarität zur Disziplinarität?

Auch wenn die gelegentlich als distinktives Charakteristikum der DDR-Orientwissenschaft hervorgehobene Interdisziplinarität[146] sich bei näherer, auch selbstkritischer Überprüfung auf Multidisziplinarität[147] bzw. auf den Lehr- und Forschungsaufbau[148] beschränkte, so ist doch mindestens der Verlust von Strukturen beklagenswert, die sie jetzt vielleicht hätten ermöglichen können; denn Multi- und mehr noch Interdisziplinarität setzen nun einmal eine kritische Masse von sozial- und geisteswissenschaftlichen Disziplinen einschließlich ihrer Vertreter voraus. Vor allem die Umstrukturierungen an den Universitäten haben nennens-

---

[142] Robbe (1993b): 21.
[143] Barthel (1991a): 22.
[144] Kocka, (1992).
[145] Vgl. Einigungsvertrag, 64.
[146] Vgl. Haarmann (1974): 82ff.
[147] Vgl. Asien- und Afrikaforschung an der Akademie der Wissenschaften der DDR (Memorandum), 5.
[148] Vgl. Hafez (1995a): 418.

werte disziplinäre und personelle Voraussetzungen für Interdisziplinarität beseitigt: Besonders augenfällig ist am Leipziger Orientalischen und am Berliner Vorderasiatischen Institut die drastische Reduzierung sozialwissenschaftlicher Disziplinen wie Ökonomie, Soziologie und Politologie resp. ihres Verbunds in den Modernen Vorderasienwissenschaften sowie Geschichte zugunsten geisteswissenschaftlicher Fächer. Infolge ausdrücklichen Verzichts auf die sogenannten Bindestrichwissenschaften[149] sowie unterlassener Integration der orientbezogenen Sozialwissenschaften in die "Mutterwissenschaften" hat das in Berlin, besonders aber in Leipzig zu einem spürbaren Verlust von attraktiven Lehrangeboten geführt (lt. Vorlesungsverzeichnissen ist die Zahl der Veranstaltungen in sozialwissenschaftlichen bzw. gegenwartsbezogenen Fächern bis 1994/95 auf nahezu Null gesunken; selbst die Sprachausbildung wurde drastisch reduziert); in Berlin konnte der Verlust bisher noch durch Lehrveranstaltungen der Inhaber von Überhangstellen sowie des Lehr- und Forschungsgebiets Internationale Beziehungen in Asien und Afrika gemildert werden, in dem derzeit ein Nahostwissenschaftler tätig ist.[150]
Selbst im multidisziplinär strukturierten GWZ Moderner Orient, dessen Gründung immerhin auch mit dem Hinweis auf "Defizite in der Verfassung der Geisteswissenschaften"[151] zustande kam, regte sich Unruhe, als der Hauptausschuß der DFG "mit besonderer Dringlichkeit" die stärkere Berücksichtigung des "kleinen Faches" Islamwissenschaft in seiner künftigen Arbeit empfahl.[152] Im Kontext mit personellen Einschränkungen, die, so gravierend sie zum größten Teil auch sind, wohl nicht das "Aus" für das Zentrum bedeuten[153], sollte dies nicht als Rückzug in die Geisteswissenschaften, gar in die Monodisziplinarität interpretiert werden.[154]
Jan Assmann hatte 1990 jene "östlichen" Kolleginnen und Kollegen in Schutz genommen, deren "Sehnsucht ... nach individueller Forschung im Rahmen autonomer Institute und Seminare traditioneller Prägung ... restaurativ bis reaktionär" klänge; er tat das zweifellos zu Recht, insofern er das Institut nicht "als Instrument hierarchischer", sondern als "Element einer segmentären Ordnung" begriff.

---

[149] Vgl. Empfehlungen der Landeshochschulstrukturkommission Berlin. III.3.1.9 Kleine Fächer, 17.

[150] Die Einrichtung des LFG und eines MTSG (Nebenfach) Internationale Beziehungen war im Juni 1993 vom Akademischen Senat der HUB bestätigt worden. Zu Struktur, Lehrangeboten und Veröffentlichungen vgl. Relationen. Lehr- und Forschungsgebiet Internationale Beziehungen in Asien & Afrika. Bericht 1990-1994, Berlin 1995.

[151] Vgl. Frühwald et. al. (1990): 210.

[152] DFG an Heine, 4. September 1995.

[153] Vgl. Adler (1995): 33ff.

[154] Vgl. Stoop (1995).

Allerdings führte er zugleich die Ansicht ins Feld, daß im Unterschied zum Westen, wo die Vertreter der "kleinen Fächer" eine "Isolationskrise" durchmachten und nach "sinnvollen Integrationsformen Ausschau" hielten, im Osten die Situation "grundlegend anders" sei: Nach Jahrzehnten "gewaltsamer Integration" sei es unpassend, dort "das Evangelium der Interdisziplinarität" zu predigen; vielmehr müßten die "kleinen Fächer" sich "erst einmal selbst finden".[155]
Diese Argumentation ist zweifellos bedenkenswert und hat manches für sich. Es sollte aber bedacht werden, daß der Zustand der "kleinen Fächer" in den Orientwissenschaften der DDR durchaus nicht so einheitlich desperat war. Während es zweifellos, auch mit Blick auf ihre Gegenwartsbezogenheit und "Nützlichkeit", zu verantwortungslosen Streichungen und/oder Reduktionen traditionsreicher Disziplinen gekommen ist, sollte nicht übersehen werden, daß andere, darunter gewiß die Arabistik und die Islamwissenschaft, durchaus Bestand, sich nicht erst wiederzufinden hatten - allerdings, und das mochte dem Ägyptologen Assmann entgangen sein, in gegenwartsbezogener Verfassung: Die Arabistik hat vor allem als angewandte Wissenschaft gerade in Leipzig durch Wolfgang Reuschel, Günther Krahl und andere dauerhafte und überregional bedeutsame Leistungen in der Sprachvermittlung und -erforschung erbracht; wenngleich damit nicht gleichzusetzen, vermochte auch die Islamwissenschaft, durch gegenwartsbezogene Forschungen ihren Platz zu behaupten.[156] Ebensowenig, wie nur in "opportunistischer Weise" Ansätze zur interdisziplinären Forschung aufgegeben wurden[157], kann der administrativ verfügte Verlust ihrer multidisziplinären Voraussetzungen durch einen "Regenerationsprozeß" der "kleinen Fächer" gerechtfertigt werden.[158] Selbstfindung von Disziplinen schließt nicht gleichzeitiges Streben nach Interdisziplinarität aus.
Daß das möglich ist, zeigen Bemühungen, die an den genannten Einrichtungen im Rahmen der strukturell und personell enger gesetzten Grenzen auf lokaler Ebene unternommen werden (müssen). Berlin bietet hierzu mit einer reaktivierten "Interdisziplinären Kommission Moderner Vorderer Orient" an der FU, mit einer wirksamen Arbeitsgruppe "Moderne und Islam" am Wissenschaftskolleg sowie dem multidisziplinär angelegten GWZ Moderner Orient[159] und sogar der HUB, wo z.B. 1994/95 aus den stark reduzierten Kapazitäten ein Lehrangebot

155 Assmann (1990).
156 Vgl. Hafez (1995a): 260ff.
157 Reetz (1991c): 21.
158 Assmann (1995).
159 Vgl. Vereinbarung über die Zusammenarbeit zwischen der Freien Universität Berlin, Humboldt-Universität zu Berlin, Technischen Universität Berlin und dem Verein Geisteswissenschaftliche Zentren Berlin e.V. (Manuskript), Berlin 1995.

"Migration, Integration und interkulturelle Studien" zustande kam, noch die besten Möglichkeiten. Aber auch anderswo werden Anstrengungen unternommen, wenigstens disziplinenübergreifende Lehrveranstaltungen anzubieten: In Halle erfolgte die Zusammenführung von Arabistik und Islamwissenschaft mit den Sprachen und Kulturen des Christlichen Orients sowie den Jüdischen Studien mit dem ausdrücklichen Ziel eines "Regionalschwerpunktes Nahost". Dieses Konzept sei zwar nicht von der politischen Entwicklung in der Region getragen, sondern weise vielmehr als "grenzüberschreitendes Wissen" eine grundsätzliche Bedeutung auf; immerhin gewänne es aber auch durch die Entwicklung im Nahen Osten eine aktuelle Dimension.[160] In Jena fällt trotz geringer Kapazitäten das Bemühen auf, das Fach Islamwissenschaften mit dem "Schwerpunkt Moderner Vorderer Orient" zu versehen und den "ganz auf praktischen Spracherwerb und Sprachkompetenz" angelegten Kompaktkurs Modernes Arabisch auch "beispielsweise Wirtschaftswissenschaftlern und Juristen" als Serviceleistung anzubieten.[161] In Leipzig empfiehlt sich u.a. ein Leistungsverbund mit dem Religionswissenschaftlichen Institut und seinem Lehrangebot zum Islam.

Der Wegfall von Fächern allein dadurch, daß ihre Vertreter nicht mehr da sind, und folglich auch von inter-, mindestens aber multidisziplinären Arbeitszusammenhängen, darunter solchen mit Osteuropa, dürfte sich auf das Profil der noch Tätigen mittelfristig zumindest ebenso auswirken wie neue Fachkontakte und Einbindungen in die nationale und internationale (westliche) Forschungslandschaft und ihre Netzwerke. Diese Integration wird noch Zeit benötigen, in der Kenntnisse und Erfahrungen der dafür erforderlichen wissenschaftspolitischen und -administrativen Voraussetzungen ebenso erworben werden müssen wie der Umgang mit den dort heimischen und diskutierten Methoden- und Theoriensystemen außerhalb jenem des Marxismus-Leninismus.

Demgegenüber dürfte der Zugang ostdeutscher Orientwissenschaftler zu neuen Publikationsmöglichkeiten vollzogen sein. Reichte Hafez für seine statistische Bestandsaufnahme der gegenwartsbezogenen Orientwissenschaft in der DDR noch eine Analyse der zentralen Zeitschrift "asien, afrika, lateinamerika" aus[162], so stehen heute neben dieser, allerdings in ihrer Existenz bedrohten, neue eigene - z.B. am Zentrum Moderner Orient die "Arbeitshefte" und "Studien", am Ori-

---

[160] Vgl. Institut für Orientalistik. Judaistik/Jüdische Studien in Halle - am Institut für Orientalistik (Manuskript), Halle 1995. Im Info für Studierende der letzten Semester wird darauf hingewiesen, die orientalistischen Studiengänge mit Fächern wie Geschichts-, Literatur- und Gesellschaftswissenschaften zu kombinieren.

[161] Vgl. den Strukturbericht "Darstellung 'Semitische Philologie und Islamwissenschaft'" (Manuskript), Jena 1994.

[162] Vgl. Hafez (1995a): 131ff.

entalischen Institut die "Leipziger Beiträge zur Orientforschung" - sowie die Periodika und Reihen der alten Bundesländer und der internationalen Wissenschaft zur Verfügung. Die daraus resultierende "Unübersichtlichkeit" erschwert es zwar, derzeit gültige Verallgemeinerungen über ihre dort präsentierten Themen und Methoden und deren möglichen Wandel treffen zu können, doch deuten sich einige an.

4.2 Von der Theorielastigkeit zur Theoriescheu?

War der Verlust inter- und multidisziplinärer Lehrangebote und Forschungsthemen im wesentlichen strukturell verursacht worden, so erfolgte der Verzicht auf sogenannte große Themen und die damit verbundene Theoriebildung gewissermaßen freiwillig. Den Hintergrund für diese Tendenz bilden der Fortfall der legitimierenden Funktion der Orientwissenschaft für die Allgemeingültigkeit und Vitalität des Marxismus-Leninismus vor allem in Gestalt des "weltrevolutionären Prozesses" und der Außenpolitik von Partei und Regierung, die damit verbundene Entideologisierung sowie Dezentralisierung der Disziplin, verkörpert u.a. im Fehlen zentraler Forschungspläne und dort verfügter Gemeinschaftsprojekte, sowie das Verschwinden wesentlicher spezifischer Gestaltungskonzepte des Marxismus-Leninismus wie der "sozialistischen Orientierung" in den Entwicklungsländern. Schließlich ist nicht zu übersehen, daß ein beträchtlicher Teil derjenigen Wissenschaftler, die sich in der DDR vorwiegend den großen Themen und der Theoriebildung gewidmet hatten, mittlerweile nicht mehr oder auf anderen Gebieten tätig ist. Diese Tendenzwende war und ist allerdings ein nuancenreicher Vorgang.

Nach wie vor sehen sich ostdeutsche Orientwissenschaftler genötigt und befähigt, sogenannte große Themen wie die Verflechtung abhängiger Ökonomien und sozialer und politischer Systeme in Ländern Nordafrikas und des Vorderen Orients in die Weltwirtschaft und -politik[163] sowie die Entstehung und Bewältigung von sozialen, politischen, ethnischen und religiösen Konflikten in der Region[164] zu untersuchen. Unübersehbar ist jedoch, daß sich die große Mehrheit

---

[163] Vgl. Grienig/Hopfmann (1993b): 7-39; Grienig (1993): 89-98; Robbe (1991b): 301-307; ders. (1991a): 51-57; Schwanitz (1991a): 82-97; Schwanitz (1992): 215-219.

[164] Vgl. Fürtig/Müller-Syring (Hg.) (1993); Fürtig (1991d): 20-34; Fürtig (1991b): 896-905; Fürtig (1991a); Fürtig (1992b); Fürtig (1992a): 49-54; Fürtig (1993a): 153-168; Hetsch (1991): 938-951; Jaschinski (1991b): 127-130; Jaschinski (1991a): 4867; Jaschinski (1993): 175-201; Robbe/Senghaas (Hg.) (1990); Robbe (1993a): 45-62; Schwanitz (1990b): 225-247; Schwanitz (1991b): 872-878; Timm (1991a): 60-72; Timm (1991b): 92-113; Timm (1992/93): 92-105; Timm/Timm (1993):

empirischen Detailstudien zugewendet hat. Sichtbar werden wieder die in der DDR seit längerem aufgegebenen Analysen der politisch-rechtlichen, wirtschaftlichen, sozialen und demographischen Verhältnisse einzelner Länder und Regionen, darunter Ägyptens[165], des Maghreb[166], Palästinas[167], Israels[168], Syriens[169], Saudiarabiens und der Golfstaaten[170] sowie Irans[171]. Fortgesetzt wurde die bereits im letzten Jahrzehnt der DDR stark aufgekommene Untersuchung von Entwicklungstendenzen des modernen Islam; neben Überblicksdarstellungen[172], die darauf fußen, finden sich Arbeiten über das Verhältnis von Tradition und Moderne sowie Fundamentalismus und Säkularismus, in großem Maße auch über ökonomische Theoriebildung im Islam und ihre praktische Bedeutung.[173] Zumindest quantitativ zurückgegangen scheinen Studien zu aktuellen Prozessen im kulturellen, künstlerischen und literarischen Leben der Länder der Region.[174] Das von Barthel und Stock herausgegebene, allerdings schon lange vor der Wende begonnene "Lexikon Arabische Welt"[175] widerspiegelt diesen Zustand nicht, sondern resümiert vielmehr, obgleich im Umfang stark reduziert, die vielfältigen

165-184; dies. (1995): 77-95.

[165] Vgl. Fürtig (1991c): 282-292; Jaschinski (1994): 88-104; Schwanitz (1990a): 474-482; Schwanitz (1991d): 1547.

[166] Vgl. Ebert (1991a): 143-152; ders. (1992b): 253-261; Hösel (1994); Müller (1989/1990): 161-166; Müller (1991b): 259-267; Müller (1990): 654-663; Müller (1991a): 4-14; Pfullmann (1990): 1055-1066; Weidnitzer (1991c): 172-185; dies.(1991a): 237-246; dies. (1991b); dies. (1992); dies. (1994a); dies. (1994b): 303-315; Claus et. al. (1993).

[167] Vgl. Höpp (1991d): 67-78; Robbe (1990).

[168] Vgl. Glasneck/Timm (1994); Hofmann (1993): 61-79; Hofmann (1994b): 61-68; Hofmann (1994a): 117-128; Timm (1989a): 846-857.

[169] Vgl. Fürtig (1994): 217-245.

[170] Vgl. Fürtig (1995b); Thiemann (1993): 109-125; ders. (1994): 129-140; ders. (1995): 50-62.

[171] Vgl. Hetsch (1993); Itscherenska (1992): 277-288; dies. (1994): 141-158.

[172] Robbe et.al. (1991c); Serauky (1991).

[173] Vgl. Barthel (1991b): 82-96; Ebert (1991b); ders. (1992a): 61-79; Fürtig (1993b): 223-240; ders. (1995a): 261-284; Hetsch 182-186; dies. (1992); Höpp (1990): 249-165; Höpp (1991a): 614-621; Höpp (1991b): 419-427; Höpp (1991c): 145-148; Höpp (1992): 51-58; Höpp (1994): 637-651; Höpp (1995): 12-22; Kirchbach (1995): 379-396, 497-513 und 597-613; Schöne (1990): 79-84; dies. (1991): 494-500; dies. (1995).

[174] Vgl. Bellmann (1990): 834-845; Karachouli (1989): 248-258; dies. (1990): 270-280; dies. (1992a): 299-303; dies. (1992b): 263-275; Zemke (1989): 66-71; dies. (1992): 85-89.

[175] Barthel/Stock (1994). Vgl. Hafez (1996).

Kapazitäten der DDR-Orientwissenschaft.
Das hier skizzierte Bild scheint Jürgen Kocka recht zu geben, der schon 1992 vermutete, daß sich die DDR - Geistes- und Sozialwissenschaftler nun vornehmlich dem "kleine(n) Detail", der "mikrohistorische(n) Studie", der "quellengesättigten Teilforschung" zuwenden würden, daß der "Rückgriff auf das Herkömmliche" und die Skepsis gegenüber Theorien um sich greife.[176] Dieser Eindruck ist, wenn man noch berücksichtigt, daß sich ein Teil gegenwartsbezogen arbeitender ostdeutscher Orientwissenschaftler v.a. auf Forschungen zur Geschichte der Region vor 1945 zurückgezogen hat, durchaus zutreffend. Indessen ist nicht zu übersehen, daß einerseits die Beschäftigung mit den großen Themen nicht von vornherein und bei allen den Verzicht auf Theorie und Theoriebildung bedeutet, und daß andererseits eine pragmatische, "theoriefreie" Auseinandersetzung mit den Themen keineswegs methodologischer Ansätze entbehrt, welche sozialwissenschaftlich relevante Analysen von - auch globalen - Ursachen- und Wirkungszusammenhängen ermöglichen. Hier wie dort mögen manche durchaus auch an ihre "marxistischen Traditionen anknüpfen"[177], was sich heute jedoch schwerer messen läßt, da es nicht mehr (allein) aus der Zahl eindeutiger Zitate ersichtlich sein dürfte.
"Beobachtungswissenschaft" und "Theoriescheu" in der ostdeutschen Orientwissenschaft sind allerdings insofern problematisch, als die nach der Wende notwendig und möglich gewordene Kommunikation der bis dahin weitgehend separierten Wissenschaftsgemeinschaften in Ost- und Westdeutschland durch die alleinige Konzentration auf heterogene, häufig historische Fragestellungen erschwert wird. Eine solche Wissenschaft kann zudem grundsätzlich nicht als das Gegenstück zum Primat der politischen Ideologie betrachtet werden, das vielmehr aus einer innovativen Verbindung von Detail- und Strukturwissen, aus empirischer und theoretischer Forschung im Rahmen der Orientwissenschaft, der vergleichenden Regionalwissenschaften und der theoretischen Entwicklungsländerforschung besteht. Da sich eine Tendenz zur isolierten Detailforschung bei näherer Untersuchung auch als Kennzeichen der westdeutschen (im Unterschied zur anglo-amerikanischen) Orientwissenschaft erweisen könnte, ist die strukturelle Angleichung der Forschung der ehemaligen DDR-Wissenschaft an westdeutsche Wissenschaftsgepflogenheiten in diesem Fall kaum zu begrüßen. Vielmehr sollte der Versuch unternommen werden, durch Anleihen an Organisationsmodellen der DDR-Wissenschaft (*area*-Studien, komparativ-theoretische Forschung) und auf der Basis der nunmehr gegebenen Möglichkeit eines auto-

---

[176] Kocka (1992): 14f.
[177] Kocka (1992): 15.

nomen Umgangs mit Fakten und Theorien eine Autonomisierung der orientwissenschaftlichen Forschung in Grenzen zu halten.

4.3 Aufarbeitung der eigenen und fremden Geschichte

Eine Besonderheit ist in der ostdeutschen Orientwissenschaft nach der Wende unbedingt auszumachen: die Erforschung der v.a. politischen, wirtschaftlichen, militärischen und kulturellen Beziehungen der DDR zu den Staaten und Organisationen des Nahen Ostens und Nordafrikas. Vor allem der nun mögliche Zugang zu den Archiven der Ministerien, Parteien und Massenorganisationen, der Nationalen Volksarmee und des Ministeriums für Staatssicherheit hat Orientwissenschaftler und ehemalige Diplomaten dazu bewegt, diese Beziehungsgeschichte, z.T. im Vergleich mit jener der alten Bundesrepublik[178] aufzuarbeiten. Während zur Geschichte der deutsch-arabischen Beziehungen, die auch die der DDR einschließen, bisher außer zwei Sammelwerken[179] vor allem Aufsätze[180] vorgelegt wurden, schlug sich das besondere Interesse am Verhältnis der DDR zum Staat Israel und zum Zionismus inzwischen nicht nur in Artikeln, sondern auch in einer resümierenden Monographie nieder.[181] Dieses problematische Verhältnis wird sowohl im Lichte der Beziehungen der DDR zu den arabischen Staaten und zur PLO als auch ihres Umgangs mit den Juden, welche auf ihrem Territorium leben, untersucht. Bei der Aufarbeitung beider Aspekte steht die Analyse des Verhältnisses zwischen Antizionismus und Antisemitismus im Vordergrund; während die politische Parteinahme für die arabischen Länder im Nahostkonflikt seit den fünfziger Jahren - nicht zuletzt angesichts der Wiedergutmachungszahlungen der BRD an Israel - zu einer Verdrängung des Faschismuskomplexes in der DDR führte und in der Propaganda Grenzen zum Antisemitismus hin überschreiten ließ, beförderten Auseinandersetzungen in der kommunistischen Bewegung letztere Tedenzen vornehmlich gegenüber jüdischen Kommunisten.[182]

---

[178] Einer sinnvollen Komparation steht allerdings die Tatsache gegenüber, daß im Unterschied zu den DDR-Akten die der alten BRD mindestens dreißig Jahre gesperrt sind.

[179] Vgl. Schwanitz (Hg.) (1991c); ders. (Hg.) (1994b).

[180] Vgl. Hösel (1991): 373-383; Jaschinski (1994a): 171-177; Lemke (1993): 1027-1042; Robbe (1994): 551-601; Schwanitz (1992/93): 379-396; ders. (1993c): 63-90; Timm (1993b): 160-175.

[181] Vgl. Kulow (1994): 185ff.; Schwanitz (1993b): 129-164; ders. (1994a): 635-667; dies. (1991a): 140-150; Timm, (1991b): 33-47; dies. (1993c): 46-54; dies. (1993a): 154-173; dies. (1995): 260-272; dies. (1996); dies. (1997); Winter, (1993): 153-163.

[182] Vgl. Brentjes (1994):196-202; Keßler (1995). Siehe auch ders. (1993); ders. (1994).

5 Bilanz der gegenwartsbezogenen Orientwissenschaft in der DDR und in den neuen Bundesländern: Kontinuität oder Neubeginn?

Der Versuch, die Geschichte der gegenwartsbezogenen Orientwissenschaft in der DDR im Hinblick auf ihre Bedeutung für die Wissenschaft im gesamtdeutschen Wissenschaftssystem zu beschreiben, kann von folgender Einschätzung ausgehen: Das gesellschaftstheoretische Interpretationsgefüge war intransigent, die empirischen Anteile der individuellen Wissenschaftsbeiträge waren hingegen häufig profund und einzelne Elemente der Wissenschaftsorganisation sogar vorbildlich.

These 1: Das kognitive Erbe der DDR-Forschung

Trotz der Diskontinuitätsmomente der Forschung in der DDR sind ihre Ergebnisse weniger in wissenschaftlicher Hinsicht als vielmehr als Fundus der DDR-Geschichte von fortgesetztem Interesse. Es wurden keine Forschungsschwerpunkte erkennbar, die - wie etwa im Fall der Untersuchung der Arbeiterbewegungen anderer Regionen durch die DDR-Wissenschaft - als Unikat der internationalen Forschung erhalten bleiben müßten. Bei aller Vorsicht vor pauschalen Beurteilungen läßt sich doch die These vertreten, daß innerhalb der gegenwartsbezogenen DDR-Orientwissenschaft nur weniges entstanden ist, was nicht in differenzierterer Form bereits außerhalb der sozialistischen Staatenwelt bearbeitet worden wäre. Einige wenige Publikationen, die hier eine Ausnahme bilden, bestätigen die Regel. Für die Forschungsliteratur gilt vielmehr insgesamt, daß ohne die eingehende Kenntnis ideologischer und politischer Rahmenbedingungen, vor allem der zahlreichen tabuisierten "weißen Flecken" der Faktenvermittlung, es kaum möglich scheint, die wertfreien, empirischen Anteile der Literatur zu extrahieren und weiterhin für die wissenschaftliche Arbeit nutzbar zu machen. Ein solches Vorgehen wird weitgehend den Wissenschaftlern der ehemaligen DDR vorbehalten bleiben, die durch ihre Kenntnis der Entstehungsbedingungen, der Stärken und Schwächen ihrer Forschung nicht der Gefahr der Irritation unterliegen. Die Kompetenz der DDR-Wissenschaftler, "zwischen den Zeilen zu lesen", ist ein typisches Produkt ihrer jüngeren Vergangenheit, daß von Außenstehenden *post mortem* 1989 kaum zu lernen ist. Der beste Beleg für die "Verjährung" der DDR-Fachliteratur aber ist, daß sie von den Wissenschaftlern der ehemaligen DDR selbst kaum noch zitiert wird.
Die Auswertung derjenigen Forschungsarbeiten, die im Zeitraum 1990-1995 in den neuen Bundesländern entstanden sind, hat verdeutlicht, daß ostdeutsche Wis-

senschaftler nach der "Wende" Anschluß an den internationalen Forschungsstand gefunden haben, auch wenn deutlich ist, daß durch den politischen und gesellschaftlichen Umbruch ein wissenschaftlicher Wandlungsprozeß eingesetzt hat, der auf einigen Gebieten historisch bedingte Eigenheiten hervorgebracht hat. Für die Einschätzung der Bedeutung der gegenwartsbezogenen Orientwissenschaft der DDR für die Gegenwart scheint es daher sinnvoll, zwischen der intellektuellen Folgenlosigkeit der vergangenen Forschung und der Sachkompetenz ostdeutscher Wissenschaftler zu unterscheiden. Nicht die politisch und ideologisch motivierte Publizistik, sondern der professionelle Bildungshintergrund der Orientwissenschaftler, ihre Sach- und Sprachkompetenz rechtfertigen ein hohes Maß an personeller Kontinuität in der Wissenschaftslandschaft der ehemaligen DDR.

These 2: Die area-studies in den DDR als Modell für die deutsche Orientwissenschaft

Die Konstruktion einer *area*-Wissenschaft gegenwartsbezogener Orientwissenschaft, wie sie in anderen Staaten seit längerem verwirklicht ist, besitzt den Vorteil, wissenschaftliche Kapazitäten zur interdisziplinären Lösung von Forschungsfragen konzentrieren zu können. Die *area*-Konstruktion geht keineswegs von der grundsätzlichen Behauptung aus, daß allein kulturelle Spezifika Entwicklungen im Nahen und Mittleren Osten prägen, sondern sie bietet wesentliche Voraussetzungen für eine sachbezogene Forschung über eine Region, die methodische, theoretische wie inhaltliche Konvergenzen und Divergenzen mit den Wissenschaftstraditionen Europas aufweisen kann. Die klassische Orientalistik, deren eigenständige wie integrierte Existenzberechtigung unangetastet bleibt, ist allein nicht in der Lage, Gegenwartsbezogenheit im Sinne sozialwissenschaftlicher Forschung zu garantieren. Das *area*-Konzept weist seinerseits gegenüber der Einbettung der Nahostforschung in die "Mutterdisziplinen" (wie Politologie, Geschichtswissenschaften) den Nachteil auf, daß sich die Forschung über den modernen Orient separieren, ihren Beitrag zur allgemeinen Theoriebildung vernachlässigen und sich vom Bildungskanon der Allgemeinheit (z.B. Schulunterricht) entfernen könnte. Die *area*-Konstruktion sollte daher grundsätzlich als *eine*, nicht jedoch als *ausschließliche* Form der Orientforschung neben der klassischen Orientalistik und der Orientforschung anderer Disziplinen betrachtet werden.
Modelle nach Art der *area-studies* setzten sich in der BRD, trotz der Initiativen einzelner Wissenschaftler,[183] allein in der außeruniversitären Forschung durch.

---

[183] Ein umfangreiches wissenschaftliches Plädoyer für die Öffnung der Alt-Orientalistik gegenüber ihren "Nachbarwissenschaften", um die "seit fünfzig Jahren zu beobach-

Die in der BRD vorbereiteten Konzepte einer komplexen gegenwartsbezogenen Orientwissenschaft orientieren sich an einer Integration von Islam/Orientwissenschaft mit Wirtschafts- und Sozialwissenschaften sowie Ethnologie und medizinisch-technischen Wissenschaften und definieren die entstehende Disziplin als "transdisziplinäres Ergebnis ihrer Zusammenarbeit" (Büren).[184] Zwar sollten Überlegungen dieser Art auch als Grundlagenmodell der akademischen Lehre in der BRD fungieren, wurden faktisch jedoch allein in außeruniversitären Instituten wie dem Deutschen Orient-Institut in Hamburg realisiert. Die Umwandlung der DDR-Orientwissenschaft in den Jahren 1989-95 hat zu einer Übertragung dieser spezifisch westdeutschen Wissenschaftsentwicklung auf die gesamtdeutsche Struktur geführt. Multidisziplinäre Forschungsstrukturen wurden allein außerhalb der Hochschulen etabliert (beim Forschungsschwerpunkt Moderner Orient in Berlin), während die einstige *area*-Struktur der Universität Leipzig einer Retraditionalisierung und Rückorientierung zu Philologie und Kulturwissenschaften anheim gefallen ist.

Grundsätzlich ist davon auszugehen, daß eine solche Entwicklung durch die gesellschaftlichen Bedingungen der deutschen Vereinigung begünstigt wurde. Die Zusammenführung zweier Wissenschaftssysteme unter Kosten- und Zeitdruck, gepaart mit der begrenzten gegenseitigen Kenntnis der involvierten Personen und der politisch wie kulturell bedingten Dissense, die unvermeidlich waren, sind kein förderliches Milieu für die ohnehin problematische Korrektur wissenschaftsorganisatorischer und -methodischer Gewohnheiten. Dennoch muß aus historischer Perspektive anerkannt werden, daß die Wissenschaftsanlage der DDR-Orientwissenschaft modellhafte Züge besaß - auch wenn die DDR-Wissenschaft in der Forschung Interdisziplinarität selbst nicht erreichen konnte. Vor allem die ideologische Bedingtheit verhinderte die für die interdisziplinäre Arbeit grundlegende Neudefinition von Fachbegriffen und -inhalten. In einer offenen Gesellschaft könnte das *area*-Konzept jedoch beträchtliche Potentiale entfalten, deren Nutzung nicht zuletzt vor dem Hintergrund wachsender Spannungen zwischen der westlichen und islamischen Welt genutzt werden müßten.

---

tende Spezialisierung und fachliche Einengung der Orientalistik" (S. LXIV) zu überwinden und sich stärker Gegenwartsaufgaben zuwenden zu können, findet sich bei Wirth (1977): LV-LXXXII. Zur gegenwartsbezogenen Orientwissenschaft der BRD vgl. a. Büttner et. al. (1985): 416-435; Hartmann/Schliephake (1991).

[184] Büren (1974): 11-14.

These 3: Planungselemente der DDR-Regionalwissenschaften als Modell für die deutsche Wissenschaft

Die Wissenschaftsstruktur der deutschen Regionalwissenschaften ist überwiegend "anarchisch". Innerhalb jedes einzelnen Regionalbereichs existiert eine Vielzahl von Instituten und Fachbereichen, die zumeist ohne geregelte Kommunikation, geschweige denn Forschungskoordination verbleiben. Daß Kommunikation und Koordination sowohl zur Verbesserung der Forschungsinhalte als auch aus forschungsökonomischen Gründen wünschenswert ist, zeigt etwa die Entwicklung der *Deutschen Arbeitsgemeinschaft Vorderer Orient* (DAVO) in Hamburg.

Eine vergleichbare Problematik stellt sich im Bereich der komparativen, vornehmlich theorieorientierten Regionalwissenschaft. Die Kenntnis der Personen und Forschungsleistungen von Orientalisten, Sinologen, Afrikanisten, Indologen untereinander ist in der Regel weitaus begrenzter als die Vernetzung in den jeweiligen Regionalbereichen. Auch auf diesem Gebiet sind Unterschiede zwischen der Wissenschaftsorganisation der BRD und der DDR zu erkennen. Eine vergleichende regionalwissenschaftliche Forschung, die nicht bei den Politik- oder Wirtschaftswissenschaften etabliert ist, sondern das multidisziplinäre Konzept der *area-studies* auf die globale Ebene projiziert und ausgewiesene Regionalspezialisten etwa im Rahmen von Großforschungsprojekten oder von landesweiten Arbeitsgruppen wie denen des ZENTRAAL zur Theoriebildung zusammenführt, wird in der BRD als "Fernziel" (Büren) bezeichnet, dem der Aufbau komplexer Institutsstrukturen als Nahziel vorangehen soll.[185] Realisiert ist das Fernziel zum Teil beim Deutschen Übersee-Institut mit Sitz in Hamburg, dessen eigene konzeptionelle Standortbestimmung starke Parallelen zu den Funktionen des ZENTRAAL in der komparativen Forschung aufweist - ohne dessen an Ideologie und Außenpolitik gebundene Zielsetzung zu verfolgen. Zu den Hauptaufgaben des "Übersee-Instituts" als dem föderalen Zusammenschluß rechtlich selbständiger, jedoch finanziell und administrativ verbundener regionaler Institute zählen die Koordinierung der überseeischen Regionalforschung sowie die finanzielle und organisatorische Förderung internationaler Wissenschaftskooperation.[186]

Der ZENTRAAL besaß neben der systemgebundenen Funktion als vertikaler Kommunikator zwischen Partei, Staat und Wissenschaft auch die Funktion einer horizontal, d.h. innerhalb der Wissenschaftsgemeinschaft selbst wirkenden Kommunikations- und Koordinationsinstanz. Erneut ist die Tatsache, daß der ZENTRAAL in der DDR die von ihm angestrebten Ziele nicht erreichte von der

---

[185] Büren (1974): 12.

[186] Vgl. Ziele und Aufgaben, Deutsches Übersee-Institut, Hamburg 1979: 2f., 16f.

möglichen Wirkung einer ähnlichen Einrichtung in der offenen Gesellschaft zu unterscheiden. Gleichwohl ist zu erwarten, daß das Modell "ZENTRAAL" keine soziale Stützung finden wird, denn im Unterschied zu der interdisziplinären Vergangenheit, die zahlreiche Regionalwissenschaftler der ehemaligen DDR selbstbewußt als erhaltenswerte Tradition zu behaupten trachten, wird nur selten zwischen politischen und synergetischen Effekten des ZENTRAAL unterschieden, sondern die Institution wird wegen ihres planwirtschaftlich-bürokratischen Erbes im DDR-System abgelehnt.

Literatur

Adler, Norman (1995): Die Abwicklung geht weiter. In: hochschule ost, Nr. 4, S. 33-35

Assmann, Jan (1990): Integration als Schicksal. In: Frankfurter Allgemeine Zeitung, 10. November

Auch, Eva-Maria (1980): Islam und Gesellschaft. Bericht über eine Arbeitstagung der Sektion Afrika- und Nahostwissenschaft der Karl-Marx-Universität Leipzig und des Orientinstituts der Akademie der Wissenschaften der UdSSR (IVAN) vom 3. bis 5. Juni 1980 in Leipzig. In: aala 8, S. 927-930

Barthel, Günter & Kristina Stock (Hg.) (1994): Lexikon Arabische Welt. Kultur, Lebensweise, Wirtschaft, Politik und Natur im Nahen Osten und Nordafrika, Wiesbaden

Barthel, Günter & Lothar Rathmann (1974): Das arabische Öl, seine Bedeutung für die kapitalistische Weltwirtschaft und der antiimperialistische Kampf um seine nationale Nutzung. In: aala 2, S. 895-918

Barthel, Günter & Rüdiger Gaudes (1977): Über die Arbeit des Wissenschaftlichen Beirates für Asien-, Afrika- und Lateinamerikawissenschaften beim Ministerium für Hoch- und Fachschulwesen der DDR. In: aala 5, S. 659-666

Barthel, Günter (1991a): Die Orientforschung in der DDR - Bedingungen und Resultate. In: Hartmann/Schliephake, S. 13-28

Barthel, Günter (1991b): Islamische Wirtschaftslehren. Theoretischer Ansatz und praktische Relevanz. In: Hartmann/Schliephake, S.82-96

Bathke, Peter & Karin Fuchs (1983): Nahost: Fortschritts- und Friedenskräfte gegen imperialistische Konfrontationspolitik, Berlin

Baumann, Herbert & Helmut Nimschowski (1979): Grundlagen und Wesenszüge der Differenzierung der politischen Machtausübung in den arabischen Ländern. In: aala 7, S. 621-632

Baumann, Herbert et al. (1987): Die nationaldemokratische Revolution: Das Beispiel der arabischen Länder. Probleme, Erfahrungen, Perspektiven. In: Barthel, Günter & Helmut Nimschowski (Hg.), Die Araber an der Wende zum 21. Jahrhundert. Studien zur Evolution und Revolution in Nordafrika und Nahost, Berlin, S. 153-175

Bellmann, Dieter (1977): Grundzüge der geistig-kulturellen Entwicklung der arabischen Staaten nach dem Zusammenbruch der politischen Herrschaft des Imperialis-

mus und der Erringung der nationalen Selbständigkeit auf den Gebieten Kulturpolitik, Kulturtheorie und künstlerische Kultur, Leipzig, Diss. B, KMU
Bellmann, Dieter (1984): Arabische Kultur der Gegenwart. Rückblicke, Bestandsaufnahme, Zukunftserwartungen, Berlin
Bellmann, Dieter (1990): Mystik oder Sufismus? Bemerkungen zu einem Problem der Hafis-Rezeption in Europa. In: aala 18, S. 834-845
Bellmann, Dieter (Hg.) (1994): Gedenkschrift Wolfgang Reuschel, Stuttgart
Bischof, Henrik (1975): Aufgaben und Organisation der Entwicklungsländerforschung in der DDR (Monatsberichte der Friedrich-Ebert-Stiftung, Januar 1975), Bonn-Bad Godesberg
Bohrmann, A. (1981): Möglichkeiten des Kontaktes syrischer Leser und Schriftsteller zu literarischen Werken sozialistischer Länder. In: Gruner, Fritz (Hg.), Literaturen Asiens und Afrikas. Theoretische Probleme, Berlin, S. 213-218
Brandt, Jürgen et al. (1987): Soziale und nationale Traditionen im Kampf der arabischen Völker um gesellschaftlichen Fortschritt. In: Barthel, Günter & Helmut Nimschowski (Hg.), Die Araber an der Wende zum 21. Jahrhundert. Studien zur Evolution und Revolution in Nordafrika und Nahost, Berlin, S. 21-46
Brauner, Siegmund et al. (1974a): Die Sektion Afrika- und Nahostwissenschaften der Karl-Marx-Universität Leipzig im 25. Jahr der Deutschen Demokratischen Republik. In: aala 2, S. 755-766
Brauner, Siegmund et al. (1974b): Die Asien- und Afrikawissenschaften im Dienst des proletarischen Internationalismus. In: Wissenschaftliche Zeitschrift der Karl-Marx-Universität Leipzig 23, S. 409-421
Brentjes, Burchard (1994): Antisemitismus und Antizionismus in unseren Tagen. In: Schwanitz (Hg.), Jenseits der Legenden. Araber, Juden, Deutsche, Berlin, S. 196-202
Bühl, Walter L. (1974): Einführung in die Wissenschaftssoziologie, München
Büren, Rainer (1974): Gegenwartsbezogene Orientwissenschaft in der Bundesrepublik Deutschland. Gegenstand, Lage und Förderungsmöglichkeiten, Hannover
Burrichter, Clemens et al. (1970): Theoretische Aspekte zum Verhältnis von Wissenschaft und Gesellschaft. In: Lades, Hans & Clemens Burrichter (Hg.), Produktivkraft Wissenschaft. Sozialistische Sozialwissenschaften in der DDR, Hamburg, S. 1-91
Büttner, Friedemann et al. (1991): Die Entdeckung des Nahen Ostens durch die deutsche Politikwissenschaft. In: Politische Vierteljahrsschrift 26, S. 416-435
Carré, Olivier (1993): Le Nationalisme arabe, Paris
Claus, Burghard et al. (1993): Bases d'une stratégie de développement harmonisée avec le Maghreb en matière de "Cooperation à l'environnement", Berlin
Ebert, Hans-Georg (1979): Politische Aspekte des Kampfes um den sozialen Fortschritt und die Strategie des Imperialismus in Nordafrika und Nahost. Bericht über eine Arbeitstagung des Lehr- und Forschungsbereichs Nordafrika/Nahost der Karl-Marx-Universität und der Abteilung Arabische Staaten des Orientinstituts der Akademie der Wissenschaften der UdSSR vom 21. bis 23. November 1978 in Leipzig. In: aala 7, S. 321-324

Ebert, Hans Georg (1991a): Zum Gerichtssystem in Libyen. In: Verfassung und Recht in Übersee 24, S. 143-152
Ebert, Hans Georg (1991b): Die Interdependenz von Staat, Verfassung und Islam im Nahen und Mittleren Osten in der Gegenwart, Frankfurt/M.
Ebert, Hans Georg (1992a): Familiengesetze im Maghreb. Das Spannungsverhältnis von islamisch-rechtlicher Tradition und sozio-kulturellem Wandel. In: Orient 33, S. 61-79
Ebert, Hans Georg (1992b): Die Libysche Republik am Beginn der neunziger Jahre - Bilanz und Perspektiven. In: aala 20, S. 253-261
Einigungsvertrag. Vom 31. August 1990. In: Die Verträge zur Einheit Deutschlands. 2. Aufl., München o.J.
El Saadawi, Nawal (1982): The Hidden Face of Eve. Women in the Arab World, Boston
Engel, Gerhard (1979): Die Asien-, Afrika- und Lateinamerikawissenschaften an den Universitäten im dreißigsten Jahr der Deutschen Demokratischen Republik. Gedanken zur Bilanz und zu den kommenden Aufgaben. In: aala 7, S. 773-780
Farsoun, Samih K. & Lisa Hajjar (1990): The Contemporary Sociology of the Middle East: an Assessment. In: Sharabi, Hisham (Hg.), Theory, Politics and the Arab World. Critical Responses, New York/London, S. 160-197
Förtsch, Eckart (1979): Institutionen und Prozesse der forschungspolitischen Lenkung und Planung. In: Das Wissenschaftssystem in der DDR, hrsg. v. Institut für Gesellschaft und Wissenschaft Erlangen, Frankfurt/M./New York (2., überarb. Aufl.), S. 67-125
Frühwald, Wolfgang et al. (1990): VI. Empfehlungen. Auszug aus Geisteswissenschaften heute (Manuskript), Konstanz
Fuchs, Karin (1974): Probleme und Erfahrungen bei der Zusammenarbeit zwischen Kommunisten und revolutionären Demokraten in der Syrischen Arabischen Republik. In: Die Arbeiterklasse in Asien und Afrika: Formierung und Kampf. Protokoll einer Konferenz der Gemeinsamen Kommission von Wissenschaftlern der UdSSR und der DDR zur Fragen der Geschichte und Theorie der internationalen Arbeiterbewegung, die vom 5. bis 7. Dezember 1972 in Berlin veranstaltet wurde, Berlin, S. 433-445
Fürtig, Henner & Rolf Müller-Syring, (Hg.) (1993): Ursachen gewaltförmiger Konflikte in der Golfregion. Internationale und zwischenstaatliche Faktoren, Frankfurt/M.
Fürtig, Henner (1986): Sechs Jahre irakisch-iranischer Krieg: eine Bilanz. In: aala 14, S. 825-835
Fürtig, Henner (1989): Waffenstillstand zwischen Irak und Iran: Hoffnungen und Gefahren. In: Jahrbuch Asien-Afrika-Lateinamerika 1988, Berlin, S. 149-155
Fürtig, Henner (1991a): Saddam Hussein: der neue Saladdin? Irak und der Golfkrieg, Berlin
Fürtig, Henner (1991b): Vom ersten zum zweiten Golfkrieg. In: aala 19, S. 896-905
Fürtig, Henner (1991c): Die arabische Welt nach dem Ende des Ost-West-Konfliktes. Zwei ausgewählte Probleme am Beispiel der AR Ägypten. In: aala 19, S. 282-292
Fürtig, Henner (1991d): Die Golfkrise aus historischer Sicht. In: Comparativ, S. 20-34
Fürtig, Henner (1992a): Kriege um Öl und Vorherrschaft. Die Wetterecke "Golf". In: Steinbach, Udo (Hg.), Arabien: mehr als Erdöl und Konflikte, Opladen, S. 49-54
Fürtig, Henner (1992b): Der irakisch-iranische Krieg 1980-1988, Berlin

Fürtig, Henner (1993a): Möglichkeiten und Grenzen für Dialog und Kooperation in und mit der Staatenwelt der Region. In: Schirrmeister, Karl-Günter (Hg.), Die "Verwerfungszone" internationaler Politik zwischen Maghreb und Golf: der Krisengürtel südlich Europas, Waldbröl, S. 153-168

Fürtig, Henner (1993b): Der islamische Faktor in der gegenwärtigen Innenpolitik Ägyptens. In: aala 21, S. 223-240

Fürtig, Henner (1994): Syrien am Scheideweg. Ökonomische Liberalisierung ohne Systemveränderung? In: Orient 35, S. 217-245

Fürtig, Henner (1995a): Die ägyptische Muslimbruderschaft (al-Ihwan al-Muslimun) und der nationale Dialog - Eine neue Taktik? In: aala 23, S. 261-284

Fürtig, Henner (1995b): Demokratie in Saudi-Arabien? Die Al Sa'ud und die Folgen des zweiten Golfkrieges, Berlin

Glasneck, Johannes & Angelika Timm (1994): Israel: die Geschichte des Staates seit seiner Gründung. 2. Aufl., Bonn

Grienig, Horst & Herta Müller (1981): Nordafrika und der Nahe Osten. In: Ernst, Klaus & Hartmut Schilling (Hg.), Entwicklungsländer: Sozioökonomische Prozesse und Klassen, Berlin, S. 156-192

Grienig, Horst & Arndt Hopfmann (Hg.) (1993a): Nachkriegsordnung oder Chaos? Sozioökonomische und soziokulturelle Entwicklungstrends in Nah- und Mittelost, Hamburg

Grienig, Horst & Arndt Hopfmann (1993b): Globale Koordinaten ökonomischen und soziokulturellen Wandels in den neunziger Jahren und die Länder des Nahen und Mittleren Ostens. In: Grienig/Hopfmann (1993a): S. 7-39

Grienig, Horst (1993): Entwicklungstrends im Nahen Osten - exogene Einflüsse, endogene Transformationsprozesse. In: Europäische Integration, Berlin, S. 89-98

Grienig, Horst et al. (Hg.) (1994a): Chancen auf Entwicklung? Berlin

Grienig, Horst et al. (1994b): Die Herausforderungen an die Development Sciences und das wissenschaftliche Dilemma in den Neuen Bundesländern und Ostberlins. In: Grienig et al. (1994a): S. 23-39

Gruner, Fritz (1981): Revolution und Literatur. Zu einigen Problemen des Wechselverhältnisses von gesellschaftlichen und künstlerisch-literarischen Prozessen in den Literaturen Asiens und Afrikas. In: ders. (Hg.), Literaturen Asiens und Afrikas. Theoretische Probleme, Berlin, S. 183-196

Grzeskowiak, Martin & Angelika Fitz (1981): Methodologische Probleme bei der Erforschung des Islam. Bericht über eine Arbeitstagung des Zentralinstituts für Geschichte der Akademie der Wissenschaften der DDR am 19. Mai 1981. In: aala 9, S. 919-922

Grzeskowiak, Martin (1968): Islam und Sozialismus in der VAR. In: Mitteilungen des Instituts für Orientforschung 14, S. 28-44

Güttler, Wolfgang et al. (1989): Einige Grundprobleme des Wirtschaftswachstums und gesellschaftlicher Fortschritt in den arabischen Ländern. In: aala 17, S. 633-644

Haarmann, Ulrich (1974): Die islamische Moderne bei den deutschen Orientalisten. In: Kochwasser, Friedrich H. & Hans R. Roemer (Hg.), Araber und Deutsche, Tübingen, S. 56-91

Hafez, Kai (1995a): Orientwissenschaft in der DDR. Zwischen Dogma und Anpassung, 1969-1989, Hamburg

Hafez, Kai (1995b): Von der nationalen Frage zur Systempolitik: Perioden der DDR-Nahostpolitik, 1949-1989. In: Orient 36, S. 77-95

Hafez, Kai (1996): Rezension: Barthel/Stock (1994). In: Orient 37, S. 163-164

Hahn, Gerhard & Lothar Rathmann (1973): Zum Geleit. In: aala 1, S. 19

Hartmann, Angelika & Konrad Schliephake (Hg.) (1991): Angewandte interdisziplinäre Orientforschung. Stand und Perspektiven im westlichen und östlichen Deutschland, Hamburg

Heckhausen, Heinz (1987): "Interdisziplinäre Forschung" zwischen Intra-, Multi- und Chimären-Disziplinarität. In: Kocka, Jürgen (Hg.), Interdisziplinarität. Praxis, Herausforderung, Ideologie, Frankfurt/M., S. 129-145

Heine, Peter (1995): Auf den Spuren des Modernen Orients. In: MPG-Spiegel 3, S. 35-36

Heinemann, Manfred & Hans Ludwig Schreiber (Hg.) (1996): Hochschulerneuerung im Freistaat Sachsen. Bericht der Sächsischen Hochschulkommission über ihre Tätigkeit 1991-1993, Dresden

Hetsch, Irina (1989): Potenzen islamischer Wirtschaftskonzeptionen im Hinblick auf die Überwindung der Unterentwicklung. In: Ökonomisch-soziale Unterentwicklung - Wesen, Wirkungen und Überwindungsmöglichkeiten, Leipzig, S. 182-186

Hetsch, Irina (1991): Die Islamische Republik Iran im Konfliktfeld des Nahen und Mittleren Ostens - Außen- und Sicherheitspolitik während der letzten Golfkrise. In: aala 19, S. 938-951

Hetsch, Irina (1992): Islam und Unterentwicklung - Konzeptionelle Ansätze zur Überwindung der Unterentwicklung in islamischen Wirtschaftstheorien. Das Beispiel Iran, Berlin

Hetsch, Irina (1993): Die Neuorientierung der iranischen Wirtschaftspolitik nach dem irakisch-iranischen Krieg. In: Grienig/Hopfmann (1993a): S. 158-176

Hofmann, Sabine (1993): Sozioökonomische und politische Veränderungen in Israel unter dem Einfluß der Alijah. In: Grienig/Hopfmann (1993a): S. 61-79

Hofmann, Sabine (1994a): Israels regionale Außenwirtschaftspolitik im Kontext zum Friedensprozeß im Nahen Osten. In: Grienig et al. (1994a): S. 117-128

Hofmann, Sabine (1994b): Cornerstone Economy. Zu wirtschaftlichen Implikationen des Interimsabkommens zwischen Israel und der PLO. In: Berichte. Forschungsinstitut der Internationalen Wissenschaftlichen Vereinigung Weltwirtschaft und Weltpolitik, Berlin 4, S. 61-68

Hopfmann, Arndt et al. (1992): Entwicklung und Abwicklung. In: Utopie kreativ, Berlin. Nr. 21-22, S. 143-155

Höpp, Gerhard & Martin Grzeskowiak (1984): "Reislamisierung": Schreckgespenst oder Herausforderung? Bemerkungen zur Darstellung und Wertung eines aktuellen Prozesses durch die Islamwissenschaft der BRD und Westberlins. In: aala 12, S. 477-490

Höpp, Gerhard & Martin Robbe (1983): Geistige Auseinandersetzungen in Asien und Afrika. Nichtproletarische Ideologie und Kampf für nationale und soziale Befreiung, Berlin

Höpp, Gerhard & Wolf Polleschack (1979): Charismus oder historische Größe? Bemerkungen zum Verhältnis zwischen Volksmassen und politischen Führungspersönlichkeiten in afro-arabischen Entwicklungsländern. In: aala 7, S. 843-854

Höpp, Gerhard (1970): Einige Aspekte des ideologischen Kampfes in der gegenwärtigen Etappe der arabischen Befreiungsbewegung. In: Mitteilungen des Instituts für Orientforschung, Berlin 16, S. 215-250

Höpp, Gerhard (1981): Der Islam und seine unvollendete "Reformation". In: aala 9, S. 1041-1052

Höpp, Gerhard (1990): Religion im Konflikt. Gibt es eine islamische Lösung für Palästina? In: Robbe/Senghaas (1990): S. 249-265

Höpp, Gerhard (1991a): Gibt es immer noch eine islamische Lösung für Palästina? In: aala 19, S. 614-621

Höpp, Gerhard (1991b): Krieg am Golf - Krise im Islam? In: Orient 32, S. 419-427

Höpp, Gerhard (1991c): Die islamische Herausforderung Europas - ein Versuch, die Weltgeschichte zu korrigieren? In: Vierteljahresberichte der Friedrich-Ebert-Stiftung 124, S. 145-148

Höpp, Gerhard (1991d): Palästina und die arabische Revolution. Zur Entstehung des Gewaltbegriffs der Bewegung der Arabischen Nationalisten und der PFLP. In: Scheffler,Thomas (Hg.), Ethnizität und Gewalt, Hamburg, S. 67-78

Höpp, Gerhard (Hg.) (1991e): Entwicklung durch Reform. Asien und Afrika im 19. Jahrhundert, Berlin

Höpp, Gerhard (1992): Die "Neue Weltordnung" und der Islam oder Wer mobilisiert den Fundamentalismus? In: Utopie kreativ, S. 51-58

Höpp, Gerhard (1994): Verdient der Islam Dissidenten? Anmerkungen zu Sadiq al-'Azm, zur säkularisierten Moderne und zum islamischen Fundamentalismus. In: aala 22, S. 637-651

Höpp, Gerhard (1995): Dschihad um Palästina? Zur historischen und aktuellen Rolle des Islam in der palästinensischen Nationalbewegung. In: Utopie kreativ, S. 12-22

Hösel, Jürgen (1991): Das Algerien-Bild der ehemaligen DDR. Versuch einer Aufarbeitung anhand wissenschaftlicher Publikationen aus den 80er Jahren. In: Wuquf, S. 373-383

Hösel, Jürgen (1994): Aussagen nationaler Strategien Algeriens zu Entwicklung und Rolle des einheimischen Privatsektors in Industrie und Landwirtschaft, ihre Umsetzung und ihre Wirkungen 1962-1979, Berlin, Diss.

Itscherenska, Ilse (1992): Einige Bemerkungen über die Entwicklung der Beziehungen Irans zur Sowjetunion: Chancen und Hindernisse bei der Wahrnehmung nationaler Interessen. In: aala 20, S. 277-288

Itscherenska, Ilse (1994): "Islamische Revolution" in Iran zwischen Illusion und Wirklichkeit. In: Grienig et al. (1994a): S. 141-158

Jaschinski, Klaus (1991a): Vom Traum zum Trauma. Der zweite Krieg am Golf und sein kurdisches Schattenspiel in Mittelost. In: Reetz, Dietrich (Hg.), Die „Reorientalisierung“ des Orients? Zur Rolle der Tradition in Gesellschaftskonflikten der achziger Jahre, Berlin S. 48-67

Jaschinski, Klaus (1991b): Die sicherheitspolitische Deformierung des Nahen und Mittleren Ostens. In: Vierteljahresberichte der Friedrich-Ebert-Stiftung 124, S. 127-130

Jaschinski, Klaus (1993): Iran am Vorabend der irakischen Invasion in Kuwait. Streitbeilegung und Sicherheitsmanagement im Lichte neuer Konflikteskalation. In: Grienig/Hopfmann (1993a): S. 175-201

Jaschinski, Klaus (1994): Ägypten - Dilemma einer Regionalmacht. In: Grienig et al. (1994a): S. 88-104

Jaschinski, Klaus (1994a): Die deutsche Resonanz auf die Gründung und den Zusammenbruch des Bagdad-Paktes (1955-1958). In: Schwanitz, Wolfgang (Hg.), Jenseits der Legenden. Araber, Juden, Deutsche, Berlin, S. 171-177

Jörgensen, Arne (1978): Der Kampf der kommunistischen Partei Israels für die nationalen Rechte des palästinensischen arabischen Volkes. In: aala 6, S. 274-282

Karachouli, Regina (1987): Tradition und Innovation im Theaterschaffen arabischer Länder. In: aala 15, S. 75-86

Karachouli, Regina (1989): Geschichte im arabischen Drama. In: aala 17, S. 248-258

Karachouli, Regina (1990): Die Emanzipation der Regie. Neue Tendenzen im Theaterschaffen arabischer Länder. In: aala 18, S. 270-280

Karachouli, Regina (1992a): Europa und Arabien: die kulturgeschichtliche Dimension. Brücken zwischen Orient und Okzident. In: Steinbach, Udo (Hg.), Arabien: mehr als Erdöl und Konflikte, Opladen, S. 299-303

Karachouli, Regina (1992b): Zivilisationskonflikte in Romanen des ägyptischen Schriftstellers Sabri Musa. In: aala 20, S. 263-275

Keßler, Mario (1993): Antisemitismus, Zionismus und Sozialismus. Arbeiterbewegung und jüdische Frage im 20. Jahrhundert, Mainz

Keßler, Mario (1994): Zionismus und internationale Arbeiterbewegung 1897 bis 1933, Berlin

Keßler, Mario (1995): Die SED und die Juden - zwischen Repression und Toleranz. Politische Entwicklungen bis 1967, Berlin

Kirchbach, Jens (1995): Sarikat tauzif al-amwal. Die islamischen Kapitalanlagegesellschaften in Ägypten. In: aala 23, S. 379-396, 497-513 und 597-613

Klenner, Hermann (1992): Wissenschaftswende an der Akademie der Wissenschaften. In: Utopie kreativ, 21-22, S. 156-177

Kocka, Jürgen (1992): Die Auswirkungen der deutschen Einigung auf die Geschichts- und Sozialwissenschaften, Bonn

Kowalczuk, Ilko-Sascha (1994): Historische Gründe für das Scheitern der Selbsterneuerung an den ostdeutschen Universitäten. In: Berliner Debatte Initial 5, S. 83-92

Krull, Wilhelm (1992): Neue Strukturen für Wissenschaft und Forschung. In: Aus Politik und Zeitgeschichte, B51, S. 15-28

Kück, Gert (1985): Erfolgreiche Lehre und Forschung zu Entwicklungsländern. In: Universitätszeitung der Karl-Marx-Universität Leipzig, 24. Mai

Kulow, Karin (1987a): Libanon heute, Berlin

Kulow, Karin (1987b): Zu Erfordernissen und Erfahrungen im Kampf der Kommunisten in kapitalistisch orientierten national befreiten Staaten Asiens und Afrikas für eine demokratische und revolutionäre Alternative. In: Studien zu bürgerlich-kapitalistischer Entwicklung in Asien und Afrika, Leipzig, S. 75-84 (Leipziger Beiträge zur Revolutionsforschung, 18)

Kulow, Karin (1987c): Einige aktuelle Fragen der Strategie und Politik kommunistischer Parteien arabischer Länder unter besonderer Berücksichtigung revolutionstheoretischer und bündnispolitischer Aspekte. In: aala 15, S. 6-74

Kulow, Karin (1994): Israel, SED und DDR. In: Reinhard Renger (Hg.), Die deutsche "Linke" und der Staat Israel, Leipzig, S. 183-196

Laqueur, Walter (1969): The Struggle for the Middle East. The Soviet Union in the Mediterranean 1958-1968, Washington

Lemke, Michael (1993): Der Nahe Osten, Indien und die Grotewohlreise von 1959. Zur Anerkennungspolitik der DDR in der zweiten Hälfte der fünfziger Jahre. In: aala 20, S.1027-1042

Mardek, Helmut (Autorenkollektiv) (1982): Konfliktherd Naher und Mittlerer Osten, Berlin

Markov, Walter (1957/58): Bericht über die Arbeit am Forschungsauftrag zur Geschichte der kolonialen Ausbeutung. In: Wissenschaftliche Zeitschrift der Karl-Marx-Universität Leipzig 7, S. 99-105

Mesbahi, Mohiaddin (1989): Soviet Policy towards the Iran-Iraq War. In: Jacobsen, Carl G. (Hg.), Soviet Foreign Policy. New Dynamics, New Themes, New York, S. 163-181

Müller, Frank (1991): Ägypten und DDR. Parallelen einer Entwicklung. In: Schwanitz, Wolfgang (Hg.), Berlin - Kairo: damals und heute. Zur Geschichte deutsch-ägyptischer Beziehungen, Berlin, S. 19-29

Müller, Herta (1989/1990): Soziale Folgen von IWF- und Weltbankstrategien in Marokko. In: Wuquf, S. 161-166

Müller, Herta (1990): Bevölkerungsexplosion in Algerien. In: aala 18, S. 654-663

Müller, Herta (1991a): Das Unternehmen als "Familie". Zur Reproduktion traditioneller sozialer Strukturen und Beziehungen in algerischen und marokkanischen Betrieben. In: Reetz, Dietrich (Hg.), Die "Reorientalisierung" des Orients? Zur Rolle der Tradition in Gesellschaftskonflikten der achtziger Jahre, Berlin, S. 4-14

Müller, Herta (1991b): Jugendarbeitslosigkeit in Algerien. In: Wuquf, S. 259-267

Pfullmann, Uwe (1990): Die Entwicklung des Mehrparteiensystems und die soziale Basis der Parteien in Marokko. In: aala 18, S. 1055-1066

Piazza, Hans & Lothar Rathmann (1976): Zur Kontinuität des antikolonialen Kampfes der revolutionären deutschen Arbeiterbewegung und zur Entwicklung der Asien-, Afrika- und Lateinamerikawissenschaften in der DDR. In: Partei, Tradition, Wissenschaft. Beiträge von Gesellschaftswissenschaftlern der Karl-Marx-Universität Leipzig, Berlin, S. 217f.

Primakov, E.M. & Vlasov, A.I. (Hg.) (1987): What's what in World Politics. A Reference Book, Moskau
Raible, Wolfgang (1992): Impressionen beim Evaluieren. In: Arnold, Heinz Ludwig & Frauke Meyer-Gosau, Die Abwicklung der DDR, Göttingen, S. 54-63
Rathmann, Lothar & Manfred Voigt (Hg.) (1988): Arabische Staaten. Bilanz, Probleme, Entwicklungstendenzen, Berlin
Rathmann, Lothar & Renate Wünsche (1974): Aus der Arbeit des Zentralen Rates für Asien-, Afrika- und Lateinamerikawissenschaften in der DDR. In: aala 2, S. 725-740
Rathmann, Lothar (Autorenkollektiv) (1974): Grundfragen des antiimperialistischen Kampfes der Völker Asiens, Afrikas und Lateinamerikas in der Gegenwart, T. 1, Berlin
Reetz, Dietrich (1991a): Entwicklung und Stand der Asienwissenschaften in der DDR. In: Asien 38, S. 75-87
Reetz, Dietrich (Hg.) (1991b): Die "Reorientalisierung" des Orients? Zur Rolle der Tradition in Gesellschaftskonflikten der achtziger Jahre, Berlin
Reetz, Dietrich (1991c): Die Entwicklungsländerforschung in der DDR nach der Wende: Veränderungen in Konzeption und Struktur, Köln
Richter, Erika (1974): Realistischer Film in Ägypten, Berlin
Richter, Ilse (1985): Karl-Marx-Universität: Ein Zentrum der Afrika- und Nahostwissenschaften. In: Die Afrika-, Nahost- und Asienwissenschaften in Leipzig, Wissenschaftliche Zeitschrift der Karl-Marx-Universität Leipzig 34, S. 513-532
Robbe, Martin & Dieter Senghaas (Hg.) (1990), Die Welt nach dem Ost-West-Konflikt Geschichte und Prognosen, Berlin
Robbe, Martin et al. (1980): Aufbruchstimmung im Islam. Flucht oder Krisenbewältigung? In: aala 8, S. 261-270
Robbe, Martin (1981a): Islam. Religion, Gesellschaft, Staat, Berlin
Robbe, Martin (1981b): Verlockung der Gewalt. Linksradikalismus, Anarchismus, Terrorismus, Berlin
Robbe, Martin (1984): Der Islam - eine Weltmacht? "Re-Islamisierung": Vorgänge, Hintergründe, Auswirkungen. In: horizont, Berlin 17, S. 8-9
Robbe, Martin (1986): Terror. Mythos und Wirklichkeit. In: horizont 19, S. 16-17
Robbe, Martin (1987): Terror. Hintergründe, Täter, Opfer, Berlin
Robbe, Martin (Hg.) (1990): Palästina: Sehnsucht und Machtpolitik, Berlin
Robbe, Martin (1991a): Tradition, der "Westen" und die Eine Welt. In: Vierteljahresberichte der Friedrich-Ebert-Stiftung 123, S. 51-57
Robbe, Martin (1991b): Was wird nach dem Ost-West- aus dem Nord-Süd-Konflikt? In: Berliner Debatte Initial 3, S. 301-307
Robbe Martin et al. (1991c): Welt des Islam. Geschichte und Alltag einer Religion, Leipzig
Robbe, Martin (1993a): Vom Palästina- zum Golfkrieg. Regionales und Internationales im Nahostkonflikt. In: aala 21, S. 45-62
Robbe, Martin (1993b): Verlorene Illusionen? Entwicklungsländerforschung in der DDR. In: hochschule ost, Nr. 5, S. 14-24
Robbe, Martin (1994): Die DDR in Nah- und Mittelost. Eine Begegnung und ihre Spuren. Ein Rundtischgespräch mit Diplomaten. In: aala 21, S. 551-601

Röhner, Edmund (1979): Naher Osten: Demokratischer Frieden oder Verschärfung einer explosiven Situation. In: aala 7, S. 892-900

Schirmer, Gregor (1974): Aufgaben und Probleme der weiteren Entwicklung der Asien-, Afrika- und Lateinamerikawissenschaften an den Universitäten der DDR. In: aala 2, S. 709-716

Schöne, Ellinor (1990): Der Gedanke der islamischen Solidarität - Bemerkungen zur Organisation der islamischen Konferenz. In: Hallesche Beiträge zur Orientwissenschaft, Halle, S. 79-84

Schöne, Ellinor (1991): Osteuropäischer politischer Wandel - die Sicht der Organisation der Islamischen Konferenz. In: aala 19, S. 494-500

Schöne, Ellinor (1995): Islamische Solidarität. Geschichte, Politik, Ideologie der Organisation der Islamischen Konferenz (OIC) 1969-1981, Berlin, Diss.

Schönfelder, Ingo (1980): Das Selbstbestimmungsrecht des arabischen Volkes von Palästina: Schlüsselement einer komplexen Friedensregelung. In: aala 8, S. 499-514

Schwanitz, Wolfgang (1990a): "Ana Biristruiki": Neues Denken in Ägypten? Zur arabischen Perestroika-Rezeption. In: aala 18, S. 474-482

Schwanitz, Wolfgang (1990b): Nahost: Regelungsansätze im Lichte der Intifada. In: Robbe/Senghaas (1990): S. 225-247

Schwanitz, Wolfgang (1991a): Europa: Ost-West-Streit über Dekolonisation und Entwicklung. In: Nord-Süd 1, S. 82-97

Schwanitz, Wolfgang (1991b): Nahost: Regelungsansätze trotz oder wegen der Intifada? In: aala 19, S. 872-878

Schwanitz, Wolfgang (Hg.) (1991c): Berlin - Kairo: damals und heute. Zur Geschichte deutsch-ägyptischer Beziehungen, Berlin

Schwanitz, Wolfgang (1991d): Ägypten: Kopten und Muslime in religiösem Streit? In: Reetz, Dietrich (Hg.), Die "Reorientalisierung" des Orients? Zur Rolle der Tradition in Gesellschaftskonflikten der achtziger Jahre, Berlin, S. 15-47

Schwanitz, Wolfgang (1992): The Historical Dimension of Underdevelopment. In: 17th International Congress of Historical Sciences. Bd 1, Madrid, S. 215-219

Schwanitz, Wolfgang (1992/93): Wasser, Uran und Paktfreiheit? Die Beziehungen zwischen der DDR und dem Sudan 1955-1970. In: Wuquf, S. 379-396

Schwanitz, Wolfgang (1993a): Vereint entzweit. Deutsche Akademiker zwischen Zerschlagung und Einpassung aus der Sicht eines Berliner Orientalisten 1986-1992. In: Berliner Debatte Initial 4, S. 54-64

Schwanitz, Wolfgang (1993b): "Israel ja, Zionismus nein": Zum Israel-Bild in SED-Akten über Arabien (1948 bis 1968). In: Keßler, Mario (Hg.), Arbeiterbewegung und Antisemitismus - Entwicklungslinien im 20.Jahrhundert, Bonn, S. 129-164

Schwanitz, Wolfgang (1993c): SED-Nahostpolitik als Chefsache. Die ZK-Abteilung internationale Verbindungen 1946-1970 sowie die Nachlässe Otto Grotewohl und Walter Ulbricht. In: aala 21, S. 63-90

Schwanitz, Wolfgang (1994a): Judenargwohn? Zum Israel-Bild in SED-Akten über arabische Länder (1948-1968). In: Orient 35, S. 635-667

Schwanitz, Wolfgang (Hg.) (1994b): Jenseits der Legenden. Araber, Juden, Deutsche, Berlin

Schwanitz, Wolfgang (1995): Deutsche Orientalistik wohin? In: aala 23, S. 51-82

Schwanitz, Wolfgang (1997): "Cairo formula": Akten über "doppelte" deutsche Nahostgesandte 1950-1966 aus dem US-Nationalarchiv II. In: ZfG 45, S. 413-441

Serauky, Eberhard (1991): Geschichte des Islam. Entstehung, Entwicklung und Wirkung von den Anfängen bis zur Mitte des XX. Jahrhunderts, Berlin

Simon, Dieter (1993): Die Wissenschaft hat sich selbst amputiert. In: Berliner Zeitung, 26. Januar

Simon, Dieter (1995): Verschleudert und verschludert. In: Die Zeit, 7. April

Spanger, Hans-Joachim & Lothar Brock (1987): Die beiden deutschen Staaten in der Dritten Welt: Die Entwicklungspolitik der DDR. Eine Herausforderung für die Bundesrepublik Deutschland?, Opladen

Stoop, Paul (1995): Bescheiden, aber optimistisch in die Zukunft. In: Der Tagesspiegel, 20. September

Thiemann, Erhard (1993): Arabische Golfmonarchien: Sozioökonomische Transformationsprozesse im Kontext von Erdölwirtschaft und weltwirtschaftlichen Beziehungen. In: Grienig/Hopfmann (1993a): S. 109-125

Thiemann, Erhard (1994): Wirtschaftliche und sozioökonomische Entwicklung in den arabischen Golfmonarchien und ökonomische Folgen des Golfkrieges von 1990/91 auf Wachstum und Entwicklungsprozeß. In: Grienig et al. (1994a): S. 129-140

Thiemann, Erhard (1995): Kuwait vier Jahre nach dem Golfkrieg - eine Bestandsaufnahme des wirtschaftlichen Wiederaufbauprogramms. In: Berichte. Forschungsinstitut der Internationalen Wissenschaftlichen Vereinigung Weltwirtschaft und Weltpolitik, 5, S. 50-62

Timm, Angelika & Klaus Timm (1988): Westbank und Gaza. Fakten, Zusammenhänge und Hintergründe israelischer Okkupationspolitik, Berlin

Timm, Angelika & Klaus Timm (1993): Der Friedensprozeß im Nahen Osten - Zwischenbilanz, Widerstände, Regelungsansätze. In: Das neue Chaos der nationalen Egoismen, Chur, S. 165-184

Timm, Angelika & Klaus Timm (1995): Nahost-Friedensgespräche zwischen Oslo und Wadi Araba. In: Tod durch Bomben, Chur, S. 77-95

Timm, Angelika (1989a): Israel vor neuen Herausforderungen und Entscheidungen. In: aala 17, S. 846-857

Timm, Angelika (1989b): 3. Tagung des Arbeitskreises Israel an der Sektion Asienwissenschaften der Humboldt-Universität zu Berlin am 31. März 1989. In: aala 17, S. 918-920

Timm, Angelika (1991a): Die verdrängte historische Schuld. Das belastete Verhältnis der ehemaligen DDR zum Staat Israel. In: Tribüne 30, S. 140-150

Timm, Angelika (1991b): Assimilation of History: The GDR and the State of Israel. In: The Jerusalem Journal of International Relations 14, S. 33-47

Timm, Angelika (1993a): Die Entwicklung des Israelbildes in der DDR. In: Jahrbuch des Zentrums für Antisemitismusforschung, Berlin, 2, S. 154-173

Timm, Angelika (1993b): The Middle East Policy of the German Democratic Republic. In: Journal of Arab Affairs 12, S. 160-175

Timm, Angelika (1993c): DDR-Israel: Anatomie eines gestörten Verhältnisses. In: Aus Politik und Zeitgeschichte, B4, S. 46-54

Timm, Angelika (1995): Die osteuropäischen Staaten und Israel - Kontinuität und Wandel der bilateralen Beziehungen während des Suezkonflikts. In: Tauwetter ohne Frühling. Das Jahr 1956 im Spiegel blockinterner Wandlungen und internationaler Krisen, Berlin, S. 260-272

Timm, Angelika (1996): Alles umsonst? Verhandlungen zwischen der Claimskonferenz und der DDR über "Wiedergutmachung" und Entschädigung, Berlin

Timm, Angelika (1997): Hammer, Zirkel, Davidstern. Das gestörte Verhältnis der DDR zu Zionismus und Staat Israel, Bonn

Timm, Klaus & Schahnas Aalami (1976): Die muslimische Frau zwischen Tradition und Fortschritt. Frauenfrage und Familienentwicklung in Ägypten und Iran, Berlin

Timm, Klaus (1970): Arabischer Sozialismus. In: Orientalistische Literaturzeitung 65, S. 449-453

Timm, Klaus (1991a): Ziel-Mittel-Relationen der Kuweit-Krise aus Nachkriegs-Sicht. In: Wöhlert, Torsten & André Türpe (Hg.), Modellfall Golfkrieg? Frankfurt/M., S. 60-72

Timm, Klaus (1991b): Konturen der regionalen Nachkriegsordnung im Nahen und Mittleren Osten - Entwürfe, Widerstände, Realisierungschancen. In: Wöhlert, Torsten & André Türpe (Hg.), Modellfall Golfkrieg? Frankfurt/M., S. 92-113

Timm, Klaus (1992/93): Ethnizität, Nationalismus und Nationalstaat als Konfliktpotentiale im Nahen und Mittleren Osten. In: Humboldt-Journal zur Friedensforschung, Frankfurt/M. 10/11, S. 92-105

Tunsch, Thomas (1989): Untersuchungen zur sogenannten Basarbourgeoisie. In: aala 17, S. 471-478

Walther, Wiebke (1980): Die Frau im Islam, Stuttgart

Weidnitzer, Eva (1991a): Tunesien - Ökonomie im Aufwind arabischer Zusammenarbeit? In: Orient 32, S. 237-246

Weidnitzer, Eva (1991b): Regionale Kooperation im Rahmen der "Union du Maghreb Arabe" und Perspektiven der Zusammenarbeit mit der EG, Berlin

Weidnitzer, Eva (1991c): Maghreb - Wirtschaftsaufschwung dank arabischer Kooperation? In: Hartmann/Schliephake (1991): S. 172-185

Weidnitzer, Eva (1992): L'Union du Maghreb Arabe. Problèmes de la cooperation maghrebine et la recherche d'un nouveau partenariat avec la CE, Berlin

Weidnitzer, Eva (1994a): Urbanisierung und Umweltschutz in mittleren städtischen Zentren Marokkos, Berlin

Weidnitzer, Eva (1994b): Umweltpolitik in Marokko im Spannungsfeld von aktuellen Erfordernissen und realen Möglichkeiten. In: aala 22, S. 303-315

Weidnitzer, Frank (1984): Der Islam in den Rechtskonzeptionen der revolutionären Führungskräfte der DVR Algerien und der VDR Jemen. In: aala 12, S. 1037f.

Winter, Hans-Dieter (1993): Bemerkungen zur DDR-Politik gegenüber Israel. In: aala 21, S. 153-163

Winter, Heinz-Dieter (1993): Bemerkungen zum Verhältnis Politik und Entwicklungsländerwissenschaft in der DDR. In: hochschule ost, Nr. 5, S. 25-28

Wirth, Eugen (1997): Orientalistik und Orientforschung. Aufgaben und Probleme aus der Sicht der Nachbarwissenschaften. In: Zeitschrift der Deutschen Morgenländischen Gesellschaft, Suppl. III, Wiesbaden, S. LV-LXXXII

Zemke, Monika (1989): Entwicklungstendenzen der modernen hebräischen Literatur der siebziger und achtziger Jahre. In: aala 17, S. 66-71

Zemke, Monika (1992): Die Widerspiegelung der Kriegserfahrung in der israelischen Literatur am Beispiel des Dramas "Eine Nacht im Mai" von A.B. Jehoschua. In: aala 20, S. 85-89

Hans Neumann

Altorientalistik in der DDR (1986-1990) und ihre inhaltlich-strukturelle Umgestaltung in den neuen Bundesländern (1990/91-1995)

1 Vorbemerkungen

Ziel der vorliegenden Untersuchung zur Altorientalistik ist es zunächst, einen spezifischen Beitrag zur Analyse "der kognitiven Dimension" der Asien- und Afrikawissenschaften in der DDR und in den neuen Bundesländern zu leisten. Entsprechend den Intentionen der Arbeitsgruppe "Wissenschaften und Wiedervereinigung" geht es dabei auch im Bereich der Altorientalistik um "Fragen nach dem paradigmatischen Zuschnitt einzelner Disziplinen, ihrer theoretisch-methodischen Orientierung, der interdisziplinären Kontaktfähigkeit, der Typen und Formen der Vermittlung von Wissen sowie der Beziehungen zur außerwissenschaftlichen Umwelt von Politik, Wirtschaft, Erziehung oder massenmedialen Öffentlichkeit".[1] Eine derartige "Analyse des kognitiven Profils, der Gewinne und Verluste in und zwischen den wissenschaftlichen Disziplinen und Forschungsfeldern, die sich durch den Umbau in den neuen Bundesländern ergeben haben", gerichtet auf "die Wiedereröffnung von Handlungsmöglichkeiten",[2] erscheint nicht zuletzt auch deshalb dringend geboten, da sowohl durch gelegentliche Äußerungen von fachfremder, aber auf Grund ihrer Zugehörigkeit zu mehr oder weniger nahen Nachbardisziplinen durchaus als kompetent angesehener Seite,[3] als auch durch zwar wohlgemeinte, aber Gründlichkeit und analytische Tiefe vermissen lassende Studien zu den Orient- und Altertumswissenschaften ein

---

1 Kaube et al. (1994): 403.

2 Ebenda.

3 So meint die Althistorikerin I. Stark witzelnd, jedoch nicht ohne Hintergedanken, "daß es sich offensichtlich auszahlt, wenn man sich professionell mit griechischer Demokratie und der römischen Republik beschäftigt, statt im Alten Orient (gemeint ist der Bereich "Alter Orient" am ZI AGA der AdW - H.N.) immer nur Tributlisten zu zählen" (Stark (1992): 106). Problematischer als diese, im Prinzip zu vernachlässigende Äußerung ist - weil inkompetent denunziatorisch, aber im konkreten Fall hochschulpolitisch durchaus gewollt - die Bemerkung des angehenden Historikers I.-S. Kowalczuk, daß sich an der HUB Bereiche, wie die Asien- und Afrikawissenschaften, "bis jetzt nahezu unverändert in alter Besetzung halten konnten", so daß "als Ergebnis ... dort eine desolate, zuweilen fachlich indiskutable und inkompetente Lehre zu konstatieren" sei und "vielen Studenten nichts weiter übrig bleibt, als diese Studienfächer aufzugeben oder an eine andere Universität zu wechseln" (Kowalczuk (1994): 90, Anm. 12). Die von dem Romanisten W. Raible veröffentlichten "Impressionen beim *Evaluieren*" Raible (1992): 54-63, für den das ZI AGA, in das auch der Bereich Alter Orient eingegliedert war, zu jenen Instituten gehörte, "die teilweise bis 1990 Konglomerate geblieben sind" (Raible (1992): 57), lassen in ihrer Diktion und in ihrem Inhalt gleichfalls nicht erkennen, daß sich hier ernsthaft mit Strukturen und Forschungsergebnissen der DDR auseinandergesetzt wurde.

nicht den Tatsachen entsprechendes Bild von der (Alt-)Orientalistik in der DDR[4] mit ihren Forschungsthemen und institutionellen Grundlagen vermittelt wird.[5] Hinzu kommt, daß in den der Öffentlichkeit vorgelegten Beschreibungen wissenschaftlicher Projekte unserer Tage die in der DDR gepflegten Traditionen bzw. für die gegenwärtige Forschungstätigkeit geschaffenen Voraussetzungen offensichtlich ganz bewußt negiert werden.[6] Dabei handelt es sich um ein Phänomen, das sich

---

[4] Vgl. die Studie von Assmann (1993), 80-91, die "auf den Eindrücken einer fünftägigen Reise durch fünf Universitäten der ehemaligen DDR" beruht (Assmann (1993): 80). Dabei ist sich der Autor durchaus der Lückenhaftigkeit und Subjektivität seiner Eindrücke und Einschätzungen, die er im übrigen auch in der Tagespresse wiedergegeben hat (Assmann (1990)), bewußt, jedoch muß man sich dann fragen, ob es sinnvoll ist, derartige "Notizen" zum Bestandteil eines vom Bundesministerium für Forschung und Technologie geförderten Forschungsprojekts zu machen. Auch der von Rothermund (Rothermund (1993): 66-79), basierend "auf den vorgelegten Forschungsprojekten, auf einem etwa dreistündigen Gespräch mit rund 50 Wissenschaftlern dieses Fachbereichs ... sowie auf einer eingehenden Lektüre der vom Fachbereich erstellten Bibliographie der Bücher und Aufsätze seiner Mitarbeiter ... und einer nachgereichten Aufstellung der Publikations- und Forschungsvorhaben" (Rothermund (1993): 66), gibt die innere Struktur und die jeweiligen Forschungsprofile der behandelten wissenschaftlichen Einrichtungen nur unvollkommen wieder. Problematisch wird dies vor allem dann, wenn entsprechende Meinungsäußerungen unkritisch und ohne eigene Recherche für wietergehende Untersuchungen als Grundlage bzw. Ausgangspunkt genommen werden, wie z.B. jüngst in dem Buch von Pasternack (1996). Der Auffassung, daß "allein die Konstanzer Untersuchung 'Geisteswissenschaften in der ehem. DDR' ... eine Bestandsaufnahme (bietet), die einerseits über subjektive Erfahrungsberichte, andererseits über reine Personal- und Institutionenstatistik hinausgeht" (Pasternack (1996): 31), kann hier nicht zugestimmt werden. Vgl. in diesem Zusammenhang auch Brentjes (1997): 160-167; dazu Pasternack (1997): 168-173.

[5] Die an sich gründliche Studie von Hafez (1995), befaßt sich ausschließlich mit den modernen Orientwissenschaften, was leider im Titel des Buches nicht zum Ausdruck kommt; vgl. auch Ende (1997): 126. Der Beitrag von Barthel (1993): 5-13, nimmt zwar gelegentlich auf die klassische und altertumswissenschaftliche Orientalistik Bezug, jedoch ohne wirkliche Substanz.

[6] Dies wird besonders deutlich bei den Beschreibungen der Akademienvorhaben der BBAW, die in ihrem Untertitel die Bezeichnung "(vormals Preußische Akademie der Wissenschaften)" führt. So fällt z.B. auf, daß im Zusammenhang mit den Arbeiten der Turfanforschungsgruppe zwar darauf hingewiesen wird, daß mit den gegenwärtigen Aufgaben und Leistungen "die Forschungsaufgabe erfüllt (wird), die der Preußischen Akademie der Wissenschaften 1914 für die gesamten Turfantexte gestellt wurde" (BBAW Jahrbuch 1992/93, 273), jedoch vermißt man zumindest einen Hinweis auf die entsprechenden Aktivitäten im Rahmen des ZI AGA (und die daran beteiligten

auch im Zusammenhang mit der Information über Besetzung von Lehrstühlen in den neuen Bundesländern findet.[7] Diesem, sich nicht gerade durch wissenschaftliche Redlichkeit auszeichnenden Trend soll mit der folgenden Darstellung gleich-

---

Kollegen), als gerade die Edition und Bearbeitung der Turfantexte einen wichtigen Bestandteil der Forschungstätigkeit darstellte; vgl. auch Berlin-Brandenburgische Akademie der Wissenschaften (1995): 54f. Daß sich erst mit der Evaluierung der Akademie-Institute durch den Wissenschaftsrat "bald heraus(stellte), daß in einigen von ihnen Traditionen in Gestalt großer literarischer und altertumswissenschaftlicher Editionen sowie Wörterbuchunternehmen fortlebten" (BBAW (1995): 2), muß verwundern, da diese Projekte bereits zu Zeiten der DDR international bekannt und anerkannt waren. Zu den Editionsprojekten s. weiter unten.

7 So entnimmt man der Zeitschrift scientia halensis 1/1993, 44, daß an der MLU Halle-Wittenberg "im Wintersemester 1992/93 eine Stiftungsprofessur für Japanologie eingerichtet worden" ist, womit diese Universität "als erste und bislang einzige der neuen Bundesländer einen Studienschwerpunkt Japan an(bieten)" würde. Dabei wird übersehen, daß die HUB bereits in der DDR ein entsprechendes Forschungs- und Lehrgebiet im Rahmen der Asien- und Afrikawissenschaften aufgebaut hatte; vgl. Rothermund (1993): 73f.; Felber (1986): 26f., sowie den Beitrag von T. Kampen im vorliegenden Band. Die gleichfalls aus der MLU Halle-Wittenberg kommende Nachricht, daß "erst nach der politischen Wende in Deutschland im Jahre 1989" mit "dem wiedergegründeten Seminar für Indologie" von dem jetzt dafür zuständigen Professor alte indologische Traditionen fortgeführt werden (MLU Halle-Wittenberg, Universitätszeitung 30.4.1993), übersieht die Tatsache, daß im Rahmen der Sektion Orient- und Altertumswissenschaften seit 1966 eine "Arbeitsgemeinschaft für Buddhistische Forschungen in der DDR (Buddhist Centre)" existiert hatte, in deren Tätigkeit auch der 1992 berufene Stelleninhaber (MLU Halle-Wittenberg, Universitätszeitung 24.9.1992) einbezogen war; vgl. Mode et al. (1972); Brentjes/Peuke (1987); vgl. auch unten Anm. 72. Die Darstellung, daß "bis 1989 ... ein einziger Indologe in Halle tätig gewesen (war)", der "in einer Nische bei der Orientarchäologie überwintert (habe), ... aber inhaltlich nicht gefragt gewesen (sei)" und "keine Lehrverpflichtungen und zeitweise Publikationsverbot gehabt (habe)" (Pasternack (1996): 169), ist mit Blick auf die Erfahrungen der Kollegen und Studenten in Halle/S. schlichtweg als Legende zu bezeichnen (vgl. auch Brentjes (1996): 78). Im Kontrast zu all dem mutet es etwas seltsam an, wenn an der Hallenser Universität durch Senatsbeschluß vom 10.2.1993 auf Antrag festgelegt wurde, daß das Kürzel MLU "im mündlichen und schriftlichen Gebrauch nicht mehr zu verwenden" sei, da "eine solche Abkürzung dem Namen der traditionsreichen halleschen Universität nicht gerecht wird, die Bildungsstätte in den alten Bundesländern und in Europa damit praktisch nicht identifizierbar ist" (MLU Halle-Wittenberg, Universitätszeitung 29.3.1993). Der Grund für diesen Beschluß lag wohl mehr in dem Bestreben, "der bösartigen Interpretation als 'marxistisch-leninistische Universität' vorzubeugen" (Kupfer (1994)).

falls entgegenwirkt werden, da nur bei einem entsprechenden, die vorgefundenen Bedingungen, Leistungen und Defizite berücksichtigenden Selbstverständnis der jeweiligen Wissenschaftsdisziplin und der sie tragenden Institutionen zukünftige Handlungsmöglichkeiten im Bereich der Wissenschaftsentwicklung überhaupt möglich erscheinen.

Für die vorliegende Darstellung wurde bewußt 1986 als Ausgangsjahr gewählt, da es zugleich den Beginn des letzten für die Gesellschaftswissenschaften der DDR gültigen Planjahrfünfts markiert.[8] Da aber die Forschungen in jener Zeit keineswegs ausschließlich auf die zweite Hälfte der achtziger Jahre fixiert waren, macht sich punktuell auch die Einbeziehung vorhergehender Perioden der DDR-Wissenschaftsentwicklung notwendig, nicht zuletzt auch unter dem Gesichtspunkt struktureller Kontinuitäten bzw. Diskontinuitäten. In diesem Zusammenhang kann auf bereits vorliegende und zum Teil kommentierte Fachbibliographien zu den altorientalistischen Forschungen in der DDR verwiesen werden,[9] insbesondere auf die für die Berichtsjahre 1973 bis 1989 jährlich vom Zentralinstitut für Alte Geschichte und Archäologie (ZI AGA) herausgegebenen "Mitteilungen zur Alten Geschichte und Archäologie in der Deutschen Demokratischen Republik" (MAGA), da diese auch Angaben zu Strukturen und zur Forschungsplanung enthalten. Hinzu kommen Veröffentlichungen wissenschaftsgeschichtlicher Art, in denen es zum Teil auch um die Darstellung der Situation der jeweiligen Wissenschaftsdisziplin in den einzelnen Einrichtungen geht.[10]

Gegenüber der Beschreibung von Strukturen und Forschungen im Bereich der Altorientalistik für die Jahre 1986-1990[11] nimmt die Analyse der Entwicklungen von

---

8 Vgl. Zentraler Forschungsplan (1986): 681-692.

9 Vgl. z.B. Geißler (1968); Onasch (1976); Rühlmann (1970); Heyde/Lübcke (1980): 281-297; Günther et al. (1980): 30-45; Mode (1985); Plaeschke/Plaeschke (1987): 111-134; Neumann (1991b): 346-370. Bei den von Willing (1991) unter der Überschrift "Alter Orient" (Willing (1991): 214-216; 269-272) erfaßten Arbeiten handelt es sich ausschließlich um Forschungen der (von der griechisch-römischen Geschichte kommenden und in der Regel nicht mit orientalischen Quellen vertrauten) Althistoriker, nicht der Altorientalisten.

10 Vgl. dazu unten Kap. 2.2 und 2.5.1.

11 Auf Grund der Heterogenität der im folgenden beschriebenen Fächer, Institutionen und Forschungen kann keine Vollständigkeit hinsichtlich des Belegmaterials erreicht werden, was unter der eingangs zitierten Problemstellung wohl auch nicht notwendig ist. Es sei aber zumindest darauf hingewiesen, daß Themen und Probleme altorientalischer Geistes- und Kulturgeschichte z.B. auch im Rahmen der alttestamentlich-theologischen Forschung eine wichtige Rolle spielten, was aber hier weitgehend unberücksichtigt bleiben muß. Auch die wissenschaftlichen Untersuchungen sowie die institutionellen Strukturen im Bereich der indoeuropäischen und semitischen Sprachwissen-

1990/91-1995 einen vergleichsweise geringen Raum ein. Dies ist zum Teil darin begründet, daß es in dieser Zeit vor allem strukturell, zum Teil auch personell zu tiefgreifenden Veränderungen und Umgestaltungen gekommen ist, die nicht selten erst vor kurzem abgeschlossen wurden bzw. - insbesondere wegen schwieriger Finanzverhältnisse - sogar noch andauern.[12] Darüber hinaus sind derart komplexe Forschungslinien und -zusammenhänge, wie sie für die DDR nachzuweisen sind, unter den heutigen Bedingungen der Wissenschaftsorganisation auch nicht zu erwarten, was die Darstellung entsprechender Strukturen und Projektkonzeptionen quantitativ begrenzt, zumal die individuelle Forschungstätigkeit der neunziger Jahre nicht Gegenstand der vorliegenden Darstellung ist. Hinzu kommt, daß man hinsichtlich längerfristig angelegter Projektkonzeptionen zunächst noch vor allem auf mündliche Informationen angewiesen ist, da entsprechende schriftliche Mitteilungen offizieller Art bislang kaum vorliegen. Auch sei darauf hingewiesen, daß für eine Reihe von Altorientalisten der DDR, die in ihrer Mehrzahl in den neuen Bundesländern auch heute noch wissenschaftlich produktiv sind, zusätzlich das Problem der Sicherung ihrer beruflichen Existenz bestand und zum Teil auch noch besteht, so daß hier nicht von stabilen Verhältnissen einer integrierten ostdeutschen Wissenschaftslandschaft gesprochen werden kann, was einen Vergleich mit den Verhältnissen vor 1990 unter der eingangs zitierten Problemstellung erschwert.[13]

2 Die Altorientalistik in der DDR

2.1 Begriffsbestimmung und Fächerkanon

"Altorientalistik" ist im folgenden als Sammelbegriff zu verstehen, der verschiedene orientalistische Spezialdisziplinen vereint. Dies sind - mit Blick darauf, was

---

schaft werden nur punktuell gestreift, jedoch nicht systematisch behandelt.

[12] Auch sind sogar rückläufige Tendenzen zu befürchten, wie sie sich etwa für die Altertumswissenschaften in Rostock abzuzeichnen scheinen; vgl. Schreyer (1996a); dies. (1996b); Frost (1997). Zur gegenwärtigen Situation der Altertumswissenschaften an der Universität Rostock vgl. die Bemerkungen bei Pasternack (1996): 163 und 212, wo noch von einem "Ausbau der Altertumswissenschaften" gesprochen werden konnte.

[13] Über die DDR-Wissenschaftsgeschichte sowie zu den sich seit 1989 vollziehenden Umbrüchen im Bereich der Hochschulen und Akademien Ostdeutschlands liegen bereits Veröffentlichungen vor, ohne daß diese aber - von Ausnahmen abgesehen (s. oben mit Anm. 4f.) - auf Belange der Altorientalistik Bezug nehmen; vgl. Pasternack (1994); van der Meer (1996): 223-256; ferner in monographischer Form etwa noch Pasternack (1993); Mayntz (1994a); Mayntz (1994b); Pasternack (1995); Schluchter (1996); Universität im Zwiespalt (1996); Gläser/Meske (1996)

in der DDR vorhanden war - im wesentlichen die Ägyptologie mit Demotistik, Meroitistik und Koptologie, Keilschriftwissenschaften und Vorderasiatische Archäologie, Iranistik, Turkologie, Indologie, Sinologie und Japanologie. Mit dieser Definition ergibt sich ein Widerspruch zu gängigen Gegenstandsbeschreibungen, nach denen die Altorientalistik allein "die Sprachen, die Geschichte und die Kultur des alten Vorderen Orients (der etwa das Gebiet der heutigen Staaten Irak, Türkei, Syrien, Libanon, Israel und Jordanien umfaßt) vom Beginn des 4. bis zum Ende des 1. vorchristlichen Jahrtausends" erforscht.[14] Demgegenüber führte die in der DDR postulierte Ganzheit des Orients (mit vergleichbaren gesellschaftlichen Grundstrukturen) zur Einbeziehung der mit dem mittleren und fernen Osten befaßten Disziplinen in die Forschungen zum "Alten Orient".[15] Dabei ist zu beachten, daß es sich bei dem in Rede stehenden Fächerkanon zunächst um Disziplinen handelt, deren Gegenstand nicht nur in regionaler, sondern auch in historisch-chronologischer Hinsicht unterschiedlich zu definieren ist. Iranistik, Turkologie, Indologie, Sinologie, Tibetologie und Japanologie beschäftigen sich mit den sprachlichen und kulturellen Hinterlassenschaften und Gegebenheiten der entsprechenden Regionen (Iran, Zentralasien, Süd- und Südostasien, China, Japan) ohne historisch-zeitliche Begrenzung, d.h., der Gegenstand dieser Fächer erstreckt sich per definitionem vom Altertum bis in die Moderne. Bei den Forschungen zu den frühen Gesellschaften des mittleren und fernen Ostens handelt es sich also um Spezialisierungen bzw. Subdisziplinen im Rahmen der genannten Fächer. Nicht zuletzt auch auf Grund der feststellbaren Kontinuität gesellschaftlicher und kultureller Phänomene vor allem in Indien und China ist eine Abgrenzung der frühen Gesellschafts- und Kulturentwicklung in diesen Regionen gegenüber dem Mittelalter schwierig, so daß Entwicklungen in frühmittelalterlicher Zeit gerade in der südasiatischen Region und im fernen Osten nicht selten gleichfalls Forschungsgegenstand der im obigen Sinne verstandenen Altorientalistik in der DDR gewesen sind.[16]
Demgegenüber handelt es sich bei der Ägyptologie (und ihren Nachbardisziplinen bzw. Spezialgebieten, wozu neben der Demotistik[17] und Koptologie[18] auch

---

[14] Studienhandbuch (1990): 205.

[15] Vgl. Freydank et al. (1978): 5-7.

[16] Vgl. Freydank et al. (1978): 6. Vgl. im vorliegenden Zusammenhang auch Felber et al. (1985): 143-197.

[17] Zu Stellung und Bedeutung der Demotistik, die sich mit den demotischen Sprachdenkmälern in der sog. Spät- und griechisch-römischen Zeit des alten Ägypten befaßt, vgl. Thissen (1990): 63-69.

[18] Zur koptischen Sprache, der letzten Sprachstufe im alten Ägypten (in christlicher Zeit) vgl. Krause (1980): 731-737. Vgl. im vorliegenden Zusammenhang auch Helck (1969): 43-45 ("Demotik und Koptologie").

die Archäologie gehört) und den Keilschriftwissenschaften (mit ihren Spezialisierungen) sowie der Vorderasiatischen Archäologie um Fächer, deren Gegenstand von vornherein zeitlich auf das Altertum begrenzt ist. Die klassische Ägyptologie befaßt sich mit Geschichte, Kultur und Sprachen des pharaonischen Ägypten, wozu die Forschungen über die nachfolgenden griechisch-römisch und christlich geprägten Perioden der Geschichte des Niltals bis zur arabischen Eroberung im 7. Jh. treten. Im Zusammenhang mit den Untersuchungen zur meroitischen Kultur im heutigen Sudan kam es zur Herausbildung des eigenständigen Fachgebietes Meroitistik (mit der Sudanarchäologie).[19] Die Keilschriftforschung umfaßt dagegen jene Disziplinen, die sich mit den Sprachen, der Geschichte und Kultur des Vorderen Orients vom 4. bis zum Ende des 1. Jahrtausends v. Chr. beschäftigen, also mit jenen Regionen, die oben als Gegenstand der Altorientalistik im engeren Sinne beschrieben wurden. Im Rahmen der Keilschriftwissenschaften sind in der DDR forschungsmäßig vor allem die Assyriologie (Sumerologie und Akkadistik)[20] und die Hethitologie[21] betrieben worden.[22] Während es sich bei der Arbeits- und Forschungsgrundlage der Keilschriftwissenschaften um schriftlich überlieferte Quellen handelt, hat die (in der DDR gleichfalls vertretene) Vorderasiatische Archäologie die materiellen Hinterlassenschaften des alten Vorderasien zum Forschungsgegenstand, und zwar sowohl unter kunst- und kultur- als auch unter sozialhistorischem Aspekt. Damit wird deutlich, daß die altorientalistischen Fächer nicht nur Spezialdisziplinen im Rahmen der klassischen Orientalistik darstellen, sondern auch als Fächerkanon im Rahmen der Altertumswissenschaften betrachtet werden müssen.[23] In diesem Sinne wurde in der DDR die Alt-

---

[19] Vgl. ausführlich Wenig (1982): 96-107.

[20] Bei der "Assyriologie" handelt es sich um eine Wissenschaftsdisziplin, "die sich mit der philologischen, linguistischen und sachlichen Erschließung der sumerischen und akkadischen keilschriftlichen Quellen und der Erforschung der Sprachen Sumerisch und Akkadisch (mit den Hauptdialekten Babylonisch und Assyrisch) sowie - darauf und auf den Ergebnissen der Vorderasiatischen Archäologie aufbauend - der Geschichte und Kultur des alten Mesopotamien und angrenzender Gebiete befaßt" (Müller (1979): 67 Anm. 1).

[21] Bei der Hethitologie handelt es sich um die Wissenschaft von Geschichte, Kultur und Sprache der im 2. Jt. v. Chr. in Kleinasien ansässigen Hethiter und anderer Bevölkerungsteile; vgl. Klengel (1988).

[22] Für die Ugaritistik, die sich mit den in Keilalphabetschrift überlieferten Quellen des 14./13. Jh. v. Chr. aus der alten Handelsmetropole Ugarit am Mittelmeer befaßt (vgl. Young (1981)), gilt das oben Anm. 11 Gesagte zu den Forschungen in den alttestamentlich-theologischen Einrichtungen.

[23] Vgl. in diesem Zusammenhang auch Schuller (1990): 39. Vgl. auch die von Altorientalisten verfaßten Abschnitte zur Assyriologie, Ägyptologie und Iranistik in: Irmscher

orientalistik zu den Gesellschaftswissenschaften mit deren spezifischen Untersuchungs- und Erkenntnismethoden gerechnet.[24]

2.2 Institutionelle und materielle Grundlagen

Die Charakterisierung altorientalistischer Fächer als altertumswissenschaftliche Disziplinen kam in der Regel auch in den entsprechenden institutionellen Strukturen zum Ausdruck. Dabei ist zu beachten, daß es hinsichtlich der disziplinären Forschungsmöglichkeiten und ihrer gesellschaftlichen Anerkennung von nicht unerheblicher Bedeutung war, ob die jeweiligen Fächer einen Bestandteil eigenständiger altorientalistischer Struktureinheiten bildeten oder ob sie letztlich nur am Rande regionalwissenschaftlich-modern ausgerichteter Wissenschaftsbereiche geduldet wurden.

In Berlin war an der Akademie der Wissenschaften der DDR (AdW) seit 1969 die Altorientalistik in der wissenschaftlichen Struktureinheit "Alter Orient" am Zentralinstitut für Alte Geschichte und Archäologie (ZI AGA) zusammengefaßt, zu dem darüber hinaus noch die Wissenschaftsbereiche "Ur- und Frühgeschichte", "Griechisch-römische Geschichte" und "Griechisch-römische Kulturgeschichte" gehörten.[25] In seinem ursprünglichen Personalbestand ging der Bereich Alter Orient aus Teilen des 1969 im Rahmen der Akademiereform geschlossenen Instituts für Orientforschung hervor, dessen Gründung auf das Jahr 1947 zurückgeht, wobei die Traditionen bis in das Jahr 1912 reichen, als an der Königlich Preußischen Akademie der Wissenschaften die "Orientalische Kommission" gegründet worden war.[26] In den siebziger und achtziger Jahren wurde der Bereich durch Absolventen der Universitäten Leipzig, Halle/S., Berlin und Moskau verstärkt. In den seit 1985 innerhalb des Bereiches bestehenden Forschungsgruppen "Ägyptologie", "Vorderasien", "Turfan" und "Indien/China" waren zwischen 1986 und 1990 Vertreter folgender Fachgebiete tätig: Ägyptologie und Demotistik, Architektur- und Baugeschichte, Keilschriftforschung und Vorderasiatische Archäologie, Turkologie, Iranistik, Indologie, Sinologie und Altamerikanistik[27].[28] Hinzu

---

(Autorenkollektiv) (1986): 44-52.

[24] Vgl. Bartsch (1982); Segeth (1984); Stiehler (1987). Vgl. im vorliegenden Zusammenhang auch Wolf (1988): 179-253; Korch (1994).

[25] Zur Struktur des ZI AGA vgl. Willing (1991): 172. Zu inhaltlichen Fragen vgl. darüber hinaus Herrmann (1989d): 133-140; ders.: (1989c): 67-86.

[26] Vgl. Grapow (1950); Klengel (1986c): 12-16; ders. (1987): 25-27.

[27] Die Anbindung der Altamerikanistik an den Bereich Alter Orient am ZI AGA (ab 1979) erklärt sich aus postulierten Ähnlichkeiten der frühen gesellschaftlichen Ent-

kam die Südostasienforschung im Rahmen der Arbeit des Bereichs Ur- und Frühgeschichte des ZI AGA.[29] Ein zweiter Schwerpunkt altorientalistischer Forschungen in Berlin existierte mit den Staatlichen Museen, und zwar vor allem im Rahmen des Vorderasiatischen Museums (mit Archäologen und Keilschriftwissenschaftlern) und des Ägyptischen Museums mit der Papyrus-Sammlung sowie teilweise der ostasiatischen Sammlung.

Neben den hier genannten außeruniversitären Forschungsinstitutionen, zu denen in gewissem Sinne auch die Völkerkundemuseen in Dresden (Indien, China, Afghanistan/Mittelasien) und Leipzig (Nordafrika und Vorderer Orient) - jedoch jeweils mit ethnologischer Grundausrichtung - gehören,[30] sind vor allem die Universitäten in Berlin, Leipzig, Halle/S. und Jena als Zentren der Altorientalistik in der DDR zu nennen, allerdings mit sehr unterschiedlicher personeller und materieller Ausstattung.

An der Humboldt-Universität zu Berlin (HUB) waren die Forschungen zu Geschichte, Sprachen und Kulturen der Völker des Alten Orients an der Sektion Asienwissenschaften konzentriert.[31] Dabei gab es allerdings nur einen einzigen Wissenschaftsbereich, der sich ausschließlich mit altorientalistischer Forschung befaßte, und zwar den Bereich Ägyptologie und Sudanarchäologie/Meroitistik. Die Ägyptologie der Berliner Universität konnte hier auf eine weit in das vorige Jahrhundert hineinreichende Tradition aufbauen und hinsichtlich der Meroitistik und Sudanarchäologie in Forschung und Lehre international sogar eine führende Position erlangen, was sich insbesondere mit der Forschungs- und Lehrtätigkeit des Ägyptologen F. Hintze (Ordinarius 1956-1980) und seiner Schüler verbindet.[32] In der zweiten Hälfte der achtziger Jahre vereinte der Bereich Fachvertreter der klassischen Ägyptologie sowie Spezialisten für Meroitistik, Archäologie und Kunstgeschichte. Am Bereich Südasien der Sektion Asienwissenschaften erhielt die Beschäftigung mit der historischen und kulturellen Entwicklung des alten Indien gegen Ende der siebziger Jahre einen wichtigen Impuls, als die vor allem sprachlich orientierte und gleichfalls auf eine lange Tradition zurückblickende

---

wicklung in den Ländern des Alten Orients mit entsprechenden Erscheinungen in Mittelamerika; dies ist mit Blick auf Untersuchungen vor allem in den USA zu Parallelen in Mesopotamien und Mesoamerika durchaus bedenkenswert; vgl. etwa Adams (1966); Lamberg-Karlovsky/Sabloff (1979).

[28] Laut Wissenschaftsrat (1991): 234 hatte der Bereich Alter Orient per 1.7.1990 insgesamt 25 Planstellen.

[29] Vgl. Quitta (1989): 141-149.

[30] Vgl. Germer (1982): 7-53.

[31] Zur Tradition der Orientalistik an der Berliner Universität vgl. Morgenroth (1988): 706-720. Vgl. im vorliegenden Zusammenhang auch Bernhardt (1985): 527-532.

[32] Vgl. Endesfelder (1988b); Wenig (1996): 5-10.

Berliner Indologie[33] personell durch eine Spezialistin für historische und sozialökonomische Fragestellungen verstärkt werden konnte.[34] In der Folgezeit machte sich dies u.a. durch entsprechende Forschungsergebnisse bemerkbar. Ausgehend von früheren Arbeiten zum chinesischen Altertum[35], wurde in den achtziger Jahren am Bereich Ostasien die Alt-Sinologie mit einem speziell in dieser Richtung ausgebildeten jüngeren, von der Ethnologie kommenden Fachvertreter installiert.[36] Darüber hinaus hat es hinsichtlich der Geschichte Japans, der Mongolei[37] und einiger Regionen Südostasiens in der Literatur seitens der HUB-Orientalisten zwar gelegentlich auch Äußerungen zur frühen Geschichte dieser Gebiete gegeben, jedoch geschah dies in der Regel unter dem Blickwinkel der entsprechenden Mittelalter- bzw. Neuzeitforschung. Die auch an der Berliner Universität traditionsreichen Keilschriftwissenschaften sowie die Vorderasiatische Archäologie[38] waren an der HUB forschungsmäßig nicht vertreten, spielten jedoch in den achtziger Jahren in der Lehre eine nicht unwesentliche Rolle.[39] Als lockeres Diskussionsforum für die auf verschiedene Bereiche verteilten, vor allem historisch arbeitenden Orientalisten diente die bereichsübergreifende Fachgruppe Geschichte, in der historische Themen im Vortrag behandelt und entsprechende Problemstellungen diskutiert wurden.

Die altorientalistischen Fächer an der Karl-Marx-Universität Leipzig (KMU) gehörten institutionell zur Sektion Afrika- und Nahostwissenschaften. Wie in Berlin an der HUB, bildete auch hier die Ägyptologie die einzige wirkliche altorientalistische Struktureinheit. Der Bereich Ägyptologie/Ägyptisches Museum ging 1976 aus der Fachgruppe Ägyptologie, Fachbereich Altertumswissenschaften, an der Sektion Kulturwissenschaften und Germanistik hervor.[40] Auch die Leipziger Ägyptologie reicht in ihren Traditionen weit in das 19. Jahrhundert zurück. Ihre Konsolidierung und Profilierung nach dem Zweiten Weltkrieg verdankt sie ins-

---

[33] Vgl. Morgenroth (1976): 281-291. Die Entwicklung der Indologie an der HUB in den fünfziger und frühen sechziger Jahren wurde maßgeblich durch die Tätigkeit von W. Ruben geprägt; vgl. Morgenroth (1976): 289f. sowie: Indiens Rolle (1982).

[34] Vgl. Morgenroth (1979): 64f.

[35] Vgl. Felber (1986): 24 mit Anm. 16f.; zu den älteren Traditionen der Berliner Sinologie vgl. Leutner (1987): 31-55.

[36] Felber (1986): 24 mit Anm. 19; vgl. auch Rothermund (1993): 71.

[37] In diesem Zusammenhang ist vor allem auf die Bedeutung der Arbeiten von P. Ratchnevsky zu verweisen; vgl. Felber (1986): 28 mit Anm. 82f.; Barkmann (1994): 595-617.

[38] Vgl. Renger (1979): 151-192.

[39] Vgl. dazu unten unter 2.6.

[40] Vgl. Blumenthal (1985a): 588.

besondere der Tätigkeit des Ägyptologen und Religionswissenschaftlers S. Morenz.[41] In der zweiten Hälfte der achtziger Jahre waren mehrere Fachvertreter der Ägyptologie am Bereich, zu dem das Ägyptische Museum der KMU gehörte, tätig. Die im Zuge der III. Hochschulreform[42] 1968 erfolgte Konzentration der Asien-, Afrika- und Lateinamerikawissenschaften an jeweils verschiedenen Universitäten führte dazu, daß die Schwerpunkte der Süd- und Ostasienforschung fortan in Berlin und die der Orientalischen Altertumskunde in Halle/S. lagen. Dies hatte auch unmittelbare Auswirkungen auf die entsprechenden altorientalistischen Fächer in Leipzig, wo es infolge der erwähnten Schwerpunktsetzung zu einem wieteren Ausbau der modernen Afrika- und Nahostwissenschaften kam. Die Keilschriftwissenschaften, deren Anfänge und historische Entwicklung international eng mit der Leipziger Universität verbunden waren,[43] wurden personell nur durch einen Fachvertreter repräsentiert.[44] Dies trifft in gleichem Maße für die ebenfalls auf eine lange und erfolgreiche Wissenschaftstradition zurückblickenden Fächer Sinologie,[45] Indologie,[46] Turkologie,[47] Tibetologie/Mongolistik[48] und Semitistik[49] zu.[50] Erst in den achtziger Jahren konnten im Zuge der hochschulpolitisch gewollten Förderung ausgewählter gesellschaftswissenschaftlicher Fächer durch die Übernahme von Absolventen aus dem Ausland und inländischer Universitäten (Halle/S.) sowie durch Sonderstudienpläne Verbesserungen im Sinne einer begrenzten personellen Ausweitung herbeigeführt werden, so z.B. in der Sinologie, Indologie und Japanologie. Bereichsübergreifend existierte seit den siebziger Jahren eine Fachgruppe Altorientalistik, in der sich die Vertreter der genannten (alt)orientalistischen Disziplinen um die Diskussion wissenschaftlicher Fragen ihrer Fächer bemühten und disziplinäre Informationen austauschten.[51] Die Organisa-

---

[41] Vgl. Blumenthal (1979): 119-129; dies. (1981); dies. (1985a): 585-591. Zu den Traditionen der Religionswissenschaft in Leipzig vgl. Rudolph (1962).

[42] Vgl. dazu den kurzen Abriß von Wolter (1993): 63-68; ferner Wegner (1996): 125-132.

[43] Vgl. Müller (1979): 67-86.

[44] Daß dies überhaupt möglich war, ist nicht zuletzt dem Wirken des Keilschriftrechtshistorikers H.P.H. Petschow zu verdanken; vgl. Müller (1994): 345-353; vgl. auch unten Anm. 333.

[45] Vgl. Lewin (1979): 15-32; Moritz (1993).

[46] Vgl. Mylius (1979): 47-66.

[47] Vgl. Stein (1979): 107-117.

[48] Vgl. Taube (1979): 33-46.

[49] Vgl. zur Gründung und Tätigkeit des Leipziger Semitistischen Instituts die oben Anm. 43 zitierte Literatur; vgl. darüber hinaus auch Preißler (1979): 87-105.

[50] Vgl. auch Richter et al. (1985): 549-567.

[51] Die Ägyptologen wurden seit Anfang 1977 "in die Arbeit der Fachgruppe einbezogen"; vgl. Mylius (1977): 71.

tion der Altorientalistik im Rahmen einer lose formierten Fachgruppe bot die Möglichkeit, sich gegenüber den modernen Fachrichtungen stärker zu präsentieren,[52] zumal die Mitarbeiter der Fachgruppe auf Grund der bereits erwähnten wissenschaftspolitischen Orientierung der Leipziger Orientalistik an der Lehre innerhalb der Sektion gar nicht bzw. nur begrenzt beteiligt waren.[53]

Die Altorientalistik an der Martin-Luther-Universität Halle-Wittenberg (MLU) hatte seit 1969 ihren institutionellen Rahmen in dem Wissenschaftsbereich Orientalische Archäologie, der zur Sektion Orient- und Altertumswissenschaften gehörte. Der im Ergebnis der III. Hochschulreform gebildete Bereich ging aus der 1948 von H. Mode als Professor für Orientalische Archäologie begründeten Abteilung Frühgeschichte des Orients des Archäologischen Seminars im Institut für Altertumswissenschaften hervor.[54] Im Selbstverständnis von H. Mode[55] und seiner Schüler wurde die Orientalische Archäologie als Disziplin definiert, deren tragende Konzeption in der Auffassung von einer vielgestaltigen Einheit der Kultur- und Kunstgeschichte der Völker Asiens und Nordafrikas lag.[56] Daraus ergab sich ein Forschungsprofil, das die Kunst und Kultur verschiedener Regionen und Zeiten des Orients zum Gegenstand hatte. In der zweiten Hälfte der achtziger Jahre waren im Bereich Orientalische Archäologie vor allem Vertreter folgender (alt)orientalistischer Disziplinen in Lehre und Forschung tätig: Indologie (Sprach- und Philosophiegeschichte, Archäologie und Kunstgeschichte),[57] Ägyptologie (Archäologie und Kunstgeschichte), Archäologie und Kunst- bzw. Kulturgeschichte des Vorderen Orients, des Kaukasus und Zentralasiens, Islamische Kunstgeschichte sowie Byzantinische und osteuropäische Kunstgeschichte. Hinzu kamen Forschungen zur Wissenschaftsgeschichte. Zugleich muß im vorliegenden Zusammenhang auch auf den Wissenschaftsbereich Geschichte, Sprachen und Kultur des Vorderen Orients an der Sektion Orient- und Altertumswissenschaften hingewiesen werden, da hier Forschungen auf den Gebieten der Koptologie, Syrologie, Äthiopistik und Semitistik betrieben wurden.[58]

---

52 Dem diente nicht zuletzt auch der von den Mitgliedern der Fachgruppe konzipierte und erarbeitete Sammelband Progressive Traditionen (1979); vgl. dazu auch Mylius (1975a): 84; ders. (1977): 71.

53 Vgl. dazu unten unter 2.6.

54 Vgl. Rühlmann (1970): VII.

55 Zu H. Mode, dessen Arbeitsgebiete vor allem die indische Kunstgeschichte und Archäologie waren, vgl. Mode (1988a): 118-121; Brentjes (1993/94): 337f.

56 Vgl. Brentjes (1981d): 5-18.

57 Zur indologischen Tradition an der Universität Halle vgl. Mode et al. (1972): 13-25; Brentjes/Peuke (1987).

58 Die entsprechenden Traditionen, insbesondere auf den Gebieten der semitischen

An der Friedrich-Schiller-Universität Jena (FSU) war die Altorientalistik durch die Keilschriftwissenschaften vertreten.[59] Sie war personell mit einem Assyriologen historisch eng mit der "Frau Professor Hilprecht-Sammlung Vorderasiatischer Altertümer im Eigentum der Friedrich-Schiller-Universität Jena" verbunden, die im Zuge der III. Hochschulreform 1968 an das (vor allem mit der Erforschung der griechisch-römischen Antike befaßte) Institut für Altertumswissenschaften (seit 1977 Sektion Altertumswissenschaften)[60] angegliedert wurde. Damit ergaben sich zwar "günstige Voraussetzungen auch für eine interdisziplinäre Zusammenarbeit, z.B. auf dem Gebiet der Geschichte des Altertums",[61] jedoch fehlten hier die institutionellen orientalistischen Rahmenbedingungen für eine eigenständige Lehre auf dem Gebiet der Keilschriftwissenschaften an der FSU. Allerdings sollte sich dies nach der Planung mit Beginn der neunziger Jahre ändern, indem man beschlossen hatte, altorientalische Philologie fortan auch in Jena ausbilden zu lassen.[62]

Das im Zusammenhang mit der Keilschriftforschung in Jena Gesagte weist auf einen Umstand hin, der für die altorientalistische Forschung in der DDR von eminenter Bedeutung war, nämlich die Existenz von Museen und Sammlungen mit archäologischen Objekten und originalen Schriftzeugnissen früher Kulturen, aber auch von Archiv- und Wörterbuchmaterialien. Derartige Sammlungen waren häufig Grundlage und Ausgangspunkt altorientalistischer Forschung, wie im einzelnen noch zu zeigen ist.[63] In Berlin lieferten insbesondere das Vorderasiatische und das Ägyptische Museum mit ihren reichhaltigen Beständen an materiellen Kulturgütern[64] und Schriftquellen[65] die Forschungsgrundlagen für mannigfache Untersuchungen zu Geschichte und Kultur des alten Vorderasien und Ägypten. Im Bereich der AdW waren es die Turfan-Handschriften,[66] die den Gegenstand vor allem turkologischer, iranistischer, sinologischer, tibetologischer und mongolistischer Editionen gebildet haben. Im Rahmen der Ägyptologie besaßen

---

Sprachwissenschaft und Islamkunde/Arabistik, verbinden sich mit der Tätigkeit von C. Brockelmann und J. Fück in Halle; vgl. Fück (1957/58): 857-875; Fleischhammer (1981): 9-16 (Schriftenverzeichnis J. Fück: 349-352).

[59] Zur Tradition der Indologie an der Universität Jena vgl. Schöne (1976): 309f.

[60] Zur Struktur des Instituts für Altertumswissenschaften (bzw. der Sektion) vgl. Willing (1991): 183f.

[61] Oelsner (1985a): 50.

[62] Vgl. dazu unten unter 2.6.

[63] Vgl. dazu unten unter 2.5.1.

[64] Vgl. dazu Marzahn (1992): 11-17; Priese (1991): VIII-XII.

[65] Vgl. Marzahn (1991b): 30-50; Die Papyri (1949); zur Papyrus-Sammlung, die über 20.000 inventarisierte Objekte umfaßt (Poethke (1974): 120) vgl. Poethke (1991): 272f.

[66] Vgl. Zieme (1983): 152-160; ders. (1992a): 99-104.

insbesondere die in der AdW vorhandenen Materialien zum Ägyptischen Wörterbuch (neben weiteren Archivalien) eine besondere Bedeutung.[67] Aber auch die Museen und Sammlungen im Bereich der Universitäten waren (und sind) für die altorientalistische Forschung wichtig. Dabei ist nicht zu verkennen, daß diese Sammlungen für die Legitimation der Existenz des jeweiligen Fachs an der entsprechenden Universität eine nicht zu unterschätzende Rolle spielten.[68] Hier sind vor allem das Ägyptische Museum der KMU[69] und die bereits erwähnte Hilprecht-Sammlung in Jena[70] zu nennen. Hinzu kommen das Archäologische Museum der MLU in Halle/S. mit einer kleinen vorderasiatischen und ägyptischen Kollektion[71] (neben indischen Kunstwerken[72] und Ostasiatica[73]) und die Sammlung an Keilschrifttexten des ehemaligen Semitistischen Instituts Leipzig.[74] Museale und bibliothekarische Bestände an Orientalia außerhalb der großen Museen in Berlin und der bereits genannten Völkerkundemuseen in Leipzig und Dresden sowie der Sammlungen des universitären Bereichs, für die keine eigenen Spezialisten vorhanden waren, wurden von Vertretern fachwissenschaftlicher Einrichtungen mitbetreut bzw. bearbeitet.[75]

Die den altorientalistischen Einrichtungen und Arbeitsstellen zur Verfügung ste-

---

[67] Vgl. Grapow (1954); Reineke (1991): 11-19; Freier/Grunert (1984).

[68] Vgl. dazu auch Assmann (1993): 86 zu "Sammlungen als Rettungsanker", wobei ich - zumindest für die Zeit der achtziger Jahre - nicht ganz die Dramatik nachvollziehen kann, daß der Erhalt der Sammlungen mit einer entsprechenden Stelle, "von der aus ein Fach vertreten und sogar Forschungsaktivitäten entfaltet werden konnten", in jedem der ebenda aufgeführten Fälle wirklich soviel "Durchhaltevermögen und Widerstandskraft" abverlangt haben soll, wie vom Autor angedeutet.

[69] Vgl. Krauspe (1976); Blumenthal (1984); vgl. auch die oben Anm. 41 zitierte Literatur sowie zuletzt Krauspe (1997).

[70] Vgl. Oelsner (1985a): 46-53; ders. (1991): 58-65.

[71] Vgl. Archäologisches Museum Robertinum (o.J.); Neumann (1991a): 67f.; Löhr (1993): 15-17; Vahlen (1994): 166f. Vgl. auch Ebert et al. (1991).

[72] Vgl. Mode (1988b).

[73] Vgl. etwa Wagner (1990): 159-168.

[74] Vgl. Neumann (1991a): 69f.

[75] Vgl., um nur einige für die Altorientalistik relevante Beispiele zu nennen: Ägyptische Altertümer (1977) (von dem Berliner Spezialisten für ägyptische Kunstgeschichte S. Wenig bearbeitet); nach Endesfelder (1989): 105 war von S. Wenig auch ein Katalogmanuskript "Ägyptische Kunst in Museen der DDR" vorbereitet worden; vgl. auch Wenig et al. (1970): 67-78; Bräutigam/Eggebrecht (1990): 1-14); Neumann (1991b): 352 Anm. 17 (zu kleineren Sammlungen von Keilschrifttexten); Peuke (1983) (u.a. zu indologischen Sammlungen und Archivalien); vgl. auch unten unter 2.6. Zu Gotha vgl. jetzt auch Wallenstein (1995): 65-76.

hende materielle Grundausstattung war in ihrem Umfang unterschiedlich, zumeist aber unzureichend. Letzteres trifft in besonderem Maße auf die Ausstattung mit Computertechnik zu, so daß es hier auch kaum zu entsprechenden Anwendungen gekommen ist. Eine Ausnahme stellen allerdings die in dieser Hinsicht innovativen Arbeiten im Bereich der Ägyptologie/Meroitistik und Sudanarchäologie in Berlin dar.[76]

Auch die Ausstattung der jeweiligen Fachbibliotheken war in Qualität und Umfang verschieden. Grundsätzlich hatten alle Bibliotheken mit dem Problem knapper Finanzmittel zu kämpfen, insbesondere was die Ausstattung mit Devisen betraf. Hinzu kamen völlig unzureichende Kopiermöglichkeiten sowie unsachgemäße Entscheidungen, wie die in Leipzig in mehreren Schüben erfolgte Überführung eines Großteils der für die Zeit bis 1961 als recht gut zu bezeichnenden orientalistischen Bücherbestände aus den Arbeitsräumen in die zentrale Universitätsbibliothek, was nicht nur die fachwissenschaftliche Arbeit erschwerte, sondern auch zu Bücherverlusten führte. Um die objektiven Schwierigkeiten und zum Teil subjektiv verursachten Probleme bei der Bücherbeschaffung, insbesondere im Bereich der zentralen Universitätsbibliotheken, auszugleichen sowie die häufig langwierigen Fernleihen in Grenzen zu halten, war man auf vielfältige Privatinitiativen angewiesen. Diese umfaßten einen privat organisierten internationalen Schriftentausch, die Nutzung von Rezensionsmöglichkeiten sowie den Informations- und Literaturaustausch zwischen den jeweiligen Fachkollegen. Hinzu kam das Studium in ausländischen Bibliotheken, jedoch nur soweit dies dem Einzelnen auf Grund bestehender Reisekadervorschriften überhaupt möglich war.

In Berlin, wo sich allein schon durch die Zahl und Vielfalt der vorhandenen Bibliotheken die Literaturlage weitaus besser als in den anderen Städten der DDR gestaltete, existierten im Bereich des ZI AGA der AdW und der Staatlichen Museen relativ günstige Bedingungen für eine Kompensation fehlender bzw. knapper Devisenausstattung durch einen institutionell organisierten internationalen Schriftentausch, für den die Herausgabe eigener Buchpublikationen und Schriftenreihen die Grundlage bildete.[77] Im Raum Halle/S.-Leipzig erschlossen sich mit der Deutschen Bücherei und der Bibliothek der Deutschen Morgenländischen

---

[76] Vgl. in diesem Zusammenhang u.a. die Sammelbände "Die Anwendung numerischer Methoden in der Sudanarchäologie" (1986); "Microcomputer in der Archäologie" (1988).

[77] Vgl. Herrmann (1989c): 79f. Die Bücherbeschaffung wurde zum Teil mit anderen Institutionen abgestimmt, um vorhandene Mittel bzw. Buchtauschexemplare möglichst effektiv einzusetzen. So ergänzten sich z.B. die Bibliotheken der Forschungsgruppe Vorderasien des ZI AGA (die philogisch tätigen Mitarbeiter der Forschungsgruppe hatten ihren Arbeitsplatz in Räumen der Staatlichen Museen zu Berlin) und des Vorderasiatischen Museums auf der Grundlage von gegenseitigen Absprachen.

Gesellschaft (DMG) zusätzliche Informations- und Nutzungsmöglichkeiten.
Im Rahmen des Systems der gesellschaftswissenschaftlichen Information und Dokumentation der DDR hatte das ZI AGA als "Zentralstelle für Alte Geschichte und Archäologie" wichtige Aufgaben hinsichtlich der Information über Publikationen auf dem Gebiet der Altertumswissenschaften zu erfüllen, was auch für die Altorientalistik von Bedeutung war. So wurde in den von der Abteilung Information/Dokumentation/Bibliothek jährlich in mehreren Heften herausgegebenen "Informationen" u.a. Auskunft über Neuanschaffungen der Bibliotheken des ZI AGA, wozu die Bibliothek des Bereichs Alter Orient gehörte, erteilt. Da diese Hefte allen altertumswissenschaftlichen Institutionen der DDR zugesandt wurden, ergab sich für die Fachvertreter der Altorientalistik eine zusätzliche Informationsquelle.[78]
Grundsätzlich war die Veröffentlichung altorientalistischer Forschungsergebnisse im In- und Ausland möglich.[79] Die Publikation von Monographien in der DDR erfolgte sowohl auf der Basis privatrechtlicher Vereinbarungen der Wissenschaftler mit den jeweils dafür in Frage kommenden Verlagen als auch in institutionell angebundenen Schriftenreihen. Letztere dienten darüber hinaus der Veröffentlichung von Sammelbänden und Tagungsmaterialien. Neben den für Texteditionen zur Verfügung stehenden Serien[80] handelt es sich bei den für die Altorientalistik relevanten Schriftenreihen um die vom ZI AGA herausgegebenen[81] "Schriften zur Geschichte und Kultur des Alten Orients" (SGKAO)[82] und um die von der HUB verantworteten und auch jetzt noch erscheinenden "Meroitica. Schriften zur altsudanesischen Geschichte und Archäologie" (seit 1973).[83] Für altorientalistische Publikationen offen standen auch die "Veröffentlichungen des Zentralinstituts für Alte Geschichte und Archäologie der Akademie der Wissenschaften der DDR" sowie die "Forschungen und Berichte" der Staatlichen Museen zu Berlin (FuB),[84] die Abhandlungen der Völkerkundemuseen in Leipzig und Dresden, die Abhandlungen und Sitzungsberichte der Wissenschaftsakademien in Berlin und Leipzig und die "Seemann-Beiträge zur Kunstwissenschaft".[85]

---

78 Vgl. Rechenberg (1989): 193-195.

79 Die Rahmenbedingungen dafür wurden durch Publikationsordnungen gesetzt, die auch entsprechende Genehmigungsverfahren beinhalteten; vgl. dazu unten unter 2.5.

80 Vgl. dazu unten unter 2.5.1.

81 Zu den vom ZI AGA herausgegebenen Publikationsreihen vgl. Heinrich (1989): 196-199.

82 Die inzwischen eingestellte Reihe umfaßt 23 Bände (1971-1991).

83 Bislang (1994) liegen 14 Bände vor.

84 Diese Schriftenreihe der Staatlichen Museen (seit 1957) ist nach Erscheinen des Bandes 31 (1991) eingestellt worden.

85 Vgl. das Vorwort des Herausgebers in: Violet (1981): 7, wonach die "vom VEB Seemann Verlag ins Leben gerufene Paperback-Reihe ... unter anderem zum Studium

Die wichtigste altorientalistische Zeitschrift in der DDR, vor allem unter dem Gesichtspunkt der regionalen, den gesamten Orient bis ins frühe Mittelalter hinein berücksichtigenden Vielfalt, verbunden mit Ansätzen zur Interdisziplinarität innerhalb der orientalistischen Fächer, waren die vom Bereich Alter Orient des ZI AGA betreuten "Altorientalischen Forschungen" (AoF). Dieses von Beginn an international ausgerichtete und akzeptierte Periodikum[86] war zunächst als Folge von Jahrbüchern konzipiert worden, nachdem die "Mitteilungen des Instituts für Orientforschung" (MIO) weggefallen waren und deren Nachfolgezeitschrift "Asien - Afrika - Lateinamerika" (aala) vom Profil her kaum noch für regelmäßige altorientalistische Veröffentlichungen in Frage kam. Anfang der achtziger Jahre erfolgte dann die Umwandlung der Reihe in eine Zeitschriftenserie. Das bereits im ersten Band von AoF formulierte Anliegen galt auch weiterhin: "Veröffentlichung von Aufsätzen, Literaturberichten und Kurzbeiträgen, die der Erforschung der altorientalischen Geschichte und der sich in ihr vollziehenden gesellschaftlichen Entwicklungen dienen. Der Erschließung neuen Quellenmaterials, vor allem aus den von der Akademie der Wissenschaften der DDR betreuten Sammlungen, kommt dabei nach wie vor besondere Bedeutung zu."[87] In einer Übergangsphase trugen die AoF dann auch den Untertitel "Zeitschrift für den gesamten Orient im Altertum und frühen Mittelalter".[88] Mit Band 21 (1994) wurde unter neuen wissenschaftspolitischen Ausgangsbedingungen (Wegfall des Bereichs Alter Orient als konzeptionell tragende Struktureinheit) das Profil der AoF verändert, so daß fortan die AoF "ihr bisher weitgespanntes Konzept modifizieren und sich auf Vorderasien und seine Nachbargebiete konzentrieren (werden). Iran, Südarabien, Ägypten und der ostmediterrane Raum werden Mittelpunkt der Untersuchungen sein. Besonderes Interesse gilt jenen Beiträgen, die den anatolisch-syrischen Raum behandeln." Die AoF "werden philologische und sprachwissenschaftliche, archäologische und historische Beiträge veröffentlichen, deren Themen innerhalb eines zeitlichen Rahmens zwischen Neolithikum und hellenistischer Zeit liegen".[89]

Als "Zeitschrift für die Wissenschaft vom ganzen Orient und seinen Beziehungen zu den angrenzenden Kulturkreisen" war die im Auftrage (des ZI AGA) der AdW herausgegebene "Orientalistische Literaturzeitung" (OLZ) gleichfalls von besonderer Bedeutung, zumal es sich bei diesem Periodikum um das älteste deut-

---

außereuropäischer Kulturen anregen und zum Verstehen der Kunstäußerungen, des Schönheitsempfindens und der Glaubenswelt fernöstlicher Völker beitragen möchte".

[86] AoF 1 (1974) = SGKAO 11.

[87] Vorbemerkung der Redaktion. In: AoF 10 (1983) 3.

[88] AoF 19 (1992) und 20 (1993).

[89] Haas (1994): 3.

sche Referateorgan der Orientalistik handelt (seit 1898), in dessen Redaktionskollegium stets Wissenschaftler beider deutscher Staaten als Spartenredakteure mitgewirkt hatten. Die Übernahme der Redaktion der OLZ durch das ZI AGA im Jahre 1987[90] trug wesentlich dazu bei, daß die kontinuierliche Fortführung dieser traditionsreichen Zeitschrift gesichert werden konnte. In der Stellungnahme des Wissenschaftsrates zur OLZ wurde "für das wichtigste deutschsprachige Rezensionsorgan der Orientalistik ... eine Trägerschaft durch die Berliner Akademie empfohlen".[91] Da diese Empfehlungen nicht umgesetzt worden sind, scheint jedoch nunmehr trotz vielfältiger Bemühungen seitens der für die Zeitschrift Verantwortlichen die Zukunft der OLZ gefährdet.

Die bedeutendste ägyptologische Zeitschrift, seit 1863 erscheinend und international renommiert, war die "Zeitschrift für Ägyptische Sprache und Altertumskunde" (ZÄS). Die auch heute noch weitergeführte ZÄS veröffentlicht "Aufsätze und Miszellen zu allen Sachgebieten der Ägyptologie, Demotistik, Koptologie und Meroitistik, zu Methodenfragen und Geschichte der Wissenschaften und zur Rezeption der ägyptischen Kultur in Mitwelt und Nachwelt".[92]

Als Publikationsorgan vor allem für die in Halle/S. ansässigen orientalistischen Fächer Orientalische Archäologie, Arabistik und Islamwissenschaften, Koptologie u.a. wurden 1979 an der MLU die "Halleschen Beiträge zur Orientwissenschaft" (HBO) begründet.[93]

Neben den orientalistischen Zeitschriften waren es häufig die Publikationsorgane benachbarter historischer Disziplinen, in denen Beiträge zur Geschichte und Kultur des Alten Orients erschienen. Zu nennen sind in diesem Zusammenhang vor allem die "Ethnographisch-Archäologische Zeitschrift" (EAZ), "Klio. Beiträge zur Alten Geschichte", das "Jahrbuch für Wirtschaftsgeschichte" (JWG), die "Zeitschrift für Archäologie" (ZfA), "Das Altertum" u.a.m. Relativ selten mit altorientalistischen Beiträgen versehen wurden "Asien - Afrika - Lateinamerika" (aala), die "Deutsche Zeitschrift für Philosophie" (DZPh), das "Jahrbuch für Geschichte des Feudalismus" (JGF) u.a.m. Darüber hinaus standen den Altorientalisten (insbesondere im Hochschulbereich) natürlich die Wissenschaftlichen Zeitschriften (WZ), Berichte und Beiträge der einzelnen Universitäten als Publikationsorgane zur Verfügung.

---

90 Vgl. OLZ 82 (1987): 6.

91 Wissenschaftsrat (1991): 246.

92 Blumenthal/Hintze (1992): 1.

93 Vgl. Gericke (1979b): 5-7. Von dieser, von B. Brentjes, M. Fleischhammer, H. Gericke und P. Nagel begründeten Reihe sind 16 Hefte erschienen (1979-1991). Seitdem wird sie von W. Beltz fortgeführt (letztes Heft ist bislang HBO 21 (1996) = Beltz/Mode (1996)).

2.3 Ratstätigkeit, Kommunikation im nationalen Rahmen

Im Rahmen des "Zentralen Forschungsplanes der marxistisch-leninistischen Gesellschaftswissenschaften der DDR 1986 bis 1990" waren die wissenschaftlichen Unternehmungen im Bereich der Altorientalistik wissenschaftspolitisch und planungstechnisch den "Forschungen zur Geschichte und Kultur der vorkapitalistischen Gesellschaftsformationen" zugeordnet, wofür der "Wissenschaftliche Rat für Archäologie und Alte Geschichte" verantwortlich zeichnete.[94] Dieser Rat hatte sich am 29.3.1978 konstituiert[95] und war aus dem seit 1969 im Rahmen des "Rates für Geschichtswissenschaft" existierenden "Problemrat für Alte Geschichte und Archäologie" hervorgegangen. In dem etwa 20 Wissenschaftler umfassenden Problemrat[96] war die Altorientalistik nur durch einen Ägyptologen und einen Keilschriftwissenschaftler als Mitglieder sowie einen Indologen als ständigen Gast vertreten.[97] Mit der Konstituierung des "Wissenschaftlichen Rates für Archäologie und Alte Geschichte" erhöhte sich der Anteil der Altorientalisten bei einem nunmehrigen Mitgliederstand von etwa 40 Personen. Dazu gehörten bei Gründung drei Ägyptologen, zwei Keilschriftwissenschaftler, jeweils ein Vertreter der Orientalischen Archäologie, der Sinologie, der Indologie und der Arabistik sowie ein Alttestamentler.[98] Dieser Anteil der Altorientalistik an der personellen Zusammensetzung des Rates blieb im wesentlichen, von geringfügigen Schwankungen abgesehen, bis 1989 erhalten.[99] Auch wenn festzustellen ist, daß es sich dabei mit zwei Ausnahmen (MLU, KMU) ausschließlich um Fachvertreter aus Berlin gehandelt hat (ZI AGA, HUB, Staatliche Museen),[100] zeigt sich

---

[94] Vgl. Zentraler Forschungsplan (1986): 687. Dieser Planungsteil gehörte zu Punkt 09 des Z-Plans: "Die weitere Ausarbeitung des marxistisch-leninistischen Geschichtsbildes; die Geschichte der SED, der Deutschen Demokratischen Republik; die differenzierte Erschließung des gesamten Erbes der deutschen Geschichte, besonders ihrer revolutionären, progressiven und humanistischen Traditionen; die Geschichte der sozialistischen Gemeinschaft; Grundprobleme der allgemeinen Geschichte und der Geschichte der internationalen Arbeiterbewegung".

[95] Vgl. E.S. In: ZfG 26 (1978): 736.

[96] Zum Problemrat vgl. Willing (1991): 168-170.

[97] So der für 1973 nachweisbare Stand, der offensichtlich auch noch 1978 Gültigkeit besaß; vgl. Herrmann (1973): 2; ders., (1977): 8.

[98] Hinzu kam ein weiterer Arabist als Wissenschaftlicher Sekretär des Rates (bis 1981); vgl. Herrmann (1977): 8f.; ders. (1981b): 8 (u.a. Berufung eines Arabisten).

[99] Im Jahre 1987 wurden zusätzlich noch ein Keilschriftwissenschaftler und eine Altamerikanistin berufen; vgl. Herrmann (1987a): 8.

[100] Die Altorientalistik von Jena wurde durch den dafür zuständigen Sektionsdirektor vertreten. Die Ungleichgewichtigkeit in der Repräsentanz der universitären Altori-

hierin durchaus eine Aufwertung altorientalistischer Forschung im Rahmen der Altertumswissenschaften, zumindest aus dem Blickwinkel des den Rat institutionell und in wesentlichen Teilen auch konzeptionell tragenden ZI AGA.
Grundsätzlich galten für die Arbeit auch dieses Rates die "Richtlinien für die Tätigkeit der Wissenschaftlichen Räte auf dem Gebiet der Gesellschaftswissenschaften". Danach sollten die Räte "als Zentren des wissenschaftlichen Lebens in der DDR" wirken und für "Konzeptionen und Ergebnisse der Forschung zu den im Zentralen Plan festgelegten Themen" als Verteidigungsgremium dienen. Hinzu kamen ihre "inhaltlich koordinierende Tätigkeit und die empfehlende und konsultative Funktion".[101] Im konkreten Fall bedeutete das vor allem die Diskussion und Festlegung jener altertumswissenschaftlichen Projekte, die in den Zentralen Plan aufgenommen werden sollten. Dabei ging es in erster Linie um konzeptionelle Gesichtspunkte sowie um die jeweilige personelle und materielle Absicherung. Darüber hinaus wurden im Rat Informationen über altertumswissenschaftlich relevante Projekte in den Verantwortungsbereichen der AdW, des Ministeriums für Hoch- und Fachschulwesen (MHF) und des Ministeriums für Kultur (MfK) ausgetauscht und über Möglichkeiten der Kooperation beraten. Wichtiges Thema waren auch größere internationale Tagungen, die zumeist im Verantwortungsbereich des ZI AGA in Verbindung mit dem Rat organisiert wurden. Zur konzeptionellen Vorbereitung bildete man wissenschaftliche Komitees, in denen Vertreter altertumswissenschaftlicher bzw. historischer Disziplinen der AdW, der Universitäten und - je nach Notwendigkeit - der Museen saßen. Im Falle von Tagungen zu übergreifenden geschichts- bzw. gesellschaftstheoretischen Fragestellungen gehörten dazu auch Altorientalisten.[102]
In den achtziger Jahren spielten in zunehmendem Maße Fragen der Nachwuchsentwicklung und -förderung in den altertumswissenschaftlichen (und damit auch altorientalistischen) Disziplinen eine Rolle.[103] "Eng verbunden mit der Nachwuchsentwicklung wurde das Schaffen und Erhalten wissenschaftspolitischer und -organisatorischer Bedingungen betont." Angemahnt wurde daher, daß "die

---

entalistik im Rat versuchte man später dadurch auszugleichen, daß die entsprechenden Hochschulvertreter in die Leitung der ab 1981 gebildeten Arbeitsgruppen des Rates einbezogen wurden; vgl. dazu weiter unten.

[101] Zentraler Forschungsplan (1986): 691.

[102] Dies war z.B. der Fall bei den Tagungen "Grundprobleme vorkapitalistischer Gesellschaftsentwicklung. 100 Jahre nach Erscheinen des Werkes von Friedrich Engels 'Der Ursprung der Familie, des Privateigentums und des Staats'" (Dresden 26.-30.11.1984) (vgl. Herrmann (1984d): 11) und "Volksbewegungen und Klassenkämpfe. Triebkräfte früher Gesellschaftsentwicklung" (Berlin 6.-9.12.1988).

[103] Vgl. dazu unten unter 2.6.

zunehmende Schwierigkeit der Literaturbeschaffung, der Kopierkapazitäten und der Reisekaderbestätigung einschließlich der Pflege wissenschaftlicher Kontakte im sozialistischen und nichtsozialistischen Ausland ... dringender Vereinigung der Anstrengungen aller Entscheidungsträger (bedarf), um die internationale Repräsentanz unserer Wissenschaft auch nach 1990 zu sichern".[104] In diesen Fragen bezog man sich nicht zuletzt auf einen entsprechende Überlegungen des AdW-Präsidiums berücksichtigenden Ministerratsbeschluß von 1977 zur Intensivierung der archäologisch-kulturhistorischen Forschungen, der neben der wissenschafts- und kulturpolitischen Begründung diesbezüglicher Aktivitäten das Ziel hatte, "der weiteren Arbeit eine gewisse, im Rahmen des Möglichen erreichbare Kontinuität materieller Ausstattung (zu) geben, größeren Freiraum in der Bibliotheksführung (zu) sichern, Auslandsaktivitäten (zu) erleichtern" und "das Verständnis für die Probleme der Nachwuchsausbildung überinstitutionell (zu) erhöhen".[105]
In regelmäßigen Abständen führte der Wissenschaftliche Rat für Archäologie und Alte Geschichte Fachkonferenzen durch, die Altertumswissenschaftler der AdW, der Universitäten und Museen sowie Vertreter von Verlagen zusammenführten.[106] Außer der Diskussion zu zentralen Planprojekten sowie zu anstehenden Ausbildungs- und Kooperationsfragen auf breiterer Grundlage, als es im Rat selbst möglich war, dienten diese Konferenzen der gegenseitigen Information über disziplinspezifische Projekte und inhaltliche Probleme individueller Arbeitsvorhaben. So wurden auf der 4. (und letzten) Fachkonferenz des Wissenschaftlichen Rates für Archäologie und Alte Geschichte 1987 in Schwerin, die insgesamt ca. 120 Teilnehmer hatte,[107] im Arbeitskreis "Orientalische Kulturen" in Vorbereitung befindliche Qualifikationsschriften (Diss. A und B) aus den Bereichen Vorderasiatische Archäologie und Philologie sowie Ägyptologie vorgestellt, Themen der Syrologie und Äthiopistik behandelt sowie über orientalistische Wissenschaftstraditionen an der AdW, anstehende ägyptologische Arbeiten an der KMU und über Erbe und Tradition arabischer Völker gesprochen.[108]
Gleichfalls in die Verantwortung des Rates fielen Bildung und Tätigkeit der ständigen Arbeitsgruppen, die disziplinspezifisch ausgerichtet und für alle Fachkollegen in der DDR offen waren. Zum Teil handelte es sich dabei um die Fortfüh-

---

[104] Wissenschaftlicher Rat für Archäologie und Alte Geschichte. Kurzprotokoll der Ratstagung am 20./21. März 1989.
[105] Herrmann (1989c): 79; vgl. auch unten unter 2.5.
[106] Vgl. Willing (1991): 233.
[107] Vgl. Herrmann (1987a): 7.
[108] Vgl. Rahmenprogramm der "4. Fachkonferenz des Wissenschaftlichen Rates für Archäologie und Alte Geschichte" vom 10.-12.3.1987 in Schwerin (einschließlich Programmänderungen).

rung bereits bewährter, in regelmäßigen Abständen zusammenkommender Diskussions- und Arbeitskreise, wie dies z.B. bei der Arbeitsgruppe "Neue Forschungen zur Geschichte und Kultur des Alten Ägypten" der Fall war, die - eine ältere Tradition unter S. Morenz aufgreifend - bereits seit 1971 bestanden hatte.[109] Im Jahre 1981 kam es zur Bildung der Arbeitsgruppe "Keilschriftforschung und Vorderasiatische Archäologie"[110] und des "Indologischen Kolloquiums", der ab 1986 die Konstituierung der Arbeitsgruppen "Iranistische Forschungen"[111] und "Turkologische Forschungen" folgte. In diesen Arbeitsgruppen wurden alle Formen disziplinärer Kommunikation und Kooperation gepflegt. Die Spannbreite reichte hier von der Diskussion fachlich spezifischer Themen und Problemstellungen über die Vorstellung von Neuerscheinungen auf dem internationalen Buchmarkt sowie von Forschungsergebnissen in der Philologie und Archäologie, die Diskussion von ersten Ergebnissen im Rahmen der individuellen Qualifizierung, der Entgegennahme von Berichten über Editions- und andere Forschungsvorhaben sowie über Tagungen, Reisen und laufende Arbeiten im Rahmen von Sammlungsbetreuungen bis hin zur Erörterung von vorgelegten Manuskripten in Arbeit befindlicher Publikationen u.a.m. Darüber hinaus wurde die Anwesenheit ausländischer Fachkollegen zur Veranstaltung von Symposien u.ä genutzt.
Nicht in die Kompetenz des Rates fielen die Tagungen der Fachkommission Alte Geschichte der Historiker-Gesellschaft der DDR,[112] jedoch sind sie im vorliegenden Zusammenhang erwähnenswert, weil sie in den achtziger Jahren bewußt darauf ausgerichtet waren, den interdisziplinären Diskurs zwischen den Vertretern der Alten Geschichte, der Klassischen Archäologie und den Fachkollegen altorientalistischer Disziplinen sowie der Altamerikanistik unter ausgewählter Themenstellung zu fördern.[113] Für die zweite Hälfte der achtziger Jahre handelt es sich dabei um folgende Veranstaltungen:

---

[109] Vgl. Blumenthal/Reineke (1983): 570-572; Blumenthal (1985a): 589. Die Leitung der Arbeitsgruppe lag in den Händen einer Ägyptologin aus Leipzig und eines Fachvertreters aus dem ZI AGA.

[110] Vgl. Herrmann (1981b): 8. Geleitet wurde die Arbeitsgruppe von je einem Vertreter der Keilschriftwissenschaften aus der FSU und aus dem ZI AGA.

[111] Vgl. Herrmann (1986a): 8. Die Arbeitsgruppe stand unter der Leitung je eines Iranisten aus dem ZI AGA und der HUB.

[112] Vgl. Willing (1991): 251f.

[113] Erwähnt werden müssen in diesem Zusammenhang auch die regelmäßig in der EAZ veröffentlichten Autorreferate (Diss. A und B) aus den verschiedenen Spezialdisziplinen der Altertumswissenschaften und der Ethnologie sowie die bibliographische Erfassung der Hochschulschriften zur Wirtschaftsgeschichte im JWG.

- Politik und religiöse Ideologie im Alten Orient und in der griechisch-römischen Antike (Stralsund 1986),[114]
- Die soziale Mobilität in der altorientalischen Klassengesellschaft und in der antiken Sklavereigesellschaft (Bad Saarow 1988),[115]
- Politische Herrschaftskonzeptionen und -strukturen im Alten Orient und in der griechisch-römischen Antike (Vietgest 1990).[116]

Eine für 1991 in Aussicht genommene Tagung der Fachkommission Alte Geschichte zum Thema "Tempel und Kult als Zentren sozialer Kommunikation im Alten Orient und in der griechisch-römischen Antike" konnte auf Grund der veränderten wissenschaftspolitischen und institutionellen Rahmenbedingungen nicht mehr stattfinden.
Neben dem Wissenschaftlichen Rat für Archäologie und Alte Geschichte existierte ein "Wissenschaftlicher Beirat für Altertumswissenschaften beim Ministerium für Hoch- und Fachschulwesen", der sich 1975 konstituiert hatte und vor allem für die Lehre im Bereich der Altertumswissenschaften an den Universitäten zuständig war.[117] Obwohl auch Altorientalisten als Beiratsmitglieder fungierten, spielte die Altorientalistik gegenüber der griechisch-römischen Altertumskunde in der Arbeit des Beirates zunächst allerdings eine eher untergeordnete Rolle. Trotzdem wurden im Rahmen des Beirates auch Fragen der Ausbildung in den verschiedenen altorientalistischen Spezialdisziplinen verhandelt, was vor allem gegen Ende der achtziger Jahre Bedeutung erlangte, ohne daß jedoch entsprechende Vorlagen bzw. Beschlüsse in der Praxis noch zum Tragen kamen.[118] An der Arbeit des Beirates wirkten Altorientalisten verschiedener Disziplinen mit, so etwa im Rahmen der Kommission für Orientalische Altertumskunde jeweils ein Vertreter der Keilschriftwissenschaften (FSU), der Ägyptologie, der Indologie (beide HUB), der Koptologie und der Arabistik (beide MLU).[119] Der Vorsitzende des Beirates war Mitglied des Wissenschaftlichen Rates für Archäologie und Alte Geschichte.

---

[114] Vgl. Günther (1986): 133-136.
[115] Vgl. Günther (1988): 191-196.
[116] Vgl. Günther (1990): 117-119.
[117] Vgl. Willing (1991): 170 mit Anm. 23.
[118] Vgl. unten unter 2.6.
[119] Z.B. bei der Erarbeitung einer Stellungnahme zur "Konzeption zur weiteren Entwicklung der Orientalischen Altertumswissenschaften im Hochschulwesen der DDR bis 1995 und darüber hinaus" des MHF aus dem Jahre 1988; s. dazu auch unten unter 2.6.

2.4 Forschungsplanung

Der eingangs erwähnte "Zentrale Forschungsplan der marxistisch-leninistischen Gesellschaftswissenschaften der DDR 1986 bis 1990" mit den "Forschungen zur Geschichte und Kultur der vorkapitalistischen Gesellschaftsformationen" wurde am 18.6.1986 vom Politbüro des ZK der SED bestätigt,[120] nachdem im Frühjahr 1986 der Wissenschaftliche Rat für Archäologie und Alte Geschichte jene Projekte aus dem altertumswissenschaftlichen Bereich, die Eingang in den Z(entralen)-Plan finden sollten, "nochmals geprüft bzw. beraten" hatte.[121] Untersetzt und ergänzt wurde dieser Plan durch ein hierarchisch geordnetes Geflecht von A(kademie-) und M(inister)-Plänen, den bei den Rektoren angesiedelten Universitäts- und den jeweiligen Akademieinstitutsplänen sowie den Plänen der einzelnen Wissenschaftsbereiche. Dazu ist grundsätzlich festzustellen, daß keiner dieser Pläne sämtliche Forschungsvorhaben zu erfassen suchte, sondern die entsprechenden Projekte immer unter bestimmten Gesichtspunkten und Auswahlkriterien als Planbestandteil verzeichnete. Die Ideen für Themen und Projekte fanden in unterschiedlicher Weise Eingang in die Planpapiere, wobei die Anstöße hierzu sowohl von wissenschaftsleitenden Gremien als auch von den Vertretern der einzelnen Wissenschaftsdisziplinen selbst kamen. Den in den Leitungen der Struktureinheiten bis hin zum Rat gefaßten Beschlüssen gingen in der Regel langfristig angelegte Beratungen voraus. Dies alles soll im folgenden beispielhaft an Hand der Forschungsplanung zur Altorientalistik an der AdW nachvollzogen werden.

Der Z-Plan 1986-1990 umfaßte aus dem Bereich altorientalistischer Forschung als einziges Projekt die (kollektive) Erarbeitung und Fertigstellung der Monographie "Kulturgeschichte des Alten Ägypten". Hinzu kamen Projekte, an denen Altorientalisten mehr oder weniger tragend beteiligt waren:

- Jugendlexikon der Archäologie,
- Lehrbuch Geschichte, Klasse 5,
- Klassenkämpfe und Volksbewegungen in vorkapitalistischer Zeit (Tagung).[122]

Daraus wird bereits deutlich, welcher Art die Projekte im Z-Plan waren. Es handelte sich zum einen um Kollektivprojekte, die Einzelwissenschaftler zu Projektgruppen zusammenführten. Zum anderen waren es Projekte, die über die jeweilige Fachdisziplin hinaus geeignet waren, gesellschaftlich im Sinne eines Bildungsauftrages bzw. der weiteren Ausformung eines Geschichtsbildes wirksam zu wer-

---

[120] Vgl. Zentraler Forschungsplan (1986): 681.

[121] Herrmann (1986a): 7.

[122] Angaben nach "Z-Plan- und A-Plan-Projekte des ZI AGA 1986-1990", Vorlage April/Mai 1986.

den. Ausgangspunkt war die Vorstellung, daß - ein wenig vereinfacht gesagt - eine planbare und geplante Wissenschaft bzw. vorausschaubare, weil gesetzmäßige Wissenschaftsentwicklung im Sozialismus strategisch gesellschaftsgestaltend wirken kann und muß, bildungs- und kulturvermittelnde Aspekte eingeschlossen.[123] Damit diente natürlich bereits die Auswahl derartiger Projekte für den Z-Plan auch einer Legitimation der jeweiligen Wissenschaftsdisziplin - hier der Altorientalistik - gegenüber der sie tragenden (und bezahlenden) Gesellschaft.
In der Hierarchie unterhalb des Z-Planes, dessen Erfüllung nach einmal eingegangener Verpflichtung sozusagen per Gesetz vorgeschrieben war, konnten Planung, Planerfüllung und Plankorrekturen flexibel gehandhabt werden. Die entsprechenden Möglichkeiten waren um so größer, je tiefer der Plan in der Hierarchie angesiedelt war. Der für 1986-1990 gültige A-Plan sah unter dem Gesichtspunkt ihrer Fertigstellung (MS 3) folgende altorientalistische Projekte vor:

- The Archaeological Map of Sudan (Faszikel-Ausarbeitung),
- Probleme der Edition und Bearbeitung altorientalischer Handschriften - 75 Jahre Altorientalistik an der AdW (Tagung),
- Handbuch zur Geschichte des vorhellenistischen Syrien.[124]

Die der AdW-Leitung vorgeschlagenen Themen reflektieren jene disziplinären Forschungen, die für die Repräsentation des AdW-Profils von Bedeutung waren und zugleich Außenwirksamkeit erkennen ließen. Auch hier spielte die Forschungslegitimation eine nicht unwesentliche Rolle.
Innerhalb des ZI AGA waren vier Hauptforschungsrichtungen maßgebend, deren Formulierung sich sowohl aus der im Rahmen der Akademie-Reform Ende der sechziger Jahre herausgebildeten Institutsstruktur ergab, zum anderen sich mit den von Beginn an verfolgten geschichts- und gesellschaftstheoretischen Problemstellungen verband. Dabei handelte es sich um:

I. Theoretische und methodologische Probleme der Geschichtswissenschaft und Untersuchungen zum welthistorischen Prozeß,
II. Forschungen zur Kulturgeschichte der Entwicklungsländer in weltgeschichtlich entscheidenden Regionen,
III. Forschungen zur Ur- und Frühgeschichte und Alten Geschichte Europas bis zur Durchsetzung des Feudalismus,
IV. Forschungen zur Erschließung und Aneignung des antiken Kulturerbes.

Im Rahmen dieser Forschungsrichtungen wurden im Prozeß der Forschungsplanung einzelne Arbeitsrichtungen und Projekte formuliert. Die entsprechenden Ar-

---

[123] Vgl. u.a. Kröber/Laitko (1975); Kröber/Laitko (1976); Mocek (1988) (mit Literatur).
[124] Angaben nach "Z-Plan- und A-Plan-Projekte des ZI AGA 1986-1990", Vorlage April/Mai 1986.

beiten der Altorientalistik waren der Hauptforschungsrichtung II. zugeordnet. Die bereits genannten Z- und A-Plan-Projekte eingeschlossen, nahm man für die Zeit von 1986-1990 institutsintern zunächst folgende Arbeitsrichtungen und Forschungsprojekte in Aussicht, die im Verlaufe der Diskussion präzisiert und aus denen dann zur Weitermeldung an die AdW-Leitung Schwerpunktprojekte ausgewählt wurden:

- Die Wechselwirkung von ideologischer und gesellschaftlicher Entwicklung in den Ländern des Alten Orients,
- Untersuchungen zum Alltagsleben der unmittelbaren Produzenten im Alten Orient,
- Kulturgeschichte des Alten Ägypten (Monographie),
- Handbuch zur Geschichte des vorhellenistischen Syrien,
- Archäologische Feldforschungen und Publikation der Ergebnisse (genannt werden entsprechende Aktivitäten im Sudan, in Ägypten sowie im Irak bzw. in Syrien),
- Editionen (bezogen wird sich auf die Edition hethitischer Keilschrifttexte sowie der Berliner Turfantexte, die Edition demotischer Urkunden und hieratischer Papyri sowie auf das Wörterbuch der Ägyptischen Sprache),
- Untersuchungen zur Mathematik im Alten Ägypten.[125]

Die in der Entwurfsvorlage genannten Arbeitsrichtungen und Projekte - auch wenn sie im Detail aus verschiedenen Gründen letztlich nicht in jedem Fall Bestandteil der Planung wurden bzw. zur Ausführung gelangten - deuten bereits das Spektrum der altorientalistischen Forschungen am Bereich Alter Orient des ZI AGA an, in das übergreifende Darstellungen, Feldforschung, Detailstudien und Editionen gehörten. Dabei ist auch zu beachten, daß es sich bei den zuerst genannten Vorhaben "Die Wechselwirkung von ideologischer und gesellschaftlicher Entwicklung in den Ländern des Alten Orients" und "Untersuchungen zum Alltagsleben der unmittelbaren Produzenten im Alten Orient" nicht um Projekte, sondern um Forschungsrichtungen handelte, die Einzelstudien monographischer Art und in Artikelform, Editionen, Vorträge und workshops zu ausgewählten Themen umfaßten.[126]

Themenfindung und Projektplanung im ZI AGA erfolgten in einem Spannungsverhältnis, das durch unterschiedliche Interessenlagen bestimmt wurde. Dabei

---

[125] Angaben nach der Vorlage "Hauptrichtungen der Forschungsarbeit am ZI AGA 1986-1990 und daraus abgeleitete Arbeitsrichtungen und Projekte. Entwurf" (undatiert).

[126] Vgl. hierzu etwa die "Konzeption für die Forschungsrichtung 'Die Wechselwirkung von ideologischer und gesellschaftlicher Entwicklung in den Ländern des Alten Orients' des Bereichs Alter Orient des ZI AGA für die Zeit von 1986 bis 1990", Vorlage für die Sitzung des Rates des ZI AGA am 31.7.1986.

handelt es sich, wie durchaus zu Recht formuliert worden ist, um "Institutsinteressen, d.h. Gesichtspunkte des Institutsprofils insgesamt, disziplinäre Interessen, die z.T. mit denen von Bereichen und Forschungsgruppen identisch sind, persönliche Interessen von Wissenschaftlern, die überwiegend aus sehr genauer Kenntnis von Spezialfragen und Spezialquellen oder speziellen Motivationen, darunter auch zur Selbstexponierung und Eigenprofilierung, erwachsen".[127] Gerade die im Zusammenhang mit den Institutsinteressen, die letztlich den konkreten Ausdruck der bereits angedeuteten wissenschafts- und gesellschaftspolitischen Anforderungen darstellten, initiierten Projekte erzeugten auch im Rahmen der Altorientalistik einen Spannungsbogen, der von Zustimmung bzw. Wohlwollen auf der einen bis zu Skepsis bzw. Ablehnung auf der anderen Seite reichte. Das hatte nicht zuletzt seine Ursache darin, daß es gerade diese Projekte waren, die entweder von außen an das ZI AGA herangetragen wurden, etwa von der Volksbildung, oder von Nachbardisziplinen bzw. institutsleitenden Gremien ins Gespräch gebracht worden sind. Erst im Verlaufe der konkreten konzeptionellen und inhaltlichen Arbeit an den entsprechenden Projekten kam es - dies läßt sich zumindest für die achtziger Jahre sagen - zu Identifikationen mit dem Forschungsgegenstand, was sich je nach Projekt und auch Arbeitsatmosphäre in unterschiedlichem Grad bemerkbar machte, ohne daß je Harmonie erreicht worden wäre.[128]
In diesem Zusammenhang sei auch darauf hingewiesen, daß man mit der Formulierung der Forschungsrichtungen "Die Wechselwirkung von ideologischer und gesellschaftlicher Entwicklung in den Ländern des Alten Orients" und "Untersuchungen zum Alltagsleben der unmittelbaren Produzenten im Alten Orient", die Einzelarbeiten zusammenfaßten, von altorientalistischer Seite versuchte, Ergebnisformen offenzuhalten und nicht dem Drängen seitens der Institutsleitung zur Erarbeitung einer (zu frühen) Synthese nachzugeben. So sollte z.B. hinsichtlich der Forschungsrichtung 'Ideologie und Gesellschaft' "erst zum Abschluß des Arbeitszeitraums ... geprüft werden, ob sich in einem Forschungsbericht die theoretischen und verallgemeinerbaren Ergebnisse der Arbeit der Forschungsrichtung zusammenfassen lassen".[129] Auch wenn in dem übergeordneten Institutsgremium "die Frage einer größeren Abschlußpublikation aufgeworfen" wurde, akzeptierte und bestätigte man doch die Grundlinien der entsprechenden, im Wissenschafts-

---

[127] Herrmann (1989c): 76.

[128] Vgl. in diesem Zusammenhang auch Herrmann (1989d): 135f.

[129] Konzeption für die Forschungsrichtung "Die Wechselwirkung von ideologischer und gesellschaftlicher Entwicklung in den Ländern des Alten Orients" des Bereichs Alter Orient des ZI AGA für die Zeit von 1986 bis 1990", Vorlage für die Sitzung des Rates des ZI AGA am 31.7.1986, 9. Ähnliches wurde für die zweite Forschungsrichtung formuliert.

bereich entstandenen Konzeption für den Zeitraum 1986-1990.[130] Im Verlaufe der Arbeiten im Rahmen der genannten Forschungsrichtung einigte man sich dann, "1989 eine vorbereitende Diskussionsrunde zu organisieren", auf deren Grundlage man daran denken könnte, 1992/93 eine dem Thema und Anliegen der Forschungsrichtung gewidmete Tagung zu veranstalten.[131]

Die in den Forschungsplänen verankerten disziplinären Projekte, also auch die im A-Plan zu findenden, sind als Themenvorschläge im Wissenschaftsbereich selbst entstanden. Sie wurden zusammen mit den übergreifenden Forschungsvorhaben frühzeitig, d.h. im Falle der Z-Plan-Projekte seit 1983,[132] im Rahmen der sog. Plandiskussion beraten und daraufhin von den entsprechenden Institutsgremien bestätigt. Über die erbrachten Forschungsleistungen wurde je nach Planebene berichtet, wobei hier den Z- und A-Planprojekten Priorität zukam.

2.5 Forschungstätigkeit

Für eine Charakterisierung der Forschungstätigkeit im Bereich der Altorientalistik der DDR und der damit in Zusammenhang stehenden Arbeitsthemen und Problemstellungen liegen verschiedene Ergebnisformen vor. Die wichtigsten sind naturgemäß die wissenschaftlichen Monographien und die Beiträge in Zeitschriften und Sammelwerken. Hinzu kommen Forschungsberichte, insbesondere erstellt im Zusammenhang mit Grabungstätigkeit und Feldforschung, Rezensionen, (gedruckte bzw. resümierte) Vorträge, Beiträge in Ausstellungsführern u.a.m. Für individuelle Qualifikationsarbeiten (Diss. A und B), die im Bereich der Universitäten, Museen und der AdW angefertigt wurden,[133] bestand kein Druckzwang, so daß im vorliegenden Zusammenhang auch die lediglich in maschinenschriftlicher Form in den Bestand der Bibliotheken übernommenen Hochschulschriften genannt werden müssen.[134]

Die Veröffentlichung der Forschungsergebnisse erfolgte in den bereits genannten

---

[130] Protokoll der Sitzung des Rates des ZI AGA am 31.7.1986.

[131] Protokoll der Sitzung des Rates des ZI AGA am 28.4.1988.

[132] Vgl. Herrmann (1983): 7.

[133] Neben den Universitäten besaß auch die AdW das Promotionsrecht.

[134] Für den Druck einer Diss. A oder B waren verschiedene Umstände von Bedeutung, zum einen natürlich die Qualität der Arbeit und das Interesse des Autors sowie der für die jeweiligen wissenschaftlichen Reihen zuständigen Herausgeber bzw. Schriftleiter an einer Veröffentlichung, zum anderen aber auch die zur Verfügung stehende Druck- und Papierkapazität. Einige Qualifikationsarbeiten sind auch in Artikelform (zum Teil als Serie) bzw. in Auszügen veröffentlicht worden.

Schriftenreihen und Zeitschriften der DDR, aber auch in Publikationsorganen des Auslandes. Im Zusammenhang mit der Publikationstätigkeit gab es im Verantwortungsbereich des MHF, des MfK und der AdW sog. Publikationsordnungen, die auch entsprechende Genehmigungsverfahren regelten. So waren die wissenschaftlichen Veröffentlichungen innerhalb der DDR von den Leitern der jeweiligen Struktureinheiten, die Auslandsveröffentlichungen in der AdW vom Institutsdirektor und im Bereich der Universitäten von den Direktoraten für Internationale Beziehungen zu genehmigen. Die wichtigsten altorientalistischen Schriftenreihen (SGKAO, Meroitica) und Zeitschriften (AoF, OLZ, ZÄS) der DDR sowie die FuB, zum Teil auf eine lange Tradition zurückblickend, waren international ausgerichtete Publikationsorgane, in denen stets auch ausländische Fachvertreter publizieren konnten und dies auch taten.[135]
Allein schon die in den Periodika und Schriftenreihen zum Ausdruck kommende Internationalität macht deutlich, daß man sich im Rahmen der Altorientalistik am internationalen Forschungsstand orientierte und sich zugleich der internationalen wissenschaftlichen Diskussion und Kritik stellte. Dies zeigen auch die vielfältigen internationalen Kooperations- und Kommunikationsbeziehungen im Bereich der Altorientalistik. Sie reichen von Auslandsgrabungen und der Organisation von internationalen Tagungen und Ausstellungen über die Wahrnehmung von Mitgliedschaften in internationalen wissenschaftlichen Gremien unterschiedlichster Art bis hin zur konkreten disziplinspezifischen Zusammenarbeit im Rahmen der Edition und Bearbeitung von Quellenmaterial (im Besitz der DDR und des Auslandes), der Erstellung von internationalen Fachbibliographien sowie der Ausarbeitung von enzyklopädischen und lexikalischen Werken des Auslandes. Inhaltliche Breite und personeller Umfang der internationalen Kooperation wurden allerdings in starkem Maße durch die seit den siebziger Jahren gültige Reisekaderverordnung beeinträchtigt, die es im Ergebnis nur einem Teil der Wissenschaftler gestattete, beruflich in das westliche Ausland zu reisen und dort an Tagungen bzw. internationalen Unternehmungen teilzunehmen.[136] Neben dieser, auch für die individuelle Motivation und institutionelle Arbeitsatmosphäre schädlichen Vorschrift, verbunden mit offiziell unterschiedlich gehandhabten Kontaktbeschränkungen, erwies sich auch die chronische Devisenknappheit der DDR und damit erst recht der einzelnen wissenschaftlichen Einrichtungen als hinderlich für die Teilnahme der jeweiligen Fachvertreter am internationalen

---

[135] Vgl. z.B. das dem Band 21 (1994) der AoF beigegebene "Gesamtinhaltsverzeichnis der Bände 1 (1974) - 20 (1993)"; ferner FuB Beiheft zu Bd. 25 (1985): Inhaltsverzeichnis der Bände 1 bis 25. 1957-1985; Walravens (1994).

[136] Zur Reisekaderproblematik an der AdW vgl. auch Herrmann (1989c): 84 Anm. 29; Gläser/Meske (1996): 220f. mit Anm. 17.

wissenschaftlichen Leben. Der bereits erwähnte Ministerratsbeschluß von 1977 zur Intensivierung der archäologisch-kulturhistorischen Forschungen brachte hier eine gewisse Entlastung, da zumindest hinsichtlich der Bereitstellung von Devisen (für SW und NSW) - wenn auch in bescheidenem Umfang - eine Kontinuität erreicht wurde. Die in diesem Rahmen zur Verfügung gestellten Mittel konnten aber in keiner Weise den Bedarf decken, so daß man in zunehmendem Maße Kooperationsverträge zwischen den Akademien, zwischenstaatliche Kulturarbeitspläne, Universitätsfreundschaftsverträge sowie institutionell vom Gastgeber finanzierte Einladungen für die materielle Ausgestaltung der Reisetätigkeit von wissenschaftlichen Mitarbeitern der Institute und Einrichtungen in der DDR nutzte.[137] Als Bestandteil der Forschungsarbeit galten auch die populärwissenschaftliche Tätigkeit sowie die Mitwirkung an der Ausarbeitung von Lehrmaterialien für die Hochschulen und für die Volksbildung. Entsprechende Projekte fanden so z.B. auch Eingang in die Forschungspläne. Die Bildungsarbeit im Rahmen der Lehrbuchgestaltung und der breitenwirksamen Popularisierung altertumswissenschaftlicher und altorientalistischer Themen und Probleme durch Bücher, Vorträge und Lexika erfuhr besondere gesellschaftliche Anerkennung und band zudem in zum Teil nicht unbeträchlichem Maße wissenschaftliches Potential.

2.5.1 Disziplinspezifische Forschung in der Einheit von Quellenkunde und interpretatorischer Analyse

Die altorientalistischen Forschungen in der DDR erfolgten entsprechend der Spezifik der einzelnen Fächer nicht selten in enger Verbindung mit der Edition und Bearbeitung unpublizierten inschriftlichen und archäologischen Quellenmaterials. Letzteres war forschungsmäßig vor allem im Bereich der Museen und Sammlungen angesiedelt[138] bzw. ergab sich aus der Grabungstätigkeit im Ori-

[137] Um eine entsprechende Information über die internationale Tagungs- und Kooperationstätigkeit auch über die entsendende wissenschaftliche Einrichtung hinaus zu gewährleisten, wurden Tagungs-, Kongreß- und Forschungsberichte regelmäßig in der EAZ veröffentlicht; vgl. dazu Grünert (1991): 163.

[138] Vgl. an monographischen Editionen für den Zeitraum 1986-1990 Wartke (1990b); Martin (1993) (in den achtziger Jahren begonnen; vgl. jetzt auch Lindemeyer/Martin (1993)). Eine geplante Aufarbeitung der Metallobjekte aus Sendschirli konnte nicht mehr realisiert werden. Am Ägyptischen Museum in Leipzig wurde kontinuierlich an der Erstellung von Bestandskatalogen gearbeitet (vgl. Blumenthal (1985b): 97; (1987): 121; (1988): 106; (1989): 128), von denen der erste Band sich nunmehr im Druck befindet; vgl. ferner Köpstein (1991).

ent[139]. Für die Veröffentlichung (und Auswertung) von in- bzw. handschriftlichen Primärquellen standen den Altorientalisten der DDR wie auch des Auslands mehrere Editionsreihen zur Verfügung. So lag in der Verantwortung des Bereiches Alter Orient am ZI AGA der AdW die kontinuierliche Fortführung des traditionsreichen Editionsunternehmens "Keilschrifturkunden aus Boghazköi" (KUB)[140] und der 1971 begründeten Serie "Berliner Turfantexte" (BTT)[141]. Die Staatlichen Museen zu Berlin hatten gleichfalls 1971 die Veröffentlichung der "Vorderasiatischen Schriftdenkmäler der Staatlichen Museen zu Berlin" (VS) wieder aufgenommen[142] und brachten seit 1978 die "Demotischen Papyri aus den Staatlichen Museen" heraus.[143] Von der FSU wurde die Serie "Texte und Materialien der Frau Professor Hilprecht-Sammlung Vorderasiatischer Altertümer im Eigentum der Friedrich-Schiller-Universität Jena, Neue Folge" (TMH NF) verantwortet.[144] Hinzu kamen weitere Editionen in monographischer Form[145] und in

---

139 Vgl. dazu weiter unten.

140 Seit 1953, damals noch in der Verantwortung des Instituts für Orientforschung, sind 26 Bände erschienen, ab 1970 in Verantwortung des ZI AGA (KUB XXXV-LX). Zwischen 1986 und 1990 erschienen folgende Bände: Klengel (1986a); Archi (1987); Popko (1988); Jakob-Rost (1989); Klengel (1990). Vgl. im vorliegenden Zusammenhang auch Klengel (1982a): 24-27; ders. (1988); ders. (1991): 73-81. Die editorische Verantwortung der AdW für die leihweise in Berlin verwahrten Boğazköy-Texte endete mit deren Rückgabe an die Türkei im Jahre 1987.

141 Seit 1971 sind 18 Bände erschienen; für die Zeit ab 1986 vgl. Cerensodnom/Taube (1993); Sundermann (1992); Zieme (1996); zu den älteren Bänden vgl. Klengel (1986c): 15f. Anm. 10 (zu BTT XIII vgl. jetzt Zieme (1991)). Vgl. im vorliegenden Zusammenhang auch Hazai (1983): 80-84; Raschmann (1995b): 1f.; vgl. auch die bibliographischen Angaben bei Neumann (1991b): 351 Anm. 12 sowie oben Anm. 66. Während bis Band XV das ZI AGA als Herausgeber der Serie fungierte, wurden von 1992-1994 die BTT "Im Auftrage der Kommission zur vorübergehenden Betreuung des Berliner Akademieprojekts 'Turfanforschung' herausgegeben von Prof. Dr. W. Sundermann und Dr. P. Zieme", nunmehr (1995/96) "Herausgegeben von der Kommission Turfanforschung der Berlin-Brandenburgischen Akademie der Wissenschaften: Ronald E. Emmerick, Hans-Joachim Klimkeit, David N. MacKenzie, Semih Tezcan".

142 Seit 1971 sind 11 Bände erschienen (VS XVII-XXVII); für die Zeit nach 1986 vgl. van Dijk (1987); Marzahn (1991a); Veenhof/Klengel-Brandt (1992); Marzahn (1996); vgl. ferner die bibliographischen Angaben bei Neumann (1991b): 351 Anm. 13.

143 Zwischen 1978 und 1993 sind drei Lieferungen erschienen; vgl. Grunert (1991): 25-29, sowie Zauzich (1993). Im Jahre 1992 und 1993 erschienen die ersten beiden Lieferungen der neuen Serie "Hieratische Papyri aus den Staatlichen Museen zu Berlin" (HPB): Luft (1992); Vleeming (1993).

144 Zwischen 1961 und 1976 sind drei Bände erschienen; vgl. Neumann (1991b): 352 Anm. 15 und 17, sowie oben Anm. 70.

zahlreichen Zeitschriftenaufsätzen, wofür im einzelnen auf die jeweiligen internationalen Fachbibliographien verwiesen sei.[146] In den genannten Editionsreihen haben sowohl einheimische Altorientalisten als auch Philologen des Auslandes Texte und Handschriften aus Museen und Sammlungen der DDR ediert.[147] Vor allem bei der Herausgabe von KUB und BTT konnte sich eine fruchtbare internationale Zusammenarbeit entwickeln.[148]

Insbesondere um 1969/70 herum hatte es hinsichtlich der Notwendigkeit von Quellenpublikationen im Rahmen der AdW Diskussionen und zum Teil eine ablehnende Haltung von wissenschaftspolitischer Seite, aber auch von einzelnen Wissenschaftlern gegeben, was in bestimmten Bereichen der AdW zum Abbruch entsprechender Vorhaben und Unternehmungen führte.[149] Im Rahmen der konzeptionellen Diskussionen am ZI AGA sind dagegen editionsunterstützende Überlegungen und Leitlinien formuliert worden, die im Prinzip auch für die Altorientalistik an der AdW bis 1989 galten: "1. Quelleneditionen können und sollen keine Sache an sich sein, betrieben aus isolierten Interessen an Antiquitäten. 2. Quelleneditionen sind unabdingbarer Bestand der Arbeit in den archäologisch-althistorisch-altphilologischen Disziplinen als Basis von weiterführenden Forschungen, Neuansätzen und der Erbeerschließung. 3. Aus den beiden genannten Grundsätzen folgten Bemühungen, Quelleneditionen mit dem Gesamtkomplex der Forschungsplanung des Instituts zu verbinden - mindestens soweit Mitarbeiter des Instituts diese Arbeiten selbst ausführen. Andere Gesichtspunkte hatten die Verpflichtung zur Edition der im Institut verwahrten und erschlossenen Quellen im Rahmen der internationalen Wissenschaftsentwicklung zu beachten und die Effektivität der Editionstätigkeit zu fördern."[150]

---

[145] Vgl. etwa für die achtziger und frühen neunziger Jahre Freydank/Saporetti (1989); Freydank (1994); Burkhardt et al. (1984); Hintze/Reineke (1989); Grunert (im Druck); Sundermann (1990).

[146] Für die Keilschriftforschung vgl. vor allem die jährlich in der Zeitschrift "Orientalia" in Rom erscheinende "Keilschriftbibliographie" (KeiBi); für die Ägyptologie vgl. die Annual Egyptological Bibliography, Leiden; für die Iranistik vgl. Abstracta Iranica, Paris; für die Turkologie und Zentralasienkunde vgl. Hazai/Kellner-Heinkele (1986) und Turkologischer Anzeiger (Turkology Annual), Wien; für die Sinologie vgl. Revue Bibliographique de Sinologie, Paris. Vgl. ansonsten die oben Anm. 9 notierten Bibliographien.

[147] Vgl. dazu Neumann (1991b): 351f. Anm. 14 und 17.

[148] Vgl. Klengel (1986c): 13; vgl. im vorliegenden Zusammenhang auch Sundermann (1989): 8-12.

[149] Vgl. Herrmann (1989c): 74.

[150] Herrmann (1989c): 74f.

Die mit der Bearbeitung von Primärquellen verbundenen speziellen disziplinären Studien philologischer und archäologischer Art wurden durch auswertende und von spezifischen Fragestellungen der Sozial-, Geistes- und Kulturgeschichte ausgehende Untersuchungen ergänzt. Eine 1987 aus Anlaß des 75. Jahrestages der Konstituierung der "Orientalischen Kommission" an der Berliner Akademie veranstaltete Tagung[151] bot Gelegenheit, hinsichtlich der philologisch-editorischen Arbeit Bilanz zu ziehen und zukünftige Aufgaben zu formulieren.[152]

In den achtziger Jahren kam den Untersuchungen zur Kulturgeschichte des Alten Orients eine recht große Bedeutung zu. Zum einen resultierte dies aus den Besonderheiten der Quellenüberlieferung einiger geographischer Bereiche Asiens, zum anderen aus den spezifischen Problemstellungen der Kulturgeschichtsforschung insgesamt, namentlich auf den Gebieten der Literatur-, Kunst- und Religions- bzw. Ideologiegeschichte. Bezogen auf das Altertum, waren entsprechende Synthesen in der DDR in den siebziger Jahren im Rahmen der klassischen Altertumswissenschaften vorgelegt worden,[153] die auch aus wissenschafts- und kulturpolitischer Sicht einen besonderen Stellenwert einnahmen.[154] Dies hatte nicht zuletzt etwas mit der im Rahmen von Geschichts- und Kulturwissenschaft der DDR geführten Diskussion zum Problemkreis "Erbe und Tradition" zu tun,[155] was nicht ohne Wirkung auf die Altertumswissenschaften geblieben ist.[156]

In zunehmendem Maße stellte man sich auch in der Altorientalistik den Herausforderungen kulturhistorischer Problem- und Aufgabenstellungen und den Ergebnissen kulturwissenschaftlicher Forschung,[157] nicht zuletzt, um diese durch spezifische Gesichtspunkte altorientalischer Kulturentwicklung zu bereichern bzw. zu modifizieren. Dabei dachte man zunächst noch nicht an zusammenfassende Darstellungen, sondern eher an Detailstudien. Die Anstöße und Fragen hinsichtlich der Möglichkeit, zur altorientalischen Kulturgeschichte eine Gesamtdarstellung vorzulegen, kamen zunächst aus dem Bereich der klassischen

---

[151] Vgl. Klengel/Sundermann (1989): 174f.

[152] Vgl. Klengel/Sundermann (1991).

[153] Vgl. Müller (Autorenkollektiv) (1977/78).

[154] Vgl. Willing (1991): 222.

[155] Vgl. Neuhäusser-Wespy (1988): 129-153; Meier/Schmidt (1988).

[156] Vgl. Herrmann (1981a).

[157] Dabei ist zu beachten, daß Gegenstand und Methode von Kulturtheorie und Kulturwissenschaft in Fachkreisen nach wie vor in der Diskussion sind. Davon betroffen ist auch die Problematik der Kulturgeschichtsschreibung. Zu Stand und Verlauf der Diskussion vgl. etwa die Sammelbände Hund/Kramer (1978); Held/Schneider (1981), sowie Mühlberg (1983); neuerdings auch Hardtwig/Wehler (1996) und Hübinger (1997). Zu Begriff und Gegenstand der Kulturanthropologie vgl. Harris (1989).

Altertumswissenschaften. In der Diskussion hierzu wurde rasch klar, daß entsprechende zusammenfassende Studien nur für einige ausgewählte geographische und historische Bereiche des Alten Orients möglich waren, was zur Entscheidung führte, derartige Gesamtdarstellungen für das alte Vorderasien sowie für das alte Ägypten zu erarbeiten. Im Oktober 1985 fand in Berlin ein vom ZI AGA und der Sektion Altertumswissenschaften der FSU initiiertes interdisziplinäres Kolloquium zu "Kultur und Gesellschaft. Probleme und Ergebnisse der Kulturgeschichtsschreibung über vorkapitalistische Gesellschaftsformationen" statt. Als Aufgabe des Kolloquiums wurde formuliert, daß es um "eine vergleichende Betrachtung früher Kulturen unter dem Gesichtspunkt der Erfahrungen und theoretisch-methodologischen Erkenntnisse (geht), die bei der Ausarbeitung kulturgeschichtlicher Projekte im umfassenderen Sinn (einschließlich solcher zur Wissenschafts- und Literaturgeschichte) gewonnen wurden. Es geht darum zu zeigen, welchen spezifischen Beitrag eine Reihe von frühen Kulturen zur Geschichte der Weltkultur, d.h. zur Entfaltung der menschlichen Gattungspotenzen und der gesellschaftlichen Individuen als den Trägern dieser Gattungspotenzen geleistet" hat[158].

Die beiden orientalistischen Kulturgeschichtsmonographien waren Bestandteil von Z-Plänen[159] und führten im Verlauf der inhaltlichen Diskussion, die in Veranstaltungen des Bereichs Alter Orient am ZI AGA und in Beratungen der disziplinären Arbeitsgruppen des Rates für Archäologie und Alte Geschichte stattfand, sowie im Rahmen der Textausarbeitung und -zusammenstellung Altorientalisten der AdW, der Universitäten und der Museen als Autoren und Konsultanten zusammen.[160] Im Ergebnis sind integrierte Darstellungen zur Kulturgeschichte des alten Vorderasien und Ägypten entstanden, in denen es neben der Beschreibung kulturgeschichtlicher Phänomene auch darum ging, den Zusam-

---

[158] R. Müller - E. Kluwe, Konzeption für das interdisziplinäre Kolloquium "Kultur und Gesellschaft. Probleme und Ergebnisse der Kulturgeschichtsschreibung über vorkapitalistische Gesellschaftsformationen" (undatiert).

[159] Vorderasien für die Zeit 1981-1985 und Ägypten im Planzeitraum 1986-1990.

[160] Autoren und Mitarbeiter waren a) bei der Kulturgeschichte des alten Vorderasien (Autorenkollektiv unter Leitung von H. Klengel): K.-H. Bernhardt (HUB), B. Brentjes (MLU), H. Freydank (ZI AGA), L. Jakob-Rost, E. Klengel-Brandt (beide Staatliche Museen zu Berlin), H. Klengel (ZI AGA), J. Marzahn (Staatliche Museen zu Berlin), H. Neumann (ZI AGA), J. Oelsner (FSU), R.-B. Wartke (Staatliche Museen zu Berlin); b) bei der Kulturgeschichte des alten Ägypten (Autorenkollektiv unter Leitung von W.F. Reineke): E. Blumenthal (KMU), A. Burkhardt (ZI AGA), E. Endesfelder (HUB), E. Freier (ZI AGA), S. Grunert (ZI AGA), I. Hafemann (ZI AGA), J. Hallof (HUB), A. Onasch (KMU), W.F. Reineke (ZI AGA), G. Rühlmann (MLU).

menhang zwischen den jeweiligen sozialökonomischen Bedingungen und den sich vollziehenden kulturellen Entwicklungsprozessen in seiner Komplexität zu erfassen und zu verdeutlichen. Zur Veröffentlichung ist allerdings nur die "Kulturgeschichte des alten Vorderasien" gelangt,[161] während das 1989 im Rahmen des Rates verteidigte und dem Akademie-Verlag übergebene Manuskript der "Kulturgeschichte des alten Ägypten" durch veränderte Verlagsbedingungen nicht mehr gedruckt wurde. Dasselbe Schicksal ereilte den Sammelband "Probleme von Schrifttum und Gesellschaft in altasiatischen Kulturen", der ebenfalls Ende der achtziger Jahre fertiggestellt und für die Schriftenreihe SGKAO vorgesehen war.[162] Bei den hier vereinigten Studien ging es "vorrangig um die Frage, in welcher Weise der Charakter bestimmter literarischer Genres durch den Zweck, dem sie im gesellschaftlichen Leben zu dienen hatten, geprägt wurde, und in welcher Weise sowohl Elemente der jeweiligen kulturellen Tradition als auch konkrete gesellschaftliche und zeitbedingte Gegebenheiten in diesem Prozeß der Entwicklung der Gattungen wirksam wurden".[163]

Im November 1989 fand in Dresden eine von Ethnologen und Sinologen des Völkerkundemuseums Dresden und der HUB gemeinsam veranstaltete Tagung zur "Kulturgeschichte Chinas" statt,[164] die disziplinäre Beiträge zu kulturgeschichtlichen Phänomenen Chinas und entsprechenden wissenschaftsgeschichtlichen Implikationen mit einer Studie zur Problematik der auf Ostasien bezogenen Kulturgeschichtsschreibung verband[165].

Wissenschaftshistorische Forschungen wurden in den achtziger Jahren u.a. im Zusammenhang mit der Würdigung von Karl Richard Lepsius, dem Begründer der deutschsprachigen Ägyptologie, durchgeführt. Die aus Anlaß seines 100. Todestages 1984 veranstaltete Tagung[166] sowie die damit in Verbindung stehenden Publikationen[167] erbrachten neue Erkenntnisse zur Geschichte der Ägyptologie und ließen zugleich deutlich werden, daß die Beschäftigung mit der Wissenschaftsgeschichte wichtige Impulse für die weitere Forschung auf dem entsprechenden Fachgebiet zu geben vermag. Dies zeigen auch jene Arbeiten, die sich

---

[161] Klengel (Autorenkollektiv) (1989).

[162] Geplant als: T. Thilo (Hg.), Probleme von Schrifttum und Gesellschaft in altasiatischen Kulturen. Studien zu gesellschaftlichen Aspekten der Literatur im alten Iran, in Zentralasien, Indien und China.

[163] Umschlagwerbetext von SGKAO 22 (1990). Zu einem Beitrag daraus vgl. jetzt Zieme (1992b).

[164] Vgl. Bräutigam/Lau (1992).

[165] Bräutigam (1992): 9-16.

[166] Vgl. Hallof (1985): 745f.; Freier/Reineke (1988).

[167] Vgl. Neumann (1991b): 355 Anm. 31.

zur Geschichte (alt)orientalistischer Wissenschaftseinrichtungen in Berlin,[168] Leipzig,[169] Halle/S.[170] und Jena[171] äußern. Auch die Würdigung anderer herausragender Orientalisten bot wie im Falle von K.R. Lepsius Gelegenheit, hinsichtlich der Wissenschaftsgeschichte neues Material vorzustellen und für die weitere disziplinäre Forschungstätigkeit anregende Gedanken zu vermitteln.[172] Darüber hinaus spielte die in den siebziger und achtziger Jahren zunehmende disziplinäre Traditionspflege eine nicht unwesentliche Rolle bei der Legitimation des jeweiligen Faches gegenüber wissenschaftsleitenden Einrichtungen sowie im Rahmen der Popularisierung der Altorientalistik.

Die Forschungen zur historischen und gesellschaftlichen Entwicklung im Alten Orient orientierten sich sowohl an disziplin- und regionalspezifischen Erfordernissen als auch an übergreifenden Problemstellungen, wie sie für die Geschichtswissenschaft der DDR insgesamt Gültigkeit besaßen. So wurden in verschiedenen Arbeiten Untersuchungen zum Verhältnis zwischen Produktivkraftentwicklung und gesellschaftlichem Fortschritt im Alten Orient angestellt. Davon ausgehend, daß sich die Entwicklung der Gesellschaft in ständiger Auseinandersetzung des Menschen mit seiner natürlichen Umwelt im Prozeß der Arbeit vollzog, behandelte man das Problem der Wirkung natürlicher Umweltbedingungen auf die Produktivkraftentwicklung sowie auf die damit in Zusammenhang stehenden gesellschaftlichen Entwicklungsprozesse. Klimatische Verhältnisse, Wasserhaushalt und Bodenbeschaffenheit waren natürliche Voraussetzung und Bedingung für Produktion und Reproduktion. Die Einführung des Bewässerungsbodenbaus sowie seine Rolle im Prozeß der Formierung und Entwicklung sozial differenzierter Gesellschaften im Alten Orient, die Verwendung von Geräten aus Bronze und Eisen in der landwirtschaftlichen Produktion sowie die qualitative Verbesserung des Geräteinventars waren Schwerpunktthemen im Rahmen der entsprechenden Forschungen in den achtziger Jahren.[173]

---

168 Vgl. zur Altorientalistik an der AdW Klengel (1987): 25-27, sowie oben Anm. 140f.; vgl. im vorliegenden Zusammenhang auch Kirsten (1985). Zur HUB vgl. Endesfelder (1988b); dies. (1990): 105-117; Morgenroth (1988): 706-720; Bernhardt (1985): 527-532.

169 Vgl. Progressive Traditionen (1979) sowie oben Anm. 41; vgl. ferner Blumenthal (1990): 95-104.

170 Vgl. Brentjes (1977): 131-138; ders. (1981d): 5-18; Brentjes/Peuke (1987); Brentjes (1985-1988): 101-169; ders. (1988d): 108-113.

171 Vgl. Oelsner (1985a): 46-53; ders. (1991): 58-65.

172 Vgl. Neumann (1991b): 356 Anm. 37 (mit Nachtrag: 370).

173 Vgl. die bibliographischen Nachweise Neumann (1991b): 357f. Anm. 39f.

Die Herausbildung von Klassengesellschaft und Staat ist speziell an Hand des Materials aus Vorderasien, Ägypten, Indien und China untersucht worden, wobei auch Fragen der sog. militärischen Demokratie im Prozeß des Übergangs zu einer neuen gesellschaftlichen Qualität eine Rolle spielten.[174] Behandelt wurden ferner Probleme der politischen Geschichte und der Chronologie des alten Vorderasien, Nubiens, Mittel- und Zentralasiens und des alten Indien.[175] In einer Reihe von Studien ging man dem Problem Krieg und Frieden sowie der sich in den Quellen artikulierenden Friedenssehnsucht im Alten Orient nach.[176]
Die in den achtziger Jahren publizierten Beiträge zur Wirtschafts- und Sozialgeschichte des Alten Orients waren häufig Grundproblemen der gesellschaftlichen Entwicklung gewidmet und auf einen Erkenntnisgewinn hinsichtlich der politischen, ökonomischen und sozialen Strukturen im orientalischen Altertum und frühen Mittelalter gerichtet. Quellengrundlage bildeten hier zumeist überlieferte Wirtschafts- und Rechtsurkunden, aber auch Rechtssammlungen, Inschriften, literarische und religiöse Texte sowie archäologische Zeugnisse. In bezug auf den zentralasiatischen Raum wandte man sich in den letzten Jahren verstärkt den uigurischen Dokumenten aus Turfan zu, was zu einer Reihe von Studien zu den sozialökonomischen Verhältnissen bei den frühen Uiguren führte. Probleme der Sozialstruktur waren Gegenstand von Arbeiten zur Frühgeschichte Alt-Israels und Nordwest-Indiens. Weitere Beiträge hatten die gesellschaftlichen Verhältnisse in Vorderasien zur Chaldäer- und Achämenidenzeit zum Inhalt. Im Rahmen einer breit und interdisziplinär angelegten Studie zu sozialen Typenbegriffen im alten Griechenland wurde dem Vorkommen sozialer Gruppen- und Typenbezeichnungen griechischen Ursprungs in der altiranischen Überlieferung nachgegangen.[177]
Untersuchungen wirtschaftsgeschichtlicher Art zu den Ländern des Alten Orients fanden ihren Niederschlag in einer allgemeinen Charakterisierung sozialökonomischer Zusammenhänge im Rahmen des "Handbuchs Wirtschaftsgeschichte".[178] Ausgewählten Problemen der ökonomischen Entwicklung waren darüber hinaus Arbeiten zum alten Vorderasien, Ägypten und zu Zentralasien gewidmet, wobei hier dem Handel und den Warenäquivalenten ein besonderer Stellenwert einge-

---

174 Vgl. Neumann (1991b): 358 Anm. 42-46.

175 Vgl. Neumann (1991b): 358-360 Anm. 47-56 (mit Nachtrag: 370), sowie Klengel (1992). Vgl. ferner Ratchnevsky (1983) (zur Publikationsgeschichte dieses Buches vgl. Barkmann (1994): 607).

176 Vgl. Neumann (1991b): 360 Anm. 57.

177 Vgl. Neumann (1991b): 361f. Anm. 63-69 (mit Nachtrag: 370).

178 Vgl. Handbuch Wirtschaftsgeschichte (1981); im einzelnen vgl. dazu die Angaben bei Neumann (1991b): 362 Anm. 70.

räumt wurde.[179] Der Warenaustausch im Rahmen eines ausgedehnten Fernhandels führte auch zum verstärkten Kontakt mit "Fremden" bzw. Ausländern, was gleichfalls untersucht wurde.[180] Ein noch in den achtziger Jahren geplanter und konzipierter Studienband im Rahmen des Periodikums JWG zum Handel in Vorderasien im Altertum und Mittelalter mit dem Ziel der "Sammlung von Materialien für eine Wirtschaftsgeschichte des Orients in seiner Vielfalt" konnte als selbständige Publikation zwar nicht mehr realisiert werden, jedoch sind die dafür vorgesehenen Beiträge 1993 in den Zeitschriften AoF und aala erschienen.[181]

Die Entwicklung des Bodeneigentums wurde für verschiedene Regionen des Alten Orients untersucht. So war dem Grundeigentum in Mesopotamien ein eigener Sammelband gewidmet, dessen Beiträge die Entwicklung der Eigentumsformen vom 3. Jt. v. Chr. bis in islamische Zeit nachzeichneten. Dabei ging es sowohl um die Charakterisierung des Verhältnisses zwischen institutionellem und individuellem Privateigentum in den jeweiligen Gesellschaften als auch um die konkreten Formen, in denen Bodeneigentum sich ökonomisch realisierte und juristisch seinen Ausdruck fand.[182] Ausgehend von einem Rechtsbuch und Urkunden der Ptolemäerzeit[183], wurden Untersuchungen zu den Eigentumsverhältnissen im alten Ägypten angestellt.[184] Eigentumsformen und Landvergabe im kassitischen Babylonien, in Indien und China waren Gegenstand weiterer Arbeiten.[185]

Im Rahmen von Untersuchungen zu den sozialökonomischen Verhältnissen in den Ländern des Alten Orients kam der Frage nach der Entwicklung städtischer Zentren und ihrer Beziehung zu den Dorfgemeinden besondere Bedeutung zu. Auf Grund der Quellenlage im Hinblick auf die inschriftliche und archäologische Überlieferung ließen sich soziale und ökonomische Strukturen jedoch häufig nur für den städtischen Bereich erfassen.[186]

Das Problem der sozialen Differenzierung sowie die jeweiligen Herrschafts-, Ausbeutungs- und Abhängigkeitsverhältnisse nahmen in den historisch orientierten Arbeiten der Altorientalisten der DDR von jeher einen breiten Raum ein.

---

[179] Vgl. Neumann (1991b): 362f. Anm. 71-73 (mit Nachtrag: 370). Vgl. auch die auf eine noch in den achtziger Jahren begonnene Dissertation zurückgehende Arbeit von Raschmann (1995a).

[180] Vgl. Neumann (1991b): 363 Anm. 74.

[181] Vgl. die Bemerkungen von Brentjes (1993c): 20.

[182] JWG/Sonderband (1988); zu den Beiträgen im einzelnen vgl. Neumann (1991b): 363 Anm. 76.

[183] Vgl. Grunert (1982).

[184] Vgl. die bibliographischen Angaben bei Neumann (1991b): 363f. Anm. 77f.

[185] Vgl. Neumann (1991b): 364 Anm. 79-81, sowie Lau (1993): 212-226.

[186] Vgl. Neumann (1991b): 364f. Anm. 83f.

Im Rahmen eines Kolloquiums jüngerer Wissenschaftler zu diesem Themenkreis[187] wurden 1987 u.a. Fragen der Herausbildung und Entwicklung von Klassen im alten Mesopotamien, Probleme der Klassenentstehung und der Arbeitspflicht im alten Ägypten, die Ständeordnung in Indien sowie die Rolle der Sklaverei im alten Japan und im uigurischen Königreich von Qočo diskutiert.[188] Auch wenn die Sklaven zu keiner Zeit im Alten Orient die Hauptklasse der Produzenten bildeten und sie nur eine untergeordnete Rolle in der Sphäre der landwirtschaftlichen und handwerklichen Produktion spielten, waren sie doch ein nicht unwichtiger Teil des sozialen Spektrums altorientalischer Gesellschaften, wie die Untersuchungen zur sozialen und rechtlichen Situation von Sklaven in Mesopotamien, Indien und China zeigen.[189] Vorherrschend war die Ausbeutung juristisch freier, ökonomisch jedoch in unterschiedlichem Maße abhängiger Personen. Sie waren zu Abgaben und Dienstleistungen verpflichtet, wobei es auch hier im einzelnen Unterschiede hinsichtlich der sozialen Position Dienstverpflichteter zu beachten gilt. Die Abhängigkeitsverhältnisse, das Problem der Arbeitspflicht sowie der Charakter der Arbeit von Freien im alten Mesopotamien, Ägypten, Südarabien, Indien und China waren Gegenstand mehrerer Beiträge.[190] Spezielle Untersuchungen galten den in der handwerklichen Produktion in Mesopotamien gegen Ende des 3. Jt. v. Chr. und in Ägypten zur Zeit des Neuen Reiches sowie im China der Song-Dynastie eingesetzten Arbeitskräften.[191] Eine Reihe von Studien war dem Varna-System und der Varna-Theorie, d.h. der Problematik der altindischen Ständeordnung gewidmet.[192] Behandelt wurden auch Zeugnisse sozialer und politischer Auseinandersetzungen im vorhellenistischen Syrien, im alten Indien und in China.[193]

An Untersuchungen zu Rolle und Struktur herrschender Klassen und Schichten erschienen von ägyptologischer und meroitistischer sowie von iranistischer und turkologischer Seite Arbeiten zum Königtum und zur Königsideologie sowie zu Herrschertitulaturen. Politische Machtausübung im Alten Orient war eng mit der

[187] Vgl. Lindemeyer (1989b): 739.

[188] Vgl. die zweibändige Tagungspublikation: Ausprägung und Entwicklung (1988); zu den Einzelheiten vgl. Neumann (1991b): 365 Anm. 86-89.

[189] Vgl. Neumann (1991b): 365 Anm. 90-92.

[190] Vgl. Neumann (1991b): 365f. Anm. 93. Vgl. darüber hinaus Hafemann (1990).

[191] Vgl. die Angaben bei Neumann (1991b): 366 Anm. 94. Die ebenda zitierte mehrteilige Studie von F. Steinmann fand ihre Fortsetzung in ZÄS 118 (1991) 149-161. Die Arbeit von H. Neumann zum neusumerischen Handwerk ist 1993 in zweiter, erweiterter Auflage erschienen.

[192] Vgl. Neumann (1991b): 366 Anm. 95.

[193] Vgl. Neumann (1991b): 366 Anm. 96.

Formierung und Entwicklung einer dem König verpflichteten Beamtenschaft verbunden. In einigen Studien wurden Struktur, Rolle und Funktion von Beamten und Priestern im alten Ägypten, Meroe und China untersucht.[194]
Eine Vielzahl von Arbeiten beschäftigte sich mit Fragen der Ideologie, Religion, Literatur, Wissenschaft und anderen Aspekten des gesellschaftlichen Überbaus und der Kulturgeschichte, was hier nur angedeutet werden kann.[195] Neben dem Zusammenhang zwischen Religion und Politik im alten Vorderasien waren vor allem die verschiedenen religiösen Systeme in den Ländern des Alten Orients Gegenstand von Einzeluntersuchungen.[196] Die Herausbildung und Entwicklung philosophischen Denkens lassen sich insbesondere für den süd- und ostasiatischen Raum genauer erfassen und wurden von indologischer, sinologischer und japanologischer Seite untersucht.[197] Darüber hinaus stellte man Betrachtungen zum Problem der Sozialtheorien und -lehren im alten Indien, China und Iran an.[198] Mehrere Studien befaßten sich mit den Anfängen und der Entwicklung des wissenschaftlichen Denkens und der Wissenschaften im Alten Orient, wobei hier insbesondere auf mathematik- und medizingeschichtliche Arbeiten zu verweisen ist.[199] Weitere Untersuchungen hatten die Geschichtsschreibung im alten Vorderasien, Iran, in Indien und China sowie Probleme der altorientalischen Literatur- und Schriftgeschichte zum Gegenstand.[200] Darüber hinaus wurden rechtliche Vorstellungen und Praktiken, juristische Systeme sowie Probleme der Rechtskodifizierung im alten Vorderasien, Ägypten, Indien, China und bei den Mongolen untersucht.[201]
Die Beschäftigung mit den verschiedenen Aspekten altorientalischer Geschichte, Kultur und Sprachen hatte wesentlich mit den Spezialisierungen der jeweiligen Fachvertreter zu tun, resultierte aber auch aus den unterschiedlichen Wissenschaftstraditionen in den einzelnen Einrichtungen sowie dem Charakter der jeweils zur Verfügung stehenden Quellen. So bildeten z.B. literatur-, sprach- und religionsgeschichtliche Probleme Zentralasiens und des alten Iran den Forschungsschwerpunkt der mit den Turfantexten befaßten Wissenschaftler. Literatur- und Religionsgeschichte des alten Ägypten sowie die Keilschriftrechtsgeschichte wur-

---

194 Vgl. Neumann (1991b): 366f. Anm. 97-99.

195 Vgl. im vorliegenden Zusammenhang vor allem die oben Anm. 9 und 146 genannten Bibliographien sowie die entsprechenden Einträge in den MAGA.

196 Vgl. die Angaben bei Neumann (1991b): 367 Anm. 100f.

197 Vgl. Neumann (1991b): 368 Anm. 102, sowie Göhler (1989); Graff (1990); vgl. auch unten mit Anm. 310f.

198 Vgl. Neumann (1991b): 368 Anm. 103.

199 Vgl. Neumann (1991b): 368f. Anm. 104f. (mit Nachtrag: 370).

200 Vgl. Neumann (1991b): 369 Anm. 106-108.

201 Vgl. Neumann (1991b): 369f. Anm. 109-112, sowie Ratchnevsky (1987): 64-110.

den vor allem an der KMU betrieben, wo man diesbezüglich auf eine lange Tradition zurückblicken konnte. Die Meroitistik und Sudanarchäologie waren dagegen vor allem an der HUB[202] (und am ZI AGA sowie an den Staatlichen Museen zu Berlin) angesiedelt. Untersuchungen zur politischen und sozialen Geschichte des alten Vorderasien, Mathematikgeschichte des alten Ägypten, Forschungen im Rahmen der Demotistik und ägyptischen Rechtsgeschichte bildeten u.a. wichtige Schwerpunkte der Arbeit am ZI AGA der AdW. Indische und chinesische Geistesgeschichte wurde an der KMU, MLU und an der AdW betrieben. Archäologische und kunsthistorische Studien verbanden sich vor allem mit den verschiedenen Museen und Sammlungen und waren darüber hinaus Gegenstand der Forschungsarbeit am ZI AGA[203] und am Bereich Orientalische Archäologie der MLU[204].

Im Rahmen der letztgenannten Einrichtung fand in den achtziger Jahren eine Reihe von zum Teil international angelegten Tagungen und Kolloquien zu unterschiedlichen orientalistischen und wissenschaftsgeschichtlichen Themen statt,[205] die vor allem unter dem Gesichtspunkt einer angestrebten Interdisziplinarität und teilweisen Gegenwartsbezogenheit von Interesse sind. In Anlehnung an die Lehrgebiete des Wissenschaftsbereiches wurden z.B. Tagungen zur Textilkunst im Orient und in Europa,[206] zur orientalischen Malerei,[207] zu Geschichte und Kultur der Kaukasusregion sowie der damit verbundenen Wissenschaftstradition,[208] zu Dorfgemeinde und Stadt in Asien,[209] zur orientalischen Architektur,[210] zum Indienbild in der DDR,[211] zu kulturhistorischen Problemen Süd- und Zentralasiens,[212] zur Orienttheorie bei K. Marx und F. Engels,[213] zur Geschichte Mittelasiens seit 1917,[214] zu Volkskultur und Volkskunst im Orient,[215] zu Geschichte,

---

[202] Vgl. in diesem Zusammenhang auch folgende Qualifikationsarbeiten: Apelt (1985); Hallof (1986); Wolf (1990).

[203] Vgl. u.a. folg. Qualifikationsarbeiten: Voos (1988); Lindemeyer (1989a); Martin (1993).

[204] Vgl. in diesem Zusammenhang u.a. folgende Qualifikationsarbeiten (1986-1990 begonnen und jetzt vorliegend): Mode, M. (1991); Stoof (1992). Vgl. auch unten unter 2.5.3.

[205] Vgl. auch die vom Wissenschaftsbereich Geschichte, Sprachen und Kultur des Vorderen Orients veranstalteten Koptologischen Arbeitstagungen; zur VI. Arbeitskonferenz (April 1988) vgl. Nagel (1990).

[206] Vgl. Brentjes (1981c).

[207] Vgl. Rührdanz (1982).

[208] Vgl. Brentjes (1982c).

[209] Vgl. Brentjes (1982a).

[210] Vgl. Brentjes (1983f).

[211] Vgl. Peuke (1983).

[212] Vgl. Brentjes/Peuke (1984).

[213] Vgl. Brentjes (1984c).

[214] Vgl. Brentjes (1985).

Kunst und Kultur der Juden,[216] zur Verfolgung und Ausrottung der slawischen Intelligenz in der Nazi-Zeit,[217] zur islamischen Kunst in Museen und Sammlungen der DDR[218] sowie zu Archäologie und Klimakunde[219] durchgeführt.
Feldforschung und Grabungen im Orient waren auf Grund der Devisenknappheit nur in beschränktem Umfang möglich. Auch die durch den Ministerratsbeschluß zur Intensivierung der archäologisch-kulturhistorischen Forschungen bereitgestellten Mittel konnten in keiner Weise den entsprechenden Bedarf decken, so daß etwa an selbstfinanzierte eigene Forschungsgrabungen in den orientalischen Ländern nicht zu denken war. Allerdings ergaben sich hier seit den ausgehenden siebziger Jahren relativ günstige Möglichkeiten durch die international ausgeschriebenen Rettungsgrabungen im Bereich zukünftiger Stauseegebiete im Irak und in Syrien, da durch die jeweiligen Altertümerverwaltungen eine entsprechende Mitwirkung hinsichtlich der materiellen Sicherstellung der Grabungen vor Ort gewährleistet wurde. So wirkten 1979/80 und 1981/82 Archäologen aus der DDR an den Rettungsgrabungen im Gebiet des Hamrin-Staubeckens[220] und in der Haditha-Region[221] in der Republik Irak mit. An den im Auftrag des Wissenschaftlichen Rates für Archäologie und Alte Geschichte durchgeführten Grabungen waren das Vorderasiatische Museum der Staatlichen Museen zu Berlin, das ZI AGA der AdW und der Wissenschaftsbereich Orientalische Archäologie der MLU beteiligt. Von 1987-1990 konnte eine gemeinsame Ausgrabung des ZI AGA, der Staatlichen Museen zu Berlin und der Generaldirektion der Altertümer und Museen der SAR im oberen Haburgebiet in Nordostsyrien realisiert werden.[222] Auf der Grundlage des zwischen der DDR und der AR Ägypten bestehenden Kulturarbeitsplanes beteiligten sich von 1979-1990 Ägyptologen des ZI AGA an den Ausgrabungen der Universität Zagazig in Tell Basta (Bubastis).[223] Mitarbeiter des Wissenschaftsbereiches Orientalische Archäologie der MLU konnten zwischen 1986 und 1990 mehrfach an sowjetischen archäologischen Expeditionen in Tadshikistan mitwirken.[224] Im Rahmen des UNESCO-Projekts

---

215 Vgl. Brentjes/Mode (1986).

216 Juden in Halle (1988). Vgl. in diesem Zusammenhang jetzt auch Budde/Lewy (1994).

217 Vgl. Brentjes (1992).

218 Vgl. Rührdanz (1990).

219 Die Ergebnisse der 1988 durchgeführten interdisziplinären und internationalen Tagung wurden nicht publiziert.

220 Vgl. Jakob-Rost et al. (1982): 62-95.

221 Vgl. Jakob-Rost et al. (1984): 45-53.

222 Vgl. Martin/Tietze (1992): 247-258; Martin/Wartke (1993/94): 200-215.

223 Vgl. Bakr (1992).

224 Vgl. Brentjes (1987c): 92.

"Seidenstraße" nahm 1990 eine Turkologin des ZI AGA an einer internationalen wissenschaftlichen Expedition entlang der alten Seidenstraße in der VR China teil.[225] Die Aktivitäten des am ZI AGA tätigen Architekten in der DR Sudan, die eine lange Tradition hatten,[226] wurden in der zweiten Hälfte der achtziger Jahre kontinuierlich fortgeführt, insbesondere was die Restaurierungs- und Rekonstruktionsarbeiten an den Pyramiden von Meroe (seit 1976) und damit im Zusammenhang stehende Forschungen betrifft.[227] In letzterem Falle handelt es sich auch um die weitere Ausarbeitung der "Archaeological Map of the Sudan"[228] und um Untersuchungen zu den Wasserbauten (Hafiren) im alten Sudan[229].

2.5.2 Arbeiten im Rahmen übergreifender geschichts- und gesellschaftstheoretischer Fragestellungen

Die "Einheit von Untersuchungen zu theoretisch-methodischen Grundfragen und spezifischen Einzelforschungen, Quellenanalysen und Editionen usw."[230] stellten ein konstitutives Element der Bildung und Entwicklung des ZI AGA seit 1969 dar. Dies zeigt sich bereits mit dem vom ZI verantworteten Projekt der Altertumswissenschaften im Z-Plan 1971-1975, dem Abriß "Weltgeschichte bis zur Herausbildung des Feudalismus".[231] Grundlage dieser und anderer Darstellungen mit universalhistorischer Orientierung war die insbesondere mit den theoretischen Arbeiten von K. Marx verbundene Auffassung von einer Dialektik des Geschichtsprozesses, die sich konkret in der Abfolge von sozialökonomischen Gesellschaftsformationen zeigt, jeweils charakterisiert durch spezifische Produktionsweisen.[232] War die Dialektik des Geschichtsprozesses als solche in der marxistischen Historiographie der DDR unbestritten, so bestand hinsichtlich der konkreten sozialökonomischen Ausformung geschichtlicher Epochen und ihrer

---

225 Vgl. Raschmann (1991): 101-104.

226 Vgl. Hinkel (1976): 179-185; ders. (1978a).

227 Vgl. die Kurzberichte Herrmann (1986b): 17; (1987b): 19; (1988a): 15; (1989b): 23; sowie Hinkel (1978b): 131-136; ders. (1980): 27-33.

228 Zur Anlage des Projekts vgl. Hinkel (1977).

229 Vgl. Hinkel (1990): 29-36; dies. (1991): 32-48.

230 Herrmann (1989c): 73.

231 Zu den gesellschafts- und wissenschaftspol. Implikationen vgl. Willing (1991): 175f., 220f.

232 Vgl. Engelberg/Küttler (1978); Ökonomische Gesellschaftsformationen (1981); Eichhorn/Bauer (1983). Vgl. im vorliegenden Zusammenhang auch die bei Neumann (1991b): 348-350 Anm. 7f. notierten Arbeiten sowie den Studienband Historiographiegeschichte (1991). Vgl. ferner Heydemann (1988): 299-304; Küttler (1994a): 8-20.

Stellung im Rahmen historischer Entwicklungsprozesse, ja sogar hinsichtlich der Möglichkeit der Definition von bestimmten Geschichtssperioden als Gesellschaftsformationen keine einheitliche Meinung. Dies wird insbesondere an Hand der gegen Ende der sechziger und zu Beginn der siebziger Jahre vor allem in der EAZ geführten Debatte von Orientalisten, Ethnologen, Prähistorikern, Mediävisten und Allgemeinhistorikern zur Geschichtsperiodisierung deutlich.[233]
In dem 1977 erschienenen Abriß "Weltgeschichte bis zur Herausbildung des Feudalismus"[234], an dem auch Altorientalisten des ZI AGA und der FSU als Autoren mitwirkten,[235] ging man "vom eigenständigen Charakter der altorientalischen Klassengesellschaft und der übrigen präkapitalistischen Formationen" aus, womit "sich für die Autoren des vorliegenden Werkes eine Periodisierung der alten Geschichte in Urgemeinschaftsordnung, altorientalische Klassengesellschaft, Sklavereiordnung und Feudalismus (ergab)".[236] Das der (zum Teil auch außerhalb Asiens anzunehmenden)[237] "altorientalischen Klassengesellschaft" zugrundeliegende Produktionsverhältnis wurde bestimmt durch den Hauptgegensatz zwischen einer in Dorfgemeinden organisierten bäuerlichen Produzentenklasse, deren (persönlich freie) Mitglieder "einen unmittelbaren Zugang zum Grund und Boden (hatten), der ihnen entweder von der Dorfgemeinde oder vom obersten Herrscher als dem Repräsentanten des gesamten Gemeinwesens zur Nutzung zur Verfügung gestellt wurde oder vermittelt erschien", und einer kollektiv organisierten sozialen Oberschicht, die das von den bäuerlichen Produzenten erzeugte "Mehrprodukt in Form von Natural- und Arbeitsleistungen abschöpfte". Oberster Repräsentant der herrschenden Klasse war der als Grundeigentümer fungierende Despot, in dessen Händen sich die politische, militärische

233 Die Beiträge erschienen seit 1968 unter der Rubrik "Diskussion: Die Ur- und Frühgeschichte und das Problem der historischen Periodisierung"; vgl. Brentjes (1993b): 35f. mit Anm. 2. Vgl. im vorliegenden Zusammenhang auch das gedruckte, jedoch nie zur Auslieferung gekommene Buch von Guhr (1969).

234 Sellnow (Autorenkollektiv) (1977).

235 Vgl. die Autorenliste Sellnow (Autorenkollektiv) (1977): 5: H. Klengel, W.F. Reineke, E. Ritschl, M. Schetelich, W. Sundermann, T. Thilo, A. Burkhardt (Register) (alle ZI AGA); J. Oelsner (FSU).

236 Sellnow (Autorenkollektiv) (1977): 22.

237 Vgl. das Inhaltsverzeichnis Sellnow (Autorenkollektiv) (1977): 7f.: Die Epoche der altorientalischen Klassengesellschaft: Vorderasien, Ägypten, Iran und das Perserreich, Indien, China; 9f.: Fortbestehen und Ausdehnung der altorientalischen Klassengesellschaft in Asien, Afrika und Amerika: Iran unter den Seleukiden und Arsakiden, Indien, China, Napata-Meroe, Staatsbildungen auf der Arabischen Halbinsel, Afrika südlich der Sahara, Amerika.

und ökonomische Macht konzentrierte.[238] Diese im vorliegenden Fall in starkem Maße von den theoretischen Ansätzen der Herausgeberin geprägte und faktisch an die Theorie von der asiatischen Produktionsweise anknüpfende Auffassung von der Existenz einer "altorientalischen Klassengesellschaft", von anderer Seite auch "erste Klassengesellschaft" oder "patriarchalische Ausbeutergesellschaft"[239] genannt, fand in der DDR - mit mehr oder weniger modifizierenden Nuancen - Eingang in die populärwissenschaftliche Literatur[240] und in entsprechende Lexika[241] sowie in allgemeinere Darstellungen im Rahmen von Hand- und Hochschullehrbüchern[242], dominierte also in der Öffentlichkeit. Dies darf jedoch nicht darüber hinwegtäuschen, daß es in der Periodisierungsfrage nach wie vor unterschiedliche Auffassungen insbesondere unter den Altorientalisten gegeben hat, was von diesen zum Teil auch artikuliert wurde.[243] Unter formationstheoretischem Aspekt handelte es sich dabei um die in der DDR weiter vertretene Auffassung von einer "einheitlichen vorkapitalistischen Gesellschaftsformation" der Klassengesellschaft mit verschiedenen Formen, Stufen und Typen,[244] während die "asiatische Produktionsweise" als die für den (ganzen) Orient gültige und typische Produktionsweise dagegen kaum noch[245] und die Einordnung altorientalischer Gesellschaften in eine auf Sklaverei beruhende Formation ("Sklavereigesellschaft")[246] von altorientalistischer Seite gar nicht mehr diskutiert wurden.

Die Behandlung der Formationsproblematik und damit im Zusammenhang stehender Fragen erfolgte in den siebziger und achtziger Jahren auf zwei Ebenen, zum einen im Rahmen der Diskussion um die entsprechenden theoretischen Auffassungen von K. Marx und F. Engels, zum anderen auf der Ebene disziplinärer Untersuchungen mit theoretischen Implikationen. Im Zusammenhang mit dem

---

[238] Vgl. Sellnow (Autorenkollektiv) (1977): 142f.

[239] So Herrmann (1976): 11 mit Anm. 29.

[240] Vgl. Herrmann (1975b), vor allem 79-86.

[241] Vgl. Freydank et al. (1978): 30-33; Sellnow (1987): 43; Herrmann/Voos (1988): 19f.

[242] Vgl. Klengel (1981): 317-324; Kreißig (Autorenkollektiv) (1978): 249-253 (Die sozialökonomische Basis der hellenistischen Staaten im Orient).

[243] Vgl. Brentjes (1993b): 35-44.

[244] Vgl. Brentjes (1973): 277-293; ders. (1984b): 94-107; ders. (1993b): 37 mit Anm. 5-8.

[245] Begrifflich und inhaltlich - wenn auch mit unterschiedlicher Nuancierung, etwa unter Annahme einer regionalen Sonderformation - spielte die "asiatische Produktionsweise" vor allem in den Diskussionen über die gesellschaftlichen Verhältnisse in China in vorkapitalistischer Zeit eine Rolle; vgl. Lewin (1971): 383-423; ders. (1977): 103-114; ders. (1981): 412-422; ders. (1982): 249-264. Vgl. im vorliegenden Zusammenhang auch Felber (1985): 241-258; Florath (1987). Zu Indien vgl. Ruben (1980): 523.

[246] Zu diesem Problem im Zusammenhang mit Auffassungen in der Alten Geschichte vgl. Willing (1991): 211f.; vgl. auch Gericke (1979a): 5-14.

Postulat einer eigenständigen altorientalischen Klassengesellschaft bzw. patriarchalischen Ausbeutergesellschaft sind in theoretischer Hinsicht von seiten der europäisch-frühgeschichtlichen Forschung zusätzlich die Thesen von der geschichtsbildenden Rolle der Volksmassen,[247] was vor allem auf die Kennzeichnung von (revolutionären) Triebkräften in der Geschichte abzielte,[248] sowie von der Existenz einer sog. Geschichtstriade, also der Abfolge von drei Großformationen, in deren Rahmen sich die konkrete historische Entwicklung vollzog bzw. vollzieht,[249] in die Diskussion eingebracht worden. Unter dem Gesichtspunkt der Formen- und Typenvielfalt gesellschaftlicher Evolution in vorkapitalistischer Zeit ist von altorientalistischer Seite vor allem die Entwicklung und Veränderung im Denken und Schaffen von K. Marx (und F. Engels) hinsichtlich des Wesens orientalischer Gesellschaften hervorgehoben worden,[250] nicht zuletzt unter dem Eindruck der 1977 veröffentlichten Kovalevskij-Exzerpte.[251] Damit im Zusammenhang wurden verstärkt das Problem der Eigentumsverhältnisse im (Alten) Orient[252] sowie die historischen Hintergründe und theoretischen Implikationen der Briefentwürfe von K. Marx an V. Sassulitsch diskutiert[253] und der Geschichte des Begriffs "orientalische Despotie" nachgegangen[254]. Diesen Untersuchungen gemeinsam ist die Ablehnung einer sog. "asiatischen" oder "orientalischen Produktionsweise", auch wenn diese "als allgemeine 'archaische' Formation auf das

---

[247] Vgl. Herrmann (1975a). Vgl. dazu und zur gegenteiligen Auffassung von J. Kuczynski: Willing (1991): 223f.

[248] Vgl. Herrmann (1976): 5-27; ders. (1989a). Zur Triebkraftproblematik vgl. im Überblick Barthel (1983): 137-151; ders. (1985): 107-149.

[249] Vgl. Herrmann (1984a). Die Grundaussage der These besteht darin, daß die urkommunistische, "auf Geschlechtsverbänden beruhende Gesellschaft", deren Basis das Gemeineigentum bildet, durch die "auf Privateigentum beruhende, von Klassengegensätzen und Klassenkämpfen beherrschte Gesellschaft (gesprengt und aufgehoben wurde)," deren "höchste und letzte Formation ... der Kapitalismus (ist)", und daß "diese Großformation ... in der bevorstehenden gesellschaftlichen Umwälzung durch 'Verwandlung ... der Produktionsmittel in gesellschaftliches Eigentum' im Kommunismus aufgehoben (wird)" (Herrmann (1984a): 9); vgl. ders. (1988b): 25-39; Küttler (1988): 40-50.

[250] Vgl. Brentjes (1983a): 86-94; ders. (1983b): 3-30; ders. (1984a): 9-18; Preißler (1984): 82-93; Peuke (1984): 108-127. Vgl. auch Weissgerber (1984): 29-46.

[251] Vgl. Harstick (1977).

[252] Vgl. Voos (1983a): 36-45; ders. (1983b): 113-117; Winkelmann (1983a): 40-51 (vgl. auch dies. (1983b): 46-58); Brentjes (1978): 183-186; ders. (1983g): 111-123; ders. (1988a): 7-10.

[253] Vgl. Brentjes (1984b) 94-107; ders. (1987a): 70-78; ders. (1988f): 653-659.

[254] Vgl. Brentjes (1979): 15-20.

Altertum beschränkt und in die allgemeine Stufenvorstellung eingepaßt" wird,[255] sowie einer "allgemeinen Sklaverei" und eines "weltweiten Feudalismus"[256]. Bereits aus den zuletzt gemachten Bemerkungen wird deutlich, daß trotz Dominanz in der Öffentlichkeit durch populärwissenschaftliche Vermittlung und Geschichtspropaganda der in der "Weltgeschichte bis zur Herausbildung des Feudalismus" unternommene Versuch, eine eigenständige "altorientalische Klassengesellschaft" zu postulieren, auch in der marxistischen Geschichtswissenschaft der DDR umstritten war.[257] Dies zeigt sich besonders deutlich, wenn es um den Nachweis qualitativer Umbrüche im Sinne eines Formationswechsels im Orient ging, wie etwa bei der Charakterisierung des Hellenismus in Asien unter formationstheoretischem Gesichtspunkt. Zwar gab es Einflüsse seitens der griechischen (und später der römischen) Antike auf die orientalische Kultur- und Gesellschaftsentwicklung, jedoch waren diese in ihrer Wirkung regional beschränkt und auch von unterschiedlicher Intensität. Von einem prägenden oder gar dominierenden Einfluß antiker Gesellschaftsentwicklung auf den vorderasiatischen Bereich in dessen Kerngebieten kann jedenfalls nicht gesprochen werden. So zeigen z.B. entsprechende Untersuchungen zu Ökonomie und Gesellschaft des hellenistischen Babylonien auf der Grundlage überlieferter Keilschrifttexte, daß die Verhältnisse im spätzeitlichen Babylonien in sozialökonomischer und kultureller Hinsicht gegenüber der vorangegangenen Entwicklung durch ein hohes Maß an Stabilität gekennzeichnet waren.[258] Umstritten blieb auch, ob und in welcher Form es im Orient zu einer eigenständigen Ausbildung des Feudalismus gekommen war. Für den süd- und ostasiatischen Bereich liegen mehrere orientalistische Studien aus den achtziger Jahren vor, die bestimmte gesellschaftliche Entwicklungsprozesse in Indien, China und Japan als Ausdruck für den Übergang zu feudalen Produktionsverhältnissen in diesen Regionen interpretieren.[259]

---

[255] Brentjes (1983g): 111. Vgl. im vorliegenden Zusammenhang auch ders. (1988b): 175-180.

[256] Vgl. zuletzt noch einmal prononciert Brentjes (1993a): 849.

[257] Vgl. in diesem Sinne vorsichtig Klengel (1982b): 236 Anm. 10; vgl. auch ders. (1989): 513 Anm. 5, allerdings mit dem Nachsatz, "daß die altorientalische Klassengesellschaft sowohl gegenüber der antiken Sklavereigesellschaft als auch gegenüber der Feudalgesellschaft hinsichtlich ihrer gesellschaftlichen Qualität zu unterscheiden ist und es nicht unberechtigt erscheint, sie als selbständige Formation aufzufassen".

[258] Vgl. Oelsner (1986), sowie die bei Neumann (1991b): 360 Anm. 60 zitierten Arbeiten. Vgl. im vorliegenden Zusammenhang auch Oelsner (1985b): 119-128. Zu den entsprechenden Auffassungen seitens der Vertreter der Alten Geschichte vgl. Schuller (1990): 47f.; Willing (1991): 214-216 und 269-272; vgl. dazu Oelsner (1988): 141-146.

[259] Vgl. Werner (1985): 71-87; Njammasch (1984) sowie die bei Neumann (1991b): 361 Anm. 61 zitierte Literatur.

Dem ist allerdings an anderer Stelle prononciert widersprochen worden.[260] Kritisch hinsichtlich der Übertragung europäischer Formationskategorien sind auch die Arbeiten zur Bazarbourgeoisie im arabisch-iranischen Raum.[261]

Für die Charakterisierung altorientalistischer Forschungstätigkeit im Rahmen übergreifender geschichts- und gesellschaftstheoretischer Problemstellungen von Belang war auch die Mitwirkung der entsprechenden Fachvertreter verschiedener wissenschaftlicher Einrichtungen an den vom ZI AGA in Verbindung mit dem Wissenschaftlichen Rat für Archäologie und Alte Geschichte (und zum Teil mit Einrichtungen des MHF) veranstalteten internationalen Tagungen zu geschichtstheoretischen Grundfragen, wie sie in der marxistischen Geschichtswissenschaft der DDR Gültigkeit besaßen. Die auch aus wissenschaftspolitischer Sicht bedeutendste Veranstaltung in diesem Rahmen in den achtziger Jahren war die 1984 in Dresden durchgeführte Tagung "Grundprobleme vorkapitalistischer Gesellschaftsentwicklung", an der etwa 200 Fachvertreter der Philosophie, Archäologie, Ethnographie, Geschichtswissenschaften, Anthropologie, griechisch-römischen Altertumskunde, Orientalistik, Rechtsgeschichte und Soziologie aus fünfzehn Ländern teilnahmen.[262] Der aus Anlaß des 100. Jahrestages des Erscheinens von Friedrich Engels' Werk "Der Ursprung der Familie, des Privateigentums und des Staats" veranstaltete Kongreß, zu dem bzw. in dessen Umfeld es eine Reihe begleitender Publikationen vor allem aus den Bereichen der Altertumswissenschaften und Ethnologie gab,[263] teilte sich in fünf Arbeitskreise, von denen einer dem globalen Thema "Entstehung und Wesen der altorientalischen Gesellschaft. Herausbildung erster antagonistischer Gesellschaftswidersprüche und des Staates" gewidmet war[264] und in dem u.a. die Altorientalisten ihre Bei-

---

[260] Vgl. Brentjes (1987b): 10-14, sowie oben mit Anm. 256. Vgl. aus geschichtsmethodologischer Sicht Florath (1988): 185-194.

[261] Vgl. Brentjes (1986a): 128-132; Tunsch (1988): 159-170; ders., (1989): 471-478 (dazu Hafez (1995): 179f.).

[262] Vgl. Herrmann (1984c): 7 und (1984d): 11f.; Herrmann/Kinner (1985): 8-11.

[263] Vgl. die "Beiträge zu Ehren von Friedrich Engels anläßlich des Centenariums seines Werkes 'Der Ursprung der Familie, des Privateigentums und des Staats'" (EAZ 25/2 und 3 (1984)); Grunert/Maaß (1984): 133-140; Guhr (1984); Herrmann (1984e); ders. (1984b): 9-53. Vgl. auch aus staats- und rechtswissenschaftlicher Sicht Staat – Recht – Gesellschaft (1985). Im vorliegenden Zusammenhang ist noch zu bemerken, daß die Edition von F. Engels, Der Ursprung der Familie, des Privateigentums und des Staats, im Rahmen der Marx/Engels-Gesamtausgabe (MEGA I 29 [1990]) von einer Arbeitsgruppe des ZI AGA vorbereitet wurde (zu der allerdings kein Altorientalist gehörte) und daß "in vielfältiger Form" die Ergebnisse der Konferenz in Dresden in den Editionsband eingeflossen sind; vgl. MEGA I 29 (1990) 48*f.

[264] Vgl. Herrmann (1984d): 11.

träge zu ausgewählten Problemen der Gesellschaftsentwicklung in den verschiedenen Regionen des Alten Orients vortrugen und diskutierten.[265] Unter dem Gesichtspunkt der Theorierelevanz fachbezogener altorientalistischer Forschung im Tagungsrahmen war vor allem auch die interdisziplinäre Diskussion zu altorientalischen Gesellschaftsproblemen zwischen Altorientalisten und geschichtsmethodologisch und -theoretisch orientierten Historikern, die zum Teil auch nach der Tagung noch weitergeführt wurde,[266] von Wichtigkeit.

Auch an der zweiten vom ZI AGA in Verbindung mit dem Wissenschaftlichen Rat für Archäologie und Alte Geschichte organisierten internationalen und interdisziplinären Tagung "Volksbewegungen und Klassenkämpfe. Triebkräfte früher Gesellschaftsentwicklung" im Dezember 1988 in Berlin waren Altorientalisten der AdW und verschiedener Universitäten als Vortragende beteiligt. Die Beiträge aus den Bereichen der Keilschriftwissenschaften, Ägyptologie, Iranistik, Indologie und Sinologie ordneten sich in folgende Sektionsthemen der Tagung ein:

- Rolle, Charakter und Typologie von Volksbewegungen und Klassenkämpfen in vorkapitalistischen Gesellschaftsordnungen,
- Volksbewegungen, Klassenkämpfe und die Herausbildung von ethnischen, sozialen und ökonomischen Strukturen,
- Ideologie und ideologische Widerspiegelung von Volksbewegungen und Klassenkämpfen.[267]

Ein für die "Veröffentlichungen des ZI AGA der AdW der DDR" in Aussicht gestellter Kongreßband ist nicht mehr erschienen.[268]

Bereits zu Beginn der achtziger Jahre kam im Rahmen des ZI AGA und des Wissenschaftlichen Rates für Archäologie und Alte Geschichte die Idee einer Neubearbeitung der "Weltgeschichte bis zur Herausbildung des Feudalismus" auf, und zwar mit Blick auf einen Fertigstellungstermin 1991/92. So sollte, "gestützt auf die nicht unbeträchtlichen Forschungsfortschritte und die veränderten gesellschaftlichen Anforderungen", mit der Neubearbeitung "Ende der 80er Jahre" begonnen werden, wobei "diese Arbeit ... bereits maßgeblich von jüngeren Wissenschaftlern getragen werden (müßte), deren Forschungsarbeiten darauf einzurichten sind".[269] Im Zuge einer ersten Diskussion über dieses Vorhaben wurde dann

---

[265] Vgl. im einzelnen die Tagungspublikation Herrmann/Köhn (1988): besonders (jedoch nicht ausschließlich) 319-420 (Abschnitt III).

[266] So z.B. im Rahmen der Kolloquien des Wissenschaftsbereichs Methodologie und Geschichte der Geschichtswissenschaft am Zentralinstitut für Geschichte der AdW.

[267] Vgl. Herrmann (1988c): 7.

[268] Für die Altorientalistik vgl. an anderer Stelle Klengel (1993): 130*-137*; Neumann (1992): 234-250.

[269] Ergebnisse bisheriger Überlegungen und Beratungen zu Arbeitsrichtungen und Pro-

jedoch nur eine Überarbeitung in Aussicht gestellt: "Um den Bedarf nach dem Werk rasch zu befriedigen, wird mit dem Verlag darüber gesprochen, die jetzt vorhandene Substanz mit Hilfe der Komplexleiter zu aktualisieren und bald eine Auflage herauszubringen."[270] Aber auch dies erwies sich auf Grund der Tatsache, daß die dafür in Frage kommenden Mitarbeiter des Bereichs Alter Orient am ZI AGA in starkem Maße durch die Kulturgeschichtsprojekte beansprucht waren, als illusorisch, so daß das Weltgeschichtsprojekt in Gänze auf den Planzeitraum 1991-1995 verschoben wurde.[271] Allerdings wurde vor allem von altorientalistischer Seite darauf hingewiesen, "daß für einige Bereiche der Darstellung eine Überarbeitung nicht ausreichend erscheint, sondern daß vielmehr an eine Neufassung zu denken wäre. Auch seien zusätzliche Anstrengungen zur Verbesserung der Kader- und Nachwuchssituation in einigen Gebieten erforderlich."[272] Die hinter diesen Bemerkungen stehenden Bedenken resultierten in starkem Maße aus der Kenntnis der konkreten Gesellschaftsentwicklung im Alten Orient, die nicht mit den in der "Weltgeschichte" dargelegten Grundmustern einer "altorientalischen Klassengesellschaft" übereinstimmten. Nicht zufällig wurde daraufhin ein Altorientalist mit der Ausarbeitung erster konzeptioneller Vorstellungen betraut, die man dann 1989 in verschiedenen Gremien des ZI AGA und im Wissenschaftlichen Rat für Archäologie und Alte Geschichte diskutierte. Wesentlich dabei war, daß man sich im Prinzip darauf einigte, eine problemorientierte "Weltgeschichte" zu erarbeiten, deren Gliederung nicht mehr durch postulierte Formationen, sondern durch historische und kulturgeographische Gesichtspunkte bestimmt würde. Theoretische Aussagen, auch unter formationsgeschichtlichem Aspekt, sollten sich aus der mehr Platz einzuräumenden Darstellung der konkreten historischen Prozesse ergeben.[273] In geplanten Projektgruppen, Kolloquien und Diskussionsforen war vorgesehen, sowohl fachspezifische als auch theoretisch-methodologische Fragestellungen, "die im Zusammenhang mit Untersuchungen zum welthistorischen Prozeß erneut angegangen werden müßten", zu diskutieren. Besonderes Augenmerk sollte dabei der interdisziplinä-

---

jekten für die zweite Hälfte der 80er Jahre (undatierte Vorlage für die Sitzung des Rates des ZI AGA am 19.3.1984).

270 Protokoll der Sitzung des Rates des ZI AGA am 19.3.1984.

271 Vgl. Hauptrichtungen der Forschungsarbeit am ZI AGA 1991-1995 und daraus abgeleitete Arbeitsrichtungen und Projekte (undatierter Entwurf für die Sitzung des Rates des ZI AGA am 26.10.1987).

272 Protokoll der Sitzung des Rates des ZI AGA am 26.10.1987.

273 Nach H. Neumann, Weltgeschichte (bis zur Herausbildung des Feudalismus): konzeptionelle Überlegungen (handschriftliches Vortragsmanuskript).

ren Diskussion gelten.[274] "Eine erste Verständigung über entsprechende Forschungsergebnisse" sollte "im Rahmen der 1993 durchzuführenden internationalen Konferenz 'Probleme der Geschichte früher Klassengesellschaften' erreicht werden".[275] Das in den Diskussionen über die konzeptionellen Vorstellungen zur Erarbeitung der "Weltgeschichte bis zur Herausbildung des Feudalismus" in den neunziger Jahren feststellbare Problembewußtsein hinsichtlich neuer theoretischer Fragestellungen wie auch hinsichtlich der im Rahmen disziplinärer Forschungen vorliegenden Interpretationsgrundlagen korrespondierte mit einer in der zweiten Hälfte der achtziger Jahre zunehmenden Information über und Auseinandersetzung mit geschichtswissenschaftlich und soziologisch relevanten Arbeiten und Auffassungen nichtmarxistischer Autoren, wie etwa Max Weber, und zwar nicht nur im akademischen[276], sondern auch in einem das breitere Publikum einbeziehenden Bereich, letzteres in einem begrenzten, aber durchaus deutlich sichtbaren Rahmen.[277]

Durch die 1989 eingetretenen gesellschafts- und damit wissenschaftspolitischen Veränderungen ist das in Angriff genommene Projekt der Ausarbeitung einer neuen "Weltgeschichte bis zur Herausbildung des Feudalismus" nicht über die Phase erster konzeptioneller Vorstellungen hinausgekommen. Nicht zuletzt im Zusammenhang mit den gegenwärtigen gesellschaftspolitischen Entwicklungen ist zugleich auch die unter formationstheoretischem Aspekt erfolgte Forschung zu Grundfragen historischer Entwicklung insgesamt in Frage gestellt, was verschiedene Gründe hat. "Der Streit um die Abfolge und das Wesen der vorkapitalistischen Formationen führte zunächst mit der Klärung von Prinzipien des methodischen Vorgehens zu Fortschritten, dann zu sich verstärkenden Widersprüchen zwischen dem Formationskonzept und den Ergebnissen der empirischen Analyse"[278], die nie wirklich aufgelöst worden sind, auch weil die in der DDR

---

[274] 'Weltgeschichte bis zur Herausbildung des Feudalismus. Ein Abriß' (Neuerarbeitung) (undatierte Vorlage).

[275] 'Weltgeschichte bis zur Herausbildung des Feudalismus. Ein Abriß' (Neuerarbeitung) (undatierte Vorlage). Vgl. auch Protokoll der Sitzung d. Rates des ZI AGA am 6.3.19 89.

[276] Auf Grund fehlender eigener Fachkompetenz kann dies bibliographisch hier nur angedeutet werden. Vgl. Küttler/Lozek (1985): 491-506; Küttler (1986); ders. (1989b): 309-319, 427-437; Richter/Waligora (1989): 320-330; Geßner (1989): 331-339; Weber (1989b): 340-343; Küttler (1989a). Vgl. darüber hinaus im vorliegenden Zusammenhang etwa noch Kröber/Krüger (1987); Mocek (1988); Schreiter (1988); Krüger (1990).

[277] Vgl. im vorliegenden Zusammenhang etwa Weber (1989a) = Reclams Universal-Bibliothek 1273; vgl. ferner Burckhardt (1985) = Sammlung Dieterich 401; Lamprecht (1988) = Reclams Universal-Bibliothek 1256; Buhr (1988).

[278] Küttler (1992): 346.

dominierende Sicht auf die Abfolge ökonomischer Gesellschaftsformationen im Sinne eines Stufenschemas "in dogmatisch verkürzter Form zur Legitimation einer vorgegebenen Fortschrittslinie zu dem bestehenden realsozialistischen System benutzt und dadurch in ihrer heuristischen Funktion erheblich beeinträchtigt" wurde.[279] Bezogen auf die hier behandelte Problematik, bleibt die Frage, inwieweit die formationstheoretische *Diskussion*, entkleidet ihrer politisch-ideologischen Implikationen und unter kritischer Sicht auf irrationale Elemente Marxscher Theorieansätze[280], für eine Charakterisierung altorientalischer Gesellschaften in ihrer Vielfalt unter entwicklungsgeschichtlichem Aspekt innovativ sein kann.[281]

2.5.3 Populärwissenschaftliche Tätigkeit und Lehrbucharbeit im Rahmen der Hochschul- und Volksbildung

Die populärwissenschaftliche Tätigkeit im Rahmen der Altorientalistik fand in vielfältiger Weise statt. Altorientalisten waren, wie die Altertumswissenschaftler generell, begehrte Referenten zu kultur- und kunsthistorischen Problemen. Entsprechende Vorträge, die sich in der Öffentlichkeit allgemeiner Beliebtheit erfreuten, wurden in Veranstaltungen des Kulturbundes der DDR, der Gesellschaft für Deutsch-Sowjetische Freundschaft, der Urania, der Gewerkschaft und anderer gesellschaftlicher Organisationen gehalten. Hinzu kamen die regelmäßig stattfindenden öffentlichen Vortragsreihen im Universitätsbereich sowie im Rahmen der verschiedenen Museen u.a.m.
Neben der Vortragstätigkeit und der Veröffentlichung von Beiträgen in populärwissenschaftlichen Zeitschriften spielte vor allem die Publikation von kultur- und kunstgeschichtlichen Monographien sowie von Übersetzungen orientalischer Literaturwerke eine wichtige Rolle bei der Popularisierung (alt-) orientalischer Kulturleistungen durch die (Alt-)Orientalisten, was hier nur angedeutet werden kann. Abgesehen davon, daß Verlage und Publikum dankbare Abnehmer entsprechender Ausarbeitungen bzw. Bücher waren, ist zu vermerken, daß monographische Publikationen für einen breiteren Leserkreis auch im Rahmen der wissenschaftlichen Institutionen geschätzt wurden und zum Teil Eingang in die

---

[279] Küttler (1991): 167. Vgl. auch Brentjes (1993b): 35-44.

[280] Vgl. Brentjes (1994): 120-128; ders. (1993b): 42f.; anders und gegen Brentjes polemisierend Wollgast (1996): 5-39.

[281] Zur Problematik dialektischer Geschichtsbetrachtung hinsichtlich des Alten Orients vgl. Neumann (1992): 234-239. Unter geschichtswissenschaftlichem Aspekt allgemein vgl. Küttler (1993): 369-385; ders. (1994b): 211-235.

Forschungspläne fanden. Dies resultierte daraus, daß in der Regel breitenwirksame Bildungsarbeit als wichtiger Bestandteil individueller und kollektiver Forschungstätigkeit galt. Dies betraf nicht zuletzt auch die Lexikonarbeit, insbesondere wenn auf Grund eines hohen Maßes geforderter Inter- und Multidisziplinarität institutionelle Grundlagen für eine entsprechende Arbeitsorganisation notwendig wurden, so etwa im Zusammenhang mit der Erarbeitung und redaktionellen Betreuung des "Lexikons früher Kulturen" in den siebziger Jahren am ZI AGA, an dem Altertumswissenschaftler mehrerer wissenschaftlicher Einrichtungen der DDR als Autoren mitgewirkt hatten.[282] Gleichfalls in den siebziger Jahren ist von Altorientalisten der AdW ein eigenes, den ganzen Alten Orient betreffendes Nachschlagewerk vorgelegt worden.[283] In den achtziger Jahren wurde im Rahmen eines Jugendobjektes am ZI AGA unter maßgeblicher Beteiligung jüngerer Altorientalisten der AdW und anderer altertumswissenschaftlicher Institutionen ein "Jugendlexikon Archäologie" erarbeitet.[284] Zuarbeiten von altorientalistischer Seite mit unterschiedlicher Fachausrichtung und Spezialisierung erhielten das mehrbändige "Lexikon der Kunst"[285], das "Lexikon Arabische Welt"[286] sowie der vom Zentralinstitut für Geschichte/Institut für Deutsche Geschichte (und dem Institut für Allgemeine Geschichte) der AdW herausgegebene "Dietz-Taschenkalender Geschichte".[287] Erwähnt werden muß im vorliegenden Zusammenhang auch das "Lexikon Ostasiatische Literaturen".[288]
In den ausgehenden achtziger Jahren war eine "Weltgeschichte in Daten" konzipiert worden, zu der auch ein Abschnitt "Altorientalische Klassengesellschaft" vorbereitet wurde, und zwar für die Bereiche Ägypten, Vorderasien (Mesopotamien, Kleinasien, Syrien-Palästina, Urartu, Iran, Arabische Halbinsel), Nomadenreiche in Zentralasien, Südasien (Indien, Sri Lanka), Ostasien (China, Japan, Korea), Südostasien (Burma, Indochina, Indonesien und Malaysia) und Lateinamerika. Die zum Teil recht weit gediehenen Ausarbeitungen konnten auf Grund des 1990/91 erfolgten Abbruchs des Gesamtunternehmens im Zusammenhang mit unklaren Verlagsverhältnissen jedoch nicht mehr veröffentlicht werden.

---

[282] In den achtziger Jahren ist eine zweite, durchgesehene Auflage dieses Werkes mit über 8000 Stichworten erschienen: Herrmann et al. (1987c).

[283] Freydank et al. (1978).

[284] Herrmann/Voos (1988).

[285] Lexikon der Kunst (1987-1994).

[286] Barthel/Stock (1994).

[287] Dietz-Taschenkalender Geschichte, Berlin 1984 (für das Jahr 1985) - 1990 (für das Jahr 1991).

[288] Berndt (Autorenkollektiv) (1985).

In den achtziger Jahren sind monographische Darstellungen zur politischen und sozialökonomischen Geschichte Südostasiens erschienen, die auch das Altertum in dieser Region in die Betrachtung einbezogen.[289] Andere Monographien befassen sich mit der Geschichte und Kultur des alten Mesopotamien,[290] Afghanistans und Zentralasiens[291] sowie Chinas im Altertum und Mittelalter, letzteres im Zusammenhang mit einer Ausstellung von Kunstwerken aus Museen der DDR[292]. Hinzu kommt eine kulturhistorische Abhandlung zur berühmten Zikkurrat von Babylon im alten Mesopotamien.[293] Als handliche und preiswerte Taschenbücher erschienen Auseinandersetzungen mit unwissenschaftlichen Theorien über die frühe Geschichte der Menschheit[294], Studien zum altägyptischen Theben[295] und zur Geschichte der Stadt[296] sowie zu Geschichte und Kultur Irans[297]. Kultur und Gesellschaft der Völker des Alten Orients waren auch Gegenstand von speziell für Kinder und Jugendliche verfaßten Sachbüchern, für die gleichfalls Fachwissenschaftler als Autoren zeichneten.[298]

Zur Kunstgeschichte des Orients im Altertum und Mittelalter sind in den achtziger Jahren mehrere monographische Darstellungen erschienen, die zum Teil durchaus auch fachwissenschaftliches Interesse beanspruchen dürfen. Dies gilt in besonderem Maße für Arbeiten zur indischen Plastik und Architektur[299], zum Tierstil Eurasiens[300], zur nomadischen Kunst Nordasiens[301], zum Problem von Weltbildern in der Architektur[302] sowie für Gesamtdarstellungen der Kunst Ostasiens[303]. Hinzu kommen monographische Publikationen zur vorderasiatischen Glyptik[304], zur parthischen Kunst[305], zum Denkmalsbestand in Syrien aus antiker

---

289 Kubitscheck/Wessel (1981); Fessen/Kubitscheck (1984).
290 Brentjes (1981a).
291 Brentjes (1983c); ders. (1988c).
292 Bräutigam/Eggebrecht (1990).
293 Klengel-Brandt (1982b).
294 Brentjes (1980a); ders. (1980b).
295 Stoof (1986).
296 Tietze (1988).
297 Brentjes (1983d).
298 Kischkewitz (1986); Donat (1988); Klengel-Brandt (1988); Voos (1991).
299 Plaeschke/Plaeschke (1988); dies. (1982). Vgl. auch Mode (1986).
300 Brentjes (1982b).
301 Brentjes/Vasilievsky (1989).
302 Brentjes (1981b).
303 Violet (1981); dies. (1982); dies. (1987).
304 Brentjes (1983e).
305 Brentjes (1990).

und frühchristlicher Zeit[306] sowie zur Kunst Aserbaidshans[307]. Im Museumsbereich erschienen neben den Sammlungskatalogen und -führern thematische Begleithefte zu Sonderausstellungen mit kunst- und kulturgeschichtlichem Inhalt.[308] Der geistigen Kultur des Orients waren Arbeiten zur Literatur im alten Indien[309], zur chinesischen und jüdischen Philosophie[310], zur Genesis philosophischen Denkens allgemein[311] sowie zur Kultur- und Geistesgeschichte der alten Mongolei[312] gewidmet. In diesem Zusammenhang ist auf die veröffentlichten Übersetzungen orientalischen Schrifttums des Altertums und des Mittelalters zu verweisen, die nicht selten sowohl für den Laien als auch für den Fachwissenschaftler von Interesse sind. So wurden von ägyptologischer Seite literarische und juristische Texte[313] und von Sinologen Märchen, Erzählungen und philosophisch relevante Gespräche[314] in Übersetzung vorgelegt. Darüber hinaus übersetzten Fachwissenschaftler verschiedener orientalistischer Spezialdisziplinen Literaturwerke unterschiedlicher Genres aus der indischen[315], mongolischen[316] und Khmer-Überlieferung[317] und machten sie einer breiteren Öffentlichkeit zugänglich.
Im Rahmen der Erarbeitung von Lehrmaterialien für den akademischen Unterricht waren Altorientalisten als Autoren und Gutachter tätig. Für den Sprachunterricht wurden Lehr- und Wörterbücher sowie Chrestomathien verfaßt bzw. Grammatiken erarbeitet, was in bezug auf ältere orientalische Sprachen vor allem

---

306 Klengel (1986d).

307 Bretanizki et al. (1988).

308 Vgl. in Auswahl aus dem Bereich der Staatlichen Museen zu Berlin für die achtziger Jahre von Eickstedt (1983); Enderlein et al. (1986); Jakob-Rost (1988); Klengel-Brandt (1985); Oelsner (1989); Preißler (1981); Priese (1984); Wartke (1980); ders. (1982); ders. (1990a). Vgl. auch die VAM Kleine Schriften 1: Marzahn (1981); 2: Jakob-Rost (1982); 3: Klengel-Brandt (1982a); 4: Jakob-Rost/Marzahn (1983); 5: Klengel-Brandt/Marzahn (1983); 6: Klengel-Brandt (1986); 7: Wartke (1987). Zu den anderen Museen und Sammlungen in der DDR vgl. oben mit Anm. 69-75.

309 Mylius (1983b).

310 Moritz (1990); Simon/Simon (1984).

311 Moritz et al. (1988).

312 Taube/Taube (1983).

313 Blumenthal (1982); Grunert (1982). Vgl. von religionswissenschaftlicher Seite Beltz (1987).

314 Schwarz (1986); Thilo (1989); Moritz (1982).

315 Mehlig (1982); ders. (1983); ders. (1987); Mylius (1983a); ders. (1987). Vgl. auch die von J. Mehlig besorgte Ausgabe von Hertel (1987).

316 Koppe (1985); Taube (1989).

317 Sacher (1981); dies. (1988). - Die Publikation der Übersetzungen erfolgte u.a. in der Serie „Orientalische Bibliothek“; zu den Intentionen der Reihe vgl. Adner (1986).

hinsichtlich des Akkadischen[318], des Sanskrit[319] und des Pali[320] zutrifft. Neben dem Verfassen von internem Lehrmaterial und von Lehrprogrammen für entsprechende Lehrgebiete zur Ausbildung in der Grundstudienrichtung Regionalwissenschaften war die Mitwirkung von (Alt-)Orientalisten an der Ausarbeitung von Hochschullehrbüchern für die geschichtswissenschaftliche Ausbildung von Bedeutung. Dies betraf die als Lehrbücher im Bereich des MHF anerkannten Darstellungen zur Geschichte der Urgesellschaft[321], zur Geschichte des Mittelalters[322] sowie das sog. Informationsbuch zur Einleitung in die klassischen Altertumswissenschaften[323]. Ein in den siebziger Jahren im Manuskript fertiggestelltes Hochschullehrbuch zur Geschichte des Alten Orients[324] wurde nicht gedruckt, wofür die Gründe heute nicht mehr nachvollziehbar sind. Auch später kam es zu keiner neuen Ausarbeitung. Mit dem Fehlen eines derartigen Lehrbuches wurde seitens des dafür zuständigen Verlages in Abstimmung mit dem MHF auch die Realisierung einer konzeptionell weit gediehenen "Chrestomathie zur Geschichte des Alten Orient" abgelehnt.[325]

In den achtziger Jahren erfolgte im Rahmen der Volksbildung eine Neubearbeitung u.a. auch des Geschichtslehrbuches für die Klassenstufe 5, zunächst noch auf der Basis des alten Lehrplanes. Da in Klasse 5 das Altertum von der Entstehung des Menschen bis zur Römerzeit Unterrichtsstoff war und der Lehrbuchtext vollständig von Fachwissenschaftlern (mit entsprechender unterrichtsmethodischer Unterstützung durch Geschichtsmethodiker) geschrieben werden sollte, wurde die Textausarbeitung im ZI AGA vorgenommen. Dies betraf auch den Abschnitt zur Geschichte des Alten Orients.[326] Durch Lehrplanveränderungen, gerichtet auf einen größeren Freiraum für den Geschichtslehrer hinsichtlich der Stoffeinteilung und der konkreten Unterrichtsgestaltung, machte sich kurz nach Einführung dieses Lehrbuches (1984) bereits eine weitere Neubearbeitung notwendig, die von denselben Autoren in der zweiten Hälfte der achtziger Jahre abgeschlossen wurde.[327] Parallel zu diesen Arbeiten erfolgte im ZI AGA die Abfas-

[318] Riemschneider (1969).
[319] Morgenroth (1973); Mylius (1978); ders. (1975b); ders. (1988).
[320] Fahs (1985).
[321] Vgl. Klengel (1982b): 209-236.
[322] Vgl. Hoffmann (1985): 110-138; Felber et al. (1985): 143-197.
[323] Vgl. Klengel (1986b): 44-47; Reineke (1986): 47-50; Sundermann: (1986): 51-52.
[324] Vgl. Gericke (1973): 53.
[325] Brief des VEB Deutscher Verlag der Wissenschaften an H. Gericke und B. Brentjes (Datum unleserlich).
[326] Vgl. Neumann (1984): 39-74.
[327] Vgl. Neumann (1988): 40-74. 1990 scheinen bei Überlegungen zur Umgestaltung

sung entsprechender Textabschnitte zur Alten Geschichte für ein 1990 in der Erweiterten Oberschule (EOS) einzuführendes Geschichtslehrbuch.[328] Von den Autoren der Lehrbücher wurden darüber hinaus didaktische Lehrmaterialien im Zusammenhang mit den neuen Lehrplänen und Geschichtsbüchern aus fachwissenschaftlicher Sicht begutachtet, Weiterbildungsveranstaltungen für Lehrer durchgeführt und das Fachwissen der Lehrer fördernde Beiträge in entsprechenden Zeitschriften publiziert.[329]

2.6 Lehre und Nachwuchsförderung

Hinsichtlich der Ausbildung des wissenschaftlichen Nachwuchses im Bereich der sog. kleinen Fächer wirkte sich das Grundprinzip der Hochschulausbildung in der DDR, umfangmäßig nur so viele Studenten zu immatrikulieren, wie in der Praxis auch eingesetzt werden können, in extremer Weise aus. Damit war an eine kontinuierliche, über Jahre hinweg erfolgende disziplinspezifische Ausbildung an den dafür zuständigen wissenschaftlichen Einrichtungen in der Regel nicht zu denken. Immatrikulation und Spezialausbildung richteten sich streng nach dem Bedarf an wissenschaftlichen Fachkräften in den Bereichen der AdW, der Universitäten und Museen,[330] der auf Grund unterschiedlicher Finanz- und Stellensituation sowie Forschungs- und Disziplinorientierung im Verlaufe der Zeit verschieden definiert wurde. Dies barg das Risiko in sich, durch Ausfall einmal immatrikulierter Studenten einen geplanten und entsprechend artikulierten Bedarf gar nicht oder - etwa auf Grund fehlender Qualität bei diplomierten Absolventen - nur unzureichend befriedigen zu können. Andererseits bedeuteten die geringen Studentenzahlen mit klarer Zielorientierung in der Ausbildung ein hohes Maß an Intensität und Systematik bei der individuellen Studiengestaltung.
Im Ergebnis der III. Hochschulreform ist seit Ende der sechziger Jahre die altorientalistische Ausbildung am Wissenschaftsbereich Orientalische Archäologie an der Sektion Orient- und Altertumswissenschaften der MLU Halle-Wittenberg konzentriert worden, und zwar mit dem Lehrgebiet "Archäologie und Kunstgeschichte der gewählten Region" zur Ausbildung in der Fachrichtung Orientar-

---

des Lehrplanes bestimmte Intentionen der mit diesem Lehrbuch verbundenen Lehrinhalte revidiert worden zu sein, u.a. auch bezüglich des Alten Orients; vgl. von Staehr (1991): 147f.

[328] Vgl. Herrmann (1989c): 85 Anm. 40.

[329] Vgl. für den Alten Orient Neumann (1985): 769-772.

[330] Zusätzliche Einsatzmöglichkeiten ergaben sich auch in Bibliotheken und im Bereich des Verlagswesens.

chäologie im Rahmen der Grundstudienrichtung Regionalwissenschaften.[331] Der in diesem Zusammenhang verwendete Begriff "Orientalische Archäologie" umfaßte im einzelnen folgende regionale Ausrichtungen: Mesopotamien, Kleinasien und Kaukasien, Palästina, Syrien und Altarabien, Ägypten und Sudan, Byzanz und nichtislamischer Orient, Iran, Mittel- und Zentralasien, Afrika, Islamische Staaten und Kulturen, Südasien, Südostasien, Ostasien.[332] Altorientalische Philologien waren im Rahmen dieser Strukturen nicht vorgesehen, was vor allem unter dem Gesichtspunkt fehlender Ausbildungsmöglichkeiten an anderen Universitäten, insbesondere hinsichtlich der Keilschriftwissenschaften, auf Grund der jeweils durch die III. Hochschulreform vorgegebenen Strukturen problematisch war. Eine philologische Ausbildung in Halle/S. mit eigenen Fachkräften war nur in den Bereichen der Indologie, Semitistik und Islamwissenschaften möglich. Da in der Praxis jedoch ein Bedarf an philologisch ausgebildeten Absolventen bestand, konnten entsprechende Ausbildungsgänge nur durch Kooperation mit den Philologen anderer Wissenschaftseinrichtungen durchgeführt werden. Dies wiederum war nur durch eine recht freie Auslegung der vom MHF vorgegebenen Strukturen hinsichtlich der Studienplangestaltung möglich, was im Rahmen des Ausbildungsgangs "Orientarchäologie" an der MLU auch praktiziert wurde. Bei der Ausbildung von Archäologen mit spezieller philologischer Ausrichtung sowie in bezug auf die Einführung in altorientalische Philologien für vor allem archäologisch orientierte Absolventen kooperierte man in folgenden Bereichen mit auswärtigen Fachkollegen: Ägyptologie (KMU, HUB), Keilschriftsprachen (KMU, FSU, ZI AGA),[333] Turksprachen und iranische Sprachen (HUB, ZI AGA), Chinesisch und Mongolisch (HUB, KMU). Grundlage für die jeweilige Ausbildung waren individuelle Studienpläne, untersetzt mit Zusatzstudien- und Weiterbildungsmöglichkeiten in der UdSSR und China[334] sowie durch Grabungsteilnahme in der DDR, Bulgarien und der UdSSR bzw. Praktika im ZI AGA und an verschiedenen Museen. Letzteres erfolgte vor allem auch unter dem Gesichtspunkt des späteren Einsatzortes nach Abschluß des Studiums.

Neben dieser durch die Konzentrationsbeschlüsse der III. Hochschulreform bedingten Konstruktion altorientalistischer Ausbildung in der DDR gab es in den siebziger und achtziger Jahren eine Reihe von Ausnahmeregelungen und das

---

331 Vgl. Studienplan (1983).

332 Vgl. Lehrprogramm (1978): 5.

333 Zeitweilig wirkte in individuellem Rahmen an dieser Ausbildung auch der in München lehrende und forschende Keilschriftrechtshistoriker H.P.H. Petschow mit, der auf Grund besonderer Vereinbarungen mit der KMU von 1960 bis 1978 in Leipzig als Gastprofessor tätig war; vgl. Müller (1994): 348.

334 Vgl. Brentjes (1987c): 92f.

Ausbildungssystem modifizierende Entwicklungen. So fand die ägyptologische Fachausbildung nach wie vor an der HUB statt, zum Teil unter Mitwirkung von Ägyptologen des ZI AGA, der Staatlichen Museen und der KMU. Dagegen wurden in letztgenannter Institution, nachdem die noch "von Morenz betreute Studentengeneration ihr Studium abgeschlossen hat(te), ... keine Hauptfachägyptologen mehr ausgebildet, sondern Vorlesungen für Studierende anderer Fachrichtungen und Sektionen gehalten und Lehraufträge für Ägyptologiestudenten an den Universitäten Berlin und Halle/S. wahrgenommen".[335] Im Jahre 1986 wurde der ägyptologische Lehrstuhl in Leipzig reinstalliert,[336] allerdings zunächst ohne die Möglichkeit, Hauptfachstudenten der Ägyptologie auszubilden. Ab 1987 konnten Forschungsstudenten, also bereits diplomierte Absolventen, an der KMU zur Promotion geführt werden.[337] Erst für die im Herbstsemester 1988/89 in Berlin immatrikulierten Ägyptologiestudenten war ein Hochschulwechsel geplant, der vorsah, daß diese Studenten nach dem 3. Studienjahr im Herbstsemester 1991/92 und Sommersemester 1992 am Bereich Ägyptologie der KMU "geschlossen ihre Ausbildung fortsetzen". Von den Berliner Studenten sollten dann zwei "auch im 5. Stdj. in Leipzig verbleiben, dort zum Diplom geführt und bei entsprechender Eignung in das Forschungsstudium übernommen werden."[338]
Im Bereich der Keilschriftwissenschaften konnte - wie bereits angedeutet - die Ausbildung in Halle/S. nur durch Wissenschaftler der KMU, FSU und des ZI AGA im Rahmen des Ausbildungsgangs "Orientarchäologie" vorgenommen werden. In einem Memorandum von 1977 an das MHF (über den Wissenschaftlichen Beirat für Altertumswissenschaften beim MHF) hatte der zuständige Fachvertreter aus Jena bereits darauf hingewiesen, daß die altorientalischen Philologien als selbständige Disziplinen zu betrachten sind, denen durch entsprechende Studienpläne bzw. -gänge Rechnung getragen werden muß.[339] Dieser Vorstoß in Richtung eigenständiger Ausbildung im Bereich der Keilschriftwissenschaften blieb jedoch zunächst erfolglos.[340] Erst gegen Ende der achtziger

335 Blumenthal (1985a): 588.

336 Vgl. Blumenthal (1986): 112.

337 Vgl. Blumenthal (1987): 121 sowie die Qualifikationsarbeit von Köpstein (1991).

338 Endesfelder (1988a): 73.

339 J. Oelsner, Zur gegenwärtigen Situation der altorientalistischen philologischen Spezialdisziplinen in der DDR, mit Schreiben vom 16.11.1977 an den Vorsitzenden des Wissenschaftlichen Beirats für Altertumswissenschaften beim MHF, H. Gericke, versandt, der seinerseits in einem Antwortbrief vom 30.11.1977 die Weiterleitung des Memorandums an das MHF/Abt. Gesellschaftswissenschaften zusagte.

340 In dieselbe Richtung weisen auch die in der Folgezeit für den Wissenschaftlichen Beirat verfaßten Memoranden: vgl. etwa J. Oelsner, Zu: Analyse der Lage der Alter-

Jahre kam es zu einem Beschluß, die Ausbildung in den Keilschriftwissenschaften ab 1990 an der FSU beginnen zu lassen.
Gleichfalls in die ausgehenden siebziger Jahre datieren die Bemühungen der Sektion Asienwissenschaften an der HUB, die Keilschriftwissenschaften und Vorderasiatische Archäologie unter der Bezeichnung "Altertumswissenschaften Westasien" an der HUB zu etablieren. Grundlage hierfür waren der in dieser Richtung artikulierte Personalbedarf des ZI AGA und der Staatlichen Museen zu Berlin sowie das Bestreben der Sektion, die vorderasiatischen Altertumswissenschaften an der Berliner Universität "nach Jahrzehnten der Unterbrechung als Bestandteil der Westasienwissenschaften wieder zu entwickeln und als Lehr- und Forschungsgebiet neu aufzubauen".[341] In der Argumentation hierzu berief man sich gegenüber dem MHF ausdrücklich auf die Anweisungen des Ministers für Hoch- und Fachschulwesen zur Förderung ausgewählter gesellschaftswissenschaftlicher Fächer an den Universitäten und Hochschulen aus den Jahren 1971 und 1975.[342] So sollte "der Lehrstuhl für westasiatische Altertumskunde dem Bereich Westasien beigeordnet" werden. Zugleich war "die Gründung eines Wissenschaftsgebietes 'Sprachen, Geschichte und Kulturen des Alten Vorderen Orient' vorgesehen".[343] Als erster Schritt zur Realisierung der Ministeranweisung

---

tumswissenschaften im Hochschulwesen der DDR - Bereich Orientalische Philologien; ders., Zu Situation und Perspektiven der Altorientalistik in der DDR, speziell zu den philologischen Spezialdisziplinen; ders., Zur gegenwärtigen Situation der altorientalischen Philologie (Vorderasien) in der DDR und zur weiteren Entwicklung bis 2000 und darüber hinaus (1987). Entsprechendes findet sich dann auch in dem "Entwurf einer Empfehlung der wissenschaftlichen Beiräte für Altertumswissenschaften und für Asien-, Afrika- und Lateinamerikawissenschaften an den Minister für Hoch- und Fachschulwesen der DDR zur weiteren Entwicklung der orientalischen Altertumswissenschaften an den Universitäten der DDR" vom 10.9.1987. In der Stellungnahme von Altorientalisten zur "Konzeption zur weiteren Entwicklung der Orientalischen Altertumswissenschaften im Hochschulwesen der DDR bis 1995 und darüber hinaus" des MHF aus dem Jahre 1988 (s. oben mit Anm. 119) heißt es, daß "alle konsultierten Fachkollegen ... nachdrücklich die Einrichtung (im Grunde genommen Wiedereinrichtung) eines Lehrstuhls für Keilschriftwissenschaften (Assyriologie) in der DDR (empfehlen)".

341 D. Weidemann, Memorandum zur Entwicklung der Altertumswissenschaften Westasien an der Sektion Asienwissenschaften der Humboldt-Universität Berlin von 1981, gerichtet an den stellv. Minister für Hoch- und Fachschulwesen.

342 Insgesamt gab es vier derartige Anweisungen zur weiteren Entwicklung ausgewählter gesellschaftswissenschaftlicher Gebiete an den Universitäten; die letzte datiert vom 17.5.1988.

343 D. Weidemann, Memorandum zur Entwicklung der Altertumswissenschaften West-

wurde die seit 1976 durch einen Keilschriftwissenschaftler des ZI AGA wahrgenommene Honorarprofessur für Assyriologie betrachtet.[344] Im Ergebnis der Bemühungen der HUB-Sektion, nicht zuletzt im Zusammenhang mit einer Beratung der Vorstände der Wissenschaftlichen Beiräte für Altertumswissenschaften und Asien-, Afrika- und Lateinamerikawissenschaften am 17.1.1980 in Halle/S., kam es im Herbstsemester 1980/81 an der HUB zur Immatrikulation von Studenten für die Altertumswissenschaften Westasien (Assyriologie, Vorderasiatische Archäologie und Altiranistik). Getragen wurde die disziplinspezifische Ausbildung, deren Basis Sonderstudienpläne im Rahmen der Regionalwissenschaften bildeten, vor allem von Fachvertretern der KMU, des ZI AGA, der FSU und der Staatlichen Museen zu Berlin. Als Leiter des Lehrkollektivs fungierte der Keilschriftwissenschaftler von der KMU.[345] Während die Ausbildung in den Keilschriftwissenschaften, der Vorderasiatischen Archäologie und der Iranistik in der zweiten Hälfte der achtziger Jahre abgeschlossen werden konnte, war eine personelle Verankerung der Keilschriftwissenschaften mit einem hauptamtlich an der HUB tätigen Fachvertreter nicht erreicht worden, so daß die Perspektiven dieses Faches an der HUB ungewiß blieben.

Die Ausbildung auf dem Gebiet der älteren indischen Geschichte, Kultur und Sprachen erfolgte an der MLU und - vor allem seit den ausgehenden siebziger Jahren[346] - an der HUB, in letzterem Falle vor allem mit Blick auf den Personalbedarf am ZI AGA, aber auch hinsichtlich des notwendigen Nachwuchses im Bereich der HUB selbst. Entsprechende Aktivitäten sind für die achtziger Jahre ansatzweise auch hinsichtlich der Alt-Sinologie an der HUB zu verzeichnen.[347] In Halle/S. an der MLU erfolgte die Ausbildung einer Spezialistin für chinesische Archäologie. An der KMU war eine indologische und sinologische Ausbildung

---

asien an der Sektion Asienwissenschaften der Humboldt-Universität Berlin von 1981, gerichtet an den stellv. Minister für Hoch- und Fachschulwesen.

344 Vgl. ebenda.

345 Die Etablierung der Keilschriftwissenschaften als Ausbildungsrichtung an der KMU ist zwar - nicht zuletzt unter Hinweis auf die entsprechenden Leipziger Traditionen und die Verfügbarkeit von Assyriologen in Leipzig - mehrfach gefordert, aber nie realisiert worden. Entsprechende Hinweise finden sich z.B. bei M. Müller, Stellungnahme zur Frage, ob ab Sept. '81 in Leipzig eine Ausbildung in Keilschriftwissenschaften beginnen sollte, vom 18.8.1981, gerichtet an den Leiter des Lehr- und Forschungsbereiches Nordafrika/Nahost, W. Reuschel; Schreiben des Direktors der Sektion Afrika- und Nahostwissenschaften, G. Kück, an den Rektor der KMU, L. Rathmann, vom 23.5.1986.

346 Vgl. oben mit Anm. 34, sowie folgende Qualifikationsarbeiten: Schmiedchen (1994); Virkus (1995).

347 Vgl. oben mit Anm. 36.

auf Grund der Konzentrationsbeschlüsse im Zuge der III. Hochschulreform nicht möglich, jedoch wurden hier gegen Ende der achtziger Jahre seitens der jeweiligen Fachvertreter, die inzwischen zu Professoren ernannt worden waren, diplomierte Absolventen im Rahmen von Aspiranturen betreut.[348]
Ein besonderes Problem stellte die Nachwuchssicherung für die am ZI AGA betriebenen Arbeiten im Rahmen der Turfanforschung dar. Eine entsprechende Spezialausbildung erfolgte an der HUB auf der Basis von Sonderstudienplänen für das Alttürkische im Rahmen der Turkologie[349] und für die alt- und mitteliranischen Sprachen im Rahmen der Iranistik[350]. Die Fachausbildung wurde hier von Mitarbeitern des ZI AGA vorgenommen.
Die Nachwuchsproblematik beschäftigte mit Sicht auf die neunziger Jahre und darüber hinaus mehrmals den Wissenschaftlichen Rat für Archäologie und Alte Geschichte, da sich gegen Ende der achtziger Jahre empfindliche und kaum noch zu schließende Lücken in verschiedenen Disziplinen abzuzeichnen begannen. So heißt es hierzu in einer Stellungnahme aus dem Jahre 1988, daß sich "größere Schwierigkeiten ... nach dem jetzigen Stand in bezug auf die klassische Philologie und bei einer Reihe von Orientalischen Altertumswissenschaften (ergeben). Hinzu treten Spezialdisziplinen, wie bspw. die Altsinologie und Altamerikanistik, deren Bedürfnisse noch einer detaillierteren Planung unterliegen sollten. Für alle Altertumswissenschaften müssen auf Basis der erarbeiteten Dokumente jetzt konkrete Möglichkeiten der Ausbildung und Förderung geeigneter Kader abgestimmt und realisiert werden".[351] Ein Jahr später standen die Nachwuchsentwicklung und -förderung im Bereich der Altertumswissenschaften wieder auf der Tagesordnung einer Ratssitzung. Besonders hervorgehoben wurde in diesem Zusammenhang:
"- die notwendige Verbesserung der Zusammenarbeit mit dem Ministerium für Volksbildung durch eine Vertiefung der Arbeit in der Lehrerweiterbildung und das Schaffen von Voraussetzungen zur Information interessierter Schüler;
- die Ausnutzung der vom MHF geschaffenen Rahmenbedingungen für die Ausbildung geeigneter Studenten;
- die Ausbildung in Breite und Spitze zu fördern, d.h. einschließlich des Nutzens

[348] Vgl. oben unter 2.2, sowie die Qualifikationsarbeiten von Göhler (1989), Graff (1990) und Wagner (1992).

[349] Vgl. die aus einer entsprechenden Qualifikationsarbeit hervorgegangene Publikation Raschmann (1995a).

[350] Vgl. in diesem Zusammenhang folgende Qualifikationsarbeiten: Reck (1991); Colditz (1994).

[351] Wissenschaftlicher Rat für Archäologie und Alte Geschichte. Protokoll der Ratssitzung vom 4.5.1988. Vgl. auch Brentjes (1988e): 5, der von einem "befürchteten Rückschlag für unsere Wissenschaften in den 90er Jahren" sprach.

von Arbeitsmöglichkeiten für die Studenten, die nach dem Studium nicht in erster Linie für wissenschaftliche Tätigkeit geeignet sind."[352]
Ferner wurde beschlossen, in Verantwortung des Rates ein Informationsmaterial zu erstellen, "das bis zum Jahr 2000 die Möglichkeiten für Studiengänge in den interessierenden Richtungen und die Studienorte nachweist".[353]
Was die "vom MHF geschaffenen Rahmenbedingungen für die Ausbildung geeigneter Studenten" betrifft, so ist in diesem Zusammenhang aus orientalistischer Sicht vor allem auf die Ende 1988 "von der Abteilung Philosophisch-historische Wissenschaften im MHF im Zusammenwirken mit den Wissenschaftlichen Beiräten für Asien-, Afrika- und Lateinamerikawissenschaften sowie Altertumswissenschaften" erarbeitete "Konzeption zur weiteren Entwicklung der Orientalischen Altertumswissenschaften im Hochschulwesen der DDR bis 1995 und darüber hinaus" zu verweisen.[354] Angesichts der sich abzeichnenden Probleme in der Nachwuchsentwicklung sollten damit Maßnahmen zur Förderung altorientalistischer Forschungs- und Ausbildungskapazitäten an den Universitäten initiiert werden (Wieder- und Neubesetzung von Professuren, Dozenturen und Mitarbeiterstellen; Festlegung von Zulassungszahlen für altorientalistische Studiengänge; Nachwuchsförderung; Verbesserung der materiell-technischen Ausstattung und der Dokumentation und Information). Dabei war man sich in Fachkreisen bewußt, daß "der Rahmenstudienplan von 1983[355] ... den aktuellen Anforderungen, die sich aus der gesellschaftlichen Praxis und dem neuen Absolventenbild ergeben, nicht mehr gerecht" wurde. Er sollte "nicht nur im Detail überarbeitet, sondern grundsätzlich neu konzipiert werden und so flexibel sein, daß er den Besonderheiten der verschiedenen regionalwissenschaftlichen Sektionen und Fachrichtungen Rechnung trägt".[356] Die Ausarbeitung eines neuen Studienplans für Regionalwissenschaften mit Alternativen für die einzelnen regionalwissenschaftlichen Sektionen an den Universitäten wurde für den Anfang der neunziger Jahre in Aussicht genommen.

---

[352] Wissenschaftlicher Rat für Archäologie und Alte Geschichte. Kurzprotokoll der Ratstagung vom 20./21.3.1989.

[353] Ebenda.

[354] Dazu gab es auch eine gesonderte Stellungnahme von Altorientalisten; s. oben mit Anm. 119.

[355] S. oben mit Anm. 331.

[356] Rolle und Aufgaben der Geschichtswissenschaften im Rahmen der Regionalwissenschaften (Thesen), Juni 1988, erarbeitet von der "Zeitweiligen Kommission Geschichtswissenschaften" des Wissenschaftlichen Beirats für Asien-, Afrika und Lateinamerikawissenschaften beim MHF.

Neben den im Fachstudium enthaltenen Bildungs- und Fördermaßnahmen, wie den Sonderstudienplänen und Grabungs- bzw. Museumspraktika, gab es eine Reihe von zusätzlichen Aktivitäten zur Förderung des wissenschaftlichen Nachwuchses im Bereich der Universitäten und der AdW. Im Universitätsrahmen waren dies vor allem thematisch ausgerichtete Studentenkonferenzen, wie z.B. die 1982 in Halle/S. durchgeführte altertumswissenschaftliche Tagung zu Problemen früher Sozialstrukturen[357] sowie die 1989 ebenfalls in Halle/S. veranstaltete Konferenz zur halleschen Missionstätigkeit in Indien und Amerika[358], und sog. Jugendobjekte. Bei letzteren handelte es sich - bezogen auf die Altorientalistik - z.B. um die konzeptionelle und gestalterische Neuordnung des Archäologischen Museums der MLU Halle-Wittenberg, verbunden mit der Erarbeitung eines Sammlungsführers, durch die Studenten und Teile des Lehrkörpers der Sektion Orient- und Altertumswissenschaften in den Jahren 1972/73[359] sowie um die in Verantwortung des Wissenschaftsbereiches Orientalische Archäologie der MLU in den achtziger Jahren von Studenten in Angriff genommene "Erfassung und Bearbeitung unpublizierter Orientalia in Sammlungen der DDR"[360]. Um insbesondere den Studenten der Orientarchäologie die Möglichkeit zur Publikation erster eigener Arbeitsergebnisse zu geben, wurde im Zusammenhang mit diesem Jugendobjekt eine selbständige, im Eigenverlag herausgegebene Reihe "Orientalia" ins Leben gerufen.[361]

Im Rahmen des ZI AGA wurden 1979, 1981 und 1987 spezielle Kolloquien junger Wissenschaftler archäologischer und althistorischer Disziplinen der DDR veranstaltet, nicht zuletzt um sich auch "in einer geeigneten Form über Stand und Probleme wissenschaftlicher Graduierungsarbeiten sowie beginnender längerfristiger Forschungstätigkeit zu informieren, um damit gleichzeitig Anregungen zu

---

[357] Vgl. Pietruschka (1983): 757f. Eine "II. Altertumswissenschaftliche Konferenz für Studenten und junge Wissenschaftler" zum Thema "Gesellschaft, Kunst und Literatur in den Kulturen des Alten Orients und der Klassischen Antike", organisiert im Rahmen der Sektion Orient- und Altertumswissenschaften der MLU, fand im März 1990 statt; vgl. Berling (1990a) und (1990b).

[358] Vgl. Mode, H. (1991).

[359] Vgl. Gericke (1973): 54; Neumann (1991a): 67, sowie oben Anm. 71. Jüngste Publikationen, die auch die seinerzeitige Neuordnung der Sammlung im Blick haben, erwähnen die hier beschriebenen Aktivitäten mit keinem Wort; vgl. Vahlen (1991b): 21f.; dies. (1991a).

[360] Vgl. Brentjes (1986b): 84; ders. (1987c): 92; Voigt et al. (1989): 794, sowie vor allem Brentjes/Frotscher (1987).

[361] Zwischen 1987-1991 sind fünf Hefte erschienen.

vermitteln und solche für die eigene Arbeit aufzunehmen"[362]. Thematisch befaßten sich die Kolloquien, an denen auch Altorientalisten beteiligt waren und deren Ergebnisse in eigenen Publikationen zusammengefaßt worden sind, mit der "Rolle der Eigentumsverhältnisse in vorkapitalistischer Zeit", mit "Quellen und ihre Aussagefähigkeit - methodologische Probleme der sozialökonomischen Auswertbarkeit verschiedener Quellengattungen"[363] sowie mit der "Ausprägung und Entwicklung sozialer Differenzierung in vorkapitalistischen Gesellschaften - Klassen und historische Triebkräfte"[364]. Letztere Veranstaltung wurde am ZI AGA im Rahmen einer speziellen Arbeitsgruppe vorbereitet, die in begrifflicher Anlehnung an Strukturen in den Bereichen der Industrie- und Naturwissenschaftsforschung "Jugendforscherkollektiv" hieß.[365] Ein derartiges Jugendforscherkollektiv war es auch, das unter maßgeblicher Teilnahme jüngerer Altorientalisten Mitte der achtziger Jahre das Z-Planprojekt "Jugendlexikon Archäologie" erarbeitet und redaktionell betreut hatte.[366]

3 Strukturen und Forschungen nach 1990

3.1 Vorstellungen und Konzeptionen in der Umbruchsphase

Mit den gesellschaftspolitischen Umbrüchen in der DDR im Herbst 1989 setzten auch an den altertumswissenschaftlichen und orientalistischen Institutionen entsprechende Diskussionen mit gesellschafts- und wissenschaftspolitischer Relevanz ein. Diese waren u.a. darauf gerichtet, Forschungsplanung und -tätigkeit zu demokratisieren, sich von administrativen und intellektuellen Einengungen zu befreien sowie Vorschläge hinsichtlich des Neu- bzw. Wiederaufbaus vernachlässigter Wissenschaftsdisziplinen und Forschungsfelder sowohl in struktureller

---

[362] Henning (1983): 7.

[363] Vgl. Schultze/Brandes (1983).

[364] Vgl. Ausprägung und Entwicklung (1988).

[365] Grundlage der Bildung von Jugendforscherkollektiven waren spezielle Vereinbarungen zwischen der Institutsleitung und dem (bzw. den) Kollektivleiter(n), die vor allem die personellen und materiellen Rahmenbedingungen der Kollektivarbeit festlegten; vgl. die Vereinbarung über ein Jugendforscherkollektiv zum Thema - "Entwicklung und Ausprägung sozialer Differenzierung in vorkapitalistischen Gesellschaften - Klassen und historische Triebkräfte" vom 13.10.1986.

[366] Vgl. Herrmann/Voos (1988); zu den jugend- und bildungspolitischen Implikationen (Teilnahme an der "Zentralen Messe der Meister von Morgen" und Auszeichnung durch die Urania) vgl. Herrmann (1987b): 13.

als auch in inhaltlicher Hinsicht zu unterbreiten. Dies führte im Ergebnis zu verschiedenen Ausarbeitungen und Memoranden, die aber nur zum Teil im Prozeß der mit der Einheit Deutschlands einsetzenden Umstrukturierung der ostdeutschen Wissenschaftslandschaft Berücksichtigung fanden, was sich auch für die altorientalistischen Bereiche feststellen läßt.

Noch im März 1990 ging man seitens der Leitung des ZI AGA an der AdW von der Weiterexistenz eines integrierten Zentralinstituts aus, das "in seiner Komplexität ... über ein in dieser Form einzigartiges Forschungspotential der Ur- und Frühgeschichte, der Altorientalistik und der Griechisch-römischen Altertumswissenschaft (verfügt)"[367]. Bezüglich des Forschungspotentials und der Forschungsperspektiven auf dem Gebiet der Altorientalistik wurden in diesem Zusammenhang programmatisch in Auswahl genannt:

I. *Corpora und Editionen* (VS auf der Basis eines Kooperationsvertrages mit den Staatlichen Museen zu Berlin; BTT; Wörterbuch der Ägyptischen Sprache; Archaeological Map of the Sudan);

II. *Disziplinär orientierte Forschungen* (Königspyramiden von Meroe; Ausgrabungen in Tell Basta/AR Ägypten; Feldforschungen in der Syrischen AR; Forschungen zum Weltbild der Indoarier; Chang'an - Metropole Ostasiens und Weltstadt des Mittelalters; Untersuchungen zu soziopolitischen Strukturen der Ureinwohner Amerikas und deren kulturellen Manifestationen; Andine Archäologie).[368]

Hinsichtlich der interdisziplinären und integrativen Aufgaben waren für die Altorientalistik gleichfalls relevant:

- Menschheitsgeschichte bis zur Herausbildung des Feudalismus (in Verbindung mit dem Programm der UNESCO);
- Regionale Kulturgeschichten (Zentral- und Ostasien, Afrika, Lateinamerika);
- Religionen des vorchristlichen Orients (vergleichende Darstellungen der Religionen Ägyptens und Vorderasiens, Irans und Mittelasiens sowie Süd- und Ostasiens);
- Weltkongreß für Keilschriftforschung und Vorderasiatische Archäologie 1994.[369]

Zu Beginn des Monats Juni 1990, als bereits klar war, daß es zur Einheit Deutschlands und damit zu einer vereinigten Wissenschaftslandschaft kommen würde, ging man im Bereich Alter Orient des ZI AGA für die Jahre 1991/92 von vier tragenden Forschungssäulen auf dem Gebiet der Altorientalistik in einem weiterbestehenden Zentralinstitut aus: "Ägyptisches Wörterbuch, die Edition der

---

[367] Zentralinstitut für Alte Geschichte und Archäologie. Forschungspotential und Forschungsperspektiven (Entwurf, März 1990).

[368] Ebenda.

[369] Ebenda.

Keilschrifturkunden, die Zentralasienforschung (Turfansammlung) sowie eine Arbeitsgruppe Archäologie und Bauforschung"[370]. Aber gerade die weitere Existenz des Zentralinstituts wurde von den Mitarbeitern der Griechisch-römischen Altertumskunde in Frage gestellt, da sie glaubten, "daß die Fachinteressen in eigener Verantwortung besser vertreten werden können, als es im Rahmen des ZI in den vergangenen 20 Jahren der Fall gewesen ist ... ", zumal "Gespräche mit Fachleuten in der BRD ... zu dem Eindruck geführt (haben), daß eine Einrichtung wie das ZI weder nach Zusammensetzung noch nach Größe in der 'Wissenschaftslandschaft' eines vereinigten Deutschland Aussicht zu überleben hat ... ; die Frage, ob die Existenz des Alten Orients und der Ur- und Frühgeschichte vom Verbleib des Griechisch-römischen Altertums im ZI abhängt, konnte nicht abschließend diskutiert werden"[371]. Auf genau diese Haltung nahm später dann auch der Wissenschaftsrat in seiner Stellungnahme zum ZI Bezug, indem er darauf hinwies, daß "seit Ende 1989 ... die im Institut bestehenden zentrifugalen Tendenzen zwischen den einzelnen Wissenschaftsbereichen, Projektgruppen und Einzelwissenschaftlern offener hervorgetreten (sind), was sich u.a. auch in der Konzeption der Bereiche griechisch-römische Geschichte/Kulturgeschichte für ein eigenes Institut niedergeschlagen hat."[372]

Im Verlaufe des Jahres 1990 erwies es sich also, daß für ein inter- bzw. multidisziplinäres Institut mit integrativen Projekten immer mehr der Boden entzogen wurde,[373] so daß die Altorientalistik am ZI AGA der AdW darauf baute, ihre "Arbeit künftig an der Gelehrtengesellschaft im Rahmen einer 'Altorientalischen Kommission' (mit Teilkommissionen zur Herausgabe des Ägyptischen Wörterbuches sowie für orientalische Epigraphik und Turfanforschung) fortzusetzen,

---

370 Protokoll der Sitzung des Wissenschaftlichen Rates des ZI AGA vom 3.6.1990.

371 Kurzprotokoll der Sitzung des Wissenschaftlichen Rates des ZI AGA vom 26.6.1990.

372 Wissenschaftsrat (1991): 239.

373 In bezug auf die "Geistes- und Sozialwissenschaften" der AdW scheinen hier die künftigen Grundlinien auch von regierungsamtlicher Seite spätestens seit Mitte des Jahres 1990 bereits vorgezeichnet gewesen zu sein; so wurde festgestellt, daß "der Einfluß der marxistisch-leninistischen Denk- und Arbeitsrichtungen ... durch inhaltliche, personelle und strukturelle Veränderungen ausgeschaltet werden (muß). Die in dieser Sektion beheimateten deutschen akademischen Traditionsunternehmungen (Editionen) sollten im Zusammenhang mit der Schaffung einer eigenständigen Gelehrtengesellschaft bald ausgegliedert werden." (Dokument aus dem Wissenschaftsministerium der de Maizière-Regierung. Minister für Forschung und Technologie Frank Terpe. In: Richter (1993): 57).

sowohl hinsichtlich der texteditorischen und Wörterbucharbeit als auch der auswertenden Studien"[374].

Mit Blick auf die sich mit der Einheit Deutschlands (und damit Berlins) abzeichnende und vollziehende Entwicklung einer einheitlichen Forschungs- und Hochschullandschaft in Berlin verstärkten sich seit der zweiten Jahreshälfte 1990 die Bemühungen, mit den entsprechenden Fachvertretern in Westberlin zu Absprachen hinsichtlich zukünftiger altorientalistischer Forschung und Lehre zu kommen. Bezüglich der Altorientalistik[375] an der AdW ging ein Memorandum vom September 1990 noch davon aus, daß "aufgrund der einmaligen politischen Situation ... sich gegenwärtig eine Möglichkeit (bietet), bisher in Deutschland nicht beschrittene Wege der Forschungsförderung und Forschungsorganisation zu gehen", was konkret bedeutet hätte, daß man mit der Altorientalistik im Rahmen eines Forschungsinstituts "im Einklang mit bewährten Organisationsformen außeruniversitärer Forschung im Bereich der Geisteswissenschaften (stünde), wie wir sie in Frankreich im CNRS und in Italien im CNR finden", während "eine vergleichbare Organisation geisteswissenschaftlicher Forschung auf institutioneller Basis außerhalb von Universitäten ... es bisher in Deutschland erst in Ansätzen (gibt)"[376]. Da sich allerdings bereits recht bald abzeichnete, daß es einen derartigen institutionellen Rahmen für die gesamte Altorientalistik an der AdW nicht mehr geben würde, wie es sich mit den Empfehlungen des Wissenschaftsrates zur Auflösung des ZI AGA dann auch manifestierte,[377] wurden Überlegungen zur Einbindung der altorientalistischen AdW-Forschungen in den Hochschulbereich von Berlin angestellt. Diese reichten von einer Verstärkung der Alten Geschichte an der HUB durch Einbeziehung der altorientalistischen historischen Forschung und Lehre in den entsprechenden strukturellen und inhaltlichen Rahmen[378] bis zur Entwicklung eines Curriculums "Orientalische Geschichte" bzw. "Geschichte Asiens und Afrikas" in Berlin, vor allem basierend auf den personellen Kapazitäten an der HUB und der AdW.[379] Mit Blick auf die vom Wissenschaftsrat 1992 verabschiedeten Empfehlungen zu den Geisteswissen-

---

[374] Brief des Bereichsleiters und der Forschungsgruppenleiter des Bereichs Alter Orient (H. Klengel, W.F. Reineke, H. Neumann, P. Zieme, W. Sundermann [i.V.]) an den Präsidenten der AdW der DDR vom 21.9.1990.

[375] Gemeint ist hier die archäologische und philologische Forschung zu Geschichte, Sprachen und Kultur des alten Vorderen Orients.

[376] J. Renger, Memorandum zur Situation der Altorientalistik in Berlin vom 20.9.1990.

[377] Vgl. Wissenschaftsrat (1991): 222-249.

[378] Vgl. H. Klengel - A. Jähne, Vorschlag zur künftigen Stellung der Alten Geschichte an der Humboldt-Universität vom 17.1.1991.

[379] Vorlagen und briefliche Vorschläge von J. Renger vom Sept. 1990 und Jan. 1991.

schaften an den Universitäten der neuen Länder,[380] die für Berlin "einen Forschungs- und Studienschwerpunkt 'Alte Welt' unter Einschluß von Alt-Syrien, Israel, Ägypten, Kleinasien, Sudan, Mesopotamien und Persien inklusive der entsprechenden Sprachen" vorsahen, ist in den Empfehlungen der Landeshochschulstrukturkommission Berlin vom 25.9.1992 auf "ein solches nach Osten erweitertes Konzept von 'Alter Geschichte'" noch einmal ausdrücklich Bezug genommen worden, da dieses Konzept "dem z.B. in den USA und in Israel praktizierten Verständnis des Faches (entspräche) und ... die Einbindung einer Reihe von Forschergruppen der ehemaligen AdW in den Lehrbetrieb ermöglichen (würde)"[381], letzteres nicht zuletzt unter Hinweis darauf, daß "noch ein gewisses Potential der ehemaligen Akademie der Wissenschaften (AdW) der DDR vorhanden ist, etwa für die Altorientalistik, im Rahmen des Wissenschaftler-Integrationsprogramms vorläufig (und ohne Aussicht auf eine Dauerlösung) an der FU angesiedelt und historisch orientiert".[382]

An der Universität Leipzig, wo der orientalistische Fächerkanon durch die Konzentrationsbeschlüsse im Zuge der III. Hochschulreform zugunsten eines in extremer Weise betriebenen Auf- und Ausbaus der modernen Orientwissenschaften strukturell und personell in starkem Maße in den Hintergrund gedrängt worden war, hatte man im Oktober 1990 ein Strukturmodell für einen künftigen Fachbereich Orientalistik und Afrikanistik als Nachfolgeinstitution der Sektion Afrika- und Nahostwissenschaften entworfen. Dieses Modell sah eine Aufgliederung des Fachbereichs in fünf Institute und ein Seminar (zum Teil auf der Basis bereits bestehender Strukturen bzw. Lehr- und Forschungsgebiete) vor: Orientalisches Institut (Arabistik, Altorientalistik [= Forschungen zu "Sprachen und Literaturen, die politische Geschichte, die Wirtschafts-, Sozial-, Rechts- und Religionsgeschichte des vorhellenistischen Vorderasiens vom Ende des 4. Jt. bis zum 4. Jh. v. Chr. sowie das Weiterleben der babylonischen Kultur im südlichen Irak bis ins 1. Jh. n. Chr."][383], Islamwissenschaft im Nebenfach), Institut für Afrikanistik, Ost- und Südasien-Institut (Klassische und Moderne Sinologie, Indologie, Zentralasienkunde/Tibetologie), Institut für Ethnologie, Ägyptologisches Institut und Ägyptisches Museum, Religionsgeschichtliches Seminar.[384] Darüber hinaus sollten "die die Regionen übergreifenden, stark von den Mutterwissenschaften Ökonomie, Soziologie, Rechtswissenschaft bestimmten Lehrstühle und Lehrgebiete ... aus den Instituten herausgelöst und einer eigenen entwicklungspolitischen Struktur-

---

[380] Vgl. Wissenschaftsrat Pressemitteilung 15/92 vom 3.7.1992.

[381] Empfehlungen (1992): 7.

[382] Empfehlungen (1992): 4.

[383] Strukturmodell (1993): 41.

[384] Vgl. Strukturmodell (1993): 37-43.

einheit zugeordnet werden", namentlich einem interdisziplinären Institut für Entwicklungsstudien.[385]

In Halle/S. wurde am vormaligen Wissenschaftsbereich Orientalische Archäologie im Zusammenhang mit konzeptionellen Überlegungen vom Oktober 1990 davon ausgegangen, daß "die Auffassung der Kultur- und Kunstgeschichte Asiens als einer vielförmigen Einheit in vorkolonialer Zeit" als Konzeption "einen wesentlichen Beitrag zur deutschen Wissenschaft" auf dem Gebiet der orientalischen Altertumskunde darstellt.[386] "Daher sollte der Bereich als Institut erhalten und entsprechend ökonomischer Möglichkeiten als ein Zentralinstitut mit 4 - 5 Professuren für die Hauptgebiete der Archäologie Vorderasiens (einschließlich Kaukasiens), der ägyptischen Archäologie, der Archäologie des Iran und Mittel- und Zentralasiens, der Kunst und Archäologie Indiens und der islamischen Archäologie und Kunst ausgebaut werden."[387] Die Beurteilung dieser dem Vorschlag zugrundeliegenden Konzeption war unterschiedlich. Sie reichte von der Bewertung als "ein Unikum, das anderenorts kaum Entsprechungen hat", daß "die Pläne und Aktivitäten ... in diverseste Richtungen (gehen), wie z.B. Paläoklimatologie, Minderheitensoziologie, Buchmalerei, die, so verdienstvoll und interessant sie im einzelnen auch sein mögen, kein sinnvolles Ganzes ergeben", und daß in Halle/S. "die zukunftsreichsten Projekte dieses 'Fachs' ... im Bereich der zentralasiatischen Archäologie zu liegen (scheinen),"[388] bis zur Betonung des innovativen Ansatzes der orientalischen Archäologie in Halle/S., die "in Kongruenz mit international wissenschaftlichem Standard bewahrt und weitergeführt werden könnte"[389], vor allem auch unter dem Gesichtspunkt der Konzentration und Interdependenz verschiedener archäologisch und kunsthistorisch bestimmter Lehr- und Forschungsinhalte, sowohl den vorislamischen und islamischen Vorderen Orient als auch Mittelasien, Indien und China betreffend.[390] In Richtung letztgenannter Auffassung ging dann auch die Einschätzung des Wissenschaftsrates, der 1992 im Rahmen seiner Empfehlungen zu den Geisteswissenschaften

---

[385] Strukturmodell: 38f.

[386] B. Brentjes, Das Institut für orientalische Archäologie und Kunstgeschichte an der Martin-Luther-Universität Halle-Wittenberg, Memorandum, per Rundschreiben versandt am 29.10.1990.

[387] Ebenda.

[388] Assmann (1993): 87.

[389] Brief des Vorsitzenden der Deutschen Orient-Gesellschaft J. Renger an den Rektor der MLU vom 25.11.1990.

[390] Ebenda.

an den Universitäten der neuen Länder für Halle/S. die Einrichtung des Schwerpunktes "Orientarchäologie" vorschlug.[391]
In die Beschreibung von Vorstellungen und Konzeptionen zur (Alt-)Orientalistik in der Umbruchsphase gehören auch die verschiedenen Bemühungen um die Gründung bzw. Wiederbelebung von orientalistischen Gesellschaften in der DDR in der Zeit 1989/90, die allerdings nicht über erste Gründungsansätze hinausgekommen sind. Dabei handelte es sich vor allem um entsprechende Versuche in Halle/S. und Leipzig zur Neugründung der "Deutschen Morgenländischen Gesellschaft" (DMG) in der DDR[392] sowie in Berlin zur Etablierung einer "Gesellschaft für Orientalistik und Afrikanistik"[393] und eines "Arbeitskreises der Asien-, Afrika- und Lateinamerika-Historiker"[394].

3.2 Akademie und Universitäten nach der Umstrukturierung

Nach den Empfehlungen des Wissenschaftsrates zur Auflösung des ZI AGA und der sich anschließenden Übergangsphase im Prozeß der institutionellen Umstrukturierung im Bereich der AdW[395] sind die Altorientalisten des Bereichs Alter Orient gegenwärtig in unterschiedliche strukturelle Wissenschaftszusammenhänge eingebunden.[396] Die Arbeiten an den Turfantexten werden von ehemaligen ZI AGA-Mitarbeitern an der Berlin-Brandenburgischen Akademie der Wissenschaften (BBAW) im Rahmen des Akademienvorhabens "Turfanforschung" weitergeführt, und zwar unter dem hauptsächlichen Gesichtspunkt der Edition der Texte vor allem in der bereits 1971 begründeten Reihe BTT.[397] Zwei weitere

---

[391] Wissenschaftsrat Pressemitteilung 15/92 vom 3.7.1992.

[392] Rundbrief von W. Reuschel und M. Fleischhammer betr. Gründung einer orientalistischen Gesellschaft vom 19.12.1989.

[393] "Gesellschaft für Orientalistik und Afrikanistik. Satzung" (undatierter Entwurf, bestimmt für die Beschlußfassung auf einer Gründungsversammlung im Jahre 1990).

[394] "Vorschlag zur Bildung eines Arbeitskreises der Asien-, Afrika- und Lateinamerika-Historiker" (undatiert).

[395] Vgl. dazu Mayntz (1994a); Kuczynski et al. (1993): 53-77; Laitko (1997): 55-81.

[396] Auch für die Altorientalistik galt offensichtlich die von J. Kocka hinsichtlich der Geschichtswissenschaft allgemein geäußerte Auffassung, daß es im Zusammenhang mit der Auflösung der AdW-Institute zum 31.12.1991 u.a. um "die Schaffung guter Wieterarbeitschancen für viele qualifizierte Individuen und Gruppen" ging, allerdings "ohne die Einbindung in teils beengende, teils absichernde Kollektive", während "die Fortführung der ostdeutschen Geschichtswissenschaft als mehr oder weniger geschlossenes Teilsystem ... kein Ziel der Neugestaltung sein konnte" (Kocka (1992): 477).

[397] Vgl. Selge (1994): 318-321; ders. (1995): 303-305; Berlin-Brandenburgische

Mitarbeiterinnen der Turkologie bzw. Iranistik sind strukturell und inhaltlich im Projekt "Katalogisierung der Orientalischen Handschriften in Deutschland" in Verantwortung der Akademie der Wissenschaften in Göttingen verankert.[398]
Die vormaligen Mitarbeiter der Forschungsgruppe "Ägypten" des ZI AGA sind dem jetzigen Akademienvorhaben "Altägyptisches Wörterbuch" der BBAW zugeordnet. Dieses Unternehmen geht auf konzeptionelle Überlegungen zurück, die verstärkt bereits seit 1985 mit der Bildung der Wörterbuchkommission unter Leitung von F. Hintze angestellt worden sind.[399] Darauf aufbauend sowie in Richtung Textcorpuserstellung modifiziert, werden heute die entsprechenden Arbeiten durchgeführt.[400] Hinzu kommt die Aufarbeitung der sich beim "Wörterbuch" befindenden archivalischen Materialien.[401] Seit 1993 werden von den Mitarbeitern am Akademienvorhaben "Altägyptisches Wörterbuch" die "Mitteilungen aus der Arbeit am Wörterbuch der ägyptischen Sprache" (MittWB) herausgegeben.[402] Andere, seinerzeit am ZI AGA verankerte Forschungen, wie z.B. auf dem Gebiet der Wissenschafts- und Rechtsentwicklung im alten Ägypten, im Bereich der Demotistik sowie im Rahmen von archäologischen Grabungen u.a.m., sind neben der Wörterbucharbeit gegenwärtig nicht mehr durchführbar. Die Aufarbeitung der im Zusammenhang mit den Feldforschungen im Sudan erzielten Ergebnisse durch den dafür zuständigen ehemaligen Architekten des ZI AGA erfolgt zur Zeit mittels DFG-Förderung.
Die Fachvertreter für Keilschriftwissenschaften, Vorderasiatische Archäologie, Sinologie, Indologie sowie jeweils eine Iranistin und ein Spezialist für Architektur- und Baugeschichte des Bereichs Alter Orient werden gegenwärtig im Rahmen des Wissenschaftler-Integrationsprogramms (WIP) gefördert[403] und sind auf verschiedene Universitäten in Berlin, Potsdam und Leipzig verteilt.[404] In

---

Akademie der Wissenschaften (1995): 54f. Vgl. im vorliegenden Zusammenhang auch Bechert (1993): 3, sowie oben Anm. 141.

398 Zum Projekt vgl. Voigt (1957/58): 67-76; Die Akademie der Wissenschaften in Göttingen (1993): 24f.

399 Vgl. dazu Grunert/Reineke (1992a): 12f.; dies. (1992b): 94-99.

400 Vgl. Schenkel (1994): 154-159; Seidensticker (1994): 295f.; ders. (1995): 279f.; Berlin-Brandenburgische Akademie der Wissenschaften (1995): 20f.

401 Vgl. Köpstein (1994) und (1996).

402 Zwischen 1993 und 1996 erschienen fünf Hefte.

403 Von den beiden Altamerikanisten ist eine Mitarbeiterin an die FU berufen worden, der andere Fachvertreter befindet sich nach längerer Arbeitslosigkeit in der Umschulung.

404 Von den Vorderasiatischen Archäologen konnte inzwischen ein Mitarbeiter eine Stelle am Vorderasiatischen Museum der Staatlichen Museen zu Berlin antreten, wo er u.a. an den zur Zeit in Syrien stattfindenden Ausgrabungen des Museums mitwirkt; zu letzteren vgl. Klengel-Brandt et al. (1996): 33-67. Zu den Grabungen

Berlin handelt es sich dabei um die FU (Keilschriftwissenschaften, Sinologie, Iranistik), die HUB (Vorderasiatische Archäologie/Ur- und Frühgeschichte)[405] und die TU (Sinologie). Im Rahmen des WIP ist an der Universität Potsdam zur Zeit der Spezialist für Architektur- und Baugeschichte beschäftigt, während der Universität Leipzig die WIP-geförderte Indologie angegliedert ist. Die Altorientalisten beteiligen sich in der jeweiligen wissenschaftlichen Struktureinheit an der Lehre und führen in der Regel individuelle Forschungsvorhaben durch.[406] Bei letzteren handelt es sich sowohl um die Weiterführung älterer Projekte als auch um die Bearbeitung neuer Themen, insbesondere auf den Gebieten der Textedition, der altorientalischen Wirtschafts-, Sozial- und Rechtsgeschichte sowie der Geschichte des historischen Denkens.[407] Die wissenschaftlichen Perspektiven der im WIP geförderten Altorientalisten sind mit Blick auf das Auslaufen des Förderprogramms am 31.12.1996 ungewiß und in der Tendenz eher negativ zu beurteilen.[408]

An der HUB wird die ägyptologische und meroitistische Tradition mit dem besonderen Schwerpunkt Sudanarchäologie[409] in personeller Kontinuität, zumindest

---

des Ägyptischen Museums der Staatlichen Museen zu Berlin in Naga (Sudan) vgl. Wildung (1996): 88-90.

[405] Die Mitarbeiterin, E. Lindemeyer, ist Anfang 1996 verstorben.

[406] Ein 1992 geplantes gemeinsames Projekt "Die orientalische Stadt im orientalischen Altertum und frühen Mittelalter" einiger der im WIP geförderten Fachvertreter der Keilschriftwissenschaften, Vorderasiatischen Archäologie, Indologie und Sinologie kam nicht zustande; vgl. "Forschergruppe 'Geschichte und Kultur des orientalischen Altertums'" (Vorlage für KAI e.V. vom 17.1.1992). Vgl. in diesem Zusammenhang jedoch T. Thilo (im Druck).

[407] Zu den WIP-Forschungsprojekten der Keilschriftwissenschaftler an der FU vgl. die Angaben in Forschungsbericht (1992): 27-36; zur Sinologie vgl. die vorhergehende Anm. Im Rahmen des Projekts "Historisches Denken und historische Sinnbildung in vergleichender Sicht" in Bielefeld ist die Indologie in Leipzig Partner.

[408] Dies ergibt sich aus den ungünstigen allgemeinen Rahmenbedingungen nach Auslaufen des WIP, da man nur noch etwa 20% der bislang WIP-Geförderten eine Chance der Weiterförderung in Umsetzung des Hochschulsonderprogramms (HSP) III einräumen kann (Teilprogramm "Innovative Forschergruppen" für einen Teil der WIP-Geförderten). Damit ist die mit den Empfehlungen des Wissenschaftsrates angestrebte Integration der AdW-Wissenschaftler gescheitert; vgl. Kollewe (1996); Simon (1996); vgl. auch die Beiträge und Dokumentationen in: Köhler et al. (1996) [s. den Nachtrag am Ende des Beitrages].

[409] Damit ist die Sudanarchäologie an einer deutschen Universität erstmals als Hauptfach etabliert. Unklar ist allerdings noch, wie sich eine für die Zukunft in Aussicht gestellte Verstärkung der Afrikaarchäologie (etwa durch Umwidmung der C4-Professur), auf die Fortführung der Sudanarchäologie an der HUB auswirken wird.

was die Hochschullehrer betrifft, in Forschung und Lehre am Institut für Sudanarchäologie und Ägyptologie fortgeführt. Im Rahmen der Sudanarchäologie finden neuerliche Feldforschungen statt[410], und es wird an der Endpublikation der HUB-Grabungen im Sudan von 1960-1970 gearbeitet.[411] Zur Unterstützung der archäologisch-konservatorischen Unternehmungen im Sudan wurde 1993 die "Sudanarchäologische Gesellschaft zu Berlin e.V." mit einer eigenen Schriftenreihe, den "Mitteilungen der Sudanarchäologischen Gesellschaft zu Berlin e.V" (MittSAG),[412] gegründet.[413]
Die Geschichte Indiens im Altertum und vor allem im frühen Mittelalter wird an der HUB weiterhin in ungebrochener personeller und inhaltlicher Kontinuität vor allem forschungsmäßig betrieben, und zwar am Südasien-Institut.[414] Forschungsergebnisse zu "Geschichte, Wirtschaftsgeschichte, Religions- und Philosophiegeschichte sowie Sprachen und Literaturen Südasiens"[415] sind u.a. in den 1992 begründeten "Beiträgen des Südasien-Instituts" veröffentlicht worden.[416] Im Rahmen eines DFG-Projektes werden "Vergleichende historische Studien frühmittelalterlicher Inschriftengruppen des westlichen Indien (5. bis 13. Jh. n. Chr.)" angestellt.[417] Erwähnung verdienen im vorliegenden Zusammenhang auch die neubesetzte Professur für Tibetologie am Zentralasiatischen Institut sowie die sinologische Professur mit Schwerpunkt "Vormoderne Kultur Chinas" am Institut für Sinologie. Eine speziell auf die Bedürfnisse der Arbeit mit den Turfantexten gerichtete Ausbildung, wie sie früher im Rahmen von Sonderstudienplänen in der Turkologie und Iranistik durchgeführt wurde, ist auf Grund der neuen Struktur des Vorderasiatischen Instituts an der HUB wohl nicht mehr möglich.[418]

---

410 Vgl. die Meroe Joint Excavations: Wenig (1994a): 15-18; Eigner (1996): 23-27; Wolf: (1996b): 28-43. Musawwarat es-Sufra (Konservierungs- und Restaurierungsarbeiten sowie Fortsetzung und Abschluß der in den sechziger Jahren unter F. Hintze begonnenen archäologischen Arbeiten): Wenig (1995): 24f.; Wolf (1995): 10-19; ders. (1996a): 6-10; Wolf/Pittertschatscher: (1996): 15-22.

411 Vgl. Hintze et al. (1993). Vgl. ferner Otto/Buschendorf-Otto (1993).

412 Zwischen 1994 und 1996 erschienen vier Hefte.

413 Vgl. Wenig (1994b): 6-8; vgl. im vorliegenden Zusammenhang jetzt auch Das Altertum 42/1 (1996): „Der antike Sudan".

414 Die Altertumswissenschaften Südasiens sind in der Lehre nur noch als Spezialisierungsgebiet Teil der Studienrichtung "Geschichte und Gesellschaft Südasiens".

415 Njammasch (1993).

416 Zwischen 1992 und 1995 erschienen 8 Hefte; vgl. auch oben mit Anm. 346.

417 Vgl. auch Historische Studien (im Druck).

418 Turkologie und Iranistik als "Mutterwissenschaften" fehlen, wie im übrigen auch die Hebraistik. Durch Hochschullehrer vertreten sind dagegen Mittelasienwissenschaften (Sprachen und Kulturen Mittelasiens), die Islamwissenschaft des nichtarabischen

An der Universität Leipzig sind Forschung und Lehre in den verschiedenen altorientalistischen Disziplinen gleichfalls an mehreren Instituten verankert.[419] So werden am Ägyptologischen Institut/Ägyptisches Museum in personeller Kontinuität die Veröffentlichung und Bearbeitung der Bestände des Leipziger Ägyptischen Museums sowie die Forschungen zur Sozial-, Literatur- und Religionsgeschichte des alten Ägypten fortgesetzt, wozu auch die gemeinsame Projektarbeit ("Sin, Punishment and Forgiveness in Ancient Egypt") mit der Hebrew University Jerusalem zu rechnen ist. Hinzu kommt als neuer Forschungsschwerpunkt das späte Ägypten einschließlich der koptischen Zeit.
Die Keilschriftwissenschaften sind in Leipzig nunmehr wieder mit einer Professur am Altorientalischen Institut vertreten, das in Forschung und Lehre die ganze Breite assyriologischer (und hethitologischer) Fragestellungen bietet, eingeschlossen Probleme der Literatur-, Religions-, Sozial- und Rechtsgeschichte des alten Vorderasien. Zusätzlich wird ein Forschungsthema mit DFG-Mitteln gefördert ("Kindheit, Erziehung und Ausbildung in Babylonien und Assyrien").[420]
Im Institut für Indologie und Zentralasienwissenschaften sind Indologie, Tibetologie/Mongolistik sowie zentralasiatische Turkologie als Fächerkanon vertreten, einschließlich des Bezuges auf die älteren Perioden süd- und zentralasiatischer Geschichte in Forschung und Lehre. Im Rahmen eines DFG-Projektes werden nepalesische Wirtschafts- und Rechtsurkunden aus Tempeln und Staatsarchiven (9.-19. Jh.) erfaßt und katalogisiert. Im Ostasiatischen Institut wird die Sinologie in personeller Kontinuität vor allem auch unter dem Gesichtspunkt der Literatur- und Philosophiegeschichte betrieben. Ferner muß das Religionswissenschaftliche Institut genannt werden, da hier gleichfalls durch die teilweise personelle Nähe zur Semitistik/Sabäistik altorientalistische Fragestellungen eine Rolle spielen.
An der MLU Halle-Wittenberg sind am Institut für Orientalische Archäologie und Kunst[421] in Forschung und Lehre gegenwärtig Vorderasiatische Archäologie (durch eine Neuberufung) sowie Archäologie und Kunst Mittelasiens und Südasiens (mit dem Schwerpunkt westliches Zentralasien) vertreten. In letzterem Falle steht die Berufung allerdings noch aus. Hinzu kommen altägyptische Kunst und Archäologie (Ratsstelle) sowie Archäologie und Kunst des frühchristlich-byzantinischen Orients, letzteres auch noch nicht durch eine Berufung personell abgesichert. Islamische Kunstgeschichte ist forschungsmäßig nicht mehr im Fächerkanon vertreten, sondern wurde nur noch in der Lehre zeitweise über einen

---

Raumes und (bis zum 31.3.1996) die Ökonomie Westasiens. Zur Struktur vgl. HUB Universitätsverzeichnis 1995/96: 222; vgl. auch Pasternack (1996): 172-174.

[419] Vgl. auch Pasternack (1996): 165f.

[420] Vgl. Volk (1996): 178-216.

[421] Vgl. auch MLU Universitätsführer, Halle/S. 1994: 44.

Lehrauftrag realisiert, allerdings ohne Einbeziehung der vorherigen Stelleninhaberin. Darüber hinaus fehlt die ostasiatische Archäologie und Kunstgeschichte. Durch Drittmittel gefördert wird die Aufarbeitung der Grabungsergebnisse von Tell Chuera in Nordost-Syrien.[422]
Die Indologie wird nunmehr an einem Seminar für Indologie betrieben, das die älteren indischen Sprachen wie auch Philosophiegeschichte in seinem Spektrum hat.[423]
In den vorliegenden Zusammenhang gehören im weiteren Sinne noch die Seminare für Arabistik, Islamwissenschaft und Semitistik, für Sprachen und Literaturen des Christlichen Orients sowie für Jüdische Studien am Institut für Orientalistik.[424]
In Jena besteht an der FSU ein (neugeschaffener) Lehrstuhl für Altorientalistik am (neugegründeten) Institut für Sprachen und Kulturen des Vorderen Orients. Unter Altorientalistik sind hier die Keilschriftwissenschaften als Lehr- und Forschungsgebiet (in der ganzen Breite) zu verstehen. Das Fach wird personell in Kontinuität (bis WS 1996/97) vertreten und ist darüber hinaus eng im Zusammenhang mit der wissenschaftlichen Betreuung der bereits erwähnten Hilprecht-Sammlung zu sehen. Gefördert wird die Altorientalistik zusätzlich durch Stiftungsgelder. Fachliche Berührungspunkte in Forschung und Lehre gibt es darüber hinaus mit dem neuen Lehrstuhl für Semitische Philologie und Islamwissenschaft, wobei in Zukunft die semitistische Seite der Altorientalistik sogar noch stärker betont werden soll.

4 Abschließende Bemerkungen

Hinsichtlich der Fortführung und Entwicklung altorientalistischer Fächer in Ostdeutschland unter neuen gesellschaftlichen Bedingungen läßt sich eine strukturelle und materielle Verstärkung und damit inhaltliche Verbreiterung disziplinärer Forschung und Lehre an den Universitäten feststellen. Dies zeigt sich insbesondere an der (Wieder-)Einrichtung von entsprechenden Lehrstühlen in Leipzig und Jena, die zum Teil in personeller Kontinuität erfolgte und wo der interdisziplinäre Diskurs mit den anderen orientalistischen Fächern (insbesondere Arabistik und Islamwissenschaft, Ägyptologie, Semitistik und Religionswissenschaft) wohl gängige Praxis sein dürfte. Maßstab für die neuen Strukturen waren die entsprechenden Vorbilder in der alten Bundesrepublik. Dies gilt im Prinzip auch für die HUB sowie für die Übernahme und strukturelle Einbindung außeruniversitärer Langzeitunternehmen in die BBAW. Der bislang sichtbare Neuaufbau ar-

---

[422] Zu Tell Chuera vgl. die bibliographischen Angaben bei Anastasio (1995): 135.
[423] Vgl. auch MLU Universitätsführer, Halle/S. 1994: 46.
[424] Vgl. auch ebenda; Pasternack (1996): 169.

chäologischer und kunsthistorischer Forschung und Lehre an der MLU Halle-Wittenberg deutet dagegen auf eine disziplinäre Einengung gegenüber früheren Konzeptionen hin, wobei weitgehend auf den Ausbau philologischer Nachbar- bzw. Komplementärdisziplinen verzichtet wurde. Letzteres wird allerdings durch eine Zusammenarbeit mit den entsprechenden Instituten in Leipzig zumindest in der Lehre kompensiert.[425] Trotzdem scheint es, daß man hier Chancen für eine strukturell und inhaltlich neu bestimmte orientalische Archäologie und Kunstgeschichte im universitären Bereich nicht genutzt hat.

Zerstört wurde der inter- und multidisziplinäre Zusammenhang altorientalistischer Forschung im Rahmen des Bereiches Alter Orient des ZI AGA. Hier wurden mögliche neue und durchaus bedenkenswerte Ansätze außeruniversitärer Forschungszusammenhänge, gekennzeichnet u.a. durch die Einheit von Quellenedition, -bearbeitung und -interpretation, zunichte gemacht. Verbunden ist dies zudem mit unklaren und eher negativ zu beurteilenden individuellen Perspektiven im Rahmen des gescheiterten Wissenschaftler-Integrationsprogramms. Zugleich läßt sich allgemein ein Bruch bezüglich interdisziplinärer, geschichts- und kulturwissenschaftlicher Themenfindung und Problemdiskussion feststellen.[426]

Bei der Betrachtung der gegenwärtigen Forschungslandschaft auf dem Gebiet der Altorientalistik in Deutschland fällt auf, daß kultur- und universalhistorische Denk- und Arbeitsansätze, die auch zu entsprechenden komplexen Fragestellungen führen, in der Regel auf individuelle Vorlieben beschränkt bleiben und damit selten sind, zumal derartige Problem- und Forschungsfelder nur in einem kollektiven Diskussions- und interdisziplinären Arbeitszusammenhang angegangen werden können.

[Nachtrag zu oben: Anm. 408: Die geäußerten Befürchtungen bezüglich des Auslaufens des Wissenschaftler-Integrationsprogramms (WIP) ohne gleichzeitige Integration haben sich inzwischen (1997) bestätigt, wobei die Situation in Berlin besonders prekär ist. Ca. 250 Wissenschaftler der zuletzt etwa 460 WIP-Geförderten sind hier mit dem 1.1.1997 zunächst in die Arbeitslosigkeit gedrängt wor-

---

[425] Vgl. auch Pasternack (1996): 169 mit Anm. 93.

[426] So ist es gewiß kein Zufall, daß bei der Durchführung interdisziplinärer Kolloquien an der FU zu "Geschichtsverständnis und Geschichtsschreibung im Altertum (Antike Welt, Alter Orient, Indien, Zentralasien, China)" (WS 1993/94), zur "Geschichte des Altertums im Mittelmeerraum, im Vorderen Orient, Süd-, Zentral- und Ostasien: Religiöse Institutionen (Kult, Priesterschaft, Tempel) in der Gesellschaft" (SS 1994) sowie zum "Palast als Herrschaftsinstitution und als architektonische Form im Altertum" (SS 1995) vor allem (ehemalige) Mitarbeiter Ostberliner wissenschaftlicher Einrichtungen (und hier vor allem der AdW) in maßgeblicher Weise an der inhaltlichen Ausgestaltung mitwirkten.

den; die bewilligten Förderanträge für den Rest sehen größtenteils eine befristete Beschäftigung zu unterschiedlichen Konditionen vor (vgl. M. Jähne, WissenschaftlerInnen füllen die Arbeitsämter. Ein düsteres Kapitel deutsch-deutscher Vereinigung, in: blz 3-4 (1997) 12f.; vgl. ferner die Dokumentation der WIP-Tagung vom 18.10.1996, in: Berliner Debatte Initial 1-2/1997, 171-213, insbesondere den Beitrag von P. Ruben, Vom Ende einer Hoffnung. Bericht über eine Versammlung und Überlegungen zu ihrem Thema, ebenda 171-180). Dabei ist auffällig, daß für entsprechende Förderzusagen bzw. Weiterreichung von Anträgen seitens der Berliner Universitäten im Rahmen des Teilprogramms "Innovative Forschergruppen" des HSP III vor allem arbeitsrechtliche Gesichtspunkte maßgebend waren (auf diese Problematik weist bereits ein Brief des Staatssekretärs E. Thies von der Berliner Senatsverwaltung für Wissenschaft, Forschung und Kultur an den Präsidenten der TU Berlin vom 3.5.1996 hin, in dem es heißt, "daß der Abschluß weiterer befristeter Verträge mit den Hochschulen - selbst bei einer Begrenzung auf nur noch zwei Jahre - mit einem hohen rechtlichen Risiko verbunden ist" und daß "eine Reihe von anderen Organisationsformen (...) nur dann unproblematisch [erscheint], wenn darin keine Umgehung des Kündigungsschutzes gesehen werden kann" [es folgt eine Aufzählung von möglichen "Beschäftigungsverhältnisse(n) von WIP-Geförderten, die nicht mit Risiken für die Hochschulen oder den Landeshaushalt verbunden sind"]), während wissenschafts- und forschungsbezogene Kriterien kaum eine Rolle spielten (dies geht eindeutig aus den in einem Schreiben des Vizepräsidenten der FU Berlin genannten, von der Wissenschaftsverwaltung vorgegebenen Kriterien für die möglichen Vertragsgestaltungen hervor [Brief von W. Väth an H. Neumann vom 19.12.1996]). Die Situation der im WIP geförderten Altorientalisten spiegelt die hier angedeutete Gesamtlage nach dem Auslaufen des Förderprogramms ziemlich genau wider. Neben einer dauerhaften Universitätseinbindung (Indologie [in Leipzig]) und zwei befristeten Förderungen im Rahmen des HSP III (Iranistik [in Berlin]; Architektur- und Baugeschichte [in Potsdam]) sind die Vertreter der anderen altorientalistischen Disziplinen im WIP zunächst arbeitslos geworden (Keilschriftforschung, Sinologie) bzw. gingen vorfristig in Rente (Keilschriftforschung). Mittlerweile ist es gelungen, für einzelne Fachvertreter befristete individuelle Lösungen im Rahmen der Fördermöglichkeiten der Deutschen Forschungsgemeinschaft (DFG) zu erreichen. Grundsätzlich bleibt aber festzustellen, daß das ursprünglich formulierte Ziel einer Integration innovativen Forschungspotentials aus dem Bereich der DDR-Akademie, zu dem auch die Altorientalistik gehörte, im Rahmen des Wissenschaftler-Integrationsprogramms nicht erreicht und die damit verbundenen Zusagen an die AdW-Wissenschaftler nicht eingehalten worden sind.]

Anhang

Folgenden Kollegen sei für mündlich oder brieflich übermittelte Informationen und/oder überlassene Materialien zur Unterstützung der vorliegenden Untersuchung gedankt:

Prof. Dr. E. Blumenthal, *Leipzig*
Prof. Dr. B. Brentjes, *Berlin*
Dr. A. Burkhardt, *Berlin*
Dr. E. Freier, *Berlin*
Dr. S. Grunert, *Berlin*
Prof. Dr. H. Klengel, *Berlin*
Dr. L. Martin, *Berlin*
Dr. M. Mode, *Halle/S.*
Prof. Dr. M. Müller, *Leipzig*
Prof. Dr. M. Njammasch, *Berlin*
Prof. Dr. J. Oelsner, *Jena*
Prof. Dr. H. Preißler, *Leipzig*
Dr. S.-Ch. Raschmann, *Berlin*
Prof. Dr. W.F. Reineke, *Berlin*
Prof. Dr. J. Renger, *Berlin*
Dr. K. Rührdanz, *Halle/S.*
Dr. M. Schetelich, *Leipzig*
Dr. T. Thilo, *Berlin*
Prof. Dr. S. Wenig, *Berlin*
Dr. S. Wittig, *Berlin*

Literatur

Adams, R. McC. (1996): The Evolution of Urban Society. Early Mesopotamia and Prehispanic Mexico, Chicago

Adner, B. (1986): Texte aus Asien und Nordafrika. Das Verlagsunternehmen "Orientalische Bibliothek". In: Berliner Zeitung, 7. August

Ägyptische Altertümer aus der Skulpturensammlung Dresden (1977), Dresden

Anastasio, S. (1995): The Archaeology of Upper Mesopotamia. An Analytical Bibliography for the Pre-Classical Periods, Turnhout (Subartu I)

Apelt, D. (1985): Untersuchungen zur meroitischen Keramik von Musawwarat es-Sufra (DR Sudan) unter Anwendung mathematisch-statistischer Verfahren zur Klassifizierung (Clusteranalyse), Berlin, Diss. A

Archäologisches Museum Robertinum der Martin-Luther-Universität Halle-Wittenberg (o.J.), Halle/S.

Archi, A. (1987): Hethitische Briefe und Texte verschiedenen Inhalts, Berlin (KUB LVII)

Assmann, J. (1990): Integration als Schicksal. Zur Lage der kleinen Fächer an den ostdeutschen Universitäten gestern und heute. In: FAZ, 10. November

Assmann, J. (1993): Orient- und Altertumswissenschaften. In: Steinwachs, B. (Hg.), Geisteswissenschaften in der ehemaligen DDR, 1: Berichte, Konstanz, S. 80-91

Ausprägung und Entwicklung sozialer Differenzierung in vorkapitalistischen Gesellschaften - Klassen und historische Triebkräfte (1988): 3. Kolloquium junger Wissenschaftler ur- und frühgeschichtlicher und althistorischer Disziplinen der DDR, Bad Stuer 7.-10.12.1987, Bd. I und II, Berlin

Bakr, M.I. (1992), in Zusammenarbeit mit W.-F. Reineke, S. Grunert und A. Burkhardt: Tombs and Burial Customs at Bubastis. The Area of the So-called Western Cemetery, Kairo (Tell Basta I)

Barkmann, U.B. (1994): Erinnerungen an den Nestor der ostdeutschen Mongolistik P. Ratchnevsky. In: aala 22, S. 595-617

Barthel G. & K. Stock (Hg.) (1994): Lexikon Arabische Welt: Kultur, Lebensweise, Wirtschaft, Politik und Natur im Nahen Osten und Nordafrika, Wiesbaden

Barthel, G. (1993): Die Asien-, Afrika- und Lateinamerikawissenschaften in der ehemaligen DDR. Versuch eines Resümees. In: hochschule ost, Nr. 5, S. 5-13

Barthel, R. (1983): Marx über Triebkräfte der Geschichte. In: Küttler, W. (Hg.), Das geschichtswissenschaftliche Erbe von Karl Marx, Berlin, S. 137-151

Barthel, R. (1985): Gesellschaftliche Triebkräfte in der Geschichte. In: Küttler, W. (Hg.), Gesellschaftstheorie und geschichtswissenschaftliche Erklärung, Berlin, S. 107-149

Bartsch, G. (Hg.) (1982): Philosophisch-methodologische Probleme der Gesellschaftswissenschaften (Beiträge), Berlin

Bechert, H. (1993): Geleitwort zur Weiterführung der Berliner Turfantexte. In: BTT XVI, Berlin, S. 3

Beltz, W. & M. Mode (Hg.) (1996): Spurensuche in der Vorderasienarchäologie, Halle/S. (HBO 21)

Beltz, W. (1987): Die Schiffe der Götter. Ägyptische Mythologie, Berlin

Berlin-Brandenburgische Akademie der Wissenschaften (1995): Akademienvorhaben, Berlin

Berling, L.G. (1990a): Altertumswissenschaftliche Studentenkonferenz in Halle: Starkes Westeuropa-Interesse. Erstmals mit Kommilitonen aus Belgien, der BRD, Italien, Österreich und der Schweiz. In: MLU Halle Wittenberg, Universitätszeitung, 1. März

Berling, L.G. (1990b): II. Altertumswissenschaftliche Studentenkonferenz: Unkonventionell, aber mit fachlichem Niveau. In: MLU Halle-Wittenberg, Universitätszeitung, 20. März

Berndt, J. (Autorenkollektiv) (1985): BI-Lexikon Ostasiatische Literaturen, Leipzig

Bernhardt, K.-H. (1985): Die Geschichte des Berliner Lehrstuhls für Altes Testament. In: WZ HUB G 34, S. 527-532

Blumenthal, E. & W.F. Reineke (1983): Zehn Jahre "Neue Forschungen zur ägyptischen Geschichte". In: EAZ 24. S. 570-572
Blumenthal, E. & F. Hintze (1992): An die Autoren und Leser unserer Zeitschrift. In ZÄS 119, S.1
Blumenthal, E. (1979): Ägyptologie in Leipzig bis zum Zweiten Weltkrieg. In: WZ KMU G 28, S. 119-129
Blumenthal, E. (1981): Altes Ägypten in Leipzig. Zur Geschichte des Ägyptischen Museums und des Ägyptologischen Instituts an der Universität Leipzig, Leipzig
Blumenthal, E. (1982): Altägyptische Reiseerzählungen: Die Lebensgeschichte des Sinuhe. Der Reisebericht des Wen-Amun, Leipzig
Blumenthal, E. (1984): Museum Aegyptiacum. Kunstwerke pharaonischer Zeit aus Ägypten und Nubien im Ägyptischen Museum, Leipzig
Blumenthal, E. (1985a): Die Leipziger Ägyptologie. In: WZ KMU G 34, S. 585-591
Blumenthal, E. (1985b): KMU. Sektion Afrika- und Nahostwissenschaften, Bereich Ägyptologie/Ägyptisches Museum. Bericht. In: MAGA 13, S. 97-98
Blumenthal, E. (1986): KMU. Sektion Afrika- und Nahostwissenschaften, Bereich Ägyptologie/Ägyptisches Museum. Bericht. In: MAGA 14, S. 112-113
Blumenthal, E. (1987): KMU. Sektion Afrika- und Nahostwissenschaften, Bereich Ägyptologie/Ägyptisches Museum. Bericht. In: MAGA 15, S. 121-122
Blumenthal, E. (1988): KMU. Sektion Afrika- und Nahostwissenschaften, Bereich Ägyptologie/Ägyptisches Museum. Bericht. In: MAGA 16, S. 106
Blumenthal, E. (1989): KMU. Sektion Afrika- und Nahostwissenschaften, Bereich Ägyptologie/Ägyptisches Museum. Bericht. In: MAGA 17, S. 128-129
Blumenthal, E. (1990): Koptische Studien in Leipzig im Laufe des 19. Jahrhunderts. In: Nagel (1990), S. 95-104
Bräutigam, H. & A. Eggebrecht (Hg.) (1990): Schätze Chinas aus Museen der DDR, Mainz
Bräutigam, H. & U. Lau (Hg.) (1992): Studien zur Kulturgeschichte Chinas. Beiträge zur Tagung "Kulturgeschichte Chinas", gemeinsam veranstaltet vom Staatlichen Museum für Völkerkunde Dresden und dem Institut für Sinologie der Humboldt-Universität zu Berlin vom 21. bis 23. November 1989 in Dresden, Frankfurt/M. (Dresdner Tagungsberichte 3)
Bräutigam, H. (1992): Gegenstand, Standort und Aufgaben der Kulturgeschichte Chinas. In: Bräutigam/Lau (1992), S. 9-16
Brentjes, B. & H.-J. Peuke (Hg.) (1984): Kulturhistorische Probleme Südasiens und Zentralasiens, Halle/S.
Brentjes, B. & M. Mode (Hg.) (1986): Volkskultur und Volkskunst im Orient. Standpunkte, Vorarbeiten, Diskussionsbeiträge, Halle/S.
Brentjes, B. & H.-J. Peuke (Hg.) (1987): Wissenschaftsbeziehungen zwischen Halle und Indien in Tradition und Gegenwart, Halle/S.
Brentjes, B. & S. Frotscher (Hg.) (1987): Orientalia in den Museen der DDR, bearbeitet von Studenten des WB Orientalische Archäologie der Sektion Orient- und Altertumswissenschaften der Martin-Luther-Universität Halle-Wittenberg, Halle/S.

Brentjes, B. & R.S. Vasilievsky (1989): Schamanenkrone und Weltenbaum. Kunst der Nomaden Nordasiens, Leipzig
Brentjes, B. (1973): Zur Einheit der vorkapitalistischen Klassengesellschaft. In: EAZ 14, S. 277-293
Brentjes, B. (1977): Josephus Adjutus, der Chaldäer zu Wittenberg. In: WZ MLU G 26/4, S. 131-138
Brentjes, B. (1978): Marx zum Privateigentum an Grund und Boden im Orient. In: JWG 3, S. 183-186
Brentjes, B. (1979): Zur Geschichte des Begriffs der "asiatischen Despotie". In: WZ MLU G 28/1, S. 15-20
Brentjes, B. (1980a): Weiße Götter? Kultur - Werk des Menschen oder außerirdischer Zivilisationen?, Berlin
Brentjes, B. (1980b): Rätsel aus dem Altertum, Leipzig/Jena/Berlin
Brentjes, B. (1981a): Völker an Euphrat und Tigris, Leipzig
Brentjes, B. (1981b): Die Stadt des Yima. Weltbilder in der Architektur, Leipzig
Brentjes, B. (Hg.) (1981c): Textilkunst im Orient und in Europa, Halle/S.
Brentjes, B. (1981d): Die Orientalische Archäologie in Halle. In: HBO 3, S. 5-18
Brentjes, B. (Hg.) (1982a): Dorfgemeinde und Stadt in Asien, Halle/S.
Brentjes, B. (1982b): Der Tierstil in Eurasien, Leipzig
Brentjes, B. (Hg.) (1982c): Der Kaukasus in der deutschen wissenschaftlichen Literatur, Halle/S.
Brentjes, B. (1983a): Marx und der Osten. In: Das Altertum 29, S. 86-94
Brentjes, B. (1983b): Marx und Engels in ihrem Verhältnis zu Asien. In: Brentjes B. (Hg.), Karl Marx und Friedrich Engels zur Geschichte des Orients, Halle/S., S. 3-30
Brentjes, B. (1983c): Völkerschicksale am Hindukusch. Afghanen - Belutschen - Tadshiken, Leipzig
Brentjes, B. (1983d): Bauern, Mullas, Schahinschahs. Irans Weg durch die Jahrtausende, Leipzig/Jena/Berlin
Brentjes, B. (1983e): Alte Siegelkunst des Vorderen Orients, Leipzig
Brentjes, B. (Hg.) (1983f): Probleme der Architektur des Orients, Halle/S.
Brentjes, B. (1983g): Exzerpte von Karl Marx zu Grundeigentumsformen bei den Pathanen und einige Bemerkungen zu diesem Problem anhand neuer Studien. In: WZ MLU G 32/2, S. 111-123
Brentjes, B. (1984a): Die Einheit in der Vielfalt - Bemerkungen zum Gegenstand der Tagung. In: Brentjes (1984c), S. 9-18
Brentjes, B. (1984b): "Die drei Hauptformen" des Staates im "Ursprung der Familie". Gedanken und Fragen zur Formationstheorie. In: Brentjes (1984c), S. 94-107
Brentjes, B. (Hg.) (1984c): Marx und Engels zur Sozialstruktur und Ideologiegeschichte des Orients, Halle/S.
Brentjes, B. (Hg.) (1985): 60 Jahre Nationale Sowjetrepubliken in Mittelasien im Spiegel der Wissenschaften, Halle/S.

Brentjes, B. (1985-1988): Daniel Gottlieb Messerschmidt - Ein Absolvent der Hallischen Universität und ein Entdecker Sibiriens (1720-1727). In: AcAnHu 31, S. 101-169

Brentjes, B. (1986a): Das Bazarkapital - eine Sonderform des Handels-, Verleger- und Grundherrschaftskapitals im Nahen Osten. In: Probleme kapitalistischer Entwicklung in Entwicklungsländern Asiens, Teil II, Berlin (HUB Berichte 6/5), S. 128-132

Brentjes, B. (1986b): MLU. Sektion Orient- und Altertumswissenschaften, Wissenschaftsbereich Orientarchäologie. Bericht. In: MAGA 14, S. 83-86

Brentjes, B. (1987a): Der Entwurf einer Geschichtstheorie in den Sassulitsch-Entwürfen. Die Exzerpte aus Kovalevskij und die Geschichte des Altertums. In: Köhn, J. & B. Rode (Hg.), Eigentum. Beiträge zu seiner Entwicklung in politischen Gesellschaften, Werner Sellnow zum 70. Geburtstag, Weimar, S. 70-78

Brentjes, B. (1987b): Die "Zeitenwende" zwischen Orient und Okzident. In: Der vordere Orient in Antike und Mittelalter. Festgabe für Prof. Dr. phil. habil. Heinrich Simon, Ordinarius für Hebraistik und arabische Philosophie anläßlich seines 65. Geburtstages, Berlin (HUB/Berichte 7/10), S. 10-14

Brentjes, B. (1987c): MLU. Sektion Orient- und Altertumswissenschaften, Wissenschaftsbereich Orientarchäologie. Bericht. In: MAGA 15, S. 92-96

Brentjes, B. (1988a): Grundeigentum im Irak. Zum Geleit. In: JWG/Sonderband 1987 (1988), S. 7-10

Brentjes, B. (1988b): Ein Nachwort zur "asiatischen Produktionsweise". In: JWG/Sonderband 1987 (1988), S. 175-180

Brentjes, B. (1988c): Die Ahnen Dschingis-Chans, Berlin

Brentjes, B. (1988d): Traditionen globaler Kultur- und Wissenschaftspolitik der Universität in Halle aus dem ausgehenden XVIII. Jahrhundert. In: WZ MLU G 37/6, S. 108-113

Brentjes, B. (1988e): Karl Marx und unsere Aufgaben. In: Orientalia 2, S. 3-6

Brentjes, B. (1988f): "Die drei Hauptformen des Staates" im "Ursprung". Marx' unpublizierte Erkenntnisse im Engelsschen Werk und Bemerkungen zu den politischen Grundlagen der Diskussion über eine soziale Formation in Asien. In: Herrmann/Köhn (1988), S. 653-659

Brentjes, B. (1990): Steppenreiter und Handelsherren. Die Kunst der Partherzeit in Vorderasien, Leipzig

Brentjes, B. (Hg.) (1992): Wissenschaft unter dem NS-Regime, Frankfurt/M./New York

Brentjes, B. (1993a): Probleme der Handelsgeschichte im Vergleich des Vorderen Orients mit dem mittelalterlichen Europa. In: aala 21, S. 849-862

Brentjes, B. (1993b): Produktionsweise, Geschichtsdetermination oder politische Argumentation. Zum Theorienstreit in der Geschichtswissenschaft der DDR. In: hochschule ost, Nr. 4, S. 35-44

Brentjes, B. (1993c): Handel im Irak: Vorbemerkung. In: AoF 20, S. 20

Brentjes, B. (1993/94): Heinz Mode (15.8.1913-6.6.1992). In: AfO 40/41, S. 337-338

Brentjes, B. (1994): Chiliasmus und Marxismus. In: Schorkowitz, D. (Hg.), Ethnohistorische Wege und Lehrjahre eines Philosophen. Festschrift für Lawrence Krader zum 75. Geburtstag, Frankfurt/M./Berlin/Bern/New York/Paris/Wien, S. 120-128

Brentjes, B. (1996): As I seem to remember. In: hochschule ost, Nr. 3, S. 71-78

Brentjes, B. (1997): Eine Randnotiz zu einer "Inventur" der "Geisteswissenschaften in Ostdeutschland" von P. Pasternack. In: hochschule ost, Nr. 1, S. 160-167

Bretanizki, L. et al. (1988): Die Kunst Aserbaidshans vom 4. bis zum 18. Jahrhundert, Leipzig

Budde, H. & M. Lewy (Hg.) (1994): Von Halle nach Jerusalem. Halle - ein Zentrum der Palästinakunde im 18. und 19. Jahrhundert, Halle/S. (Ausstellungskatalog)

Buhr, M. (Hg.) (1988): Enzyklopädie zur bürgerlichen Philosophie im 19. und 20. Jahrhundert, Leipzig

Burkhardt, A. et al. (Hg.) (1984): Urkunden des ägyptischen Altertums, IV. Abt. - Urkunden der 18. Dynastie, Übersetzung zu den Heften 5-16, Berlin

Burckhardt, J. (1985): Weltgeschichtliche Betrachtungen. Historische Fragmente, Leipzig

Cerensodnom, D. & M. Taube (1993): Die Mongolica der Berliner Turfansammlung, Berlin (BTT XVI)

Colditz, I. (1994): Studien zu Begriffen von sozialgeschichtlicher Relevanz in den mitteliranischen manichäischen Turfantexten (Unter besonderer Berücksichtigung der mittelpersischen und parthischen Fragmente), Berlin, Diss.

Die Akademie der Wissenschaften in Göttingen (1993): Arbeitsvorhaben und Akademiepreise, Göttingen

Die Anwendung numerischer Methoden in der Sudanarchäologie (1986), Sammelband (WZ HUB G 35/1)

Die Papyri als Zeugen antiker Kultur (1949). Hrsg. vom Generaldirektor der ehemals Staatlichen Museen zu Berlin, Berlin

Donat, P. (1988): Rund um die Archäologie, Berlin

Ebert, J. et al. (Hg.) (1991): 100 Jahre Archäologisches Museum in Halle 1891-1991. Zur Geschichte des Robertinums, seiner Sammlungen und Wissenschaftsdisziplinen, Halle/S.

Eichhorn, W. & A. Bauer (1983): Zur Dialektik des Geschichtsprozesses. Studien über die materiellen Grundlagen der historischen Entwicklung, Berlin

Eigner, D. (1996): Die Grabung am Schlackenhügel NW I in Meroe. In: MittSAG 4, S. 23-27

Empfehlungen der Landeshochschulstrukturkommission Berlin vom 25.9.1992: III.3.1.9 Kleine Fächer (1992)

Ende, W. (1997): Rezension zu Hafez (1995). In: WI 37, S. 125-127

Enderlein, V. et al. (1986): Das Siegel im Altertum. Gebrauchsgegenstand und Kunstwerk, Berlin

Endesfelder, E. (1988a): HUB. Bereich Ägyptologie und Sudanarchäologie/Meroitistik. Bericht. In: MAGA 16, S. 73-75

Endesfelder, E. (1988b): Die Ägyptologie an der Berliner Universität - Zur Geschichte eines Fachgebietes, Berlin (HUB Berichte 8/6)

Endesfelder, E. (1989): HUB. Bereich Ägyptologie und Sudanarchäologie/Meroitistik. Bericht. In: MAGA 17, S. 103-105

Endesfelder, E. (1990): Moritz Gotthilf Schwartze (1802-1842), erster Professor für koptische Sprache und Literatur an der Berliner Universität. In: Nagel (1990), S. 105-117

Engelberg, E. & W. Küttler (Hg.) (1978): Formationstheorie und Geschichte. Studien zur historischen Untersuchung von Gesellschaftsformationen im Werk von Marx, Engels und Lenin, Berlin 1978

Fahs, A. (1985): Grammatik des Pali, Leipzig

Felber, R. (1985): Zur Wiederaufnahme der Diskussion um die Asiatische Produktionsweise in der chinesischen Geschichtswissenschaft. In: EAZ 26, S. 241-258

Felber, R. et al. (1985): Feudalgesellschaften in Asien. In: Töpfer, B. (Autorenkollektiv), Allgemeine Geschichte des Mittelalters, Berlin, S. 143-197

Felber, R. (1986): East Asian Studies in the German Demokratic Republik. In: Barthel, G. et al. (Hg.), Asian and North African Studies in the German Democratic Republic - Traditions, Positions, and Findings. aala Special Issue 18, Berlin, S. 22-37

Fessen, H. & H.D. Kubitscheck (1984): Geschichte Malaysias und Singapurs, Berlin

Fleischhammer, M. (1981): Einleitung. In: Fück, J., Arabische Kultur und Islam im Mittelalter. Ausgewählte Schriften, Weimar, S. 9-16

Florath, B. (1987): Die Entwicklung der Auffassungen Karl August Wittfogels über die Geschichte der asiatischen Welt. Ein Beitrag zur Auseinandersetzung mit einer reaktionären Gesellschafts- und Geschichtstheorie, Berlin, Diss. A

Florath, B. (1988): Geschichtsphilosophische Fragen zu frühen Gesellschaftsformationen. In: JWG 3, S. 185-194

Forschungsbericht (1992) des Fachbereichs Altertumswissenschaften der Freien Universität Berlin, Berlin 1993

Freier, E. & S. Grunert (1984): Eine Reise durch Ägypten. Nach den Zeichnungen der Lepsius-Expedition in den Jahren 1842-1845. Mit einem Beitrag von M. Freitag, Berlin

Freier, E. & W.F. Reineke (Hg.) (1988): Karl Richard Lepsius (1810-1884). Akten der Tagung anläßlich seines 100. Todestages, 10.-12.7.1984 in Halle, Berlin (SGKAO 20)

Freydank, H. et al. (1978): Der Alte Orient in Stichworten, Leipzig

Freydank, H. & C. Saporetti (1989): Bābu-aḫa-iddina. Die Texte, Rom

Freydank, H. (1994): Mittelassyrische Rechtsurkunden und Verwaltungstexte III, Berlin (Ausgrabungen der DOG in Assur, E. Inschriften VII: Keilschrifttexte aus mittelassyrischer Zeit 1)

Frost, A. (1997): Mut zur Lücke, aber an welcher Hochschule? Schweriner Landesregierung will Doppelstrukturen abbauen und Studiengänge bündeln. In: Tagesspiegel, 20. Januar

Fück, J. (1957/58): Carl Brockelmann als Orientalist. In: WZ MLU G 7, S. 857-875

Geißler, F. (1968): Die Veröffentlichungen des Instituts für Orientforschung und seiner Mitarbeiter, Berlin

Gericke, H. (1973): MLU. Sektion Orient- und Altertumswissenschaften. Bericht. In: MAGA 1, S. 52-61

Gericke, H. (1979a): Methodisch-methodologische Überlegungen zur Diskussion um die frühen Klassengesellschaften. In: WZ MLU G 28/1, S. 5-14
Gericke, H. (1979b): Zum Anliegen der "Halleschen Beiträge zur Orientwissenschaft". In: HBO 1, S. 5-7
Germer, E. (1982): Völkerkundliche Museen und Sammlungen in der Deutschen Demokratischen Republik. In: ABMVk 39, S. 7-53
Geßner, W. (1989): Geschichtswissenschaft im Anschluß an Max Weber. Zum theoretischen Konzept der "Gesellschaftsgeschichte". In: DZPh 37, S. 331-339
Gläser, J. & W. Meske (1996): Anwendungsorientierung von Grundlagenforschung? Erfahrungen der Akademie der Wissenschaften der DDR, Frankfurt/M.
Göhler, L. (1989): Zu philosophisch-methodologischen Grundlagen der Erforschung des vedischen Opferrituals, Leipzig, Diss. A
Graff, M. (1990): Geschichtliche Voraussetzungen, gesellschaftliche Funktion und ideologische Auswirkungen der Rezeption von Elementen der geistigen Kultur Chinas in Japan vom 6.-8. Jahrhundert: eine historische Studie zur Entwicklung des japanischen Denkens, Leipzig, Diss. A
Grapow, H. (1950): Die Begründung der Orientalischen Kommission von 1912 - Aus der Geschichte der Akademie in den letzten fünfzig Jahren, Berlin (DAW Vorträge und Schriften 40)
Grapow, H. (1954): Die Erforschung der altägyptischen Kultur im Rahmen der Akademie, Berlin (DAW Vorträge und Schriften 55)
Grunert, S. & E. Maaß (1984): Die Aktualität des Alten. 100 Jahre "Der Ursprung der Familie, des Privateigentums und des Staats". In: Das Altertum 30, S. 133-140
Grunert, S. & W.F. Reineke (1992a): Das Berliner ägyptische Wörterbuch. In: Göttinger Miszellen 129, S. 9-20
Grunert, S. & W.F. Reineke (1992b): Das altägyptische Wörterbuch. In: Spektrum der Wissenschaft, August, S. 94-99
Grunert, S. (1982): Der Kodex Hermopolis und ausgewählte private Rechtsurkunden aus dem ptolemäischen Ägypten, Leipzig
Grunert, S. (1991): Zur Edition demotischer Urkunden aus den Staatlichen Museen zu Berlin. In: Klengel/Sundermann (1991), S. 25-29
Grunert, S. (im Druck): Demotische Urkunden in den Museen und Sammlungen der Tschechoslowakei, 1. Lfg., Prag
Grünert, H. (1991): Vorbemerkung. In: EAZ 32, S. 163
Guhr, G. (1969): Karl Marx und theoretische Probleme der Ethnographie, Berlin
Guhr, G. (1984): Über die Entstehung und Bedeutung der Schrift von Friedrich Engels "Der Ursprung der Familie, des Privateigentums und des Staats", Dresden
Günther, R. et al. (1980): Forschungen zur Alten Geschichte. In: Historische Forschungen in der DDR 1970-1980. Analysen und Berichte, ZfG Sonderband, S. 30-45
Günther, R. (1986): Politik und religiöse Ideologie im Alten Orient und in der griechisch-römischen Antike. In: WM II-III, S. 133-136
Günther, R. (1988): Die soziale Mobilität in der altorientalischen Klassengesellschaft und in der antiken Sklavereigesellschaft. In: WM II-III, S. 191-196

Günther, R. (1990): Politische Herrschaftskonzeptionen und -strukturen im Alten Orient und in der griechisch-römischen Antike. In: WM II-III, S. 117-119

Haas, V. (1994): Editorial. In: AoF 21, S. 3

Hafemann, I. (1990): Dienstverpflichtung im Alten Ägypten während des Alten und Mittleren Reiches, Berlin, Diss. A

Hafez, K. (1995): Orientwissenschaft in der DDR. Zwischen Dogma und Anpassung, 1969-1989, Hamburg

Hallof, J. (1985): Tagung anläßlich des 100. Todestages von Karl Richard Lepsius, Halle (Saale) 1984. In: EAZ 26, S. 745-746

Hallof, J. (1986): Die Baustufen I bis IV der Großen Anlage von Musawwarat es-Sufra (Republik Sudan), Berlin, Diss. A

Handbuch Wirtschaftsgeschichte (1981): Berlin

Hardtwig, W. & H.-U. Wehler (Hg.) (1996): Kulturgeschichte Heute, Göttingen

Harris, M. (1989): Kulturanthropologie. Ein Lehrbuch, Frankfurt/M./New York

Harstick, H.-P. (1977): Karl Marx über Formen vorkapitalistischer Produktion. Vergleichende Studien zur Geschichte des Grundeigentums 1879-80, Frankfurt/M./New York

Hazai, G. & B. Kellner-Heinkele (1986): Bibliographisches Handbuch der Turkologie. Eine Bibliographie der Bibliographien vom 18. Jahrhundert bis 1979, Bd. 1, Budapest

Hazai, G. (1983): Die Turfanforschung im Programm der Berliner Turkologie. In: Beiträge zur Zentralasienforschung (zum 100. Geburtstag von Sadriddin Aini), Berlin (HUB Berichte 20), S. 80-84

Heinrich, H. (1989): Zeitschriften, Schriftenreihen und Editionen des Zentralinstituts für Alte Geschichte und Archäologie der AdW. In: Das Altertum 35, S. 196-199

Helck, W. (1969): Ägyptologie an deutschen Universitäten, Wiesbaden

Held, J. & N. Schneider (Hg.) (1981): Kunst und Alltagskultur, Köln

Henning, J. (1983): Das Kolloquium über Eigentumsverhältnisse. In: Schultze/Brandes (1983), S. 7-8

Herrmann, J. & J. Köhn (Hg.) (1988): Familie, Staat und Gesellschaftsformation. Grundprobleme vorkapitalistischer Epochen einhundert Jahre nach Friedrich Engels' Werk "Der Ursprung der Familie, des Privateigentums und des Staats", Berlin (Veröffentlichungen des ZI AGA der AdW der DDR 16)

Herrmann, J. & J. Voos (Hg.) (1988): Jugendlexikon Archäologie, Leipzig

Herrmann, J. (1973): Problemrat für Alte Geschichte und Archäologie. In: MAGA 1, S. 2-3

Herrmann, J. (1975a): Die Rolle der Volksmassen in vorkapitalistischer Zeit. Das Problem der revolutionären Veränderungen in den vorkapitalistischen Gesellschaftsformationen und die Rolle der Volksmassen, Berlin (Sitzungsberichte der AdW der DDR 1974/16)

Herrmann, J. (1975b): Spuren des Prometheus. Der Aufstieg der Menschheit zwischen Naturgeschichte und Weltgeschichte, Leipzig/Jena/Berlin

Herrmann, J. (1976): Knotenpunkte der Geschichte und revolutionäre Volksbewegungen vor der Herausbildung des Kapitalismus. In: Bartel, H. et al. (Hg.), Evolution und Revolution in der Weltgeschichte. Ernst Engelberg zum 65. Geburtstag, I, Berlin, S. 5-27

Herrmann, J. (1977): AdW der DDR. Zentralinstitut für Alte Geschichte und Archäologie. Bericht. In: MAGA 5, S. 7-38

Herrmann, J. (Hg.) (1981a): Das historisch-kulturelle Erbe vorkapitalistischer Gesellschaftsformationen und seine zeitgenössische Bedeutung, Berlin (Abhandlungen der AdW der DDR, W 2/1981)

Herrmann, J. (1981b): Wissenschaftlicher Rat für Archäologie und Alte Geschichte. Bericht. In: MAGA 9, S. 7-8

Herrmann, J. (1983): Wissenschaftlicher Rat für Archäologie und Alte Geschichte. Bericht. In: MAGA 11, S. 7

Herrmann, J. (1984a): Geschichtstriade und Gesellschaftsformationen. Theorie und Praxis 100 Jahre nach dem Werk von Friedrich Engels "Der Ursprung der Familie, des Privateigentums und des Staats", Berlin (Sitzungsberichte der AdW der DDR 1984 17/G)

Herrmann, J. (1984b): Historischer Materialismus und Menschheitsgeschichte. Zur Entstehung und Wirkung von Friedrich Engels' "Der Ursprung der Familie, des Privateigentums und des Staats". In: Marx-Engels-Jahrbuch 7, S. 9-53

Herrmann, J. (1984c): Wissenschaftlicher Rat für Archäologie und Alte Geschichte der DDR. Bericht. In: MAGA 12, S. 7-9

Herrmann, J. (1984d): AdW der DDR. Zentralinstitut für Alte Geschichte und Archäologie. Bericht. In: MAGA 12, S. 10-55

Herrmann, J. (1984e): Einführung in Engels' Schrift "Der Ursprung der Familie, des Privateigentums und des Staats", Berlin

Herrmann, J. (1986a): Wissenschaftlicher Rat für Archäologie und Alte Geschichte. Bericht. In: MAGA 14, S. 7-9

Herrmann, J. (1986b): AdW der DDR. Zentralinstitut für Alte Geschichte und Archäologie. Bericht. In: MAGA 14, S. 9-57

Herrmann, J. (1987a): Wissenschaftlicher Rat für Archäologie und Alte Geschichte. Bericht. In: MAGA 15, S. 7-8

Herrmann, J. (1987b): AdW der DDR. Zentralinstitut für Alte Geschichte und Archäologie. Bericht. In: MAGA 15, S. 8-67

Herrmann, J. et al. (Hg.) (1987c): Lexikon früher Kulturen, Bd. 1 und 2, Leipzig (2. Aufl.)

Herrmann, J. (1988a): AdW der DDR. Zentralinstitut für Alte Geschichte und Archäologie. Bericht. In: MAGA 16, S. 8-52

Herrmann, J. (1988b): Fundamental Problems of Pre-Capitalist Social Development a Hundred Years after the Publication of "The Origin of the Family, Private Property and the State" by Frederick Engels. In: Herrmann/Köhn (1988), S. 25-39

Herrmann J. (1988c): Wissenschaftlicher Rat für Archäologie und Alte Geschichte. Bericht. In: MAGA 16, S. 7

Herrmann, J. (1989a): Zum Problem der revolutionären Epochen in vorkapitalistischen Gesellschaftsformationen, Berlin (Sitzungsberichte der AdW der DDR 1989 12/G)

Herrmann, J. (1989b): AdW der DDR. Zentralinstitut für Alte Geschichte und Archäologie. Bericht. In: MAGA 17, S. 15-66

Herrmann, J. (1989c): Über Entstehung und Herausbildung des Forschungsprofils des Zentralinstituts für Alte Geschichte und Archäologie der Akademie der Wissenschaften der DDR 1969-1989. In: MAGA 17, S. 67-86

Herrmann, J. (1989d): Frühe Menschheitsgeschichte und historisch-kulturelles Erbe in unserer Zeit. In: Das Altertum 35, S. 133-140

Herrmann, U. & K. Kinner (1985): Friedrich Engels in Dresden. In: Spectrum 2, S. 8-11

Hertel, J. (1987): Nārāyana: Hitopadeśa oder Die freundliche Belehrung, Leipzig/Weimar

Heyde, D. & A. Lübcke (1980): Ein Jahrzehnt altorientalischer Forschung am Zentralinstitut für Alte Geschichte und Archäologie. In: AoF 7, S. 281-297

Heydemann, G. (1988): Der Theorieboom in der marxistisch-leninistischen Geschichtswissenschaft der DDR seit 1967. Ursachen - Entwicklung - Perspektiven. In: Fischer, A. & G. Heydemann (Hg.), Geschichtswissenschaft in der DDR, I: Historische Entwicklung, Theoriediskussion und Geschichtsdidaktik, Berlin, S. 289-306

Hinkel, F.W. (1976): Wenn die alten Götter umziehen ... Exodus in Nubien. In: Das Altertum 22, S. 179-185

Hinkel, F.W. (1977): The Archaeological Map of the Sudan. A Guide to its Use and Explanation of its Principles, with the Cooperation of A.J. Mills, Berlin

Hinkel, F.W. (1978a): Auszug aus Nubien, Berlin

Hinkel, F.W. (1978b): Die Pyramiden von Meroe und die Restaurierung von Baudenkmälern in der DR Sudan. In: Herrmann. J. (Hg.), Archäologische Denkmale und Umweltgestaltung, Berlin, S. 131-136

Hinkel, F.W. (1980): Überraschende Entdeckung im Sudan: die 2000 Jahre alte, erste Zeichnung zum Bau einer Pyramide. In: Das Altertum 26, S. 27-33

Hinkel, M. (1990): Wasserbauten im Alten Sudan. In: Das Altertum 36, S. 29-36

Hinkel, M. (1991): Hafire im antiken Sudan. In: ZÄS 118, S. 32-48

Hintze, F. & W.F. Reineke (Hg.) (1989), unter Mitarbeit von U. Hintze und A. Burkhardt: Felsinschriften aus dem sudanesischen Nubien, Berlin

Hintze, F. et al. (1993): Musawwarat es Sufra (Sudan). Der Löwentempel, Bd. I, 1 (Textband), Berlin

Historiographiegeschichte als Methodologiegeschichte (1991): Zum 80. Geburtstag von Ernst Engelberg, Berlin (Sitzungsberichte der AdW in Berlin 1/1991)

Historische Studien zu frühmittelalterlichen Inschriften des westlichen Indien. In: Beiträge des Südasien-Instituts, 2. Sonderheft (im Druck)

Hoffmann, G. (1985): Der Feudalisierungsprozeß in den islamischen Staaten des Vorderen Orients und Nordafrikas bis zum Ende des 11. Jh. In: Töpfer, B. (Autorenkollektiv), Allgemeine Geschichte des Mittelalters, Berlin, S. 110-138

Hübinger, G. (1997): Konzepte und Typen der Kulturgeschichte, In: Küttler, W. et al. (1997): Geschichtsdiskurs. Bd. 4: Krisenbewußtsein, Katastrophenerfahrungen und Innovationen 1880-1945, Frankfurt/M., S. 136-152

Hund, W.D. & D. Kramer (Hg.) (1978): Beiträge zur materialistischen Kulturtheorie, Köln

Indiens Rolle in der Kulturgeschichte (1982): Dem Wirken Walter Rubens gewidmet, Berlin (Sitzungsberichte der AdW der DDR 1980 12/G)

Irmscher, J. (Autorenkollektiv) (1986): Einleitung in die klassischen Altertumswissenschaften, Berlin

Jakob-Rost, L. & J. Marzahn (1983): Babylon, Berlin (VAM Kleine Schriften 4)

Jakob-Rost, L. et al. (1982): Tell Oweissat. In: FuB 22, S. 62-95

Jakob-Rost, L. (1982): Assyrien. Die Inschriften, Berlin (VAM Kleine Schriften 2)

Jakob-Rost, L. et al. (1984): Archäologische Untersuchungen im Haditha-Gebiet, Irak. In: FuB 24, S. 45-53

Jakob-Rost, L. (1988): Der Turm zu Babel. Legende und Wirklichkeit, Berlin

Jakob-Rost, L. (1989): Hethitische Rituale und Festbeschreibungen, Berlin (KUB LIX)

Juden in Halle und Jüdische Sakralkunst. Zur Erinnerung an die Opfer des faschistischen Pogroms "Reichskristallnacht" vor fünfzig Jahren - der Nacht vom 7. zum 8. November 1938 (1988), Sammelband WZ MLU G 37/5

JWG/Sonderband 1987 (1988): Das Grundeigentum in Mesopotamien, Berlin

Kaube, J. et al. (1994): Arbeitsgruppe: Wissenschaft und Wiedervereinigung. In: BBAW Jahrbuch, S. 401-416

Kirsten, C. (Hg.) (1985): Die Altertumswissenschaften an der Berliner Akademie. Wahlvorschläge zur Aufnahme von Mitgliedern von F.A. Wolf bis zu G. Rodenwaldt 1799-1932, Berlin (Studien zur Geschichte der AdW der DDR 5)

Kischkewitz, H. (1986): Das Ägypten der Pharaonen, Berlin

Klengel, H. & W. Sundermann (1989): Probleme der Edition und Bearbeitung altorientalischer Handschriften. Tagung mit internationaler Beteiligung, Berlin 1987. In: EAZ 30, S. 174-175

Klengel, H. & W. Sundermann (Hg.) (1991): Ägypten - Vorderasien - Turfan. Probleme der Edition und Bearbeitung altorientalischer Handschriften, Berlin (SGKAO 23)

Klengel, H. (1981): Allgemeine Charakterisierung der altorientalischen Produktionsweise. In: Handbuch Wirtschaftsgeschichte (1981), S. 317-324

Klengel, H. (1982a): Keilschriftforschung. In: Spectrum 2, S. 24-27

Klengel, H. (1982b): Der Übergang zur Klassengesellschaft und zum Staat in Mesopotamien. In: Grünert, H. (Autorenkollektiv), Geschichte der Urgesellschaft, Berlin, S. 209-236

Klengel, H. (1986a): Hethitische Gelübde und Traumtexte sowie Rituale und Festbeschreibungen, Berlin (KUB LVI)

Klengel, H. (1986b): Assyriologie und klassische Altertumswissenschaften. In: Irmscher (Autorenkollektiv) (1986), Berlin, S. 44-47

Klengel, H. (1986c): Ancient Oriental Studies at the Academy of Sciences of the GDR. In: Barthel, G. et al. (Hg.), Asian and North African Studies in the German Democratic Republic-Traditions, Positions, and Findings. aala Special Issue 18, Berlin, S. 12-16

Klengel, H. (1986d): Syrien zwischen Alexander und Mohammed. Denkmale aus Antike und frühem Christentum, Leipzig

Klengel, H. (1987): Die "Orientalische Kommission" und ihre Erben. In: Spectrum 5, S. 25-27

Klengel, H. (1988): Die Keilschriftarchive von Boğazköy - Probleme der Textüberlieferung und der historischen Interpretation, Berlin (Sitzungsberichte der AdW der DDR 1987 11/G)

Klengel, H. (Autorenkollektiv) (1989): Kulturgeschichte des alten Vorderasien, Berlin (Veröffentlichungen des ZI AGA der AdW der DDR 18)

Klengel, H. (1990): Texte verschiedenen Inhalts, Berlin (KUB LX)

Klengel, H. (1991): Das Berliner Boğazköy-Archiv: Geschichte und Textedition: In: Klengel/Sundermann (1991), S. 73-81

Klengel, H. (1992): Syria 3000 to 300 B.C. A Handbook of Political History, Berlin

Klengel, H. (1993): Aufstände im vorhellenistischen Syrien. Versuch einer historischen Bewertung. In: Eretz-Israel. Archaeological, Historical and Geographical Studies 24, S. 130*-137*

Klengel-Brandt, E. & J. Marzahn (1983): Sumer, Berlin (VAM Kleine Schriften 5)

Klengel-Brandt, E. (1982a): Assyrien. Die archäologischen Denkmäler, Berlin (VAM Kleine Schriften 3)

Klengel-Brandt, E. (1982b): Der Turm von Babylon. Legende und Geschichte eines Bauwerkes, Leipzig

Klengel-Brandt, E. (1985): Palästina im Altertum. Funde aus Jericho und Megiddo, Berlin

Klengel-Brandt, E. (1986): Syrien. Kleinasien, Berlin (VAM Kleine Schriften 6)

Klengel-Brandt, E. (1988): Die Herrscher von Assur. Ein wiederentdecktes Reich im Alten Orient, Berlin

Klengel-Brandt, E. et al. (1996): Vorläufiger Bericht über die Ausgrabungen des Vorderasiatischen Museums auf dem Tall Knēdiğ/NO-Syrien. Ergebnisse der Kampagnien 1993 und 1994. In: MDOG 128, S. 33-67

Kocka, J. (1992): Nachwort. In: Eckert, R. et al. (Hg.), Krise - Umbruch - Neubeginn. Eine kritische und selbstkritische Dokumentation der DDR-Geschichtswissenschaft 1989/90, Stuttgart, S. 468-479

Köhler, G. et al. (Hg.) (1996): Wissenschaftler-Integrations-Programm (WiP). Leistungen und Perspektiven. Tagung der GEW und des WiP-Rates. 5. Dezember 1995, Humboldt-Universität Berlin, Frankfurt/M. o.J. (GEW. Materialien und Dokumente Hochschule und Forschung 80)

Kollewe, P. (1996): Vom WIP bleibt ein Rest oder gar nichts. Wissenschaftler-Integrations-Programm am Ende. In: ND, 19./20. Oktober

Koppe, K. (1985): Feuer des Zorns. Eine mongolische Spielmannsdichtung, Leipzig/Weimar

Köpstein, S. (1991): Die altägyptischen Amulette in Leipzig. Katalog und Auswertung, Leipzig, Diss. A

Köpstein, S. (1994 u. 1996): Das Abklatscharchiv beim Wörterbuch der ägyptischen Sprache, Teil 1 (MittWB 3) und Teil 2 (MittWB 5)

Korch, H. (1994): Der wissenschaftliche Zweifel - über einen Aspekt der Erkenntnissituation in den Gesellschaftswissenschaften der DDR, Jena

Kowalczuk, I.-S. (1994): Historische Gründe für das Scheitern der Selbsterneuerung an den ostdeutschen Universitäten. In: Berliner Debatte Initial 4, S. 83-92

Krause, M. (1980): Koptische Sprache. In: Lexikon der Ägyptologie III, Wiesbaden, S. 731-737

Krauspe, R. (1976): Ägyptisches Museum der Karl-Marx-Universität Leipzig. Führer durch die Ausstellung, Leipzig

Krauspe, R. (Hg.) (1997): Das Ägyptische Museum der Universität Leipzig, Mainz

Kreißig, H. (Autorenkollektiv) (1978): Griechische Geschichte bis 146 v.u.Z., Berlin

Kröber, G. & H. Laitko (1976): Wissenschaft als soziale Kraft, Berlin

Kröber, G. & H.-P. Krüger (Hg.) (1987): Kritische Studien zu bürgerlichen Wissenschaftskonzeptionen, Berlin (Wissenschaft und Gesellschaft 24/1)

Kröber, G. et al. (1975): Wissenschaft. Stellung, Funktion und Organisation in der entwickelten sozialistischen Gesellschaft, Berlin

Krüger, H.-P. (1990): Kritik der kommunikativen Vernunft. Kommunikationsorientierte Wissenschaftsforschung im Streit mit Sohn-Rethel, Toulmin und Habermas, Berlin (Wissenschaft und Gesellschaft 27)

Kubitscheck, H.D. & I. Wessel (1981): Geschichte Indonesiens. Vom Altertum bis zur Gegenwart, Berlin

Kuczynski, T. et al. (1993): Schließung der Akademie der Wissenschaften. In: Richter, W. (Hg.), Unfrieden in Deutschland 2. Weißbuch: Wissenschaft und Kultur im Beitrittsgebiet, Berlin, S. 53-77

Kupfer, T. (1994): 300 Jahre Martin-Luther-Universität Halle-Wittenberg. Nie war sie so unbedeutend wie heute. In: Freitag, 15. Juli

Küttler, W. & G. Lozek (1985): Der Klassenbegriff im Marxismus-Leninismus und in der idealtypischen Methode Max Webers. In: ZfG 33, S. 491-506

Küttler, W. (Hg.) (1986): Marxistische Typisierung und idealtypische Methode in der Geschichtswissenschaft, Berlin (Studien zur Geschichte 7)

Küttler, W. (1988): Engels' "Origin" and the Development of the Conception of the Succession of Formations. In: Herrmann/Köhn (1988), S. 40-50

Küttler, W. (1989a): Max Weber und die Geschichtswissenschaft. Möglichkeiten und Grenzen spätbürgerlicher Geschichtsperspektive, Berlin (Sitzungsberichte der AdW der DDR 1988 13/G)

Küttler, W. (1989b): W.I. Lenin, Max Weber und die typologische Vermittlung von Theorie und Empirie in der Geschichte. In: DZPh 37, S. 309-319, 427-437

Küttler, W. (1991): Hat "marxistische" Geschichtschreibung noch eine Zukunft? In: Jarausch, K.H. (Hg.), Zwischen Parteilichkeit und Professionalität. Bilanz der Geschichtswissenschaft der DDR, Berlin, S. 165-184

Küttler, W. (1992): Formationstheorie und Geschichtswissenschaft. Aspekte einer kritischen Bilanz. In: Eckert, R. et al. (Hg.), Krise - Umbruch - Neubeginn. Eine kritische und selbstkritische Dokumentation der DDR-Geschichtswissenschaft 1989/90, Stuttgart, S. 345-355

Küttler, W. (1993): Marx' Formationstheorie und die globale Transformation. Grenzen und Chancen an Marx orientierter weltgeschichtlicher Betrachtungsweise. In: Diesener, G. (Hg.), Karl Lamprecht weiterdenken. Universal- und Kulturgeschichte heute, Leipzig, S. 369-385

Küttler, W. (1994a): Geschichtstheorie und -methodologie in der DDR. In: ZfG 42, S. 8-20
Küttler, W. (1994b): Marxistische Geschichtswissenschaft heute. In: Kowalczuk, I.-S. (Hg.), Paradigmen deutscher Geschichtswissenschaft, Berlin, S. 211-235
Laitko, H. (1997): Abwicklungsreminiszenzen. Nach-Denken über das Ende einer Akademie. In: hochschule ost, Nr. 1, S. 55-81
Lamberg-Karlovsky, C.C. & J.A. Sabloff (1979): Ancient Civilizations. The Near East and Mesoamerica, Menlo Park/Reading/London/Amsterdam/Don Mills/Sydney
Lamprecht, K. (1988): Alternative zu Ranke. Schriften zur Geschichtstheorie, hrsg. und mit einem Essay: Der Kulturhistoriker Karl Lamprecht, der "Methodenstreit" und die Folgen, von Schleier, H., Leipzig
Lau, U. (1993): Die Inschriften des Qiu Wei - Dokumente zur Wirtschafts- und Rechtsgeschichte Chinas. In: Moritz (1993), S. 212-226
Lehrprogramm (1978) für das Lehrgebiet Archäologie und Kunstgeschichte der gewählten Region zur Ausbildung in der Fachrichtung Orientarchäologie innerhalb der Grundstudienrichtung Regionalwissenschaften an Universitäten und Hochschulen der DDR, Berlin
Leutner, M. (1987): Sinologie in Berlin. Die Durchsetzung einer wissenschaftlichen Disziplin zur Erschließung und zum Verständnis Chinas. In: Kuo, Heng-yü (Hg.), Berlin und China. Dreihundert Jahre wechselvolle Beziehungen, Berlin, S. 31-55
Lewin, G. (1971): Zum Charakter der vorkapitalistischen Gesellschaftsformation in China. In: EAZ 12, S. 383-423
Lewin, G. (1977): Probleme der uni- oder multilinearen Entwicklung der menschlichen Gesellschaft. In: Engelberg, E. & W. Küttler (Hg.), Probleme der geschichtswissenschaftlichen Erkenntnis, Berlin, S. 103-114
Lewin, G. (1979): Fortschrittliche Traditionen der Sinologie an der Leipziger Universität. Zum Gedenken an die 20. Wiederkehr des Todestages von Prof. Dr. phil. Eduard Erkes am 2. April 1978. In: WZ KMU G 28, S. 15-32
Lewin, G. (1981): Bemerkungen zu Lawrence Krader, Die Asiatische Produktionsweise. In: AcOrHu 35, S. 412-422
Lewin, G. (1982): Einige Bemerkungen zu dem Werk "Weltgeschichte bis zur Herausbildung des Feudalismus". In: ABMVk 39, S. 249-264
Lexikon der Kunst (1987-1994) (Neubearb.): Architektur, Bildende Kunst, Angewandte Kunst, Industrieformgestaltung, Kunsttheorie, Bd. 1-7, Leipzig.
Lindemeyer, E. & L. Martin (1993): Uruk Kleinfunde III. Kleinfunde im Vorderasiatischen Museum zu Berlin: Steingefäße und Asphalt, Farbreste, Fritte, Glas, Holz, Knochen/Elfenbein, Muschel/Perlmutt/Schnecke, Mainz 1993 (Ausgrabungen in Uruk-Warka Endberichte 9)
Lindemeyer, E. (1989a): Untersuchungen zur Siedlungsgeschichte Syriens vom 8. bis zum Ende des 3. Jt. v.u.Z., Berlin, Diss. A
Lindemeyer, E. (1989b): Ausprägung und Entwicklung sozialer Differenzierung in vorkapitalistischen Gesellschaften - Klassen und historische Triebkräfte. 3. Kolloquium junger Wissenschaftler ur- und frühgeschichtlicher und althistorischer Disziplinen der DDR, Bad Stuer 1987. In: EAZ 30, S.†739

Löhr, H. (1993): Die Seele der Antike. Über die Kurthsche Sammlung im Robertinum. In: scientia halensis 2, S. 15-17

Luft, U. (1992): Das Archiv von Illahun, Briefe 1, Berlin (HPB I)

Martin, L. & C. Tietze (1992): Ausgrabungen auf dem Tell Abu Hğaira. In: AoF 19, S. 247-258

Martin, L. & R.-B. Wartke (1993/94): Tall Abu Ḥğaira 1987-1990. In: AfO 40/41, S. 200-215

Martin, L. (1993): Die Steingefäße aus Uruk als kulturhistorische Informationsquelle. Eine typologische, chronologische, materialtechnische und herstellungsspezifische Untersuchung der Steingefäße des 4. bis 1. Jahrtausends v. Chr, aus den Ausgrabungen in Uruk - Warka, Berlin, Diss.

Marzahn, J. (1981): Babylon und das Neujahrsfest, Berlin (VAM Kleine Schriften 1)

Marzahn, J. (1991a): Altsumerische Verwaltungstexte aus Girsu/Lagaš, Berlin (VS XXV)

Marzahn, J. (1991b): Die Keilschriftsammlung des Vorderasiatischen Museums zu Berlin. In: Klengel/Sundermann (1991), S. 30-50

Marzahn, J. (1992): Geschichte des Vorderasiatischen Museums und kurzer Überblick über die Ausgrabungstätigkeit. In: Staatliche Museen zu Berlin. Das Vorderasiatische Museum, Mainz, S. 11-17

Marzahn, J. (1996): Altsumerische Verwaltungstexte und ein Brief aus Girsu/Lagaš, Mainz (VS XXVII)

Mayntz, R. (1994a), unter Mitarbeit von H.-G. Wolf: Deutsche Forschung im Einigungsprozeß. Die Transformation der Akademie der Wissenschaften der DDR 1989 bis 1992, Frankfurt/M./New York

Mayntz, R. (Hg.) (1994b): Aufbruch und Reform von oben. Ostdeutsche Universitäten im Transformationsprozeß, Frankfurt/M./New York

Mehlig, J. (1982): Buddhistische Märchen, Leipzig

Mehlig, J. (1983): Kālidāsa: Werke, Leipzig

Mehlig, J. (1987): Weisheit des alten Indien, 1: Vorbuddhistische und nichtbuddhistische Texte, 2: Buddhistische Texte, Leipzig/Weimar

Meier, H. & W. Schmidt (Hg.) (1988): Erbe und Tradition in der DDR. Die Diskussion der Historiker, Berlin

Microcomputer in der Archäologie (1988), Sammelband (WZ HUB G 37/3)

Mocek, R. (1988): Neugier und Nutzen. Fragen an die Wissenschaftsgeschichte, Berlin

Mode, H. et al. (Hg.) (1972): Zweihundertfünfzig Jahre Halle - Indien, anläßlich des fünfundzwanzigsten Jahrestages der Unabhängigkeit Indiens. Supplement to Buddhist Yearly, Halle

Mode, H. (1986): Mathura. Metropole altindischer Steinskulptur, Leipzig/Weimar

Mode, H. (1988a): Heinz Mode - Stationen seines Lebens bis zur Berufung an die Martin-Luther-Universität Halle-Wittenberg. In: WZ MLU G 37/5, S. 118-121

Mode, H. (1988b): Indische Kunst in Halle. Sonderausstellung des Universitätsmuseums der Zentralen Kustodie der Martin-Luther-Universität Halle-Wittenberg, 15. August - 11. November 1988, Halle/S.

Mode, H. (Hg.) (1991): Zum Leben und Wirken hallescher Missionare in Indien und Amerika. Ergebnisse einer Studentenkonferenz vom 15. Oktober 1989 in Halle, Halle/S. (Orientalia 5)

Mode, M. (1985): Wissenschaftsbereich Orientalische Archäologie 1969-1984. Verzeichnis der an der Martin-Luther-Universität Halle-Wittenberg erschienenen Schriften zur Geschichte und Kultur des Orients, Halle/S.

Mode, M. (1991): Studien zur Ikonographie sogdischer Wandgemälde. Ein Beitrag zur Kunst Zentralasiens, Habil., Halle/S. (Teilabdruck: Sogdien und die Herrscher der Welt. Türken, Sasaniden und Chinesen in Historiengemälden des 7. Jahrhunderts n. Chr. aus Alt-Samarqand, Frankfurt/M./New York 1992)

Morgenroth, W. (1973): Lehrbuch des Sanskrit, Leipzig (1. Auflage)

Morgenroth, W. (1976): 150 Jahre Sanskritstudien in Berlin - humanistische Traditionen und Aufgaben der Indologie an der Humboldt-Universität. In: WZ HUB G 25, S. 281-291

Morgenroth, W. (1979): HUB. Sektion Asienwissenschaften, Bereich Südasien. Bericht. In: MAGA 7, S. 64-68

Morgenroth, W. (1988): Das Seminar für Orientalische Sprachen in der Wissenschaftstradition der Asien- und Afrikawissenschaften. In: aala 16, S. 706-720

Moritz, R. (1982): Konfuzius: Gespräche (Lun-yu), Leipzig

Moritz, R. et al. (Hg.) (1988): Wie und warum entstand Philosophie in verschiedenen Regionen der Erde?, Berlin

Moritz, R. (1990): Die Philosophie im alten China, Berlin

Moritz, R. (Hg.) (1993): Sinologische Traditionen im Spiegel neuer Forschungen, Leipzig

Mühlberg, D. (1983): Woher wir wissen, was Kultur ist. Gedanken zur geschichtlichen Ausbildung der aktuellen Kulturauffassung, Berlin

Müller, M. (1979): Die Keilschriftwissenschaften an der Leipziger Universität bis zur Vertreibung Landsbergers im Jahre 1935. In: WZ KMU G 28, S. 67-86

Müller, M. (1994): Herbert P.H. Petschow 26.12.1909-28.6.1991. In: SAW Jahrbuch 1991-1992, Berlin, S. 345-353

Müller, R. (Autorenkollektiv) (1977/78): Kulturgeschichte der Antike, Bd. 1: Griechenland, Berlin; Bd. 2: Rom, Berlin

Mylius, K. (1975a): KMU. Sektion Afrika- und Nahostwissenschaften, Fachgruppe Altorientalistik. Bericht. In: MAGA 3, S. 84-86

Mylius, K. (1975b): Wörterbuch Sanskrit-Deutsch, Leipzig (1. Auflage)

Mylius, K. (1977): KMU. Sektion Afrika- und Nahostwissenschaften, Fachgruppe Altorientalistik. Bericht. In: MAGA 5, S. 71-73

Mylius, K. (1978): Chrestomathie der Sanskritliteratur, Leipzig

Mylius, K. (1979): Bedeutende Traditionen der Indologie an der Universität Leipzig. In: WZ KMU G 28, S. 47-66

Mylius, K. (1983a): Die vier edlen Wahrheiten. Texte des ursprünglichen Buddhismus, Leipzig

Mylius, K. (1983b): Geschichte der Literatur im alten Indien, Leipzig

Mylius, K. (1987): Mallanāga Vātsyāyana: Das Kāmasūtra, Leipzig

Mylius, K. (1988): Wörterbuch Deutsch-Sanskrit, Leipzig

Nagel, P. (Hg.) (1990): Carl-Schmidt-Kolloquium an der Marin-Luther-Universität 1988, Halle/S.

Neuhäusser-Wespy, U. (1988): Erbe und Tradition in der DDR. Zum gewandelten Geschichtsbild der SED. In: Fischer, A. & G. Heydemann (Hg.), Geschichtswissenschaft in der DDR, I: Historische Entwicklung, Theoriediskussion und Geschichtsdidaktik, Berlin, S. 129-153

Neumann, H. (1984): Aus der Geschichte des Alten Orients. In: Geschichte Lehrbuch für Klasse 5, Berlin, S. 39-74 (1. Auflage)

Neumann, H. (1985): Zur historischen Bedeutung des Bewässerungsbodenbaus in Südmesopotamien in der Phase des Übergangs zu Klassengesellschaft und Staat. In: Geschichtsunterricht und Staatsbürgerkunde 27, S. 769-772

Neumann, H. (1988): Aus der Geschichte des Alten Orients. In: Geschichte Lehrbuch für Klasse 5, Berlin, S. 40-74 (1. Auflage)

Neumann, H. (1991a): Zur geplanten Publikation von Keilschrifttexten aus kleineren Sammlungen. In: Klengel/Sundermann (1991), S. 66-72

Neumann, H. (1991b): Forschungen zur altorientalischen Geschichte in der DDR (1980-1990). In: AoF 18, S. 346-370

Neumann, H. (1992): Zur Problematik des subjektiven Faktors im Prozeß politischer Umwälzungen in Mesopotamien gegen Ende des 3. Jahrtausends v.u.Z. In: ArOr 60, S. 234-250

Njammasch, M. (1984): Untersuchungen zur Genesis des Feudalismus in Indien, Berlin (SGKAO 17)

Njammasch, M. (1993): Vorwort: In: Beiträge des Südasien-Instituts, 1. Sonderheft.

Oelsner, J. (1985a): Zur Geschichte der "Frau Professor Hilprecht-Sammlung Vorderasiatischer Altertümer im Eigentum der Friedrich-Schiller-Universität Jena". In: Zur Geschichte der Klassischen Archäologie Jena-Kraków, Jena, S. 46-53

Oelsner, J. (1985b): Ausstrahlungen der griechischen Kultur nach dem Vorderen Orient im 5. und 4. Jahrhundert v.u.Z. In: Kluwe, E. (Hg.), Kultur und Fortschritt in der Blütezeit der griechischen Polis, Berlin (SGKA 24), S. 119-128

Oelsner, J. (1986): Materialien zur babylonischen Gesellschaft und Kultur in hellenistischer Zeit, Budapest

Oelsner, J. (1988): Rezension zu H. Kreissig, Wirtschaft und Gesellschaft im Seleukidenreich, Berlin 1978; R.J. van der Spek, Grondbezit van het Seleucidische Rijk, Amsterdam 1986. In: OLZ 83, S. 141-146

Oelsner, J. (1989): Nippur. Heilige Stadt der Sumerer, Berlin

Oelsner, J. (1991): Die Hilprecht-Sammlung Jena - Geschichte und Aufgaben der Publikation. In: Klengel/Sundermann (1991), S. 58-65

Ökonomische Gesellschaftsformationen. Theorie und Geschichte (1981), Frankfurt/M.

Onasch, A. (1976): Leipziger ägyptologische Veröffentlichungen seit 1946, Leipzig

Otto, K.-H. & G. Buschendorf-Otto (1993): Felsbilder aus dem sudanesischen Nubien, Berlin

Pasternack, P. (Hg.) (1993): IV. Hochschulreform. Wissenschaft und Hochschulen in Ostdeutschland 1989/90. Eine Retrospektive, Leipzig

Pasternack, P. (1994): DDR-Wissenschaftsgeschichte & Umbau von Hochschule und Wissenschaft in Ostdeutschland. Bibliographie 1989-1993 - Selbständige Veröffentlichungen incl. Graue Literatur - , Leipzig

Pasternack, P. (1995): Hochschule in die Demokratie. Fallstudie (Karl-Marx-Universität Leipzig 1989-1993), Berlin

Pasternack, P. (1996): Geisteswissenschaften in Ostdeutschland 1995. Eine Inventur. Vergleichsstudie im Anschluß an die Untersuchung "Geisteswissenschaften in der DDR", Konstanz 1990, Leipzig

Pasternack, P. (1997): Randnotiz zur Randnotiz. In: hochschule ost, Nr. 1, S. 168-173

Peuke, H.-J. (Hg.) (1983): Zum Indienbild in der DDR, Halle/S.

Peuke, H.-J. (1984): Karl Marx und Indien. In: Brentjes (1984c), S. 108-127

Pietruschka, U. (1983): Probleme früher Sozialstrukturen. Wissenschaftliche Studentenkonferenz, Halle (Saale) 1982. In: EAZ 24, S. 757-758

Plaeschke, H. & I. (1982): Indische Felsentempel und Höhlenklöster, Ajanta und Elura, Leipzig

Plaeschke, H. & I. (1987): Halle und die Kultur Südasiens. Monographien und Zeitschriftenaufsätze seit 1945. In: Brentjes/Peuke (1987), S. 111-134

Plaeschke, H. & I. (1988): Frühe indische Plastik, Leipzig

Poethke, G. (1974): Über die Einrichtung einer Kerblochkarten-Kartei in der Papyrussammlung. In: FuB 16, S. 119-122

Poethke, G. (1991): Die Papyrussammlung. In: Staatliche Museen zu Berlin. Ägyptisches Museum und Papyrus-Sammlung, Mainz, S. 272-273

Popko, M. (1988): Hethitische Rituale und Festbeschreibungen, Berlin (KUB LVIII)

Preißler, H. (1979): Arabistik in Leipzig (vom 18. Jahrhundert bis zur Mitte des 20. Jahrhunderts). In: WZ KMU G 28, S. 87-105

Preißler, H. (1981): Südarabische Altertümer. Der Jemen im Altertum, Berlin

Preißler, H. (1984): Vom "Pfaffen Forster" und den Arabern. In: Brentjes (1984c), S. 82-93

Priese, K.-H. (1984): Die Opferkammer des Merib, Berlin

Priese, K.-H. (1991): Vorwort. In: Staatliche Museen zu Berlin. Ägyptisches Museum und Papyrussammlung, Mainz, S. VIII-XII

Progressive Traditionen der Orientalistik an der Universität Leipzig (1979), Sammelband (WZ KMU G 28/1)

Quitta, H. (1989): Archäologische Forschungen in Vietnam. 20 Jahre wissenschaftliche Zusammenarbeit. In: Das Altertum 35, S. 141-149

Raible, W. (1992): Impressionen beim *Evaluieren*. Zur Abwicklung kulturwissenschaftlicher Einrichtungen der ehemaligen DDR-Akademie der Wissenschaften. In: Arnold, H.L. & F. Meyer-Gosau (Hg.), Die Abwicklung der DDR, Göttingen, S. 54-63

Raschmann, S.-C. (1991): Von Xi'an nach Kashgar. 5000 km auf der Seidenstraße. In: UNESCO heute 4-6, S. 101-104

Raschmann, S.-C. (1995a): Baumwolle im türkischen Zentralasien. Philologische und wirtschaftshistorische Untersuchungen anhand der vorislamischen uigurischen Texte, Wiesbaden (Veröffentlichungen der Societas Uralo-Altaica 44)

Raschmann, S.-C. (1995b): Berlin's Reunited Collections. In: Newsletter of The International Dunhuang Project (IDP News), 3, S. 1-2.

Ratchnevsky, P. (1983): Čínggis Khan. Sein Leben und Wirken, Wiesbaden

Ratchnevsky, P. (1987): Die Rechtsverhältnisse bei den Mongolen im 12.-13. Jahrhundert. In: CAJ 31, S. 64-110

Rechenberg, E. (1989): Informations- und Bibliotheksarbeit im Zentralinstitut für Alte Geschichte und Archäologie der AdW. In: Das Altertum 35, S. 193-195

Reck, C. (1991): Mitteliranische manichäische Montags- und Bemahymnen. Edition und Kommentar, Berlin, Diss. A

Reineke, W.F. (1986): Ägyptologie und klassische Altertumswissenschaften. In: Irmscher (Autorenkollektiv) (1986), S. 47-50

Reineke, W.F. (1991): Das ägyptische Wörterbuch und die Edition ägyptischer Texte. In: Klengel/Sundermann (1991), S. 11-19

Renger, J. (1979): Die Geschichte der Altorientalistik und der vorderasiatischen Archäologie in Berlin von 1875 bis 1945. In: Arenhövel, W. & C. Schreiber (Hg.), Berlin und die Antike. Aufsätze, Berlin, S. 151-192

Richter, E. et al. (1985): Asienwissenschaftliche Forschung und Lehre in Leipzig. In: WZ KMU G 34, S. 549-567

Richter, S. & M. Waligora (1989): Die Religionssoziologie Max Webers - ein kulturhistorischer Vergleich? In: DZPh 37, S. 320-330

Richter, W. (Hg.) (1993): Unfrieden in Deutschland 2. Weißbuch: Wissenschaft und Kultur im Beitrittsgebiet, Berlin

Riemschneider, K.K. (1969): Lehrbuch des Akkadischen, Leipzig (1. Auflage)

Rothermund, D. (1993): Bericht über den Fachbereich Asien- und Afrikawissenschaften der Humboldt-Universität Berlin. In: Steinwachs, B. (Hg.), Geisteswissenschaften in der ehemaligen DDR, 1: Berichte, Konstanz, S. 66-79

Ruben, W. (1980): Rezension zu Sellnow (Autorenkollektiv) (1977). In: OLZ 75, S. 522-523

Rudolph, K. (1962): Die Religionsgeschichte an der Leipziger Universität und die Entwicklung der Religionswissenschaft. Ein Beitrag zur Wissenschaftsgeschichte und zum Problem der Religionswissenschaft, Berlin (Sitzungsberichte der SAW zu Leipzig, Philologisch-historische Klasse 107/1)

Rühlmann, G. (1970): Die orientalische Archäologie an der Martin-Luther-Universität Halle-Wittenberg (1948-1968). Bibliographische Übersicht über die Publikationstätigkeit der Mitarbeiter, Halle/S.

Rührdanz, K. (Hg.) (1982): Mittelalterliche Malerei im Orient, Halle/S.

Rührdanz, K. (Red.) (1990): Islamische Kunst in Museen und Sammlungen der DDR (HBO 15)

Sacher, R. (1981): A. Chej. Ein kambodschanischer Schelmenroman, Leipzig/Weimar

Sacher, R. (1988): Sagen und Legenden der Khmer, Leipzig/Weimar

Schenkel, W. (1994): Wörterbuch vs. Textcorpus oder: Wie und ob man überhaupt ein Wörterbuch machen kann. In: ZÄS 121, S. 154-159

Schluchter, W. (1996): Neubeginn durch Anpassung? Studien zum ostdeutschen Übergang, Frankfurt/M.

Schmiedchen, A. (1994): Untersuchungen an Dorf-, Land- und Geldschenkungsinschriften zugunsten buddhistischer Klöster in Nordindien vom 5. bis 8. Jahrhundert, Berlin, Diss. A

Schöne, M. (1976): Die Tradition der Indologie an der Alma mater Jenensis. In: WZ HUB G 25, S. 309-310

Schreiter, J. (1988): Hermeneutik - Wahrheit und Verstehen, Berlin

Schreyer, C. (1996b): Rotstift für die Universitäten. Rückwirkungen auf die ganze Region befürchtet. In: ND, 4. September

Schreyer, C. (1996a): Gegen das Kaputtsparen. Proteste der Hochschulen Mecklenburg-Vorpommerns. In: ND, 25. Oktober

Schuller, W. (1990): Alte Geschichte in der DDR. Vorläufige Skizze. In: Fischer, A. & G. Heydemann (Hg.), Geschichtswissenschaft in der DDR, II: Vor- und Frühgeschichte bis Neueste Geschichte, Berlin, S. 37-58

Schultze, E. & W. Brandes (Red.) (1983): Historisch-archäologische Quellen und Geschichte bis zur Herausbildung des Feudalismus. Beiträge des I. und II. Kolloquiums junger Wissenschaftler archäologischer und althistorischer Disziplinen der DDR, Berlin

Schwarz, R. (1986): Chinesische Märchen: Märchen der Han, Leipzig

Segeth, W. (1984): Materialistische Dialektik als Methode und Methodologie, Berlin

Seidensticker, B. (1994): Akademienvorhaben. Kommission für Altertumswissenschaften. In: BBAW Jahrbuch, S. 285-296

Seidensticker, B. (1995): Akademienvorhaben. Kommission für Altertumswissenschaften. In: BBAW Jahrbuch, S. 270-280

Selge, K.-V. (1994): Akademienvorhaben. Kommission für die Turfanforschung. In: BBAW Jahrbuch, S. 318-321

Selge, K.-V. (1995): Akademienvorhaben. Kommission Turfanforschung. In: BBAW Jahrbuch, S. 303-305

Sellnow, I. (Autorenkollektiv) (1977): Weltgeschichte bis zur Herausbildung des Feudalismus. Ein Abriß, Berlin (Veröffentlichungen des ZI AGA der AdW der DDR 5)

Sellnow, I. (1987): Altorientalische Klassengesellschaft. In: Herrmann et al. (1987c), Bd. 1, S. 43

Simon, D. (1996): Forschern im Osten droht ein Desaster. Eine Gruppe hochmotivierter Wissenschaftler wird aus der Bahn geworfen. In: Tagesspiegel, 27. November

Simon, H. & M. (1984): Geschichte der jüdischen Philosophie, Berlin

Staat - Recht - Gesellschaft. Historische und theoretische Aspekte (1985): Kolloquium des Instituts für Theorie des Staates und des Rechts der Akademie der Wissenschaften der DDR zum 100. Jahrestag des Erscheinens der Engelsschen Schrift "Der Ursprung der Familie, des Privateigentums und des Staats" anläßlich des "Tages der jungen Wissenschaftler", Juni 1984, Berlin

Stark, I. (1992): Isolde Stark, Althistorikerin. In: Herzberg, G. & K. Meier (Hg.), Karrieremuster. Wissenschaftlerporträts, Berlin, S. 74-107

Stein, H. (1979): Die Entwicklung turkologischer Forschung und Lehre an der Universität Leipzig. In: WZ KMU G 28, S. 107-117

Stiehler, G. (1987): Dialektik und Gesellschaftswissenschaften, Berlin

Stoof, M. (1986): Das hunderttorige Theben, Leipzig/Jena/Berlin

Stoof, M. (1992): Untersuchungen zu ägyptischen Siegelamuletten in menschlicher und tierischer Gestalt, Habil., Halle/S. (= Ägyptische Siegelamulette in menschlicher und tierischer Gestalt. Eine archäologisch-motivgeschichtliche Studie, Frankfurt/M./New York 1992)

Strukturmodell für den künftigen Fachbereich Orientalistik und Afrikanistik an der Universität Leipzig [Oktober 1990] (1993). In: hochschule ost, Nr. 5, S. 37-43

Studienhandbuch Freie Universität Berlin (1990), Berlin

Studienplan (1983) für die Grundstudienrichtung Regionalwissenschaften (Nomenklatur-Nr. 580) zur Ausbildung an Universitäten und Hochschulen der DDR, 2. überarbeitete Auflage, Berlin.

Sundermann, W. (1986): Iranistik und klassische Altertumswissenschaften. In: Irmscher (Autorenkollektiv) (1986), S. 51-52

Sundermann, W. (1989): First Results of Cooperative Work Between Ryūkoku University and the Academy of Sciences of the GDR on Buddhist Sogdian Turfan Texts. In: The Annual of the Institute of Buddhist Cultural Studies Ryūkoku University 12, S. 18-12

Sundermann, W. (1990): The Manichaean Hymn cycles *Huyadagmān and Angad rōšnān* in Parthian and Sogdian. Photo Edition. Transcription and translation of hitherto unpublished texts, with critical remarks, London (Corpus Inscriptionum Iranicarum: Suppl. Series II)

Sundermann, W. (1992): Der Sermon vom Licht-Nous. Eine Lehrschrift des östlichen Manichäismus. Edition der parthischen und soghdischen Version, Berlin (BTT XVII)

Taube, E. & M. (1983): Schamanen und Rhapsoden. Die geistige Kultur der alten Mongolei, Leipzig

Taube, M. (1979): Tibetologie und Mongolistik an der Leipziger Universität. In: WZ KMU G 28, S. 33-46

Taube, M. (1989): Geheime Geschichte der Mongolen. Herkunft, Leben und Aufstieg Čingis Qans, Leipzig/Weimar

Thilo, T. (1989): Der Fremde mit dem Lockenbart. Erzählungen aus dem China der Tang-Zeit, Berlin

Thilo, T. (im Druck): Chang'an. Metropole Ostasiens und Weltstadt des Mittelalters (583-904), Teil I: Die Stadtanlage

Thissen, H.-J. (1990): Demotistik und Ägyptologie. In: ZÄS 117, S. 63-69

Tietze, C. (1988): Megalopolis. Aus der Geschichte der Stadt, Leipzig/Jena/Berlin

Tunsch, T. (1988): Untersuchungen zur sogenannten "Bazarbourgeoisie". In: Ausprägung und Entwicklung (1988), S. 159-170

Tunsch, T. (1989): Untersuchungen zur sogenannten „Bazarbourgeoisie“. In: aala 17, S. 471-478

Universität im Zwiespalt von Geist und Macht (1996). Zu Ergebnissen und Erfahrungen der hochschulpolitischen Umbrüche in Deutschland von 1945 und 1989/90, Jena

Vahlen, A. (1991a): 100 Jahre Archäologisches Museum Robertinum. In: MLU Halle-Wittenberg, Universitätszeitung, 14. November

Vahlen, A. (1991b): Die Archäologische Sammlung. In: Ebert et al. (1991), S. 15-22

Vahlen, A. (1994): Das Archäologische Museum Robertinum. In: Speler, R.-T. (Hg.), 300 Jahre Universität Halle 1694-1994. Schätze aus den Sammlungen und Kabinetten, Halle/S., S. 166-167

van der Meer, H. (1996): Ende einer Wissenschafts- und Kulturlandschaft Europas? In: Behrend, H. (Hg.), Die Abwicklung der DDR. Wende und deutsche Vereinigung von innen gesehen, Köln, S. 223-256

van Dijk, J. (1987): Literarische Texte aus Babylon. Unter Einschluß von Kopien Adam Falkensteins zur Veröffentlichung vorbereitet von Werner R. Mayer, Berlin (VS XXIV)

Veenhof, K.R. & E. Klengel-Brandt (1992): Altassyrische Tontafeln aus Kültepe. Texte und Siegelabrollungen, Berlin (VS XXVI)

Violet, R. (1981): Einführung in die Kunst Chinas, Leipzig

Violet, R. (1982): Einführung in die Kunst Japans, Leipzig

Violet, R. (1987): Einführung in die Kunst Koreas, Leipzig

Virkus, F. (1995): Wirtschaftliche Verhältnisse und politische Herrschaftsordnung im Guptareich (4.-6. Jh. n. Chr.), Berlin, Diss. A

Vleeming, S.P. (1993): Papyrus Reinhardt. An Egyptian Land List from the Tenth Century B.C., Berlin (HPB II)

Voigt, M. et al. (1989): Lehre und Studium der Asien-, Afrika- und Lateinamerikawissenschaften im 40. Jahr der Deutschen Demokratischen Republik. In: aala 17, S. 789-796

Voigt, W. (1957/58): Katalogisierung der Orientalischen Handschriften in Deutschland. In: Westdeutsche Bibliothek. Jahresbericht, S. 67-76

Volk, K. (1996): Methoden altmesopotamischer Erziehung nach Quellen der altbabylonischen Zeit. In: Saeculum 47, S. 178-216

von Eickstedt, U. (1983): Restaurierung archäologischer Funde, Berlin

von Staehr, G. (1991): Wende-Lehrpläne - eine vertane Chance? In: Jung, H.W. et al. (Hg.), Wende-Didaktik und historisch-politisches Lernen. Deutsch-deutsche Reflexionen, Hamburg, S. 99-191

Voos, J. (1983a): Die vorkapitalistischen Eigentumsverhältnisse in Algerien, untersucht anhand der Kovalevskij-Exzerpte von Karl Marx. In: Schultze/Brandes (1983), S. 36-45

Voos, J. (1983b): Marx und Algerien. In: Das Altertum 29, S. 113-117

Voos, J. (1988): Studien zur Rolle von Statuen und Reliefs im syrohethitischen Totenkult während der frühen Eisenzeit (etwa 10.-7. Jh. v.u.Z.), Berlin, Diss. A

Voos, J. (1991): Die Phöniker: Seefahrer aus dem Orient. Alte Kulturen am Mittelmeer, Berlin

Wagner, M. (1990): Der chinesische Porzellankübel im Archäologischen Museum der Martin-Luther-Universität/Robertinum, Halle. In: FuB 28, S. 159-168

Wagner, M. (1992): Die Motive der bemalten neolithischen Keramik Chinas - Ein auf stilkritischen Analysen beruhender und in Typologien geordneter Bildatlas zur Sino-Archäologie, Leipzig, Diss. A

Wallenstein, U. (1995): "Ich habe mehr gefunden, als ich erwartete ... " - Seetzen und die Ägyptensammlung Gotha. In: Ulrich Jasper Seetzen (1767-1811). Leben und Werk, Gotha (Veröffentlichungen der Forschungs- und Landesbibliothek Gotha 33), S. 65-76

Walravens, H. (Hg.) (1994): Die ost- und zentralasienwissenschaftlichen Beiträge in der Orientalistischen Literaturzeitung 1976-1992. Bibliographie und Register, Berlin

Wartke, R.-B. (1980): Palmyra, Berlin

Wartke, R.-B. (1982): Glas im Altertum. Zur Frühgeschichte und Technologie antiken Glases, Berlin

Wartke, R.-B. (1987): Iran-Urartu, Berlin (VAM Kleine Schriften 7)

Wartke, R.-B. (1990a): Handwerk und Technologie im Alten Orient. Ein Beitrag zur Geschichte der Technik des Altertums, Berlin

Wartke, R.-B. (1990b): Toprakkale. Untersuchungen zu den Metallobjekten im Vorderasiatischen Museum zu Berlin, Berlin (SGKAO 22)

Weber, M. (1989a): Rationalisierung und entzauberte Welt. Schriften zu Geschichte und Soziologie, hrsg. von Hauer, F. & W. Küttler, Leipzig

Weber, M. (1989b): Wissenschaft als Beruf. In: DZPh 37, S. 340-343

Wegner, M. (1996): Die gescheiterte Modernisierung. Anmerkungen zur III. Hochschulreform in der DDR. In: Universität im Zwiespalt (1996), S. 125-132

Weissgerber, K. (1984): Zu einigen Äußerungen von Marx im "Kapital" über Asien. In: Brentjes (1984c), S. 29-46

Wenig, S. et al. (1970): Zur Veröffentlichung von Beständen ägyptischer Museen und Sammlungen. In: ZÄS 96, S. 67-78

Wenig, S. (1982): Meroe (Geschichte, Kunst, Schrift und Sprache). In: Lexikon der Ägyptologie IV, Wiesbaden, S. 96-107

Wenig, S. (1994a): Bericht über die Vorkampagne 1992. In: MittSAG 1, S. 15-18

Wenig, S. (1994b): Die Sudanarchäologische Gesellschaft zu Berlin e.V. In: MittSAG 1, S. 6-8

Wenig, S. (1995): Die Weiterführung archäologischer Arbeiten im Sudan - Bericht über die Erkundungskampagne 1993. In: MittSAG 2, S. 24-25

Wenig, S. (1996): Die Berliner Sudanarchäologie. In: Das Altertum 42, S. 5-10

Werner, E. (1985): Einige Charakteristika des vorder- und mittelasiatischen Feudalismus. In: Müller-Mertens, E. (Hg.), Feudalismus. Entstehung und Wesen, Berlin (Studienbibliothek DDR-Geschichtswissenschaft 4), S. 71-87

Wildung, D. (1996): Die Stadt in der Steppe. Das Ägyptische Museum Berlin gräbt im Sudan. In: MJ 10/3, S. 88-90

Willing, M. (1991): Althistorische Forschung in der DDR. Eine wissenschaftsgeschichtliche Studie zur Entwicklung der Disziplin Alte Geschichte vom Ende des Zweiten Weltkrieges bis zur Gegenwart (1945-1989), Berlin

Winkelmann, S. (1983a): Grundeigentumsformen in der indischen Dorfgemeinde, untersucht anhand der Kowalewski-Exzerpte von Karl Marx. In: Brentjes, B. (Hg.), Karl Marx und Friedrich Engels zur Geschichte des Orients, Halle/S., S. 40-51

Winkelmann, S. (1983b): Grundeigentumsformen in der indischen Dorfgemeinde, untersucht anhand der Kowalewski-Exzerpte von Karl Marx. In: Schultze/Brandes (1983), S. 46-58

Wissenschaftsrat (1991): Stellungnahme zu den außeruniversitären Forschungseinrichtungen der ehemaligen Akademie der Wissenschaften der DDR auf dem Gebiet der Geisteswissenschaften

Wolf, H.-G. (1988): Die Geschichtswissenschaft in der DDR im Rahmen der Gesellschaftswissenschaften. Eine Bestandsaufnahme in Selbstzeugnissen. In: Fischer, A. & G. Heydemann (Hg.), Geschichtswissenschaft in der DDR, I: Historische Entwicklung, Theoriediskussion und Geschichtsdidaktik, Berlin, S. 179-253

Wolf, P. & M. Pittertschatscher (1996): Vorbericht über die konservatorischen Arbeiten während der Frühjahrskampagne 1995 in Musawwarat es Sufra. In: MittSAG 4, S. 15-22

Wolf, P. (1990): Die archäologischen Quellen der Taharqozeit im nubischen Niltal, Berlin, Diss. A

Wolf, P. (1995): Bemerkungen zum Schutz der Denkmäler von Musawwarat es Sufra vor Wind- und Sanderosion, Teil I: Mechanismen und Schäden der Erosion. In: MittSAG 3, S. 10-19

Wolf, P. (1996a): Bemerkungen zum Schutz der Denkmäler von Musawwarat es Sufra vor Wind- und Sanderosion, Teil II: Möglichkeiten des Schutzes. In: MittSAG 4, S. 6-10

Wolf, P. (1996b): Vorbericht über die Ausgrabungen am Tempel MJE 105. In: MittSAG 4, S. 28-43

Wollgast, S. (1996): Chiliasmus und Geschichtsbild im Deutschland des 17. Jahrhunderts. In: Sitzungsberichte der Leibnitz-Sozietät 11/3, S. 5-39

Wolter, W. (1993): Geschichte der Hochschulreform in der DDR. In: Schramm, H. (Hg.), Hochschule im Umbruch: Zwischenbilanz Ost. Orientierungen und Expertenwissen zum Handeln, Berlin, S. 60-69

Young, G.D. (Hg.) (1981): Ugarit in Retrospect. Fifty Years of Ugarit and Ugaritic, Winona Lake

Zauzich, K.-T. (1993): Papyri von der Insel Elephantine, Berlin (DPB III)

Zentraler Forschungsplan der marxistisch-leninistischen Gesellschaftswissenschaften der DDR 1986 bis 1990. In: Einheit 41 (1986), S. 681-692

Zieme, P. (1983): Die Berliner Expeditionen nach Turfan und Zentralasienkunde heute. In: Das Altertum 29, S. 152-160

Zieme, P. (1991): Die Stabreimtexte der Uiguren von Turfan und Dunhuang. Studien zur alttürkischen Dichtung, Budapest

Zieme, P. (1992a): Die Turfan-Texte. In: Spektrum der Wissenschaft, August, S. 99-104

Zieme, P. (1992b): Religion und Gesellschaft im Uigurischen Königreich von Qočo. Kolophone und Stifter des alttürkischen buddhistischen Schrifttums aus Zentralasien, Opladen (Abhandlungen der Rheinisch-Westfälischen Akademie 88)

Zieme, P. (1996): Altun Yaruq Sudur. Vorworte und das erste Buch. Edition und Übersetzung der alttürkischen Version des Goldglanzsūtra (Suvarṇaprabhāsottamasūtra), Turnhout (BTT XVIII)

Thomas Kampen

Ostasienwissenschaften in der DDR und in den neuen Bundesländern

Einführung

Die Personen, Institutionen und Forschungsergebnisse der Ostasienwissenschaften der DDR waren bis 1990 weitgehend unbekannt. So enthielt zum Beispiel eine Ende der achtziger Jahre veröffentlichte Bibliographie deutschsprachiger Hochschulschriften zum Thema China mehr als vierhundert Arbeiten, doch stammten davon gerade fünfundfünfzig aus der DDR, von denen die meisten nie veröffentlicht wurden.[1] In der European Association of Chinese Studies (EACS) gab es in den achtziger Jahren etwa einhundert Mitglieder aus der BRD aber nur fünf aus der DDR. Nur ein Professor aus der DDR war Mitglied der Europäischen Vereinigung für Japanstudien. In *asien afrika lateinamerika (aala),* der einzigen offiziellen Asienzeitschrift der DDR, erschienen in den achtziger Jahren weniger als vierzig Artikel über China, Japan und Korea, das heißt durchschnittlich kaum mehr als ein Artikel pro Jahr und Land. Diese Beispiele verdeutlichen, warum die Ostasienwissenschaften der DDR klein und unbedeutend wirkten und im Westen kaum wahrgenommen wurden. Erst nach dem Ende der DDR ist deutlich geworden, daß der Umfang der Forschung erheblich größer war. Inzwischen habe ich zum Beispiel feststellen können, daß es mehr als einhundertzehn Dissertationen über China gab. Diese Zahl ist doppelt so hoch wie die oben erwähnte und bei Berücksichtigung der unterschiedlichen Einwohnerzahl, vergleichbar mit BRD-Werten.

Gerade die Chinaforschung spielte in der DDR eine besondere Rolle. Der frühere Vorsitzende des Zentralen Rats für Asien-, Afrika- und Lateinamerikawissenschaften (ZENTRAAL) Günter Barthel betonte vor kurzem die - nach seiner Einschätzung - unterschiedliche Bedeutung der einzelnen Fächer der Asienwissenschaften: "Besonders ungerechtfertigt ist die vielfach kolportierte Behauptung, wonach alle Disziplinen der Asien-, Afrika- und Lateinamerikawissenschaften Ziehkinder der Parteipolitik gewesen wären. Selbstverständlich existierten solche Flaschenkinder, die sich der besonderen Förderung durch das ZK der SED erfreuten. Zu nennen wären in diesem Zusammenhang z.B. die Chinawissenschaften in Berlin, die Südafrikawissenschaften in Leipzig und die Kubawissenschaften in Rostock. In diesen Fällen lagen außerordentlich enge Bindungen vor."[2]

Im folgenden sollen die Entwicklung der Ostasienwissenschaften bis 1990, die wichtigsten Institutionen, Außenkontakte, Lehr- und Forschungsschwerpunkte, Veröffentlichungen und schließlich die wichtigsten Entwicklungen von 1990 bis Ende 1995 dargestellt werden. Hierbei steht die Chinaforschung aufgrund ihrer

---

1 Simon (1988).

2 Barthel (1993): 12.

Bedeutung, Größe und der besseren Quellenlage im Vordergrund. Hinweise auf die Japan- und Koreaforschung werden dort gegeben, wo deutliche Unterschiede zu beobachten sind. Als Quellen dienten neben Interviews, Dissertationen und Veröffentlichungen zahlreiche Akten des Zentralen Parteiarchivs der SED (SAPMO - ZPA), der Humboldt-Universität und des Ministeriums für Hoch- und Fachschulwesen (MHF).

1 Die Entwicklung der Ostasienwissenschaften in der DDR

Die Ostasienwissenschaften spielten seit der Gründung der DDR eine besondere Rolle und wurden dabei stark von den Veränderungen in den internationalen Beziehungen beeinflußt. Die Volksrepublik China und Nordkorea gehörten nicht nur zu den ersten "Entwicklungsländern" mit denen sich die DDR-Forschung befaßte; sie waren gleichzeitig Mitglieder des "sozialistischen Lagers", damit direkt Verbündete und wurden daher nicht als "Entwicklungsländer" angesehen. Aufgrund der Teilung Deutschlands, Chinas und Koreas nach dem Zweiten Weltkrieg gab es gemeinsame Probleme, wie zum Beispiel die internationale Anerkennung und UNO-Mitgliedschaft. Die politischen und ökonomischen Interessen der DDR führten schon in den fünfziger Jahren - und damit früher als in der Bundesrepublik - zum Aufbau von gegenwartsbezogenen Chinawissenschaften, bei dem die Ausbildung von Fachkräften für Diplomatie, Außenhandel und Kulturaustausch im Vordergrund stand. Dies führte bald zur Abkehr von den traditionellen, philologisch-historischen Ostasienwissenschaften. Während die Koreanistik langsam, aber kontinuierlich ausgebaut wurde, erlebten die Chinawissenschaften in der Mitte der fünfziger Jahre einen raschen Aufschwung, der Dutzenden von Studierenden mehrjährige Chinaaufenthalte ermöglichte. Von den fünf Chinaprofessor(inn)en der späten achtziger Jahre waren drei an diesem Programm beteiligt, das weder in anderen Regionalwissenschaften der DDR noch in der Bundesrepublik Parallelen hatte. In den späten fünfziger Jahren gab es ehrgeizige Pläne zum Ausbau der Sinologie. An der Humboldt-Universität, an der es zu Anfang der sechziger Jahre zwei Sinologieprofessoren gab, war zum Beispiel für "die Fachrichtung Sinologie als die bedeutendste Disziplin der Asien- und Afrikawissenschaften [...] bis zum Jahre 1965, spätestens aber 1966 eine Verdoppelung des Lehrkörpers [...] vorgesehen".[3] Doch die erste Expansionsphase endete Anfang der sechziger Jahre abrupt mit der Verschlechterung der sino-sowjetischen Beziehungen und führte zur Umleitung vieler Studierender in die Japan-,

---

[3] Perspektivplan (1960): 5.

Korea- und Südostasienwissenschaften bzw. in die sogenannte "Praxis". Tatsächlich gab es in den späten sechziger Jahren in der ganzen DDR in der Sinologie wie auch in der Japanologie und Koreanistik nur jeweils eine Professur.
Die wachsende Besorgnis über den internationalen Einfluß Chinas - vor allem über die Kontakte zu den Vereinigten Staaten und zur Bundesrepublik - und die Aufnahme der diplomatischen Beziehungen zwischen der DDR und Japan führten zum zweiten Ausbau der Ostasienwissenschaften und der Ausbildung der zweiten Generation von Sinologen. In einer Planung des Ministeriums für Hoch- und Fachschulwesen in bezug auf Ost-, Süd- und Südostasien für den Zeitraum bis 1990 heißt es:

> "Die sich ständig erweiternden Aufgaben in diesem Länderbereich und die Notwendigkeit der Heranbildung von Nachwuchswissenschaftlern für diesen Länderbereich macht eine Erhöhung der Immatrikulationszahlen bis 1990 notwendig. [...] Bei der Auswahl der Kader ist ein strenger Maßstab anzulegen, der garantiert, daß diese Kader nach ihrer Ausbildung auch in der internationalen Arbeit eingesetzt werden können und einen hohen Grad der Disponibilität besitzen. Neben der Ausbildung von Regionalwissenschaftlern, Sprachwissenschaftlern und Sprachmittlern sind zielgerichtet Kader für die Gebiete Staat und Recht, Soziologie, Ökonomie, Geschichte, Philosophie, Kultur und Literatur auszubilden. Die weitere Erhöhung der Effektivität und Qualität der Ausbildung macht den Einsatz von Fachkräften aus der UdSSR bzw. aus den betroffenen Ländern notwendig."[4]

In diesem Plan waren acht Lehrstühle für Ostasien (Sinologie, Geschichte Chinas, Ökonomie Chinas, Philosophie Chinas, Japanologie, Geschichte Japans, Ökonomie Japans und Koreanistik) und 12-15 Dozenturen vorgesehen. Bis Ende der achtziger Jahre gab es für die meisten der genannten Bereiche Professorenstellen, Ausnahmen waren die Ökonomie Chinas, die durch eine Dozentin vertreten wurde und die Geschichte Japans; dazu kam eine zweite Korea-Professur.
Die Intensivierung der Beziehungen, die in den achtziger Jahren in den Staatsbesuchen Honeckers in Japan, China und Nordkorea gipfelte, führte also direkt zum Ausbau von Lehre und Forschung in den Ostasienwissenschaften. Bis 1990 wurden in der DDR mehr als 160 Dissertationen über Ostasien verfaßt, davon mehr als einhundertzehn über China, vierzig über Japan und fünfzehn über Korea.
Aufgrund der weiterbestehenden ideologischen und politischen Differenzen führte die Verstärkung der politischen und wirtschaftlichen Kontakte mit dem größten sozialistischen und dem wichtigsten kapitalistischen Staat Asiens jedoch zur Spaltung der Ostasienwissenschaften in einen geheimen kritischen und einen öffentlichen freundlichen Teil. Während in geheimen Dissertationen und Forschungsberichten die chinesische und japanische Politik analysiert und kritisiert wurden, klangen die veröffentlichten Texte der achtziger Jahre entweder neutral oder po-

[4] Maßnahmeplan (1975).

sitiv. Typische Formulierungen der siebziger Jahre wie "chinesischer Großmachtchauvinismus" und "japanischer Nachkriegsimperialismus", die die politische Annäherung und den begehrten akademischen Austausch behindert hätten, tauchten in den Veröffentlichungen seit der Mitte der achtziger Jahre nicht mehr auf. Da Veröffentlichungen einzelner Wissenschaftler in den sozialistischen Staaten meist als "offiziell" interpretiert wurden, war die Kontrolle entsprechend streng. Die von der SED-Spitze angestrebte zügige Verbesserung der Beziehungen zu China und Japan wurde allerdings nicht gleichermaßen von allen Institutionen und Sicherheitsorganen unterstützt.[5] Diese Widersprüche existierten bis zum Ende der DDR und belasteten Lehre und Forschung.

2 Umfang und Struktur der Ostasienwissenschaften

In den achtziger Jahren waren die Ostasienwissenschaften fast ausschließlich auf den Raum Berlin/Potsdam konzentriert. Während die Grundausbildung der Studierenden weitgehend in der Humboldt-Universität betrieben wurde, war die Forschung jedoch auf zahlreiche Institutionen verteilt. Dies waren in Berlin:

- die Humboldt-Universität (HUB),
- die Geschichts- und Sprachinstitute der Akademie der Wissenschaften (AdW, früher: DAW),
- das Institut für Internationale Politik und Wirtschaft (IPW),
- das Institut für Internationale Arbeiterbewegung (IAB) der Akademie (früher: Institut) für Gesellschaftswissenschaften beim Zentralkomitee der SED (AfG, früher: IfG),
- die Hochschule für Ökonomie (HfÖ),

und in Potsdam-Babelsberg:

- das Institut für Internationale Beziehungen (IIB) an der Akademie für Staats- und Rechtswissenschaft.

Seit Anfang der achtziger Jahre wurde auch an der Karl-Marx-Universität Leipzig (KMU) die Chinaforschung wieder aufgebaut; hier wurde jedoch kein Diplomstudium angeboten.

Diese Institutionen wurden teilweise von den Ministerien für Hoch- und Fachschulwesen (MHF) bzw. Auswärtige Angelegenheiten (MfAA), sowie von den ZK-Abteilungen für Wissenschaft bzw. Internationale Verbindungen verwaltet. Die Trennung zwischen den vom MHF und anderen Ministerien bzw. Abteilun-

[5] Krüger (1994): 140-144.

gen verwalteten Instituten, die vor allem die Chinawissenschaften an der Humboldt-Universität direkt betraf, wird in einem Vermerk der ZK-Abteilung Internationale Verbindungen deutlich:

"Festlegung: Es wird eine Zusammenstellung des gegenwärtigen Kaderbestandes auf den genannten Gebieten erarbeitet.

Verantwortlich: a) Eine Arbeitsgruppe, bestehend aus Vertretern der ZK-Abteilungen Internationale Verbindungen, Agitation, Auslandsinformation, Handel, Versorgung und Außenhandel und des MfAA, erfaßt die Bereiche: MfAA (einschließlich IIB), Institut für Gesellschaftswissenschaften, Fachgebiet Neueste Geschichte China der Humboldt-Universität [...].

b) Das Ministerium für Hoch- und Fachschulwesen erfaßt die übrigen Bereiche."[6]

Zu den "übrigen Bereichen" gehörten die Sinologie, Japan- und Koreawissenschaften der Humboldt-Universität. Die Beziehungen zwischen den Instituten waren sehr unterschiedlich entwickelt. Zwischen der Humboldt-Universität, dem Institut für Internationale Arbeiterbewegung und dem Institut für Internationale Beziehungen, die die wichtigsten Institutionen bildeten, ist eine regelmäßige Zusammenarbeit feststellbar.

Das Ministerium für Hoch- und Fachschulwesen hat schon frühzeitig eine wachsende Zersplitterung festgestellt und mit folgenden Worten kritisiert: "So ist der Bereich der Chinawissenschaft noch heute auf vier Einrichtungen zersplittert (HUB, KMU, DAW und neuerdings der Gruppe des Genossen Dr. Peters am IfG). Der ideologische Kernpunkt dieses Zustands ist nicht die 'Planlosigkeit und mangelnde Demokratie der zentralen Organe', sondern die subjektivistische und individualistische Haltung einzelner Asienwissenschaftler."[7] Interessant ist hierbei, daß die Zahl der Institutionen - wie oben aufgeführt - noch weiter zunahm und die Zersplitterung nie beseitigt wurde. Das Ministerium war hier jedoch machtlos, da ihm die wichtigsten Einrichtungen, wie das Institut für Internationale Arbeiterbewegung, das Institut für Internationale Beziehungen und das Fachgebiet Neueste Geschichte (obwohl dieses formal der Humboldt-Universität zugeordnet war) nicht unterstanden. Die Zersplitterung wurde dadurch verstärkt, daß es keine Organisation und keinen Verband von Ostasienwissenschaftlern bzw. China-, Japan- oder Koreawissenschaftlern gab. Außerdem existierte neben der *aala* und der internen *Aktuellen China Information (ACI)* keine Zeitschrift, die sich ausdrücklich mit Ostasien, bzw. China, Japan oder Korea befaßte, so daß die wenigen wissenschaftlichen Veröffentlichungen über Ostasien weit verstreut erschienen. Konferenzen für eine größere Zahl von Ostasienwissenschaftlern fanden kaum statt.

---

6 Günther (1976): 1.

7 Klien (1969): 4.

Insgesamt gab es in der DDR Ende der achtziger Jahre mehr als 130 promovierte Ostasienwissenschaftler.
An der Sektion Asienwissenschaften der Humboldt-Universität waren 1989 mehr als 50 Ostasienwissenschaftler beschäftigt, und zwar:

- in der Abteilung Geschichte, Ökonomie und Politik Chinas, ("Fachgebiet Neueste Geschichte Chinas", FGNG) Professor Roland Felber und elf Mitarbeiter(innen),[8]
- in der Abteilung Sprache und Kultur Chinas ("Sinologie") Professor Eva Müller, Professor Klaus Kaden und zehn weitere Mitarbeiter(innen),[9]
- für Japan die Professoren Jürgen Berndt und Karl-Heinz Horn, sowie vierzehn bis sechzehn weitere Mitarbeiter(innen),[10]
- für Korea die Professorinnen Ingeborg Göthel und Helga Picht sowie knapp zehn weitere Mitarbeiter(innen).

Als Professor Rothermund im Herbst 1990 - also zur Zeit der deutschen Vereinigung - die Humboldt-Universität besuchte, waren Zahl und Namen der Professor(inn)en zwar noch gleich geblieben, das übrige Personal war jedoch schon reduziert worden. Nach seinen Angaben hatte

- das Institut für Sinologie 3 Professoren, 3 Dozenten, 8 promovierte und 4 nicht-promovierte Mitarbeiter,
- das Institut für Japanologie 2 Professoren, 5 promovierte und 5 nicht-promovierte Mitarbeiter
- und das Korea-Institut 2 Professoren, 1 Dozenten, 3 promovierte und 2 nicht-promovierte Mitarbeiter.[11]

Bei der Leipziger Sinologie sind neben Ralf Moritz, der 1981 von der ZK-Akademie dorthin versetzt und 1984 zum Professor befördert worden war,[12] für die späten achtziger Jahre vier weitere Mitarbeiter bekannt.[13] An der Akademie der Wissenschaften arbeiteten im Zentralinstitut für Sprache fünf und an den Instituten für Allgemeine Geschichte bzw. Alte Geschichte jeweils zwei promovierte Sinologen.[14] An der ZK-Akademie und dem Institut für Internationale Beziehun-

---

[8] Müller (1990): 22.
[9] Müller (1990): 21.
[10] Japan Foundation (1985): 255; Kracht (1990): 87.
[11] Rothermund (1993): 71-74.
[12] Richter (1985): 553-554.
[13] Müller (1990): 23.
[14] Müller (1990): 23-24.

gen waren jeweils etwa ein Dutzend Ostasienwissenschaftler tätig. Bei den anderen Instituten lagen die Zahlen deutlich niedriger.

3 Planung und Steuerung

Für die Planung und Koordination der Ostasienwissenschaften waren in den achtziger Jahren mehrere Wissenschaftliche Räte zuständig, dazu gehörten:

- der Wissenschaftliche Rat für internationale Arbeiterbewegung (Sitz: AfG),
- der Wissenschaftliche Rat für Außenpolitische Forschung (Sitz: IIB),
- der Zentrale Rat für Asien-, Afrika- und Lateinamerikawissenschaften (ZENTRAAL).

Im Zentralen Forschungsplan wurde China, im Gegensatz zu allen anderen Staaten Afrikas und Asiens, die pauschal zusammengefaßt wurden, einzeln aufgeführt, und zwar unter dem Titel "Die sozialökonomische Entwicklung, die Innen- und Außenpolitik Chinas". Hierfür waren die Räte für internationale Arbeiterbewegung und Außenpolitische Forschung zuständig.[15]
Für die Koordination der gegenwartsbezogenen Chinaforschung in den Bereichen (Innen-)Politik, Gesellschaft und Ideologie war nach der Eskalation des sino-sowjetischen Konflikts der "Problemrat für aktuelle Chinaforschung" (Wissenschaftlicher Rat für internationale Arbeiterbewegung) gegründet worden. Der Leiter war Professor Helmut Peters, Lehrstuhlinhaber des Instituts für Internationale Arbeiterbewegung (IAB) der Akademie für Gesellschaftswissenschaften beim Zentralkomitee der SED; daneben waren andere Wissenschaftler der ZK-Akademie und der Humboldt-Universität beteiligt. Die Mitglieder hatten häufig Gelegenheit nach China, in die Sowjetunion oder in andere europäische Staaten zu reisen. Sie verfaßten Berichte für das Politbüro, entwarfen Forschungspläne, unterhielten Kontakte mit ausländischen Chinaforschern, organisierten nationale und internationale Tagungen.
Die Schwerpunkte der Forschung und die Arbeitsteilung unter den verschiedenen Institutionen zeigt ein "Maßnahmeplan der aktuellen Chinaforschung", der für die Forschung der siebziger und achtziger Jahre maßgeblich war:

1. Entwicklung der Arbeiterklasse (IfG/IAB)
2. Wesen des Maoismus (IfG/IAB, HUB Fachgebiet Neueste Geschichte Chinas/FGNG)
3. Politische Struktur des heutigen China (HUB/FGNG, IfG/IAB)

[15] Zentraler Forschungsplan (1986).

4. Spaltertätigkeit der Maoisten in der internationalen kommunistischen Bewegung (IfG/IAB)
5. Europapolitik chinesischer Führer (IIB, IAB/FGNG)
6. Auseinandersetzung mit der reaktionären bürgerlichen Sinopolitologie, insbesondere der BRD und Westberlins (HUB/FGNG)

Bei Einzelthemen des 2. Schwerpunkts "Maoismus" werden zusätzlich weitere Institute der ZK-Akademie, die Sinologie der Humboldt-Universität, das Institut für Marxismus-Leninismus, das Institut für Internationale Politik und Wirtschaft und die Universitäten Leipzig und Rostock aufgeführt. Unter "Maßnahmen" werden fünf Dissertationsthemen (eine A-Dissertation und vier B-Dissertationen, d.h. Habilitationsschriften) genannt:

IfG/IAB: Lenin und Mao (B),
IfG/IAB: Der subjektive Charakter des Maoismus (B),
HUB/FGNG: Traditionelle Sozialutopien (B),
HUB/FGNG: Innenpolitische Auseinandersetzungen (A),
HUB/Sinologie: Die Darstellung der Arbeiterklasse (B).[16]

Dieser Maßnahmeplan enthält zwar nicht die Namen der einzelnen Autoren; einige in den folgenden Jahren abgeschlossene Dissertationen lassen sich jedoch den obengenannten Schwerpunkten eindeutig zuordnen.[17]

Der Problemrat produzierte außerdem "Nur für den Dienstgebrauch"- vor allem für den außenpolitischen Apparat - die interne Zeitschrift *Aktuelle China Information*. Diese enthielt Artikel von Wissenschaftlern des Problemrats, gelegentlich Auszüge von sonst - und teilweise bis heute - unzugänglichen Dissertationen,[18] Rezensionen westlicher Chinaliteratur sowie - in einer Sonderreihe - Übersetzungen von chinesischen Dokumenten. Von Anfang der siebziger bis Ende der achtziger Jahre erschienen 83 Ausgaben mit durchschnittlich vier bis fünf Artikeln pro Heft; dies waren deutlich mehr als die Summe aller veröffentlichten China-Aufsätze in anderen Zeitschriften. Als sich die Beziehungen zur Volksrepublik China in den frühen achtziger Jahren verbesserten, wurde die geringe Auflage und Verbreitung noch weiter verringert, jedes Exemplar wurde numeriert.

---

16 Problemrat (1973): 4ff.

17 Felber (1976); Müller (1979); Kahlenbach (1981); Ettinger (1983); Peterwitz (1984).

18 Birnstiel (1988); Kowalzick (1988).

4 Internationale Kontakte

4.1 Osteuropa

Insgesamt hat sich die Annahme, daß Ostasienwissenschaftler statt mit Westkollegen vor allem mit osteuropäischen Wissenschaftlern zusammengearbeitet hätten, nicht grundsätzlich bestätigt. Ein großer Teil der Chinawissenschaftler hatte offenbar wenig Möglichkeiten zu bzw. Interesse an solchen Kontakten.
Die Zusammenarbeit mit sowjetischen Chinawissenschaftlern war jedoch - vor allem bei der Forschung im politischen, ideologischen und wirtschaftlichen Bereich - sehr eng, betraf aber nur wenige hochrangige Reisekader. Wichtig waren hier die seit der Verschlechterung der sino-sowjetischen Beziehungen in den sechziger Jahren regelmäßig in Osteuropa und später auch in der Mongolei und Kuba organisierten internen China-Beratungen, die damals geheimgehalten wurden. Hier wurden Forschungsergebnisse ausgetauscht, Publikationen bzw. Übersetzungen geplant und die Propaganda bezüglich China koordiniert. In den achtziger Jahre war die DDR unter anderem an folgenden Projekten beteiligt:

- *"Klassen und Klassenbeziehungen",*
- *"China und die sozialistischen Länder",*
- *"Die Kampagne zur Kritik an Lin Biao und Konfuzius",*
- *"Kritik der Ideologie und Praxis des Maoismus" sowie*
- *"Ideologisch-theoretische Prozesse im gegenwärtigen China".*[19]

Viele in der damaligen Zeit in der DDR erschienene Publikationen wurden auf diesen Konferenzen geplant, ohne daß man es ihnen ansehen konnte. Zwei frühe Beispiele waren die im Dietz Verlag erschienenen *Chinesischen Aufzeichnungen* von Otto Braun und die sogenannten "Tagebücher" von Peter Wladimirow mit dem Titel *Das Sondergebiet Chinas*. An der Konferenz nahmen neben Funktionären der ZK-Abteilung für Internationale Verbindungen und des Außenministeriums wichtige Wissenschaftler der Akademie für Gesellschaftswissenschaften, des Instituts für Internationale Beziehungen und des Fachgebiets Neueste Geschichte der Humboldt-Universität teil. Einladungen, Teilnehmerlisten und Ergebnisse dieser Tagungen wurden jeweils dem Politbüro der SED zur Bestätigung vorgelegt. Die Bedeutung und Arbeitsweise dieser Tagungen zeigt folgender Auszug aus einem Politbüroprotokoll: Die Thesen der Tagung "sind die Grundlage für die außenpolitische, propagandistische und wissenschaftliche Arbeit in der chinesischen Frage. Die Thesen werden als parteiinternes Material in

[19] Wieland (1979): 6.

2000 Exemplaren gedruckt, alle anderen wichtigen Materialien in der internen "Aktuellen China Information" als Sonderdrucke."[20]
Aus einigen der - vor allem japanologischen - Dissertationen ist ersichtlich, daß mehrere einflußreiche Japanforscher zunächst in der Sowjetunion studierten und dann in der DDR promovierten.[21] In der Sinologie war das Vollstudium in der Sowjetunion selten, mehrmonatige oder einjährige Forschungsaufenthalte, waren jedoch möglich.

4.2 Westeuropa

Die wichtigsten Chinaforscher der DDR und der anderen sozialistischen Staaten waren schon an den Vorbereitungen der 1976 erfolgten Gründung der Europäischen Gesellschaft für Chinastudien (European Association of Chinese Studies/EACS) beteiligt und an ihren Aktivitäten sehr interessiert. Allerdings konnten erst nach Beschluß des SED-ZK-Sekretariats und der Zustimmung der ZK-Abteilungen für Internationale Verbindungen, Wissenschaft, Kaderfragen und Finanzen, sowie der Ministerien für Hoch- und Fachschulwesen, Auswärtige Angelegenheiten und Finanzen und des damaligen Instituts für Gesellschaftswissenschaften gerade einmal drei DDR-Wissenschaftler (alle Professoren in Berlin) Mitglieder werden. (1980 waren von 342 Mitgliedern immerhin 87 aus der Bundesrepublik).
Bei den Zielen der Mitarbeit wurden folgende Aspekte betont:

1. Gewinnung von Informationen über die Zusammenarbeit zwischen China und Westeuropa,
2. Neutralisierung des chinesischen Einflusses,
3. Einflußnahme auf jüngere Chinawissenschaftler aus kapitalistischen Ländern.[22]

Als in den achtziger Jahren nicht genügend DDR-Vertreter für Vorstandsposten zur Verfügung standen, wurden zwei weitere Mitgliedschaften genehmigt - eine HU-Professorin und ein Mitarbeiter der Akademie für Gesellschaftswissenschaften, bzw. an der Leipziger Universität (MHF DR3/3204). Die Chinawissenschaftler der osteuropäischen Staaten traten meist gemeinsam auf und stimmten ihre Beiträge miteinander ab: "Die gesamte Arbeit vollzieht sich in enger Abstimmung vor allem mit den uns meist seit langem persönlich bekannten Wissenschaftlern der UdSSR, aber auch der anderen sozialistischen Staaten. Dies betrifft die inhaltliche Vorbereitung der Konferenzen, Fragen des Verhaltens in der

---

[20] Politbüro (1974): 55ff.
[21] Richter (1985); Wallraf (1981).
[22] Felber (1981): 2.

Generalversammlung bis hin zur konkreten Konferenzstrategie."[23] In einem Konferenzbericht von 1985 heißt es: "Koordinator für gemeinsames Auftreten der Chinawissenschaftler der europäischen sozialistischen Länder ist die multilaterale Kommission für Probleme des Fernen Ostens, die vom Direktor des Fernost-Instituts der Akademie der Wissenschaften der UdSSR geleitet wird und der von seiten der DDR Prof. H. Peters (AfG) und Prof. Felber (HUB) angehören."[24]
Ein Höhe- und Wendepunkt bei den internationalen Kontakten hätte die EACS-Tagung 1988 in Weimar werden können, die die erste in einem sozialistischen Land war. Doch auch hieran konnte nur ein kleiner Teil der DDR-Sinologen teilnehmen, bei der Einreise ausländischer Teilnehmer gab es ebenfalls Schwierigkeiten. Über die Konferenz erschien in *asien, afrika, lateinamerika* nur ein auffallend kurzer Bericht,[25] die Konferenzbeiträge wurden - im Gegensatz zu früheren Tagungen - nicht veröffentlicht, so daß das Ereignis kaum wahrgenommen wurde.

4.3 Ostasien

Die Studien- und Forschungsmöglichkeiten in Ostasien hatten sich zwar seit den späten siebziger Jahren verbessert, waren jedoch im Falle Chinas immer noch schlechter als in den fünfziger Jahren und sowohl für China wie auch Japan schlechter als für Studierende aus der BRD. Ab 1981 waren für DDR-Student(inn)en einjährige Studienaufenthalte an der japanischen Tokai-Universität möglich.[26] Ab 1983 konnten Chinawissenschaftler(innen) auch an verschiedenen Universitäten der Volksrepublik China studieren.[27] Die Asienaufenthalte wurden jedoch nur einem Teil der Studierenden ermöglicht, anderen trotz ausreichender Plätze aus politischen Gründen verwehrt.[28]
Forschungsaufenthalte wurden nur auserwählten Reisekadern genehmigt. In bezug auf die Forschungsgruppe China an der Akademie für Gesellschaftswissenschaften und der Forschungsgruppe Neueste Geschichte Chinas an der Humboldt Universität wurde allerdings festgelegt: "Zur fachlichen und sprachlichen Qualifizierung der wissenschaftlichen Kader werden in regelmäßigen Abständen Praktika entsprechend ihrem Forschungsgegenstand in Auslandsvertretungen oder an-

---

23 Moritz (1987).
24 Gruner (1985): 5.
25 Gruner (1989).
26 Becker (1996): 10.
27 Kaden (1987): 30.
28 Miosga (1992): 36.

deren Auslandsinstitutionen der DDR absolviert."[29] Ein Grund dafür, daß relativ viele Ostasienwissenschaftler nach Ostasien reisen konnten, lag darin, daß die Trennung zwischen Diplomaten und Wissenschaftlern viel schwächer war als in westlichen Staaten. Viele Professoren und andere Lehrkräfte waren jahrelang in DDR-Botschaften und ADN-Vertretungen in ostasiatischen Ländern tätig. Ein Staatswissenschaftler des Instituts für Internationale Beziehungen hatte zum Beispiel in China studiert, in Frankreich an der DDR-Botschaft und in Japan als Korrespondent gearbeitet. Dazwischen schrieb er eine A- und eine B-Dissertation, wurde Parteisekretär der Sektion Asienwissenschaften der Humboldt-Universität und sollte dort 1990 Dozent werden.[30] Von den fünf Chinaprofessor(inn)en der späten achtziger Jahre hatten zwei ein Vollstudium in der Volksrepublik China absolviert, zwei weitere jahrelang in der Pekinger DDR-Botschaft gearbeitet. In der Koreanistik war es ähnlich, nur bei der Japanologie war die Situation aufgrund der späten Aufnahme der diplomatischen Beziehungen anders.[31]

5 Lehre

Seit der Dritten Hochschulreform war die Immatrikulation in Ostasienwissenschaften nur noch an der Berliner Humboldt-Universität möglich. In den siebziger und achtziger Jahren wurden dort im Zweijahresrhythmus im Durchschnitt sechs bis acht Chinesisch-Sprachmittler und zehn Chinawissenschaftler immatrikuliert; bei Japan- und Koreawissenschaftlern/sprachmittlern lagen die Zahlen etwas bzw. deutlich niedriger. Die Studiendauer betrug fünf Jahre, wobei in den achtziger Jahren die Studierenden, die als politisch zuverlässig eingeschätzt wurden, ein oder zwei Jahre in Ostasien studieren konnten.[32] Sowohl bei Sprachmittlern wie auch bei Regionalwissenschaftlern stand zunächst die Sprachausbildung im Vordergrund. Hierfür standen mehr als zwanzig Professoren, Dozenten, wissenschaftliche Mitarbeiter, Lektoren und ostasiatische Gastdozenten zur Verfügung.[33] In diesem Bereich war die personelle Ausstattung besser als an jeder westdeutschen Universität und ermöglichte neben dem Unterricht auch sprachwissenschaftliche Forschung. Die Sprachausbildung der Humboldt-Universität hatte auch außerhalb der DDR einen guten Ruf. Bemerkenswert war außerdem, daß die Studierenden neben einer ostasiatischen Sprache und Russisch auch noch

[29] Maßnahmeplan (1975): 4.
[30] Karau (1992): 132-152.
[31] Näth (1995): 97-127.
[32] Kaden (1987), Kautz (1989).
[33] Japan Foundation (1985): 255; Müller (1990): 21.

Englisch oder Französisch lernen mußten und damit mehr moderne Fremdsprachen als die meisten westdeutschen Studenten. Neben der Sprachausbildung, waren gemäß dem ab dem 1. September 1983 gültigen Studienplan Marxistisch-leninistische Philosophie, Politische Ökonomie, Wissenschaftlicher Kommunismus/Grundlehren der Geschichte der Arbeiterbewegung, Ausgewählte Probleme des Marxismus-Leninismus und "Ausbildung in einer gesellschaftswissenschaftliche Disziplin" obligatorisch.[34]

Eine Analyse der Themen der Diplomarbeiten zeigt die Studienschwerpunkte. Aus den achtziger Jahren sind gegenwärtig 93 Diplomarbeiten bekannt (aus den siebziger Jahren dagegen nur 44). Davon betrafen:

44	(22)	China
38	(16)	Japan
11	(6)	Korea.

Die Gesamtzahl wie auch die Zahlen über die einzelnen Länder zeigen eine deutliche Expansion in allen Bereichen. Das stärkste Wachstum ist bei den Arbeiten über Japan feststellbar. Im Gegensatz zu früheren Jahrzehnten, wo die Arbeiten über China klar dominierten, gab es in den achtziger Jahren fast genauso viele Titel über Japan.

Von den 93 Arbeiten betrafen:

28	Sprachwissenschaft/Sprachmittler
26	Politik
20	Wirtschaft
9	Geschichte
5	Literatur
3	Kunst/Kultur
1	Landwirtschaft
1	Recht

Bei den Ostasienwissenschaften besaßen also insgesamt drei Bereiche herausragende Bedeutung: Sprachwissenschaften, Politik und Wirtschaft. Die Ausbildung im Sprachbereich hatte für alle drei Länder aufgrund des Bedarfs an Dolmetschern und Übersetzern große Bedeutung. Für die anderen Bereiche gab es deutliche Unterschiede.

Bei den 44 Arbeiten über China ergibt sich folgende Reihenfolge: Politik 14, Sprache 13, Geschichte 6, Wirtschaft 5, usw. Bei den Arbeiten über Politik steht die Untersuchung der "Kulturrevolution" und der darauf folgenden Reformphase, sowie der chinesischen Außenpolitik der fünfziger und sechziger Jahre im Vor-

---

[34] Studienplan (1983): 32-33.

dergrund. Die Arbeiten über Wirtschaft behandeln fast ausschließlich außenwirtschaftliche Probleme ("Internationale Wirtschaftsordnung", "Länderstruktur des Außenhandels"). Auch bei den Arbeiten über Geschichte dominieren die Außenbeziehungen Chinas, wobei die meisten den Zeitraum 1895 bis 1945 betreffen.
Bei den 38 Arbeiten über Japan steht dagegen die Wirtschaft mit 13 Titeln an erster Stelle. Auch hier dominieren die Außenbeziehungen („Kapitalexport“, "Außenhandel"), sowie wissenschaftliche und technische Entwicklungen in der Industrie. Weitere Schwerpunkte sind Sprache (12) und Politik (8).
Bei den elf Arbeiten über Korea entfallen vier auf Politik, drei auf Sprache, sowie zwei auf Wirtschaft (die beide - im Gegensatz zu den anderen Arbeiten - Südkorea betreffen). Gerade bei ökonomischen Themen fällt auf, daß hier das Interesse der DDR an kapitalistischen Systemen, wie Japan und Südkorea weitaus größer war als an China und Nordkorea.
Die klassische Ausbildung hatte in den achtziger Jahren kaum noch Bedeutung. Insgesamt wurde nur in drei der 93 Diplomarbeiten die Zeit vor 1840 (1. Opiumkrieg) behandelt, davon zweimal China und einmal Japan.
Die Themen der Diplomarbeiten zeigen sorgfältige Planung und einen engen Bezug zur Praxis und den bisherigen oder künftigen Arbeitgebern. Ein großer Teil der Studenten wurde ja nicht frei immatrikuliert, sondern von Ministerien (vor allem: Auswärtige Angelegenheiten, Außenhandel, Staatssicherheit) und anderen Institutionen zum Studium delegiert. Bei den übrigen wurde häufig frühzeitig über den künftigen Arbeitsplatz entschieden, und dort wurden dann noch vor dem Studienabschluß einschlägige Praktika durchgeführt. Aus entsprechenden Bemerkungen in den Diplomarbeiten wird deutlich, daß auch das notwendige Quellenmaterial, das in der DDR nicht öffentlich zugänglich war, oft durch die Arbeitgeber zur Verfügung gestellt wurde. 1981 wurden zum Beispiel Arbeiten über "Die Haltung der Volksrepublik China in der Koreafrage", "Die Haltung der VR China zur Konferenz der afro-asiatischen Staaten in Bandung 1955" und "Die Haltung der Volksrepublik China auf der Genfer Außenministerkonferenz 1954 über Korea und Indochina" abgeschlossen. 1987 wurden unter anderem folgende Arbeiten eingereicht: "Umfang und Struktur der japanischen Auslandskapitalanlagen in ihrer Entfaltung vom Ende des 2. Weltkrieges bis zur Gegenwart als ein Ausdruck der zunehmenden Internationalisierung der japanischen Wirtschaft", "Der Warenstrukturwandel im japanischen Außenhandel unter den Bedingungen des sich entwickelnden wissenschaftlich-technischen Fortschritts" und "Die Militarisierung der japanischen Wirtschaft unter dem Einfluß des wissenschaftlich-technischen Fortschritts unter besonderer Berücksichtigung der Beziehungen zu den USA".

6 Forschung

Bei den Forschungsschwerpunkten spielten die verschiedenen obengenannten Projekte sowie Themen aus dem Zentralen Forschungsplan (Z), dem MHF-Plan (M), Akademie-Plan (A) bzw. HU-Plan (H) eine wichtige Rolle. Hierzu gehörten unter anderem:

- "Sozialismus in Asien" (Z),
- "Nationalismus in Asien" (Z),
- "Transkriptionssysteme asiatischer und afrikanischer Sprachen" (M),
- "Geschichte der internationalen Beziehungen in Asien" (M),
- "Philosophie und ideologische Prozesse in Asien" (H),
- "Untersuchungen zu Literaturen Asiens und Afrikas" (H).[35]

Im Zusammenhang mit einigen dieser Projekte wurden größere Konferenzen organisiert, z.B. über "Sozialismus in Asien".[36] Außerdem entstanden Verwaltungsrichtlinien (über Transkriptionssysteme), Buchpublikationen wie das *Bi-Lexikon Ostasiatische Literaturen*[37] oder - im Falle des Nationalismus-Projekts - Aufsätze[38] und Dissertationen.[39]

Die Untersuchung von 64 heute zugänglichen Dissertationen aus den achtziger Jahren, die teilweise den obengenannten Projekten zugeordnet waren, führte zu folgenden Ergebnissen:

Die Zahl der Dissertationen ist im Vergleich zu den siebziger Jahren bei China um mehr als 50%, bei Japan um mehr als 100% gestiegen. Die Zahl der Japandissertationen hat sich auch von der ersten zur zweiten Hälfte der achtziger Jahre noch verdoppelt. Bei der Koreaforschung gibt es keine starken Veränderungen.

Die Ostasienforschung der DDR befaßte sich in den achtziger Jahren weitgehend mit der Gegenwart. Weit über 80% der Dissertationen beziehen sich auf das 20. Jahrhundert.

Die Dissertationsthemen wurden meist flächendeckend verteilt, so daß kaum jemals ein Themenbereich von mehreren Wissenschaftlern bearbeitet wurde. Bei den außenpolitischen und Außenhandelsthemen wurden jeweils die Beziehungen der ostasiatischen Staaten zu einzelnen westlichen Staaten bearbeitet, bei historischen Themen, insbesondere bei der Kolonialgeschichte, wurden einzelne Zeitabschnitte und bei literarischen Themen einzelne Schriftsteller den Doktoranden

---

[35] MHF DR3/B1680b (nicht pag.).

[36] Pfeifer (1985); Bormann (1986).

[37] Berndt (1987).

[38] S. Franke (1984); Göthel (1984).

[39] Franke (1985); Hafemann (1986).

zugeteilt. Daher gab es in den Arbeiten zwar Kritik an westlichen Publikationen, jedoch kaum Auseinandersetzung mit DDR-Arbeiten. Bei den 37 Dissertationen über China sind die Disziplinen folgendermaßen vertreten:

Politik:	19
Geschichte:	5
Wirtschaft:	4
Landwirtschaft:	3
Literatur:	2
Philosophie:	2
Sprachwissenschaft:	2

Nachdem in früheren Jahrzehnten im Zusammenhang mit Dolmetscherausbildung und der Erstellung von Lexika und Lehrbüchern die Sprachwissenschaft im Vordergrund gestanden hatte,[40] trat mit der Eskalation des sino-sowjetischen Konflikts die Politik an die erste Stelle und machte in den achtziger Jahren noch die Hälfte der Dissertationen aus. (Zu Zeiten der gemeinsamen Zugehörigkeit zum "sozialistischen Lager" war die Politik des anderen Landes nicht offiziell erforscht worden.)

In zehn der 19 Arbeiten wurden außenpolitische Themen behandelt. Immerhin vier von diesen, alle vom Institut für Internationale Beziehungen, betrafen Militär-, Rüstungs- und Entspannungsfragen.[41] Außerdem wurde Chinas Rolle bei den Konflikten in Indochina[42] und im Nahen Osten,[43] sowie die Beziehungen zu Taiwan[44] und Deutschland - BRD[45] und Deutsches Reich,[46] jedoch nicht zur DDR - untersucht. Bis auf den letzten Titel bezogen sich alle auf aktuelle Entwicklungen. Angesichts der genannten Themen überrascht es nicht, daß ein Teil der Chinaforscher für das Ministerium für Staatssicherheit arbeitete. Hierbei muß bedacht werden, daß die Doktoranden der achtziger Jahre ihr Studium in den siebziger Jahren begonnen hatten, als China als einer der Hauptfeinde der DDR galt. Einer der Beteiligten, der in den frühen siebziger Jahren in Babelsberg "Internationale Beziehungen" studiert hatte, schrieb: "1976 war mein Studium zu Ende, und wenn man nun fragt, wie denn nun das MfS Entscheidungen beeinflußt hat, also die Entscheidung, in Berlin noch eine Aspirantur dranzuhängen, die hing

40 Richter (1984).
41 Raube (1980); O. Franke (1984); Raube (1988); Schael (1988).
42 Adolphi (1980).
43 Pohle (1986).
44 Tietsche (1986).
45 Schael (1981).
46 Adolphi (1989).

schon stark mit dem Ministerium zusammen. Es wurde eine neue China-wissenschaftliche Strecke aufgebaut, das war in der Zeit der Auseinandersetzungen mit dem Maoismus, für den Warschauer Vertrag ein außerordentlich kompliziertes Feld der Auseinandersetzung. [...] Dem Ministerium für Staatssicherheit ging es sehr konzentriert um die ostasiatische Situation insgesamt, um die chinesische Problematik vor allen Dingen und um die Reaktion anderer Länder darauf."[47] Es fällt auf, daß einige der obengenannten Namen doppelt auftauchen, d.h., daß ihrer A-Dissertation relativ zügig die B-Dissertation folgte, was auf eine gezielte Planung schließen läßt.

Sieben Arbeiten betrafen innenpolitische Themen der Volksrepublik, vor allem der siebziger Jahre. Hierzu gehörten die Rolle Mao Zedongs[48] und die Entwicklung der KP Chinas,[49] Kader- und Jugendfragen[50] sowie Regionalismus[51] in der VR China. Zwei weitere Dissertationen gehörten zum Z-Projekt "Nationalismus in Asien" (s.o.) und bezogen sich auf die zwanziger Jahre.[52]

Bei den Wirtschaftsthemen gab es jeweils zwei Arbeiten zur Außenwirtschaft[53] und zur inneren Entwicklung.[54] Ebenfalls je zwei Arbeiten gab es zur Geschichte des Imperialismus in China sowie zur älteren Geschichte.[55]

Nur in fünf der siebenunddreißig Dissertationen wird das Alte China untersucht, in drei Berliner Arbeiten historisch-völkerkundliche Themen,[56] in zwei Leipziger Arbeiten philosophische Themen.[57]

Bei den Themen der späten achtziger Jahre fällt die Hinwendung zur ersten Hälfte des 20. Jahrhunderts auf; es wurden vornehmlich Fragen behandelt, die im gemeinsamen Interesse der DDR und der Volksrepublik China waren, wie Kritik an Kolonialismus, Faschismus und Feudalismus. Hier wurde an die Traditionen der fünfziger Jahre angeknüpft, wobei zusätzlich noch bei Forschungsaufenthalten chinesische Archivquellen ausgewertet werden konnten. Im September 1988 fand in Ostberlin ein Kolloquium mit chinesischen Historikern über das Thema "Deutschland und China 1920-1945" statt, das "den Beginn einer auf lange Sicht

---

47 Karau (1992): 141-142.

48 Kahlenbach (1981).

49 Passarge (1983); Peterwitz (1984); Peschke (1985).

50 Heyn (1981); Kölpin (1980).

51 Henkel (1985).

52 Franke (1985); Hafemann (1986).

53 Eckert (1982); Scheibner (1985).

54 Siebeck (1981); König (1983).

55 Lekschas (1987); Stichler (1989).

56 Lau (1981); Lau (1989); Thilo (1981).

57 Mögling (1987); Moritz (1980).

angelegten, kontinuierlichen und zunehmend projektgebundenen Zusammenarbeit markieren" sollte.[58] Dies ist auch praktisch der einzige Bereich, in dem nach 1990 mit Wissenschaftlern der Freien Universität Berlin zusammengearbeitet und publiziert wurde.[59]
Bei den 22 Arbeiten über Japan gibt es folgende Schwerpunkte:

Politik:	8
Wirtschaft:	8
Literatur:	3
Geschichte:	1
Kunst:	1
Philosophie:	1

Auch hier steht bei der Politik die Außenpolitik mit fünf Arbeiten - davon vier vom Institut für Internationale Beziehungen - an erster Stelle. Hier geht es ebenfalls um strategische und militärische Fragen,[60] um die Beziehungen zu China,[61] zu anderen asiatischen Staaten und zur EG.[62] Die innenpolitischen Dissertationen behandeln die Einheitsfrontpolitik der japanischen KP[63] und die kleine und mittlere Bourgeoisie.[64] Als einzige Arbeit der Ostasienwissenschaften der achtziger Jahre erschien die B-Dissertation *Japan heute* in Buchform.[65] Im Gegensatz zu den Arbeiten zu China und Korea, spielen bei Japan Wirtschaftsthemen eine besondere Rolle. Hier geht es um Handelsfragen[66] sowie Wissenschaft, Technologie und Innovation.[67] Obwohl der damalige Japanologie-Professor auf Literatur spezialisiert war, wurden Literatur[68] und Philosophie[69] in den Dissertationen der achtziger Jahre in relativ geringem Umfang und die Sprachwissenschaft überhaupt nicht bearbeitet. Im Zusammenhang mit Japan wurden im Laufe der achtziger Jahre kritische Begriffe wie Imperialismus, Kolonialismus oder Faschismus in

58 Adolphi (1989b): 628.
59 Meißner (1995); Kuo (1996).
60 Bethke (1985); Wallraf (1985).
61 Schirrow (1984).
62 Brunsch (1986); Wallraf (1981).
63 Greiner-Petter (1988).
64 Sugita (1983).
65 Hartmann (1984).
66 Ewald (1985); Lippa (1989).
67 Gündel (1983); Strasen (1985); Myritz (1988).
68 Saito (1981); Schöche (1987); Schubert (1987).
69 Richter (1985).

den Dissertationstiteln selten. In den Dissertationen über Japan wurde fast ausschließlich die Zeit nach der Mitte des 19. Jahrhunderts behandelt.
Bei fünf Arbeiten über Korea steht die Sprachwissenschaft mit zwei Titeln an der Spitze.[70] Diese und jeweils eine Arbeit über Kunst[71] und Literatur[72] sind an der HU entstanden. Eine regionalgeographische Analyse kommt aus Dresden.[73] Im Gegensatz zur China- und Japanforschung sind aus den achtziger Jahren keine Dissertationen über Koreas Politik und Wirtschaft bekannt.
Insgesamt sind über die Hälfte der Dissertationen über Ostasien an der HU entstanden. Daneben ist vor allem bei den außenpolitischen Arbeiten das Institut für Internationale Beziehungen stark vertreten. Die Akademie für Gesellschaftswissenschaften spielte bei der Erforschung der chinesischen Innenpolitik eine wichtige Rolle. An der Akademie der Wissenschaften wurden sowohl historische wie linguistische Probleme erforscht. Da die dortigen Wissenschaftler schon vorher promoviert waren und kaum Nachwuchs ausgebildet wurde, gab es hier in den achtziger Jahren jedoch nur wenige Dissertationen.[74]
Insgesamt ist bei den Dissertationen der achtziger Jahre über China und Korea der Anteil der B-Dissertationen aufgrund des Ausbaus in den fünfziger Jahren mit 10 von 37 bzw. 2 von 5 relativ hoch. Im Falle der Japanologie, in der bis in die siebziger Jahre nur wenig Studierende ausgebildet wurden, mit 3 von 22 dagegen sehr niedrig.

7 Geheimhaltung und Zensur

In den achtziger Jahren waren die Ergebnisse der Ostasienforschung größtenteils geheim bzw. - durch Beschränkungen in den Bibliotheken - nicht der Öffentlichkeit zugänglich. Weniger als 5% der Dissertationen und Diplomarbeiten wurden veröffentlicht. Professor Rothermund hat hierzu treffend festgestellt: "Die Publikationspolitik der DDR verhinderte geradezu die Veröffentlichung individueller Forschungsmonographien, so blieben die meisten genannten A- und B-Dissertationen ungedruckt. Als Qualifikationsnachweise waren sie buchstäblich 'intern'. Da es keine Bewerbungen und Berufungen, sondern eigentlich nur Ernennungen gab, konnten sie auch intern bleiben."[75]

---

70 Herrmann (1983); Brochlos (1986).
71 Violet (1989).
72 Rentner (1980).
73 Pews (1987).
74 Hartmann (1983); Thilo (1981).
75 Rothermund (1993): 68.

Der Zugang zu den wenigen Bibliotheksexemplaren wurde durch Vermerke wie "Nur für den Dienstgebrauch"[76], "Vertrauliche Dienstsache"[77], bzw. "Nur mit Zustimmung des Leiters der Abteilung xx ausleihbar"[78] stark eingeschränkt und kontrolliert.[79] Dies betraf durchschnittlich etwa die Hälfte der Dissertationen über Ostasien und zwei Drittel der Dissertationen über China. Diese Arbeiten waren (und sind bis heute) häufig nicht in den Verzeichnissen der Hochschulschriften und in Bibliothekskatalogen enthalten, bzw. nur in internen Sonderkatalogen aufgeführt. Einige Dissertationen, wie eine Arbeit über Korea, die zu DDR-Zeiten im "Panzerschrank 11" der Bibliothek der Humboldt-Universität aufbewahrt wurde, sind seit der Wende verschollen.

Die - abgesehen von *aala* - einzige ostasienspezifische Zeitschrift *Aktuelle China Information* (s.o.) war bis Anfang der achtziger Jahre "Nur für den Dienstgebrauch" zugänglich und wurde danach - aufgrund der Verbesserung der Beziehungen zu China - noch strenger geheimgehalten. Daneben gab es interne "Protokollbände" von Konferenzen[80], "Parteiinternes Material"[81], "Vertrauliches Lesematerial"[82] sowie verschiedene nichtöffentliche Produkte der einzelnen Großprojekte.

Die Intensivierung der Ostasienforschung und Zunahme der Dissertationen führte nicht zu einer größeren Zahl von Veröffentlichungen. Tatsächlich führte die Wende in der Chinapolitik der SED Anfang der achtziger Jahre zunächst zu einem Rückgang von chinakritischen Publikationen. Bis dahin typische Titel wie "Geschichtsschreibung im Dienste des Großmachtchauvinismus"[83] und "Peking hintertreibt Abrüstung"[84] kamen ab 1983 kaum noch vor. Fertige Arbeiten wurden nicht mehr gedruckt bzw. vertrieben. Dietrich Reetz schrieb hierzu: "Publikationen zu unliebsamen Themen waren unerwünscht und wurden durch die politischen Gutachten des Außenministeriums oder des ZK, Abteilung Internationale Verbindungen, unterbunden. So erging es einem kompletten Buchmanuskript zur Asienpolitik Chinas 1949-1979 von R. Felber und anderen, das Anfang der achtziger Jahre gestoppt wurde, weil es mit seinen kritischen Tönen zu Chinas Großmachtstreben nicht mehr in die ambitionierte politische Landschaft des neuen

---

[76] z.B. Wallraf (1981).
[77] z.B. Henkel (1985).
[78] z.B. Raube (1988).
[79] Vgl. Bleek/Mertens (1994).
[80] Humboldt-Universität (1981).
[81] Akademie (1987); Akademie (1989).
[82] Parteihochschule (1980).
[83] Felber (1979).
[84] Raube (1982).

Tauwetters paßte."[85] Ein Diplomat und Professor des IIB berichtet: "Dem Chinabesuch Honeckers waren seit dem Jahre 1980 eine rasche Belebung und ein Ausbau der Beziehungen vorausgegangen. [...] 1982 stellte der Dietz Verlag die geplante Veröffentlichung von kritischen Darstellungen zur Politik und Geschichte der VR China ein. Bereits gedruckte Arbeiten wurden aus dem Vertrieb genommen."[86]
In bezug auf Japan gab es eine ähnliche, wenn auch nicht so radikale Veränderung. Mit der Japanreise Honeckers wurde die Kritik am japanischen Imperialismus und Kapitalismus in den Veröffentlichungen deutlich zurückhaltender. Gleichzeitig erschienen freundliche bis euphorische Beschreibungen Japans.[87]

8 Veröffentlichungen

In den mittleren und späten achtziger Jahren waren weit mehr als die Hälfte der Publikationen von Ostasienwissenschaftlern Übersetzungen von größtenteils literarischen und gelegentlich philosophischen Texten. Hiervon profitierten Übersetzer, Verlage und Leser und es herrschten teilweise marktwirtschaftliche Verhältnisse. Ein Verzeichnis der Werke des 1993 verstorbenen Japanologieprofessors Jürgen Berndt enthält zwar 36 Übersetzungen, jedoch - abgesehen von den nichtveröffentlichten Qualifikationsarbeiten - keine einzige wissenschaftliche Monographie.[88] Außerdem erschienen Lexika,[89] Wörterbücher,[90] Chroniken,[91] Dokumentensammlungen,[92] Kataloge,[93] Reiseberichte und Bildbände.[94] Wissenschaftliche Monographien blieben seltene Ausnahmen.[95] Von einer damaligen Koreanistik-Professorin ist nur eine einzige Monographie bekannt, die Korea auch nur am Rande betraf.[96] Bei den Berliner Sinologieprofessor(inn)en ist die Situation ähnlich.
Auch in den wissenschaftlichen Zeitschriften gab es in den achtziger Jahren nur

85 Reetz (1991a): 83.
86 Krüger (1994): 134.
87 Modrow (1983), Adolphi (1988).
88 Klopfenstein (1994).
89 Berndt (1987), Felber (1987).
90 Gasde (1985).
91 Felber (1990).
92 Volksrepublik China (1989).
93 Thilo (1985b).
94 Siemund (1987).
95 Göthel (1988), Klausing (1989), Moritz (1990).
96 Picht (1984).

wenige Artikel über Ostasien. In *aala* waren es in zehn Jahren nicht einmal vierzig über China, Japan und Korea. Aufschlußreich ist die zeitliche und regionale Verteilung der Artikel, die vor allem die Entwicklung der Beziehungen zu China, Feindschaft – Neutralität – "Freundschaft", widerspiegeln. Von 20 Artikeln der drei Jahre 1980-1982 betrafen 19 China (politische, ideologische und gesellschaftliche Themen) und einer Japan. In den folgenden drei Jahren (1983-1985) gab es nur neun Artikel, davon vier über China, die alle - wenig kontroverse - literarische Themen behandelten. Diese Phase erinnert stark an die frühen sechziger Jahre, als zwischen der Freundschaft und Feindschaft eine Zeit lang Ratlosigkeit herrschte. In den letzten vier Jahren des Jahrzehnts (1986-1989) erschienen nur acht Artikel, davon sechs über China. Dabei hatten zwei Artikel über "Deutsche Antifaschisten in Shanghai"[97] bzw. die "Solidarität deutscher Kommunisten mit der revolutionären Bewegung in China"[98] des SED-ZK-Mitglieds Egon Winkelmann mehr politische als wissenschaftliche Bedeutung. Im *Jahrbuch Asien Afrika Lateinamerika* wurde Ostasien überhaupt nicht behandelt. In der *Zeitschrift für Geschichtswissenschaft* (ZfG) erschienen in der zweiten Hälfte der achtziger Jahre (1985-1989) - abgesehen von Konferenzberichten und Rezensionen - nur drei Artikel über Ostasien, zwei über China, einer über Japan. Die *Beiträge zur Geschichte der Arbeiterbewegung* brachten im gleichen Zeitraum einen Artikel mit Bezug zu Ostasien, und zwar über chinesische Kommunisten in Europa. Die *Wissenschaftliche Zeitschrift der Humboldt-Universität* produzierte 1988, d. h. kurz nach der Chinareise Honeckers und dem DDR-Besuch des chinesischen Ministerpräsidenten Zhao Ziyang ein Themenheft "Zur Geschichte der deutsch-chinesischen Beziehungen (1900-1949)". Die Artikel behandelten wie viele andere dieser Phase die Zusammenarbeit von deutschen und chinesischen Kommunisten sowie den deutschen Kolonialismus und Faschismus in China und knüpften damit an die akademische Zusammenarbeit der fünfziger Jahre an. Die *Wissenschaftliche Zeitschrift der Hochschule für Ökonomie* veröffentlichte in diesen Jahren zwei vierseitige Artikel über die japanische Wirtschaft. In der *Ethnographisch-Archäologischen Zeitschrift* (EAZ) erschienen von 1985-1989 zwei Artikel über China, wie in den anderen genannten Publikationen war Ostasien auch hier im Vergleich zu anderen Regionen schwächer vertreten. Trotz der geringen Zahl von Ostasienwissenschaftlern, die sich mit klassischen geistes- und kulturgeschichtlichen Problemen befaßten, war die Zahl ihrer Veröffentlichungen relativ groß.[99]

---

97 Scherner (1986).

98 Winkelmann (1989).

99 Lau (1985), Moritz (1986), Thilo (1985a), Thilo (1985b), Thilo (1988), Thilo (1989).

Die regelmäßige Rubrik "Dissertationen" der *Beiträge zur Geschichte der Arbeiterbewegung* und *Ethnographisch-Archäologischen Zeitschrift* stellte im genannten Zeitraum keine Arbeiten über Ostasien vor. Daher ließen die Veröffentlichungen kaum Rückschlüsse auf Dissertationen oder andere Forschungsergebnisse zu. Insgesamt gab es für Ostasienwissenschaftler kaum Gründe, wissenschaftliche Aufsätze zu veröffentlichen, während andererseits die komplizierte außenpolitische Lage und langwierige Genehmigungsverfahren abschreckend wirkten.
Hochrangige Ostasienwissenschaftler konnten im Zusammenhang mit Konferenzen und Kooperationsprojekten in Osteuropa, insbesondere in der Sowjetunion, Bücher und Artikel veröffentlichen.[100] Ebenso wurden in der DDR in den siebziger und - in geringerem Umfang - in den achtziger Jahren Übersetzungen sowjetischer Autoren veröffentlicht. Westliche Autoren wurden normalerweise in der DDR nicht gedruckt, zu den seltenen Ausnahmen gehörten Rezensionen (geistes-, kultur- und sprachwissenschaftlicher Werke) in der *Orientalistischen Literaturzeitung;* auch hier war jedoch Ostasien im Vergleich zu anderen Regionen nur schwach vertreten.[101] Ebenso selten waren Westveröffentlichungen von DDR-Ostasienwissenschaftlern, wie z.B. vereinzelte Beiträge in der Zeitschrift *Chun* [Chinesischunterricht][102] und in einigen Konferenzbänden der EACS.[103]

9 Entwicklungen seit 1990

Institutionen und Stellen

Der Stellenabbau an den Universitäten und die Auflösung oder Umwandlung der meisten der obengenannten außeruniversitären Institutionen, wie der Akademie für Staats- und Rechtswissenschaft, der Akademie für Gesellschaftswissenschaften, des Instituts für Internationale Politik und Wirtschaft, sowie verschiedener Institute der Akademie der Wissenschaften hat zu einer drastischen Reduzierung der Ostasienforschung geführt. Bei den außeruniversitären Institutionen sind über 30 Stellen weggefallen. (Einige Sinologen der Akademie der Wissenschaften haben befristete WIP-Stellen an der Freien, Technischen und Humboldt-Universität bekommen.) Insgesamt sind weniger als ein Drittel der Stellen übriggeblieben. Die Gesamtzahl der Professorenstellen an den Universitäten hat sich zunächst kaum verändert. An der Humboldt-Universität gibt es nach wie vor drei Stellen

[100] Moritz (1982).
[101] Vgl. Walravens (1994).
[102] Kaden (1987).
[103] Moritz (1986); Felber (1988).

für China- und jeweils zwei für Japan und Korea. Die chinabezogene Professorenstelle (Peters) an der Akademie für Gesellschaftswissenschaften ist weggefallen, dafür wurde in Leipzig neben der Stelle für Ideologie/Philosophie (Professor Moritz) eine zweite Sinologiestelle geschaffen und besetzt (Professor von Franz); hier ist auch die Besetzung einer Professur für Japanologie im Gange. In Halle wurde eine Politologieprofessur mit dem Schwerpunkt Japan (Professor Foljanty-Jost) neu eingerichtet und 1995 ein Seminar für Japanologie (mit sozialwissenschaftlichem Schwerpunkt) gegründet. An der Humboldt-Universität sind allerdings bis heute nur drei der obengenannten sieben Professorenstellen offiziell besetzt worden - jeweils eine in der Sinologie (Professor Reiter), Japanologie (Professor Kracht) und Koreanistik (Professor Rentner).[104] Eine weitere Sinologiestelle ist nur vorläufig besetzt (Professor Kaden). Bei den übrigen drei Stellen ist der Abschluß der Verfahren noch nicht absehbar.
An den Universitäten entstanden Probleme vor allem infolge des Wegfalls der Dozentenstellen und der deutlichen Reduzierung der Zahl von Assistenten, Lektoren und Wissenschaftlichen Mitarbeitern. An den Instituten für Sinologie und Japanologie der Humboldt-Universität sind etwa zwei Drittel der Mittelbaustellen weggefallen. In der Sinologie gibt es dort gegenwärtig fast nur noch Akademische Mitarbeiter für die Sprachausbildung.[105] Insgesamt sind bei den Ostasienwissenschaften in Berlin und Potsdam mehr als fünfzig Stellen verlorengegangen.

Integration

Eine Integration der DDR-Ostasienwissenschaftler(innen) ist bei den verschiedenen Vereinigungen der Asienforschung bisher kaum feststellbar. Die *Deutsche Gesellschaft für Asienkunde*, die im Frühjahr 1995 in Berlin tagte, hat mehr als 500 Mitglieder. Davon stammen jedoch weniger als zehn aus den östlichen Bundesländern, und auch diese sind vor allem Südostasienwissenschaftler.[106] Im Mitgliederverzeichnis der *Europäischen Vereinigung für Chinastudien* von 1994 sind weniger als zehn von insgesamt 400 Mitgliedern aus dem Osten Deutschlands.[107] Bei der mit über 3000 Mitgliedern wohl größten Organisation von Asienwissenschaftlern, der *Association of Asian Studies* war bis 1992 noch kein ost-

[104] Humboldt-Universität zu Berlin (1995): 220; Fachbereich Asien- und Afrikawissenschaften (1994).
[105] Humboldt-Universität zu Berlin (1995): 220.
[106] Deutsche Gesellschaft für Asienkunde (1995).
[107] EACS (1994).

deutscher Ostasienwissenschaftler Mitglied geworden.[108] Bei japanwissenschaftlichen Organisationen ist die Situation ähnlich. Die in der Wendezeit noch im Osten Berlins gegründete *Deutsche Vereinigung für Chinastudien* war bisher mangels Mitgliedern, Aktivitäten und Publikationen ständig von der Auflösung bedroht. In wichtigen Zeitschriften der Ostasienforschung wie *Asien, China Quarterly, Internationales Asienforum* und *Journal of Asian Studies* gab es bisher kaum Beiträge von ostdeutschen Ostasienwissenschaftlern, auch hier sind Südostasienwissenschaftler stärker vertreten. Von den ursprünglich unveröffentlichten Dissertationen sind seit 1990 weniger als ein Dutzend publiziert worden.[109] Langfristig werden wohl mehr als 80% der DDR-Dissertationen über Ostasien in Vergessenheit geraten. Sie sind teilweise bis heute weder bibliographisch erfaßt noch in Bibliotheken zugängig.

Lehre und Forschung

Bei der Lehre gab es Anfang der neunziger Jahre starke Veränderungen. An der Humboldt-Universität wurde die Sprachmittler- und Diplomausbildung eingestellt, und statt dessen wurden wie im Westen Magisterstudiengänge eingeführt. 1990 schloß noch eine Gruppe von Sprachmittlern und Regionalwissenschaftlern mit DDR-typischen Diplomarbeiten das Studium ab ("Die Anrede im Chinesischen und ihre Übersetzungsmöglichkeiten ins Deutsche", "Terminologie des Militärwesens im Chinesischen", "Die deutsche Reaktion auf den chinesisch-japanischen Krieg von 1894/95 im Spiegel der Akten der Deutschen Gesandtschaft in Peking"). Bei den Arbeiten der folgenden Jahre ist keine koordinierte Planung mehr feststellbar; insgesamt sind literarische und wirtschaftliche Themen am stärksten vertreten.

Bei den Lehrveranstaltungen spielen neben Sprachausbildung und Literatur, die Kultur- und Religionsgeschichte eine wichtige Rolle. Zwischen dem Tod von Professor Berndt und der Berufung von Professor Kracht gab es in der Japanologie zwei Jahre lang keinen Hochschullehrer, das Lehrangebot war stark reduziert. Nach dem Wegfall einer Professorenstelle für japanische und einer Dozentenstelle für chinesische Wirtschaft, wird dieser Bereich kaum noch gelehrt. Eine gewisse Kontinuität ergibt sich nur dadurch, daß einige frühere Professoren noch als Gastprofessoren, wissenschaftliche Mitarbeiter oder Lehrbeauftragte tätig sind.

---

[108] Association (1992).

[109] z.B.: Gasde (1991); Kautz (1991); Peil (1992); Hinz (1995).

In Leipzig wurde die Ausbildung von Studenten erst mit der Wende begonnen, hier gibt es bisher noch keine Abschlüsse. Die meisten Lehrveranstaltungen der Sinologie und Japanologie werden in den Bereichen Geistes-, Kultur- und Religionsgeschichte angeboten.
Die meisten Dissertationen der frühen neunziger Jahre wurden noch in den achtziger Jahren geplant oder begonnen und haben ähnliche Schwerpunkte. Dazu gehören Arbeiten über die chinesische Agrarwirtschaft[110], die moderne chinesische Literatur[111] und über die Gegenwartssprache.[112] Außerdem gibt es Dissertationen über Japans Beziehungen zu den USA[113] und China,[114] über die japanische Wirtschaft[115] und Literatur.[116] In zwei Arbeiten wird die südkoreanische Wirtschaftsentwicklung untersucht.[117] In den frühen neunziger Jahren wurden abgesehen von den Dissertationen einige Projekte aus den späten achtziger Jahren weitergeführt, dazu gehört ein Projekt über koreanische Literatur, das von Professor Rentner geleitet wird; zwei größere Projekte (über die deutsch-chinesischen Beziehungen bzw. über die Kommunistische Internationale und China), an denen neben Professor Felber auch Wissenschaftler der Freien Universität Berlin mitarbeiten, sind ebenfalls noch nicht abgeschlossen.[118]
Die Forschungsschwerpunkte an den Universitäten haben sich insgesamt stark verändert. Die Ostasienforschung der DDR war - wie oben beschrieben - in den achtziger Jahren zu mehr als 80% auf das 20. Jahrhundert und dabei vor allem auf die Bereiche Politik, Neuere Geschichte und Wirtschaft konzentriert. Diese Bereiche sind fast vollständig verschwunden: bei den fünf bisher erfolgten Sinologie-, Japanologie und Koreanistik-Berufungen in Berlin und Leipzig (s.o.) wurden ausschließlich Kandidaten mit vormodernem Schwerpunkt ausgewählt. Damit wurden nicht nur die Lehr- und Forschungstraditionen der letzten Jahrzehnte abgebrochen, sondern auch auf schlechter Bibliotheksgrundlage genau die Schwerpunkte geschaffen, die in den westlichen Bundesländern seit langem etabliert sind und den Studierenden nur schlechte Berufsaussichten bieten. In einer Zeit, in der sich Berlin langsam zu einer echten Hauptstadt mit Regierungssitz, Botschaften und internationalen Organisationen entwickelt, ist die gegenwartsbe-

---

110 Bolz (1992).
111 Peil (1990); Voss (1991).
112 Gasde (1990); Kornotzki (1990).
113 Bethke (1990).
114 Sperling (1993).
115 E. Berndt (1990); Vietze (1990).
116 J. Berndt (1990); Schlicht (1990).
117 Becker (1990); Tietz (1990).
118 Meißner (1995); Kuo (1996).

zogene Ostasienforschung in den Bereichen Politik, Wirtschaft und Gesellschaft weitgehend abgeschafft und die früher allseits anerkannte Sprachausbildung stark eingeschränkt worden.

Literatur

Adolphi, Joachim & Wolfram Adolphi (1988): High-Tech im Land der Samurai, Berlin

Adolphi, Wolfram (1980): Zur Wirkung des Verhältnisses zwischen der Volksrepublik China und den Vereinigten Staaten von Amerika in Südostasien (1969-1979), Berlin, Humboldt-Univ.

Adolphi, Wolfram (1989a): Die Chinapolitik des faschistischen Deutschland 1937-1945, Berlin, Humboldt-Univ.

Adolphi, Wolfram (1989b): Deutschland und China 1920-1945. In: ZfG, S. 628-630

Akademie für Gesellschaftswissenschaften beim Zentralkomitee der SED (1987): Neue Entwicklungsprozesse in der VR China, Berlin

Akademie für Gesellschaftswissenschaften beim Zentralkomitee der SED (1989): Ökonomische und soziale Probleme im heutigen China, Berlin

Association of Asian Studies (1992): Membership Directory, Ann Arbor

Barthel, Günther (1993): Die Asien-, Afrika- und Lateinamerikawissenschaften in der ehemaligen DDR. In: hochschule ost, Nr. 5, S. 5-13

Becker, Bert (1996): Nippon rückt ein Stück näher, In: Humboldt, Nr. 8, S. 10

Becker, Heike (1990): Die Industrialisierung der Republik Korea unter besonderer Berücksichtigung des Leihkapitalimports, Berlin, Humboldt-Univ.

Berndt, Enno (1990): Kontinuität im Wandel: die Entwicklung der Regulationsformen der Beziehungen von Kapital und Arbeit in japanischen Großunternehmen, Berlin, Humboldt-Univ.

Berndt, Jacqueline (1990): Japanische Massenkultur im Wandel: ästhetisch-kulturelle Prozesse im gegenwärtigen Japan am Beispiel massenliterarischer Bestseller und Manga, Berlin, Humboldt-Univ.

Berndt, Jürgen (1987): BI-Lexikon Ostasiatische Literaturen, Leipzig

Bethke, Hans-Jürgen (1985): Die Militär- und Rüstungspolitik der japanischen Regierungen seit Beginn der 70er bis Mitte der 80er Jahre, Potsdam-Babelsberg, Institut für Internationale Beziehungen der Akademie für Staats- und Rechtswissenschaft der DDR

Bethke, Hans-Jürgen (1990): Bündnis- und Rivalitätsbeziehungen zwischen Japan und den USA im Übergang zu den 90er Jahren, Potsdam, Hochschule für Recht und Verwaltung der DDR

Birnstiel, W. (1988): Die Veränderung in der Haltung der VR Chinas zur Gewährleistung von Frieden und Sicherheit im Fernen Osten im Zeitraum zwischen dem XI. (1977) und XIII. Parteitag der KP Chinas (1987), Berlin, Akademie für Gesellschaftswissenschaften beim ZK der SED

Bleek, Wilhelm (1994): Bibliographie der geheimen DDR-Dissertationen, München

Bleek, Wilhelm & Lothar Mertens (1994): DDR-Dissertationen. Promotionspraxis und Geheimhaltung von Doktorarbeiten im SED-Staat, Wiesbaden

Bolz, Andreas (1992): Die Umgestaltung der Agrarwirtschaft in der VR China in den Jahren 1978 bis 1990: Formen und Auswirkungen vertragsgebundener Verantwortungssysteme in Produktion und Vermarktung, Leipzig

Bormann, Renate (1986): Wissenschaftliche Konferenz mit internationaler Beteiligung zum Thema Sozialismus in Asien vom 10. bis 11. September 1985 in Berlin, In: aala 14, S. 335-338

Brochlos, Astrid (1986): Der gegenwärtige Stand der Periodisierungsdiskussionen japanischer marxistischer Historiker zur Herausbildung der Feudalgesellschaft in Japan, Berlin, Humboldt-Univ.

Brochlos, Holmer (1986): Untersuchungen zur Rektion koreanischer Verben, Berlin, Humboldt-Univ.

Brunsch, Lothar (1986): Die Konzeption der "Pazifischen Gemeinschaft" in der Außenpolitik Japans, Potsdam-Babelsberg, Institut für Internationale Beziehungen der Akademie für Staats- und Rechtswissenschaft der DDR

Deutsche Gesellschaft für Asienkunde (1995): Mitgliederverzeichnis, Hamburg

EACS (1994): European Association of Chinese Studies, Members August 1994, Paris

Eckert, Horst (1982): Die Entwicklung der Außenwirtschaftsbeziehungen der Volksrepublik China zu den Vereinigten Staaten von Amerika 1949-1980 und ihre Bedeutung für den großmachtchauvinistischen Kurs der chinesischen Führung, Berlin, Humboldt-Univ.

Engel, Gerhard (1979): Die Asien-, Afrika- und Lateinamerikawissenschaften an den Universitäten im dreißigsten Jahr der Deutschen Demokratischen Republik. In: aala 7, S. 773-780

Englert, Siegfried (1990): Zur Lage der Sinologie. In: Prinz, Wolfgang, et al., Die sogenannten Geisteswissenschaften, Frankfurt/M., S. 366-374

Ettinger, Hilde (1983): Die Haltung der chinesischen Führung zur internationalen kommunistischen Bewegung von Anfang der siebziger bis Anfang der achtziger Jahre, Berlin, Akademie für Gesellschaftswissenschaften beim ZK der SED

Ewald, Ralf (1985): Der Handelskonflikt zwischen Japan und der EG im Rahmen der Gesamtproblematik der japanischen Außenwirtschaft, Berlin, Humboldt-Univ.

Fachbereich Asien- und Afrikawissenschaften (1994): Bilanz 1993, Berlin

Felber, Roland (1976): Die Tradition und Chinas Gegenwart: Studien zur Gesellschaft und Ideologie des "traditionellen China" und zur Reinterpretation altchinesischer Sozialutopien in neuer und neuester Zeit, Berlin, Humboldt-Univ.

Felber, Roland (1979): Geschichtsschreibung im Dienste des Großmachtchauvinismus. In: Beiträge zur Geschichte der Arbeiterbewegung, Nr. 4, S. 568-572

Felber, Roland (1981): Konzeption für Mitarbeit der DDR-Wissenschaftler an der EACS, 8.10.1981, MHF DR3/3204 (nicht pag.)

Felber, Roland et al. (1987): Asien - Kleines Nachschlagewerk, Berlin

Felber, Roland (1988): The Revival of Debates about the Asiatic Mode of Production in Contemporary Chinese Historiography. In: Grimm, Tilemann et al. (Hg.), Collected Papers of the XXIXth Congress of Chinese Studies, Tübingen, S. 51-60

Felber, Roland (1989): Forschungen zur Geschichte der deutsch-chinesischen Beziehungen in der DDR. In: Deutschland und China 1920 bis 1945, Berlin, S. 64-83

Felber, Roland et al. (1990): Die Volksrepublik China 1979-1989. Eine kommentierte Chronik, Berlin

Felber, Roland (1994): Sieger und Besiegte in der deutschen Sinologie. In: Newsletter Frauen und China, Nr. 6, S. 1-4

Fessen-Henjes, Irmtraud et al. (1984): Erkundungen - 16 chinesische Erzähler, Berlin

Frank, Ronald (1991): Entwicklungstendenzen im vormodernen japanischen Recht der Sengoku-Periode (1467-1568). Dargestellt an Hand der Kodizes der Häuser Imagawa und Takeda, Berlin, Humboldt-Univ.

Franke, Ottfried (1984): Stand und Entwicklungstendenzen der militärpolitischen Beziehungen der Volksrepublik China zu imperialistischen Hauptmächten, Potsdam-Babelsberg, Institut für Internationale Beziehungen der Akademie für Staats- und Rechtswissenschaft der DDR

Franke, Sonja (1984): Bürgerlicher Nationalismus - sein Verhältnis zum Nationalen, Internationalen, Nationalgefühl und Nationalbewußtsein. In: aala 14, S. 609-618

Franke, Sonja (1985): Zum Problem des bürgerlichen Nationalismus und des proletarischen Internationalismus in der nationalen Bewegung Asiens (am Beispiel Chinas in den zwanziger Jahren unseres Jahrhunderts), Berlin, Humboldt-Univ.

Gasde, Horst-Dieter et al. (1985): Chinesisch-Deutsches Wörterbuch, Berlin

Gasde, Horst-Dieter (1990): Pro-drop und Kontrolle in chinesischen Satzstrukturen, Berlin, Akademie der Wissenschaften der DDR

Gasde, Horst-Dieter (1991): Pro-drop und Kontrolle: Pronomenwegfall in finiten und infiniten chinesischen Sätzen, Bochum.

Geilfuss, Frank (1987): Zur Analyse und Kritik gegenwärtiger nicht marxistisch-leninistischer Weltwirtschaftskonzeptionen in Japan unter besonderer Berücksichtigung des Kampfes um Weltfrieden und friedliche demokratische Weltwirtschaftsbeziehungen, Berlin, Humboldt-Univ.

Göthel, Ingeborg (1984): Herausbildung des Nationalismus in Asien unter den Bedingungen der Kolonialherrschaft. In: aala 14, S. 619-630

Göthel, Ingeborg (1988): Geschichte Südkoreas, Berlin

Graff, Marco (1990): Geschichtliche Voraussetzungen, gesellschaftliche Funktion und ideologische Auswirkungen der Rezeption von Elementen der geistigen Kultur Chinas in Japan vom 6.-8. Jahrhundert: eine historische Studie zur Entwicklung des japanischen Denkens, Leipzig

Greiner-Petter, Andrea (1988): Zur Einheitsfrontpolitik der KP Japans 1922-1935, Berlin, Humboldt-Univ.

Gruner, Fritz (1985): Konzeption für die weitere Mitarbeit in der EACS, MHF DR3/3204 (nicht pag.)

Gruner, Fritz (1989): Probleme des alten und neuen China. In: aala 17, S. 535-537

Gündel, Rudi (1983): Zur Beherrschung von Wissenschaft und Technik im japanischen Imperialismus, Dresden, Hochschule für Verkehrswesen

Günther, A. (1976): Vermerk über eine Beratung in der Abteilung Internationale Verbindungen des ZK zur Sicherung des wachsenden Bedarfs an Fernost- und Süd- sowie Südostasiatischen Kadern am 29. 4. 1976, MHF DR3/46 (nicht pag.)

Hafemann, Jürgen (1986): Interpretation und Kritik der sozialökonomischen und politischen Auffassungen Sun Yatsens durch die Kommunistische Partei Chinas: Die "Drei Volksprinzipien" (sanminzhuyi) als Programm antiimperialistischer nationaler Einheitsfronten der KP Chinas mit der GMD (1921-1928 und 1935-1945), Berlin, Humboldt-Univ.

Hafez, Kai (1995): Orientwissenschaft in der DDR, Hamburg

Hartmann, Rudolf (1983): Japan heute: Wirtschaft - Klassenkampf - Politik, Berlin, Akademie der Wissenschaften der DDR

Hartmann, Rudolf (1984): Japan heute, Berlin

Henkel, Gundula (1985): Eine vergleichende Studie zur politischen Entwicklung in drei ausgewählten chinesischen Provinzen im Zeitraum 1976 bis 1982. Ein Beitrag zur Regionalismus-Problematik in der VR China, Berlin, Humboldt-Univ.

Herbst, Andreas et al. (1994): So funktionierte die DDR, 3 Bde., Reinbek

Herrmann, Wilfried (1983): Untersuchungen zum grammatischen Minimum eines Grundkurses der modernen koreanischen Sprache für Studierende an Hochschulen der Deutschen Demokratischen Republik, Berlin, Humboldt-Univ.

Heyn, Eberhard (1981): Das Problem der Ganbu (Kader) und seine Bedeutung in den innenpolitischen Auseinandersetzungen in China von 1949 bis zur Gegenwart, Berlin, Humboldt-Univ.

Hinz, Blanka (1995): Der Roman *Eine Blume im Sündenmeer ("Niehaihua")* und sein Platz in der chinesischen Literatur, Bochum

Humboldt-Universität zu Berlin (1981): Internationales Symposium "China in den 80er Jahren", Berlin

Humboldt-Universität zu Berlin (1995): Universitätsverzeichnis 1995/96, Berlin

Japan Foundation (1985): Japanese Studies in Europe, Tokyo

Jordan, Bernd (1983): Zur Entwicklung der materiellen Existenzbedingungen der Bauernschaft in der VR China von Mitte der siebziger bis Anfang der achtziger Jahre, Berlin, Akademie für Gesellschaftswissenschaften beim ZK der SED

Jordan, Bernd (1989): Hauptmerkmale und Entwicklungstendenzen der sozialökonomischen Struktur des chinesischen Dorfes in den achtziger Jahren, Berlin, Akademie für Gesellschaftswissenschaften beim ZK der SED

Kaden, Klaus (1987): Chinesischausbildung in der Deutschen Demokratischen Republik. In: Chun, Nr. 4, S. 20-32

Kahlenbach, Gerhard (1981): Das antimarxistische und antisozialistische Wesen der Auffassungen Mao Zedongs von der Rolle der bewaffneten Gewalt und des Krieges in der Entwicklung der Gesellschaft, Berlin, Akademie für Gesellschaftswissenschaften beim ZK der SED

Karau, Gisela (1992): Stasiprotokolle: Gespräche mit ehemaligen Mitarbeitern des MfS, Frankfurt/M.
Kautz, Ulrich (1980): Übersetzung deutscher Relativsätze ins Chinesische, Berlin, Humboldt-Univ.
Kautz, Ulrich (1987): Die Darstellungsperspektive im Deutschen und Chinesischen und die Wiedergabe der deutschen Genera verbi bei der Translation ins Chinesische, Berlin, Humboldt-Univ.
Kautz, Ulrich (1989): Die Ausbildung von Sprachmittlern für Chinesisch an der Humboldt-Universität. In: Chun, Nr. 6, S. 41-51
Kautz, Ulrich (1991): Aktiv und Passiv im Deutschen und Chinesischen, Heidelberg
Klausing, Horst et al. (1989): China - Ökonomische und soziale Geographie, Gotha
Klien, Erich (1969): Information an Professor Schirmer, MHF DR3/62 (nicht pag.)
Klopfenstein, Eduard (1994): Zur Erinnerung an Jürgen Berndt. In: Hefte für Ostasiatische Literatur, S. 126-130
Kölpin, Susanne (1980): Die antisozialistische Politik der chinesischen Führer und ihre Auswirkungen auf die Jugend Chinas in den 70er Jahren, Berlin, Akademie für Gesellschaftswissenschaften beim ZK der SED
König, Ruth (1983): Untersuchungen zur Entwicklung der Produktivkräfte in ausgewählten Industriezweigen der Volksrepublik China von 1949 bis 1957 unter besonderer Berücksichtigung der Montanindustrie, Freiberg, Bergakademie
Kornotzki, Eberhard (1990): Untersuchungen zum Adjektiv in der modernen chinesischen Sprache, Berlin, Humboldt-Univ.
Kowalzick, U. (1988): Die Entwicklung einer neuen Demokratieauffassung durch die KP Chinas und ihre Umsetzung unter den Bedingungen der Reform- und Öffnungspolitik, 1978-87, Berlin, Akademie für Gesellschaftswissenschaften beim ZK der SED
Kracht, Klaus (1990): Japanologie an deutschsprachigen Universitäten, Wiesbaden
Krüger, Joachim (1994): Zu Gast in Peking. Die DDR und die VR China in den 80er Jahren. In: Welttrends, Nr. 2, S. 133-144
Kuo, Heng-yü et al. (1996): RKP(B), Komintern und die national-revolutionäre Bewegung in China, Bd. 1, Paderborn
Lau, Ulrich (1981): Ethnographisch-historische Untersuchungen zu den Vorstellungen altchinesischer Philosophen (5.-3. Jh) über die Ur- und Frühgeschichte, Berlin, Humboldt-Univ.
Lau, Ulrich (1985): Altchinesische Vorstellungen über die Ur- und Frühgeschichte. In: EAZ 26, S. 393ff.
Lau, Ulrich (1989): Quellenstudium zur Landvergabe und Bodenübertragung der westlichen Zhou-Dynastie, Berlin, Humboldt-Univ.
Lekschas, Jan (1987): Die Vereinigten Staaten und China: ein Beitrag zur amerikanischen Chinapolitik von 1885 bis zum Ende der Roosevelt-Administration 1909, Berlin, Akademie der Wissenschaften der DDR
Linhart, Sepp (1993): Japanologie heute, Wien

Lippa, Rüdiger (1989): Die Entwicklung der Großhandelsgesellschaften in Japan vom Ende des 2. Weltkriegs bis zur Gegenwart, Leipzig

Lou Xinyue (1989): "Das System an sich ist gut" - Gespräch mit Professor Roland Felber. In: Beijing Rundschau, Nr. 6, S. 29-31

Maßnahmeplan zur Sicherung der Auswahl und Ausbildung sowie Weiterqualifizierung von Kadern für den Einsatz in den Ländern des Fernen Ostens, Süd- und Südostasiens (1975), MHF DR3/46 (nicht pag.)

Mayntz, Renate (1994a): Aufbruch und Reform von oben, Frankfurt/M.

Mayntz, Renate (1994b): Deutsche Forschung im Einigungsprozeß, Frankfurt/M.

Meissner, Werner (1995): Die DDR und China 1949 bis 1990, Berlin

Miosga, Margit (1992): Drängelei auf dem west-östlichen Diwan, DUZ, Nr. 6, S. 34-36

Modrow, Hans et al. (1983): Die DDR und Japan, Berlin

Mögling, Wilmar (1987): Macht und Gesetz in den Auffassungen des Han feizi. Eine Studie zum altchinesischen Legismus, Leipzig

Moritz, Ralf (1980): Gedanken und Gespräche des Konfuzius (das "Lun-yu" aus dem chinesischen Originaltext neu übertragen und erläutert), Leipzig

Moritz, Ralf et al. (1982): Klassy i klassovaja struktura v KNR, Moskau

Moritz, Ralf (1986): How and why did Philosophy Arise in China? In: CINA 21, Torino

Moritz, Ralf (1987): Konzeption für die weitere Mitarbeit in der Europäischen Gesellschaft für Chinesische Studien, MHF DR3/3204 (nicht pag.)

Moritz, Ralf (1990): Die Philosophie im Alten China, Berlin

Moritz, Ralf (1991): East German Research on Chinese Philosophy. In: Journal of Chinese Philosophy, 18, S. 475-487

Moritz, Ralf (1993): Sinologische Traditionen im Spiegel neuer Forschungen, Leipzig

Müller, Eva (1979): Zur Darstellung des Industriearbeiters in der Epik der Volksrepublik China (1949-1957), Berlin, Humboldt-Univ.

Müller, Eva (1990): Sinologische Forschungen in der Deutschen Demokratischen Republik. In: Newsletter (European Association of Chinese Studies) 3, S. 21-24

Muszynski, Bernhard (1993): Wissenschaftstransfer in Deutschland, Opladen

Myritz, Dieter (1988): Zum Zusammenhang von Vergesellschaftung und Innovationsfähigkeit in der japanischen Wirtschaft, Berlin, Hochschule für Ökonomie.

Näth, Marie-Luise (1995): Communist China in Retrospect, Frankfurt/M.

Nahser, Siegmar (1989): Studien zur Stilistik japanischer Malerei dargestellt an veröffentlichten und unveröffentlichten Werken von Katsushika Hokusai und seinem direkten und indirekten Umkreis in Abgrenzung zwischen Yamato-e, Rimpa, Ukiyo-e und Maruyama-Shijo-ha, Berlin, Humboldt-Univ.

Neumann, Hans (1991): Forschungen zur altorientalischen Geschichte in der DDR (1980-1990). In: Altorientalische Forschungen 18, S. 346-370

Parteihochschule "Karl Marx" beim ZK der SED (1980): Lesematerial zur gegenwärtigen Lage in China, Berlin

Parteihochschule "Karl Marx" beim ZK der SED (1989): Aus dem Kampf der deutschen Arbeiterklasse zur Verteidigung und Unterstützung der Revolution in China, Berlin

Passarge, Gottfried (1983): Die Entwicklung der KP Chinas von Mitte der siebziger bis Anfang der achtziger Jahre, Berlin, Akademie für Gesellschaftswissenschaften beim ZK der SED

Peil, Folke (1990): Zur "tongsu wenxue" (populäre Literatur) in der chinesischen Gegenwartsliteratur: dargestellt am Werk der Shanghaier Erzählerin Cheng Naishan - einer Vertreterin der "Haipai"-Literatur, Berlin, Humboldt-Univ.

Peil, Folke (1992): Chinesische Populärliteratur (*tongsu wenxue*): Das Werk der Shanghaier Erzählerin Cheng Naishan, Bochum

Perspektivplan (1960), MHF DR3/2943 (nicht pag.)

Peschke, Birgit (1985): Zu den ideologisch-theoretischen Auseinandersetzungen in der KP Chinas über den Sozialismus und den sozialistischen Aufbau in der VR China seit dem 3. Plenum des ZK der KP Chinas im Dezember 1978, Berlin, Akademie für Gesellschaftswissenschaften beim ZK der SED

Peters, Jörg-Haiko (1989): Entwicklungstendenzen der ländlichen Industrie und Reproduktion der Landwirtschaft in der VR China: dargestellt anhand der Provinz Jiangsu 1980-1985, Berlin, Humboldt-Univ.

Peterwitz, Rolf Lothar (1984): Zur Wiederrichtung des Volkskongreßsystems in der Volksrepublik China unter Berücksichtigung der örtlichen Ebene (1976-82). Ein Beitrag zur Untersuchung der politischen Macht in der Volksrepublik China, Berlin, Humboldt-Univ.

Pews, Hans-Ulrich (1987): Regionalgeographische Strukturanalyse Koreas, Dresden, Pädagogische Hochschule

Pfeifer, Claudia (1985): Sozialismus in Asien. In: ZfG, S. 738-739

Picht, Helga (1984): Asien. Wege zu Marx und Lenin, Berlin

Pohle, Lutz (1986): Die Haltung der VR China zum Nahostkonflikt (unter besonderer Berücksichtigung der 70er Jahre), Berlin, Humboldt-Univ.

Politbüro (1974): Reinschriftenprotokoll 9.4.1974, Bericht über 7. interne China-Beratung, Schlußfolgerungen, Berlin

Problemrat für aktuelle Chinaforschung (1973): Maßnahmeplan der aktuellen Chinaforschung, SAPMO ZPA 21374 (nicht pag.)

Raube, Günter (1980): Zur Entwicklung der Strategie und Taktik der Führer der Volksrepublik China gegenüber militärischer Entspannung, Rüstungsbegrenzung und Abrüstung - insbesondere der Kern- und Massenvernichtungswaffen, Potsdam-Babelsberg, Institut für Internationale Beziehungen der Akademie für Staats- und Rechtswissenschaft der DDR

Raube, Günter (1982): Peking hintertreibt Abrüstung, Berlin

Raube, Günter (1988): Konzept und Politik der Volksrepublik China in der Abrüstungsfrage in den 80er Jahren unter besonderer Berücksichtigung der nuklearen und Weltraumproblematik, Potsdam-Babelsberg, Institut für Internationale Beziehungen der Akademie für Staats- und Rechtswissenschaft der DDR

Reetz, Dietrich (1991a): Entwicklung und Stand der Asienwissenschaften in der DDR. In: Asien 38, S. 75-87

Reetz, Dietrich (1991b): Die Entwicklungsländerforschung in der DDR nach der Wende: Veränderungen in Konzeption und Struktur. (Berichte des Bundesinstituts für ostwissenschaftliche und internationale Studien, Nr. 7), Köln

Reetz, Dietrich (1991c): Überblick über die wichtigsten Institutionen der Asien-Forschung und Asien-Information in der ehemaligen DDR und Berlin (Ost). In: Gebhardt, Marion: Institutionen der Asien-Forschung und -Information in der Bundesrepublik Deutschland, Hamburg, S. 293-348

Reimann, Karsten (1986): Aspekte der Entwicklung des Unternehmens Mitsui als Monopol, 1868-1909, Berlin, Humboldt-Univ.

Rentner, Reta (1980): Die Rolle der Frau in der koreanischen Literatur, Berlin, Humboldt-Univ.

Richter, Eberhardt (1984): Wissenschaftliche Arbeiten zu Sprachen Asiens und Afrikas in der DDR. In: aala 12, S. 670-686

Richter, Eberhardt et al. (1985): Asienwissenschaftliche Forschung und Lehre in Leipzig. In: Wissenschaftliche Zeitschrift der Karl-Marx-Universität Leipzig, Gesellschaftswissenschaftliche Reihe, S. 549-567

Richter, Steffi (1985): Die Herausbildung der Philosophie von Nishida Kitaro, Berlin, Humboldt-Univ.

Robbe, Martin (1993): Verlorene Visionen? Entwicklungsländerforschung in der DDR. In: hochschule ost, Nr. 5, S. 14-24

Rothermund, Dietmar (1993): Bericht über den Fachbereich Asien- und Afrikawissenschaften der Humboldt-Universität Berlin. In: Steinwachs, Burkhart (Hg.), Geisteswissenschaften in der ehemaligen DDR, Konstanz, S. 66ff.

Saito-Berndt, Eiko (1981): Zum Verhältnis von bürgerlich-humanistischer und proletarischer Literatur Japans im 20. Jahrhundert, Berlin, Humboldt-Univ.

Schael, Gabriele (1981): Die Bundesrepublik Deutschland in der Außenpolitik der Volksrepublik China unter besonderer Berücksichtigung der Periode von 1972 bis 1979, Potsdam-Babelsberg, Institut für Internationale Beziehungen der Akademie für Staats- und Rechtswissenschaft der DDR

Schael, Gabriele (1988): Die Haltung der Volksrepublik China zum Kampf um internationale Entspannung in den achtziger Jahren, Potsdam-Babelsberg, Institut für Internationale Beziehungen der Akademie für Staats- und Rechtswissenschaft der DDR

Scheibner, Brigitte (1985): Zur Rolle der außenwirtschaftlichen Beziehungen im Modernisierungsprozeß in der VR China, Berlin, Humboldt-Univ.

Scherner, Helga (1986): Deutsche Antifaschisten während des Zweiten Weltkriegs in Shanghai. In: aala 14, S. 422ff.

Scherner, Helga (1987): Zur Entwicklung revolutionär-demokratischer und marxistisch-leninistischer Positionen in China (1912-1924), Berlin, Humboldt-Univ.

Schirrow, Sylvia-Yvonne (1984): Japan-VR China. Zur Entwicklung der japanischen Chinapolitik unter besonderer Berücksichtigung der Jahre 1972 bis 1982, Berlin, Humboldt-Univ.

Schlicht, Olga (1990): Japanische Schriftstellerinnen der "intellektuellen Strömung" der 60er und 70er Jahre und die "neue Frauenliteratur" Japans, Berlin, Humboldt-Univ.

Schneider, Blanka (1985): Der Roman "Eine Blume im Sündenmeer" ("Niehai hua") und sein Platz in der chinesischen Literatur, Berlin, Humboldt-Univ.

Schöche, Heike (1987): Persönlichkeit und Frühwerk des japanischen Schriftstellers Mori Ogai (1862-1922) unter dem Gesichtspunkt des Einflusses seines Deutschlandaufenthaltes 1884-1888 auf sein literarisches Schaffen, Berlin, Humboldt-Univ.

Schubert, Martina (1987): Zum Schaffen des japanischen Schriftstellers Oe Kenzaburo. Künstlerische Eigenart und gesellschaftliche Aussagekraft seiner Literatur, Berlin, Humboldt-Univ.

Schütrumpf, Jörn (1993): Steuerung und Kontrolle der Wissenschaft durch die SED-Führung am Beispiel der Akademie der Wissenschaften der DDR. In: Utopie kreativ, S. 141-153

Siebeck, Greta (1981): Das Erdölgebiet Daqing und das "Daqing-Modell" in der maoistischen Wirtschafts- und Sozialpolitik der sechziger und siebziger Jahre, Berlin, Akademie für Gesellschaftswissenschaften beim ZK der SED

Siemund, Jürgen (1987): Leben in China, Leipzig

Simon, H. R. et al. (1988): Bibliographie der deutschsprachigen Hochschulschriften zum Thema China, Frankfurt/M.

Spanger, Hans-Joachim & Lothar Brock (1987): Die beiden deutschen Staaten in der Dritten Welt, Opladen

Sperling, Achim (1993): Die Chinapolitik Japans und die japanisch-chinesischen Beziehungen der achtziger Jahre, Berlin, Humboldt-Univ.

Stebner, Peter (1988): Charakteristische Züge des kapitalistischen Krisenzyklus und dessen Veränderungen im gegenwärtigen Japan, Berlin, Institut für Internationale Politik und Wirtschaft

Stichler, Hans Christian (1989): Das Gouvernement Jiaozhou und die deutsche Kolonialpolitik in Shandong 1897-1909. Ein Beitrag zur Geschichte der deutsch-chinesischen Beziehungen, Berlin, Humboldt-Univ.

Strasen, Sylvia-Kathrin (1985): Politökonomische Aspekte und Besonderheiten der staatsmonopolistischen Regulierung der Innovationsprozesse internationaler Monopole der Elektronik-Elektrotechnik im imperialistischen Japan, Berlin, Humboldt-Univ.

Studienplan für die Grundstudienrichtung Regionalwissenschaften (1983): MHF DR3/795/2 (nicht pag.)

Sugita, Norimichi (1983): Die Einbeziehung der kleinen und mittleren Bourgeoisie in den sozialistischen Aufbau der DDR, und die Anwendungen der Erfahrungen für die Strategie und Taktik der Arbeiterparteien in Japan, Berlin, Hochschule für Ökonomie

Thilo, Thomas (1981): Das Bild der Sklaverei in der chinesischen Erzählungsliteratur der Tang-Zeit, Berlin, Akademie der Wissenschaften der DDR

Thilo, Thomas (1982): Erzählungen der Tang-Zeit als sozialgeschichtliche Quellen. In: Altorientalische Forschungen 9, S. 237-255

Thilo, Thomas (1983): Das Bild der Sklaverei in der chinesischen Erzählungsliteratur. In: Altorientalische Forschungen 10, S. 319-386

Thilo, Thomas (1985a): Die Ausbreitung des chinesischen Schriftsystems in Ostasien. In: Das Altertum 31, S. 98-105

Thilo, Thomas (1985b): Katalog chinesischer buddhistischer Textfragmente, Bd. 2, Berlin

Thilo, Thomas (1988): Sklaverei im China der Tangzeit. In: Orientalistische Literaturzeitung 83, S. 261-267

Thilo, Thomas (1989): Aspekte des arbeitenden Volkes in den späteren Werken des Dichters Bo Juyi. In: Altorientalische Forschungen 16, S. 153-181

Tietsche, Frank (1986): Die Politik der VR China in der Taiwanfrage unter Berücksichtigung der politischen, ökonomischen und militärischen Entwicklung Taiwans, Berlin, Humboldt-Univ.

Tietz, Karin (1990): Ökonomische Rivalität und Zusammenarbeit im Verhältnis Südkoreas zu den USA und Japan, Berlin, Institut für Internationale Politik und Wirtschaft der DDR

Vietze, Klaus (1990): Besonderheiten der japanischen Wirtschaftsstruktur und ihr Einfluß auf die Entwicklung des japanischen Kapitalismus in den achtziger Jahren, Berlin, Humboldt-Univ.

Violet, Renee (1989): Einführung in die Kunst Koreas, Berlin, Humboldt-Univ.

Voigt, Manfred et al. (1989): Lehre und Studium der Asien-, Afrika- und Lateinamerikawissenschaften im 40. Jahr der Deutschen Demokratischen Republik. In: aala 17, S. 789-796

Volksrepublik China - Staat, Demokratie, Leitung (1989), Berlin

Voss, Carola (1991): Zur Entwicklung der "nüxing wenxue" (Frauenliteratur) in der chinesischen Gegenwartsliteratur dargestellt am erzählerischen Werk der Schriftstellerin Tie Ning, Berlin, Humboldt-Univ.

Wagner, Mayke (1992): Die Motive der bemalten neolithischen Keramik Chinas, Leipzig

Wallraf, Wolfram (1981): Konzeption und Politik Japans gegenüber der EG-Gruppierung, Potsdam-Babelsberg, Institut für Internationale Beziehungen der Akademie für Staats- und Rechtswissenschaft der DDR

Wallraf, Wolfram (1985): Die Ausgestaltung der außenpolitischen Strategie Japans in der ersten Hälfte der achtziger Jahre unter Berücksichtigung seiner Rolle als imperialistisches Machtzentrum im asiatisch-pazifischen Raum, Potsdam-Babelsberg, Institut für Internationale Beziehungen der Akademie für Staats- und Rechtswissenschaft der DDR

Walravens, Hartmut (1994): Die ost- und zentralwissenschaftlichen Beiträge in der Orientalistischen Literaturzeitung 1976-1992, Berlin

Wieland, E. A. (1979): Information über das Symposium "Maoismus und die internationale Frage", SAPMO ZPA 27350 (nicht pag.)

Winkelmann, Egon (1989): Zur Solidarität deutscher Kommunisten und anderer fortschrittlicher Kräfte Deutschlands mit der revolutionären Bewegung in China. In: aala 17 , S. 826-834

Winter, Heinz-Dieter (1989): Die DDR und die Staaten Asiens, Afrikas und Lateinamerikas. In: aala 17, S. 581-590

Winter, Heinz-Dieter (1993): Bemerkungen zum Verhältnis Politik und Entwicklungsländerwissenschaft in der DDR. In: hochschule ost, Nr. 5, S. 14-24

Zentraler Forschungsplan der marxistisch-leninistischen Gesellschaftswissenschaften der DDR 1986 bis 1990 (1986). In: Einheit, S. 681-692

Kerrin Gräfin Schwerin

Die Südasienwissenschaften in der DDR - Eine Bilanz

Vorbemerkung

Der Bereich Südasien war Bestandteil der 1967 im Zuge einer Reform der DDR-Universitäten geschaffenen Regionalwissenschaften. Im Rahmen dieser Studie soll die kognitive Struktur der Südasienwissenschaft als Regionalwissenschaft in der letzten Dekade der DDR und im Vergleich dazu in den fünf Jahren nach 1989 untersucht werden. Die Studie beinhaltet eine Deskription des Faches, seiner strukturellen Position im Wissenschaftssystem der DDR sowie der Besonderheiten der Region und der Beziehungen der DDR und des Bereichs zu ihr. Bei einer solchen Bestandsaufnahme geht es auch darum, eine Reihe von Fragen zu erörtern, die sich angesichts der Nachwendeentwicklung dieses Wissenschaftsbereiches stellen. Wieweit kann man von einer Politisierung der Gesellschaftswissenschaften in der DDR und einer institutionalisierten Steuerung von Forschung inhaltlich, thematisch und theoretisch sprechen? Wurde der Anspruch auf Interdisziplinarität, der in der Wissenschaftsorganisation angelegt war, in Forschung und Lehre umgesetzt? Welche Vor- und Nachteile ergaben sich aus der vergleichsweise intensiven Planung? Welche Konsequenzen hatte die Beschränkung auf das marxistisch-leninistische Paradigma?

Aus den strukturellen und personellen Veränderungen in den Jahren 1990/92 ergeben sich schließlich Fragen zu "Verlust und Gewinn" der Wende, die im Vergleich der o. g. Zeitabschnitte inhaltlich geklärt werden sollen.

Dabei konzentriere ich mich auf den Teil der Forschung, der sich mit der politischen und Sozialgeschichte Indiens in der Phase der britischen Kolonialherrschaft und der Befreiungsbewegung des 19. und 20. Jahrhunderts befaßt hat. Dieser Forschungsschwerpunkt war vor allem an der Humboldt-Universität und innerhalb der Akademie der Wissenschaften der DDR in Berlin angesiedelt. Nicht behandelt werden hier Forschung und Lehre der Fächer Alte Indische Geschichte und Literatur/Indologie/Philosophie (AdW, Universitäten Berlin, Leipzig, Jena), Indische Kunstgeschichte und Missionsgeschichte (Universität Halle-Wittenberg)[1].

Der Untersuchung liegen Aktenstudien im Bundesarchiv (Ministerium für Hoch- und Fachschulwesen der DDR, MHF) und der Stiftung Archiv der Parteien und Massenorganisationen (SAPMO) sowie eine Auswertung von DDR-Publikationen der Regionalwissenschaften und Gespräche mit Wissenschaftlern zugrunde.[2]

---

1 Hierzu vgl. den Beitrag von Neumann in diesem Band.

2 Eine Diskussion in der Nachwendezeit über den Bereich Südasien oder die Asienwissenschaften hat es kaum gegeben; die Debatte konzentrierte sich auf die deutsche Geschichtswissenschaft und ist in zahlreichen Publikationen dokumentiert. Bei I.-S. Kowalczuk findet sich in einer Fußnote eine kritische Bemerkung über die fachliche Qualität der Regionalwissenschaften, Kowalczuk (1994): 90; vgl. Reetz (1991b): 75ff.;

1 Die Geschichte und Tradition der Südasienwissenschaft

Die Südasienwissenschaft in Deutschland hat ihren Ursprung in der vergleichenden Sprachwissenschaft/Indologie zu Beginn des 19. Jh., die an der Berliner Universität im Jahre 1821 mit dem Indologen Franz Bopp begründet wurde. Auf Initiative Bismarcks wurde 1887 die Gründung des Seminars für Orientalische Sprachen veranlaßt.[3] Im Zuge der deutschen Wirtschaftsexpansion und des Erwerbs von Kolonien war ein Bedürfnis nach Informationen und Kenntnissen außereuropäischer Regionen im "Orient" entstanden, das mit Hilfe einer solchen Institution erfüllt werden sollte. Charakter und Geschichte dieser Institution, die u.a. für die Sprachausbildung von Dolmetschern und Beamten des Auswärtigen Amtes zuständig war, waren durch ihre enge Beziehung zum deutschen Staat gekennzeichnet. Die Asienwissenschaften der DDR sahen sich, abgesehen von der Nähe des Seminars zum "deutschen Imperialismus", durchaus in dieser Tradition, hatte es sich doch auch deutlich zum Politik- und Praxisbezug seiner Arbeit bekannt.
An den deutschen Universitäten - u.a. Halle, Leipzig, Jena und Berlin - wurde die philologisch-wissenschaftliche Tradition der Indologie gepflegt, aus der die ältere Indologengeneration der DDR, Weller (Leipzig), Ruben (Berlin), Ammer (Halle), Hauschild (Jena) hervorging. Vor allem der Indologe Walter Ruben wirkte prägend auf die erste Studentengeneration der DDR. Seit 1950 Professor an der Humboldt-Universität in Berlin, begründete er die marxistische Indologie. In Leipzig nahm der Historiker Walter Markov, seit 1947 Direktor des Instituts für Kultur- und Universalgeschichte, einen ähnlichen Einfluß auf die Entwicklung der marxistischen außereuropäischen Geschichtswissenschaft. In der inhaltlichen wie institutionellen Entwicklung der Asien- und Afrika-Wissenschaften suchte sich die DDR bewußt am sowjetischen Vorbild zu orientieren.[4]

2 Die Regionalwissenschaften

Die gegenwartsbezogenen Forschungsansätze von Walter Markov wurden Anfang den 60er Jahren unter Zurückdrängung der philologischen Disziplinen von

---

Barthel (1993): 5-13.

3 Morgenroth (1988): 706.

4 Behrsing (1968). Vgl. MHF DR 3/68/224: Stellungnahme der Abt. Gesellschaftswissenschaften zum Entwurf Neukonzipierung der Regionalwissenschaften, 14.12.1973 (nicht pag.): "Besonders wertvoll war die Übernahme grundlegender Prinzipien der Ausbildung und Erziehung an den sowjetischen Hochschulen, insbesondere bei der Herausbildung von Kadern."

der SED-Parteileitung in einen Asien-, Afrika-, Lateinamerika (AALA)-Studiengang ausgebaut, die Institution des ZENTRAAL (Zentraler Rat für Asien-, Afrika-, Lateinamerika-Wissenschaften)[5] 1966 als vermittelndes Steuerungs- und Planungsorgan gegründet. Die Sektionen der Asien-, Afrika-, Lateinamerika (AALA) -Wissenschaften wurden 1967 (VII. Parteitag) mit dem Argument der größeren Effizienz und Vereinheitlichung in vier Städten konzentriert.

- Leipzig: Nordafrika/Nahost
- Rostock: Lateinamerika
- Berlin: Asienwissenschaften
- Halle: Orient- und Altertumswissenschaften

An der Karl-Marx-Universität in Leipzig verblieb in der Regionalwissenschaft Nordafrika/Naher Osten ein Restbestand der Südasienwissenschaft bestehen, der sich u.a. mit altindischen Gesellschaftsfragen befaßte. An der Universität Halle-Wittenberg wurden neben Sanskrit auch indische Archäologie und Kunstgeschichte unterrichtet und geforscht. Auch an der Akademie der Wissenschaft (AdW) und Humboldt-Universität in Berlin wurden die klassischen Disziplinen der Indologie und Literaturwissenschaft als Subdisziplinen der Südasienwissenschaft bearbeitet und gelehrt. Die hier durchgeführten Forschungen konnten sich dank ihrer geringeren "Verwertbarkeit" abseits der Aufmerksamkeit von Politik entfalten und sich mit Themen und Theorie in einer Weise beschäftigen, wie es in den modernen Regionalwissenschaften nicht möglich schien.

Weitere Institutionen wie die Hochschule für Ökonomie, das Institut für Internationale Beziehungen in Potsdam-Babelsberg, die ZK-Akademie für Gesellschaftswissenschaft sowie einige der an der Karl-Marx-Universität in Leipzig arbeitenden Asienwissenschaftler beschäftigten sich auch hin und wieder mit Südasien als Teil Asiens in theoretischen oder außen-/handelspolitischen Untersuchungen, doch gab es Spezialisten, die ausschließlich über das moderne Indien arbeiteten, vor allem an der HUB und der AdW.

Erst 1972 entstand ein eigenständiger Bereich Südasien in der Sektion Asien der HUB, deren Planstellen für Indologie, Philosophie, Ökonomie/Geographie, Geschichte/Politik im wesentlichen mit Schülern von Walter Markov (Historiker)

---

[5] Der ZENTRAAL unterstand zunächst dem Ministerium für Hoch- und Fachschulwesen (MHF), ab 1969 dem Ministerium für Auswärtige Angelegenheiten (MAA). In ihm waren Verteter der regionalwissenschaftlichen Sektionen, Mitarbeiter der Leitorgane der Partei, der Staatsorgane und der Gewerkschaft vertreten. Dazu gehörten auch: Akademie für Staats- und Rechtswissenschaft der DDR, Institut für Internationale Beziehungen, Potsdam-Babelsberg; Akademie für Gesellschaftswissenschaft beim ZK der SED; Hochschule für Ökonomie, Institut für Ökonomik der Entwicklungsländer. Eine detaillierte Ausführung über die Funktion des ZENTRAAL vgl. a. Hafez (1994): 101.

und Walter Ruben (Indologe) besetzt wurden. Diese erste Generation von Südasien-Regionalwissenschaftlern hat bis zur Wende die Geschicke der Südasienwissenschaft in der DDR gelenkt.

Weniger wissenschaftsinterne, als politische Überlegungen der SED (Dekolonisation, Bemühungen um diplomatische Anerkennung der DDR, Entwicklung von Handelsbeziehungen zu Entwicklungsländern, propagandistische Unterstützung der Außenpolitik) führten zu dieser Umstrukturierung der AALA-Wissenschaften.[6] Eine zweistufige Hierarchie von Instanzen, angefangen von der Abteilung Wissenschaft im Zentralkomitee der SED über die Abteilungen Erziehung und Ausbildung, Auslands- und Reisekader des Ministeriums für Hoch- und Fachhochschulen (MHF), das Ministerium für Auswärtige Angelegenheiten (MAA), den ZENTRAAL und einen Beirat der Asien-, Afrika- und Lateinamerika-Regionalwissenschaften des MHF, bestehend aus Professoren der Universitäten, plante Inhalte, Studiengang, Forschung, organisierte Konferenzen, überwachte die Umsetzung der Pläne, verwaltete Personal. Eine Rückkoppelung zur "Basis" erfolgte in begrenztem Maße über die Leiter der Sektionen.

Die Funktion von Wissenschaft in der DDR wurde in direkter Abhängigkeit von Politik und Gesellschaft betrachtet.[7] Die in die AALA-Wissenschaften einbezogenen Institutionen erhielten jeweils eigene Forschungspläne, in denen allgemeine Vorgaben der Parteitage umgesetzt und auch detaillierte Themenschwerpunkte festgelegt wurden. Eine Vernetzung der Lehr- und Forschungsinstitutionen der DDR über Großforschungsprojekte, Kommissionen, Räte und Konferenzen ermöglichten den Erfahrungsaustausch und eine interdisziplinäre Zusammenarbeit.

Reisekader, zu denen auch die Wissenschaftler der Regionalwissenschaften

---

6 Über die Ziele des 1983 verabschiedeten Studienplanes für die Regionalwissenschaften heißt es: "Der Charakter unserer Epoche und die Gestaltung der entwickelten sozialistischen Gesellschaft in der DDR bestimmen grundsätzlich Ziel und Inhalt marxistisch-leninistischer regionalwissenschaftlicher Ausbildung und Erziehung. Sie leiten sich im einzelnen aus der Weiterentwicklung der politischen, ökonomischen und kulturellen Beziehungen der DDR zu den Staaten Asiens, Afrikas, Lateinamerikas und Nordeuropas, aus dem Voranschreiten des revolutionären Weltprozesses und der sich ständig verschärfenden Klassenauseinandersetzung ab." MHF DR 3/795 (nicht pag.).

7 Hierzu MHF DR 3 68/224, Neukonzeption der Regionalwissenschaften Asien, Afrika, Lateinamerika (1974). Die an der Entwicklung des Studienplanes Beteiligten betonten den Praxisbezug der Ausbildung, insbesondere "des Bereichs der Außenbeziehungen der DDR sowie der Wissenschaftsentwicklung", die Vermittlung einer gründlichen Kenntnis des Marxismus-Leninismus, der russischen Sprache, sowie der Strategie und Taktik des Marxismus-Leninismus im antiimperialistischen Kampf der Völker Asiens, Afrikas und Lateinamerikas. Vgl. auch MHF DR 3/795: Studienplan 1983 (siehe Anm.3).

grundsätzlich zählten, mußten die üblichen Qualifikationen erfüllen. Die Mitgliedschaft von Asienwissenschaftlern in der SED erreichte nach Angaben eines Mitglieds einen Höchststand.[8] Nach eigener Einschätzung spielte die Südasien-Abteilung innerhalb der Regionalwissenschaften weder wissenschaftlich noch politisch eine herausragende Rolle.[9]

Der Studiengang[10] "Regionalwissenschaften" besaß eine außergewöhnliche Attraktivität, nicht zuletzt, weil er Reisen ins Ausland ermöglichte. Für Südasien gab es drei Studiengänge: einen klassischen mit Sanskrit und altindischer Literatur (ca. 6 Studenten alle zwei Jahre), einen zur modernen indischen Geschichte (ca. 7-8 Studenten) und einen Ausbildungsgang nur für Dolmetscher in den Sprachen Bengali und Urdu.

Die regionale Komponente von Lehre und Forschung wurde vor allem durch die Sprachen der Länder der drei Kontinente/Kulturkreise repräsentiert. Allen drei AALA-Regionalwissenschaften gemeinsam war die Anwendung der marxistisch-leninistischen Theorie und Methode. "... Im Vordergrund stehen ... solche Entwicklungsprozesse und -probleme wie der Kampf um den Entwicklungsweg, die Wandlung in der sozialen Basis und die Auswirkungen auf das Kräfteverhältnis der Klassen, die Bündnisfrage und die Bedingung für die Schaffung einer breiten antiimperialistischen Front, der Kampf der Volksmassen gegen den Neokolonialismus sowie die Probleme der Nichtpaktgebundenheit."[11]

Das Studium eines Südasienwissenschaftlers mit Diplomabschluß dauerte fünf Jahre. Der Plan sah intensiven Unterricht in asiatischen Sprachen (942 Stunden), Russisch (120 Stunden), Englisch (554 Stunden), in einer gesellschaftswissenschaftlichen Disziplin (450 Stunden) und Kurse in Marxismus-Leninismus (154 Stunden), Wissenschaftlicher Kommunismus/Geschichte der Arbeiterbewegung (120 Stunden), Marxismus-Leninismus Theorie (90 Stunden), Ausgewählte Pro-

---

8 Vgl. hierzu MHF DR 3/335, Abt. Auslands- und Reisekader: Statistik des Reisekaders zur Anzahl und Zugehörigkeit zu Universität, Lehrkörper und SED. Danach waren 86% des Reisekaders der HUB 1987 Mitglieder der SED. Interview E.: Hier war von einer 98prozentigen Mitgliedschaft der Asienwissenschaftler in der SED die Rede.

9 MHF DR 3/42: Bericht der Asien-Sektion an Prorektor Gesellschaftswissenschaften Klein: In der Selbsteinschätzung machte die kommunistische Erziehung ('große' durchgestrichen) Fortschritte. Eine 'Biermann-Diskussion' fand 1978/79 nicht statt "und auch keine anderen destruktiven Debatten". In der wissenschaftlichen Leistung wurden individuell "große Unterschiede in Qualität und Quantität registriert".

10 Studienplan für Grundstudium Regionalwissenschaften zur Ausbildung an Universitäten und Hochschulen der DDR, Berlin 1983. MHF DR 3/795, Abteilung Erziehung und Ausbildung (nicht pag.).

11 MHF DR 3/795, Studienplan 1983 (nicht pag.).

bleme des Marxismus-Leninismus (30), Politische Ökonomie (90), Wahlweise Ausbildung in einer geschichtswissenschaftlichen Disziplin (881), Völkerrecht (14), Einführung ins Studium Südasien (60), Wahlweise Geschichte/ Wirtschaftsgeschichte/Staat und Recht/Kultur/Literatur Südasiens (245), Grundprobleme der nationalen und sozialen Befreiungsbewegung (60), sog. Zeitfond für die Sektion (29), Sport (274), insgesamt 3663 Stunden Unterricht vor. Die Beschäftigung mit der Region selbst nahm also insgesamt einen relativ viel geringeren Zeitraum in Anspruch als das Studium der sog. Gesellschaftswissenschaften. Neben einem Praktikum war die Teilnahme an Studienzirkeln, Studentenkonferenzen, sog. Jugendobjekten, Wettbewerben, in den Semesterferien an FDJ-Programmen erwünscht. Ein Arbeitsplatz in meist staatlichen Institutionen (Bildung, Presse, Verwaltung, Handel) im In- oder Ausland war nach Abschluß des Studiums garantiert.

Der Lehrkörper war gehalten, das gesamte Spektrum der regionalen Geschichte, Politik, Geographie etc. im zweijährigen Rhythmus in Überblicksvorlesungen abzudecken. Die Beschäftigung und Diskussion von spezifischen Fragestellungen oder historischen Phänomenen war nicht vorgesehen, ja wurde prinzipiell abgelehnt. Die reine Stundenbelastung für die Studenten war relativ hoch und ließ für selbständige Arbeit, abgesehen während der Praktika, kaum Zeit. Lehr- und Textbücher waren vorgegeben. Im Stadium der Diplomarbeit kam es zu eigenständigen Literaturstudien, die allerdings durch materielle und andere Einschränkungen der Literaturbeschaffung beeinträchtigt wurden. Die Nutzung von Archiven war weitgehend unüblich.

Die Reform der wissenschaftlichen Institutionen der DDR erfaßte 1969 auch die Akademie der Wissenschaften. Das 1947 gegründete Institut für Orientforschung, das zu diesem Zeitpunkt über 60 Mitglieder in vier regionalen Schwerpunkten zählte, wurde geschlossen, ihre Mitarbeiter, die (damals wie heute) in die Entscheidung nicht einbezogen worden waren, wanderten teilweise in andere Institute ab. Die Umstrukturierung der etablierten Forschungseinrichtungen hatte mit der Verdrängung sog. "bürgerlicher" Wissenschaftstraditionen gravierende personelle und wissenschaftsrelevante Folgen. Im Rückblick richtete diese Reform einigen Schaden an: "Gewachsene Strukturen sowie Wissenschaftspotentiale wurden zerstört, mit ihnen der reale Ansatz einer interdisziplinären Asien- und Afrikawissenschaft (...). Ihre inhaltlichen Belange fanden bei der Leitung des Instituts kaum Beachtung."[12] Die von der Akademie der Wissenschaften herausgegebenen "Mitteilungen des Instituts für Orientforschung" wurden auf Weisung der Institutsleitung eingestellt. An ihre Stelle trat die vom ZENTRAAL heraus-

---

[12] Memorandum (1989): 2-3.

gegebene Zeitschrift "Asien, Afrika, Lateinamerika" (*aala*). 1981 entstand im Institut für Geschichte der AdW der Wissenschaftsbereich (WB) "Geschichte der Entwicklungsländer". 1986 wurde das Institut für Allgemeine Geschichte (IAG) geschaffen, in der die AALA-Wissenschaften eine eher marginale Rolle spielten. In den Berichten der AALA-Regionalwissenschaftler der AdW wird die mangelnde Integration in den ZENTRAAL bedauert[13]. Anders als in der UdSSR besaß die AdW in diesem Bereich keine Leitfunktion.

3 Die Südasienwissenschaft

Die Region Südasien umfaßte definitionsgemäß folgende Staaten: Indien, Pakistan, Bangladesh, Nepal und Sri Lanka. Die in der Südasienwissenschaft der HUB (Lehre und Forschung) offiziell aufgelisteten Fachrichtungen waren Sanskritistik (Indologie), Dravidologie, Buddhologie, Ethnologie, Geschichte, Philosophie, Wirtschaftsgeschichte/-geographie und Politik. Unterrichtet wurden danach folgende Sprachen: Hindi, Urdu, Bengali, Singhalesisch, dravidische Sprachen, Nepali und das klassische Sanskrit. Doch entsprach die Praxis durchaus nicht dieser Aussage. Man konzentrierte sich vielmehr auf die zentralen Gebiete der Sanskritistik und Geschichte. Vor allem in den letzten Jahren war das Verhältnis zwischen Lehrkörper und Studenten ungewöhnlich günstig.
Die vielseitige Ausbildung der ersten Generation am Lehrstuhl Walter Rubens in Leipzig wurde in der Folge der Konzentration des Bereichs Südasien in Berlin verengt auf die Auseinandersetzung mit dem britischen Kolonialismus und seinen Folgen sowie aktuellen zeithistorischen Fragen. Die wenigsten Mitglieder des Lehrkörpers waren daher von ihrer Ausbildung her Historiker im üblichen Sinne. Aus der fächerübergreifenden Zusammensetzung des Lehrkörpers und des Stundenplans, weniger aus der tatsächlichen Zusammenarbeit der Disziplinen leitete sich der Anspruch der Interdisziplinarität ab.
Die Südasienwissenschaft beschäftigte sich vor allem mit der Indischen Union, in geringerem Maße mit Pakistan, Bangladesh, Sri Lanka und Nepal.[14] Diese Bevorzugung hatte seine Gründe nicht nur in der allgemein größeren Bedeutung Indiens innerhalb Südasiens, sondern auch in der nichtpaktgebundenen Außenpoli-

---

[13] Jahresbericht 1988. Institut für Allgemeine Geschichte, WB Geschichte der Entwicklungsländer, G. Höpp (aus: DzO, IV. 1), S. 13.

[14] Diese Bewertung ergibt sich aus der statistischen Auswertung der Publikationen. Aufsätze (74) in der aala 1980-1995 nach Regionen: Indien 63, Pakistan 7, Nepal 2, Sri Lanka 1, Bangladesh 1; Dissertationen (64) 1959-1995: Südasien/Indien 54, Pakistan 8, andere 2; nach 1980: Indien 26, Pakistan 5, andere 1.

tik Nehrus, seinem Antiimperialismus und der Schlüsselrolle, die man Indien im Bemühen der DDR um diplomatische Anerkennung zuschrieb. Hier durchbrach die SED-Außenpolitik ihr Prinzip, vor allem mit Entwicklungsländern sozialistischer Prägung enge Beziehungen anzustreben. Indien wurde als kapitalistisch orientiertes Entwicklungsland eingestuft.

Indien war auch drittgrößter Handelspartner der UdSSR und bot sich der DDR als zukunftsträchtiger Exportmarkt an.[15] Mit der Reise Grotewohls im Januar 1959 nach Indien begann eine bewußte Indien-Politik der SED.[16] 1961 reiste der erste Südasienwissenschaftler und Schüler Walter Rubens zu Studienzwecken nach Indien aus. In den darauffolgenden Jahren konnten sich vor allem graduierte/promovierte wissenschaftliche Mitarbeiter der HUB, KMU und der AdW als Mitarbeiter der Handelsvertretungen, Liga für Völkerfreundschaft bzw. ab 1973 in den diplomatischen Vertretungen über mehrere Jahre aufhalten und arbeiten. Einige der Mitarbeiter, die eine besonders intensive Sprachausbildung besaßen, wurden als Dolmetscher für offizielle Delegationen eingesetzt. Doch kann von einer regulären Rekrutierung diplomatischen Personals aus den wissenschaftlichen Kadern der Universitäten und der AdW nicht gesprochen werden. Die Wissenschaftler konnten in beschränktem Maße an indischen Bibliotheken und Archiven arbeiten, unterstanden aber einer engen Kontrolle der SED-Organisation vor Ort und waren zu einem gewissen Grad aufgrund von Tabus isoliert.[17] Häufig wurden sie zu Vortragsreisen herangezogen, auf denen sie zu deutsch-indischen Themen ohne direkten Bezug zu ihrer wissenschaftlichen Arbeit sprachen. Diese Tätigkeit entsprach der Erwartung der SED, daß Auslandskader propagandistische Arbeit im Ausland zu leisten hatten, d.h., sowohl das Bild der sozialistischen Gesellschaft der DDR positiv zu repräsentieren wie auch die Entwicklung eines sozialistischen Bewußtseins im Gastland zu fördern hatten.

Regelmäßige Konsultationen des Ministeriums für Hoch- und Fachhochschulen mit indischen Behörden und Universitäten führten zu begrenzten Kooperationen der beiden Staaten. Besonders enge Beziehungen wurden zur Jawaharlal Nehru-Universität und zum Gokhale Institute in Poona gepflegt. Wiederholt kam es zu gemeinsam veranstalteten Konferenzen,[18] abgesehen von dem problematischen

---

[15] Das erste Handelsabkommen mit Indien wurde im Oktober 1954 abgeschlossen, vgl. Lemke (1993).

[16] Vgl. die Darstellung der DDR-Indien-Beziehungen in: Krüger/Heidrich (1985): 180.

[17] Interview D.: Feldforschung war z.B. nicht möglich, Kontakt zu Wissenschaftlern des kapitalistischen Auslands nicht erlaubt.

[18] Z.B. Konferenz zur "Agrar- und Bauernfrage in Indien und der DDR" (2.-5.Juli 1985), veranstaltet vom Indischen Rat für Geschichtswissenschaft.

Hindi-Deutsch-Wörterbuch[19] jedoch nicht zu gemeinsamen Projekten. Die Erfolge blieben offenbar hinter den Erwartungen des Ministeriums weit zurück.
Die Beziehungen zu Indien waren zudem geprägt von der unvermeidbaren Konkurrenz mit der wirtschaftlich für Indien interessanteren Bundesrepublik. Ende der achziger Jahre wurde die Liberalisierung der Wirtschaftspolitik unter Rajiv Gandhi als bewußte Destabilisierung durch das Großkapital betrachtet, der Botschafter der DDR Biedermann befürchtete gar einen Sturz Gandhis durch die USA.[20] Betont werden muß hier auch, daß Indien bei aller Neigung führender Politiker zu sozialistischem Ideengut einen kapitalistischen Entwicklungsweg eingeschlagen hatte; im Falle Pakistans mit dessen starker Beziehung zu den USA war dies noch eindeutiger. Damit war eine theoretische Diskussion über einen sozialistischen Entwicklungsweg unter Auslassung der kapitalistischen Phase im Falle Südasiens gegenstandslos. Früher als andere Regionalwissenschaften wurden darum im Bereich Südasien Themen wie die Rolle der Bourgeoisie in Politik und Wirtschaft oder Formen des indischen Kapitalismus aufgegriffen.

4 Forschungsplanung und Durchführung

Wissenschaftsplanung zielt u.a. auch auf Effizienz und Vermeidung von Doppelarbeit. Die Setzung von Schwerpunkten in der Forschung war an die innen- und außenpolitischen Entwicklungen gekoppelt. Mit dem X. Parteitag (1981) kam es in der Entwicklungsländerforschung zu neuen thematischen Gewichtungen. Anstelle von "Antiimperialistischer Solidarität" und "Revolution" wurden nun angesichts wachsender Bedrohung durch Aufrüstung und interregionaler Spannungen Fragen der Friedenssicherung und der ökonomischen Entwicklung in den Vor-

---

19 MHF DR 3/B 1657, Abt. Ausland II, Berichte und Korrespondenz, re: Hindi-Wörterbuch (1968-1983) (nicht pag.). Das Projekt eines Deutsch-Hindi-Wörterbuches wurde auf Anregung von H. Nespital, der in Allahabad mit dem Lexikographen Hardev Bahri zusammenarbeitete (1968) von 1972-1983 unter Leitung von Prof. Morgenroth in Kooperation mit dem Central Hindi Directorate in Delhi durchgeführt. Problematisch war vor allem die mangelhafte Qualifikation und Zusammenarbeit der indischen Mitarbeiter. Im fortgeschrittenen Stadium der Arbeit erschien 1978 ein Deutsch-Hindi-Wörterbuch (Herausgeber: Krishna M. Sharma) in Zusammenarbeit mit einem Hindi-Fachmann aus der Bundesrepublik. Damit schien das als Prestigeprojekt angesehene Unternehmen gefährdet. (MHF DR 3/B 1657, Abt. Ausland II, 20.3.1979 (nicht pag.)).

20 Der Botschafter in Indien B. Biedermann berichtete am 15. April 1987 an den Stellvertretenden Außenminister Winter: SAPMO J IV 2120/207, Info fürs Politbüro (nicht pag.).

dergrund der Forschungsplanung gestellt. Im Bereich Geschichte/Politik lauteten in den späten 80er Jahren die sog. Dachthemen folgendermaßen:

1. "Das Wechselverhältnis von Frieden, sozialem Fortschritt und revolutionärem Prozeß in Asien."; oder
2. "Ökonomie und Politik der Entwicklungsländer".[21]

Das Planungsverfahren sah aus der Sicht eines Beteiligten[22] etwa so aus: Im Vorfeld des Parteitages fanden Absprachen zwischen den Sektionsleitern, dem ZENTRAAL und MHF über die thematischen Interessen der Wissenschaftler statt, die dann in einem zentralen Forschungsplan formuliert wurden.[23] Dieser wurde in Form eines Rahmenplanes in der "Einheit" veröffentlicht, den Sektionen gingen detailliertere Themenplanungen als Forschungswegweiser der nächsten fünf Jahre zu. Im Selbstverständnis der Sektionsleitung fand also keine zentrale Steuerung statt, sondern eine auf verschiedenen Ebenen erfolgte Abstimmung über Forschungsprioritäten und -ziele. Die Hinwendung zu Fragen der Friedensforschung entsprang demnach einem Bedürfnis der Wissenschaft, sich angesichts internationaler politischer Entwicklungen in das Gebiet der bisher von der DDR vernachlässigten Friedensforschung einzuklinken. Die DDR-Friedensforschung sah sich "zeitlich in einem Rückstand von Jahrzehnten gegenüber der bürgerlichen Wissenschaft ...".[24]

Eine der ersten gesamtdeutschen Konferenzen der Regionalwissenschaften nach der Wende (Dresden, 19.-23. Februar 1990) mit Martin Robbe und Dieter Senghaas befaßte sich bezeichnenderweise auch mit Fragen der Konflikt- und Friedensproblematik.[25]

Diesen sog. Z(entralen) -Projekten und -Themenbereichen waren Konferenzen und Seminare zugeordnet, in denen entsprechende Forschungsergebnisse vorge-

---

[21] Perspektivplan der ADW 1986-90; Arbeitsplan (1988); Konferenzbericht (1986): 207f. Das Dachthema der Jahre 1985-90 lautete: "Der anti-imperialistische Kampf in Asien, Afrika, Lateinamerika für Frieden, für Überwindung von Unterentwicklung und für gesellschaftlichen Fortschritt."

[22] Interview G.

[23] 1985 gab das Büro Hager (ZK der SED) einer Kommission von Historikern den Auftrag, den XI. Parteitag zum Thema "Geschichtsforschung/Traditionspflege" vorzubereiten. SAPMO, SED 42216: ZK der SED, Büro Hager. Studie zur Vorbereitung des XI. Parteitages 1985/6 (nicht pag.).

[24] Semmler et al. (1990): 164. Man sah sich weitgehend einverstanden mit methodisch-inhaltlichen Positionen der "bürgerlichen" Friedensforschung, nicht jedoch mit der Konfliktbewertung, "die letztlich versucht, alle Widersprüche mit klassenmäßig neutralen Begriffen zu klassifizieren".

[25] Konferenzbericht (1990a): 730ff.

stellt und verteidigt wurden, so z.B. im Oktober 1985 Thema 1, im September 1989 mit Gästen aus Indien und den Ländern des Ostblocks Thema 2. Einzelne der in den Konferenzen gehaltenen diskussionswürdigen oder richtungsweisenden Referate wurden in der Zeitschrift *aala* abgedruckt.
Doch dies betraf nur einen Bereich der Forschung. Im Regionalbereich Südasien der AdW wurden für den Zeitraum 1985-90 z.B. folgende Themen als berichtspflichtige Leistungen aufgelistet[26]:

1. Indira Gandhi, Ausgewählte Reden, Schriften und Interviews
2. Eine Geschichte Indiens
3. Die Fortsetzung des Projektes: Die Internationale Arbeiterbewegung und die nationale Befreiungsbewegung (Bd. III)
4. Die Arbeiterklasse und ihr Kampf im unabhängigen Indien

Ein direkter Bezug zwischen den Forschungsvorgaben des Parteitages und der Bearbeitung von konkreten Themen ist also nicht immer herzustellen. Bei den hier genannten Projekten handelte es sich im wesentlichen um selbstgewählte Themen, die sich in jahrelanger Spezialisierung der Wissenschaftler entwickelt hatten. Daraus wäre zu schließen, daß es, unter dem Aspekt der "Steuerung" betrachtet, verschiedene Typen der Forschung gab, die auch unterschiedliche Funktionen besaßen.
Die "Steuerung" durch Organe der SED wurde von den Wissenschaftlern je nach ihrer Position im System oder Nähe zu den "Steuerungsorganen" unterschiedlich wahrgenommen. Welchen Einfluß die Partei tatsächlich auf die Wissenschaftsentwicklung nahm, kann hier nicht geklärt werden. Außer Frage steht, daß die politischen Rahmenbedingungen der DDR-Wissenschaft auch bei einer Analyse ihrer kognitiven Struktur, wie sie hier unternommen wird, nicht unbeachtet bleiben können.[27]
Um zu einer quantitativen Aussage über Themen und Themenschwerpunkte zu gelangen, wurde die Zeitschrift "Asien, Afrika, Lateinamerika" (*aala*) ausgewertet. Es soll dabei nicht der Eindruck entstehen, daß dies die einzige Zeitschrift der DDR war, in der Regionalwissenschaftler veröffentlichten. Für diesen Wissenschaftsbereich bot sich auch eine Palette mehr oder weniger wissenschaftlich orientierter und fachlich spezialisierter Publikationsorgane an wie "Die Außen-

---

[26] Institut für Allgemeine Geschichte der AdW: Jahresplan 1987, nach G. Höpp.
[27] Vgl. hierzu die Diskussionen über die Rolle der Geschichtswissenschaft in der DDR z.B. in der ZFG; u.a. der im Leserbrief von Ansorg (1994): 262 formulierte Fragenkatalog. Auch auf der Konferenz der Evangelischen Akademie Berlin-Wannsee "Wer schreibt die DDR-Geschichte?" im März 1994 wurden zur Frage der "Steuerung" völlig konträre Einschätzungen geäußert. ZfG 42 (1994) 535ff.

politik", die "Ethnographisch Archäologische Zeitschrift" (EAZ) und "Orientalistisch-Literarische Zeitschrift" (OLZ), in denen vor allem auch die klassischen Orient-Disziplinen veröffentlichten; die auf deutsche Geschichte spezialisierte "Zeitschrift für Geschichte", in der auch hin und wieder Berichte über AALA-Konferenzen oder Rezensionen wichtiger AALA-Publikationen erschienen; die "Deutsche Zeitschrift für Philosophie" sowie die an eine breitere Öffentlichkeit gerichteten Organe wie "Horizont" oder "Einheit". Doch die *aala* war das "Hausblatt" der AALA-Regionalwissenschaften; hier erschienen ausschließlich Publikationen zu AALA-Themen, AALA-interne Konferenzberichte, theoretische Abhandlungen, Rezensionen, gerichtet an ein mehr oder minder spezialisiertes und wissenschaftlich interessiertes Lesepublikum. Es wurde herausgegeben vom ZENTRAAL und besaß offiziösen Charakter. Nicht alles wurde veröffentlicht, was eingereicht wurde (das gilt für alle wissenschaftlichen Zeitschriften), und was veröffentlicht wurde, durchlief eine differenzierte Zensur, insbesondere bei Themen, die außenpolitische Relevanz besaßen. Die *aala* besaß aber auch kein Monopol auf AALA-Themen.

Eine thematische Auswertung der Zeitschrift *aala* ergibt folgende thematische Schwerpunkte in der Subdisziplin moderne Südasienwissenschaft :

Von insgesamt 75 Aufsätzen in den Jahren 1981 bis 1995 befaßten sich

16 mit Fragen der Ideologie von Personen/Klassen/Parteien[28],

15 Aufsätze mit Tagespolitik,[29]

13 mit Wirtschaftsgeschichte bzw. Analyse wirtschaftlicher Probleme[30]

13 mit Religion/Minderheiten,[31]

11 mit Internationaler Politik,[32]

---

[28] Biographische Arbeiten waren erstaunlich beliebt, vor allem zu Gandhi (1970/1988), Nehru (1985, 1989), Indira Gandhi (1985, 1988), R. Tagore (1964, 1986). Aufsätze zu Parteien von Schaller (1983): 1912; ders. (1990): 629-642. Zu Beiträgen über Klassen vgl. u. Kapitel Analyse der Klassenformation.

[29] Dieser Bereich wurde hauptsächlich von E. Schaller abgedeckt, der in zahlreichen aala-Aufsätzen Themen wie Wahlen, politische Trends, Sprachenfrage etc. erörterte. Schaller (1987): 434-444.

[30] Hierzu Hafner/Heidrich (1989); Klein (1988): 251-263; Oesterheld (1982): 57-69.

[31] Zur Religion vor allem Aufsätze von H. Rüstau, vor allem zu Persönlichkeiten des Neo-Hinduismus und Abhandlungen zu den gerade aktuellen Dachthemen: Rüstau (1989): 981-990. Der Islam als Minderheitsreligion in Indien/Staatsreligion in Pakistan und Bangladesh wurde sehr spät wahrgenommen. Schaller (1985): 455; Reetz (1989).

[32] Internationale Politik wurde vor allem von Diethelm Weidemann vertreten, der sich besonders durch die Zensur behindert sah und nach der Wende eine starke Aktivität entwickelte. Weidemann (1989). Zu Afghanistan und Pakistan Aufsätze von Burkhardt (1989): 440; Burkhardt (1987): 61-69. Ein seltener Aufsatz zur Entwicklung in

7 mit Wissenschaftsgeschichte.

Während in den Jahren 1981-1989 durchschnittlich 7-8 Beiträge pro Jahr von Südasienwissenschaftlern in der *aala* erschienen, ging die Zahl der Beiträge nach 1990 auf zwei im Jahre 1994 zurück. Dieser Schwund hatte verschiedene Ursachen. Zum einen waren die verbliebenen Wissenschaftler durch die allseitige Umorientierung und von außerwissenschaftlichen Tätigkeiten stärker als zuvor beansprucht, worunter die Forschung litt, zum anderen boten sich neue Möglichkeiten zur Veröffentlichung. Einzelne Bereiche gingen zudem dazu über, entweder im Selbstverlag zu veröffentlichen (Humboldt-Universität) oder neue Publikationsreihen (Forschungsschwerpunkt Moderner Orient) zu entwickeln. Mitarbeiter der *aala* stammen inzwischen aus dem gesamten Bundesgebiet.

Eine um andere Publikationen (d. h. von Aufsätzen, Dissertationen, Monographien und Sammelbänden aus dem Jahrzehnt 1980-1990) erweiterte Auswertung ergibt folgendes Bild der quantitativ wichtigsten Arbeitsschwerpunkte:

1. Sozialgeschichte (Klassenformation und Klassenbewußtsein)
2. Politische Geschichte der nationalen Befreiungsbewegung und Ideologie
3. Wirtschaftsgeschichte und -politik
4. aktuelle Zeitgeschichte

Aktuelle Zeitgeschichte und Tagespolitik behandelten Wahlanalysen, parteipolitische Profile, aktuelle Konflikte, soziale und politische Bewegungen, Wirtschaftsverbände, Jubiläen; die Vertreter der Wirtschaftswissenschaften bearbeiteten Themen wie "Ergebnisse der Grünen Revolution", "Entwicklungspolitik der Liberalisierung in Indien", "Entwicklungsprozeß der Industrie in Pakistan", "die Herausbildung von Monopolen in Indien" etc. Studien über den indischen Kommunismus, vor allem die KPI, blieben vorwiegend Studenten der Akademie für Gesellschaftswissenschaften vorbehalten und wurden als geheim eingestuft.[33]

Die Subdisziplin der indischen Sprachwissenschaft, die auch Dolmetscher, Historiker und Studenten anderer Fachbereiche unterrichtete, war auf die Lehre konzentriert; wichtige Unterrichtshilfen wie Wörterbuch und Grammatik wurden entwickelt. Vergleichsweise quantitativ geringeres Volumen besaßen Veröffentlichungen zur Indologie, Kultur- und Geistesgeschichte, vorkolonialen Geschichte, Literaturgeschichte, Ethnologie.[34] Auffallend ist, daß sich die Südasienwissen-

---

Sri Lanka: Reetz (1988) 75-85.

[33] Reder (1974); Winkelmann (1982); Radde (1983): 516-523.

[34] Themen aus diesen Bereichen konnten in anderen Zeitschriften publiziert werden: Ethnographisch-Archäologische Zeitschrift; Wissenschaftliche Zeitschrift der HUB oder KMU Leipzig, Gesellschaftswiss. Reihe; Deutsche Zeitschrift für Philosophie; Altertum; einige historische aala-spezifische Aufsätze oder Diskussionen von allge-

schaftler kaum an den theoretischen Grundlagendiskussionen[35] in den Leitartikeln der *aala* beteiligten, die vor allem von Wissenschaftlern und Vertretern außeruniversitärer Institutionen geführt wurden.

5 Das marxistisch-leninistische Paradigma

Die politischen und ideologischen Zielsetzungen der historischen Forschung in der DDR wurden bereits Anfang der 50er Jahre konzipiert und danach von der SED als Repräsentantin der herrschenden Klasse des Proletariates weiter differenziert. Akademiker, bzw. "die Intelligenz wurde (...) nicht in die führende (Arbeiterklasse) integriert, sondern zu einem Bündnispartner erklärt, der geführt werden muß."[36] Diese Bedingungen hatte die Südasienwissenschaft mit den anderen Gesellschaftswissenschaften gemeinsam.

Die Gesellschaftswissenschaften der DDR bewegten sich im Rahmen des marxistisch-leninistischen Paradigmas der Gesellschaftlichen Formationstheorie. Bereits in den fünfziger Jahren war deutlich geworden, daß der Prozeß der Klassenformation in den außereuropäischen Ländern mit den von Marx dargestellten europäischen Entwicklungsprozessen nicht identisch war. In diesem Zusammenhang standen die Diskussion der "Asiatischen Produktionsweise" (APW) und Kontroversen um die tatsächliche Einschätzung der historischen Abläufe in den Entwicklungsländern in den siebziger und achziger Jahren.[37]

Zu den allgemein akzeptierten Thesen gehörte[38], daß die "Feudalgesellschaften" mit z.T. vorhandenen Ansätzen zur kapitalistischen Produktionsweise an einer

---

meinem Interesse erschienen auch in der Zeitschrift für Geschichtswissenschaft. Populäre und aktuelle Themen druckten "Horizont" oder "Illustrierte historische Hefte" ab. Zur geringen Anzahl von Publikationen der Ethnographie Südasiens z.B. vgl. Rusch/Winkelmann (1987): 295-320. Bibliographie. Zur Alten Geschichte Asiens einschließlich Südasiens, vgl. Neumann in diesem Band.

35 Diese Beiträge zu Fragen der Theorie, der Begriffsdefinition, der Forschungsprioritäten erschienen auf den ersten Seiten der aala. Das vergleichsweise geringere Theorieinteresse der Südasienwissenschaftler mag darin begründet liegen, daß sie sich z.B. als Schüler Rubens von ihrer Ausbildung her noch als Indologen oder Ethnologen betrachteten.

36 Mayer (1990): 7.

37 Hierzu vgl. Neumanns ausführlicher Beitrag in diesem Band.

38 Hierzu Küttler (1991): 167ff. zur Problematik der gesellschaftlichen Stufenformation: "Auch die Marxsche Konzeption der Stufenfolge ökonomischer Gesellschaftsformationen wurde in dogmatisch verkürzter Form zur Legitimation einer vorgegebenen Fortschrittslinie zu dem bestehenden realsozialistischen System benutzt und

eigenständigen wirtschaftlichen und gesellschaftlichen Entwicklung durch die koloniale und imperialistische Ausbeutung des europäischen Kapitalismus behindert wurden. Eine Überwindung der feudalen Produktionsweise wurde vor allem in der Landwirtschaft blockiert, der Übergang zum Kapitalismus verlangsamt, die Klassenformation deformiert. Entsprechend war es zur Gleichzeitigkeit feudaler und kapitalistischer Strukturen gekommen, die in feudal-bürgerlichen Mischformen ihre Entsprechung fanden. Diesem Gesellschaftstypus wurde auch die indische zugeordnet. Strittig blieb, wann und in welchem Maße die kapitalistische Produktionsweise vorherrschend wurde. In den späten 80er Jahren ging man davon aus, daß die Gleichzeitigkeit der vorkapitalistischen und kapitalistischen Produktionsweisen unter den herrschenden Bedingungen der kapitalistischen Weltwirtschaft noch lange erhalten bleiben würde. Dieses Paradigma wurde in mehr oder weniger dogmatischer Handhabung der Erforschung konkreter Fälle der neueren und neuesten Geschichte Indiens zugrundegelegt.

Die theoretische und methodische Entwicklung der Südasienwissenschaft in der DDR wurde deutlich von Walter Markov und Walter Ruben beeinflußt. Der Hamburger Indologe und Emigrant Ruben kehrte 1949 aus Chile nach Deutschland (DDR) zurück und erhielt 1950 an der HUB den Lehrstuhl für Indologie. In seiner Beschäftigung mit der Auswertung von Sanskrit-Texten suchte er über die Anwendung der marxistischer Methode zu neuen Erkenntnissen über gesellschaftshistorische Entwicklungen im alten Indien zu gelangen.[39]

Auch Walter Markov war ein DDR-Wissenschaftler der ersten Stunde. 1945 aus zehnjähriger Haft befreit, wurde er zwei Jahre später Direktor des Instituts für Kultur- und Universalgeschichte in Leipzig. Vom Historiker Markov wurden Thesen zur Analyse der Klassenformation vorformuliert,[40] die in späteren Dissertationen und Aufsätzen ausgearbeitet wurden; dabei ist eine deutliche Spezialisierung verschiedener Südasien-Gesellschaftswissenschaftler auf abgegrenzte Forschungsbereiche zu erkennen, die sich nach ihrem Gegenstand in Landproletariat und Bauern, Industrieproletariat, Kleinbürgertum und Bourgeoisie aufteilen.[41] Besonders in diesem Forschungsbereich wurden in begrenztem Maße theoriebezogene Diskussionen geführt, die sich vor allem auf russische Publikationen, aber auch auf DDR-interne Diskussionen beziehen. Die intensive Kooperation mit den sowjetischen Forschungsinstitutionen über Konferenzen oder Studi-

---

damit in ihrer heuristischen Funktion erheblich beeinträchtigt."

39 U.a. veröffentlichte er das mehrbändige Werk "Gesellschaftliche Entwicklung im alten Indien".

40 Z.B. Markov (1961).

41 So waren in einem Fall zwei Drittel der Arbeiten einem Thema gewidmet, das über 20 Jahre bearbeitet wurde.

en in der UdSSR selbst schlugen hier zu Buche. Sie bemühten sich, mit begrenzten empirischen Mitteln, die vom ML-Modell abweichende Formationsentwicklung der Klassen in der indischen Gesellschaftsentwicklung seit dem 19. Jh. nachzuvollziehen.
Auffällig ist, daß sich diese Forschungen auf die Periode der Kolonialgeschichte beschränkten und "vorkoloniale" Gesellschaftsanalysen die Ausnahme blieben.[42]
Die Zielsetzung einer Einordnung regionaler Entwicklungen in die nach den angenommenen Gesetzmäßigkeiten verlaufende Universalgeschichte bestimmte die Methode; da diese Gesetzmäßigkeiten des Geschichtsverlaufs unbestritten waren, wurde auch deren Prüfung durch Einzelstudien für unnötig erachtet.

6 Konferenzen

Die Wissenschaftsorganisation der Regionalwissenschaften zielte auf interdisziplinäre Zusammenarbeit und fächerübergreifende Kommunikation. In diesem Sinne waren die Asien- und Afrikawissenschaften untereinander und innerhalb des Ostblocks in einem System von Konferenzen vernetzt, das dem Austausch von Informationen, Anregungen und der Abstimmung von Standorten diente. Subdisziplinen wie Sanskritistik oder Neuere Geschichte Südasiens waren in getrennten Arbeitsgemeinschaften des Wissenschaftlichen Rates der AALA zusammengefaßt.[43] Diese Organisationen zielten auf intensive Kommunikation, Koordination von Forschung und Vermeidung von Doppelforschung.
Hier seien einige Beispiele dieser zum Teil aufwendig organisierten wissenschaftlichen Veranstaltungen der Südasienwissenschaft aus dem Jahr 1985 genannt:
a). 2.-5.7.1985, Seminar "Agrarfrage und Bauernbewegungen in der Geschichte Deutschlands und Indiens"; Veranstalter war die Südasiengruppe der AdW; Indien war mit vier Gästen vertreten, die zu Fragen des individuellen Landbesitzes, Zwangsarbeit, Landflucht und Bauernrevolten in der vorkolonialen Geschichte Indiens referierten. Walter Schmidt (AdW) sprach über traditionelle Beziehungen des deutschen Humanismus zu Indien, ein Thema, das auch gern in der Bundesrepublik zu solchen Anlässen bemüht wird; hier jedoch auch der Hinweis auf "vor allem Karl Marx, dessen Arbeiten über Indien nicht nur ein wertvolles Erbe darstellen, sondern auch unmittelbare methologische Anleitung für die heutige Indienforschung und für die Analyse des kapitalistischen Kolonialismus sind".[44]

---

42 J. Heidrichs Dissertation (1959) wurde vor der Strukturreform geschrieben; vgl. die Dissertation von Fischer (1969).
43 Morgenroth (1977): 618-19.
44 Heidrich, P. (1986a): 139f.

Die DDR-Teilnehmer berichteten über Gandhis Auffassung dörflicher Zivilisation; ideologische Bewußtseinsbildung des Landproletariates; das Regierungsprogramm zur Agrarfrage; Vertreter der HUB und AdW sprachen über vorkapitalistische Ausbeutungsmethoden der Junker sowie über die Bauern der DDR in der Dekade 1945-1955.

b) Am 5.9.1985 organisierte die AdW in Berlin ein Seminar über "Erbe und Tradition als theoretisches und methodisches Problem der Geschichte der Entwicklungsländer" anläßlich des 65. Geburtstages ihres Mitglieds Horst Krüger mit einem Programm, in dem teils Grundsätzliches zum Begriff der Tradition, teils Einzelstudien zur Tradition in der Geschichte Asiens und Afrikas vorgetragen wurden, u.a. ein kritischer Beitrag zur Rezeption und modernistischen Idealisierung des indischen Veda durch den Arya Samaj (Alte Geschichte/Archäologie, AdW); eine Kritik an der "bürgerlichen Legendenbildung" um den Maurya-König Asoka (3.-4. Jh. v. Chr.) ; traditionelles Verhalten der indischen Arbeiterklasse. Dabei fällt auf, verwundert jedoch nicht, daß sich die "Indologen" mit der Frage der "Tradition" sehr viel leichter taten als die Vertreter der modernen Geschichtswissenschaften.

Im selben Jahr 1985 veranstaltete die HUB ihre XIV. Südasienwissenschaftliche Arbeitstagung zu "Jawaharlal Nehru-Grundfragen der gesellschaftlichen Konzeption im modernen Indien"; Vertreter der Südasienwissenschaft nahmen außerdem an der Internationalen MPK in Prag (15.-18. Oktober 1985) sowie am Internationalen Kongreß der Geschichtswissenschaft (San Francisco) mit Schwerpunktthemen Dritte Welt/Indischer Ozean teil. Nach übereinstimmenden Aussagen der Interviewten wurde auf den Konferenzen, Symposien und Seminaren lebhaft und kontrovers diskutiert. Die Anwesenheit von Vertretern anderer (Sub-)Disziplinen wurde als anregend empfunden; in der eigenen Forschung wurden diese Anregungen jedoch selten inhaltlich umgesetzt. Außerhalb der Konferenzen wurde die Kommunikation mit Kollegen anderer Disziplinen oder Interessen, selbst wenn es sich um Zimmernachbarn handelte, nur in Einzelfällen gesucht; wie auch anderswo waren solche Initiativen auch abhängig von der jeweiligen Persönlichkeit der Wissenschaftler.[45]

7 Perestroika in den Regionalwissenschaften?

Der politische Aufbruch in der UdSSR in diesen Jahren hatte auch Auswirkungen auf die Wissenschaftslandschaft der DDR. Wolfgang Küttler (1991) z.B. be-

[45] Interviews B. u. D.

richtet von einer tiefgreifenden Konzeptions-, Theorie- und Methodenkrise der DDR-Geschichtswissenschaft, die sich schon vor 1989, spätestens seit Gorbatschows Perestroika, deutlich abzeichnete.[46] Wieweit diese Diagnose auf andere Wissenschaftszweige übertragen werden kann, ist schwer zu klären. Das politische Klima erleichterte eine öffentliche Rezeption sowjetischer Neuerungen nicht.[47] In Publikationen finden sich teilweise für Außenstehende verschlüsselt wirkende Äußerungen zur Reformbedürftigkeit der Regionalwissenschaften; auf Konferenzen wurde auch offen Kritik an Fehlentwicklungen geäußert. "Ein Defizit in der Erforschung eigener regionalwissenschaftlicher theoretischer und methodischer Grundlagen" wird beklagt.[48] Die neuen Herausgeber der *aala* forderten, "nicht nur auf Veränderungen zu reagieren, sondern sie in höherem Maße ... zu signalisieren". Eine Themenerweiterung zu Fragen der Religion, Ökologie, Demographie und Computerwissenschaft wird empfohlen.[49]

Ausdruck findet das Unbehagen an theoretischen Defiziten in der gehäuften Erwähnung sich auftuender "Widersprüche" und der Forderung nach stärkerer "Differenzierung". In der Definition von "Unterentwicklung", so kritisiert Jürgen Herzog, "wird von einem Mechanismus ausgegangen, der im wesentlichen von außen ("fremdbestimmt") kommend, eine Entwicklung in Gang bringt, die von Anfang an aufgrund ihr eigener kolonialer Züge mehr oder weniger vom "Unterentwicklungssyndrom" gekennzeichnet ist, d. h. durch Deformation, Heterogenität, Unorganisches. Diese Meinung blieb nicht ohne Widerspruch, wie die in der letzten Zeit durchgeführten Konferenzen zur Unterentwicklungsthematik bezeugen."[50]

In diesem Zusammenhang ist auch die Hinwendung zur "Tradition" zu verstehen (im Gegensatz zu "Fortschritt"), die in verschiedene Arbeiten (s. o. Konferenz 2) im Zusammenhang mit der Deformierung der gesellschaftlichen Entwicklung in Indien Eingang findet. Dabei bleibt infolge des Verzichts auf eine Definition die Bedeutung des Begriffs unpräzise.[51]

---

[46] Küttler (1991): 167, vgl. Küttler (1994): 8ff. Küttler spricht hier von "einer eigenartigen Mischung von neuerlichen Spielraumerweiterungen und zunehmenden Restriktionen vor allem infolge von Gorbatschows Perestroika".

[47] Interview C.

[48] Voigt et al. (1989): 789-796

[49] Barthel, G. (1989): In eigener Sache. In: aala 17, S. 5ff.

[50] Herzog (1990): 587. Herzog verweist hier auf die von Küttler/Eichhorn geprägte Unterscheidung der "Haupt- und Nebenentwicklungslinien" im Unterschied zur doktrinären "Unilinearen Entwicklung". S. 591.

[51] Zum Begriff der Tradition (in ihrer Bedeutung für die aala-Wissenschaften) haben sich vor allem J. Herzog, M. Robbe und H. Rüstau im Rahmen einer Konferenz 1986 geäußert.

Auch die Ergebnisse des Nachwuchsseminars der KMU im September 1989, in deren Rahmen "Theoretische und methodologische Probleme der AALA-Forschung" erörtert wurden, erscheinen mir von Bedeutung. Der Veranstalter und Vorsitzende des ZENTRAAL, Günter Barthel, faßte zur Frage der "Unterentwicklung" zusammen, daß "der Kolonialismus als Produkt kapitalistischer Verhältnisse ... in seinen Wirkungen auf die Entwicklungsländer nicht nur einseitig als negativ zu sehen [ist], sondern ebenfalls ein gewisses Fortschrittspotential [beinhaltet] (...)." Zu kulturellen Aspekten der Transformationsprozesse und der Rolle von Traditionen hieß es: "Dabei wurde auf die Notwendigkeit ihrer (der Traditionen) Neubewertung hingewiesen." Traditionen seien nicht einseitig als konservativ-reaktionäres Element zu werten, "wie es in der Vergangenheit seitens der marxistischen Geschichtswissenschaft oft der Fall war", sondern als wichtiger Integrationsfaktor.[52] Hinweise im Jahresbericht 1988 des IAG, WB Geschichte der Entwicklungsländer, sind ähnlich als eine Bestätigung eines neuen Problembewußtseins zu verstehen. Dabei wurde auf das Defizit der Erforschung vorkolonialer Gesellschaften an der Schwelle zum Kapitalismus Bezug genommen. Doch schlagen diese Forderungen nicht in den Forschungsplänen der Akademie oder in Publikationen zu Buche.[53] Von einem Paradigmawechsel kann noch nicht gesprochen werden.[54]

8 Die Region Südasien in den "Bürgerlichen" Regionalwissenschaften

Zentren der "South Asia area studies" entstanden vor allem in Großbritannien (London, Cambridge, Sussex), Australien, Japan, den USA (Columbia University, University of Pennsylvania, University of California, University of Minnesota etc.) sowie in verschiedenen westeuropäischen Ländern (Bundesrepublik Deutschland, Frankreich, Italien, Niederlande, Dänemark) und in Südasien selbst (Delhi, Kalkutta, Aligarh etc.). Sie bilden eine "scientific community" in regem Austausch über kognitive Inhalte und Methoden ihrer Südasienforschung mit einem umfangreichen Zeitschriftenapparat, regionalen und überregionalen Konferenzen und informellen Beziehungsnetzen, jenen in Osteuropa nicht unähnlich.

---

52 Konferenzbericht (1990b): 345-346.

53 Hafez sieht in den späten 80er Jahren eine gewisse verbale Reaktion auf das von Wissenschaftlern der anderen Ostblockstaaten vertretene "Neue Denken", ohne daß jedoch "Taten" folgten. Hafez (1994): 116.

54 Hierzu Stoianovich (1976): 10 "The first sign of a new paradigma is the building up of doubt over many years."

Nationale Forschungsförderungsprogramme ermöglichen die Nutzung von Archiven in Südasien und Großbritannien.

Definitionen von "*Region*" als wissenschaftliches Studienobjekt der ('bürgerlichen') *area studies*/Regionalwissenschaften an westlichen Lehr- und Forschungseinrichtungen sind nicht einheitlich. Im Falle der Gesamtregion Südasien besteht ein genereller Konsens, daß es sich dabei um einen geographisch durch Berge, Wüste und Ströme begrenzten Raum im Süden des asiatischen Kontinentes (=Subkontinent) mit spezifischem kulturellen Charakter handelt, den sie nicht mit seinen Nachbarn im Westen, Osten und Norden teilt.[55] Bestandteil dieses kulturellen Charakters sind vor allem die klassischen und modernen Sprachen Südasiens sowie die Hochkultur und Religion des "Hinduismus". Dabei wächst das Bewußtsein, daß es sich hierbei im wesentlichen um eine Konstruktion handelt. Der Begriff "Hinduismus", eine Erfindung europäischer Orientalisten im 19. Jahrhundert in ihrem Versuch, die Identität Indiens zu erfassen, erwies sich stets als problematisch. "Vagueness of usage has led the concept into trackless deserts of nonsense",[56] konstatiert denn auch Robert Frykenberg. Dies wird besonders deutlich, wenn es um den "Modernen Hinduismus" geht. Besonders in der Handels- und Wirtschaftsgeschichte wurde der Raum Südasien um seine Ozeane und benachbarten Küstenregionen in Südostasien und im Vorderen Orient erweitert.

Darüber hinaus wird auch der Begriff der Region innerhalb Südasiens kontrovers erörtert. Die von dem amerikanischen Geographen Joseph Schwarzberg angebotene und weitgehend akzeptierte Definition lautete: "A region is a perceived segment of the time space continuum differentiated from others on the basis of one or more defining characteristics."[57]

Konkreter ausgedrückt: Regionalwissenschaftler Südasiens befassen sich vorwiegend nicht mit der Gesamtregion des Subkontinentes, sondern mit ihren "Segmenten".[58] Die Frage nach den "Grenzen" der Region bleibt dabei ungelöst, da sie sich je nach Fragestellung oder Zeit verändern können.[59]

---

[55] Vgl. Schwerin (1988): 11ff.

[56] Frykenberg (1989): 32. Hierzu auch die Diskussion über "segmentary states" in Indien, ein Begriff, den Stein (1977): 3-51 entwickelte; vgl. ders. (1980). "The new discovery was that caste, religion and ethnicity were now seen as forming social institutions which occupied much of the space assigned by modern theory to the state, while the formal state tended to be weak in the same ratio as distance from the capital, to be unsystematized and accommodative of local authorities." Atar Ali (1993): 703.

[57] Crane (1973): 93; Kulke/Rothermund (1985); Dumont (1972): 198.

[58] Vgl. hierzu Annotated List of the Publications of the South Asia Institute, Heidelberg 1986: Von 121 Monographien verschiedener Disziplinen über Südasien (Wirt-

Eine Beschränkung auf eine Region ist bedingt durch die dadurch gewonnene Überschaubarkeit des Zeit-Raum-Kontinuums. Die Tatsache, daß in Südasien eine Vielzahl von Sprachen gesprochen und geschrieben wird, zwingt zur Spezialisierung, will der Wissenschaftler sich dieser Sprachen - schriftlich oder mündlich - in seiner Forschungsarbeit bedienen. Das Ziel dieser Beschränkung ist es, den spezifischen Charakter einer Region zu bestimmen, ohne damit den Bezug zur Gesamtregion Südasien aus dem Auge zu verlieren.[60] Vielmehr ist der Vergleich mit anderen Regionen in oder außerhalb Südasiens methodisch angelegt.

Im Verlauf der letzten drei Jahrzehnte lassen sich gewisse Trends in der Entwicklung von Fragestellungen und Methoden beobachten: in der Frühphase ein deutlicher Einfluß der Indologie auf die Anthropologie[61] und über diese auf die Geschichtswissenschaft[62], in jüngerer Zeit haben Einflüsse der Soziologie und Anthropologie innovativ auf die Entwicklung neuer Fragestellungen und Konzepte der Kolonial- und Kulturgeschichte Südasiens gewirkt; die Wirtschaftsgeschichte Südasiens, inklusive der vorkolonialen Periode (16. - 18. Jh.) wurde zu einem zentralen Forschungsgebiet.

In der frühen Phase der *area studies*, etwa in der sog. Cambridge Schule, wurden nicht nur Regionalstudien bevorzugt; man verengte den Blick auf lokale oder

---

schaftswissenschaft, Indologie, Geschichte, Kunstgeschichte etc.) sind 68, also mehr als 50% auf eine Subregion Südasiens (z.B. Punjab, Nepal, Himalaya, Orissa, Tamilnadu) beschränkt.

59 "Because the traditional state did not attempt to create (either de jure or de facto) fixed boundaries to its hegemony, because traditional frontiers only mark the temporary limits of state expansion toward the goal of universal empire, the absence of territorial sovereignty at the periphery of the traditional realm says little about the power exercised by the state at its center." Fox (1977): XXIV.

60 Die Beschränkung auf das Segment in der Region Südasien mindert nicht das Selbstbewußtsein der *area studies*, im Gegenteil. Auf ihre Vorreiterrolle in der Entwicklung der Sozialwissenschaften wird verwiesen: "The work of historians of India has contributed powerfully to the critique of hitherto conventional views of the history of capitalism, of industrialization and of technological transformation, and has led to reformulations in European historiography." Harris (1988): 44.

61 van der Veer (1993): 26, van der Veer betont hier die Beteiligung des Brahmanischen Diskurses an der Entstehung der durch Louis Dumont vertretenen indischen Soziologie. "The Indological study of the Sanskrit tradition has been essential to the transformation of vaidik discourse into an orientalist discourse on a homogeneous, unified Hindu civilization that impinged on Indian societies and cultures through the institutions of the colonial state." van der Veer (1993): 27.

62 Cohn (1987).

sog. community studies.[63] Mit wachsender Quellenkenntnis weitetete sich der Horizont der Historiographie. "Often the most important questions seemed to revolve around the relationship between the small community - family, village or 'caste' - and the wider world of government, business and the agrarian economy, (...)" bemerkt C. A. Bayly im Vorwort seiner Studie "Rulers, Townsmen and Bazaars"[64]. Allerdings: "The day when a 'total history' of India in the French style can be attempted remains distant."

Am Südasien-Institut in Heidelberg ist der Regionalbezug der rund 12 Disziplinen unterschiedlich ausgeprägt. Wirtschaftswissenschaften und Agrarpolitik sind vor allem auch Entwicklungswissenschaften; die Medizin vor allem Tropenmedizin. Die Sozial- und Kulturwissenschaften dagegen weisen eine starke Spezialisierung auf ethnische, politische, linguistische oder kulturhistorische "Segmente" auf. Stärker als etwa an der HUB sind die am Südasien-Institut vertretenen Fächer organisatorisch über die Fakultäten an ihre Mutterdisziplinen angebunden. Die Historiker (Neuere Geschichte Südasiens) haben sich innerhalb der Bundesrepublik zum Zwecke der Interessensvertretung gegenüber der Historikerzunft und zur internen Vernetzung im "Arbeitskreis Außereuropäische Geschichte" organisiert. In der Folge dieser Zusammenarbeit sind Sektionen zur Außereuropäischen Geschichte auf Historikertagen möglich geworden, werden Konferenzen zu regionenübergreifenden Fragestellungen z.B. Überseehandel, Weltwirtschaftskrise etc. durchgeführt.[65] Im Rahmen zweier Sonderforschungsbereiche kam es zu Experimenten interdisziplinärer Zusammenarbeit, an der die Neuere indische Geschichte, die Wirtschaftswissenschaft, die Indologie etc. beteiligt waren.

In Indien selbst war traditionelle Geschichtsschreibung vor allem auch Regionalgeschichte. Erst in der Folge der britischen Kolonialherrschaft entstand mit der indischen Unabhängigkeitsbewegung eine nationalistische Ideologie und in der Folge eine nationale Geschichtsschreibung, die (das historische) Indien als Gesamtheit betrachtete. Seit etwa 15 Jahren gilt dieser Ansatz als überholt und altmodisch, ähnlich die Beschäftigung mit "Imperialismus" und "Kapitalismus" als teleologische Konzepte. Nicht "Kapitalismus" als Abstraktum, sondern etwa das Phänomen einer besonderen Schwäche und Verwundbarkeit der "labour force" in

---

[63] In den sechziger und siebziger Jahren wurden vor allem Dissertationsthemen über politische Strukturen von lokalen Institutionen und Städte gewählt: z.B. Robinson (1973): 389-441; Leonhard (1971): 569-82; Bayly, C.A. (1975). Auch heute noch gilt dem Pädagogen die Erarbeitung einer Mikrostudie für den jungen Wissenschaftler als sinnvollere Übung als Gesamtübersichten.

[64] Bayly, C.A. (1983).

[65] Rothermund (1983).

Südasien bedürfe einer klärenden Untersuchung.[66] Fragen zur Entwicklung von Klassen bzw. eines indischen Kapitalismus werden im konkreten historischen und regionalen Kontext untersucht.[67]

Die Schule der "Subaltern Studies", selbst die marxistische Historikerzunft konzentriert sich auf regionalhistorische Studien, denn "Produktionsweisen müssen auf der regionalen und lokalen Ebene untersucht werden. Erst dann kann man Aussagen über eine nationale Produktionsweise machen."[68] Sowohl Forschungen zur Agrargeschichte wie zur Entwicklung der Industrialisierung sind häufig Fall- und damit Regionalstudien. Ein besonders überzeugendes Beispiel für eine regionale Differenzierung ist Eric Stokes Untersuchung über die Beteiligung nordindischer Bevölkerungen an dem gegen die britische Kolonialherrschaft gerichteten "Großen Aufstand" von 1857-59.[69]

Kulturhistorische und religionswissenschaftliche Studien beschäftigten sich u.a. mit religiösen Kulten und Institutionen des Hinduismus wie Tempelkomplexen und ihrem wirtschaftlichen und politischen Umfeld.[70] Nachdem die Kultur Südasiens gleich Hinduismus lange als eine Domäne der Indologie verstanden wurde, entwickelte sich in den vergangenen Jahrzehnten ein neuer Forschungsbereich "Islam in Südasien". Die daran beteiligten Wissenschaftler sind nur in den seltensten Fällen Orientalisten oder Islamwissenschaftler im herkömmlichen Sinne, sondern Historiker oder Anthropologen, die sich ein Spezialwissen über regionale Sprachen und Quellen angeeignet haben. Das Ergebnis sind Studien zur Stadtgeschichte muslimisch geprägter Städte, zur regionalen Kulturgeschichte islamischer Zentren, islamischer Institutionen und Begriffe.[71] Einen breiten Raum nehmen weiterhin Arbeiten zu verschiedenen Bereichen der briti-

---

[66] "In the end, the weaknesses and internal contradictions of community institutions, through which it had protected its rights, may be held to account for labour's pitiful social history in South Asia - weaknesses and contradictions which, in comparison to Europe's experiences, made it less able to resist the rising forces of capitalism and the modern state and thus less able to force 'development'." Washbrook (1988): 95.

[67] Hierzu vgl. Washbrook (1988): 57-96, hier S. 72: "Much recent research, then, would suggest that, in a great many ways, South Asia was involved in 'the social history of capitalism' from a very early period and underwent many of the same types of social development as those taking place in Western Europe." Ein Beispiel für eine Analyse der Beziehung zwischen Kapitalismus und Politik ist die Studie von Markovits (1985).

[68] Rothermund (1993): 79.

[69] Stokes (1978); ders. (1986).

[70] Z.B. Stein (1960): 163-176; ders. (1978); Eschmann (1978); Rösel (1980).

[71] Aus der Fülle neuer Arbeiten hier nur einige Beispiele: Metcalf (1984); Kozlowski (1985); Ewing (1988); Troll (1989), hierzu in Schwerin (1996).

schen Kolonialgeschichte in Südasien ein, u.a. Beiträge zur Dekonstruktion kolonialer Begriffsbildung und Politik.[72]
In der Wirtschaftsgeschichte Südasiens spielt die Region eine geringere Rolle als in der Kulturgeschichte. Eine Gesamtschau der Region Südasien in Raum und Zeit wurde vor einem Jahrzehnt auf einer Konferenz in Cambridge angemahnt[73], die sich kritisch mit der gerade vollendeten Cambridge Economic History of India (Bd. 2) auseinandersetzte. Die hier noch deutlichen Mängel einer Spezialisierung auf Teilaspekte und Zeiträume hielt man jedoch für im wesentlichen überwunden. Seit Anfang der achziger Jahre wurden zudem neue Fragestellungen und neue Daten aufgegriffen. "... perhaps the most significant change is one of approach: the attempt to integrate different sorts of economic history and to look at economic development within wider social and political contexts."[74] Die 'Entdeckung' des 18. Jahrhunderts [75] und die Dekonstruktion britischer Historiographie und eurozentristischer Konzepte gehört zu diesen neuen Entwicklungen wie auch die Einbeziehung der indischen Wirtschaftsgeschichte in den Gesamtraum "Indischer Ozean".[76] Besonders im Bereich der Wirtschaftsgeschichte wurde in den vergangenen Jahren eine lebhafte Kontroverse über die Rolle der Kolonialmacht in der Wirtschaftsentwicklung Südasiens[77], über die Grenzen der vorhandenen Paradigmen, über theoretische und methodische Probleme der Beziehung zwischen "materiellen" und "kulturellen" Faktoren in der Geschichte geführt.[78]

---

[72] Z.B. Inden (1990); Stoler (1989); Bayly, S. (1996); Dewey (1993); Bayly, C.A. (1993): 3-43; Pandey (1992); Sivaramakrishnan (1995): 3-40.

[73] Bemängelt wurde u.a. auch die Überbetonung der staatlichen Rolle im Wirtschaftsleben. Dies bezieht sich auf die These von Bayly, C. A. (1983), der das 18. Jh. nicht als Jahrhundert des Verfalls (Niedergang des zentralistischen Moghulreiches), sondern der Rekonstruktion von Politik und Wirtschaft, von Regionalisierung und Kommerzialisierung betrachtet. Nicht der Staat, sondern die regionalen Eliten sind Gegenstand seines Interesses.

[74] Johnson (1985): 353.

[75] Vgl. hierzu über die Jahre verschiedene Aufsätze in Modern Asian Studies, z.B. Chaudhuri, S. (1993).

[76] Chaudhuri, K. N. (1990).

[77] Vgl. Dewey (1988), ist ein Konferenzbericht mit Beiträgen von Burton Stein, Christopher Bayly, Frank Perlin, David Washbrook, Peter Robb, Dietmar Rothermund u.a. über kontroverse Begriffe (z.B. Depeasantization, Deindustrialization) und neueste Erkenntnisse zum hohen Entwicklungsstand der indischen Wirtschaftsentwicklung im sog. "Black Century", dem 18. Jahrhundert.

[78] Perlin (1988): 383-416. "It is also clear that orthodox frameworks of explanation and method have become increasingly non violable; most notably, they appear unable to incorporate central features of the considerable growth in knowledge of recent years,

Diese wissenschaftliche Tradition der angelsächsisch geprägten Regionalwissenschaft Südasien unterscheidet sich, abgesehen von seinem quantitativen Umfang, von jener der in der DDR praktizierten Forschung vor allem durch eine breite Diskussion über Methode, Paradigmen und Ansätze. Das Interesse der Südasienwissenschaftler in der DDR richtete sich vor allem auf eine Einschätzung gesamtindischer wirtschaftlicher, sozialer und politischer Entwicklungen auf der Grundlage des marxistisch-leninistischen Paradigmas. Die Beschäftigung mit einer Region im hier vorgestellten Sinn wurde in nur wenigen Fällen beobachtet. Auch die Untersuchung der Rolle von Kaste als eines spezifisch (regionalen) indischen Strukturelements der Gesellschaft wird kaum praktiziert. Religion ("Hinduismus") als Bestandteil des Überbaus spielt in den Arbeiten der Wissenschaftler, die sich mit der neueren Geschichte Indiens befassen, mit Ausnahme zweier Arbeiten keine oder nur eine marginale Rolle. Über den Traditionsbegriff wird eine Beschäftigung mit indischer Religion und Kultur möglich. Auffällig ist auch, daß das 18. Jahrhundert bzw. das sog. indische Mittelalter von der Südasienwissenschaft der DDR fast ganz ignoriert wird. Wieweit diese Unterschiede als Stärken bzw. Mängel im Vergleich zur Entwicklung der "bürgerlichen" Historiographie empfunden wurden, ist schwer auszumachen. Offiziell wurde auf der Überlegenheit des marxistisch-leninistischen Paradigmas beharrt. Im folgenden werden Schwerpunkte und Ergebnisse der Forschung im Regionalbereich Südasien vorgestellt.

9 Analyse der Klassenformationen in Südasien: Beispiele

Während Aufsätze zur Tagespolitik, Textanalysen oder historische Übersichtsdarstellungen weniger grundsätzlich und theoretisch orientiert sind und sich auch nicht grundsätzlich von ähnlichen Arbeiten westlicher Prägung unterscheiden, beschäftigen sich Dissertationen mit der theoretischen Beurteilung und Einordnung des Verhältnisses zwischen nur partieller Entwicklung der kapitalistischen Produktionsweise und einer deformierten Klassenformation sowie einem politischen System, das von der Bourgeoisie und ihren Parteien beherrscht wird. An-

---

especially those concerning previously neglected aspects of society. As a result, the task of establishing a new synthesis has become of critical importance in a variety of disciplines and for fields of study concerned with different regions and continents." Perlin hält die South Asia *area studies* für besonders einer solchen Debatte bedürftig". The major schools of Indianist research have been least touched by the critical debates occurring in the social sciences over the past twenty years." Hypothesen von seiten der Marxisten hält er für wenig erfolgreich.

sätze zu einer "Kulturgeschichte" werden in Studien zu proletarischem Klassenbewußtsein unternommen. Unter den Dissertationen zu Südasien fällt jene umfangreiche Gruppe von Arbeiten auf, die sich mit Gesellschaftsanalysen beschäftigen. Sie wurden vor allem in den 80er Jahren geschrieben. Während der methodische Ansatz und das Paradigma bei allen Arbeiten grundsätzlich identisch ist, unterscheiden sie sich in der Konzentration auf bestimmte Bereiche der Gesellschaft, auf das Proletariat oder die Bourgeoisie bzw. auf "Noch-Nicht-Klassen" wie die Intelligenz oder das Kleinbürgertum und ihr Klassenbewußtsein. Der zeitliche Rahmen - die Periode der Kolonialherrschaft und die nationale Befreiungsbewegung (19. - 20. Jh.) - ist fast allen Arbeiten gemeinsam. Da es um die Abarbeitung des Paradigmas geht, sind die Antworten mit geringen Unterschieden identisch. Bei diesem Komplex von Dissertationen handelt es sich offenbar um koordinierte Arbeiten zu einem Thema, das bisher vernachlässigt worden war. Ein Defizit im Verhältnis zur sowjetischen Gesellschaftswissenschaft sollte aufgeholt werden; die Präsenz und Kompetenz der Regionalwissenschaften in diesem Themenkomplex wurde damit dokumentiert. Im deutschsprachigen Raum gibt es kaum vergleichbare sozialhistorische Studien dieser Art[79]; als Forschungsgegenstand stellen sie hier insofern eine Innovation in der sozialhistorischen Forschung und eine Anregung für zukünftige Studien dar.[80]

9.1 Industrielles Proletariat und ländliches Proletariat

Die Arbeiten der Südasienwissenschaftler gehen auf unterschiedliche Anregungen zurück. Forschungsaufenthalte in der Sowjetunion, vor allem auch Kontakte zu einem Teil der umfangreichen Historikerzunft in Indien haben Thematik und Methodik der Südasienwissenschaftler mitbestimmt.[81] Dies trifft vor allem auf die sozialhistorischen Arbeiten zur Entwicklung einer indischen Industriearbei-

---

[79] Eine gewisse Ausnahme ist die Studie von Bellwinkel (1980).

[80] Für die angelsächsisch/indische Südasienwissenschaft gilt dies allerdings nicht. Hier wurden Themen wie Klassenformation, verzögerte Entwicklung, landlose Landarbeiter, Ursachen von Rebellionen etc. seit mehreren Jahrzehnten kritisch diskutiert. Vgl. u.a. Moore (1969); Gough/Sharma (1973); Stokes (1978): 265; vgl. a. die Beiträge der Heidelberger Konferenz (1986): Dewey (1988); die Diskussion über die Cambridge Economic History of India in "Modern Asian Studies" (1985) oder die von Ranajit Guha edierten "Subaltern Studies" etc.

[81] Kontakte wurden vor allem zur Jawaharlal-Nehru-Universität in New Delhi gepflegt. Sarkar (1983) wird vielfach zitiert. Nach Auskunft von Hafner/Heidrich wirkte vor allem die Lektüre der einflußreichen Zeitschrift "Economic and Political Weekly" prägend.

terklasse sowie des ländlichen Proletariats zu. Daß sich diese Fragestellungen im Rahmen der thematischen Wissenschaftsplanung der Dekade befanden, förderte ihre Akzeptanz.

Die Analysen gehen von folgender Prämisse aus:

Im Zuge der Ausdehnung des Kolonialen Kapitalismus kam es zu "Unterentwicklung" und der Entstehung einer "ungleichmäßigen Klassenformation" in einer "abhängigen Mehrsektorenwirtschaft". "Der Kolonialismus hielt die unterdrückten Länder nicht nur durch Behinderung einer umfassenden industriellen Entwicklung in Abhängigkeit, sondern auch durch die Konservierung vorkapitalistischer Produktionsweisen."[82] Das Merkmal der Arbeiterrekrutierung und der Kontraktarbeit im 19. Jahrhundert war der Zwang. Ende des Jahrhunderts wurde das System der Kontraktarbeit durch das sog. "Jobber-System" abgelöst. "Für den Arbeiter entstanden Bindungen wider Willen dadurch, daß der Werber (Jobber) Arbeitskräfte erst dann bekam, wenn er deren Schulden dem Grundherrn gegenüber übernahm oder dem Arbeiter eine Vorauszahlung gewährte, um dessen Reise in die Stadt zu ermöglichen. Auch um seinen Arbeitsplatz zu erhalten, ihn zu sichern oder nach einer Zeit der Abwesenheit wiederzubekommen, war der Arbeiter in der Regel zu Geldleistungen an den "Jobber" gezwungen. Der Angeworbene war dem "Jobber" untergeordnet. Dieses Verhältnis belastete den Arbeiter ökonomisch und engte sein gesellschaftliches Denken und Handeln ein."[83] Der indische Arbeiter gab seine Beziehung zum Ursprungsdorf nicht auf mit entsprechenden Folgen für seine Bewußtseinsbildung. Das Verharren des indischen Industrieproletariats in traditionellem Denken und sozialen Bindungen beeinträchtigte sein revolutionäres Potential, auch wenn es zu einer Modifikation sozialer Beziehungen in fabrikmäßigen Produktionen gekommen war. Hier wird "Tradition" in Form von Kastenzugehörigkeit, Bindung ans Dorf, Religionszugehörigkeit als Gegenteil von Fortschritt, als Hemmschuh von Entwicklung betrachtet. Gehemmt wird u.a. die Entstehung eines Klassenbewußtseins und einer proletarischen Kultur.

Ähnliches gilt für die Entwicklung des ländlichen Proletariates.[84] Die indische Landwirtschaft war besonders durch die Kolonialpolitik benachteiligt, die zur Rückständigkeit und Verarmung der Landbevölkerung und einem Entwicklungsgefälle innerhalb der Region führte. Die entstandenen Widersprüche entluden sich in Bauernrevolten, die ein gewisses Maß an Klassenbewußtsein voraussetzten. Doch als "Klasse für sich" verfügte es über ein geringes Maß an Solidarität und Organisation etwa durch Gewerkschaften, was durch traditionelles Sozial-

---

82 Hafner/Herzog (1988).

83 Hafner/Freitag (1988): 94.

84 Z.B. Heidrich, P. (1988a).

verhalten begünstigt wurde. Das Nebeneinander verschiedener Produktionsweisen führte zu einer starken Differenzierung der Landbevölkerung. Nach der Befreiung vom Joch des Imperialismus wurde die koloniale Dominanz durch einen nationalkapitalistischen Sektor ersetzt. Die feudalen und halbfeudalen Strukturen der indischen Wirtschaft wurden beschnitten. Massive staatliche Intervention bewirkte das Wachstum kapitalistischer Produktion im städtischen und ländlichen Bereich. Der duale Charakter der indischen Wirtschaft mit einem kapitalistischen und einem traditionellen Sektor blieb jedoch erhalten. Die Landreform blieb weit hinter ihrem ursprünglichen Ziel zurück und garantierte mit ihrem politischen Kompromiß das Überleben der landbesitzenden Feudalklasse. Trotz bürokratischer und technokratischer Initiativen blieb die Transformation der indischen Landwirtschaft unvollkommen. Die Verarmung der Landbevölkerung unter der Kolonialherrschaft führte in der Regel nicht zu deren Proletarisierung. Aufgrund ihrer engen Bindung ans Land ist bis in die siebziger Jahre eine definitorische Unterscheidung zwischen Landarbeitern und Bauern schwierig. Erst in den vergangenen zwei Dekaden schreitet eine kapitalistische Produktionsweise in der indischen Landwirtschaft sichtbar voran. Damit verbunden ist auch eine deutliche Proletarisierung der Landbevölkerung.[85]

Diese gesamtindischen Analysen und Prognosen beruhen vor allem auf offiziellen englischsprachigen Berichten; relevante Diskussionen in der russischen und englischsprachigen Fachliteratur werden z.T. vorgestellt; sie verzichten weitgehend auf regionalspezifisches empirisches Material.

Horst Krüger[86] betont in seiner Arbeit zum indischen Proletariat die erneuernde Mission der Kolonialherrschaft, denn die Briten riefen die "einzige soziale Revolution" hervor, die Asien bis dahin erlebt hatte. Er zeichnet die Entwicklung der Kolonialherrschaft und ihrer sozioökonomischen Folgen für die Gesellschaftsformation nach, dabei beruft er sich auch auf die Forschungsergebnisse von Hafner/Heidrich.[87] Sein besonderes Interesse gilt der Beziehung zwischen politisch-ideologischen Strömungen der britischen Bourgeoisie und der Arbeiterbewegung, der russischen revolutionären Arbeiterbewegung und deren Auswirkungen auf Indien. Während er dem üblichen paradigmatischen Vorbild folgt, sucht Krüger in der Auswertung zahlreicher Sekundär- und Primärquellen durch Differenzierung nach Ort und Zeit der besonderen Entwicklung in Indien Rechnung zu tragen. An anderer Stelle untersucht er die Rezeption sozialistischer Ideen in Indien vor dem Ersten Weltkrieg.[88]

---

85 Heidrich, P. (1988a): 164ff.

86 Krüger (1984).

87 Krüger (1984): 57ff.

88 Krüger (1985).

9.2 Bourgoisie und politisches System

In der wirtschaftlichen und politischen Entwicklung Südasiens hat die vergleichsweise frühe Entstehung einer Bourgeoisie eine wesentliche Rolle gespielt. Arbeiten über deren Charakter, Funktion und Ideologie nehmen darum einen breiten Raum ein.

Von den insgesamt 74 Aufsätzen zu Südasien in der *aala* befaßten sich 16 mit dem Indian National Congress bzw. Nehrus ideologischen Beitrag zur indischen Politik. Hinzu kommen zahlreiche historische Abhandlungen, Sammelbände und Editionen zur Geschichte des INC, Sprachrohr der indischen Bourgeoisie, dessen 100jähriges Bestehen 1985 gefeiert wurde, sowie die umfangreichen Publikationen zur Rezeption sozialistischer Ideen durch die indische Intelligenz.[89] Im gleichen Zusammenhang ist die Konzentration auf die dominante politische Rolle des Indian National Congress und die Persönlichkeit Jawaharlal Nehrus als Interessenspartei/Repräsentant der indischen Bourgeoisie zu sehen.

Die Serie von Arbeiten über den indischen Kapitalismus in den achziger Jahren ist auch im Zusammenhang mit einer theoretischen Diskussion über Fehleinschätzungen der kapitalistischen Entwicklung und der daraus erwachsenen Defizite der wissenschaftlichen Theorie zu sehen.[90]

Joachim Heidrich[91] beschäftigte sich in seiner umfangreichen Übersicht über die Entwicklung der kapitalistischen Produktivkräfte im Rahmen der britischen Kolonialherrschaft, der indischen Befreiungsbewegung bis zur Gegenwart mit der Rolle der nationalbürgerlichen Klasse der Händler und Unternehmer, die in ihrem Handeln die Idee von der Modernisierung der Gesellschaft verkörperte. Bei allem Fortschritt wird deutlich, daß einer "normalen" Entwicklung des Kapitalismus infolge der deformierenden Wirkung des Kolonialismus Grenzen gesetzt sind, die zu beseitigen der souveräne indische Staat nach 1947 sich zum Ziel gesetzt hat. So bestehen vor allem im Agrarsektor mit noch feudalen Besitzstrukturen scharfe Widersprüche zum sich rasch etablierenden Kapitalismus fort, die sich in der post-kolonialen Phase in Bauernrevolten entladen. Heidrich beurteilt die aktuelle Entwicklung des Kapitalismus in Indien positiv unter besonderer Betonung der sozial ausgleichenden und innovativen Funktion des staatlichen Sektors. Eine Kurzfassung dieser Materialstudie findet sich in Heidrichs Beitrag in Krüger/Heidrichs Publikation zum 100. Gründungstag des Indian National Congress (1985).

---

89 Krüger (1974).

90 Hopfmann (1988): 817ff.; Grienig (1985): 765-780.

91 Heidrich, J. (1988).

Oesterheld kommt in seiner politologischen Dissertation zu dem Ergebnis, daß das durch die britische Kolonialmacht eingeführte "Politische System" der parlamentarischen Demokratie auf "der Herrschaft des Kapitalismus" basiert. Darin unterscheidet er sich in der Analyse der ökonomischen Entwicklung von Arnd Krause, der bezweifelt, "daß die kapitalistische Produktionsweise im Lande ungeachtet der Expansion des indischen Kapitalismus in der sozialen Basis dominierend geworden (ist)."[92] Wie auch Heidrich betont Oesterheld die Rolle des Staates als Instrument der Steuerung ökonomischer und sozialer Entwicklung.[93] "Mit dem Staat," bemerkt Oesterheld, "und einem ausgeprägten Staatsapparat verfügt sie (die Bourgeoisie) über das Hauptinstrument ihrer Herrschaft. Von ihm gingen bisher die entscheidenden Impulse im Interesse der Vertiefung der eingeschlagenen Entwicklungsrichtung, zur Entfaltung der bourgeoisen Klasse und zur Überwindung von Rückständigkeit aus. Nicht zufällig sind deshalb die Versuche verschiedener Abteilungen der Bourgeoisie, die alleinige Verfügungsgewalt über den Staat zu erlangen."[94] Das parlamentarisch-demokratische Regierungssystem Indiens erfährt auch durch Oesterheld eine besonders positive Wertung.

10 Ideologiekritik

Kritisch setzten sich die Südasienwissenschaftler mit Sozialismuskonzeptionen der indischen Bourgeoisie auseinander.

Klassenbewußtsein und Ideologie der indischen Bourgeoisie,[95] insbesondere der Jawaharlal Nehrus - des "indischen Sozialismus" bzw. des "demokratischen So-

---

[92] Oesterheld (1984): 176; Krause (1984).

[93] Osterhammel (1995): 273, weist auf Zusammenhänge hin zwischen der Hinwendung zur Betonung der staatlichen Rolle in Entwicklung/Unterentwicklung und dem "Ende der dependenztheoretischen Hoffnungen auf eine revolutionäre Selbstbefreiung der Dritten Welt oder zumindest auf die Erkämpfung einer für sie günstigeren Weltwirtschaftsordnung und nahezu gleichzeitig (die) Desillusionierung von Modernisierungstheoretikern mit Willen und Fähigkeiten post-kolonialer politischer Eliten, die Modernisierungsangebote des Westens in aufgeklärter Weise in einheimische Wachstumsimpulse umzusetzen".

[94] Vgl. Cavalcante (1977): 732. "Verstaatlichung und Planung im Kapitalismus sind zwar klassengebundene Instrumente des bürgerlichen Staates, aber zugleich Ausdruck steigender Vergesellschaftung der Produktion und in diesem Sinne Vorstufen auf dem langen Weg zur sozialistischen Gesellschaft."

[95] Weidemann (1974): 241, sieht die Spaltung Indiens als Folge innerer Machtkämpfe von Hindu- und Muslim-Bourgeoisie; Krüger/Heidrich (1985); vgl. Friedländer (1989).

zialismus"-, haben sich im Endeffekt gegen die objektiven Kräfte der kapitalistischen Produktionsweise nicht durchzusetzen vermocht. Daran hatte auch die Rolle des Staatssektors prinzipiell nichts ändern können.[96]
In diesem Zusammenhang ist Heidrichs/Krügers Charakterisierung der indischen Intellektuellen in ihrer Studie zur Rezeption sozialistischer Ideen in Indien vor 1914 zu sehen, die ihre mangelnde Beziehung zur Volksbewegung beobachten. "Sie faßten die Ideen vielfach in utopischer Gestalt und betrachteten den Sozialismus kaum vom Standpunkt der Arbeiterklasse aus. Ihre Vorstellungen standen deshalb egalitären Konzepten näher als dem wissenschaftlichen Sozialismus."[97] Doch auch in dieser Funktion besaß die Intelligenz als Vermittler "geistiger Elemente von Bürgerlichkeit" Bedeutung.
Die beiden Arbeiten zu indigenen konservativen Ideologien stellen ein Novum in der Thematik dar: Sie beschäftigen sich mit dem Hindu-Traditionalismus und ihren gesellschaftlichen Vertretern, der Intelligenz und dem Kleinbürgertum.[98] Die Studie von Bettina Robotka[99] charakterisiert den um soziale und rituelle Reformen bestrebten Arya Samaj als Sprachrohr der Intellektuellen (Hindu-Intelligenz der mittleren Kasten und des Kleinbürgertums) sowie als eine Keimzelle des indischen Nationalismus. Die Bewegung entbehrt in ihrer Gründungsphase noch der Verbindung zu den Volksmassen. Doch gewinnt sie gerade durch ihre Hinduchauvinistischen Idiome an Boden und trägt zur Spaltung Indiens bei. Die Hindu Mahasabha, ein Interessenorgan der konservativen nordindischen Brahmanen, und ihre Nähe zur radikalen Hindutva-Ideologie wird bei Frank Babing als fortschrittshemmendes politisches Element bezeichnet. Arya Samaj wie Hindu Mahasabha bedienen sich des religiösen Idioms zur Mobilisierung der Massen, ein Idiom, das auch für die gegenwärtige politische Destabilisierung Indiens und seine kommunalistischen Konflikte mitverantwortlich ist.[100]

11 Gesellschaftliche Konflikte

Mit fortschreitendem Forschungsstand zur nationalen Befreiungsbewegung in Indien wuchs das Interesse an dem Konflikt zwischen Hindus und Muslims, der zur Teilung Indiens 1947 geführt hatte. Das Erklärungsmodell dieses Konfliktes ist Bestandteil der materialistischen Geschichtsauffassung.

---

96 Vgl. Oesterheld (1980): 321.
97 Heidrich, J. (1988).
98 Vgl. Robotka (1987a); dies. (1989): 168-183.
99 Robotka (1987b): 445ff; vgl. dies. (1982).
100 Babing (1988).

Nach Marx hatte es sich beim "Großen Aufstand" von 1857/9 noch um eine Handlungseinheit von Hindus und Muslims und eine "progressive, antikoloniale" Bewegung gehandelt, die den "nationalen Befreiungskampf Indiens ungemein beflügelte".[101] Dieser Konsens zerbrach an der britischen Unterdrückungspolitik und ihrer Taktik des "divide et impera".[102] Eine Weiterentwicklung stellt die These dar, die das Scheitern des "Aufstandes von Bauern und Handwerkern", die ideologisch von einer neuen (positiv bewerteten, da revolutionären) Intelligenz und deren Ideologie gestützt wurden, auf den Verrat der feudalen Aristokratie zurückführt, die mit der Wiederherstellung des Moghulreiches ein reaktionäres Interesse verfolgte. Hier wird auch der Versuch gemacht, unter den Religionen zwischen progressiven (Bhakti-Bewegung) und reaktionären Traditionen (Sufismus) zu unterscheiden. Die Einheit der beiden Religionsgruppen der Hindus und Muslims scheiterte vor allem an der Konkurrenz ihrer aufstrebenden Bourgeoisie-Segmente, ein Umstand, der sich den Imperialisten als Gelegenheit zu einer "divide et impera-Politik" anbot.[103]

Im unabhängigen Indien nimmt der Konflikt unter der Bezeichnung "Kommunalismus" immer breiteren Raum in der Politik ein. Die Verursachung des Phänomens selbst wird den sog. "Zwischen-" oder "Mittelschichten" (Intelligenz, Beamte, höhere Angestellte, städtisches Kleinbürgertum) als "Noch-Nicht-Klassen" angelastet. Religion selbst ist nicht Ursache des Konflikts, sondern wird von der Zwischenschicht zur Mobilisierung der Massen zwecks Durchsetzung eigener Ziele instrumentalisiert. "Die Ideologie des Kommunalismus basiert auf der Projizierung eines Feindbildes, das durch bewußte Geschichtsfälschung und irrationale Geschichtsschreibung geschaffen wird." Die Wurzeln des Kommunalismus liegen in der Geschichte, doch greift man nach der Geschichte, um die Gegenwart zu rechtfertigen.[104]

In der Arbeit von Dietrich Reetz[105] über den Integrationsprozeß einer multi-nationalen Gesellschaft am Beispiel des kapitalistischen Pakistan wird erstmals die heterogene Gesellschaftsstruktur Südasiens und ihr Konfliktpotential ins Blickfeld gerückt. Reetz stellt in einem umfangreichen theoretischen Exkurs den Begriff der Nation und seine Funktion in den Mittelpunkt seines Interesses. Dabei unterscheidet er zwischen dem ökonomischen System der Nation "an sich" und dem politisch/ideologischen Charakter der Nation "für sich"; bei aller Bedeutung des ideologischen Faktors stellt der Staat durch Schaffung eines gesamtnationa-

---

[101] Domin (1963): 77.
[102] Domin (1968).
[103] Robbe (Autorenkollektiv) (1988): 88 ff.
[104] Schaller (1988): 838.
[105] Reetz (1987).

len Marktes und Wirtschaftsorganismus eine "unverzichtbare Grundlage der Integration" dar. Auch hier wird die zentrale Rolle des Staates im Wirtschaftsprozeß wie in den o. g. Arbeiten betont. Andeutungsweise wirft Reetz die Frage der Religion als "Ideologie der ländlichen Bevölkerung" auf, verfolgt sie aber nicht weiter. In der untersuchten militärdiktatorischen Regierung Zia-ul-Haqs beobachtet er bei fortschreitender Entwicklung des Kapitalismus eine Verschärfung der inneren Widersprüche, die sich vor allem in der Konkurrenz regional-ethnischer bourgeoiser Interessen äußerten. Der Dualismus zwischen traditionellem und modernem Wirtschaftssektor verfestigte sich, die Integration der Ethnien zum "Staatsvolk" erlitt einen Rückschlag.

12 Kritik an der bürgerlichen Südasienforschung

Zu den Aufgaben der DDR-Wissenschaftler gehörte die Auseinandersetzung mit der bürgerlichen AALA-Wissenschaft. Allgemein kann festgestellt werden, daß ideologische Polemik in Richtung westlicher Kollegen in den 80er Jahren selten geworden war. An ihre Stelle tritt z.T. sachliche und kenntnisreiche Diskussion, während deutlich wird, daß ganze Bereiche der Forschung nicht und nur von wenigen Autoren wahrgenommen wurden (aus welchen Gründen auch immer), die in der Nachwendezeit umso mehr Interesse finden.

Generell wird die Vielzahl detaillierter Mikro- oder Fallstudien bürgerlicher Forschung begrüßt, doch deren Unfähigkeit bemängelt, den "gesamtgesellschaftlichen Entwicklungsprozeß theoretisch zu durchdringen und wissenschaftlich fundierte Antworten auf die Grundfragen seines Inhalts und seiner Richtung zu geben."[106] So kommentiert Petra Heidrich den internationalen Trend, die historische Forschung durch eine "Geschichte von unten" (Subaltern Studies) oder auch die Aufarbeitung des Alltagslebens der Werktätigen, eine "Alltagsgeschichte" zu bereichern. Vor allem die historische Sozialwissenschaft in den kapitalistischen Ländern Europas greift in ihrem Bestreben, Sozialgeschichte zur Gesellschaftsgeschichte zu erweitern, Problemstellungen, Begriffe und Methoden der Soziologie, Volkskunde, Kultur- und Sozialanthropologie auf und bemüht sich um eine multidisziplinäre Betrachtungsweise." Doch seien all diese Forschungsrichtungen ideologisch verblendet in ihrer Verkennung der "Realität des Imperialismus", was zur "Flucht in die Mikrohistorie, die Untersuchung kleiner Räume und Erfahrungsbereiche und zu einer subjektbezogenen Fragestellung, die auf Theorie und Abstraktion verzichtet, (führt)."[107] Heidrichs Meinung nach bietet nur das

---

[106] Krause (1984): 1.
[107] Heidrich, P. (1988b): 251.

marxistisch-leninistische Paradigma die Chance, geschichtliche Abläufe in ihrer Widersprüchlichkeit zu erfassen. Sowohl der Schule der indischen Historiographie der "Subaltern Studies" wie etwa der sog. Cambridge-Schule wird darum die Fähigkeit abgesprochen, Geschichte unter dem Gesichtspunkt der Fähigkeit zu Fortschritt, "der Bewegung der menschlichen Gesellschaft vom Niederen zum Höheren" zu betrachten, einem politischen Postulat, dem sich die marxistische[108] Sozialwissenschaft verschrieben hat.

13 Funktionen der Südasienforschung

Die Publikationen der Südasienwissenschaft der DDR repräsentierten unterschiedliche kognitive Typen und besaßen entsprechend unterschiedliche Funktionen. Monographien wurden in nur geringem Umfang veröffentlicht, die Masse der Forschungsergebnisse wurde in Form von Aufsätzen publiziert. Quellenforschung war nicht eine der Stärken der modernen Südasienwissenschaft. Die historische Übersichtsdarstellung war eine bevorzugte Form der Präsentation. In den 80er Jahren wurde der populärwissenschaftliche Betrieb über die Verlage (Verlag Neues Leben, Dietz Verlag, Militärverlag für Orientwissenschaftliche Beiträge) ausgedehnt. Einige Monographien wie der Band Krüger/Heidrich (1985), "100 Jahre indischer Nationalkongreß (1885-1985) ", waren deutlich an ein breites Publikum gerichtet, ebenso das Heft von Oesterheld/Freitag (1990), "Indien". Diese politikhistorischen Länderkunden dienten auch als Unterrichtshilfen und sollten einen Bedarf in der DDR-Öffentlichkeit nach Information über außereuropäische Kulturen etc. decken. In diese Kategorie gehören auch die *aala*-Jahrbücher. Im Jahresbericht des Instituts für Allgemeine Geschichte (WB Geschichte der Entwicklungsländer) 1988 wurde auch der hohe Anteil an populärer und propagandistischer Vermittlung wissenschaftlicher Erkenntnisse betont. Diesem Typus der Publikationen entsprach die Teilnahme einzelner Südasienwissenschaftler an öffentlichen Veranstaltungen mit Informations- und Propagandacharakter in der DDR und in Indien, die Wahrnehmung von Funktionen bei politischen Anlässen wie der Feier von Jubiläen bekannter indischer Persönlichkeiten (z.B. Tagore, Nehru, Iqbal), im Rahmen der Liga für Völkerfreundschaft etc. Mit Rücksicht auf die Empfindsamkeiten der Entwicklungsländer wurde auf ausgesprochene marxistische Propaganda bzw. Kritik an internen Entwicklungen verzichtet. Die referierten Themen beschränkten sich im wesentlichen auf die modernistischen Philosophien und Literaturen des Hinduismus, die Biographien

[108] Hierzu auch: Kunze (1986): 216-225.

so anerkannter nationaler Persönlichkeiten wie M. K. Gandhi und J. Nehru oder auch Aspekte des "deutschen Humanismus".

Da Publikationen der Regionalwissenschaften vielfach in enger Beziehung zur offiziellen Außenpolitik der DDR standen, wurden sie als Aussagen offizieller Politik betrachtet und unterlagen darum einer Zensur. Offizielle Vorträge wurden nach inhaltlichen Vorgaben ausgearbeitet und mußten dem MHF oder MAA zur Genehmigung vorgelegt werden. Persönliche Ansichten und abweichende Standpunkte der Wissenschaftler wurden nicht toleriert. Dies führte nicht nur zur Verzögerung, sondern auch zur Unterlassung von Veröffentlichungen. Verschiedene bereits fertiggestellte umfangreiche Manuskripte wurden von den Autoren angesichts der ihnen auferlegten Änderungen wieder zurückgezogen.[109] In den meisten Fällen, so die Aussage der Interviewten, kam es jedoch nicht zum Eklat, da man als Autor die ja sichtbaren Klippen bewußt umschiffte bzw. die "Schere im Kopf" die Selbstzensur schon besorgt hatte.

Die in der *aala* erschienenen Aufsätze, vor allem jene theoretischen Charakters, waren Dokumente einer offiziellen Wissenschaftspolitik und Nachweis der erfüllten Forschungspläne mit relativ einheitlichem Charakter; der Leserkreis dürfte sich auf die Spezialisten beschränkt haben. Dissertationen fanden, wenn sie nicht sogar als geheim eingestuft wurden und wie in den meisten Fällen nicht publiziert wurden, vermutlich so gut wie keine Leser. Die Verteidigung der Dissertationen war jedoch öffentlich. Den Zweck der Politikberatung haben, auch nach der Selbsteinschätzung der Interviewten, die Produkte der Südasienwissenschaft kaum erfüllt; vielmehr wurden die Früchte ihrer Arbeit vom Ministerium für Auswärtige Angelegenheiten ignoriert, die Betroffenen zu ihrem Bedauern nicht zur Beratung herangezogen. Die meist historisch orientierten Arbeiten, aber auch aktuellere Aufsätze galten als nicht aktuell genug und darum für die Arbeit des Ministeriums als nicht relevant, eine Erfahrung, die auch die Kollegen in der Bundesrepublik machten.

Die gesamtdeutsche Regionalwissenschaft leidet unter der Tatsache, daß deutschsprachige Publikationen nur selten im englischsprachigen Raum wahrgenommen werden. Nach den hiesigen Richtlinien sind fremdsprachige Dissertationen/Habilitationen kaum erlaubt. Will man das Ausland interessieren, werden aufwendige Übersetzungen notwendig. Dies ist mit einigen Dissertationen[110], vor allem auch mit Sammelbänden, Sondernummern der *aala*[111] und Konferenzberichten erfolgt. Auch in Indien selbst wurde veröffentlicht.[112]

---

[109] Interview G.

[110] Heidrich, P. (1988a). Domin (1977).

[111] Z.B. Heidrich, P. (1986b).

[112] Insbesondere aus Anlaß des Geburtstags Jawaharlal Nehrus erschienen in Indien

14 Interdisziplinarität

Infolge der Abwicklung ganzer Forschungsinstitutionen und wissenschaftsorganisatorischer Strukturen nach der Wende stellt sich u.a. die Frage nach der Verwirklichung von Ansprüchen, die sich die Regionalwissenschaften der DDR selbst gestellt hatten, vor allem der Anspruch oder besser gesagt die Zielsetzung der Interdisziplinarität.

Interdisziplinarität hat sich verschiedenen Wissenschaften in den vergangenen Jahrzehnten als Forschungsmethode für Problemlösungen komplexer Phänomene aufgedrängt. "Interdisziplinäre Forschung ist erforderlich, um zu weitgehende Spezialisierung der einzelnen Disziplinen zu überwinden und einer damit verbundenen Gefahr zunehmender Isolierung und Irrelevanz von Einzelergebnissen vorzubeugen", erklärt die evaluierende Studie eines interdisziplinären Großprojektes in Indien aus den 70er Jahren.[113] Insbesondere die komplexen Probleme der Entwicklungsländer überfordern die Methoden von Einzeldisziplinen und zwingen sie in ihrer Suche nach Lösungen zur Anleihe und Kooperation mit anderen Disziplinen. "... Hochspezialisierung in einer Disziplin für wissenschaftlichen Fortschritt - und das heißt für neue, bessere Theorien - (ist) weniger erfolgversprechend als Methoden- und Theoriepluralismus."[114] Der Erfolg einer solchen Kooperation ist von verschiedenen Faktoren abhängig, etwa von der sicheren Beherrschung der eigenen Disziplin, der Gelegenheit und Bereitschaft zur Kommunikation etc. Dazu gehören auch Persönlichkeitsmerkmale wie disziplinäres Selbstbewußtsein, Neugierde und Offenheit für neue Methoden und Theorien, kommunikative Umgangsformen; förderlich ist auch eine ideologische Kompatibilität der Disziplinen, denn oft kann eine Kooperation bereits an der Unvereinbarkeit von Begriffsdefinitionen scheitern.

Mit ihrer multidisziplinären Zusammensetzung der Regionalwissenschaften der DDR, in ihrer nationalen und internationalen Vernetzung, in einer Wissenschaftsorganisation (Projekte, Konferenzen etc.), die auf fächerübergreifende Kommunikation angelegt war, waren gute Voraussetzungen für eine interdisziplinäre Zusammenarbeit gegeben. Sowohl in der Grundlagenforschung wie auch in praxisbezogenen Projektforschungen wurde eine fächerübergreifende Kooperation zur Lösung theoretischer und praktischer Probleme für notwendig erachtet. Das Problembewußtsein war ausgeprägt, wie die zahlreichen kritischen Bemerkungen der leitenden Kader dokumentieren.[115] So wurde eine starke Verbindung

---

Aufsätze der DDR-Wissenschaftler in Sammelbänden, z.B. Oesterheld (1989): 74-84.

[113] Blaschke (1976): 133.

[114] Blaschke (1976): 135.

[115] Z.B. Veranstaltung anläßlich der Umwandlung des ZENTRAAL in eigenständigen

zur "Mutterwissenschaft" als Voraussetzung für einen qualitativen Fortschritt im theoretischen Niveau und ausgeprägtere Kooperation mit den relevanten Ministerien (Außenpolitik/Außenwirtschaft) angemahnt. Anhand der Konferenzberichte kann eine vergleichsweise intensive Kommunikation über wissenschaftliche Themen und theoretische Probleme (Begriffsklärung) beobachtet werden. Die wissenschaftlichen Publikationen der Südasienwissenschaftler bleiben dagegen vorwiegend im traditionell disziplinären Rahmen der politischen Geschichte. Insbesondere fällt auf, daß die intensive Sprachausbildung in indischen Regionalsprachen kaum zum Tragen kam. Quellen in diesen Sprachen waren, abgesehen von den sprachwissenschaftlichen und literaturwissenschaftlichen Disziplinen kaum anzutreffen. Dies lag vor allem auch an der Methode, denn gesamtindische Betrachtungen wurden regionalen Analysen generell vorgezogen. In den Interviews betonten die Wissenschaftler vor allem die Bedeutung und den schmerzlichen Verlust des wirtschaftswissenschaftlichen Beitrags in der Zusammensetzung der Regionalwissenschaften; doch ist in der Arbeit der Südasienwissenschaftler eine Einbeziehung wirtschaftswissenschaftlicher Methode und Theorie, abgesehen von der wirtschaftlich argumentierenden Konzeption der Stufenfolge ökonomischer Gesellschaftsformationen, kaum anzutreffen. Aus der Anwendung der Formationstheorie in den 80er Jahren entwickelte sich eine marxistische Sozialgeschichte mit Ansätzen von Kulturgeschichte, die im Unterschied zur deutschen Sozialgeschichte jedoch keine Fall-, sondern Übersichtsstudien waren. Nach Iggers gab es starke Vorbehalte gegenüber einer Sozialgeschichte, die sich verstand als "civil society at least partly autonomous from the economic basis upon which, according to Marxist theory, the superstructure of social and political institutions, culture and ideology rests."[116] Ein wesentlicher auch politisch-ideologischer Faktor für die selbstdiagnostizierte Stagnation lag in der Beschränkung auf ein marxistisch-leninistisches Erklärungsmodell, das nicht so sehr Methode als eher Geschichtsphilosophie beinhaltete und Offenheit gegenüber anderen Erklärungsmodellen ausschloß.[117] Der Ausschließlichkeitsanspruch aber verhinderte eine innovative Kommunikation und bewirkte damit auch eine gewisse Isolation der DDR-Regionalwissenschaften von der internationalen Forschungsentwicklung.

---

wissenschaftlichen Rat. aala 15 (1987), S. 525.

[116] Iggers/Little (1991): 17.

[117] Küttler (1991): 168: "Damit verbunden war der kognitive Alleingeltungsanspruch des Marxismus-Leninismus, wodurch allen anderen Wissenschafts- und Theorieeinrichtungen höchstens ein inferiorer Rang oder - geschichtlich gesehen - die Funktion von Quellen und Vorläufern des Marxismus zugewiesen wurde."

15 Kontinuitäten und Diskontinuitäten

15.1 Das Südasien-Institut der Humboldt-Universität Berlin

Im universitären und außeruniversitären Wissenschaftsbetrieb der DDR kam es im Verlauf der letzten fünf Jahre zu einer tiefgreifenden Strukturveränderung. Davon waren auch die Regionalwissenschaften mit ihrem großen Personalbestand betroffen. Die Asienwissenschaftler suchten umgehend das Gespräch untereinander, um in gemeinsamen Reaktionen auf die zu erwartenden Veränderungen reagieren zu können. Der ZENTRAAL löste sich im Dezember 1989 auf; damit war ein wichtiger Mittler nicht nur in der wissenschaftlichen Kommunikation und Aktion ohne Ersatz verschwunden.[118] Eine "Gesellschaft für Südasien-Studien", eine "Gesellschaft der Freunde Indiens" sowie der "Arbeitskreis von Asien-, Afrika- und Lateinamerikahistorikern" wurden gegründet, um den Informationsaustausch unter den Wissenschaftlern und ihre Wirkung innerhalb der Universität und in der Öffentlichkeit zu ermöglichen bzw. fortzusetzen. Die Frage nach der zukünftigen Struktur und Zuordnung der Regionalwissenschaften brach erneut auf.

Einer Vorlage zur Gründung eines Südasien-Institutes der Humboldt-Universität Berlin ist zu entnehmen, daß die Sektion 1990 aus 22 promovierten Wissenschaftlern, sechs Forschungsstudenten und vier Aspiranten bestand. Es gab jeweils einen Ordinarius für Geschichte Südasiens (Prof. Erhard Schaller) mit drei Dozenten, drei Oberassistenten, acht Wissenschaftlichen Assistenten und einen Ordinarius für Indologie (Prof. Wolfgang Morgenroth) mit zwei Dozenten und vier Assistenten.

Im Mai 1990 stellten die Mitglieder des Bereichs Südasien einen Antrag auf Errichtung eines Südasien-Institutes im Rahmen der Fakultät/Fachbereich für Asien- und Afrikawissenschaften. Hierin wird die Sektion Asienwissenschaften "als das einzige akademische Zentrum in Europa" gesehen, "in dem Forschungen zu Südasien aus der Sicht verschiedener historischer, ökonomischer, geographischer, ethnographischer, philosophischer und religions-historischer sowie politischer Disziplinen derart umfassend, komplex und in einer unikalen Verbindung von Spezialisierung und interdisziplinärer Verflechtung betrieben werden. Daraus erwachsen auch unter gravierend veränderten Rahmenbedingungen künftig große Potenzen."[119] Folgende Bereiche sollten in diesem Institut vertreten sein: Geschichte (Alte, Mittlere und Neue Geschichte), Ökonomie. Geographie, So-

---

[118] Reetz (1991a): 37.

[119] HUB-Sektion Asienwissenschaften, Vorlage vom 8.5.1990, S. 2.

ziologie, Politische Wissenschaft, Philosophiegeschichte, Religionsgeschichte. Der "Bereich Südasien" wurde aufgelöst. Die Philologen, d. h. die Vertreter der indischen Regionalsprachen und -literaturen und der Sanskritistik, beantragten am 14. 5. 1990 in einer getrennten Vorlage die Gründung eines eigenen Südasien-Instituts (Philologie) um den Lehrstuhl Indologie. Darin hieß es: "Zwischen beiden Instituten halten wir eine klare Abgrenzung der Ausbildungskompetenzen unter Berücksichtigung der Lehrstuhlstruktur für notwendig (...). Die Institutsgründung gibt uns bessere Möglichkeiten zur Traditionspflege und zur Pflege unserer zahlreichen internationalen Verbindungen. Dabei geht es nicht um die Restaurierung der alten Indologievorstellung, sondern die Berücksichtigung der modernen Erfordernisse." Eine Kooperation mit der (kleineren) Indologie an der Freien Universität Berlin wurde angestrebt. Zu diesem Zeitpunkt erhoffte man sich in beiden Fachbereichen von den "veränderten Rahmenbedingungen" eine Expansion ("Ausbau") oder doch wenigstens den Erhalt des Potentials.

In den folgenden Monaten ließen sich einige Professoren in den vorzeitigen Ruhestand versetzen, andere wissenschaftliche Mitarbeiter veränderten sich angesichts einer unsicheren Zukunft beruflich.

1992 nahm die Struktur- und Berufungskommission der Humboldt-Universität Berlin ihre Arbeit auf. Ein Fachbereich Asien- und Afrikawissenschaften (Philosophische Fakultät III) wurde nach dem Muster der Ordinarieninstitute geschaffen. Für Asien wurden insgesamt 24 Professuren neu ausgeschrieben. Berufen wurden zwei Professoren auf die Lehrstühle für neuere und mittlere Geschichte Südasiens (Prof. Jürgen Lütt, Südasien-Institut Heidelberg und Prof. Marlene Njammasch, Humboldt-Universität Berlin), denen z.Z. zehn Mitarbeiter zugeordnet sind. Die Verträge des Wirtschaftshistorikers Freitag und des Politologen Oesterheld laufen 1997 aus. Von einer Wiederbesetzung des Indologie-Lehrstuhls wurde zugunsten der Indologie an der Freien Universität Berlin abgesehen. Mit der Reduzierung der Fächer auf die historischen und philologischen Disziplinen verringert sich die Gelegenheit zu interdisziplinärer Zusammenarbeit. Insbesondere bedauert wird von den Mitarbeitern der Verzicht auf das Fach Wirtschaftsgeschichte und -geographie, dessen Stellenwert innerhalb der DDR-Südasienwissenschaften als besonders wichtig eingeschätzt wurde. Der Sprachunterricht ist auf Sanskrit und Hindi/Urdu beschränkt worden. Im November 1994 wurde eine neue (Magister)Studienordnung (MTSG) "Geschichte und Gesellschaft Südasiens" als Haupt- und Nebenfach entworfen und im Dezember 1996 genehmigt. Dieser Studiengang "umfaßt das Studium der Region Südasien als einer historisch gewachsenen Einheit". Er besteht aus den Studienrichtungen

a) Alte und Mittlere Geschichte und

b) Neuere und Neueste Geschichte.

Das Fach wird "inhaltlich in enger Beziehung zu den MTSG Indische Philologie und Indische Kunstgeschichte an der Freien Universität Berlin" (Entwurf) gesehen. Eine enge Beziehung zur "Mutterwissenschaft" Geschichte wird angestrebt.
In der Ausbildung wird auf folgende kognitive Aspekte besonderer Wert gelegt: "In der Auseinandersetzung mit einem relativ eng begrenzten Thema, das sich quellennah erarbeiten läßt, sollen gleichzeitig typische Aspekte der jeweiligen Epoche beispielhaft erhellt werden." Für das Studium sind breite Sprachkenntnisse unerläßlich. Kenntnisse in einer klassischen Sprache (Sanskrit, auch Arabisch oder Persisch) sowie in einer modernen indischen Sprache (in der Regel Hindi) müssen in der Zwischenprüfung nachgewiesen werden.
Ein getrennter Bereich der Südasienwissenschaften wurde mit der Gründung der "Internationalen Beziehungen Asiens und Afrikas" u.a. für Südasien mit vier Mitarbeitern geschaffen.
Im Vorlesungsverzeichnis von 1990 wurden noch insgesamt 92 Wochenstunden, davon 40 für Sprachunterricht in der DDR-Besetzung der Südasienwissenschaft angeboten; 1994/95 reduzierte sich dieses Angebot auf insgesamt 48 Wochenstunden. Ob diese Unterrichtsstunden jeweils auch durchgeführt wurden, ist nicht nachzuprüfen. Inhaltlich sucht die Lehre ein breites landeskundliches Wissen zu regionalen, geistesgeschichtlichen und politischen Entwicklungen innerhalb Südasiens zu vermitteln. Im WS 1995/96 wurden folgende Veranstaltungen angeboten: Einführung in die wissenschaftliche Arbeitsweise (Alte und Neuere Geschichte Indiens); Einführung in die Alte Geschichte Indiens; zehn Veranstaltungen zur Neueren Geschichte Südasiens, darunter drei zu spezifischen Subregionen (z.B. Britische Expansionspolitik 1793-1818; "Gentoos and Moors"- Zum frühen Indienbild in England; indische Freiheitsbewegungen) Parteien in Indien; zwei Veranstaltungen zur Wirtschaftsgeschichte Südasiens; eine zur Regionalgeographie; sieben Veranstaltungen zur Religions- und Philosophiegeschichte; Sprachkurse (Sanskrit II; 7 Hindi-Grund- und Aufbaukurse). Am Lehrbetrieb waren 1995 noch elf wissenschaftliche Mitarbeiter des ehemaligen Bereichs Südasien beteiligt. Damit hat sich die ursprüngliche Anzahl der Mitarbeiter halbiert.
Im Sommersemester wurden vier Kurse in Alter/Mittlerer Geschichte, drei zur Unabhängigkeitsbewegung, fünf zu Neuester Geschichte, zwei Regionalseminare (Nepal, Bengalen), mehrere Veranstaltungen zu aktuellen sozialen und politischen Fragen, zwei Sanskrit-Kurse, 8 Hindu-Sprach/Lektüre-Kurse, ein Kurs für Malayalam angeboten.

Projekte

Durch die Berufung eines westdeutschen Professors auf den Lehrstuhl für Neuere Geschichte Südasiens (Prof. Jürgen Lütt) wurden auch die mit dem Lehrstuhlinhaber verbundenen Projekte an die HUB verlagert. Das Thema "Islamische Gelehrsamkeit zwischen Qasbah und Kolonialherren: Khairabad (1800-1900) "wird als Teilprojekt des DFG-Schwerpunktprogramms "Transformationen der europäischen Expansion vom 16. bis 20. Jahrhundert" von Jamal Malik (Bonn) bearbeitet; "Die Konstruktion des Eigenen. Die Orientalismus-Debatte in der Nachfolge Edward Saids als jüngste Phase der Auseinandersetzung außereupropäischer Eliten mit Europa seit 1978" ist ein Teilprojekt der Forschergruppe "Historisch-sozialwissenschaftlicher Gesellschaftsvergleich" unter der Leitung von Prof. Hartmut Kaelble und wird ebenfalls von Prof. Jürgen Lütt betreut. Das durch die Antrittsvorlesung Prof. Lütts zur Orientalismus-Debatte unter den Kollegen ausgelöste Interesse fand in einem fächerübergreifenden Kolloqium des SAI im Sommer 1995 seinen Ausdruck.

Die verbliebenen Mitarbeiter des Südasien-Instituts der HUB haben sich 1994 zu Forschungszwecken in einem übergreifenden Forschungsprojekt im Verbund mit der Jawaharlal-Nehru-Universität Neu-Delhi zusammengeschlossen. Es soll "Transformationsprozesse in Perioden gesellschaftlichen Umbruchs in Südasien - innere und äußere Voraussetzungen, Bedingungen und Konsequenzen" bearbeiten; unter seinem "Dach" sollen Einzelstudien durchgeführt werden. Diese Vorgehensweise (und deren sprachliche Formulierung) entbehrt nicht der Nähe zur Forschungsplanung vor 1989. "Wir wollen die Umbrüche untersuchen, die sich beim Übergang vom Alterum zum frühen Mittelalter in Nordindien vollzogen, sowie die wirtschaftlichen, sozialen, geistigen und politischen Umwälzungsprozesse im gesamten Indien, die das 19. und 20. Jahrhundert kennzeichnen. Alle drei Teilprojekte sind historisch angelegt und haben noch gar nicht oder nur wenig untersuchtes Quellenmaterial zur Grundlage (Kupfertafelinschriften des frühen Mittelalters, Archivmaterialien der Neuzeit und zeitgenössische Quellen)."[120] Die drei Teilprojekte sind nach historischen Perioden der indischen Geschichte gegliedert und sehen Fallstudien aus verschiedenen Disziplinen (Geschichte, Philosophie, Literaturgeschichte, Ethnologie, internationale Politik etc.) zum Gesamtthema vor. Für das Teilprojekt II (19. /20. Jh.) steht im Vordergrund des Interesses: "Der Prozeß des Übergangs zur Moderne ... vor dem Hintergrund der Auseinandersetzungen mit dem anderen im Spannungsfeld von traditioneller

---

[120] Njammasch, M. (1994): Forschungsbericht: Transformationsprozesse in Perioden gesellschaftlichen Umbruchs in Südasien - innere und äußere Voraussetzungen, Bedingungen und Konsequenzen, HUB (25.8.1994): 1.

Rückbesinnung, partieller Adaption und Neufindung (...). Der Wandel in den Konzepten, Inhalten und Organisationsformen und der widerspruchsvolle Prozeß der Säkularisierung sollen an ausgewählten Beispielen für die Bereiche Politik, Wirtschaft und Gesellschaft, sowie für Religion, Philosophie und Literatur nachgewiesen werden." Teilprojekt III befaßt sich insbesondere mit dem Konfliktpotential interner und externer Wandlungsprozesse. Die sehr allgemein gehaltenen Formulierungen lassen kaum Schlüsse auf die angestrebten Inhalte der einzelnen Forschungen zu. Der Forschungszeitraum ist auf die Jahre 1992 bis 1996 beschränkt. Alle Mitglieder des Institutes sind in diese Projekte integriert, doch ist durch das Ausscheiden einiger Mitarbeiter und der regionalen Neuorientierung anderer nicht mit einer der Planung entsprechenden Ausführung zu rechnen. Das Zusammenwirken der Alten und Neueren Geschichte Südasiens in diesem Projekt läßt eine weniger doktrinäre Trennung von "präkolonialer", "kolonialer" und "postkolonialer" Geschichte erwarten. Die Ergebnisse sollen in zugeordneten Konferenzen vorgelegt und diskutiert werden. Da noch keine Veröffentlichungen zu den geplanten Projekten vorliegen, kann über Methode und Paradigma keine Aussage gemacht werden.

In der Subdisziplin Alte Geschichte Südasiens wird seit 1992 als Teilprojekt I des Forschungsprojektes des Südasien-Instituts der HUB "Transformationsprozesse in Südasien in Phasen gesellschaftlichen Umbruchs" die "Vergleichenden Studien frühmittelalterlicher Inschriftengruppen des westlichen Indiens" von Prof. Marlene Njammasch bearbeitet; Ziel ist die sozial-, wirtschafts- und religionsgeschichtliche Untersuchung des geographischen Raumes Westindiens vom 5.-13. Jahrhundert n. Chr. durch Auswertung von epigraphischen Quellen. Teilergebnisse wurden in der institutseigenen Zeitschrift "Beiträge des Südasien-Instituts" veröffentlicht.

Aus Interviews und Aufsätzen in den seit 1991 erscheinenden "Beiträgen des Südasien-Instituts" geht hervor, daß sich in der Frage von Kontinuität/Diskontinuität generationsbedingte Unterschiede verstärken werden. Bei den älteren Mitarbeitern hat es keine nennenswerten thematischen und methodischen Veränderungen gegeben, wohl aber in der Distanzierung vom Paradigma, sichtbar in der Begriffs- oder Wortwahl.[121] Die innerhalb des Instituts geführten Diskussionen,

---

[121] Das Heft 7 (1994) der Beiträge des SAI enthält 6 Aufsätze: 1. zum Land- und Steuersystem des alten Indien in Fortsetzung von früheren Feudalismusstudien; 2. zur humanistischen Tradition der deutschen Klassik und Indien, ein beliebtes Thema der DDR; 3. über Rabindranath Tagore, ein besonders gepflegter Gegenstand der DDR-Südasienwissenschaft; 4. zwei Aufsätze über altindische Spezialthemen; 5. ein Überblick über die Rolle der Fürstenstaaten in Britisch-Indien, ein in der DDR vernachlässigtes Gebiet.

insbesondere zu Fragen ethnozentristischer Wissenschaftstraditionen ("Orientalismus-Debatte"), lassen ein Interesse an alternativen Paradigmen und Theorien erkennen.[122] Deutlich ist auch das Bemühen, von Theorien und Konzeptionen Abstand zu nehmen, die externe Einwirkungen des Kolonialsystems auf die indische Gesellschaft und deren nur gesetzmäßige Reaktion überbetonen und diese Gesellschaft in ihrer Vielfalt (Kasten, Ethnien, Klassen) als historisch auch selbständig handelnd zu begreifen.

Aus dem Lehr- und Forschungsbereich der Friedens- und Konfliktforschung der 80er Jahre ging das sog. Lehr- und Forschungsgebiet "Internationale Beziehungen in Asien und Afrika" hervor. Ihm gehören ein Professor (Prof. Klaus Timm) mit zwei Mitarbeitern und dem ehemaligen Sektionsleiter der Asienwissenschaften Prof. Diethelm Weidemann als Lehrbeauftragter an. Dieser Bereich hat eine bemerkenswerte Vitalität im Forschungs- und Lehrbetrieb entwickelt. Im Jahr 1990 stellten mehrere Mitarbeiter der Asiensektion, darunter auch Mitarbeiter des Bereichs Südasien, bei der Deutschen Forschungsgesellschaft Anträge auf Förderung von Projekten zum Dachthema inner- und außerstaatlicher Konflikte in Asien: regionale und ethnische Interessenskonflikte, Krisenmanagment, Parteiprogramme und Sicherheitsperzeptionen sollten untersucht werden. Dabei ging man von der Notwendigkeit eines Paradigmenwechsels in der Erforschung von Konflikten aus.

Diese Notwendigkeit war den Mitarbeitern offenbar bereits 1988 deutlich. So lautete das Thema des Colloquiums des Bereichs Internationale Beziehungen Asien/Afrika vom 16. November 1988: "Zur Notwendigkeit einer neuen Sicht auf die regionalen Konflikte und der Überwindung des Rückstands in Konflikttheorie und Analyse". In einem Vergleich der in diesem Rahmen diskutierten Themen in den Jahren 1988 bis 1994 wird deutlich, daß sich das Interesse deutlich verlagerte. 1988/89 herrschten noch Referate über sowjetische Außenpolitik und deren Wandel (Gorbatschow) oder über die ursächlichen Beziehungen zwischen Kapitalismus und Konflikten vor; ab 1990 wandte man sich vermehrt der Analyse konkreter regionaler Konflikte und Konzeptionen von Außenpolitik und Konfliktlösungen sowie der Begriffsklärung zu.

Drei der Mitarbeiter nahmen mit Beiträgen in den Jahren 1990 bis 1994 an insgesamt 43 Veranstaltungen, davon 23 im Ausland (Asien, USA, England) teil. Verschiedene Publikationsreihen im Selbstverlag ermöglichten die Veröffentlichung von 28 Beiträgen u.a. zu Fragen der deutsch-asiatischen Beziehungen (z.B. quellenkritische Aufarbeitung der Akten der NSDAP zur Kolonialpolitik), zur

---

[122] Interview Danyel (1995): 290, spricht von "Crashkurse(n) zur Orientierung im westlichen Paradigmendschungel".

Rolle des Nationalismus in der Außenpolitik ehemaliger Kolonien (Süd- und Südostasien), Grundfragen zur Theorie und Praxis der internationalen Beziehungen (D. Weidemann) und regionale Konflikte und Beziehungen, Sicherheitsperzeptionen in Südasien (E. M. Hexamer). Der Bereich bietet einen Magister-Studiengang in der Fachrichtung "Internationale Beziehungen in Asien und Afrika" an.
In einem Memorandum vom 18. Novemer 1994[123] setzt sich das Fakultätsinstitut Asien- und Afrikawissenschaften für den Erhalt der in der DDR entwickelten Grundkonzeption ein. "Die Autonomie der Lehrstühle darf nicht zur Selbstisolation führen ...", heißt es da. "Potentiale, die eine verbindende Funktion zwischen den Instituten bzw. Lehrstühlen haben, sind zu erhalten." Eine Fusion als "Integration aller Asien- und Afrikawissenschaften in Berlin" wird ausdrücklich unterstützt. Die Tatsache, daß die Hochschul- und Wissenschaftspolitik der Länder dem 1993 von der Bundesregierung verabschiedeten "Asienkonzept" in dieser Hinsicht ungenügend Rechnung trägt, wird mit Hinweis auf die "Liquidierung der asien- und afrikawissenschaftlich orientierten Wirtschaftswissenschaften und die "erhebliche Ausdünnung des sozialwissenschaftlich arbeitenden Potentials" bedauert.
Die wissenschaftlichen Mitarbeiter des Südasien-Instituts der HUB, d. h. aus der Vorwendezeit verbliebene wie auch neuberufene, haben sich in den vergangenen Jahren an den Aktivitäten des indischen Kulturinstituts, des Hauses der Kulturen der Welt und der Deutsch-Indischen Gesellschaft (Präsident Prof. Jürgen Lütt) beteiligt und sind mit ihren Spezialkenntnissen häufig an die Öffentlichkeit getreten. Sie nahmen an internationalen Konferenzen teil und veröffentlichten Aufsätze in Konferenzberichten. Die Umorientierung auf neue Arbeitsbereiche oder Regionen dauert noch an, so daß Ergebnisse in Form von Monographien noch nicht vorliegen. Auch die Ungewißheit bzw. Aussichtslosigkeit einer Weiterbeschäftigung hat sich negativ auf die Arbeit der Wissenschaftler ausgewirkt.

15.2 Forschungsschwerpunkt Moderner Orient

Die Akademie der Wissenschaften der DDR wurde 1992 "abgewickelt" und eine neue Akademie der Wissenschaften Berlin-Brandenburg gegründet. Im Zuge dieser Abwicklung ging der WB Geschichte der Entwicklungsländer als Bestandteil des Instituts für Allgemeine Geschichte unter. Bevor diese Entwicklung absehbar wurde, verfaßten Mitglieder des Bereichs ein Memorandum, in dem sie Zu-

[123] Memorandum zur weiteren Entwicklung der Asien- und Afrikawissenschaften an der Humboldt-Universität zu Berlin (1994). In: Relationen. Lehr- und Forschungsgebiet Internationale Beziehungen in Asien und Afrika, Bericht 1990-1994, Berlin

kunftsvorstellungen entwickelten. Hier heißt es u.a. zur inhaltlichen Beurteilung von historischen Prozessen in Entwicklungsländern: "Entgegen weithin gehegten anders gearteten Erwartungen entwickeln sich die Entwicklungsländer eigenständig, ungeachtet des Umstandes, daß auch in ihnen die Alternative Kapitalismus oder Sozialismus aufbrach. Traditionen blieben lebendig und erfahren weithin eine Reaktivierung. Offenbar bildet sich eine multipolare Welt oder eine "Vielfalt von Welten" heraus. (...) Wir dürfen uns nicht damit begnügen, das, was dort geschah und geschieht, in Anwendung von aus dem europäischen Erfahrungsbereich entnommenen Maßstäben mehr oder weniger unter dem Gesichtspunkt des "Übergangs" zu sehen (etwas ist "noch nicht", "noch nicht hinreichend" oder "schon" da), sondern haben nach seiner Eigenständigkeit und Spezifik zu fragen. Das wiederum setzt voraus, von einer Multidisziplinarität, in der die AALA-Wissenschaften in der DDR bislang weithin verharrten, zu einer wirklichen Interdisziplinarität überzugehen (...)."[124] Eine solche Entwicklung in Kontinuität des bisher Erreichten hoffte man ohne die einengende Steuerung durch den ZENTRAAL in weitgehender Autonomie verwirklichen zu können.
Der ZENTRAAL löste sich 1989 selbst auf und übergab die Herausgeberschaft der *aala* der Akadamie der Wissenschaften. Anfang 1992 entstand der Forschungsschwerpunkt (FSP) Moderner Orient als eines der sieben geisteswissenschaftlichen Forschungszentren, bestehend aus Wissenschaftlern der ehemaligen AdW der DDR. Inzwischen wurden weitere Mitarbeiter aus den "alten Ländern" der Bundesrepublik integriert. Der Träger war bis 1994 die Max-Planck-Gesellschaft. Ab 1995 werden die Projekte von der Deutschen Forschungsgesellschaft finanziert. Die ursprünglichen Forschungspläne wurden im Zuge der Existenzsicherung des FSP Moderner Orient als Geisteswissenschaftliches Zentrum (GWZ) neu strukturiert. Im Mittelpunkt der Forschung wird die Problematik "Abgrenzung und Aneignung in der Globalisierung. Asien, Afrika und Europa seit dem 18. Jahrhundert" stehen.[125] Die Mitarbeiter des Bereichs Südasien arbeiten zu den Themen: Arbeiterkultur im kolonialen Indien (A. Hafner); Führungskräfte im Diskurs. Indien in der ersten Hälfte des 20. Jahrhunderts (P. Heidrich); Hallesche Missionare in Südindien im Konflikt zwischen religiösem Auftrag und wachsendem Verständnis für die indische Realität (H. Liebau); die britisch-indischen Wirtschaftsbeziehungen (1939-1950) (G. Bruchhof); Ethnogenese, Entstehung und Abläufe ethnischer Konflikte in Pakistan und Afghanistan (B. Glatzer); Indiens Weg in die Moderne (J. Heidrich); ethnisch-religiöse Gruppenbildung und die Integration des Nationalstaates in Südasien (D. Reetz).

---

[124] Die Asien- und Afrikaforschung an der Akademie der Wissenschaften der DDR: Ein Rückblick, Memorandum (1989), Berlin.

[125] Tätigkeitsbericht (1994) 1.

Der Forschungsschwerpunkt hat eigene Publikationsreihen entwickelt: "Arbeitshefte" für Zwischenberichte und Quellenkundliche Studien[126] sowie "Studien"[127]. Aus den bisher publizierten Arbeitsergebnissen und den Forschungsplänen der Südasienwissenschaftler[128] geht hervor, daß weitgehend auf den Erfahrungen und Spezialkenntnissen der vergangenen Jahrzehnte aufgebaut wird. Dabei deutet sich ein deutlicher Trend zu regional definierten Fallstudien unter Nutzung von Quellen und Sprachkenntnissen[129] an, sowie die Fortführung sozialhistorischer Studien.[130] Regional bezogene Arbeiten zu Begriffen wie "Nation" und "Ethnie" werden fortgesetzt.[131] Die Nutzung deutscher Missionsarchivmaterials für eine Studie der christlichen Missionierung in Südindien hat ihre Wurzeln in der Vorwendezeit. Auch in der Nachfolgeinstitution der Akademie der Wissenschaften trifft so die für die o. g. im Forschungssystem verbliebenen Südasienwissenschaftler geltende allgemeine Beobachtung zu, daß die Interessen, Themen und Forschungsansätze aus der "Vor-Wende-Zeit" trotz der strukturellen Brüche und Veränderungen weiterverfolgt werden.[132]

Mit Gastvorträgen renommierter internationaler Wissenschaftler am FSP Moderner Orient, mit Stipendien und Reisen im In- und Ausland wurde der neugegründete Forschungsschwerpunkt und seine Mitarbeiter aktiv in den Wissenschaftsbetrieb eingeführt, der DDR-Bürgern vor der Wende weitgehend verschlossen war. Von zentraler Bedeutung für die Arbeit der Asien- und Afrikawissenschaftler ist auch der Ausbau moderner Spezialbibliotheken, die in der DDR im wesentlichen wegen Devisenmangels kaum vorhanden waren. Der Forschungsschwerpunkt konnte seinen Bestand mit dem Erwerb des Nachlasses Horst Krügers erweitern.

---

126 Z.B. Reetz (1995); Liebau (1993).

127 Heidrich, J. (Hg.) (1994). Im Bereich Südasien wurden insgesamt 9 Publikationen vorgelegt (inkl. Beiträge im Sammelband Studien 1).

128 Jahresbericht des Forschungsschwerpunktes Moderner Orient 1994.

129 Heidrich, P. (1994): 289ff.

130 Hafner (1991): 27ff.; Hafner (1994): 273.

131 Liebau (1993).

132 Vgl. Burrichter (1973): 13. "Da Wissenschaft nur auf dem Hintergrund der ständigen Verwertung des vorangegangenen Wissens innovativ werden kann, geht mit diesen historisch geprägten Ausgangsdaten in jede wissenschaftliche Reflexion ein gewisses Maß an geschichtlicher Substanz ein."

Zusammenfassung

Die Strukturveränderungen nach der Wende haben in den Regionalwissenschaften einen starken personellen und damit auch kognitiven Einbruch bewirkt. Beim Stellenabbau wirkt sich insbesondere der Verlust der wirtschaftswissenschaftlich orientierten Lehre und Forschung aus. Die Umstrukturierung ist auch 1997 noch nicht abgeschlossen, ein weiterer Stellenabbau an der Humboldt-Universität Berlin, u. U. auch eine Zusammenlegung von akademischen Institutionen in Berlin, die sich mit Asien-spezifischen Fragen befassen, wären in der Zukunft denkbar.

Die in der DDR entwickelten Themenbereiche, sozial- und kulturhistorische Forschungsansätze werden im wesentlichen fortgesetzt, im Bereich "Internationaler Beziehungen" ausgedehnt. Vom marxistisch-leninistischen Paradigma wurde weitgehend Abstand genommen. Das interdisziplinäre Kommunikationsnetz (In- und Ausland), das mit dem Untergang der DDR zerbrach, wird von den einzelnen Institutionen mit einer verstärkten Orientierung nach "Westen" regeneriert.

Deutlich ist das Bemühen sowohl der Mitarbeiter des Südasien-Instituts der Humboldt-Universität Berlin wie des FSP Moderner Orient (Südasien), die spezifische Identität der aus der Geschichte der DDR hervorgegangenen Regionalwissenschaft Südasien zu erhalten und sich bei aller Bereitschaft der politischen Umorientierung den Blick auf historische *Gesamtzusammenhänge* zu bewahren. So wird eine spezifische Wissenschaft der "Dritten Welt" abgelehnt und auf die *universale* Gültigkeit kognitiver Begriffe verwiesen. In diesem Gedankengang zitiert Joachim Heidrich bezeichnenderweise Ernst Bloch, der die "historische Szenerie" der postkolonialen Realität "als ein dynamisches Multiversum" bezeichnete und "schon in den sechziger Jahren auf die sich abzeichnende Eigenheit der Entwicklungspfade in der ehemaligen kolonialen Welt (verwies), die sich von dem früher als 'Norm' betrachteten europäisch-nordamerikanischen Typus abhob. Blochs Konzept ließ Raum für die Annahme verschiedener Formen oder Wege der Modernisierung. Es gestattet, unterschiedliche kulturell geprägte Manifestationen des historisch-gesellschaftlichen Prozesses ebenso zu erfassen wie dessen universale Dimension. Mit anderen Worten: Der Ansatz ermöglicht eine historische Sichtweise, die eine nach vorn offene, jedoch universale und zugleich multilineare Zivilisationsentwicklung gelten läßt."[133] Damit wird auch der Praxisbezug der Regionalwissenschaften angesprochen, denn Tradition als "Schatten" der Vergangenheit wird auch im Modernisierungsprozeß der Dritten

---

[133] Heidrich, J. (1994): 40ff.

Welt aktiviert in der Identitätsbildung und Entwicklung zukunftsgestaltender Visionen.

Archivmaterial

Stiftung Archiv der Parteien und Massenorganisationen der DDR im Bundesarchiv (SAPMO)

Abteilungen ZK der SED: Büro Hager; Internationale Verbindungen; Außenhandel; Wissenschaft

Bundesarchiv R 3, Potsdam (jetzt Berlin-Lichterfelde), Akten des Ministeriums für Hoch- und Fachhochschulen der DDR

Abteilungen: Auslands- und Reisekader/Experten; Internationale Beziehungen; Erziehung und Ausbildung; Ausland II; Gesellschaftswissenschaften

Literatur

Ansorg, Leonore (1994), Leserzuschrift. In: ZfG 42 (1994), S. 262.

Arbeitsplan ZENTRAAL (1988): Dokumente zur gegenwartsbezogenen Orientwissenschaft der DDR

Atar Ali, M. (1993): The Mughal polity - a critic of revisionist approaches. In: Modern Asian Studies 27, S. 699-718

Babing, F. (1988): Zur Politik und Ideologie der Hindu Mahasabha (1923-1947) HUB

Barthel, G. (1993): Die Asien-, Afrika-, Lateinamerikawissenschaften in der ehemaligen DDR. Versuch eines Resümees. In: USO 2, S. 5-13

Bayly, C.A. (1975): The Local Roots of Indian Politics, Oxford

Bayly, C.A. (1983): Rulers, Townsmen and Bazaars. North Indian society in the age of British expansion, 1770-1870, Cambridge

Bayly, C.A. (1993): Knowing the country: Empire and Information in India. In: Modern Asian Studies 27, S. 3-43

Bayly, S. (1996): "Caste" and "Race" in the colonial ethnography. In: Robb, P. (Hg.), The concept of Race in South Asia, New Delhi

Behrsing, S. (1968): Die sowjetische Orientalistik und der Aufbau der Asien- und Afrikawissenschaften in der DDR. In: WZHU, Ges. R. XVII, S. 855-859

Bellwinkel, M. (1980): Die Kasten-Klassenproblematik im städtisch-industriellen Bereich: historisch-empirische Fallstudie über die Industriestadt Kanpur in Uttar Pradesh, Indien, Wiesbaden

Blaschke, D. (1976): Probleme interdisziplinärer Forschung. Organisations- und Forschungssoziologische Untersuchung der Erfahrungen mit interdisziplinärer Zusammenarbeit im SFB 16 unter besonderer Betonung des Dhanbad-Projektes, Wiesbaden

Burkhardt, V. (1987): Pakistan in der Mitte der achtziger Jahre. In einigen Besonderheiten des Systems der "gelenkten Demokratie". aala Jahrbuch, S. 61-69

Burkhardt, V. (1989): Die "Paschtunistan-Frage" als ständig wirkendes Problem in den Beziehungen zwischen Pakistan und Afghanistan. In: aala 17, S. 440-447

Burrichter, C. (1973): Reflexionen zum Systemvergleich. Problemskizze: Wissenschaften. In: Wissenschaft in der DDR, Köln, S. 9-26

Cavalcante, J.B. (1977): Zur Rolle des "Staatssektors" in kapitalistisch orientierten Entwicklungsländern. In: aala 5, S. 732-745

Chaudhuri, K.N. (1990): Asia before Europe. Economy and Civilisation of the Indian Ocean from the rise of Islam to 1750, Cambridge

Chaudhuri, S. (1993): European Companies and the Bengal Textile Industry in the Eighteenth Century: The Pitfalls of Applying Quantitative Techniques. In: Modern Asian Studies 27, S. 321-340

Cohn, B. (1987): An Anthropologist among Historians, Delhi

Crane, R. (Hg.) (1973): Regions and Regionalism in South Asian Studies: An exploratory Study, Duke University

Danyel, F.J. (1995): Historiker und die Moral. In: Geschichte und Gesellschaft 21, S. 290-303

Dewey, C. (1993): Anglo-Indian Attitudes. The mind of the ICS, London

Dewey, C. (Hg.) (1988): Arrested Development. The Historical Dimension, New Delhi

Domin, D. (1963): Marx und Engels über den indischen Volksaufstand 1857/59. In: WZKMU, Sonderband II, S. 77

Domin, D. (1968): Die Rolle der Sikhs im Aufstand von 1857/59, Berlin

Domin, D. (1977): India in 1857. A study in the role of the Sikhs in the people's uprising, Berlin

Dumont, L. (1972): Homo Hierarchicus, Paris

Eschmann, A.C. (Hg.) (1978): The Cult of Jagannath and the Regional Tradition of Orissa, New Delhi

Ewing, K. (Hg.) (1988): Shariat and Ambiguity in South Asian Islam, New Delhi

Fischer, K. (1969): Produktivkräfte und Produktionsverhältnisse im westlichen Indien zu Beginn der Kolonialperiode: Gujarat in der 1. Hälfte des 17. Jahrhunderts, Berlin, Diss. AdW

Fox, R. (1977): Realm and Region in Traditional India, New Delhi

Friedländer, S. (1989): Allgemeines und Besonderes an Wesen, Form und Funktion der bürgerlichen Staatsmacht in Indien: eine staatsrechtliche Untersuchung zur Staatsideologie und Staatspraxis der nationalreformerischen Kräfte der indischen Bourgeoisie, Berlin, Diss. AdW

Frykenberg, R.E. (1989): Emergence of Modern 'Hinduism'. In: Sontheimer, G.D. & H. Kulke (Hg.), Hinduism reconsidered, New Delhi, S. 29-49

Gough, K. & H.P. Sharma (Hg.) (1973): Imperialism and Revolution in South Asia, London

Grienig, H. (1985): Kapitalismus in den Entwicklungsländern in Asien. In: aala 13, S. 765-780

Hafez, K. (1994): Orientwissenschaft in der DDR. Zwischen Dogma und Anpassung, 1969-1989, Hamburg
Hafner, A. & J. Herzog (1988): Sklave, Kuli, Lohnarbeiter: Formierung und Kampf der Arbeiterklasse in Kolonien und national befreiten Ländern, Berlin
Hafner, A. & P. Heidrich (1989): Unterentwicklung, Armut, Hunger - Wandlungen im indischen Wirtschafts- und Sozialgefüge. In: Robbe, M. (Hg.), Wege zur Unabhängigkeit. Berlin, S. 38-48
Hafner, A. (1991): Die Arbeiterfrage im Indien des 19. Jh. In: aala Sonderheft 3, S. 27-39
Hafner, A. (1994): Gab es eine Arbeiterkultur im kolonialen Indien? In: Heidrich, J. (Hg.) (1994): S. 273-287
Harris, J. (1988): A review of South Asian Studies. In: Modern Asian Studies 22, S. 43-56
Heidrich, J. (1959): Gemeindeorganisation und Sozialordnung im indischen Dorf zu Beginn der Kolonialherrschaft, Berlin, Diss. A
Heidrich, J. (1988): Im Strom der Epoche: Zur Rolle der bürgerlichen Klasse im Kampf um nationale Befreiung und gesellschaftlichen Fortschritt, Berlin, Diss. AdW
Heidrich, J. (1994): Orient und Okzident als Zivilisationsräume der Moderne. In: Heidrich, J. (Hg.) (1994): S. 40ff.
Heidrich, J. (Hg.) (1994): Changing Identities. The transformation of Asian and African societies under colonialism. Papers of a symposium held at the Centre of Modern Oriental Studies, Berlin 21. -22. October 1993 (Forschungsschwerpunkt Moderner Orient, Studien 1), Berlin
Heidrich, P. (1986a): Konferenzbericht. Seminar DDR-Indien: Agrarfrage und Bauernbewegungen. In aala 14, S. 139f.
Heidrich, P. (1986b): The Indian National Congress and the Peasants. In: Asia, Africa, Latinamerica, Special issue 18, Berlin
Heidrich, P. (1988a): Agricultural Labour in Indian Society, Berlin
Heidrich, P. (1988b): Subaltern Studies - eine neue Richtung in der Indien-Historiographie. In: aala 16, S. 251-263
Heidrich, P. (1994): N.G. Ranga und Swami Sahajanand Saraswati - Bauernführer zwischen Tradition und Moderne. In: Heidrich, J. (Hg.) (1994): S. 289ff.
Herzog, J. (1990): Historischer Prozeß und Unterentwicklung in Asien und Afrika: Forderungen an den Historiker und wie er sich ihnen stellen kann. In: aala 18, S. 585-598
Hopfmann, A. (1988): Methodologische Aspekte der Analyse von Besonderheiten im Wirken ökonomischer Gesetze in Entwicklungsländern. In: DZfPh 36, S. 817-826
Iggers, G & B. Little (Hg.) (1991): Marxist Historiography in Transformation. East German Social History in the 1980s, New York
Inden, R. (1990): Imagining India, Oxford
Johnson, G. (1985): Introduction. In: Modern Asian Studies, 19, S. 353
Klein, I. (1988): Wirtschaftliche Entwicklung und Wirtschaftspolitik der Liberalisierung in Indien. In: aala 16, S. 251-263
Konferenzbericht (1986): MPK in Prag 15.-18. Oktober 1985. In: aala 14, S. 207f.
Konferenzbericht (1990a): Das Weltgefüge nach dem Ost-West-Konflikt. Geschichte und Prognose. In: aala 18, S. 730ff.

Konferenzbericht (1990b): Interdisziplinäres Seminar der KMU, Leipzig für Nachwuchswissenschaftler (INTSEM), 1989/90, 25.-29. 9. 1989. In: aala 18, S. 345-346.

Kowalczuk, I.-S. (1994): Historische Gründe für das Scheitern der Selbsterneuerung an den ostdeutschen Universitäten. In: Berliner Debatte Initial, Nr. 4, S. 83-92

Kozlowski, G.C. (1985): Muslim Endowments and Society in British India, Cambridge

Krause, A. (1984): Kapitalistische Entwicklung, Klassen und Klassenkampf im unabhängigen Indien, Leipzig, Diss.

Krüger, H. & J. Heidrich (1985): 100 Jahre Indischer Nationalkongreß 1885-1985. Gegen Kolonialismus und Imperialismus, für Frieden und Fortschritt, Berlin

Krüger, H. (1974): Zur Rezeption sozialistischer Ideen durch die indische nationale Befreiungsbewegung vor 1917. In: Asien in Vergangenheit und Gegenwart. Beiträge der Asienwissenschaften der DDR zum XXIX. Internationalen Orientalistenkongreß 1973 in Paris, Berlin

Krüger, H. (1984): Die internationale Arbeiterbewegung und die indische nationale Befreiungsbewegung, Bd. 1: Indische Nationalisten und Weltproletariat. Der Nationale Befreiungskampf in Indien und die internationale Arbeiterbewegung vor 1914, Berlin

Krüger, H. (1985): Die internationale Arbeiterbewegung und die indische nationale Befreiungsbewegung, Bd. 2: Anfänge sozialistischen Denkens in Indien. Der Beginn der Rezeption sozialistischer Ideen in Indien vor 1914, Berlin

Kulke, H. & D. Rothermund (Hg.) (1985): Regionale Traditionen in Südasien, Stuttgart.

Kunze, J. (1986): Zur Analyse und Kritik elitetheoretischer Konzeptionen in der nichtmarxistischen Entwicklungsländer-Soziologie. In: aala 14, S. 216-225

Küttler, W. (1991): Hat marxistische Geschichtsschreibung noch eine Zukunft? In: Jarausch, K. (Hg.), Zwischen Parteilichkeit und Professionalität. Bilanz der Geschichtswissenschaft der DDR, Berlin, S. 165-184

Küttler, W. (1994): Geschichtstheorie und Methodologie in der DDR. In: ZfG 42, S. 8-20

Lemke, M. (1993): Der Nahe Osten, Indien und die Grotewohlreise von 1959. Zu Anerkennungspolitik der DDR in der 2. Hälfte der 50er Jahre. In: aala 20, S. 1027-1035

Leonhard, K. (1971): The Hyderabad political system and its participants. In: Journal of Asian Studies 30, S. 569-82

Liebau, H. (1993): Die Quellen der Dänisch-Halleschen Mission in Tranquebar in deutschen Archiven. Ihre Bedeutung für die Indienforschung. (Forschungsschwerpunkt Moderner Orient Arbeitshefte 2), Berlin

Markov, W. (1961): Arbeiterklasse und Bourgeoisie im antikolonialen Befreiungskampf, Leipzig

Markovits, C. (1985): Indian Business and national politics 1931-1939. The indigenous capitalist class and the rise of the Congress Party, London

Mayer, H. (Hg.) (1990): Intelligenz, Wissenschaft und Forschung in der DDR, Berlin

Metcalf, B. (Hg.) (1984): Moral Conduct and Authority: The Place of Adab in South Asia Islam, Berkeley

Moore, B. (1969): Soziale Ursprünge von Diktatur und Demokratie, Frankfurt/M.

Morgenroth, W. (1977): Aus der Arbeit der Arbeitsgemeinschaft für Sanskritstudien. In: aala 5, S. 618-619

Morgenroth, W. (1988): Das Seminar für Orientalische Sprachen in der Wissenschaftstradition der Asien- und Afrikawissenschaften. In: aala 16, S. 706

Oesterheld, J. (1980): Einige Aspekte der Interpretation von Kapitalismus und Sozialismus bei Nehru vor Erlangung der staatlichen Unabhängigkeit. In: aala 8, S. 321

Oesterheld, J. (1982): Bemerkungen zur kapitalistischen Entwicklung in der Industrie und Landwirtschaft Indiens nach Erlangung der staatlichen Selbständigkeit und ihren Auswirkungen auf die Struktur der Bourgeoisie. In: aala 10, S. 57-69

Oesterheld, J. (1984): Politisches System und Parteien bürgerlichen Charakters in Indien, Berlin, Diss.

Oesterheld, J. (1989): Jawaharlal Nehru and Ernst Toller. In: Jawaharlal Nehru as Scholars of Socialist Countries see him, hrsg von Bhatia, V., New Delhi, S. 74-84

Osterhammel, J. (1995): Außereuropäische Geschichte: Eine historische Problemskizze. In: GWU 46, S. 253-276

Pandey, G. (1992): The Construction of communalism in colonial North India, New Delhi

Perlin, F. (1988): The Material and the Cultural: An Attempt to transcend the Present Impasse. In: Modern Asian Studies 22, S. 383-416

Radde, H.J. (1983): Indiens Kommunisten im Kampf um eine linke und demokratische Alternative. In: Beiträge zur Geschichte der Arbeiterbewegung 25, Berlin, S. 516-523

Reder, A. (1974): Zur Bündnispolitik der KPI in der gegenwärtigen Etappe unter besonderer Berücksichtigung des Verhältnisses zum INC (1968-73), Berlin, IGW

Reetz, D. (1987): Besonderheiten der nationalen Formierung am Beispiel Pakistan (1977-1987), Berlin, Diss. HUB

Reetz, D. (1988): Sri Lanka: Der Tamilenkonflikt in einer Gesellschaft zwischen Tradition und Veränderung. Jahrbuch aala, S. 75-85

Reetz, D. (1989): Enlightenment and Islam: Sayyid Ahmad Khan's plea to Indian Muslims for reason. In: aala special issue 25, S. 71-80

Reetz, D. (1991a): Die Entwicklungsländerforschung in der DDR nach der Wende: Veränderungen in Konzeption und Struktur, Köln

Reetz, D. (1991b): Entwicklung und Stand der Asienwissenschaften in der DDR. In: Asien 38, S. 75-87

Reetz, D. (1995): Hijrat: The flight of the faithful. A British File on the Exodus of Muslim Peasants from North India to Afghanistan in 1920. (Forschungsschwerpunkt Moderner Orient, Arbeitshefte 5), Berlin

Robbe, M. (Autorenkollektiv) (1988): Welt des Islam. Geschichte und Alltag einer Religion, Köln

Robinson, F. (1973): Municipal government and Muslim separatism in the United Provinces, 1883-1916. In: Modern Asian Studies 7, S. 389-441

Robotka, B. (1982): Die Entstehung der modernen indischen Intelligenz und ihre Rolle in der nationalen Befreiungsbewegung unter bes. Berücksichtigung der Vereinigten Provinzen (19. -20. Jh.), Berlin, Diss. HUB

Robotka, B. (1987a): Zur Stellung der Kleinproduzenten in der Sozialstruktur der Entwicklungsländer. Untersuchungen zum Problem der Herausbildung des Kleinbürgertums. In: Studien und Materialien 33
Robotka, B. (1987b): Arya Samaj. In: aala 15, S. 445-454
Robotka, B. (1989): Zur politischen Haltung des Kleinbürgertums im Indien der Gegenwart. In: WZHUB, Ges. R. 38, S. 168-183
Rösel, J. (1980): Der Palast des Herrn der Welt. Entstehungsgeschichte und Organisation der indischen Pilgerstadt Puri in Orissa, München
Rothermund, D. (Hg.) (1983): Die Peripherie in der Weltwirtschaftskrise: Afrika, Asien und Lateinamerika 1929-1939, Paderborn
Rothermund, D. (1993): Nationale und Regionale Geschichtsschreibung in Indien. In: Periplus, S. 75-82
Rusch, W. & I. Winkelmann (1987): Zur Entwicklung der außereuropäischen Ethnographie in der DDR. In: EAZ 28, S. 295-320
Rüstau, H. (1989): Das Friedensverständnis in Indien heute und seine Verwurzelung in der Vergangenheit. In: aala 17, S. 981-990
Sarkar, S. (1983): Modern India, New Delhi
Schaller, E. (1983): Die RSS-Struktur, Ideologie und politische Ziele einer indischen Geheimgesellschaft. In: aala 11, S. 1011-1026
Schaller, E. (1985): Der Islam als Faktor in der indischen Politik der Gegenwart. In: aala 13, S. 455-469
Schaller, E. (1987): Zum Problem der offiziellen Sprache im unabhängigen Indien. In: aala 15, S. 434-444
Schaller, E. (1988): Der Kommunalismus als Problem der indischen Politik. In: aala 16, S. 838-845
Schaller, E. (1990): Aufstieg und Niedergang der Swatantra-Partei. In: aala 18, S. 629-642
Semmler, W. et al. (1990): Bemerkungen zu Beiträgen über die Konfliktproblematik. In: aala 18, S. 164-166
Sivaramakrishnan, K. (1995): Colonialism and Forestry in India: Imagining the past in present politics. In: CSSH, 37, S. 3-40
Stein, B. (1960): The Economic Function of a Medieval South Indian Temple. In: Journal of Asian Studies 19, 2, S. 163-176
Stein, B. (1977): The Segmentary State in South Indian History. In: Richard G. Fox (Hg.), Realm and Region in traditional India, Duke University
Stein, B. (Hg.) (1978): South Indian Temples. An analytical Reconsideration, New Delhi
Stein, B. (1980): Peasant, State and Society in Medieval South India, New Delhi
Stoianovich, S.T. (1976): French Historical Method. The Annales Paradigma, Ithaca
Stokes, E.T. (1978): The Peasant and the Raj. Studies in Agrarian Society and Peasant Rebellions in Colonial India, Cambridge
Stokes, E.T. (1986): The Peasant armed. The Indian Rebellion of 1857, Oxford
Stoler, A.L. (1989): Rethinking Colonial categories. European communities and the boundaries of rule. In: CSSH 31
Troll, C. (Hg.) (1989): Muslim Shrines in India, Delhi

van der Veer, P. (1993): The Foreign Hand. Orientalist Discourse in Sociology and Communalism. In: Breckenridge, C.A. & P. van der Veer (Hg.), Orientalism and the Postcolonial Predicament, Philadelphia, S. 26f.

Voigt, Manfred et al. (1989): Lehre und Studium der Asien-, Afrika- und Lateinamerikawissenschaften im 40. Jahr der Deutschen Demokratischen Republik. In: aala 17, S. 789-796

von Schwerin, K. (1988): Indien, München

von Schwerin, K. (1996): Der Islam in Indien. In: Rothermund, D. (1996), Indien. Ein Handbuch, München, S. 167-175

Washbrook, D.A. (1988): Progress and Problems: South Asian Economic and Social History c. 1720-1860. In: Modern Asian Studies 22, S. 57-96

Weidemann, D. (1974): Die Entstehung des Staates Pakistan. In: aala 2, S. 241-252

Weidemann, D. (Hg.) (1989): Positionen zu Frieden, Sicherheit und Abrüstung in Asien. In: Studien zur Friedensforschung 3

Winkelmann, A. (1982): Zur Dialektik des Kampfes um Frieden und sozialen Fortschritt, Berlin, Parteihochschule Karl Marx

Gespräche

Dr. Frank Babing, Humboldt-Universität Berlin
Dr. Annemarie Hafner, AdW/FSP Moderner Orient
Prof. Peter Heine, Humboldt-Universität Berlin
Prof. Joachim Heidrich, AdW/FSP Moderner Orient
Dr. Petra Heidrich, AdW, FSP Moderner Orient
Dr. Eva Maria Hexamer, Humboldt-Universität Berlin
Prof. H. J. Kubitscheck, Humboldt-Universität Berlin
Prof. Helmut Nespital, Freie Universität Berlin
Dr. Joachim Oesterheld, Humboldt-Universität Berlin
Dr. Bettina Robotka, Humboldt-Universität Berlin
Prof. Diethelm Weidemann, Humboldt-Universität Berlin

Dietmar Rothermund

Indiens Arbeiterklasse als Forschungsgegenstand in der DDR

Indien hatte bereits im 19. Jh. eine Industriearbeiterschaft, zumeist konzentriert in den Städten Bombay (Baumwolltextilindustrie) und Kalkutta (Juteindustrie). Nach Erlangen der Unabhängigkeit wuchs die Arbeiterschaft im Rahmen der Industrialisierungspolitik Jawaharlal Nehrus rasch an. Lebensbedingungen, Organisationsformen und Klassenbewußtsein dieser Arbeiterschaft waren für Regionalwissenschaftler der DDR ein besonders naheliegender Forschungsgegenstand, während es in der Bundesrepublik niemand gab, der sich damit beschäftigte. Die (west)deutsche Indologie blieb ihrer altphilologischen Tradition verpflichtet. Die sehr kleine Zahl westdeutscher Wissenschaftler, die sich mit dem modernen Indien beschäftigten, konzentrierte sich auf andere Themen (Freiheitskampf, Agrarverfassungsgeschichte, Politik und Religion etc.) Auch in anderen westeuropäischen Ländern gab es nur wenige Spezialisten, die auf diesem Gebiet tätig waren, so etwa die in Großbritannien lehrenden Sozialhistoriker Raj Chandavarkar und Mark Holmström. Auch in Indien selbst stand dieses Gebiet nicht im Vordergrund des Forschungsinteresses. Deshalb verdienen die Arbeiten der DDR-Wissenschaftler unsere Aufmerksamkeit, und es ergibt sich die Frage, ob hier nicht ein Arbeitsgebiet vorliegt, das durch den Abbau von Forschungskapazitäten nach 1989 gelitten hat und dessen Erhaltung förderungswürdig wäre. Die Vertreter dieses Arbeitsgebiets waren gemäß der Struktur des DDR-Wissenschaftsbetriebs Mitglieder der Akademie der Wissenschaften. Wissenschaftlichen Nachwuchs gibt es auf diesem Gebiet nicht. Der wichtigste Vertreter dieses Arbeitsgebiets, Horst Krüger, ist bereits gestorben. Sein auf vier Bände angelegtes Werk, von dem nur zwei erscheinen konnten, wird ein Torso bleiben. Sein Thema war "Die internationale Arbeiterbewegung und die nationale Befreiungsbewegung in Indien", es ging ihm also nicht in erster Linie um eine Geschichte der indischen Arbeiterklasse, aber das umfangreiche Werk enthält natürlich auch dazu viel Wissenswertes. Zu diesem Werk soll später mehr gesagt werden. Während es Krüger vergönnt war, mehrere Jahre in Indien Forschungsarbeit zu leisten, war dies bei den anderen DDR-Wissenschaftlern meist nicht der Fall, und so mußten sie sich weitestgehend auf die Rezeption sowjetischer Arbeiten stützen. Sie bezogen aber auch die relevanten Arbeiten indischer Fachkollegen in ihre Untersuchungen ein.

Die indische Arbeiterklasse als "Klasse an sich" und "Klasse für sich"

Die erkenntnisleitenden Interessen der DDR-Forscher waren selbstverständlich durch die Vorgaben der marxistischen Ideologie geprägt. Bei der Beurteilung des politischen Stellenwerts der Arbeiterklasse spielte dabei die Unterscheidung von "Klasse an sich" und "Klasse für sich" eine entscheidende Rolle. Indien hatte ohne Zweifel bereits im 19. Jahrhundert eine Arbeiterklasse an sich, d. h. ein Industrieproletariat ohne Anteil an den Produktionsmitteln. Doch war dies noch keine Klasse für sich, d. h. ein klassenbewußtes Proletariat, das bereit war, den Klassenkampf aufzunehmen. Die indische Arbeiterklasse an sich blieb noch lange in präkapitalistische Produktionsverhältnisse eingebettet. Der Arbeiter lebte meist allein in der Stadt und ließ seine Familie auf dem Dorf. Sein Lohn war niedrig und konnte es auch bleiben, weil er nicht dazu diente, die Reproduktion der Arbeiterklasse insgesamt zu finanzieren. Die Arbeiter waren meist Analphabeten. Es gab kaum Facharbeiter, sondern nur rasch angelernte Kräfte, die jederzeit ersetzbar waren. Die Vorbedingungen für das Heranreifen einer Arbeiterklasse für sich waren schlecht. Erst die Gründung kommunistischer oder sozialistischer Parteien konnte als Anzeichen eines gewissen Reifegrades der "Klasse für sich" betrachtet werden. Freilich waren die Gründer dieser Parteien in Indien keine Arbeiter, sondern Intellektuelle. Die zunächst 1920 im Exil in der Sowjetunion gegründete Kommunistische Partei (KPI) wurde 1925 noch einmal auf indischem Boden gegründet, blieb aber marginal und spielte im Freiheitskampf keine bedeutsame Rolle. Einen Höhepunkt kommunistischer Agitation gab es in den zwanziger Jahren, wo mehrere große Streiks stattfanden. In den Jahren der Weltwirtschaftskrise kam es jedoch zu einem Rückschlag. Dafür gab es zwei Gründe. Die Angst vor dem Verlust des Arbeitsplatzes einerseits und der durch den Fall der Agrarpreise bedingte Anstieg der Reallöhne der Industriearbeiter andererseits bremste den "Klassenkampf". Dann folgte der Krieg, der zwar die Reallöhne durch die Kriegsinflation wieder reduzierte, aber die Kolonialregierung mit Notstandsbefugnissen bewaffnete, die jeden Streik unmöglich machten. Zugleich wurde die KPI neutralisiert, weil sie auf Geheiß Moskaus mit den Briten zusammenarbeiten mußte, ein Stigma, das sie nach dem Erlangen der Unabhängigkeit nur schwer überwinden konnte.

Angesichts dieser Tatsachen blieb den DDR-Forschern letztlich nur übrig, die Entwicklung der indischen Arbeiterklasse "an sich" sozialgeschichtlich zu beschreiben und diese Beschreibung gelegentlich mit einem eher theoretischen Hinweis auf die Rolle der Arbeiterschaft im antiimperialistischen Kampf zu schmücken. Für den "bürgerlichen" Wissenschaftler, der nur an der Arbeiterklasse "an sich" interessiert ist, sind diese sozialgeschichtlichen Untersuchungen durchaus nützlich. Er mag freilich bedauern, daß es an detaillierten empirischen Untersuchungen vor Ort fehlte. Aber schon die Auswertung des veröffentlichten statistischen Materials ist durchaus beachtenswert, und auf diesem Gebiet waren die DDR-Forscher sehr aktiv, gerade weil ihnen die Feldforschung weitgehend verwehrt blieb. Das Landproletariat bildet einen besonders geeigneten Gegenstand für die sozialgeschichtliche Analyse ohne ideologische Überfrachtung, weil man hier allenfalls von einer "Klasse an sich", aber nicht von einer "Klasse für sich" sprechen kann. Die gleitenden Übergänge vom agrarischen Halbproletariat mit geringem Bodenbesitz zum völlig landlosen Landarbeiter oder Teilpächter lassen ein gemeinsames Klassenbewußtsein nicht entstehen, andererseits sind es gerade diese Übergänge, die sozialgeschichtlich besonders interessant sind.

Untersuchungen zur Formierung der Arbeiterklasse

Das von Annemarie Hafner und Jürgen Herzog herausgegebene Buch "Sklave, Kuli, Lohnarbeiter: Formierung und Kampf der Arbeiterklasse in Kolonien und national befreiten Ländern", Berlin 1988, bietet einen guten Einblick in die Arbeiten der wichtigsten DDR-Autoren auf diesem Gebiet. Die Beiträge über Indien stammen von Annemarie Hafner und Petra Heidrich. A. Hafner beschäftigt sich mit dem Industrieproletariat und beschränkt sich dabei auf die Kolonialzeit, P. Heidrich hat ein Kapitel über das Landproletariat im unabhängigen Indien beigetragen.

A. Hafner betont die Kongruenz bedeutsamer Streikaktionen der Arbeiterschaft mit den Kampagnen des nationalen Freiheitskampfes, gesteht aber auch ein, daß die Führer dieses Freiheitskampfes sich nicht sehr intensiv mit der Arbeiterklasse beschäftigten, die noch sehr marginal war. Die Konstruktion der Kongruenz wirkt etwas künstlich, weil diese sich eben nur sehr sporadisch ergab, während sie bei einem gefestigten antiimperialistischen Bewußtsein der Arbeiterklasse von Dauer gewesen wäre. Die obenerwähnten Tatsachen der Zurückhaltung der Arbeiterklasse in den frühen dreißiger Jahren und im Krieg werden zwar kurz erwähnt, aber nicht näher erläutert. Im übrigen werden die Aktivitäten der Arbeiterklasse detailliert beschrieben, auch die Frequenz und Dauer der Arbeitskämpfe analysiert etc. Die oben erwähnte Spannung zwischen der Beschreibung der "Klasse an sich" und den ideologischen Erwartungen, die an die Arbeiterklasse "für sich" gestellt werden müssen, wird hier sehr deutlich. Über das Verhalten dieser Klasse nach dem Erlangen der Unabhängigkeit wird in diesem Buch nicht berichtet. Dies ist wohl auf eine redaktionelle Entscheidung zurückzuführen, denn A. Hafner hat sich in anderen Arbeiten durchaus zu den Entwicklungen nach der Unabhängigkeit geäußert, so z.B. in einem Beitrag zur 4th European Conference on Modern South Asian Studies (1974) unter dem Titel "Impact of Accelerating Industrialisation on the Formation of the Working Class in Independent India". Hier beschreibt sie zunächst in sehr positivem Sinne die Bemühungen der indischen Regierung um die Industrialisierung und den Aufbau der Schwerindustrie im öffentlichen Sektor, dann zeigt sie auf, daß die neuen Industrien eine höher qualifizierte Arbeiterschaft erfordern und sich damit ein struktureller Wandel der indischen Arbeiterklasse ergibt. Schließlich weist sie auf das Anwachsen der Industriegewerkschaften hin, ohne freilich auf deren Probleme (parteipolitische Aufsplitterung, nicht-proletarische Gewerkschaftsführer, Mitgliedschaft ohne Mitgliedsbeiträge, keine Zuständigkeit für Tarifverhandlungen) näher einzugehen. Vom Klassenkampf ist keine Rede. Angesichts der positiven Bewertung einer zum größten Teil staatskapitalistischen Industrialisierung in Indien wäre es auch schwer gewesen, das Ziel eines solchen Klassenkampfes zu definieren. Der Beitrag liefert daher eher eine sozialgeschichtliche Charakterisierung der indischen Arbeiterklasse "an sich". Ähnliches gilt auch von A. Hafners interessantem Aufsatz "Working Women. Their Problems and Trade Unions in India", der 1985 in "The Journal of Social Studies" in Dhaka, Bangladesh, erschienen ist. Hier wird zunächst anhand statistischer Angaben der Anteil der Frauen an der Arbeiterschaft untersucht und dann auf ihre Beziehungen zu den Gewerkschaften eingegangen und ihre geringe Vertretung in diesen Organisationen beklagt. In dem zuvor genannten Band findet sich - wie bereits gesagt - für die Zeit nach dem Erlangen der Unabhängigkeit kein Beitrag über die indische Industriearbeiterschaft, sondern nur einer über die Lage des Landproletariats, die von P. Heidrich sehr kenntnisreich dargestellt wird. Sie schildert zunächst die Zusammensetzung der Landarbeiterschaft, dann ihre ökonomische Lage und schließlich ihren geringen Organisationsgrad. A. Hafner und P. Heidrich haben ihre Forschungsarbeit im neuen Forschungsschwerpunkt "Moderner Orient" fortsetzen können. Es ist sehr zu hoffen, daß sie dort ihre Kenntnisse auch an jüngere Wissenschaftler weitergeben können, denn - wie bereits anfangs betont - dieser Arbeitsbereich ist wichtig und förderungswürdig.

Sozialismus und nationaler Freiheitskampf in Indien

Wie zu Beginn des Referats angekündigt, soll nun noch auf das Werk von Horst Krüger eingegangen werden, von dem nur die zwei ersten Bände erschienen sind, die die Zeit vor 1914 behandeln. Der erste Band hat den Titel "Indische Nationalisten und Weltproletariat", der zweite "Anfänge sozialistischen Denkens in Indien". Krüger zitiert bereits im ersten Kapitel des ersten Bandes zustimmend den kommunistischen indischen Autor R. P. Dutt, der geschrieben hatte: "In der Periode vor 1914 stand die Arbeiterklasse noch im Hintergrund, sie folgte der nationalen Bewegung, statt ihr voranzugehen." Folglich gibt es auch nichts über den Kampf der indischen Arbeiterklasse als "Klasse für sich" zu berichten. Statt dessen untersucht Krüger, welche Haltung die Arbeiterklasse dort, wo sie bereits eine "Klasse für sich" war, zum antiimperialistischen Freiheitskampf Indiens eingenommen hat. Im zweiten Band schildert er dann - sozusagen spiegelbildlich - die Rezeption sozialistischer Ideen durch die indischen Nationalisten. Er bleibt dabei weitgehend im Bereich der Geistesgeschichte. Sozialgeschichtliche Betrachtungen der indischen Arbeiterklasse "an sich" sind marginal. Was er in langer Archivarbeit in Indien und dem Studium von Quellen und Sekundärliteratur zu Tage gefördert hat, ist freilich sehr beachtlich. Der umfangreiche Quellenanhang im zweiten Band enthält viele zuvor unveröffentlichte Briefe britischer Arbeiterführer und Politiker wie Keir Hardie und Henry Hyndman an indische Nationalisten, etc. Sorgfältig dokumentiert hat Krüger auch die auf Indien bezogenen Debatten auf den internationalen Sozialistenkongressen der II. Internationale (Amsterdam 1904, Stuttgart 1907, Kopenhagen 1910).

In dem der Rezeptionsgeschichte gewidmeten zweiten Band wird ausführlich über die indischen Exilrevolutionäre berichtet, die auch in Indien publizierten und die Ideen von Karl Marx verbreiteten, so etwa Har Dayal, der 1912 im "Modern Review" in Kalkutta eine Kurzbiographie von Marx unter dem Titel "Karl Marx: A Modern Rishi" veröffentlichte. Har Dayal (1884-1939) war eine schillernde Figur: Anarchist, Nationalist, Sympathisant der national-revolutionären Terroristen. Er taucht in Krügers Werk immer wieder auf und wird als progressiver Denker gewürdigt, dem es freilich an einem wirklichen Verständnis des Marxismus fehlte. Aber nicht nur die Exilrevolutionäre kommen zu Wort, wir erfahren auch, daß es bereits 1890 eine Zweiggesellschaft der Fabian Society in Bombay gab. Ramakrishna Pillai, der die erste Marxbiographie, ebenfalls 1912, in der Malayalam-Sprache (Kerala) veröffentlichte, wird ebenfalls ausführlich vorgestellt.

Die sozialistischen Neigungen Swami Vivekanandas und Aurobindo Ghoshs werden von Krüger eingehend analysiert. Er trifft dabei auf das Phänomen, daß von indischer Seite der Sozialismus nicht als Errungenschaft, sondern als eine der indischen Kultur innewohnende Eigenschaft gesehen wurde. Man kann dies askriptiven Sozialismus nennen, doch Krüger verwendet diese Bezeichnung nicht. Statt dessen spricht er vom "utopischen Sozialismus". Ferner zeigt er auf, daß die Bemühung um nationale Solidarität der Idee des Klassenkampfs entgegensteht und indische Nationalisten daher bei aller Sympathie für die Arbeiterbewegung im Ausland der indischen Arbeiterbewegung eher skeptisch gegenüberstanden. Krüger hat sich sehr differenziert mit der indischen Sozialismusrezeption beschäftigt und nicht einfach alles, was sich Sozialismus nannte, als Parteinahme für den "wissenschaftlichen Sozialismus" reklamiert. Er hat zugleich Verständnis für das Ideengut der indischen Nationalisten aufgebracht und ihnen nicht einfach vorgehalten, daß sie nach den Maßstäben des Marxismus offensichtlich das "Klassenziel" nicht erreichten.

Über den Inhalt der zwei weiteren von ihm geplanten Bände kann man nur Vermutungen äußern. Die bereits angekündigten Titel "Auf dem Wege zum wissenschaftlichen Sozialismus" (1914-1922) und "Der Kampf um die anti-imperialistische Einheitsfront in Indien von den zwanziger Jahren bis zur Unabhängigkeit" deuten an, daß es ihm beim dritten Band um den Weg zur Bildung der Kommunistischen Partei Indiens gegangen wäre und beim vierten um die Periode der "linken Einheit", die den indischen Kommunisten beachtliche politische Vorteile einbrachte. Eine differenzierte Analyse dieser Entwicklungen, so wie die, die Krüger in den ersten beiden Bänden präsentiert hat, wäre sicher ein Gewinn gewesen.

Ausblick: Das indische Proletariat in der Gegenwart

Das gegenwärtige indische Proletariat besteht aus mindestens drei "Klassen": 1) Die Industriearbeiterschaft im permanenten Arbeitsverhältnis, 2) die große Schar der temporären Arbeiter, die teils in der Industrie, teils im "informellen Sektor" eingesetzt sind, 3) das Landproletariat. Die erste "Klasse" ist durch die Arbeiterschutzgesetze privilegiert, die Arbeiter, die ihr angehören, sind praktisch unkündbar, ihre Löhne werden durch "awards" festgelegt und nicht zwischen Gewerkschaften und Arbeitgeberverbänden ausgehandelt, die zweite "Klasse" wächst ständig, weil die Arbeitgeber alles tun, um das Anwachsen der ersten "Klasse" zu verhindern. Die dritte "Klasse" wächst wegen der Knappheit des Bodens und des Bevölkerungswachstums an. Es handelt sich hier zumeist nicht um einen Prozeß der Proletarisierung durch die Ausbreitung der kapitalistischen Landwirtschaft, sondern um eine Entwicklung, die das Fortdauern präkapitalistischer Abhängigkeitsverhältnisse begünstigt. Wer etwas Boden besitzt und viele landlose Landarbeiter vor seiner Tür hat, kann deren Arbeitskraft ausbeuten, ohne sich um Produktivität zu kümmern. Für die wirtschaftliche Reformpolitik der indischen Regierung ist es bedeutsam, was mit diesen drei Arbeiterklassen geschieht. Die Erforschung dieser Probleme verdient große Aufmerksamkeit. Mit dem Entfallen ideologischer Vorgaben gewinnt die Erforschung dieser Probleme mehr Flexibilität und kann sich mehr als zuvor auch empirischen Untersuchungen widmen. Damit soll nicht ein geschäftiger Empirismus empfohlen werden, der zur Anhäufung von "Feldstudien" führt, die unverbunden nebeneinanderstehen, aber eine intensivere Beschäftigung mit der indischen Realität vor Ort.

Ulrich van der Heyden

Die Afrikawissenschaften in der DDR Das Beispiel südliches Afrika

1 Vorbemerkungen

Die Afrikawissenschaften in beiden Teilen Deutschlands weisen ebenso wie die anderen im Mittelpunkt der Untersuchung der Arbeitsgruppe Wissenschaft und Wiedervereinigung der Berlin-Brandenburgischen Akademie der Wissenschaften (BBAW) stehenden geistes- und kulturwissenschaftlichen Disziplinen eine mehrere Jahrzehnte andauernde getrennte Entwicklung auf. Neben Abgrenzungen und Ignorierung lassen sich aber auch gegenseitige kognitive Beeinflussungen und kritische Auseinandersetzung mit den Forschungsergebnissen erkennen.
Thema der folgenden Ausführungen sind der Entwicklungsstand der Afrikawissenschaften der DDR zum Ende der 80er Jahre, die Ausgangsbedingungen des Transformationsprozesses sowie der gegenwärtige Stand der Afrikawissenschaften in den neuen Bundesländern und in Berlin.
Wenngleich die Afrikawissenschaften in der DDR nach der Wende oftmals als exotische oder als Nischenwissenschaft bezeichnet wurde, verstanden sich die damaligen Akteure mitnichten als Vertreter einer außerhalb des politischen Geschehens stehenden Wissenschaftsdisziplin. Im Gegenteil, ihre führenden Vertreter waren in der Vergangenheit nicht müde geworden zu betonen, daß "die Asien- und Afrikawissenschaften untrennbarer Bestandteil der marxistisch-leninistischen Gesellschaftswissenschaften in unserer Republik" sind.[1]
Die Afrikawissenschaften in der DDR scheinen für eine Untersuchung im Rahmen der Arbeitsgruppe der BBAW besonders geeignet zu sein, weil es schon im Verlaufe und unmittelbar nach der Wende und besonders nach der deutschen Wiedervereinigung im Jahre 1990 im In- und Ausland stark voneinander abweichende Bewertungen über die Leistungen und Verdienste der verschiedenen Zweige dieser Wissenschaft in der DDR gab.[2]
Es ist ein besonderes Merkmal der DDR-Afrikawissenschaft, daß deren ehemalige Akteure im vereinten Deutschland heute nahezu vollständig verdrängt sind, jedoch im Ausland, vor allem in den Ländern des afrikanischen Kontinents, aufgrund der von ihnen erbrachten Leistungen in der Vergangenheit, nach wie vor

---

[1] Brauner et al. (1974a): 409.

[2] Unter Afrikawissenschaften wird in der vorliegenden Arbeit, in Anlehnung an eine zu Beginn der 60er Jahre in der DDR gebräuchlichen Definition, die Wissenschaft von den afrikanischen Völkern und Staaten im allgemeinen, ihrem heutigen und vergangenen Gesellschaftsaufbau und ihrer wirtschaftlichen Struktur, ihrer Kultur und Geschichte, ihrer Sprachen und Literaturen, ihrer gegenwärtigen Politik sowie ihrer sonstigen gesellschaftlichen und ethnischen Verhältnisse verstanden.Vgl. SAPMO, BArch, ZPA, JIV 2/9.04/249 (o.P.): "Konzeption für die Forschungsarbeit auf dem Gebiet der Afrikawissenschaften bis zum Jahre 1970", 5.7.1962.

hohe Wertschätzung genießen. Im eigenen Lande basiert die negative Bewertung vor allem auf angeblicher Inkompetenz, Systemnähe und anderen Argumenten, die als Hilfskonstrukte zur fast vollständigen Verdrängung der DDR-Wissenschaftler herangezogen wurden, während andererseits die Wertschätzung auf persönlichen Erlebnissen wie z.B. Erfahrungen bei Kooperationen und gemeinsamen Projekten, in der universitären Lehre, bei der Aus- und Weiterbildung von jungen Wissenschaftlern, der Erarbeitung von Dissertationen und Habilitationen sowie der Anwendung von Forschungsergebnissen[3] beruht. Um so notwendiger erscheint eine objektive Analyse und Bewertung der Leistungen und Verdienste, aber auch der Versäumnisse und Fehlleistungen der Afrikawissenschaften in der DDR.[4] Die zum Teil bis in die Gegenwart andauernden Debatten um die Bewertung der Afrikawissenschaften in der DDR[5], die allerdings in den letzten Jahren in der Hauptsache außerhalb der wissenschaftlichen Öffentlichkeit geführt werden oder zumindest nicht publiziert worden sind, weisen unter anderem den Nebeneffekt auf, daß in einschlägigen Diskussionen immer wieder der Wunsch nach "Aufarbeitung" der Afrikawissenschaften der alten Bundesrepublik erhoben wird. Denn mit Ausnahme von einigen Institutionsgeschichten[6] liegen keine publizierten wissenschaftshistorischen Untersuchungen über deren Geschichte vor. Schon gar nicht äußerte man sich in den vergangenen 20 Jahren in der Bundesrepublik zu den Methoden und Aufgaben der Afrikawissenschaft, die zu Beginn der 70er Jahre noch heftig in der Fachöffentlichkeit diskutiert wurden.[7] So steht die Frauge, an welchen Maßstäben man den Stand einer ganzen Wissenschaftsdisziplin messen kann, wenn dazu die prädestinierte Richtlinie, in diesem Falle die westdeutsche Afrikawissenschaft, nicht definiert ist. Dennoch soll der Versuch unter-

---

3 Noch gibt es hierzu keine schriftlichen Äußerungen. Dies Urteil beruht auf einer Reihe von Gesprächen, die mit afrikanischen Wissenschaftlern z.B. aus Namibia, Südafrika, Benin, Tanzania, Togo, Senegal und Ghana geführt wurden.

4 Erste Ergebnisse liegen bereits vor. Vgl. van der Heyden (1992a): 207ff.; ders. (1993a): 108ff.; ders. (1994a): 539ff.; ders. (1992b), 33ff.; ders. (1993b): 181ff.; ders. (1994b) 230ff.; Büttner (1992): 133ff.

5 Wichtig und nützlich ist in dieser Hinsicht auch das Bemühen um eine sachliche Bewertung der DDR-Afrikawissenschaften auch aus "westdeutscher Sicht", wie sie von Franz Ansprenger schon relativ früh vorgelegt wurde. Ansprenger (1991): 71ff. Auch der Oldenburger Historiker Hans Martin Barth behandelte in einem Aufsatz, sichtbar um eine objektive Beurteilung bemüht, die Leistungen und Wirkungen der DDR-Afrikawissenschaften in Richtung Westen, Vgl. Barth (1994): 253ff.

6 Vgl. z.B. Meyer-Bahlberg/Wolff (1986); Institut für Afrika-Studien. Universität Bayreuth (1995a); dass. (1995b); Dammann (1993): 9ff.; Afrikaforschung in Frankfurt (1989); Institut für Ethnologie und Afrika-Studien der Universität Mainz (1985).

7 Die letzte größere Veröffentlichung stammt von 1973. Vgl. Benzing/Bolz (1976).

nommen werden, das erreichte Niveau der DDR-Afrikawissenschaften in der zweiten Hälfte der 80er Jahre am internationalen Forschungsstand zu messen.
Da die Afrikawissenschaften in der DDR sowohl disziplinär als auch regional breitgefächert waren, ist eine Konzentration auf die Untersuchung einer wissenschaftlichen Teildisziplin oder einer Region notwendig. In der vorliegenden Studie ist das südliche Afrika Thema. An diesem Exempel kann zum einen eine für die Übersichtlichkeit der Analyse nützliche Konzentration erfolgen, und zum anderen besitzt das Beispiel der sich mit dem südlichen Afrika beschäftigenden Wissenschaftsdisziplinen durchaus repräsentativen Charakter für die anderen Regionen und Teildisziplinen der Afrikawissenschaft in der DDR. Allerdings, da es keine rigiden personellen wie administrativen Beschränkungen in bezug auf die Forschungen zum südlichen Afrika gab[8], muß der Blick doch immer auch auf die gesamte Afrikawissenschaft ausgerichtet bleiben.

2 Zur Geschichte, Struktur und Einbettung der Afrikawissenschaften in der DDR, zur Rolle der Räte

Um die aus der traditionellen, vornehmlich kulturwissenschaftlich-linguistisch ausgerichteten deutschen Afrikanistik übernommene "Geschichtsarmut" auszugleichen, entstanden in der DDR Ende der 50er, zu Beginn der 60er Jahre die in ihrem Spektrum weitgefaßten "Entwicklungsländerwissenschaften".[9] Ihre Wurzel lag in der Kolonialgeschichtsschreibung, die als erste neue Disziplin die bisherige kultur- und sprachwissenschaftlich ausgerichtete Afrikanistik ergänzte und die schon seit den 50er Jahren, vor allem in Leipzig, stark ausgebaut wurde.

---

8 Nur die wenigsten Afrikawissenschaftler arbeiteten zeit ihres wissenschaftlichen Lebens ausschließlich über die Region des südlichen Afrika. Es gab in der DDR auch keine Institutionen, die im Namen oder in ihren Aufgabenstellung den Anspruch erhoben, nur für das südliche Afrika zuständig zu sein. Die meisten Kollegen arbeiteten, mit Ausnahme der jüngeren, auch über andere Themen, die man nicht den Südafrikawissenschaften zurechnen kann. Jedoch gab es für jeden Wissenschaftler spezielle Themenstellungen oder Spezialisierungen, die sie dafür prädestinieren, sie als Südafrikawissenschaftler zu bezeichnen.

9 Mit dem Ziel der Erweiterung der klassischen Orientalistik zu komplexen länderwissenschaftlichen Disziplinen war in der DDR zugleich eine Begriffswandlung verbunden. Der Begriff "Länderwissenschaften" war seit Ende der 50er Jahre bis in die erste Hälfte der sechziger Jahre gebräuchlich, ehe er mit dem Rahmenstudienplan von 1965 durch "Regionalwissenschaften" ersetzt wurde.

Das regionale Spektrum der Entwicklungsländerwissenschaft in der DDR war zunächst auf den asiatischen und afrikanischen Kontinent beschränkt. Die dortigen aktuellen Entwicklungen wurden von der DDR fasziniert verfolgt. Der als revolutionär angesehene, antikoloniale Befreiungskampf und vor allem seine Erfolge Ende der 50er und zu Beginn der 60er Jahre ließen sich mit der traditionellen Orientalistik - unter diesem Begriff wurde in der Vergangenheit auch die Afrikanistik verstanden[10] - nicht mehr erfassen. Am ehesten schienen diesen neuen Herausforderungen Historiker gewachsen zu sein.
Eine ähnliche wissenschaftshistorische Entwicklung läßt sich fast zeitgleich in den anglophonen Wissenschaftsorganisationen erkennen. Unmittelbar politischer Anlaß für diese Entwicklungen war ebenfalls der Aufschwung der nationalen Befreiungsbewegungen Ende der 50er Jahre und für die Afrikawissenschaften vor allem das "afrikanische Jahr" 1960. Sowohl in den kolonialen Mutterländern Großbritannien und Frankreich als auch in den die nationale Befreiung politisch unterstützenden Ländern, wie der Sowjetunion und der DDR, mußte man den neuen Realitäten auf dem afrikanischen Kontinent in der wissenschaftlichen Forschung und deren Organisation Rechnung tragen - freilich mit unterschiedlichen Absichten und Möglichkeiten.
Die DDR und somit ihre Wissenschaftler einerseits und die nach der nationalen Befreiung entstandenen Entwicklungsländer andererseits "wiesen eine gewisse Affinität zueinander auf". Beide seien Ergebnisse des Zweiten Weltkrieges. So beginnt einer der maßgeblichen Entwicklungsländerwissenschaftler der DDR, Martin Robbe, im nachhinein die Beschreibung der Entstehung der Entwicklungsländerforschung in der DDR. Er fährt mit folgenden Worten fort:

> "Wissenschaftler in einem neuen Staat wandten sich einem neuen Phänomen zu. Das barg die Chance in sich, Neuland zu erkunden. Und das Risiko, eigene Erwartungen an die Zukunft in den Forschungsgegenstand hineinzuprojizieren. Beides lag, wie sich zeigen sollte, dicht beieinander."[11]

2.1 Die beiden ersten Jahrzehnte der Afrikaforschung in der DDR

Die modernen, einen interdisziplinären Anspruch erhebenden Afrikawissenschaften wurden als erster Bestandteil der Regionalwissenschaften Anfang der 60er Jahre in Leipzig institutionalisiert.
Die Geschichte der Afrikawissenschaften an der Universität Leipzig geht bis zum Jahr 1948 zurück, als an der späteren Karl-Marx-Universität die Abteilung

---

[10] Vgl. Grapow (1950): 29.
[11] Robbe, (1993): 14.

Afrikanistik gegründet wurde. Die Abteilung war zunächst nur ein "Ableger" des Instituts für Allgemeine Geschichte. In ihr arbeiteten ausschließlich Historiker und diese auch nur im Zusammenhang mit einem Forschungsauftrag des Instituts für Professor Walther Markov.[12] Daneben gab es an der Alma mater Lipsiensis auch andere, relativ kleine Institute, deren Tätigkeit die Afrika-, Nahost- und Asienwissenschaften tangierte oder die sich auch konkret mit entsprechenden Fragestellungen befaßten, wie etwa das Indische Institut, das Orientalische Institut, das Institut für Ägyptologie, das Institut für Ethnologie oder das Ostasiatische Seminar.

Walter Markov, einem Ruf von Bonn nach Leipzig gefolgt, hatte an der von ihm geleiteten Abteilung für Geschichte der Neuzeit des Instituts für Allgemeine Geschichte bzw. an dem von ihm bis 1951 als Direktor geleiteten Institut für Kultur- und Universalgeschichte der Universität Leipzig Forschungen zur Geschichte des Kolonialismus und der kolonial unterdrückten Völker initiiert und selbst aufgenommen und somit, wie es in einer DDR-Publikation heißt, "der Erforschung der Geschichte der Völker Asiens, Afrikas und Lateinamerikas auf marxistisch-leninistischer Grundlage an der Leipziger Universität entscheidende Impulse verliehen".[13] Exakter ist wohl die Feststellung, daß es die Persönlichkeit Walter Markov war, die in den schon sehr frühzeitig begonnenen Studien zur Kolonialgeschichte sowie der nationalen und antikolonialen Befreiungsbewegungen für eine für die spätere Entwicklung der Afrika-, Asien- und Lateinamerikawissenschaften in der DDR sehr entscheidende und diese auszeichnende interdisziplinäre Zusammenarbeit mit den orientalistischen, völkerkundlichen, afrikanistischen und anderen verwandten Disziplinen eintrat.[14] In seine Vorlesungen über die Geschichte der Revolutionen in der Weltgeschichte bezog er von Anfang an außereuropäische revolutionäre Vorgänge mit ein und behandelte diese in Seminaren. Nachdem er 1952 einen Forschungsauftrag übernommen hatte, die Geschichte der kolonialen Ausbeutung zu untersuchen, begann er 1955 mit einer Vorlesung über die Geschichte Afrikas. Ermutigung erfuhr Walter Markov in seinem Bestreben, die eurozentrische Geschichtsbetrachtung zu durchbrechen und zu einer universalgeschichtlichen Erklärung des Geschichtsverlaufes zu kommen, durch den Sinologen Eduard Erkes und den Indologen Walter Ruben, "die tragfähige Brücken von ihrer fachspezifisch älteren Thematik zur politischen Gegenwart schlugen".[15]

Professor Walter Markov betonte immer wieder, daß es hierfür keine politischen Vorgaben gab: "Der letztendliche Anlaß zu einer systematischen Überwindung

---

[12] Vgl. Robbe, (1993): 14.

[13] Brauner (1974a): 756.

[14] Vgl. die von Thomas Grimm dokumentierten Erinnerungen von Markov (1989).

[15] Markov (1989): 244.

des Eurozentrismus in Forschung und Lehre kam aber gewissermaßen von außen. Die nationale Befreiungsbewegung schritt, ausgehend von Asien, zu einer atemberaubenden Revision der Landkarte ... Wie hätte der miterlebende Historiker als an der Sache Teilhabender dabei abseits stehen können?"[16]

Bis zum Ende der 50er Jahre kann man von einer Aufbauphase der Afrikawissenschaften im Verbund mit den anderen regionalwissenschaftlichen Disziplinen in Leipzig, ähnlich wie in anderen universitären Standorten im Osten Deutschlands, sprechen.

Im Jahre 1958 erfolgte in Leipzig die Gründung der Abteilung Afrikanistik am damaligen Orientalistischen Institut. Damit waren die ersten administrativen Grundlagen für die Entwicklung der "modernen" Afrikawissenschaften in Leipzig geschaffen. Fast zeitgleich wurde der Aufbau der Asienwissenschaften an der Humboldt-Universität in Berlin beschlossen und im Jahre 1964 der Aufbau der Lateinamerikawissenschaften in Rostock.

Es standen mit dem Beschluß allerdings noch keine Voraussetzungen zur Verfügung, Studenten in einem Fach der Regionalwissenschaften, also auch nicht in den Afrikawissenschaften in Leipzig, auszubilden, wenngleich die Aufgabenstellung lautete, "in absehbarer Zeit mit der Ausbildung von Nebenfachafrikanisten zu beginnen und sich in einigen Jahren zum zweiten afrikanistischen Institut der DDR zu entwickeln".[17] Noch im September 1959 heißt es in einem vertraulichen Schreiben des Staatssekretariats für das Hoch- und Fachschulwesen, daß selbst die Nebenfachausbildung noch in den Anfängen stecke.[18] Allerdings wurden bereits in jener Zeit die im ausgearbeiteten Studienplan vorgesehenen Lehrveranstaltungen zur überseeischen und vor allem zur afrikanischen Geschichte konzipiert, die nicht nur an der Leipziger, sondern auch an der Berliner Universität durchgeführt werden sollten. Da es in Leipzig indes an Fachkräften für die Sprachausbildung mangelte, wollte man "die sprachliche Ausbildung mit Hilfe von Berlin und durch afrikanische Lehrkräfte in Gang" bringen.

Um die afrikanistische, in dem Falle die Sprachausbildung beginnen zu können, übernahm Professor Ernst Dammann nach seiner Berufung von Hamburg an die Humboldt-Universität entsprechende Lehrverpflichtungen an der größten sächsischen Universität.

In Berlin war vornehmlich durch das Wirken von Professor Diedrich Westermann die klassische, linguistisch ausgerichtete Afrikanistik unmittelbar nach Be-

---

[16] Markov (1989): 244f.

[17] SAPMO, BArch, ZPA, JIV 2/20/30 (o.P.): "Zur Lage in der Fachrichtung Afrikanistik in der Deutschen Demokratischen Republik", 23.10.1959.

[18] Vgl. SAMPO, ZPA: IV 2/9.04/232: ebenda. Weitere sich anschließende und nicht anders ausgewiesene Zitate stammen aus diesem Dokument.

endigung des Zweiten Weltkrieges sowohl an der späteren Humboldt-Universität als auch an der Akademie der Wissenschaften, in dem im November 1946 gegründeten Institut für Orientforschung, wiederbelebt worden. Bis zum Beginn der 60er Jahre, als der nach Marburg berufene Afrikanistik-Professor Ernst Dammann, der Nachfolger Westermanns, die Berliner Universität verließ, wurden dort fast ausschließlich afrikanistisch-linguistische Forschungen betrieben.

2.2 Die Ausbauphase in Leipzig

Während an der Berliner Universität bis zum Ende der 70er Jahre die Linguistik das Profil der dortigen Afrikawissenschaften bestimmte, begann die "Modernisierung" der Afrikanistik in Leipzig verstärkt seit 1961. Es sollte zur Erklärung und letztlich auch Unterstützung der nationalen Befreiungsbewegungen eine disziplinäre Erweiterung der Afrikawissenschaften stattfinden. Allerdings fehlte es anfangs an den notwendigen personellen Voraussetzungen. So fand eine "Umgruppierung der Kräfte"[19] statt, wie es Walter Markov ausdrückte. Das heißt, daß sich verstärkt Historiker, Ökonomen, Rechtswissenschaftler, Philosophen und Völkerkundler vornehmlich den aktuellen Entwicklungen in den interessierenden Regionen der Dritten Welt zuwandten. Die Analyse aktueller Prozesse in den Ländern der Dritten Welt besaß während der gesamten Zeit der Existenz der DDR einen herausgehobenen Stellenwert innerhalb der Entwicklungsländer- und vor allem auch der Afrikawissenschaften.

Vor dem Hintergrund des verstärkten Interesses der DDR-Außenpolitik und des Außenhandels entwickelten sich weitere Fachgebiete, wie etwa die Afrikahistoriographie, Staat und Recht Afrikas, Ökonomie, Philosophie Afrikas oder die Literaturwissenschaft, zu relativ eigenständigen Disziplinen. Diese disziplinäre Erweiterung des Fachs fand vor allem an der Karl-Marx-Universität Leipzig statt. Die nach der Ausreise Dammanns unter politischen Druck geratene Afrikanistik an der Humboldt-Universität konnte ihr Fächerangebot nicht in dem Maße erweitern, wie es von den Schülerinnen Dammanns vorgeschlagen worden war. Sie vermochte jedoch ihren Status quo zu bewahren und den personellen Bestand, trotz eines faktischen Lehrverbots, seit den 70er Jahren partiell zu erweitern.

Da für die starke Disziplinerweiterung in Leipzig zunächst nicht die notwendigen "Kader" bereitstanden, mußten diese aus anderen Wissenschaftsdisziplinen für die neuen Aufgaben gewonnen und qualifiziert werden. Das hatte zur Folge, daß ein Großteil zumindest der ersten Generation der Afrika- und Asienwissenschaftler nicht aus einer klassisch orientalistischen oder afrikanistischen Disziplin

---

[19] Markov (1974a): 792.

stammte. In der Regel wurden die neu gekürten Regionalwissenschaftler durch Studienaufenthalte in der Sowjetunion oder durch Sprach- und Weiterbildungslehrgänge auf ihr neues Aufgabengebiet vorbereitet.
In diesem Entstehungs- und Konsolidierungsprozeß spielte Walter Markov, der durch seine universale Geschichtsbetrachtung nicht nur die Kolonialgeschichte, sondern überhaupt die Entstehung kultur- und sozialwissenschaftlich orientierter Forschungen zu Problemen der Geschichte in Übersee in der DDR initiierte und vorantrieb, eine herausragende, ja letztlich entscheidende Rolle. Markov orientierte sich in seinem marxistischen Verständnis von Weltgeschichte nicht an der Hoffnung, daß Weltgeschichte eine Summe der Geschichte der Welt sei, sondern er betrachtete sie "als historisch gewordenes Produkt eines von universal gültigen Gesetzen geprägten Prozesses stadial wachsender dialektischer Verzahnung lokaler, regionaler, nationaler und kontinentaler Entwicklungen."[20] So ist es nicht verwunderlich, daß Markov den Problemen der Kolonialgeschichte, primär unter dem Aspekt der vergleichenden Typologie der neuzeitlichen Kolonialsysteme, der historischen Voraussetzungen und sozialen Triebkräfte der antikolonialen Befreiungsbewegungen und -revolutionen, des Verhältnisses von Evolution, Tradition, Innovation und Revolution in Asien und Afrika, des transitorischen Charakters der Bourgeoisie, der politisch-sozialen Alternativfunktionen der Streitkräfte und des Verhältnisses von Bourgeoisie und Arbeiterklasse sowie zwischen Religion und Revolution in der Dritten Welt, der Dialektik von Revolution und Nationwerdung und auch des Neokolonialismus zunehmend Aufmerksamkeit widmete.[21] Durch seine Schüler und seine Kollegen wurden die genannten thematischen Schwerpunkte aufgegriffen und bis Ende der 80er Jahre fortgeführt.
Neben der Linguistik, die bekanntlich das Hauptfeld der traditionellen Afrikanistik bildete und bis zum Ende der DDR insbesondere in Berlin mehr oder minder gleichberechtigt neben den anderen afrikabezogenen Wissenschaftsdisziplinen betrieben wurde[22], sowie der zu Beginn der 60er Jahre etablierten Kolonial- und Afrikageschichtsschreibung sind vor allem weitere sozialwissenschaftlich ausgerichtete Disziplinen der Afrikawissenschaften in der DDR auf- und ausgebaut worden. Allerdings nicht gleichzeitig. Zeitpunkt der Etablierung und Tempo des Ausbaus waren von personellen und administrativen Voraussetzungen abhängig.[23]

---

[20] Kossok (1982): VIII.
[21] Vgl. Kossok (1982): XIV.
[22] Vgl. Reinecke (1990): 72; Mohrmann/Rusch (1991): 61ff.
[23] Vgl. die bislang umfassendste Darstellung der Entwicklung einer benachbarten Wissenschaftsdisziplin bei Hafez (1995): hier insbesondere 29.

2.3 Universitäre Forschung

Erst in den 70er Jahren hatte die Afrikawissenschaft in der DDR ihr multidisziplinäres Gesicht erhalten und war zum Ende der 80er Jahre voll ausgeprägt. Hingegen waren die Disziplinen, die quasi in ungebrochener Tradition[24] standen, wie die Völkerkunde und die Linguistik, schon vor der Gründung der DDR, zur Zeit der sowjetischen Militäradministration, in Lehre und Forschung mehr oder minder fest etabliert worden.[25]

Neben der Historiographie, die in der vorliegenden Untersuchung der Südafrikawissenschaft im Mittelpunkt des Interesses steht, existierten in der zweiten Hälfte der 80er Jahre in der DDR folgende Subdisziplinen der Afrikawissenschaften: Soziologie, Afrikanische Literatur und Kultur, Linguistik, tropische Landwirtschaftswissenschaften, Geographie, Ökonomie Afrikas, Philosophie in Afrika, Internationales Recht.[26] Die genannten Disziplinen wurden vor allem an der Karl-Marx-Universität in Leipzig gelehrt und waren durch entsprechende Lehrstühle vertreten. Somit gab es hier die größte Konzentration afrikabezogener Lehre und Forschung in der DDR.[27] Man bemühte sich, in z.T. offener Konkurrenz zum Institut für Afrikanistik der Humboldt-Universität und zum Bereich Geschichte der Entwicklungsländer an der Akademie der Wissenschaften der DDR, die Südafrikawissenschaften zu konzentrieren.

2.4 Die marxistisch-leninistische Grundlagenforschung

Zeitgleich mit der Entwicklung und Institutionalisierung der einzelnen afrikabezogenen Disziplinen, die vor allem an der Leipziger Universität, bildete sich die sogenannte marxistische-leninistische Grundlagenforschung heraus. Dies war eine sich dogmatisch an den Aussagen der Klassiker des Marxismus-Leninismus orientierende und die publizierten Arbeiten mit Zitaten von sogenannten Führern der nationalen und internationalen Arbeiterbewegung sowie Aussagen von Parteitagen der SED und der KPdSU versehende spezielle Form der Entwicklungsländerwissenschaft.

Vertreter solcher letztlich pseudowissenschaftlichen Auffassungen gab es auch in der Afrikawissenschaft. Die "Ergebnisse" ihres publizistischen Wirkens versuchten

---

[24] Tradition soll hier im Sinne der Fortführung einer Wissenschaftsdisziplin verstanden werden und nicht im Sinne einer inhaltlichen Kontinuität.

[25] Vgl. van der Heyden (im Druck), insbesondere die Kapitel 4.1. bis 4.3.

[26] Vgl. Heine et al. (1990): 45.

[27] Vgl. Die Afrika-, Nahost- und Asienwissenschaften in Leipzig (1985).

sie als Überblicksdarstellungen zu bestimmten Fragen der gegenwartsorientierten Entwicklung in Afrika zu deklarieren. In der studentischen Ausbildung wurden solche Publikationen als marxistisch-leninistische Grundlagen angesehen, und das Fach wurde mit zunehmender Stundenzahl gelehrt. Welchen Stellenwert die "Grundlagenausbildung" im Gesamtplan der regionalwissenschaftlichen Ausbildung einnahm, zeigt ein Blick in den Studienplan von 1977, der folgende Prämissen setzte:

- Einführung einer erweiterten marxistisch-leninistischen Grundlagenausbildung zu ausgewählten Problemen des Marxismus-Leninismus, insbesondere zu aktuellen Fragen der Strategie und Taktik der internationalen kommunistischen und Arbeiterbewegung, die über das für alle Studienrichtungen verbindliche marxistisch-leninistische Grundstudium hinausgehen sollte und die Ausbildung in Marxismus-Leninismus auf der Grundlage der Werke der Klassiker sowie aktueller Literatur und wichtiger Parteibeschlüsse durchgehend auf die gesamte Dauer des Studiums ausdehnen sollte, da nur so den besonderen politischen Anforderungen an die regionalwissenschaftliche Ausbildung entsprochen werden könne.
- Vermittlung solider Kenntnisse in einer gesellschaftswissenschaftlichen Disziplin wie Geschichtswissenschaft, Wirtschaftswissenschaft, Philosophie, Staats- und Rechtswissenschaft, Kultur- bzw. Sprachwissenschaft u.a. Gründliche theoretische und methodologische Kenntnisse in einem dieser Fächer als Voraussetzung dafür, daß die Studenten bzw. Absolventen der Regionalwissenschaften die Analyse gesellschaftlicher Prozesse in den von ihnen gewählten Ländern auf wissenschaftlicher, marxistisch-leninistischer Basis vornehmen können und dabei ungeachtet ihrer Spezialisierung auf eine bestimmte Region oder Ländergruppe oder ein Land Historiker, Ökonomen, Linguisten usw. bleiben. Mit jener Festlegung sollte zugleich einer gravierenden Maxime sozialistischer Hochschulpolitik entsprochen werden, "einen Fachmann mit breiten Grundlagenkenntnissen heranzubilden, der in der Lage ist, sich in der Praxis auf neuen Gebieten weiter zu qualifizieren".[28]
- Erzeugung eines tief verwurzelten Geschichtsbewußtseins. Das richtige Verständnis, die richtige Einordnung der Entwicklungsprozesse der Völker Asiens, Afrikas, Lateinamerikas und Nordeuropas in die Zusammenhänge der weltweiten Klassenauseinandersetzung zwischen Sozialismus und Imperialismus, des weltweiten Übergangs vom Kapitalismus zum Sozialismus setze ein solides historisches Fundament voraus. Deshalb müsse den Studenten der Regionalwissenschaften ein umfangreiches und exaktes Wissen in allgemeiner Geschichte, Geschichte der Arbeiterbewegung, der internationalen Beziehungen, aber auch der allgemeinen Gesetzmäßigkeiten des nationalen Befreiungskampfes und seiner

---

28 Böhme (1975): 17.

Besonderheiten in der Region oder Ländergruppe vermittelt werden.
- Spezialisierung auf eines der nachfolgend genannten Gebiete: Geschichte, Ökonomie, Staat und Recht, Philosophie, Soziologie, Kultur, Literatur, Sprache einer Region, Ländergruppe oder eines Landes entsprechend der gewählten Fachrichtung innerhalb der Grundstudienrichtung Regionalwissenschaften. Aus der Kombination zwischen Region und gesellschaftswissenschaftlicher Disziplin resultiert auch die exakte Bezeichnung der Fachstudienrichtung bzw. die Berufsbezeichnung der Absolventen als Arabist/Ökonom, Südasienwissenschaftler/Historiker, Afrikanist/Linguist, usw.
- Vermittlung umfangreicher und solider Kenntnisse über die politische, historische, wirtschaftliche, soziale, rechtliche und kulturelle Entwicklung sowie die ethnischen und religiösen Besonderheiten der jeweiligen gewählten Region, der Ländergruppe oder des Landes.
- Sicherung einer qualitativ hochwertigen Sprachausbildung in Russisch, einer weiteren Weltsprache, die für die jeweilige Region von Bedeutung ist, sowie in mindestens einer Sprache der Region oder des Landes (z.B. Arabisch, Swahili, Vietnamesisch oder Finnisch).[29]

Als Themen der "Grundlagenforschung" wurden Neokolonialismus[30], der Einfluß des Imperialismus auf die Entwicklungsländer[31], der Beitrag der Entwicklungsländer für den Erhalt des Weltfriedens und des sozialen Fortschrittes[32] in den 80er Jahren bevorzugt. Der wissenschaftliche Erkenntnisgewinn solcherlei Publikationen ist als sehr gering einzuschätzen. Viele Afrika-Wissenschaftler in der DDR, die diese Art "Wissenschaft" ablehnten oder ignorierten, gingen von einer mehr oder minder direkt oktroyierten Auftragsforschung - besser wäre wohl das Wort Auftragspublizistik - aus und akzeptierte diese. Waren ihre Autoren doch auch diejenigen Wissenschaftler, die zu internationalen Kongressen Einladungen aus dem Westen erhielten und somit scheinbar die Anerkennung der internationalen Fachwelt genossen und ohnehin im hierarchischen Ansehen der DDR-Wissenschaft ziemlich weit oben standen.

Konzentriert waren die Vertreter der "Grundlagenforschung" vornehmlich an der Parteihochschule und der Akademie für Gesellschaftswissenschaften der SED sowie in größerer Anzahl am Bereich Grundfragen der nationalen Befreiungsbewegung an der Sektion Afrika- und Nahostwissenschaften der Karl-Marx-Universität Leipzig.[33]

---

[29] Vgl. Barthel/Gaudes (1977): 662f.

[30] Vgl. beispielsweise Liebscher (Autorenkollektiv) (1981).

[31] Vgl. beispielsweise Kannapin (Autorenkollektiv) (1985).

[32] Vgl. beispielsweise Dummer (Autorenkollektiv) (1989).

[33] Vgl. die Selbstdarstellung Mährdel/Krause (1985): 568ff.

2.5 Forschungseinrichtungen außerhalb der Universität Leipzig

Mit Ausnahme der betreffenden Sektion in Leipzig gab es an keiner anderen Universität aber auch an keiner außeruniversitären, afrikabezogen arbeitenden Forschungseinrichtung der DDR mehrere Wissenschaftler, die untereinander interdisziplinär zusammenarbeiteten. Zwar arbeiteten in der zweiten Hälfte der 80er Jahre am Institut für Allgemeine Geschichte der Akademie der Wissenschaften neben Afrikahistorikern auch Völkerkundler und am Bereich (Institut) für Afrikanistik der Humboldt-Universität zu Berlin neben dem Historiker Helmuth Stoecker und einigen jüngeren Kollegen vor allem Sprach- und Literaturwissenschaftler, aber wirklich interdisziplinär zusammengesetzte Wissenschaftlerteams (oder wie es zu DDR-Zeiten hieß, Wissenschaftlerkollektive) existierten nicht; vorgelegte multi- oder interdisziplinär erarbeitete Forschungsergebnisse waren die Ausnahme.[34]

Im Mittelpunkt der linguistischen Forschungen der Berliner Afrikanisten standen insbesondere soziolinguistische und sprachpolitische Untersuchungen sowie "praxisbezogene Aufgaben" für die Literaturwissenschaftler, z.B. die Herausgabe von kommentierten Editionen sowie von Anthologien zur afrikanischen Gegenwartsliteratur und Volksdichtung. Später nahm die Zahl von Arbeiten literaturkritischen Charakters zu.[35]

An der Sektion (später Institut) für Ästhetik und Kulturwissenschaften der Humboldt-Universität zu Berlin arbeiteten außerdem ein Theaterwissenschaftler mit Afrika-Schwerpunkt[36] und eine Kulturwissenschaftlerin, die vor allem durch ihre Überblicksdarstellungen zur afrikanischen Kultur bekannt wurde.[37]

---

[34] Eine solche Ausnahme bildeten die Forschungen zum Leben und Werk von Diedrich Westermann, der in einer Konferenz und durch mehrere Artikel gewürdigt wurde. Vgl. Rusch (1976): 389ff. Vgl. auch Diedrich Westermann und die Entwicklung der Afrikanistik an der Berliner Universität, in: WZ HUB G, Nr. 2. Hier wurden folgend aufgeführte Aspekte des Lebens und Wirkens von Westermann im einzelnen behandelt vgl: Stoecker (1976): 177ff.; Höftmann (1976): 183ff.; Lindner (1976): 189ff.; Rusch/Sellnow (1976): 191f.; Rüger (1976): 197ff. Vgl. auch Brauner et al. (1975): 439ff.; Stoecker (1985): 187ff.; sowie die Beiträge unter der Überschrift "Zur kritischen Wertung des afrikanischen Erbes von Diedrich Westermann aus Anlaß seines 100. Geburtstages". In: Ethnographisch-Archäologische Zeitschrift 3 (1976) zu folgend genannten Themen: vgl: Rusch (1976): 389ff.; Büttner (1976a): 421ff.; Arnold (1976): 435ff.; Herms (1976): 443ff.; Hutschenreuter (1976): 451ff.

[35] Vgl. Forstreuter et al. (1993): 29.

[36] Vgl. z.B. Fiebach (1976); Fiebach (1979).

[37] Vgl. u.a. Broszinski-Schwabe (1988).

Eine der größten wissenschaftlichen Institutionen der DDR, in der einer der Arbeitsschwerpunkte die Geschichte Afrikas darstellte, war das Institut für Allgemeine Geschichte der Akademie der Wissenschaften der DDR, wo Ende der 80er Jahre bis zu sieben Afrika-Historiker arbeiteten. Es war zugleich die größte außeruniversitäre Institution der DDR, die sich mit Afrika beschäftigte. Am Institut für Wirtschaftsgeschichte der Akademie der Wissenschaften arbeitete seit 1986 eine Wirtschaftshistorikerin, deren Arbeitsschwerpunkt Südafrika war und deren Forschungen internationale Anerkennung fanden.[38]

An einigen anderen Instituten der Akademie der Wissenschaften hatte es zeitweilig einige Wissenschaftler gegeben, die afrikabezogen arbeiteten; jedoch nicht mehr in den 80er Jahren. Die Aufgaben der Mitarbeiter der Akademie der Wissenschaften beschränkten sich in der Regel ausschließlich auf Forschung. Zu Lehrveranstaltungen wurden sie nur in seltenen Fällen herangezogen. Allerdings übten sie in nicht wenigen Fällen Betreuungsfunktionen für Jahres- und Diplomarbeiten von Studenten der verschiedensten Universitäten der DDR sowie für Dissertationen aus.

Forschungseinrichtungen, die sich neben den genannten Universitätsinstituten mit den mannigfachen Problemen Afrikas beschäftigten, gab es in der zweiten Hälfte der 80er Jahre an der Pädagogischen Hochschule Magdeburg, der Wilhelm-Pieck-Universität Rostock[39], dem Institut für Politik und Wirtschaft in Berlin, dem Institut für Internationale Beziehungen an der Akademie für Staat und Recht in der DDR in Potsdam-Babelsberg[40], dem Institut für Ökonomik der Entwicklungsländer an der Hochschule für Ökonomie in Berlin-Karlshorst[41] sowie vereinzelt auch an der Akademie der Pädagogischen Wissenschaften sowie am Institut für Ausländische Landwirtschaft und Agrargeschichte der Akademie der Landwirtschaftswissenschaften der DDR. In der Regel arbeiteten in den zuletzt genannten außeruniversitären Institutionen selten mehr als zwei Wissenschaftler über den afrikanischen Kontinent.

Darüber hinaus gab es auch an anderen Einrichtungen vereinzelt Wissenschaftler, die sich entweder vollständig oder doch zumindest teilweise mit Afrika beschäftigten. Ihr Einfluß auf die Entwicklung und inhaltliche Ausrichtung der Afrikawissenschaften in der DDR ist bisher nicht vollständig geklärt. Zum einen publizierten sie oftmals unter Pseudonym, und zum anderen übten sie einen nicht unbeträchtlichen Einfluß auf die wissenschaftlichen Leitungsgremien aus, wie etwa auf die Nationalräte, den Zentralen Rat für Asien-, Afrika- und Lateiname-

---

38 Vgl. insbesondere Weinberger (1975).

39 Hier vor allem die Professoren Heinrich Loth und Horst Drechsler.

40 Mit hauptsächlich praxisorientierter Auftragsforschung.

41 Mit hauptsächlich ökonomisch orientierten Forschungen und der Ausbildung von Ökonomen. Vgl. Schmidt (1974): 779ff.

rikawissenschaften (ZENTRAAL) oder die Beiräte des Ministeriums für Hoch- und Fachschulwesen. Zu dieser Gruppe gehören Mitarbeiter zentraler Leitungsinstitutionen und Schulungseinrichtungen der SED sowie der Blockparteien[42], des FDGB[43], der Institute der Akademie für Gesellschaftswissenschaften beim ZK der SED, der Hochschule des Ministeriums für Staatssicherheit[44], der Liga für Völkerfreundschaft, der außenpolitischen Wochenzeitschrift "Horizont" und anderer Zeitungen, des Solidaritätskomitees der DDR[45] sowie der FDJ.

2.6 Leitungsgremien der Forschung

Eine besondere Rolle spielte sowohl in der Definition der Forschungsrichtung als auch in der Vergabe von Forschungsprojekten der Zentrale Rat für Asien-, Afrika- und Lateinamerikawissenschaften. Über die Rolle des ZENTRAAL als Koordinierungs-, Kontroll- und Leitungsinstrument der SED im wissenschaftlichen Leben der DDR-Regionalwissenschaftler liegen noch keine eingehenden Untersuchungen vor; die einschlägigen Archivmaterialien sind erst seit Ende 1996 eingeschränkt nutzbar.
Auch das Nationalkomitee für Asien-, Afrika- und Lateinamerikawissenschaften der Deutschen Demokratischen Republik war ein Instrument der Partei. Es wurde am 6.11.1979 in Berlin vom Minister für Hoch- und Fachschulwesen gegründet - schon seit 1963 hatte es ein Nationalkomitee der Afrikanisten der DDR unter Leitung von Walter Markov, Siegmund Brauner und Hartmut Schilling gegeben.[46] Der Minister berief auf der genannten Festveranstaltung den damaligen Vorsitzenden des ZENTRAAL, Professor Lothar Rathmann, zum Vorsitzenden des Nationalkomitees. Zum stellvertretenden Vorsitzenden wurde der Asienwis-

---

42 So stammt die damals in Wissenschaftlerkreisen der DDR anerkannteste Analyse des Kairos-Dokuments von der CDU. Vgl. Apartheid (1986).

43 So arbeiteten an der Gewerkschaftshochschule in Bernau 1989 drei Mitarbeiter, die während ihrer hauptsächlich auf Lehre ausgerichteten Tätigkeit auch zu Afrika publizierten (Gewerkschaftsbewegungen in Afrika, Gewerkschaften in Südafrika, Afrikanische Literaturen in Ostafrika).

44 Beispielsweise wurde an der MfS-eigenen Juristischen Hochschule Potsdam folgend genannte Dissertationen mit Afrikabezug verteidigt: Tschetschorke (1984); ders. (1987).

45 Das Solidaritätskomitee der DDR veröffentlichte des öfteren Materialien und Broschüren, die, in hohen Auflagen gedruckt, das Afrika-Bild der DDR-Bevölkerung entscheidend beeinflußten. Der wissenschaftliche Gehalt war oft nicht ertragreich und wurde von den DDR-Wissenschaftlern des öfteren kritisiert, wie die Broschüre: Die Geschichte des ANC (1987).

46 Vgl. Heilmann (1984): 815.

senschaftler Diethelm Weidemann, zum Generalsekretär des Komitees Gert Kück berufen. Die Komiteemitglieder waren Wissenschaftler von Universitäten und Hochschulen, der Akademie der Wissenschaften "sowie anderen wissenschaftlichen Institutionen und Forschungseinrichtungen der DDR".[47] Eine Liste der Mitglieder oder der beteiligten Institutionen wurde nicht veröffentlicht. In seiner Erwiderung nach dem Gründungsakt geht Lothar Rathmann auf die zukünftige Aufgabenstellung des Nationalkomitees ein, nämlich "die Entwicklung dieser (der Asien-, Afrika- und Lateinamerikawissenschaften - U.v.d.H.) unterdessen gewachsenen und gestärkten Wissenschaftsdisziplinen maßgeblich zu fördern und sie zum Nutzen des realen Sozialismus und aller antiimperialistischen Kräfte auf internationaler Ebene leistungsstark zu vertreten".[48] Konkret sollten etwa die Verbindungen mit nationalen wissenschaftlichen Institutionen, aber auch mit denen im Ausland sowie mit internationalen und zwischenstaatlichen Institutionen gesucht und gestaltet werden. Zweitens strebte man vor allem ein Zusammenwirken mit wissenschaftlichen Institutionen, Organisationen oder Gremien der Entwicklungsländer an. Drittens sollten die Kongreßveranstaltungen und -besuche koordiniert werden, die Funktion übrigens, in der das Komitee für den Afrikawissenschaftler in der DDR am ehesten in Erscheinung trat. Viertens sollte vor allem die "Analyse von Grundtendenzen der internationalen Wissenschaftsentwicklung auf dem Gebiet der Asien-, Afrika- und Lateinamerikawissenschaften unter Ableitung konkreter Schlußfolgerungen für die weitere Entwicklung und Profilierung" des Wissenschaftsbereiches erfolgen.[49] Man wolle, so führte Rathmann aus, mit dem ZENTRAAL kooperieren, ebenso mit dem Wissenschaftlichen Beirat für Asien-, Afrika- und Lateinamerikawissenschaften beim Ministerium für Hoch- und Fachschulwesen. Die Rede Rathmanns enthält die einzige veröffentlichte Aussage zur Kompetenzaufteilung der genannten Institutionen und soll wegen ihres Seltenheitswertes hier zitiert werden:

> "Während dem ZENTRAAL mit seinen Arbeitsgruppen und Publikationsorganen die Themenbestimmung der Forschung und die Verteidigung ihrer wichtigsten Ergebnisse sowie die wissenschaftspolitische Führung unserer Mitarbeit in der multilateralen Problemkommission der Akademien der sozialistischen Länder, also eine in hohem Maße forschungskoordinierende Funktion obliegt, und während die Aktivitäten des Wissenschaftlichen Beirates für Asien-, Afrika- und Lateinamerikawissenschaften beim Ministerium für Hoch- und Fachschulwesen vorrangig auf die Erfüllung unseres Erziehungs- und Bildungsauftrages und die weitere Profilierung unseres Wissenschaftspotentials im Bereich des Hochschulwesens zielt, wird die Tätigkeit des Nationalkomitees darauf gerichtet sein, die

---

[47] Nationalkomitee (1980): 229.

[48] Nationalkomitee (1980): 232f.

[49] Nationalkomitee (1980): 235.

internationale Ausstrahlungskraft der Asien-, Afrika- und Lateinamerikawissenschaften unserer Republik wirksam zu erhöhen."[50]

2.7 Studienbedingungen, Studieninhalte und Studienplanung

Zum Ende der DDR verfügten die Regionalwissenschaften allein an den Universitäten in Berlin, Leipzig, Halle und Rostock über 40 Lehrstühle und 43 Hochschuldozenturen.[51] Seit 1980 waren 18 Professoren und 27 Dozenten an den relevanten Sektionen der genannten vier Universitäten neu berufen worden. Seit Mitte der 70er Jahre, dem Inkrafttreten des entsprechenden Studienplanes für das Grundstudium Regionalwissenschaften[52], beendeten 845 Studenten ihre Ausbildung. Bemerkenswert ist dabei die Anzahl der in der universitären Ausbildung vermittelten Sprachen, in denen im allgemeinen ein hoher Grad aktiver Beherrschung erreicht wurde. Im Studienjahr 1982/83 waren es zum Beispiel in der Grundstudienrichtung Regionalwissenschaften 36 Sprachen; in der Grundstudienrichtung Sprachmittler waren es im gleichen Jahr 24 Regionalsprachen.[53]

Laut dem letzten gültigen "Studienplan für die Grundstudienrichtung Regionalwissenschaften"[54] aus dem Jahre 1983 sah die regionalwissenschaftliche Ausbildung ein fünfjähriges Studium in zehn Fachrichtungen vor. Für alle verbindlich war das Lehrgebiet "Grundprobleme der nationalen und sozialen antiimperialistischen Befreiungsbewegung", das zum einen im wesentlichen eine politikwissenschaftliche Einordnung der in der Spezialisierung gewählten Region oder des Landes vornahm, zum anderen die Probleme der Dritten Welt in globaler Sicht in den revolutionstheoretischen Kontext stellte.

Begleitet wurde die Planung, Durchführung und Kontrolle des regionalwissenschaftlichen Studiums durch die bereits erwähnten Beiräte. Am 30. März 1960 fand die erste Sitzung eines provisorisch gebildeten Fachrichtungsrates für Asien- und Afrikawissenschaften statt.[55] Dieser Vorstoß und seine schrittweise Realisierung ließen das "Leipziger Modell" der Afrika- und Nahostwissenschaften als besonders vorbildlichen und nachahmenswerten Prototyp der Entwicklung der Regionalwissenschaften oder, wie sie damals noch hießen, der Länder-

---

[50] Nationalkomitee.

[51] Die im folgenden genannten Zahlen sind entnommen aus Voigt et al (1989): 792f.

[52] Vgl. Ministerrat der DDR (1974).

[53] Die Zahlen schließen die Fachrichtung Nordeuropawissenschaften in Greifswald mit ein.

[54] Ministerrat der DDR (1983).

[55] Vgl. SAPMO, BArch, ZPA, JIV 2/9.04/248, Bl. 165ff.: "Protokoll der ersten Sitzung des provisorischen Fachrichtungsrates für die Asien- und Afrikawissenschaften an der Karl-Marx-Universität, Leipzig 30.3.1960".

wissenschaften in der DDR erscheinen, der allen anderen Universitäten als verbindlicher Maßstab vorgegeben wurde.[56] Realisiert wurden diese Maßgaben jedoch in unterschiedlichem Ausmaß.[57]

Einen wesentlichen Einfluß auf die Gestaltung und die Ausrichtung des Studiums hatte der bereits erwähnte Wissenschaftliche Beirat für Asien-, Afrika- und Lateinamerikawissenschaften[58] beim Ministerium für Hoch- und Fachschulwesen der DDR. Ihm kam die Aufgabe zu, als beratendes Organ des Ministers zu fungieren. Vor allem wurden koordinierende und anleitende Funktionen übernommen, um die Einheit von Forschung und Lehre sowie der dialektischen Wechselwirkung zwischen der Ausbildung politisch und fachlich qualifizierter Kader und hohen wissenschaftlichen Leistungen in der Forschung zu garantieren, heißt es in einer Selbstdarstellung.[59] Weiter wird zu den Aufgaben ausgeführt, daß die beiden grundlegenden und in ihrer Erfüllung sich gegenseitig beeinflussenden Schwerpunkte der Arbeit des Beirates darauf hinauslaufen, zum einen wissenschaftlich begründete und langfristig gültige Dokumente für die Erziehung und Ausbildung auszuarbeiten und zu beraten, um die grundsätzlichen Ziele und Inhalte einheitlich zu fixieren und das breite Spektrum aller Ausbildungsmöglichkeiten in dem verzweigten, vielseitigen Gebiet der Regionalwissenschaften entsprechend den vielfältigen Bedürfnissen der Praxis und unter Sicherung der notwendigen Elastizität auf einer zuverlässigen Basis auszuschöpfen, und sich zum anderen ausgehend, von der Tatsache, daß der größte Teil der Asien-, Afrika- und Lateinamerika- sowie der Nordeuropawissenschaftler und Ethnographen an den Universitäten, Hochschulen und Museen der DDR konzentriert ist, kontinuierlich mit den Ergebnissen der wissenschaftlichen Forschungstätigkeit zu befassen, den Stand der Wissenschaftsentwicklung einzuschätzen und in Form von Wissenschaftskonzeptionen entsprechende Schlußfolgerungen und Maßnahmen zu empfehlen.

Auf diesem Fundament erfuhr die Aufgabenstellung des Beirats 1977 folgende Konkretisierung:

- Erarbeitung und Beratung von Studienplänen und Lehrprogrammen für die Erziehung, Aus- und Weiterbildung;

---

56 Vgl. Kubitscheck (1996): 27.

57 Vgl. Kubitscheck (1996): 28.

58 Der Beirat war aus dem Beirat für Länderwissenschaften hervorgegangen, der im Dezember 1962 aus dem Beirat für Asien- und Afrikawissenschaften entstanden war. Vgl. SAPMO, BArch, ZPA, JIV 2/9.04/249 (o.P.): Brief vom Staatssekretariat an das ZK, 22.11.1962.

59 Vgl. Barthel/Gaudes: 659.

- Einschätzung des politisch-ideologischen und wissenschaftlichen Niveaus der Erziehung, Ausbildung und Forschung sowie der öffentlichen Wirksamkeit in Publizistik und Kritik, Erarbeitung von Schlußfolgerungen zur Erhöhung dieses Niveaus;
- Auswertung der Erfahrungen der Sowjetunion und anderer sozialistischer sowie der Länder der nationalen Befreiungsbewegung für die Erziehung, Aus- und Weiterbildung, Forschung und Wissenschaftsentwicklung;
- Beratung von Entwicklungsproblemen der asien-, afrika-, lateinamerika- und nordeuropawissenschaftlichen Disziplinen an den Universitäten, insbesondere zur Entwicklung des wissenschaftlichen Profils der Sektionen und des Forschungspotentials;
- Diskussion von Fragen der kurzfristig und längerfristig zu lösenden Aufgaben in der Entwicklung der Kader.[60]

Während der ZENTRAAL auch für die Akademien in der DDR zuständig war, was insbesondere an der AdW auf Kritik stieß[61], konzentrierte sich der im Jahre 1977 wiederberufene Wissenschaftliche Beirat vornehmlich auf die Universitäten. Dem Vorsitzenden des Beirates waren zwei Stellvertreter zur Seite gegeben; einer für Forschung und Wissenschaftsentwicklung und einer für Erziehung und Ausbildung. Beigeordnet waren dem Rat mehrere ständige Kommissionen für "langfristige konzeptionelle Arbeit auf speziellen Gebieten", wie die für Nordeuropawissenschaften, für Ethnographie, für Sanskrit-Studien oder Buddhologische Studien.[62] Hauptaufgabe in den ersten Jahren seiner Existenz war die Erarbeitung eines präzisen Studienplanes für die Grundstudienrichtung Regionalwissenschaften. Mit dem Studienjahr 1974/75 wurde der vom Minister für Hoch- und Fachschulwesen bestätigte Studienplan an allen regionalwissenschaftlichen Sektionen verbindlich eingeführt. Damit waren die Grundlagen gelegt für einen einheitlichen Ausbildungsgang "nach gültigen Normen für die inhaltliche Gestaltung und den organisatorischen Ablauf des Studiums, ohne dabei die Besonderheiten einzelner Fachrichtungen oder die erforderliche Disponibilität der Absolventen außer acht zu lassen".[63]
Um der Fächerbreite der Regionalwissenschaften eine Grundlage zu geben, wurde im Studienplan festgehalten, daß die "vielfältigen Besonderheiten und breite Fächerung der Grundstudienrichtung Regionalwissenschaften in fachspezifischer und regionaler Hinsicht ... im Interesse gesamtgesellschaftlicher, volkswirtschaftlicher, aber auch wissenschaftlicher Belange eine angemessene Beweglichkeit

---

60 Vgl. Barthel/Gaudes: 660.

61 Vgl. z.B. Archiv der Berlin-Brandenburgischen Akademie der Wissenschaften: Akte Nr. A 467 (nicht pag.): undatierte Aktennotiz.

62 Barthel/Gaudes: 661.

63 Barthel/Gaudes: 662.

und Elastizität im Aufbau und Ablauf des Studiums" erfordern. "Gegebenenfalls wird diesen Belangen durch Sonderstudienplätze, die im Einklang mit den Prinzipien des vorliegenden Studienplanes stehen, Rechnung getragen."[64]
Zu Beginn der 80er Jahre erschien dann in der Zeitschrift "asien-afrika-lateinamerika" eine neue, konkretisiertere Version der Aufgaben des Wissenschaftlichen Beirates, die in dieser Form bis zum Ende der DDR Bestand hatten. Es heißt dort, zu seinen "allgemeinen Aufgaben" gehört:

- die Qualität der kommunistischen Erziehung in engem Zusammenwirken mit dem marxistisch-leninistischen Grundlagenstudium zu erhöhen,
- das theoretische und methodologische Niveau der fachlichen Ausbildung zu steigern, die Ausbildungsmethoden zu vervollkommnen, die Leistungsfähigkeit und Eigenverantwortung der Studenten zu stärken,
- die Dialektik von Einheitlichkeit und Differenziertheit in allen Ausbildungsphasen konsequent zu beachten und durchzusetzen,
- den Übergang von der Erweiterten Allgemeinbildenden Polytechnischen Oberschule zur Hochschule unter Berücksichtigung ihrer Umstrukturierung vollkommener zu gestalten,
- die Lenkung von Absolventen zu verbessern,
- die Weiterbildung zu einem wirksamen Instrument der ständigen Qualifizierung der in der Praxis wirkenden Absolventen zu machen.[65]

3 Möglichkeiten und Bedingungen der Interaktion: Die Widerspiegelung der Afrikaforschung im Afrikabild der DDR-Bevölkerung

Die "multidisziplinäre Afrikanistik" in der DDR hat nicht nur in der wissenschaftlichen Forschung und bei der Ausbildung von Studenten Spuren hinterlassen, sondern auch bei denjenigen gesellschaftlichen Institutionen, die man als Mittler zwischen Wissenschaft und Bevölkerung bezeichnen kann.
Die Hochschulpolitik der DDR auf dem Gebiet der Afrika- und darüber hinaus der gesamten Regionalwissenschaften, hatte kaum zu überschätzende Auswirkungen auf das Bild Afrikas in der DDR-Bevölkerung. Vor allem im pädagogischen Bereich haben die über den Süden Afrikas arbeitenden Wissenschaftler der DDR mit unzähligen Vorträgen und populärwissenschaftlichen Artikeln und Büchern[66] ihre Verdienste bei der Darstellung der historischen Entwicklung, der

[64] Ministerrat der DDR (1974): 16.
[65] Preissler (1981): 906.
[66] Vgl. z.B. Reintanz (1969); Villain (1961); Loth (1977); Magubana (1983).

ethnischen Zusammensetzung und der politischen Verhältnisse im Süden Afrikas. In bezug auf das südliche Afrika lag der politische Auftrag und der Schwerpunkt der Tätigkeit in der populärwissenschaftlichen Arbeit zur Förderung des Solidaritätsgedankens, in der Aufklärung der Apartheid-Verbrechen[67] und die Unterstützung des Apartheidregimes seitens der Bundesrepublik[68] und anderer westlicher Staaten[69].

Neben der propagandistischen Ausschlachtung der auch innerhalb der Bundesrepublik selbst auf Kritik stoßenden engen staatlichen Beziehungen zwischen Bonn und Pretoria[70] wurden in der DDR zugleich die ersten Arbeiten mit historischem Anspruch publiziert. Dies waren vor allem Untersuchungen zur deutsch-südafrikanischen Beziehungsgeschichte: z.B. zur etwas einseitig ausgelegten destruktiven Rolle deutscher Missionsgesellschaften in Südafrika[71], oder zur Wirtschaftsgeschichte, wobei auch hier die Verflechtung deutscher und südafrikanischer Kapitalinteressen im Mittelpunkt stand.[72]

Der Apartheidstaat Südafrika selbst und seine Methoden zur Unterdrückung der schwarzen Bevölkerungsmehrheit war von Beginn an ein wichtiger Forschungsschwerpunkt. Im Mittelpunkt standen Fragestellungen zum Wesen und Charakter des Apartheidstaates, zu inneren ökonomischen Problemen einzelner Staaten (hier insbesondere solche im Landwirtschaftssektor), zu rechtswissenschaftlichen und wirtschaftshistorischen Themenbereichen, zur Haltung internationaler Organisationen zu den Problemen im Süden Afrikas sowie zum staatsmonopolistischen Charakter der Wirtschaft der Republik Südafrika. Ein weiteres wichtiges Thema war natürlich die Entwicklung der Südafrikanischen Kommunistischen Partei.[73] Während des gesamten Zeitraums der Existenz der "DDR-Südafrikawissenschaften" wurde über diese Themenbereiche geforscht.[74]

---

67 Vgl. z.B. Schüler (1961); Mabhiba (1963); Apartheit (1967); Domaracczyk/Wojcik (1976).

68 Vgl. z.B. Czaya (1964); Babing (1973); ders. (1967); ders. (1968): 1109ff.; Denkschrift (1967); Denkschrift (1964); Against Racism (1968); Kramer (1971): 29ff.; von Frankenberg (1964): 108ff.

69 Vgl. z.B. Weinberger (1978).

70 Vgl. z.B. die neueste Untersuchung von Wenzel (1994); Falk (1985); Kündigt das Kulturabkommen (1984); Bley/Tetzlaff (1978).

71 Vgl. z.B. Loth (1963); ders. (1960); ders. (1960a): 59ff.; ders. (1976): 587ff.

72 Vgl. z.B. Weinberger (1978); dies. (1971): 75ff.; dies. (1991): 9ff.; Schmelzer (1965).

73 Vgl. z.B. Müller (1971): 67ff.; ders. (1971a): 221ff.; Brade (1975): 448ff.; Lerumo (1973); Dokumente (1984).

74 Als vom 22. bis 25. Mai 1968 in Berlin eine vom ZENTRAAL veranstaltete Konferenz zum Thema "Gegen Rassismus und Neokolonialismus, für die Befreiung des Südens Afrikas" stattfand, wurden die dort im Mittelpunkt stehenden und diskutier-

Die portugiesischen Kolonien Angola und Mocambique, aber auch das damals von Südafrika besetzte, heutige Namibia fanden erst zu einem späteren Zeitpunkt größere Beachtung seitens der DDR-Südafrikawissenschaft[75]. Lediglich der Phase der deutschen Kolonialherrschaft in Ostafrika, also in den späteren selbständigen Staaten Tansania, Rwanda und Burundi, wurde im Ergebnis der "Aufarbeitung" der kolonialen Vergangenheit des deutschen Kaiserreiches Aufmerksamkeit geschenkt. Als erste beschäftigten sich Kurt Büttner[76] und Fritz-Ferdinand Müller[77] mit diesem Teil Afrikas. Später folgten Jürgen Herzog[78] und andere Historiker[79].

3.1 Afrikawissenschaft und die Ausbildung von Ausländern in der DDR

Das große Interesse an den unterschiedlichsten Problembereichen des südlichen Afrika ist nicht verwunderlich, wenn man bedenkt, daß das Bild des DDR-Bürgers von der Welt neben den Informationen aus den elektronischen Medien fast ausschließlich durch jene Menschen gezeichnet wurde, die vermutlich oder wirklich die Welt - in diesem Falle Afrika - kennengelernt hatten. Viel einfacher und effektiver wäre es sicherlich gewesen, wenn der interessierte DDR-Bürger - auch der Wissenschaftler - den direkten Kontakt zu den im Lande weilenden Ausländern gesucht hätte. Vielfach ist dies auch geschehen, vor allem natürlich dort, wo der Kontakt durch Studien- und Arbeitsverhältnisse oder durch gemeinsames Wohnen in Studentenwohnheimen oder Arbeiterunterkünften gegeben war. Aber für diejenigen DDR-Bürger, die außerhalb solcher Zentren lebten, war die Aufnahme von persönlichen Kontakten mit Menschen aus Afrika nicht immer einfach. Hinderlich war neben den zu überwindenden bürokratischen Hürden die vor allem in den 80er Jahren übliche kasernierte Unterbringung der Afrikaner in Internaten und Wohnheimen. So war es selbst für denjenigen DDR-Bür-

---

ten "thematischen Schwerpunkte" wiedergegeben als: Der Weltimperialismus und Südafrika, unter besonderer Berücksichtigung des westdeutschen Imperialismus und die Rolle des sogenannten weißen Blocks in Südafrika im Rahmen der imperialistischen Globalstrategie; das System der kolonialen Ausbeutung im Süden Afrikas aus ökonomischer, politischer und ideologischer Sicht; die nationale Befreiungsbewegung im südlichen Afrika, vgl. Weinberger (1968): 1475.

75 Einzige nennenswerte Ausnahme war die von Horst Drechsler erstellte, von der UNESCO später in mehrere Sprachen übersetzte Monographie. Vgl. Drechsler (1966).

76 Büttner (1959).

77 Müller (1959); ders. (1962).

78 Vgl. z.B. Herzog (1975).

79 Vgl. z.B. Loth (1968); Helbig (1968); Büttner/Loth (1981).

ger, der sich in der Solidaritätsarbeit engagierte und den persönlichen Kontakt vor allem aus diesem Grund zu Afrikanern suchte, nicht immer einfach. Wie alle anderen unterlag der Wissenschaftler, der permanente wissenschaftliche oder persönliche Kontakte zu afrikanischen Kollegen pflegte oder pflegen wollte, der Genehmigungspflicht - und vermutlich auch der Kontrolle - durch staatliche Institutionen. Diese restriktiven Bestimmungen behinderten letztlich einen kollegialen oder freundschaftlichen Umgang mit den in der DDR lebenden Afrikanern, selbst mit denjenigen, die aus "befreundeten" Ländern oder Befreiungsorganisationen kamen. Wohl kaum 0,2 Prozent der "ausländischen Wohnbevölkerung in der DDR" stammten - mit Ausnahme von Angola und Mocambique - Ende der 80er Jahre aus den Ländern im Süden Afrikas. Aus den beiden ehemaligen portugiesischen Kolonien betrug der Anteil allerdings 8,8 Prozent.[80]

Über 200 ANC-Mitglieder erhielten noch am Ende der DDR eine Berufsausbildung, davon studierten 60 an Hoch- und Fachschulen. Insgesamt studierten im Jahre 1988 mehr als 800 Studenten aus den sogenannten Frontstaaten im Süden Afrikas bzw. von dortigen Befreiungsbewegungen an Hoch- und Fachschulen der DDR. Jährlich wurden für ihre Ausbildung 16 Millionen Mark ausgegeben. Die Ausgaben für die Berufsausbildung lagen mit 20 Millionen Mark noch höher. Nicht berücksichtigt sind hier die 13 000 Mocambiquaner, die in DDR-Betrieben arbeiteten. Diese Arbeiter, die ursprünglich eine Berufsausbildung erhielten, wurden in den 80er Jahren zunehmend eingesetzt, um das Arbeitskräftedefizit in der DDR-Wirtschaft auszugleichen. Auch in anderen Bereichen war die DDR-Hilfe für Afrikaner, vor allem aus dem südlichen Afrika, zu spüren. Allein die SWAPO bekam von der DDR seit den 70er Jahren bis 1989 insgesamt 1250 Ausbildungsplätze an Hoch- und Fachschulen sowie in der Berufsausbildung zur Verfügung gestellt. Ausgebildet wurden auch "politische Kader" an Parteischulen der SED sowie an Schulen der Gewerkschaften und der FDJ. In den Frontstaaten selbst befanden sich mehr als 200 DDR-Experten im Einsatz, für die jährlich sieben Millionen Mark ausgegeben wurden.

Im Jahre 1990 studierten an den Hochschulen und Universitäten der DDR außer den genannten Südafrikanern noch 1149 Studenten aus Afrika südlich der Sahara, davon 143 aus Mocambique und 137 aus Angola. Die wenigsten afrikanischen Studenten absolvierten in der DDR ein afrikabezogenes geistes- oder sozialwissenschaftliches Studium, wenngleich es auch dies gab. Zu den bekanntesten Ausnahmen gehörte Francis Meli, der in Leipzig promovierte, später eine vielbeachtete Geschichte des ANC schrieb[81] und Herausgeber des offiziellen Organs

---

[80] Vgl. Elsner/Elsner (1992): 59.

[81] Meli (1988).

des ANC "Sechaba" wurde. An der Karl-Marx-Universität Leipzig wurden noch einige weitere afrikabezogene Dissertationen von Südafrikanern verteidigt.[82]
Nach der Beseitigung der portugiesischen Kolonialherrschaft in Angola und Mocambique wurden Kontakte zwischen Wissenschaftseinrichtungen der beiden afrikanischen Länder und der DDR geknüpft - die einzige Möglichkeit zu staatlich regulierter Zusammenarbeit mit entsprechenden Institutionen im Süden Afrikas -, doch lag der Schwerpunkt der Zusammenarbeit eher auf Parteiebene. Mocambiquaner und Angolaner studierten nicht nur an zentralen, sondern auch an bezirklichen Parteischulen der SED. Das Ausmaß dieser Ausbildungen, die oftmals mit der Promotion abgeschlossen wurden, ist bislang noch nicht erforscht worden. Auch die bearbeiteten Themen, die anschließende Funktion der in der DDR Ausgebildeten in der Heimat und weitere Fragen harren noch einer Antwort. Aber vielleicht mag die folgende Aufstellung einen kleinen Einblick in das Ausmaß solcher Art Unterstützung auf der Ebene der "Parteibeziehungen" geben, die zumindest mittelbar mit der Afrikawissenschaft in Berührung standen. Aus einer Vorlage für das Sekretariat des ZK der SED unter dem Titel "Lehrgänge zur marxistisch-leninistischen Qualifizierung von Kadern entwickelter kapitalistischer Länder, revolutionär-demokratischer Parteien, national-demokratischer Parteien und Bewegungen Afrikas, Asiens und Lateinamerikas an der Parteischule 'Karl Liebknecht' beim ZK der SED und an Bezirksparteischulen der SED im Jahre 1987" geht hervor, daß im viertletzten Jahr des Bestehens der DDR eine nicht unbeträchtliche Zahl von "Kadern" aus Afrika südlich der Sahara in der DDR geschult wurden.[83]

- Bezirksparteischule Cottbus: 20 Genossen des PNDC (Ghana), 5 Genossen des APC (Sierra Leone), 2 Genossen der SPFF (Seychellen), 2 Genossen der KP Lesothos
- Bezirksparteischule Dresden: 30 Genossen ZANU-PF (Simbabwe)
- Bezirksparteischule Erfurt: 10 Genossen MPLA-PdA (Angola), 5 Genossen Frelimo-Partei (Mocambique), 5 Genossen PAJGV (Guinea-Bissau), 5 Genossen PAJCV (Kapverden), 5 Genossen MLSTP (Sao Tomé und Principe)
- Bezirksparteischule Frankfurt/O.: 10 Genossen AKFM (Madagaskar), 10 Genossen AREMA (Madagaskar), 5 Genossen UPRONA (Burundi)
- Bezirksparteischule Bad Blankenburg: 34 Genossen WPE (Äthiopien)
- Bezirksparteischule Ballenstedt: 20 Genossen KP Sudans, 33 Genossen WPE (Äthiopien)

[82] Vgl. u.a. Neame (1976); Meimang (1985).
[83] Die Lehrgänge dauerten vom September 1987 bis Juli 1988 bzw. vom Juli 1987 bis Ende Juli 1988.

- Bezirksparteischule Mittweida: 33 Genossen WPE (Äthiopien)
- Bezirksparteischule Magdeburg: 30 Genossen des ANC (Südafrika),
- Bezirksparteischule Neubrandenburg: 30 Genossen UNIP (Sambia)
- Bezirksparteischule Rostock: 30 Genossen SWAPO (Namibia)
- Bezirksparteischule Schwerin: 10 Genossen CNR (Burkina Faso), 10 Genossen PVRB (Benin), 10 Genossen UDPM (Mali)

Die Kosten für diesen Lehrgang, zu dem noch etwa einmal so viele Teilnehmer aus Skandinavien, Westeuropa, dem arabischen Raum und Lateinamerika kamen, betrugen für die Hauptkasse des ZK der SED neun Millionen Mark. Da das Lehrpersonal in den Bezirksparteischulen mit den ökonomischen, sozialen und politischen Bedingungen der Herkunftsländer der Kursteilnehmer in aller Regel nicht vertraut war und auch "die Ziele und Kämpfe der betreffenden Parteien, Organisationen und Bewegungen" nicht kannten, wurden Mitarbeiter der Abteilung Internationale Verbindungen des ZK der SED in die Bezirke geschickt, um die späteren Lehrer der Afrikaner erst einmal in die Thematik einzuweisen.[84] Wissenschaftler, die sich mit den aktuell-politischen Entwicklungen in den Ländern Afrikas befaßten, wurden in begrenztem Maße hierfür ebenfalls herangezogen. Über die Ergebnisse der Lehrgänge bzw. deren Effizienz liegen keine konkreten Angaben vor.

3.2 Der politische Auftrag der Afrikawissenschaft

Die Kontakte und Beziehungen der DDR-Bevölkerung zu den Ausländern waren trotz Ausnahmen[85] relativ zentralisiert, standen weitgehend unter der Aufsicht der Partei und waren demzufolge recht lose und oftmals nur oberflächlich. Das machte sich besonders in der Erziehung der Kinder bemerkbar und hinterläßt im Osten Deutschlands bis heute Spuren.[86] Diese Feststellung bedeutet jedoch nicht, daß es zwischen Afrikanern und DDR-Bürgern keinerlei persönliche Kontakte oder Freundschaft gegeben hätte.[87]

In diesem Kontext sind auch die großen Bemühungen der DDR-Afrikawissenschaftler zu sehen, der DDR-Bevölkerung die Kultur, Mentalität und Geschichte

---

84 SAPMO, BArch, ZPA, JIV 2/3A/4520.

85 Vgl. z.B. Althausen (1993): 63ff.; Schulze (1993): 209ff.; Wolff (1994): 122ff.; Heberstreit (1994): 226ff.; Schmidt (1988): 93.

86 Vgl. Führing (1995): 2ff.

87 Vgl. z.B. die in Interviews geäußerten unterschiedlichen Erfahrungen von afrikanischen Bürgern in der DDR in: Gudat/Ilal (1994): 215ff.; dies. (1993). Siehe auch die Reaktion auf die von Mocambiquanern vorgebrachte Kritik durch eine DDR-Pädagogin: Schnittner (1995): 11.

der Menschen vom fernen schwarzen Kontinent näherzubringen. Denn neben akademischer Lehre und Forschung wurde immer wieder von den Wissenschaftlern eine effektive Öffentlichkeitsarbeit zu den Problemen des afrikanischen Kontinents eingefordert. Diese reichte von der Organisation und Beteiligung an Solidaritätsveranstaltungen, Spendensammlungen und anderer Formen der Solidaritätsarbeit[88] bis hin zur Aufforderung, neben den akademischen Forschungsergebnissen auch populäre Darstellungen zu veröffentlichen. Gerade die Anstrengungen der Wissenschaftler auf dem Gebiet der populärwissenschaftlichen Wissensvermittlung in Form der Publikation relevanter Bücher ist vor dem Hintergrund des chronisch an Papiermangel leidenden Verlagswesens nicht hoch genug einzuschätzen. Schon im Jahre 1962 wurde an der Karl-Marx-Universität Leipzig für die Wissenschaftler neben den Pflichten in Forschung und Lehre auch die "bedeutungsvolle Aufgabe" festgeschrieben, "die massenwirksame populärwissenschaftliche Arbeit mit dem Ziel" zu übernehmen, "die Werktätigen der DDR mit den Problemen Afrikas allseitig vertraut zu machen und ein wissenschaftliches Afrikabild zu verbreiten".[89]

Genutzt wurde der Auftrag, der auch als eine Möglichkeit zur Verbreitung wissenschaftlicher Forschungsergebnisse verstanden wurde, in recht breitem Maße, so daß sich 1982 das Ministerium für Hoch- und Fachschulwesen genötigt sah, eine spezielle Verordnung zu erlassen, die die "Öffentlichkeitsarbeit" regeln sollte.[90] Festgelegt wurde, daß die Förderung der Öffentlichkeitsarbeit ein wichtiges Anliegen der wissenschaftlichen Institutionen sei und natürlich den Interessen der DDR dienen müsse. Es hieß, daß die Öffentlichkeitsarbeit "immanenter Bestandteil des politischen, wissenschaftlichen und geistig-kulturellen Lebens der Einrichtungen" und "in Verbindung mit der Forschungsarbeit durchzuführen" sei.[91] Besonderer Wert wurde auf die genaue Planung der Öffentlichkeits- und Publikationstätigkeit gelegt. (Paragraph 5, Absatz 4). Neben den Planungsgrundlagen, zu denen "zentrale Pläne und Beschlüsse", "Vorgaben der Leiter" sowie "Vorschläge der wissenschaftlichen Gremien" gehörten, wurden sogenannte "Initiativen der Wissenschaftler" zugelassen[92], die in der Praxis indes die meisten Aktivitäten auslösten.

In der genannten Verordnung sind auch die restriktiven Festlegungen über die Veröffentlichungsmodalitäten festgeschrieben. So mußte beispielsweise jeder

---

[88] Vgl. z.B. die propagandistisch angelegte, jedoch die Breite der Solidaritätsarbeit erfassende, vom Solidaritätskomitee der DDR (1989).

[89] Brauner (Autorenkollektiv) (1985): 532.

[90] Vgl. Ministerium (1982).

[91] Ministerium (1982): 2f.

[92] Ministerium (1982): 4.

von einem Wissenschaftler für eine Veröffentlichung in einer Tageszeitung gedachte Artikel von seinem Dienstvorgesetzten genehmigt werden.[93] In den meisten Fällen hielt man sich nicht an diese Festlegungen, dennoch gab es Vorgänge, die die Einholung der Genehmigung des staatlichen Leiters erforderten. Vor allem galt dies für Publikationen im Ausland.[94]
Konnten im Interesse einer Publikationstätigkeit auf populärwissenschaftlichem Gebiet (dies galt nicht für Monographien) die Bestimmungen oftmals unterlaufen oder ignoriert werden, so waren die Festlegungen in bezug auf Veröffentlichungen im Ausland für jeden Wissenschaftler Gesetz, wollte er nicht Gefahr laufen, strafrechtlich zur Verantwortung gezogen zu werden. So mutete es schon damals fast wie eine Groteske an, wenn der Vorsitzende des ZENTRAAL, Professor Lothar Rathmann, zugleich auch Vorsitzender des Nationalkomitees der Asien-, Afrika- und Lateinamerikawissenschaften der DDR und Rektor der Universität Leipzig sowie durch andere Funktionen vielfach priviligiert, in einer Rede Ende des Jahres 1979 behauptete: "Die Publikationstätigkeit im Ausland wurde von der Ausnahme zur Regel."[95] Vielmehr ist dem US-amerikanischen Kenner der DDR-Historiographie Georg Iggers zuzustimmen, der trotz aller erkannter Freiräume im Verlagswesen der DDR, bis hin zur Veröffentlichung von nichtmarxistischen Arbeiten in kirchlichen Verlagen und im CDU-Verlag, letztlich die Publikationsmöglichkeiten mit den Worten einschätzte: "Es blieb also wenig Raum für Dissens und Nonkonformität."[96]
Mit der Einbindung der Wissenschaftler in eine breite populäre Aufklärungsarbeit und somit in die politische Argumentationsrichtung des Staates vor allem in den 70er und 80er Jahren konnte an eine in der populärwissenschaftlichen Publizistik bereits praktizierte Verlagspolitik angeknüpft werden. Afrikanischen Themen war im DDR-Verlagswesen von Beginn an große Aufmerksamkeit zuteil

[93] Im Paragraph 8, Absatz 3 heißt es dazu: "Der Leiter der Einrichtung hat zu gewährleisten, daß der politische und fachliche Inhalt der Veröffentlichungen den Festlegungen gemäß Paragraph 3, Abs.1 und 2 entspricht." In: Ministerium (1982): 6.

[94] "Wissenschaftliche Publikationen im Ausland bedürfen der Zustimmung des Leiters der Einrichtung bzw. der von ihm dafür festgelegten Prorektoren bzw. Direktoren. Darüber hinaus haben die Autoren die Genehmigung beim Büro für Urheberrechte einzuholen bzw. die Beiträge für wissenschaftliche Fachzeitschriften beim Büro für Urheberrechte gemäß den Vorschriften des Devisenrechts anzumelden. Die Mitarbeit in internationalen und ausländischen Redaktionskollegien bedarf der Zustimmung des Leiters der Einrichtung. Voraussetzung ist die vorherige Zustimmung des Ministeriums für Hoch- und Fachschulwesen", Ministerium (1982): 5.

[95] Nationalkomitee (1980): 234.

[96] Iggers (1991): 10.

geworden. Rainer Arnold aus Leipzig argumentierte im Jahre 1985 nicht zu Unrecht, daß die Tätigkeit seines literaturwissenschaftlichen Lehrstuhles zu einer beachtlichen Devisenerwirtschaftung durch DDR-Verlage geführt habe.[97]
Neben dem finanziellen Interesse an Publikationen mit afrikanischem Bezug gab es in der Tat jedoch auch ein großes Interesse von seiten der DDR-Bevölkerung. So erschien allein zur Problematik Apartheid in Südafrika eine für DDR-Verhältnisse nicht zu unterschätzende Anzahl von Büchern, angefangen mit schöngeistigen Anthologien[98], Märchen[99], Übersetzungen politischer Literatur[100], vielgelesenen Reportagen[101] wissenschaftlichen Untersuchungen[102] bis hin zu Dokumentationen[103] und Dokumentenpublikationen[104] oder gar Kochbüchern[105]. Neben den in der DDR im eigenen Interesse herausgegebenen Publikationen wurden auch im Auftrag der von der UNO proklamierten "Decade of Action to Combat Racism and Racial Discrimination" Dokumentensammlungen erarbeitet, die internationale Beachtung fanden.[106]
Eine nicht zu unterschätzende Bedeutung hatten die Kirchen, hier vor allem die Evangelische Kirche, bei der Sensibilisierung eines Teils der DDR-Bürger für Probleme der Dritten Welt, aber vor allem auch Südafrikas.[107] Eingehendere Forschungen zum Afrikaengagement der Kirchen in der DDR stehen noch aus.[108]
Auch die ostdeutsche CDU hatte sich mit einigen Schriften zu Problemen des südlichen Afrikas, vor allem bei der Aufdeckung des verbrecherischen Charakters der Apartheid, verdient gemacht.[109]

---

97 Vgl. Archiv der Universität Leipzig: ZM 4812 (o.P.): Brief Prof. R. Arnold an Sektionsdirektor Prof. G. Kück, 27.2.1985.

98 Vgl. z.B. Arnold (1983); La Guma (1971).

99 Vgl. z.B. Wendt-Riedel (1989).

100 Vgl. zum südlichen Afrika z.B. Lerumo (1973); Bernstein (1970); Luthuli (1966).

101 Vgl. z.B. Babing/Bräuer (1982); dies. (1985); dies. (1980) (in englischer Sprache: Dresden 1981).

102 Vgl. die repräsentative, hingegen nicht den Anspruch der Vollständigkeit erhebende Übersicht von Sebald (1988): 107ff.

103 Solidaritätskomitee der DDR (1974).

104 Vgl. z.B. Dokumente zur Geschichte (1984).

105 Vgl. ANC Women (o.J.).

106 Vgl. Against Racism (1978); Against Racism (1983).

107 Vgl. insbesondere die "Informationen zum Antirassismus-Programm des Ökumenischen Rates der Kirchen", die zwischen 1971 und 1990 in 18 Heften erschienen; Adler (1985); dies. (1982); Sievers (1988).

108 Vgl. erste Einschätzungen bei Berger (1986): 31ff.; Döring/Heuer (1991): 37ff.

109 Vgl. z.B. Apartheid (1986); Boesak (1987); Antirassismus - Antiimperialismus (1971); Bassarak/Wirth (1977).

Eine wichtige Rolle bei der Förderung und Verbreitung von Wissen über Geschichte und Gegenwart Afrikas in breiten Schichten der DDR-Bevölkerung spielten die sogenannten Sachbücher. Diese basierten zu einem nicht geringen Teil auf "Vorleistungen" der Forschung oder wurden selbst von Wissenschaftlern geschrieben. Gern wurden deren Ergebnisse, vor allem die "Werke deutscher kolonialgeschichtlicher Nabelschau", die Franz Ansprenger wohl nicht zu Unrecht zum Teil "altmodisch-hausbacken" anmuten[110], mit populärwissenschaftlich empirischen Fragestellungen ausgeschmückt.
Die quellenorientierte empirische Forschung, die sowohl in wissenschaftlichen als auch in populärwissenschaftlichen Werken zum Ausdruck kam, erwies sich angesichts der auch für Wissenschaftler geltenden Reisebeschränkungen, des Fehlens der Möglichkeit zur aktiven Beteiligung an internationalen wissenschaftlichen Debatten sowie angesichts der weitgehenden Unmöglichkeit von Feldforschungen als Stärke der DDR-Forscher. Als Beispiel für eine ausgewogene Beurteilung eines "DDR-Afrika-Produkts" mag die Rezension eines in der DDR entstandenen afrikabezogenen Sachbuches herangezogen werden, in der Franz Ansprenger ausdrücklich die vermittelten "soliden Informationen" über den Lebensweg und das Werk des hier im Mittelpunkt stehenden Afrikaforschers Henry M. Stanley lobt und dann kritisch anmerkt, daß der Leser mehrmals in diesem Buch erfährt, "was Friedrich Engels über die Afrikapolitik um 1885 äußerte".[111]
Diese in einem populärwissenschaftlichen Werk erkannte Schwäche findet sich häufig in wissenschaftlichen Arbeiten wieder. Aber selbst wenn viele Arbeiten mit Zitaten der Klassiker des Marxismus-Leninismus versehen waren, sich mehr oder minder berechtigt mit der bürgerlichen Wissenschaft auseinandersetzten und immer von einem am Himmel der menschlichen Erkenntnis sich abzeichnenden Sozialismus, womöglich nach realem ostdeutschen Vorbild, als Ziel für jedwede politische oder soziale Bewegung in Afrika ausgingen, so entbehrten sie im Kern nicht der Objektivität und den allgemein anerkannten Grundsätzen einer wissenschaftlichen Arbeit.

3.3 Dogmen in der Afrikawissenschaft

Die Begrenzungen der DDR-Afrikawissenschaftler durch die Verbindlichkeit des Marxismus-Leninismus als Forschungs- und Argumentationsgrundlage sind sehr deutlich. Innerhalb dieses vorgegebenen Rahmens jedoch gab es von den Wissenschaftlern mehr oder minder stark genutzte Freiräume. Diese kreativ auszuge-

---

[110] Ansprenger (1991): 75f.

[111] Rezension von Ansprenger, Franz zu Lange (1992): 220f.

stalten lag - sicherlich abhängig von der Institution in der der Wissenschaftler arbeitete und abhängig von seinen Vorgesetzten, die zumindest größere Arbeiten laut jeweiliger "Publikationsordnung" zu begutachten, d.h. zu genehmigen hatten oder Gutachten anfordern konnten - in den Absichten und subjektiven Möglichkeiten eines jeden einzelnen Wissenschaftlers. Daß diese "Ausgestaltung" mit den Instrumentarien des Marxismus zu erfolgen hatte, war selbstverständlich. Jedoch hat Karl Marx ein analytisches Werkzeug hinterlassen, so Franz Ansprenger, "mit dem zu arbeiten keine Schande ist. Das gilt auch für die Erforschung Afrikas".[112] Trotzdem kann man sich zumindest bei einigen der afrikabezogenen DDR-Arbeiten des Eindrucks nicht erwehren, daß sie nicht, wie es schon Jürgen Kocka für die gesamten Geschichts- und Sozialwissenschaften der DDR feststellte, *"an zu viel Marxismus litten"*. Ihr Marxismus, so führt er aus,

> "erschöpfte sich häufig in der Anpassung an das durch politische Interessen verbindlich definierte marxistisch-leninistische Geschichts- und Gesellschaftsbild, das die bestehenden sozialistischen Systeme auf dem Höhepunkt der bisherigen Geschichte verordnete und die in ihnen Herrschenden damit legitimierte. Die Prämissen dieses Bildes waren der wissenschaftlichen Diskussion entzogen, es beanspruchte das Monopol, war insofern dogmatisch und wirkte wissenschaftlich primär dysfunktional. Aber oft schlug der Marxismus-Leninismus der DDR-Historiker zwar auf ihre Vor- und Nachworte, auf die große Linie ihrer Interpretation, ihre moralisch-politischen Wertungen und ihre Polemik gegen den 'Klassenfeind' im Westen durch, ihre Methoden im Einzelnen aber beeinflußte er kaum. Diese blieben häufig ganz konventionell und 'bürgerlich'. Dennoch gelang es mitunter, das Produktivitätspotential marxistischer Fragestellungen zu nutzen und Forschungsergebnisse zu erzielen, die auch außerhalb des marxistisch-leninistischen Systemzusammenhangs große Aufmerksamkeit erregten und eindeutig weiterführten."[113]

Diese globalere Einschätzung, dies sei ausdrücklich vermerkt, trifft auch auf die Afrikawissenschaften zu.

Die mit afrikabezogener Forschung befaßten Wissenschaftler lassen sich m.E. idealtypisch in zwei Gruppen einteilen: Die eine Gruppe bildeten diejenigen, die sich auf das Feld der Theorie begaben und die die originären Forschungsergebnisse anderer Wissenschaftler in ein angeblich übergeordnetes, allerdings nie verbindlich definiertes, marxistisch-leninistisches Bild von der Vergangenheit, Gegenwart und vor allem Zukunft Afrikas einzuordnen versuchten. Es waren diejenigen, die "marxistisch-leninistische Grundlagenforschung" für die Länder Afrikas betrieben und entsprechende "Überblicksdarstellungen" glaubten geben zu müssen und dabei alle gesellschaftlichen, politischen und ethnischen Erscheinungen in Afrika in ein enges Korsett des Marxismus-Leninismus zwängten.

---

[112] Ansprenger (1991): 71.

[113] Kocka (1992): 14.

Hierzu gehören auch diejenigen, die ihr Arbeitsgebiet so gut wie ausschließlich in der "Auseinandersetzung mit der bürgerlichen Wissenschaft" sahen.
Die zweite Gruppe bildeten die Historiker, Sprachwissenschaftler, Literaturwissenschaftler, Geographen, Wirtschaftswissenschaftler, Philosophen und Vertreter anderer Disziplinen, die im Prinzip ihre Forschungsergebnisse ebenso in westlichen Ländern hätten erzielen können. Sie arbeiteten mit originären Quellen und legten solide Forschungsergebnisse vor, die dem Standard internationaler Forschung entsprachen. Übersetzungen in andere Sprachen, anerkennende Rezensionen in internationalen Fachzeitschriften, Einladungen zu Vorträgen auf Grund vorheriger Veröffentlichungen zeugen davon.
Diese grobe Einteilung setzt jedoch voraus, daß die durch die Anwendung des Marxismus-Leninismus deutlich gemachten Grenzen bei einer Beurteilung berücksichtigt werden. Beachtet muß ferner werden, daß die Grenzen zwischen den beiden Gruppen oftmals fließend waren und ein und derselbe Wissenschaftler Arbeiten verfassen konnte, die beiden Kategorien zuzuordnen sind.
Auch wenn ein Großteil der Arbeiten aus der erstgenannten Kategorie häufig von anderen Wissenschaftlern der DDR nicht ernstgenommen wurde und heute in der Analyse nicht überbewertet werden sollte, so prägten diese doch das Bild der Afrikawissenschaften in der DDR entscheidend. Solchen Artikeln wurden immer herausragende Plätze in den einschlägigen Zeitschriften und Sammelbänden eingeräumt. Das für die Afrikawissenschaftler der DDR wichtigste Publikationsorgan, die Zeitschrift "asien-afrika-lateinamerika", eröffnete fast jede Ausgabe mit zwei oder drei dieser Beiträge. Den "Rest" bildeten dann die "anderen", also die substantiellen Beiträge aus den drei im Titel der Zeitschrift genannten Regionen.
Greift man beispielsweise einige Hefte des Jahrgangs 1989 heraus, so ist festzustellen, daß im ersten Beitrag des Heftes 4 von zwölf Fußnoten fünf Erich Honecker, je eine Lenin und Hermann Axen und den Autor selbst zitieren.[114] Im Heft 5 des Jahrgangs 1989 wird der Leser in einem an zweiter Stelle plazierten Aufsatz über die "Strategie und Politik der EG gegenüber den Entwicklungsländern" mit der fundamentalen Aussage überrascht: "Der 27. Parteitag der KPdSU stellte fest, daß zwischen Kapitalismus und den Entwicklungsländern und ihren Völkern 'ein neuer, komplizierter und dynamischer Komplex von Widersprüchen' entstanden ist."[115] Erst nach Beiträgen dieser Art wurden die vornehmlich historischen, literaturwissenschaftlichen, ökonomischen oder auch anderen Disziplinen zuzuordnenden Artikel plaziert.
Im Verlagswesen hatten Monographien solch allgemeinen Inhalts einen ähnlich

[114] Vgl. Winter (1989): 581ff.
[115] Eschke (1989): 798.

hohen Stellenwert inne. Die Publikation von Arbeiten der "marxistisch-leninistischen Grundlagenforschung" oder zur Geschichte der nationalen Befreiungsbewegungen bereitete in der Regel keine Schwierigkeiten, wohingegen der Druck von historischen, linguistischen oder literaturwissenschaftlichen Büchern mit dem Verweis auf Papierknappheit oft verzögert wurde.[116]

Aber auch diejenigen Afrikawissenschaftler, die in ihren Forschungsarbeiten einen übertriebenen Bezug auf den Marxismus-Leninismus ablehnten, konnten die durch den Staat gesetzten weltanschaulichen Grenzen sowie einige "Grundwerte" des Marxismus-Leninismus nicht umgehen. Diese basierten auf der "Doktrin von den drei revolutionären Hauptströmungen unserer Epoche": den von der UdSSR angeführten sozialistischen Staaten, der Arbeiterklasse in der kapitalistischen Welt und den nationalen Befreiungsbewegungen in den ehemaligen oder noch existierenden Kolonien. Diese postulierte Existenz der "drei revolutionären Hauptströmungen" bildete die Grundlage für die marxistisch-leninistische Epochendefinition, die davon ausging, daß sich weltweit der Übergang vom Kapitalismus zum Sozialismus vollzog.[117] Demzufolge war die praktische wie vermeintlich theoretische Unterstützung für diejenigen Staaten Asiens, Afrikas und Lateinamerikas besonders groß, die selbst angaben, einen sozialistischen Entwicklungsweg beschritten zu haben, oder die von DDR-Theoretikern (oder Politikern) auf diesem Wege befindlich ausgemacht wurden. Untersuchungen und Publikationen in wissenschaftlichen Zeitschriften und anderen Berichtsorganen konzentrierten sich demzufolge auf politisch-theoretische oder - weil es in der DDR keine Politologie gab[118] - eher als marxistisch-leninistische Überblicksartikel zu bezeichnende Arbeiten. In diesen Arbeiten wird in der Regel ein zunehmender Rückgang empirischer Forschungsarbeit sichtbar, der um so stärker ausfällt, je aktueller die Themen waren.

Besonders gravierend wurden die intellektuellen und wissenschaftlich-handwerklichen Defizite, wenn Themen untersucht wurden, die aktuelle "revolutionstheoretische" Aspekte zum Gegenstand hatten. Man ging in nicht wenigen dieser Arbeiten, die sich mit den Ländern der Dritten Welt befaßten, von dem Leninschen Gedanken aus, daß es keine "reinen" Revolutionen im Sinne einer unilateralen Entwicklung gebe. Besonders träfe dies auf diejenigen Revolutionstypen zu, die

---

[116] So lag zum Beispiel das druckfertige Manuskript des Buches (das später auch in Englisch und in Russisch erschienen ist) von Stoecker (1977), aus "Papiermangel" mehrere Jahre im Akademie-Verlag, bevor es fertiggestellt werden konnte. Hingegen wurden solche Bücher, wie Dummer (1989), im Verlag bevorzugt behandelt. d.h. hergestellt und ausgeliefert.

[117] Vgl. z.B. Autorenkollektiv (1980).

[118] Vgl. Adler/Reißig (1991) 5ff.; Berg et al. (1991): 5ff.

aus der nationalen Befreiungsbewegung hervorgegangen seien.[119] Mit diesen revolutionstheoretischen, abstrakten, zuweilen von der Realität in den behandelten Ländern meilenweit entfernten Darstellungen und Untersuchungen und vor allem Schlußfolgerungen wurde verstärkt seit Beginn der 80er Jahre begonnen, und man entfernte sich somit immer weiter von der empirischen Forschung. Zur Begründung wurde vorgebracht, daß die "Grundfragen" zwar zu Beginn der 70er Jahre eine teilweise erhebliche Rolle in Forschung und Publikationen der DDR gespielt hätten, die in dem als Standardwerk betrachteten, zweibändigen Werk "Grundfragen des antiimperialistischen Kampfes der Gegenwart"[120] ihren sichtbaren Ausdruck fänden, jedoch nicht weiterverfolgt worden seien. "Leider aber traten seit Mitte der 70er Jahre", so der wichtigste Vertreter dieser Auffassung von Wissenschaft, Christian Mährdel, "die komplexere Sicht und das interdisziplinäre Betrachten etwas in den Hintergrund."[121] Aus diesem Grunde wurde 1980 eine Forschungsgruppe "Nationale und soziale Bewegungen in Asien und Afrika" an der Leipziger Universität ins Leben gerufen. Sie setzte sich aus Fachvertretern aus zehn Sektionen der Karl-Marx-Universität Leipzig und 25 weiteren wissenschaftlichen Einrichtungen und "zentralen Praxisorganen" zusammen. Hinzu kamen Vertreter "aller drei Bestandteile des Marxismus-Leninismus". Die Forschungsgruppe befaßte sich mit "Übergangsformen zum Sozialismus in Asien und Afrika: Revolutionen und Revolutionsvergleich".[122] Eine solche verstärkte Hinwendung zu theoretischen Fragestellungen kann im Zusammenhang mit dem in jenen Jahren von außen festgestellten "Theorieboom" in der DDR-Wissenschaft gesehen werden.[123]

Wenn man sich die publizierten Ergebnisse etwas genauer anschaut, die zum großen Teil in den Lehrheften 4, 11 und 18 des Leipziger Zentrums für Revolutionsgeschichte (LZR) zu finden sind[124], vermag man vielleicht eher dem vernichtenden Urteil von Hellmut G. Haasis über die revolutionstheoretischen Arbeiten der "Leipziger Schule" zu folgen, wenn er in einer Rezension des von Manfred Kossok herausgegebenen Buches "Vergleichende Revolutionsgeschichte - Probleme der Theorie und Methode" urteilt, daß die komparative Revolutionsfor-

---

[119] Vgl. Hackethal/Mährdel (1982): 42ff. Siehe auch die anderen regionalwissenschaftlich ausgerichteten Beiträge in der genannten Schriftenreihe, die vom Interdisziplinären Zentrum für Vergleichende Revolutionsforschung (IZR) der Karl-Marx-Universität Leipzig herausgegeben wurden.

[120] Rathmann (Autorenkollektiv) (1974).

[121] Mährdel (1983): 5.

[122] Mährdel (1983): 5f.

[123] Vgl. Heydemann (1988): 260ff.

[124] Revolutionäre Entwicklungsformen (1985); Studien (1987).

schung sich "auf dem Holzweg systematisierender, generalisierender, diskriminierender, gar kriminalisierender Abstraktionskunst" bewegte.[125]
Das "Außenbild" der DDR-Regionalwissenschaften wurde nicht nur durch solche generalisierenden Arbeiten und deren bevorzugte Plazierung in Zeitschriften und Sammelbänden[126] bestimmt, sondern auch durch das Auftreten der sich mit diesen Themenkreisen befassenden Wissenschaftler auf internationalen Kongressen und in den von der DDR beschickten internationalen wissenschaftlichen Gremien. Im Schatten der staatlichen Aufmerksamkeit standen hingegen wichtige Gebiete wie die Afrika- und Kolonialgeschichtsschreibung, die Linguistik mit ihren nicht nur in Westdeutschland geschätzten Wörter- und Sprachlehrbüchern[127], die Literaturwissenschaft mit ihren einen breiten Interessentenkreis erreichenden Anthologien - die, wie es 1980 im Börsenblatt des Deutschen Buchhandels hieß, alle gleichlaufenden Bemühungen im Westen "in den Schatten stellte"[128] - und zum Teil für europäische Verhältnisse unikaten Analysen gegenwärtiger Literaturentwicklungen in den verschiedensten Regionen und Ländern Afrikas und die Untersuchungen zur afrikanischen Philosophie, die in Europa neben Leipzig nur noch in Wien und Rotterdam gelehrt wurde.[129] Die Vermutung liegt nahe, daß im Verlaufe des deutschen Vereinigungsprozesses und der damit einhergehenden Um- und Neustrukturierung von wissenschaftlichen Institutionen im Osten Deut-

---

[125] Haasis (1990): 254.

[126] Ein Blick lohnt sich in dieser Hinsicht z.B. in Kim (1982). Dort sind zunächst "Grundsatzartikel" von sowjetischen Wissenschaftlern, so über "Ideologische Hauptrichtungen in den Entwicklungsländern des Ostens" (L.R. Polonskaja) und "Proletarischer Internationalismus und nationale Befreiungsbewegung" (G.F. Kim), gefolgt von dem Beitrag M. Robbes über "Kollektives Selbstvertrauen", plaziert, bevor substantielle, auf Quellenauswertung beruhende Artikel folgen, so über die "Anfänge sozialistischen Denkens in Indien" von H. Krüger oder "Die Einflüsse bürgerlicher Klasseninteressen auf die Anfänge der antikolonialen Bewegung in Togo" von P. Sebald oder "Traditionen und 'Traditionalismus' in nichtproletarischen Sozialismustheorien", die J. Herzog am Beispiel Tansanias untersuchte.

[127] Vgl. z. B. Reinecke (1972); Höftmann (1963), (2. Auflage: 1967); dies. (1979), (2. Auflage: 1982, 3. Auflage 1985, 4. Auflage 1989); dies. (1972); El-Solami-Mewis (1987); Dietrich-Friedländer (1968); dies. (1974); dies. (1982); Brauner/Bantu (1964), (2. Auflage 1967); Brauner/Herms (1979), (2. Auflage 1982, 3. Auflage 1986); Brauner/Ashiwaju (1965), (2. Auflage 1966); Brauner (1974b); Richter (1987); Ashiwaju (1968), (2. Auflage 1981); Herms (1975), (2. Auflage 1981); dies. (1987); Legère (1990); Dzokanga (1979). Vgl. allein für den Zeitraum von 1950 bis 1983 die die afrikanischen Sprachen betreffenden Ausführungen bei Richter (1984): 670ff.

[128] Vgl. Becker (1980): 2076.

[129] Vgl. Hoffmann (1988): 194.

schlands diese Fachdisziplinen, von denen einige immerhin von Mitgliedern der Evaluierungskommission anfangs als "bunte Tupfer" in "interessanten Abteilungen" ausgemacht wurden[130], einfach mit "abgewickelt" wurden.

3.4 Kolonialismusforschung und politische Prioritäten

Wenngleich ebenfalls auf Aussagen des Marxismus-Leninismus beruhend, unterschieden sich spezielle Fallstudien in ihrem wissenschaftlichen Gehalt und in ihrer Interpretation doch sehr von den generalisierenden Werken - besonders denen aus dem Bereich der Geschichte der nationalen Befreiungsbewegungen. Dies trifft vor allem auf die Kolonialismusforschung zu. Mit wenigen Ausnahmen unterschieden sich die Historiker in Arbeitsweise, Methodik und Interpretation - selbstverständlich unter Beachtung der durch die wichtigsten Lehren des Marxismus-Leninismus gesetzten Begrenzungen - nicht von ihren westlichen Kollegen. Wenngleich sie ihren Untersuchungsgegenstand auch innerhalb des Marxschen formationsgeschichtlichen Schemas zu interpretieren hatten[131], denn immerhin wurde der Kolonialismus im Schnittpunkt zweier oder auch mehrerer Gesellschaftsformationen betrachtet, basierten die einschlägigen Forschungsergebnisse doch auf einer quellenorientierten Auswertung. Allerdings leisteten die Kolonialismusforscher zur theoretischen Diskussion innerhalb der DDR-Wissenschaft keinen wesentlichen Beitrag. Das heißt nicht, daß auf Konferenzen und bei nichtöffentlichen Diskussionen keine Kritik an der falschen oder nicht ausreichenden Kolonialismusinterpretation von Marx geübt wurde. Dieses in einer breiteren, wenn auch nur wissenschaftlichen Öffentlichkeit nicht zur Sprache gebracht zu haben, gehört zu den größten Fehlern und Versäumnissen der damit beschäftigten Wissenschaftler.
Der wissenschaftliche Diskurs in der DDR fand zu einem großen Teil in einem zumindest für Kollegen aus dem westlichen Ausland unzugänglichen Rahmen statt. Dazu gehörten eine ganze Reihe von wissenschaftlichen Veranstaltungen und Arbeitsgesprächen sowie die in der Regel unveröffentlicht gebliebenen Dissertationen und Habilitationen (in der DDR: Dissertation B). Auch im Vorfeld der Aufstellung wissenschaftlicher Pläne gab es oftmals konstruktive Diskussionen.
Um mehr oder minder ungestört arbeiten zu können, wurden von jedem Forscher in der DDR rituelle Bekenntnisse zum Marxismus-Leninismus erwartet. Oft waren diese notwendig, um eigene Projekte unter solch gewaltigen Worthülsen aus den Zentralen Forschungsplänen der marxistisch-leninistischen Gesellschaftswissenschaften der DDR unterbringen zu können, wie "Grundfragen des revolutio-

---

[130] Raible (1992): 58f.
[131] Vgl. Oberlack (1994): 2.

nären Weltprozesses und des antiimperialistischen Kampfes in der Gegenwart" oder "Der antiimperialistische Kampf in Asien, Afrika und Lateinamerika für Frieden, für Überwindung von Unterentwicklung und für gesellschaftlichen Fortschritt".[132] Dabei ist zu beachten, daß, mit Ausnahme der bei zentralen Institutionen der verschiedensten Stufen abzurechnenden Pläne, die Forschungsthemen von den einzelnen Wissenschaftlern oftmals selbst gewählt wurden. Dies geschah selbstverständlich in Absprache und nach der Diskussion im engeren Kollegenkreis und mit Vorgesetzten. Diese Praxis war zumindest in den 80er Jahren üblich. Es läßt sich aus den unkonkreten Formulierungen der zentralen Planvorgaben die Schlußfolgerung ziehen, daß dem wissenschaftlichen Gestaltungswillen und -vermögen keine engen Fesseln angelegt waren, sieht man vielleicht davon ab, daß die "zu planenden Projekte (...) vorrangig an ihrer Akzeptanz durch Verlage/Redaktionen/Auftraggeber aus der (politischen) Praxis" gemessen wurden.[133] Auf bestimmten Ebenen der Wissenschaftshierarchie, etwa auf der Ebene der Institutsleitungen in der AdW, wurden die Themen und die anzustrebende Gewichtung vor der Annahmebestätigung diskutiert und dann erst an übergeordnete Instanzen weitergeleitet. Wenngleich eine höhere Anbindung (d.h. höhere Planpriorität) einzelner Forschungsprojekte den betroffenen Wissenschaftler unter strengere Aufsicht und Kontrolle brachte[134], überwog doch in der Regel die vermeintliche Ehre sowie die damit verbundenen Möglichkeiten des höheren hierarchischen Ansehens wie z.B. Prämien bei Planerfüllung, eventuell Orden und Auszeichnungen, unter Umständen sogar zusätzliche Reisen zu Literaturstudien ins westliche Ausland. Es muß darauf hingewiesen werden, daß die SED-Parteiführung die Pläne als "wichtigstes Instrument" zur Unterstützung "der führenden Rolle der Partei" durch gesellschaftswissenschaftliche Forschung betrachtete, wie der damals einflußreiche Wissenschaftspolitiker Gregor Schirmer

---

[132] Zentraler Forschungsplan (1972): 169 ff; Zentraler Forschungsplan (1986): 681ff.

[133] Archiv der Universität Leipzig: ZM 4812 (o.P.): Jahresbericht 1989 der Sektion Afrika- und Nahostwissenschaften der Karl-Marx-Universität Leipzig zur Forschung.

[134] Hier sind die strenge Kontrolle der Arbeitsergebnisse, die erweiterte Rechenschaftspflicht, die Zurücksetzung von anderen Arbeiten oder Zensureingriffe zu nennen. Vgl. Verfügungen und Mitteilungen des Ministeriums für Hoch- und Fachschulwesen, Nr. 4, Berlin 1986: "Gemeinsame Anweisung über die Verteidigung von Aufgaben und Ergebnissen der Forschung vom 30. April 1986", S. 36ff. Für die AdW vgl. z.B. "Richtlinien für die Verteidigung von Projekten und Ergebnissen der gesellschaftswissenschaftlichen Forschung der Akademie der Wissenschaften der DDR" vom 30. September 1987. Vgl. Archiv der Berlin-Brandenburgischen Akademie der Wissenschaften: Akte A 359 (nicht pag.).

noch im nachhinein betont.[135] Gerade die zentralen Planvorhaben kamen unter Federführung der Abteilung Wissenschaften des ZK der SED im Zusammenwirken mit den Parteiinstituten, der Akademie der Wissenschaften, dem MHF und den Wissenschaftlichen Räten, die für jede Fachdisziplin existierten und von denen es zuletzt 27 gab, zustande. Mit der Bestätigung durch das Politbüro wurden sie verbindlich. Neben den allgemeinen Orientierungen in Gestalt von in der Regel für die Spezifik der Afrikawissenschaften nicht exakt zu definierenden Forschungskomplexen und Hauptforschungsrichtungen wurden freilich auch konkrete Projekte in Form von Büchern, internen Studien und durchzuführenden Tagungen festgelegt, die bei der Abteilung Wissenschaften des ZK der SED abgerechnet werden mußten.

Unterhalb der Zentralplanebene ließen die Pläne, so drückte es der letzte ZENTRAAL-Vorsitzende aus, selbst zeitgeschichtliche Forschungen zu, "die nicht vom MfAA initiiert oder abgesegnet worden waren".[136] Eine Abrechnung und Kontrolle war auch hier gegeben, jedoch wurden diese Mechanismen nicht so rigide gehandhabt wie bei höher angebundenen.

3.5 Das Verhältnis von Revolution und Reform in der DDR-Afrikawissenschaft

Eine besondere Bedeutung, wenn man denn eine Gewichtung der in den Plänen vertretenen einzelnen Disziplinen der Afrikawissenschaft vornehmen will, hatten diejenigen, die ökonomische Probleme zum Inhalt hatten.

Ausgehend vom Primat der Ökonomie in der Politik und deshalb angelehnt an das von S. J. Tjulpanow verfaßte politökonomische Lehrbuch "Politische Ökonomie und ihre Anwendung in den Entwicklungsländern"[137], ging auch die Afrikaforschung in der DDR in ihren theoretischen Ansätzen davon aus, es sei eine Gesetzmäßigkeit der Epoche, daß eine nationale Befreiungsbewegung im Weltmaßstab - trotz Umwegen, Stagnationen, Schwierigkeiten und Rückschlägen - ökonomische Übergangsformen zum Sozialismus schaffen würde. Der einfachste Weg hierzu wurde in Revolutionen gesehen, die für die "Sieghaftigkeit" des Sozialismus als Beweise herangezogen wurden. Die einzelnen von kolonialer Herrschaft befreiten Staaten, die "jungen Nationalstaaten", bestimmten je nach Stand der Lösung der "Klassenfrage", der dann den Staatstyp bestimmte, das Entwicklungsniveau auf dem Wege zu einer anderen, höheren Gesellschaftsformation. Sie boten allerdings kein einheitliches Bild. "Sie alle befinden sich mehr oder

[135] Schirmer (1993): 9.
[136] Barthel (1995): 38.
[137] Tjulpanow (1972).

weniger in einem Übergangsstadium von einer Gesellschaftsformation in eine andere, stehen aber an durchaus unterschiedlichen Punkten dieses Übergangs und vollziehen ihn gegenwärtig noch in unterschiedlichen Richtungen. Trotzdem ist es (...) möglich, bestimmte Grundsituationen der Klassenstruktur und des Kräfteverhältnisses festzuhalten."[138] Für Entwicklungsländer wurden gewaltfreie Reformen als Möglichkeit gesamtgesellschaftlicher Veränderungen in den DDR-Gesellschaftswissenschaften erst gegen Ende der 80er Jahre anerkannt.[139] Zuvor war man in Diskussionen zu dieser Thematik immer davon ausgegangen, daß überlieferte koloniale Strukturen nicht durch Reformen, sondern allein durch Revolutionen beseitigt werden können. Diese neue, sich nicht zuletzt aus der afrikanischen Wirklichkeit entwickelnde Erkenntnis dürfte im Zusammenhang mit der Beschäftigung mit nichtmarxistischen Forschungsansätzen entstanden sein, die sich seit etwa 1983 im Zuge der Nachrüstungsdebatte in Europa und den Überlegungen zu einer "weltweiten Koalition der Vernunft" gegen einen möglichen Nuklearkrieg, auch in den Regionalwissenschaften durchzusetzen begann. Ihren sichtbaren Ausdruck fand diese Entwicklung in der beginnenden Max Weber-Diskussion[140]. Auf dem Gebiet der Afrikawissenschaften manifestierte sie sich dadurch, daß noch Jahre zuvor geschmähte bürgerliche Wissenschaftler an Konferenzen in der DDR teilnahmen und in DDR-Zeitschriften publizierten.[141]

Da Karl Marx und Friedrich Engels noch davon ausgegangen waren, daß die politökonomischen Bedingungen für eine sozialistische Gesellschaft im Schoße des hochentwickelten Kapitalismus entstehen, der ja in Afrika nicht vorhanden war, griffen die "Überblicks"- und "Grundfragen"-Theoretiker immer stärker auf die Leninsche Revolutionstheorie zurück. Sie sah eine Möglichkeit des Übergangs von zurückgebliebenen, sozial, ökonomisch und technisch unterentwickelten Regionen zum Sozialismus ohne Durchlaufen der kapitalistischen Entwicklungsphase vor. Als historische Legitimation für die Praktikabilität dieser Theorie dienten die asiatischen Sowjetrepubliken und die Mongolei, die seit Mitte der 20er Jahre nach dem siegreichen Verlauf der Oktoberrevolution von der jungen Sowjetmacht beim "Sprung vom Feudalismus zum Sozialismus mit Bravour" entscheidend unterstützt worden waren. Auf dieser Grundlage entstand das Konzept vom "Hinüberwachsen" der nationalen Befreiungsbewegung in die sozialistische Revolution; ein Konzept, von dem angenommen wurde, daß man es bei geeigneter Unterstützung beschleunigen könne.[142] Notwendig hierfür waren ein

---

[138] Brehme (1980): 244.

[139] Vgl. z.B. Höpp (1991).

[140] Vgl. das einzige in der DDR erschienene Buch von Weber (1989).

[141] Vgl. z.B. Dammann (1988): 26ff.

[142] Vgl. Göschel (1991): 169.

Proletariat, eine Arbeiterklasse, die es allerdings in Asien und Afrika in der klassischen europäischen oder nordamerikanischen Form nicht gab. Die Arbeiterklasse, so aber die gängige Auffassung, hätte auch in den Entwicklungsländern eine historische Mission zu erfüllen. Da die Erfolge der "historischen Mission" allerdings ausblieben, wurden Schwierigkeiten und Hemmnisse ausgemacht, wie das Festhalten an traditionellen Lebens- und Denkweisen, die "die Herausbildung des Klassenbewußtseins" erschwerten. Auch andere Gründe wie Antikommunismus, materielle Korrumpierung von Teilen der Arbeiterschaft, Spaltung der Arbeiterklasse, Behinderung der Stabilisierung der Klassensolidarität und die brutale Unterdrückung der sich angeblich entfaltenden Arbeiterbewegung in Entwicklungsländern wurden hierfür angeführt.[143] Als man gegen Ende der 80er Jahre feststellte, daß die beste Theorie die Wirklichkeit nicht ersetzen kann, wurde verstärkt mit dem Argument des Prozeßcharakters der Herausbildung einer Arbeiterklasse in den Entwicklungsländern operiert.[144] Wichtig seien deshalb "revolutionäre Vorhutparteien (...), die sich auf den Marxismus-Leninismus stützen, um eine sozialistisch orientierte Entwicklung durchzusetzen".[145] Um eine Arbeiterklasse mit einer "führenden Partei" zu entwickeln bzw. zu entfalten, spiele die Industrialisierung eine entscheidende Rolle.[146]

Bargen die Publikationen über die Entstehung und Rolle der Arbeiterklasse in den Entwicklungsländern noch teilweise innovatives Gedankengut - immerhin waren dies zumeist Forschungen, die auf der Auswertung soliden Quellenmaterials entstanden und sowohl bei den Wissenschaftlern der betreffenden Länder Aufmerksamkeit als auch bei den westlichen Kollegen zumindest teilweise auf Interesse stießen und auf alle Fälle wegen der Originalität des Forschungsgegenstandes dem wissenschaftlichen Erkenntnisfortschritt dienten -, so war der Erkenntnisgewinn von Untersuchungen über die "revolutionären Vorhutparteien" in der Regel unbedeutend. Als Quellen dienten hierbei zumeist Parteiprogramme und offizielle Statements.[147] Die Autoren solcher Arbeiten waren in selteneren Fällen Historiker; in der Regel waren sie Vertreter des Forschungsgebietes Nationale Befreiungsbewegung aus Leipzig bzw. kamen aus Parteiinstitutionen. Sie paßten sich den üblichen Standards der Historiographie über die Arbeiterbewegung bzw. der Geschichte der DDR an, die ein Hinterfragen der Quellen und originäre Forschung mit kritischen Aussagen zu mit der SED befreundeten Parteien ausschloß. Kritik wurde zwar zuweilen geübt, aber dann zumeist in unveröffentlichten und vertraulich behandel-

---

143 Vgl. Hafner/Herzog (1988): 14f.
144 Vgl. z. B. Dummer (Autorenkollektiv) (1989): 13.
145 Dummer (Autorenkollektiv) (1989): 13.
146 Vgl. Kannapin (Autorenkollektiv) (1985).
147 Vgl. ein solches Beispiel bei Mährdel (1977).

ten Dissertationen oder in internen Diskussionskreisen, zu denen auch wissenschaftliche Konferenzen und Arbeitstagungen gezählt werden können; allerdings unter der Voraussetzung, daß es keine ausländischen Teilnehmer gab.

Wenngleich in engen Fachzirkeln häufig diskutiert, waren offene kritische Äußerungen über diejenigen "Vorhutparteien", die bloß vorgaben, den sozialistischen Entwicklungsweg zu beschreiten oder anzustreben, in der DDR kaum möglich. Dennoch gab es in wissenschaftlichen Publikationen seltene, eigentlich nur für Eingeweihte zu entschlüsselnde Hinweise darauf, daß man die Programmatik der sozialistischen Orientierung oder Entwicklung nicht allein für den tatsächlich eingeschlagenen Weg der Partei bzw. des Staates ansehen könne. Nicht das Bekenntnis zum wissenschaftlichen Sozialismus oder die Proklamation der Gründung einer dem Marxismus-Leninismus verpflichteten Avantgardepartei konnten entscheidende Parameter sein, sondern nur die tatsächlichen Veränderungen des Klassencharakters der Macht selbst. Zwar ist ein zeitweiliges "Auseinanderfallen von sozialer Grundlage und politischem Inhalt von Hegemonie" in den sozialistisch orientierten Staaten Afrikas unvermeidbar, langfristig könne man aber nur von einer sozialistischen Entwicklung sprechen, denn der theoretisch formulierte gesellschaftliche Führungsanspruch der Arbeiter und Bauern werde sich früher oder später verwirklichen.[148]

Das Konzept der "sozialistischen Orientierung", freilich bei zunehmender Akzeptanz auch einer kapitalistischen Entwicklungsalternative in der Dritten Welt[149], ging von einer postulierten Überlegenheit der (real-)sozialistischen gegenüber der kapitalistischen Gesellschaftsformation aus und stellte den wohl am deutlichsten ideologisch geprägten Teil der Entwicklungstheorie in der DDR dar.[150]

Trotz gegenteiliger Erfahrungen im Innern der DDR wie auch in den Entwicklungsländern selbst, kamen die Dritte-Welt-Wissenschaftler über schwache kritische Äußerungen und neue, nur vage formulierte und angekündigte Theorieansätze, etwa zur Dialektik von Reform und Revolution[151], nicht hinaus. Etwas anderes hätte unter Umständen die Negierung der als Kernpunkt der marxistisch-leninistischen Gesellschaftswissenschaft angesehene Formationstheorie, das kritische Hinterfragen des Primats der politischen Ökonomie in Geschichte und Politik sowie die Infragestellung der Theorie vom Klassenkampf zur Folge gehabt.

---

148 Hackethal/Mährdel (1982): 53.

149 Vgl. z.B. Hoffmann/Schilling (1988): 773ff., hier insbesondere: 785, wo für die "charakteristische Gesellschaftsstruktur" der "ökonomisch fortgeschritteneren Entwicklungsländer" der Begriff "abhängig kapitalistisch" oder "abhängiger Kapitalismus" eingeführt wurde.

150 Vgl. Jegzentis/Wirth (1991): 80.

151 Vgl. den von Robbe (Autorenkollektiv) (1989) herausgegebenen Sammelband.

Hieran jedoch - einschließlich der Marxschen Lehre von der ursprünglichen Akkumulation des Kapitals - gab es für die Afrika- wie überhaupt für die Regionalwissenschaftler nichts zu deuteln. Als Axiom wurde anerkannt, daß die aus dem kolonialen Dreieckshandel erzielten Profite die finanziellen Voraussetzungen der industriellen Revolution geschaffen hätten. Aufgrund dieser Tatsache erst hätte der Kolonialismus sich voll entfalten und die Voraussetzungen für die Phase der imperialistischen Kolonialherrschaft und später dann des Neokolonialismus schaffen können. Fast ausschließliche Ursache für alle Probleme wie Hunger, Krieg und Unterentwicklung in den Ländern der Dritten Welt war nach diesem Denkmuster der Kolonialismus. Während im allgemeinen die Forschungen im Westen vor allem innereuropäische Prozesse für den Durchbruch zum modernen Industriestaat für wesentlich entscheidender ansahen als die "Zwangsbeiträge" aus Sklaverei, Sklavenhandel und Rohstoffausbeutung, hielt die marxistische Wissenschaft grundsätzlich den somit gewonnenen Vorsprung Europas gegenüber den kolonialen oder halbkolonialen Ländern in der heutigen "Dritten Welt" für die primäre Ursache.[152] Überhaupt wurden die Ursachen der Unterentwicklung auf die ungünstigen äußeren Einwirkungen zurückgeführt. Die Ursachen im Innern der Länder der Dritten Welt blieben bis in die 80er Jahre hinein außerhalb der Analysen oder fanden allenfalls marginale Erwähnung.

Auf ein weiteres Dogma in der Afrika- wie ebenfalls der gesamten Regionalwissenschaften der DDR sei hier noch hingewiesen. Es wurde als "das Neue in den marxistisch-leninistischen Regionalwissenschaften" angesehen. Gemeint ist "die historisch fundierte Parteilichkeit (...), insbesondere beim Studium der nationalen Befreiungskämpfe und der revolutionär-demokratischen Prozesse in den Ländern Asiens, Afrikas und Lateinamerikas".[153] Diese Sicht verbaute oft den Blick auf andere Theorien und Denkansätze und trübte in nicht wenigen Fällen die angestrebte objektive Sicht auf Prozesse und Erscheinungen in Afrika.

Dieses starre Muster ist von den meisten DDR-Wissenschaftlern erst gegen Mitte der 80er Jahre aufgelockert worden, als nicht zuletzt durch die Einflüsse von Perestroika und Glasnost alte Denkschemata aufgeweicht wurden. Inwieweit die neuen Denkanstöße allerdings gingen und inwiefern im Schutze der "Sowjetwissenschaft" neue Ideen artikuliert wurden und auch werden konnten, muß Thema für weiterführende wissenschaftshistorische Forschungen sein.

Als das wohl größte Defizit in der entwicklungspolitischen Diskussion wurde nach der politischen Wende in der DDR die Tatsache angesehen, daß es hier nicht einmal einen ernsthaften Versuch gegeben hatte, andere Theorien für die

---

152 Vgl. Gründer (1990): 673.

153 Markov (1974b): 52.

eigenen Forschungen anzuwenden oder zumindest zu prüfen. Selbst marxistische Ansätze im westlichen Ausland, mit Ausnahme der Debatten um die asiatische Produktionsweise[154], waren weitgehend tabu gewesen. Es wurde nicht einmal versucht, den zweifellos vorhandenen Spielraum für eine flexible Handhabung des Marxismus-Leninismus zu nutzen.

3.6 Die Anwendung des Marxismus-Leninismus auf das südliche Afrika

Die umrissenen marxistisch-leninistischen Grundsätze für die Erforschung der Entwicklungsländer gelten im Prinzip auch für die Afrikawissenschaften und für die Disziplinen, die sich mit der Region des südlichen Afrika beschäftigten. Zur Illustration seien hier einige Zitate angefügt.
"Die Bedingungen des Kampfes gegen die rassistischen Regime im Süden Afrikas wurden entscheidend von der allgemeinen Entwicklung des internationalen Kräfteverhältnisses, insbesondere der wachsenden Macht und Ausstrahlungskraft der sozialistischen Gemeinschaft bestimmt", heißt es in einer Schrift aus dem Jahre 1982. "Vor allem die Befreiung der ehemaligen portugiesischen Kolonien Angola und Mocambique und deren Übergang zu einer revolutionären, auf den Sozialismus orientierten Entwicklung veränderten das spezifische Kräfteverhältnis und die strategischen Positionen im südlichen Afrika und verbesserten wesentlich die Bedingungen des Kampfes der nationalen Befreiungsorganisationen."[155] So galt dann auch das besondere Interesse der DDR-Afrikawissenschaftler den "revolutionären Prozessen" innerhalb der Länder dieser Region. Im Mittelpunkt der Forschungen standen vor allem "die Entwicklung politischer Parteien, der antikolonialen und antiimperialistischen Jugendbewegungen, einige Aspekte der afrikanischen Arbeiterbewegung, die politische Rolle der Militärs, die antiimperialistische Solidaritätsbewegung u.a.m."[156] Die Konzentration auf die "revolutionären Prozesse" wird in Arbeiten zum südlichen Afrika sichtbar. Von besonderem Interesse waren hierbei Strategie und Taktik der nationalen Befreiungsbewegungen in den ehemaligen portugiesischen Kolonien Angola und Mocambique sowie in Simbabwe und Namibia.[157]

---

[154] Vgl. die leider wegen des Todes des Autors nicht beendete und somit nur fragmentarische, jedoch einen ersten Überblick hierzu gebende Arbeit von Oberlack (1994).

[155] Brehme (1982): 9.

[156] Brauner (Autorenkollektiv) (1985): 536.

[157] Vgl. z.B. Arnold (1977): 170ff.; dies. (1978): 656ff.; dies. (1980): 670ff.; Stier, (1977): 635ff.; Heynoldt (1979): 497ff.; Babing (1980): 1037ff.; Eberhardt (1982):

Die Entwicklungen in den portugiesischen Kolonien Angola und Mocambique hatten bis zum Zeitpunkt ihrer kolonialen Befreiung kaum eine Rolle in der DDR-Wissenschaft gespielt. Mit Ausnahme Tanzanias, über das kolonialgeschichtliche wie ethnographische Untersuchungen schon recht frühzeitig durchgeführt wurden, hatte in der südöstlichen Region Afrikas nur Simbabwe seit der staatlichen Unabhängigkeit (und in einem gewissen Grade zuvor auch Rhodesien) eine Bedeutung für die Afrikawissenschaft in der DDR. Anzumerken ist hier die Tatsache, daß zwar in den letztgenannten Ländern zumindest in den 80er Jahren Studienreisen und Feldforschungen im Prinzip durchgeführt werden konnten, diese Möglichkeit jedoch bis zum Ende der DDR für die Republik Südafrika und Namibia verwehrt blieb und demzufolge Untersuchungen hierüber ausschließlich auf der Auswertung der Sekundärliteratur basierte oder von Quellenmaterial, das auf dem Territorium der DDR in staatlichen und Missionsarchiven lagerte.
In den 70er Jahren wurde die Region des südlichen Afrika zunehmend Gegenstand anderer sozialwissenschaftlicher Disziplinen der Afrikawissenschaften. Es wurden verstärkt soziolinguistische und sprachpolitische Untersuchungen in Angriff genommen, teilweise vereinbarte man mit Partnereinrichtungen in Afrika eine vertragliche Zusammenarbeit auf diesem Gebiet[158] und erarbeitete international beachtete Wörterbücher und Grammatiken. Literaturwissenschaftler in Leipzig und Berlin gaben zunächst kommentierende Anthologien und andere Belletristik von in Europa kaum bekannten Schriftstellern aus dem Süden Afrikas heraus.[159] Später folgten in Lizenz in der BRD und in anderen europäischen Ländern veröffentlichte Werke der afrikanischen Gegenwartsliteratur und Volksdichtung.
Der durch die SED-Führung vorgegebene Rahmen für eigenständige Forschungen konnte gerade von den mit dem Süden des Kontinents beschäftigten Afrikawissenschaftlern relativ frei ausgestaltet werden. In der Regel galt auch hier, daß der intellektuelle Bewegungsspielraum sich für den einzelnen Wissenschaftler in dem Maße erweiterte, in dem er sich in seinen Forschungen von der Gegenwart entfernte. Für diejenigen Afrikawissenschaftler, die sich mit generalisierenden oder gegenwartsrelevanten Fragestellungen befaßten, war die Kontrolle ihrer Ergebnisse, bis hin zur Einholung von Gutachten durch das Außenministerium oder der Abteilung Internationale Verbindungen beim ZK der SED, die Regel. Inhaltliche Vorgaben und Zensureingriffe wurden in den meisten Fällen von den Autoren akzeptiert.
Ab Mitte der 80er Jahre wuchs die Bedeutung der gegenwartsbezogenen For-

263ff. Einen nicht jedes Jahr gleich ausführlichen Überblick geben die Bibliographien in den "Jahrbüchern Afrika-Asien-Lateinamerika".

158 Vgl. die Vorlage des Ministeriums für Hoch- und Fachschulwesen der DDR vom 14.3.1980 für das Politbüro der SED, in: SAPMO, ZPA, J IV, B2/9.04/147.

159 Vgl. z.B. La Guma (1978); Arnold (1983); ders. (1979).

schungen auch für die Region des südlichen Afrika. Diesen Trend widerspiegelt eine im Ministerium für Auswärtige Angelegenheiten am 16.3.1989 verfaßte Vorlage für die Außenpolitische Kommission beim Politbüro des Zentralkomitees der SED zu den Afrikawissenschaften: "Die Afrikawissenschaften sind in Forschung und Lehre noch stärker auf die gegenwärtigen und künftigen politischen, wirtschaftlichen sowie sozialen Probleme und Entwicklungstendenzen in Afrika und deren Auswirkungen auf die internationalen Beziehungen zu orientieren. Ihr unmittelbarer Beitrag für die außenpolitische Praxis ist zu erhöhen."[160] Allerdings läßt sich hieraus nicht ersehen, inwieweit diese Forderungen eines für die Wissenschaften nicht primär verantwortlichen Ministeriums hätten durchgesetzt werden können. Die zuvor umrissenen Prämissen für die marxistisch-leninistischen Gesellschaftswissenschaften in der DDR wurden quasi bis zum Ende der DDR beibehalten.

Vielleicht mag das Urteil von Hennig von Löwis of Menar in einer Rezension der beiden aus Anlaß des 75. Jahrestages der Gründung des ANC herausgegebenen Broschüren[161] symptomatisch für die "Südafrikawissenschaft" sein, wenn er ausführte: "Für westdeutsche Afrika-Wissenschaftler, die sich mit Südafrika, dem ANC und der Rolle der DDR beschäftigen, sind die beiden Broschüren eine wahre Fundgrube; Lektüre für Spezialisten, die zu unterscheiden wissen, zwischen Wesentlichem und Unwesentlichem, zwischen Fakten und ideologischem Ballast (...). Man muß die propagandistische Nebelwand erst einmal durchdringen, um zum Licht der wissenschaftlichen Erkenntnis vorzustoßen."[162]

Diese propagandistische Nebelwand, so müßte man annehmen können, hätte auch von denjenigen durchdrungen werden können, die die Verantwortung bei der Umstrukturierung der Afrikawissenschaften im Ostteil Deutschlands nach der Wiedervereinigung übernommen hatten. So hätte einiges mehr an Erhaltenswertem, angefangen bei den Erfahrungen der interdisziplinären Ausbildung der Studenten und der kooperativen Zusammenarbeit zwischen den Universitäten in Europa und Afrika - wo gerade die Leipziger Universität auf nicht unerhebliche Erfolge verweisen kann[163] - bis hin zu speziellen Forschungsfeldern und Regionen Afrikas, in denen die Afrikawissenschaft der alten Bundesrepublik bisher nicht präsent war, übernommen werden können. Es ist ja kein Geheimnis, daß

---

[160] Die Bedeutung Afrikas in den internationalen Beziehungen am Ende des 20. Jahrhunderts. Tendenzen der politischen, ökonomischen und sozialen Entwicklung. Schlußfolgerungen, in: SAPMO, BArch, ZPA, JIV 2/2.115/30: 69.

[161] Eine nicht unbeträchtliche Anzahl von DDR-Wissenschaftlern, die sich mit dem südlichen Afrika beschäftigten, hatten diese miterstellt.

[162] Sendung des Deutschlandfunks, Köln, vom 23.7.1988.

[163] Vgl. Rathmann (1988): 46ff.

die personellen Kapazitäten für die akademische Arbeit auf diesen Feldern in den westlichen Bundesländern sehr begrenzt waren und auch noch sind. Die Chance, dies nach der deutschen Vereinigung zu ändern, ist leider vertan worden.

4 Die Afrikawissenschaften im Osten Deutschlands im Umbruch und in der Abwicklung

Die politische Wende in der DDR im Herbst 1989 brachte für die Regionalwissenschaftler, wie überhaupt für die mit Problemen der Dritten Welt beschäftigten Institutionen der DDR[164], die Hoffnung auf ein Ende von wissenschaftlicher Fremdbestimmung und auf Wiedererlangung voller akademischer Freiheiten. Allzu schnell erfolgte indes eine inhaltliche und qualitative Zurichtung der Forschungslandschaft "nach den Bedürfnissen der ökonomischen Verwertbarkeit und der Sicherung von Herrschaftspositionen".[165] Die Folgen bekamen sowohl die außeruniversitären Forschungsinstitutionen als auch die einschlägigen Sektionen der Universitäten der DDR zu spüren.

Leipzig

Was die afrikabezogene universitäre Lehre und Forschung anbelangt, so war besonders die Karl-Marx-Universität Leipzig, die alleinige multidisziplinäre Ausbildungsstätte seit den 70er Jahren für eine staatlicherseits stets klein gehaltene Zahl von Studierenden[166], davon betroffen. Dabei waren zunächst für die deutsche Afrikawissenschaft einmalige Konzeptionen, etwa zur afrikanischen Philosophieausbildung, oder auch Vorstellungen über eine zeitgemäße Entwicklungsländerwissenschaft unter Einschluß der klassischen Afrikanistik, Arabistik und anderer regionalwissenschaftlicher Disziplinen ausgearbeitet worden.
An der Sektion Afrika- und Nahostwissenschaften der Universität Leipzig konnte laut einer Selbstdarstellung aus dem Jahre 1990 Afrikanistik mit den Haupt- und Nebenfächern Afrikanische Literatur und Kultur, Afrikanische Geschichte, Ökonomie in Afrika, Philosophie in Afrika, Afrikanische Sprachwissenschaft, Soziologie und Internationales Recht studiert werden. Das Erlernen zweier afrikanischer Sprachen (Linguisten: drei), ein interdisziplinäres Studienprogramm auch an anderen Fakultäten der Universität sowie das Studium mindestens einer mo-

---

[164] Vgl. Ministerrat der DDR (1990).
[165] Döge (1994): 86.
[166] Vgl. Arnold (1991): 28.

dernen Fremdsprache gehörten zum zu absolvierenden Pensum.[167] Das Studienprogramm war Ergebnis von Reformbemühungen der DDR-Zeit, wobei wesentliche wissenschaftliche Inhalte und die wichtigsten personellen Strukturen aus der DDR-Praxis übernommen werden sollten.

Lediglich der im Herbst 1975 gegründete Lehr- und Forschungsbereich "Grundfragen der Nationalen Befreiungsbewegung", der in der Vergangenheit personell gut ausgestattet war (bis zu 26 Mitarbeiter/innen unterschiedlicher Qualifikationsstufen) und eine eigene, mit der Gesamtsektion Afrika- und Nahostwissenschaften vergleichbare Struktur besaß, hatte sich zu jener Zeit separiert bzw. war aufgrund ideologischer Vorbehalte separiert worden. Hier existierten Lehrstühle für die Disziplinen Neue und Neueste Geschichte, Ökonomie, Soziologie, Staat und Recht sowie Bildungswesen. Auf den Gebieten Politikwissenschaft, Philosophie/Ideologie und Kulturwissenschaften gab es keine eigenen Lehrstühle; sie waren jedoch durch entsprechend qualifizierte Wissenschaftler vertreten. Der Bereich hatte als integraler Bestandteil von Lehre und Forschung an der Karl-Marx-Universität "Bedienungsfunktionen" für die gesamte regionalwissenschaftliche Ausbildung. Die regional wie disziplinär übergreifenden Lehrveranstaltungen des bis zur Wende in der DDR geltenden Rahmenstudienplanes für die regionalwissenschaftliche Ausbildung oblagen ihm. Aus diesem Bereich sollte, so die Vorstellungen nach der Wende, ein "Institut für Entwicklungsstudien" hervorgehen, welches in Fortführung der Bereichstradition in der Kombination des regionalwissenschaftlichen Prinzips mit einschlägigen Sozialwissenschaften die regionalübergreifende "Dritte-Welt"-Problematik querschnitthaft und komparativ thematisieren, multidisziplinär analysieren sowie interdisziplinär rezipieren und darstellen sollte. Dabei wollte man sich auf gerade gegen Ende der 80er Jahre gewonnene spezifische Erkenntnisse der Friedens- und Konfliktforschung stützen, die man in der Analyse der inneren Konfliktpotentiale und -ursachen in den Ländern Afrikas und des Nahen Ostens gewonnen hatte. Auch auf dem Gebiet der methodischen Fundierung der Forschungen zur ethnischen Entwicklung und Nationbildung in Afrika glaubte man Forschritte gemacht zu haben.[168]

Die Überlegungen zur Gründung eines Instituts für Entwicklungsländerstudien, das bei Realisierung im vereinten Deutschland einzigartig gewesen wäre, gingen auf Vorschläge zurück, die Ende der 60er Jahre zur Schaffung eines solchen Instituts an der Akademie der Wissenschaften entwickelt worden waren.[169] Sie konnten

---

[167] Vgl. Heine et al. (1990): 45ff.

[168] Vgl. Archiv der Universität Leipzig: ZM 4812 (o.P.): Jahresbericht 1989 der Sektion Afrika- und Nahostwissenschaften der Karl-Marx-Universität Leipzig zur Forschung.

[169] Vgl. Archiv der Berlin-Brandenburgischen Akademie der Wissenschaften: Bestand

nicht mehr in die Praxis umgesetzt werden. Im Verlaufe des Jahres 1992 wurde das Personal - auch nach internen Querelen mit den anderen Mitarbeitern der ehemaligen Sektion Afrika- und Nahostwissenschaften - vollständig "abgewickelt".[170] Auch ohne Einbeziehung des "Instituts für Entwicklungsstudien" hätten sich die Struktur und die Aufgabenstellung der reformierten Sektion, des späteren Fachbereiches Orientalistik/Afrikanistik an der Universität Leipzig, nicht wesentlich von denen anderer international renommierter Universitäten in Europa unterschieden.[171] Diese Einschätzung wurde auch von Kollegen aus dem Westen geteilt, von denen sich einige für den Erhalt bzw. Ausbau der Entwicklungsländerstudien in Leipzig stark engagierten.[172]
Die "Abwicklung" der Afrikawissenschaft in Leipzig wurde gegen alle Proteste und trotz vielfacher Appelle für den Erhalt der interdisziplinären Ausbildung seitens führender Afrikawissenschaftler der Bundesrepublik und des Auslands rigoros durchgeführt, was bei internationalen Fachkollegen zumindest auf Unverständnis stieß.[173]

Akademieleitung, Akte Nr. 55 (o.P.): "Aktennotiz über Vorbesprechungen zur Gründung eines Instituts für Probleme der Entwicklungsländer an der DAW", 30.9.1965 sowie ebenda: "Konzeption zur Gründung eines Instituts für Entwicklungsländerforschung bei der DAW".

170 Vgl. Hopfmann et al. (1992): 143ff.

171 Vgl. z.B. Heine et al. (1990) :13ff.; Ferguson (1994).

172 Vgl. Ansprenger (1991): 72. Schon das alte DDR-Modell wurde anerkennend von zwei bundesdeutschen Entwicklungsländerexperten im Jahre 1987 hervorgehoben: "Im Unterschied zur Bundesrepublik und ähnlich wie in den Vereinigten Staaten von Amerika verfügt die DDR seit geraumer Zeit über regionalwissenschaftliche Studiengänge ..." Siehe Spanger/Brock (1987): 80.

173 Im September 1991 hatten führende Afrikawissenschaftler verschiedener Universitäten der alten Bundesländer und Mitglieder der "Vereinigung von Afrikanisten in Deutschland" in einem Schreiben an den Ministerpräsidenten des Freistaats Sachsen darauf hingewiesen, daß "es aus übergeordneter Perspektive sinnvoll" wäre, "in Leipzig ein Institut zu erhalten, das sich insbesondere mit den Ländern beschäftigt, mit denen die ehemalige DDR intensive Beziehungen pflegte (Äthiopien, Angola, Mocambique), und das die Disziplinen umfaßt, die sich darauf besonders spezialisierten (Afrikanische Philologie, Geschichte, Rechtswissenschaft, Soziologie) (...) Nicht alle Wissenschaftler, die bisher an der Universität Leipzig über Afrika arbeiteten, waren lediglich Exponenten der herrschenden marxistisch-leninistischen Weltanschauung. Einige von ihnen sind von ihrem Lebensalter her und aufgrund ihrer Publikationen durchaus fähig, aktiv und mit modernen wissenschaftlichen Methoden die Probleme Afrikas zu bearbeiten. Man sollte auf das vorhandene Potential an Sprachkenntnissen, Literaturkenntnissen und - soweit das damals möglich war -

Die Abwicklung großer Teile und die Neustrukturierung der Leipziger Universität[174] traf den ehemaligen Lehr- und Forschungsbereich Afrika-/ Nahostwissenschaften mit aller Härte und hatte "personalpolitisch desaströse Folgen für die Afrikanistik".[175] Im Klartext hieß dies, daß bis auf zwei (!) Ausnahmen alle an der genannten Sektion ehemals arbeitenden Afrikawissenschaftler entlassen wurden. Begründet wurde dieses Verfahren neben politischen Argumenten auch mit dem Hinweis, daß die alte Sektion - setzt man die personelle Ausstattung in Verhältnis zu den erbrachten Leistungen - sehr ineffizient gewesen sei. Wenngleich man dieser Argumentation eine gewisse Berechtigung nicht absprechen kann, muß jedoch auch bedacht werden, daß allein im Jahre 1989 von den Mitgliedern der Sektion Afrika- und Nahostwissenschaften sechs Monographien, ca. 115 wissenschaftliche Aufsätze sowie zahlreiche Konferenzbeiträge, Rezensionen und interne "Praxisanalysen" vorgelegt wurden.[176]

Am 2. Dezember 1993 wurde schließlich, verglichen mit den Um- und Neustrukturierungen der Afrikawissenschaften an der Humboldt-Universität zu Berlin, etwas verspätet, das Institut für Afrikanistik neugegründet. Nach einer Selbstdarstellung soll es konzeptionell dem multidisziplinären Ansatz des Afrika-Instituts von 1960 verpflichtet bleiben. Es behauptet damit "ein spezifisches Profil, das in der Landschaft der deutschen Afrikainstitute seinesgleichen sucht."[177] Drei jeweils transdisziplinär verstandene Arbeitsbereiche sollen inhaltliche Schwerpunkte der gemeinsamen und integrierten Afrikanistik-Ausbildung der Studierenden und der Forschung sein: "Afrikanische Sprachen und Literaturen", "Geschichte und Kulturgeschichte Afrikas" sowie "Politik, Wirtschaft und Gesellschaft in Afrika".

Der personelle Ausbau des Instituts ist noch nicht abgeschlossen, die vollständige Ausstattung in allen drei Arbeitsbereichen ist für 1997 geplant. Bis dahin übernehmen Wissenschaftler anderer Universitäten im Rahmen von Lehraufträgen sowie wissenschaftliche Hilfskräfte die Ausbildung in jenen Bereichen, die noch nicht über die vollständige Anzahl von Professoren und Lektoren verfügen.[178] Die drei genannten Arbeitsbereiche sind in Leipzig durch jeweils eine

---

Landeskenntnissen nicht verzichten, da es Jahrzehnte dauern würde, dies wieder neu aufzubauen". Vgl. Brief vom 30.9.1991 an den Ministerpräsidenten des Freistaates Sachsen, Herrn Prof. Dr. Kurt Biedenkopf, Dresden, in: Vereinigung von Afrikanisten in Deutschland e.V. (Hg.): Rundbrief Nr. 52, Hamburg 1991, S. 29f.

174 Vgl. Pasternack (1995).

175 Kommentiertes Vorlesungsverzeichnis (1995): 9.

176 Archiv der Universität Leipzig: ZM 4812 (o.P.): Jahresbericht 1989 der Sektion Afrika- und Nahostwissenschaften der Karl-Marx-Universität Leipzig zur Forschung.

177 Wolff (1995).

178 Die weiteren Informationen stammen von Wolff (1995).

Professur verantwortlich vertreten. Die Professur soll zukünftig durch eine weitere Stelle unterstützt werden.
Die Studenten können an der Universität Leipzig "ein trans- und multidisziplinäres Regionalstudium, das im Kern seiner akademischen Lehre den Studiengang Afrikanistik mit dem Abschluß Magister Artium hat", aufnehmen. Es wird im kommentierten Vorlesungsverzeichnis auf die Bedeutung der studienbegleitenden Sprachausbildung für alle Studierenden der Afrikanistik hingewiesen. Im Institut für Afrikanistik werde in institutsinternen Diskussionen versucht, Klarheit über die Studienordnung zu gewinnen. Afrikanistik als Regionalstudium soll keine einzelne Wissenschaftsdisziplin, sondern einen additiven und in Ansätzen integrativen Verbund mehrerer Disziplinen darstellen, "die, mit Ausnahme der sog. Afrikalinguistik, auch anderenorts in der Universität vertreten sein können und vielfach auch sind". Im Falle der gegenwärtigen Leipziger Afrikanistik sind dies nach Maßgabe der Inhalte von Lehre und Forschung der beteiligten Wissenschaftler die etablierten Einzeldisziplinen Ethnologie, Geographie, Geschichte, Kunstgeschichte, Kulturgeschichte, Literaturwissenschaft, Ökologie, Politologie, Religionswissenschaft, Soziologie, Sprachwissenschaft und Wirtschaftswissenschaft. Die diesen und gegebenenfalls auch weiteren "traditionellen Einzeldisziplinen" inhärenten Fragestellungen und Methoden sollen auf den geographischen Raum Afrika angewandt werden, "wobei der Mensch, seine Sprache, Kultur, Vergesellschaftungsformen und Geschichte sowie deren gegenseitige Abhängigkeiten" im Mittelpunkt stehen werden. Es soll versucht werden, "das rigide Korsett der traditionellen Einzeldisziplinen" zu sprengen, und es sollen in regelmäßigen Zyklen sogenannte allgemeine und fachübergreifende Veranstaltungen den Studierenden auch anderer Fakultäten angeboten werden, "die ihr Bild von Afrika und seiner Darstellung in den Medien hierzulande ergänzen und hinterfragen möchten". Zur Abgrenzung von der in der DDR betriebenen "Leipziger Afrikanistik" heißt es in der Selbstdarstellung:

> "Charakteristisches Merkmal der heutigen multidisziplinär verfaßten Leipziger Afrikanistik ist die gezielte Konzentration und Beschränkung auf wenige Wissenschaftsgebiete, die sinnvoll und effektiv zu einem ansatzweise integrativen Komplex zusammengeführt werden - im Gegensatz zur Systemzeit zwischen 1960 und 1989, die u.a. durch eine Summierung möglichst vieler Forschungs- und Lehrgebiete gekennzeichnet war."[179]

Ob dies nun gerade als ein Negativum der afrikanistischen Lehre und Forschung in der DDR angesehen werden kann, kann bezweifelt werden. Vielmehr scheint man hier aus der Not eine Tugend machen zu wollen.

---

[179] Wolff (1995): 11.

Magdeburg

An der Pädagogischen Hochschule in Magdeburg, wo zu Zeiten der DDR einer der produktivsten Afrikahistoriker, Professor Heinrich Loth, arbeitete, wurde der von ihm initiierte und wesentlich geprägte Zweig der Geschichtswissenschaft vollständig abgeschafft. Loth konnte jedoch ein Projekt in das zu Beginn der 90er Jahre von der DFG aufgelegte Schwerpunktprogramm "Transformationen der europäischen Expansion ..." einbringen. In einer Selbstdarstellung stellt er dieses wie folgt vor:

> "In den Mittelpunkt der eigenen Forschungen hat der Autor das Thema gestellt: 'Ausgewählte Probleme der Geschichte Afrikas unter dem Aspekt der Neubewertung der wechselseitigen Beziehungen Afrikas und der deutschen Territorien. Der Austausch von Gütern, Ideen und Informationen. Handelsstützpunkte, Kolonialhandel und Herausbildung von Kolonien als Bestandteile der Geschichte Europas und die Einbeziehung Afrikas in die Anfänge einer Weltwirtschaft. Zeitlicher Schwerpunkt: Frühe Neuzeit bis 20. Jahrhundert'. Damit wird die Tradition der Afrika-Forschungen in Magdeburg fortgeführt."[180]

Die etwas optimistisch klingende Aussage traf nur bis Ende 1995 zu. Am 30. September 1995 schied Professor Loth mit Erreichung der Altersgrenze aus der Magdeburger Universität aus. Etwa zeitgleich fand dort die Verteidigung der letzten von ihm betreuten Dissertation zu einem afrikanistischen Thema statt.[181] Es ist nicht geplant, an der Magdeburger Universität afrikabezogene Lehre und Forschung zu reinstallieren.

Rostock

An der Universität in Rostock, wo Professor Horst Drechsler wirkte, existiert ebenfalls keine institutionalisierte Afrikaforschung mehr. Das von Drechsler 1996 veröffentlichte Buch über die deutschen Land- und Minengesellschaften in Deutsch-Südwestafrika[182] entstand, wie schon seine damals weltweit beachteten Forschungen über die deutsche Kolonialherrschaft in Namibia ohne Unterstützung der Rostocker Universität.

---

[180] Loth/Schreiber (1991): 18.

[181] Brief von Heinrich Loth an den Verfasser vom 25.4.1996.

[182] Drechsler (1996).

Berlin

Ein anderer Prozeß vollzog sich an der Humboldt-Universität zu Berlin. Nach der politischen Wende in der DDR wurde die dortige Sektion Asienwissenschaften in den Fachbereich Asien- und Afrikawissenschaften und der Bereich Afrikanistik in das Institut für Afrikanistik umbenannt. Die Afrikawissenschaften erhielten somit formal einen mit den Asienwissenschaften gleichberechtigten Stellenwert. Zur Neuorganisation wurde eine Struktur- und Berufungskommission (SBK) nach einheitlichem Muster von der zuständigen Berliner Senatsverwaltung geschaffen.[183] Sie setzte sich aus je drei Professoren aus den Ländern der alten Bundesrepublik und der Humboldt-Universität sowie je einem Vertreter des akademischen Mittelbaus und der Studentenschaft zusammen. In dem Gremium waren die Afrikawissenschaften durch drei Wissenschaftler, Helmut Bley (Hannover, Geschichte Afrikas), Eike Haberland (Frankfurt/M. Völkerkunde Afrikas - Anfang 1992 verstorben) und Brigitte Reineke (Afrikanische Sprachen, die damalige Direktorin des Instituts für Afrikanistik), vertreten. Die SBK des Fachbereichs Afrika- und Asienwissenschaften konstituierte sich auf ihrer Sitzung am 28.11.1991 und nahm somit ihre Tätigkeit relativ früh auf.[184] Das von der SBK nach mehreren Beratungen und Befragungen erarbeitete Konzept für die Asien- und Afrikawissenschaften an der Humboldt-Universität mußte der Gesamtberliner Situation Rechnung tragen. Es galt Doppelungen im Ausbildungsangebot auszuschließen. Im Prinzip sagte das Konzept aus, daß die regionale Vielfalt der asienwissenschaftlichen Fächer bei gleichzeitiger drastischer Reduzierung der Mitarbeiterzahlen beibehalten werden solle. Ergänzt werden sollte dieser Prozeß durch den zügigen Aufbau der Afrikanistik[185], wobei man aus der Sicht des Jahres 1997 nicht dem im Januar 1994 abgegebenen Urteil des damaligen Dekans folgen kann, der von einer "Wiedererrichtung einer starken Afrikanistik" schrieb.[186] Festgeschrieben wurde hingegen eine Konzentration der Afrikanistik in Berlin an der Humboldt-Universität.[187] Berücksichtigung fanden in diesen Überlegungen die entsprechenden Empfehlungen der Landeshochschulstrukturkommission (LHSK):

> "Die LHSK empfiehlt, sich den Umstand zunutze zu machen, daß die HU zur Zeit in weiten Bereichen neu organisiert wird. So sollte die Neuordnung der ori-

---

[183] Vgl. Gesetz zur Ergänzung des Berliner Hochschulgesetzes vom 18.7.1991, Berlin 1991, Paragraph 9.

[184] Vgl. Kubitscheck (1996): 44.

[185] Vgl. Kubitscheck (1996): 44f.

[186] Kubitscheck (1994): 2.

[187] Berliner Hochschulstrukturplan, Berlin 1993, S. C 37.

entalistischen Disziplinen an der HU mit einigen Innovationen verbunden werden. Man sollte versuchen, die orientalistischen Disziplinen in ein Konzert mit Geschichts- und Sozialwissenschaften zu bringen. Dafür sprechen vier Gründe:
- die Entwicklung der modernen Geisteswissenschaften in Hinsicht auf ein kulturwissenschaftliches und zugleich -in weiterem Sinne - historisches Konzept;
- die Notwendigkeit, das außerordentlich große Defizit, das in Deutschland im Hinblick auf außereuropäische Geschichte, Politik-, Sozial- und Wirtschaftswissenschaft besteht, zu überwinden;
- die Notwendigkeit, Geschichts- und Sozialwissenschaften künftig wesentlich universaler zu betreiben als bisher;
- die Forderung nach möglichst guter Auslastung der Kapazitäten.
Diesen Gründen sollte eine moderne Konzeption der orientalistischen Fächer an der HU Rechnung tragen. Das heißt, neben den Sprachen und Literaturen sollten die historischen sowie sozialwissenschaftlichen (und auch landeskundlichen) Dimensionen so gepflegt werden, daß nicht nur die Studenten der einzelnen Disziplinen darin ausgebildet werden, sondern daß zugleich Allgemein-Historiker sowie Sozial- und Wirtschaftswissenschaftler einen Zugang zu den orientalischen Kulturen und Gesellschaften und ihre Geschichte gewinnen können."[188]

Diese Empfehlungen trafen auch für die Afrikanistik zu.

So wichtig dieser in einer Empfehlung formulierte Hinweis für die Gestaltung der bislang als Regionalwissenschaften bezeichneten Disziplinen auch war, so muß jedoch auch bei aller Kritik an der ideologischen Einseitigkeit und Indoktrination der fachspezifischen Ausbildung in der DDR bedacht werden, daß die nunmehr geforderte Ausrichtung auf Sozial-, Geschichts- und Wirtschaftswissenschaften bereits seit Jahren im Osten Deutschlands praktiziert worden war. Man mußte sich bei der Neustrukturierung der Asien- und Afrikawissenschaften an der Humboldt-Universität gar von einigen Fächern sowie einigen Wissenschaftsdisziplinen wie Soziologie, Politologie und Wirtschaftswissenschaften gänzlich trennen und somit auf den bislang vorhandenen "multidisziplinären Fächerverbund, der die asiatisch-afrikanische Welt als Ganzes zum Gegenstand" hat, verzichten.[189]

Noch im Jahre 1991 hat das Institut für Afrikanistik mit der Hauptfachausbildung im Studiengang Afrikanistik begonnen, wobei die Studenten zwischen drei "Vertiefungsrichtungen", die mit den dort vertretenen Fachdisziplinen identisch waren, sowie unter mehreren regionalen Schwerpunkten wählen konnten. Im Jahre 1993 wurden am Institut neun afrikanische Sprachen aus vier Regionen des schwarzen Kontinents gelehrt, die entweder einen Status als offizielle Sprachen eines Landes haben oder bedeutende Verkehrs- und Nationalsprachen darstellen. Zu Beginn des Wintersemesters 1993/94 waren elf Mitarbeiter, darunter drei Professoren, am Institut tätig.[190]

[188] Landeshochschulkommission (1992): 225.
[189] Kubitscheck (1994): 3.
[190] Vgl. Forstreuter et. al (1993): 26.

In der Zwischenzeit hat eine weitere Reduzierung der Personalbestandes stattgefunden. Die "Umstrukturierung" ist auch in der Mitte des Jahres 1997 noch nicht vollständig abgeschlossen. All diese Prozesse gingen bei laufendem Studienbetrieb vonstatten.

Im Afrika-Institut, später Seminar für Afrikawissenschaften, der Berliner Humboldt-Universität sind in den letzten Jahren drei afrikanistische Lehrstühle geschaffen worden, nämlich für afrikanische Literaturen und Kulturen, für afrikanische Geschichte und für Sprachen Afrikas. Als dort vorhandene thematische Schwerpunkte wurden 1994 angegeben: afrikanische Sprachen, anglophone Literaturen Afrikas, Swahili-Literatur, vorkoloniale Geschichte, europäische Kolonialgeschichte, Wirtschaftsgeschichte, ethnohistorische Prozesse, internationale Beziehungen in Afrika, Konflikte in Afrika, Flüchtlingsprobleme.[191]

In der knappen Selbstdarstellung im "Afrika Bulletin" vom Sommersemester 1995 werden die thematischen Schwerpunkte präzisiert: Linguistik: Gur- und Kwa-Sprachen, allgemeine Linguistik; Literatur: anglophone Literaturen Afrikas, Swahili-Literatur; Geschichte: Neue Geschichte Afrikas (15.-20. Jhd.), Wirtschafts- und Sozialgeschichte, Moderne Probleme (internationale Beziehungen in Afrika, Konflikte in Afrika, Flüchtlingsprobleme).[192] Der zum Teil noch aus der DDR stammende Mittelbau war am Afrika-Institut der Humboldt-Universität mit einer Ausnahme bis Ende 1996 befristet beschäftigt. Der Lehrstuhl für Sprachen Afrikas ist mit der letzten Leiterin des Bereichs Afrikanistik, einer Schülerin Ernst Dammanns aus dem Ostteil Berlins, besetzt. Die anderen beiden Lehrstühle haben Wissenschaftler aus den alten Bundesländern und aus der Schweiz inne. Um die Mitte des Jahres 1996 hatten sich die Lehrstuhlinhaber der nun als "Seminar für Afrikawissenschaften" firmierenden Institution anscheinend "gefunden" und konnten mit einem Faltblatt an die Öffentlichkeit treten, in dem das Seminar für Afrikawissenschaften vorgestellt wird. Man beruft sich hierin ausdrücklich auf die lange Tradition der Einrichtung.[193] Das Seminar für Afrikawissenschaften ist heute Teil des Instituts für Asien- und Afrikawissenschaften der Humboldt-Universität zu Berlin. Die Disziplineinteilung ist geblieben, jedoch wurde die personelle Ausstattung durch das Auslaufen des "Wissenschaftler-Integrationsprogramms" (WIP) bzw. durch die Beendigung der gerichtlich eingeklagten, befristeten Beschäftigungszeiten von aus der DDR stammenden Mitarbeitern zum Jahresende 1996 stark reduziert. Dadurch wirkt sich besonders die Nichtbesetzung von entsprechenden Professuren am Institut für Asien- und Afri-

---

191 Vgl. Afrika Bulletin (1994): 14f.

192 Afrika Bulletin (1995): 4.

193 Seminar für Afrikawissenschaften, Humboldt-Universität zu Berlin, Institut für Asien- und Afrikawissenschaften, Oktober 1996 (Faltblatt).

kawissenschaften negativ aus.[194] Zu Beginn des Jahres 1997 wurde zudem bekannt, daß die noch nicht besetzten Stellen dem vom Berliner Senat vorgegebenen Sparbeschlüssen zum Opfer fallen sollen.

Eine breitere Öffentlichkeit erreicht das Seminar für Afrikawissenschaften durch die während der Vorlesungszeit veranstalteten "Afrika-Kolloquien", die dem interdisziplinären Meinungsaustausch ebenso dienlich sind, wie der Präsentation von Forschungsergebnissen ausländischer Gastwissenschaftler. Hiermit wurde eine schon zu DDR-Zeiten öffentlichkeitswirksam durchgeführte Praxis aufgegriffen und fortgeführt.

Die Bedingungen für die afrikabezogene Lehre sind festgelegt und haben sich in den vergangenen Semestern bewährt. Afrikawissenschaften können im Magisterstudiengang als Haupt- oder als Nebenfach, d.h. in Kombination mit einem oder zwei anderen Fächern studiert werden. Es gibt die drei schon genannten Vertiefungsrichtungen: Geschichte, Linguistik und Literatur.

Vornehmlich auf Grund personeller Zwänge sind die Forschungsaktivitäten der Berliner Linguisten auf West- und Nordostafrika konzentriert, wobei die zur Niger-Congo-Familie gehörenden Gur- und Kwa-Sprachen in Westafrika und das Oromo in Nordostafrika Gegenstand von Forschungsprojekten sind. In der Lehre werden hingegen folgende Sprachen angeboten: Zulu, Swahili, Hausa, Twi, Oromo, Somali und Amharisch.

Die angebotene Vertiefungsrichtung "Afrikanische Literaturen und Kulturen" umfaßt Lehrprogramme zur Geschichte und zu Gegenwartsfragen afrikanischer Literaturen und Kulturen. Regionale Schwerpunkte bilden das anglophone südliche Afrika, Ost- und Westafrika sowie das frankophone West- und Zentralafrika. Dominierende Themen in Lehre und Forschung sind Kolonialismus und Postkolonialismus sowie Identität, Alterität und Diskontinuität in afrikanischen Literaturen und Kulturen.

Das Lehrangebot der Vertiefungsrichtung "Geschichte in Afrika" befaßt sich vor allem mit West- und Ostafrika sowie mit dem südlichen Afrika. Zeitlich reicht es vom 15. Jahrhundert bis zur jüngsten Zeitgeschichte, wobei Geschichte als Sozialwissenschaft und historische Anthropologie verstanden wird. Gegenwärtige inhaltliche Schwerpunkte der Vertiefungsrichtung Geschichte sind: Afrikanische Moderne(n), Konfliktforschung, Geschlechterproblematik und ländliche Entwicklung im östlichen und südlichen Afrika.[195]

---

[194] Rat des Instituts für Asien- und Afrikawissenschaften: Beschluß, 18.6.1996.

[195] Informationen zur Selbstdarstellung aus: Seminar für Afrikawissenschaften, Humboldt-Universität zu Berlin, Institut für Asien- und Afrikawissenschaften, Oktober 1996 (Faltblatt).

Inwieweit die hier skizzierten Parameter der studentischen Ausbildung Erfolg zeigen, werden die ersten Absolventen in einigen Jahren belegen können.

5 Der Forschungsschwerpunkt Moderner Orient - Möglichkeit und Abbruch der Fortführung ostdeutscher Afrika-Geschichtsschreibung

Die Umstrukturierung der Wissenschaft nach der Wende in der DDR und der Vereinigung der beiden deutschen Staaten hatte ebenfalls gravierende Folgen für die an der Akademie der Wissenschaften vertretene, ausschließlich historisch orientierte Afrikawissenschaft. Jedoch wurde einigen der am Institut für Allgemeine Geschichte arbeitenden Wissenschaftlern die Möglichkeit gegeben, ihre Forschungen auch nach der durch den Einigungsvertrag festgelegten Auflösung der Akademie der Wissenschaften fortzuführen. Dies war selbst nach den entsprechenden Empfehlungen des Wissenschaftsrates kein selbstverständlicher Prozeß und wurde letztlich nach vier Jahren abgebrochen.

Die Ursache hierfür lag nicht mehr unmittelbar im Transformationsprozeß begründet. Vielmehr bestimmte eine neue Entwicklung diesen Prozeß. Die Afrikawissenschaften sehen sich mit der Expansion und zunehmenden Dominanz der klassischen Orient- und Islamwissenschaft konfrontiert. Die Diskussion am Forschungsschwerpunkt (FSP) Moderner Orient um das Forschungsprofil nach der Weiterführung Ende 1995 widerspiegelt diese Situation. Deshalb erscheint es geboten, kurz auf die Geschichte des FSP einzugehen.[196]

Die Gründung des FSP Moderner Orient erfolgte Anfang 1992 auf der Grundlage der Empfehlungen des Wissenschaftsrates nach der Evaluierung der einzelnen Institute der Akademie der Wissenschaften der DDR.[197] Der FSP war eine von sieben unter dem Dach der Max-Planck-Gesellschaft (MPG) gegründeten, geisteswissenschaftlichen Institutionen, die von der Förderungsgesellschaft Wissenschaftliche Neuvorhaben (FÖG) betreut wurden.

Die Idee für diesen besonderen Typ von "Forschungskolleg" hatte damals der Präsident der DFG eingebracht. Es sollten damit, so die Intentionen des Wissenschaftsrates, in Grenz- und Überschneidungsgebieten mehrerer Disziplinen der Kultur- und Geisteswissenschaften neue Forschungsfelder bearbeitet werden, so

---

1996 (Faltblatt).

[196] Vgl. hierzu besonders die Beiträge von Norman Adler und dem Autor in hochschule ost: Adler (1995): 33-35 und van der Heyden (1996): 191-202.

[197] Vgl. Wissenschaftsrat: Stellungnahme zu den außeruniversitären Forschungseinrichtungen der ehemaligen Akademie der Wissenschaften der DDR auf dem Gebiet der Geisteswissenschaften, Düsseldorf, den 5.7.1991, insbesondere S. 162ff.

daß eine bislang vorhandene Lücke in der geisteswissenschaftlichen Forschung der Bundesrepublik geschlossen werden könnte. In den auf dieser Idee basierenden Empfehlungen des Wissenschaftsrates wurde ausdrücklich dafür plädiert, förderungswürdige Projekte und Projektgruppen aus der Akademie der Wissenschaften der DDR auch im vereinten Deutschland fortzuführen. Es wurde empfohlen, "dafür zu sorgen, daß eine Reihe wissenschaftlich bedeutsamer Projekte und qualitativ gute bis sehr gute Forschergruppen ihre Arbeiten in anderen institutionellen Zusammenhängen fortsetzen können".[198] In bezug auf die später am FSP betriebenen Wissenschaftsdisziplinen über das Institut für Allgemeine Geschichte heißt es:

> "Im Teilbereich 'Asien, Afrika, Lateinamerika' - auch 'Orientforschung' genannt - sind einige sehr substantielle und koordinierte Arbeiten durchgeführt worden, die nach Fortfall der sie zum Teil in Fragestellung und Durchführung beeinflussenden ideologischen Vorgaben unbedingt fortgeführt werden sollten."[199]

Es fanden neun Wissenschaftler aus dem Institut für Allgemeine Geschichte der Akademie der Wissenschaften, die wie die anderen Mitarbeiter "nicht nur vom Evaluierungsausschuß des Wissenschaftsrates, sondern auch durch spezielle Beratungsgruppen der Präsidentenkommission (der MPG - U.v.d.H.) nach strengen Maßstäben" überprüft worden waren[200], im FSP eine Weiterbeschäftigung und konnten ihre z.T. längerfristigen Projekte zunächst fortführen.

Sowohl für die Bewerbung zur Arbeit im FSP Moderner Orient als auch für die seinerzeit von den meisten Mitarbeitern eingereichten Bewerbungen für das Wissenschaftler-Integrationsprogramm (WIP) innerhalb des Hochschulerneuerungsprogramms (HEP) wurden einige der späteren FSP-Mitarbeiter noch zweimal positiv evaluiert. Einige verzichteten auf die Tätigkeit im WIP zugunsten der Arbeit im außeruniversitären FSP Moderner Orient.

Die aus dem Akademie-Institut für Allgemeine Geschichte in den FSP übernommenen Projekte basierten zum überwiegenden Teil auf bisherigen Vorarbeiten der betreffenden Wissenschaftler. Sie wurden unter der weit gefaßten Überschrift "beziehungsgeschichtliche(n) Fragestellungen des Verhältnisses zwischen Orient und Okzident" in das Forschungsprogramm der neuen Institution integriert. Die einzelnen Teilprojekte mußten sich unter eines der beiden Oberthemen "Indigene Transformation als Prozeß: Auseinandersetzung, Synthese und

---

[198] Wissenschaftsrat: Stellungnahme zu den außeruniversitären Forschungseinrichtungen der ehemaligen Akademie der Wissenschaften der DDR auf dem Gebiet der Geisteswissenschaften, Düsseldorf, den 5.7.1991, S. 165f.

[199] Ebenda, S. 167.

[200] Empfehlungen zur Errichtung geisteswissenschaftlicher Forschungskollegs (Forschungszentren), vorgelegt von der Präsidentenkommission "Geisteswissenschaften" der MPG am 24.5.1993, München, S. 4.

Neubildung" und "Wechselseitigkeit in ungleichen Beziehungen: Deutschland, der Orient und Afrika vom 18. bis 20. Jahrhundert" einordnen. [201] "Bei aller Ungleichheit der Beziehungen zwischen Orient und Okzident gehen wir davon aus, daß sich die Kulturen gegenseitig beeinflußt haben. Und dabei interessieren uns langfristige Entwicklungen und deren Analyse", erklärte der kommissarische Leiter des FSP Moderner Orient in einem Zeitungsinterview.[202]
Ausdrücklich ging man in allen vom Wissenschaftsrat und der MPG erstellten schriftlichen Überlegungen und darüber in die Presse gelangten Informationen davon aus, daß auf Afrika bezogene Themen Bestandteil der Forschungen zum Modernen Orient sind. [203]
Der wissenschaftliche Beirat des FSP bestätigte am 6.4.1992 die beiden genannten Forschungsoberthemen, die gleichberechtigt für alle regionalen Schwerpunkte Naher Osten, Afrika und Südasien galten.[204] Im Tätigkeitsbericht 1993 des FSP Moderner Orient wird mitgeteilt, daß sich eine Vertiefung und eine Verbreiterung in den "Diskussions- und Kooperationsebenen" ergeben haben, so auch in dem Schwerpunkt "Missionsgeschichte als Quelle für Beziehungs- und Sozialgeschichte"[205], in dem Einzelprojekte aus den Bereichen der Afrika- und Asienforschung gleichberechtigt Berücksichtigung fanden. Nicht zuletzt deshalb organisierten zwei Mitarbeiter des FSP im November 1994 mit Unterstützung der DFG, eine Konferenz, die große internationale Beachtung fand, denn hier erhielt die vornehmlich an der AdW gepflegte quellenorientierte historische Forschung breite Zustimmung von Fachwissenschaftlern aus aller Welt.[206]
Wie es dann in dem Tätigkeitsbericht des FSP von 1994 heißt, wurden die in den Berichten 1992 und 1993 vorgestellten Projekte weitergeführt und in zwei neue Forschungsvorhaben überführt.[207] Mit der vollen "Aufstockung" des Personalbestandes und dem Abschluß der "Durchmischung" fand unter Beibehaltung des Forschungsprofils der einzelnen Wissenschaftler eine konzeptionelle Überarbeitung des bisherigen Forschungsprogramms statt. Dies hing mit der Anforderung zusammen, einen gemeinsamen Antrag für das 1996 einzurichtende Geisteswissenschaftliche Zentrum (GWZ) Moderner Orient zu formulieren, nachdem erst Mitte

[201] Empfehlungen zur Errichtung geisteswissenschaftlicher Forschungskollegs (Forschungszentren), vorgelegt von der Präsidentenkommission "Geisteswissenschaften" der MPG am 24.5.1993, München, S. 93ff.
[202] Zitiert in: Böhme (1975).
[203] Vgl. Lüders (1995).
[204] Vgl. Schwanitz (1993): 58.
[205] Förderungsgesellschaft (1994): 127.
[206] Vgl. van der Heyden/Liebau (1995): 289ff.
[207] Vgl. Förderungsgesellschaft (1995): 128.

November 1994 das Bundesministerium für Forschung und Technologie die Fortexistenz der sechs geisteswissenschaftlichen Institutionen (eines war in der Zwischenzeit im Max-Planck-Institut für Wissenschaftsgeschichte aufgegangen) nach Klärung der lange Zeit strittigen Finanzierung als gesichert angesehen hatte.[208]
Als Ergebnis der Diskussion um das zukünftige Forschungsprofil eines GWZ Moderner Orient entstand im Frühjahr 1995 ein gemeinsamer Antrag aller wissenschaftlichen Mitarbeiter, in dem auch die bisherigen wissenschaftlich-technischen Mitarbeiterinnen Berücksichtigung fanden. Der Antrag sah drei Projektgruppen vor, die sich entsprechend einer (allerdings nur mündlich gegebenen) Richtlinie der DFG nicht nach regionalen Gesichtspunkten zusammensetzten. Der Antrag wurde im Mai 1995 bei der DFG eingereicht, die sich im Februar 1995 bereit erklärt hatte, den Großteil der Finanzierung der FSP bzw. GWZ zu übernehmen.
Diese Entscheidung basierte auf Empfehlungen des Wissenschaftsrates vom 11.11.1994. In diesem Papier wurde wiederum ausdrücklich betont, daß "unmittelbarer Anlaß für die Beschäftigung mit den Geisteswissenschaften (...) für den Wissenschaftsrat die Forschungsschwerpunkte (FSP)" waren, "die auf der Grundlage seiner Empfehlungen zu den Forschungseinrichtungen der ehemaligen Akademie der Wissenschaften der DDR eingerichtet worden sind". Weiter heißt es: "Die FSP sind die einzigen außeruniversitären Einrichtungen auf dem Gebiet der Geisteswissenschaften in den neuen Ländern", mit Ausnahme des MPI für Wissenschaftsgeschichte und des Sorbischen Instituts.[209] In diesem Papier wurden detaillierte Vorstellungen zur Fortführung der Institutionen in einem Zeitraum von 12 bis 15 Jahren entwickelt.[210] Darüber hinaus wurde empfohlen, kw-Stellen für Wissenschaftler aus den ehemaligen AdW-Instituten zu schaffen.[211] Letzteres spielte in den folgenden offiziellen Überlegungen keinerlei Rolle mehr, und entsprechende Anfragen wurden von den Entscheidungsträgern entweder negativ oder überhaupt nicht beantwortet.[212]
Vorgeschlagen wurde in den Empfehlungen des Wissenschaftsrates vom November 1994 ausdrücklich, daß die "Forschungsschwerpunkte in den neuen Län-

---

[208] Geisteswissenschaftliche Zentren gesichert. Bundesministerium will sich auch nach 1995 für Finanzierung einsetzen. In: Der Tagesspiegel, 18.11.1994, Berlin.

[209] Wissenschaftsrat: Empfehlungen zur Förderung Geisteswissenschaftlicher Zentren, Stuttgart, 11.11.1994: 33f.

[210] Vgl. Wissenschaftsrat: Empfehlungen zur Förderung Geisteswissenschaftlicher Zentren, Stuttgart, 11.11.1994, insbesondere: 39.

[211] Vgl. Wissenschaftsrat: Empfehlungen zur Förderung Geisteswissenschaftlicher Zentren, Stuttgart, 11.11.1994: 48.

[212] Erklärung der Betriebsräte der sieben geisteswissenschaftlichen Forschungsschwerpunkte in Berlin, Berlin, vom 5.12.1995: 7f.

dern und in Berlin in Geisteswissenschaftliche Zentren überführt werden" sollen[213], woraus Beobachter schlossen, daß die in den FSP begonnenen Forschungsvorhaben auch in den ab Januar 1996 unter einem anderen Namen firmierenden Institutionen fortgeführt werden sollten bzw. könnten. Auf den vorliegenden Ergebnissen bzw. Teilergebnissen beruhten ja letztlich die Empfehlungen zur Weiterführung dieser außeruniversitären Institutionen. In diese Richtung wiesen auch alle seit Beginn der Information über die Einleitung eines "beschleunigten, speziellen Begutachtungsverfahren(s) durch die DFG"[214] den Mitarbeitern gegebenen Informationen.

Der Gesamtantrag des FSP Moderner Orient an die DFG, der Einzelprojekte in drei Gruppenprojekte zusammenfaßte und diese wiederum unter "einem Dach" zusammenführte, wurde am 15. Mai 1995 an die DFG übergeben. Daraufhin fanden am 18. Juli Gutachtergespräche in Berlin statt. Innerhalb weniger Stunden Diskussion und eines Frage-Antwort-Spiels waren die Entscheidungen gefallen, die durch die Hauptausschußsitzung der DFG vom 1. September bestätigt wurden.

Die Entscheidung des Gutachter-Gremiums, die Nachfolgeinstitution des FSP Moderner Orient personell etwa um ein Drittel zu verringern, löste nicht nur bei den FSP-Mitarbeitern Betroffenheit aus. Hatte die DFG anfänglich noch großen Wert auf die Kohärenz eines gemeinsamen Antrages gelegt und damit bewußt Verknappungen der einzelnen Projektteile in Kauf genommen, wurden dann doch - für die Betroffenen überraschend - durch die sieben DFG-Gutachter lediglich die Einzelanträge begutachtet und einige selektiert.

Der Wissenschaftsjournalist Paul Stoop bietet für die relativ starke Selektierung des Wissenschaftlerpotentials im FSP Moderner Orient und der damit einhergehenden Nichtbeachtung der Empfehlungen des Wissenschaftsrates folgende Erklärung an: "Gutachter, die selbst in der Regel von den Universitäten kommen, wo Überspezialisierung und Isolierung die Regel sind, entscheiden über das Schicksal von Projekten, die gerade diese Fehler vermeiden sollen und in einem größeren Zusammenhang erarbeitet werden."[215]

Hinweise darauf, daß die Ablehnungen von Einzelprojekten nicht nur (falls überhaupt) auf wissenschaftlichen Kriterien beruhen, zeigt ein Brief der DFG vom 23.11.1995 an den Verfasser dieser Studie, in dem ihm mitgeteilt wurde, daß am

---

213 Wissenschaftsrat: Empfehlungen zur Förderung Geisteswissenschaftlicher Zentren, Stuttgart, 11.11.1994: 58.

214 Erklärung der Betriebsräte der sieben geisteswissenschaftlichen Forschungsschwerpunkte in Berlin, Berlin, 5.12.1995: 9.

215 Stoop, Paul: Bescheiden, aber optimistisch in die Zukunft. Die Geisteswissenschaftlichen Zentren mußten Federn lassen. Begutachtung durch die DFG ist abgeschlossen, in: Der Tagesspiegel, 12.9.1996 Berlin.

zukünftigen geisteswissenschaftlichen Zentrum "Afrika... gegenüber anderen Regionen zurücktreten solle".[216] Bestätigt wurde dies auch in einem persönlichen Gespräch mit einem Beamten der Berliner Wissenschaftsverwaltung im Dezember 1995, der zum Ausdruck brachte, daß Afrikaforschung an einem zukünftigen geisteswissenschaftlichen Zentrum Moderner Orient in Berlin keine Perspektive habe.[217]

Es bleibt zu fragen, warum sich die Berliner Wissenschaftspolitik über die ursprünglichen Überlegungen des Wissenschaftsrates, dessen Empfehlungen von der Bundesregierung und den Landesregierungen "im Rahmen der haushaltsmäßigen Möglichkeiten berücksichtigt werden" sollten[218], hinwegsetzte. Denn finanzielle Gründe dürften für die Profiländerung und die damit einhergehende "Ausdünnung" des Personalbestandes an wissenschaftlichen Mitarbeitern kaum der ausschlaggebende Grund gewesen sein, da die personelle Ausstattung nach wie vor mit 20 Wissenschaftlern geplant war, andere Zentren ebenso viele Mitarbeiter besitzen und die Finanzen hierfür von Anfang an in diesem Rahmen kalkuliert und auch bereitgestellt wurden. Außerdem muß gefragt werden, warum den ehemaligen FSP-Mitarbeitern die Chance genommen wurde, sich rechtzeitig um andere Förderungsmöglichkeiten zu bewerben. Denn da nach Aussage des genannten Beamten der Berliner Verwaltung die Entscheidung bereits im Frühjahr 1995 gefallen war, nahm man den Abbruch der Beschäftigungsmöglichkeiten für die afrikabezogen arbeitenden Mitarbeiter offenbar sehenden Auges hin.[219] Mit dieser Art Praxis wurde nicht nur die eigentlich zur Fortführung empfohlene Tradition der quellenorientierten Afrikawissenschaft der Akademie der Wissenschaften exekutiert, sondern auch der "notwendige Beitrag zur geistigen Wiedervereinigung unseres Landes", wie es in der Resolution der Verbandes der Historiker Deutschlands auf dem Leipziger Historikertag 1994 zur Existenz der FSP heißt, nicht geleistet.[220]

Fragt man nun, wer von der Schwächung der Afrikawissenschaften am FSP pro-

---

[216] Brief von der DFG an den Verfasser vom 23.11.1995.

[217] Gespräch des Verfassers mit Herrn Groscurth am 11.12.1995 (Gedächtnisprotokoll vom 12.12.1995).

[218] Wer macht was? (1988): 318.

[219] Es liegt auch ein Brief der DFG an den Verfasser vom 7.12.1995 vor, in dem u.a. auf eine Anfrage über die Chancen für einen zukünftigen Projektantrag mit regionalem Schwerpunkt Südafrika ausgeführt wird, daß es sein könnte, "daß man Anträge, die sich regional mit dem südlichen Afrika beschäftigen und keinen Bezug zu den Islamwissenschaften haben, nicht weiter im Rahmen dieses Zentrums fördern möchte".

[220] Tagungsmaterial des Verbandes der Historiker Deutschlands: Vorlage zur 2. Mitgliederversammlung: Resolution zur Förderung der Forschungsschwerpunkte in den neuen Bundesländern.

fitiert, so sei auf den Ausschreibungstext für die Stelle des neuen Direktors des Zentrums Moderner Orient verwiesen, die mit einem "Universitätsprofessor für Islamwissenschaft" besetzt werden soll.[221]

6 Zusammenfassung

Die Afrikawissenschaften in der DDR waren in allen ihren Fächern integrale Bestandteile der Regionalwissenschaften. Diese wiederum gehörten zu den sogenannten Gesellschaftswissenschaften. Die oft auch als exotischer Zweig der Gesellschaftswissenschaften betrachteten Afrikawissenschaften waren bei allen strategischen Überlegungen zur Effektivierung von Lehre und Forschung bis zum Ende der DDR eindeutig eingebunden in die Unterordnung der gesamten gesellschafts- und geisteswissenschaftlichen Disziplinen unter die Beschlüsse der SED-Parteiführung, die sich als oberste wissenschaftliche Instanz in grundlegenden theoretischen Fragen ansah. In ihrem Parteiprogramm war eindeutig festgelegt worden: "Die marxistisch-leninistischen Gesellschaftswissenschaften sind das theoretische und politisch-ideologische Instrument der Arbeiterklasse und ihrer revolutionären Kampfpartei bei der weiteren Gestaltung der entwickelten sozialistischen Gesellschaft sowie in der Auseinandersetzung mit dem Imperialismus und der bürgerlichen Ideologie." Weiter heißt es apodiktisch: "Der Marxismus-Leninismus ist die Grundlage aller Gesellschaftswissenschaften."[222] Somit war für die Regional- und natürlich auch für die Afrikawissenschaften die führende Rolle der SED festgeschrieben.

Auch die "Südafrikawissenschaften" wurden von staatlicher Seite reglementiert, kontrolliert und politisiert. Sie stellten damit keine Ausnahme im System der Regionalwissenschaften dar. Die Kontrolle konnte umfassend sein und führte zu einer Selbstdisziplinierung der meisten Wissenschaftler. Trotzdem ergaben sich aus der Anbindung der Forschung an den Marxismus-Leninismus gewisse wissenschaftliche Spielräume.

Die Kontroll- und Sanktionsinstrumentarien der führenden Partei der DDR kamen um so strenger in Anwendung, je mehr davon ausgegangen werden konnte, daß die Forschungen aktuell-politischen Charakter aufwiesen und zum vermeintlichen Nutzen oder zum Schaden der DDR genutzt werden könnten.

---

[221] Vgl. die Ausschreibung in Die Zeit, 7.3.1996, Hamburg.

[222] IX. Parteitag der SED, Berlin, 18. bis 22. Mai 1976, Programm der SED, Berlin 1976, S. 46.

Die DDR-Afrikawissenschaftler legten gerade auf den Gebieten der Kolonialhistoriographie[223] und der Geschichte Afrikas[224] bis heute und vermutlich bis in die Zukunft reichende Forschungsergebnisse von internationalem Standard vor, zu denen auch andere Publikationen in den weiteren hier nicht mehr einzeln aufgeführten Disziplinen gehören. Hinzu kommen die Erfahrungswerte auf den Gebieten der interdisziplinären Studentenausbildung und in der Hochschulzusammenarbeit mit afrikanischen Partnereinrichtungen. Durch die personelle Abwicklung sind mehr oder minder rigoros alle einschlägigen Erfahrungswerte beseitigt worden.

Als Fazit ist zu konstatieren, daß die in schriftlicher Form vorliegenden Ergebnisse der DDR-Afrikawissenschaften - mit Ausnahme derjenigen Publikationen, die sich mit der Geschichte der nationalen Befreiungsbewegung auf marxistisch-leninistischer Grundlage befassen, die schon jetzt der Vergessenheit anheimgefallen sind - in der Regel zwar heute und auch zukünftig noch Bestand haben, aber da sie personell nicht untersetzt und fortgeführt werden, in absehbarer Zeit ihre Bedeutung eingebüßt haben werden; gleiches trifft auf die afrikabezogene Lehre zu.

Literatur

Adler, Elisabeth (Hg.) (1982): Wie lange noch? Apartheid als Herausforderung für Südafrikas Christen und Kirchen. Dokumente 1970 bis 1980, Berlin

Adler, Elisabeth (1985): Desmond Tutu. Für die Zukunft Südafrikas (= Reihe Christ in der Welt, Heft 57), 2. Auflage, Berlin

Adler, Frank & Rolf Reißig (1991): Sozialwissenschaftliche Forschungen als "Modernisierungs-Ferment" des Realsozialismus - eine geschichtliche Illusion? Zum Verhältnis von Sozialwissenschaften und Politik in der ehemaligen DDR. In: BISS Public. Wissenschaftliche Mitteilungen aus dem Berliner Institut für Sozialwissenschaftliche Studien, Nr. 4, Berlin, S. 5-37

Adler, Norman (1995): Die Abwicklung geht weiter. In: hochschule ost, Nr. 4, S. 33-35

Afrika Bulletin (1994): Studienführer für Lehrveranstaltungen und Institutionen in Berlin. Sommersemester 1994, Berlin

---

[223] Davon zeugt m.E. die Bereitschaft der vielen Kollegen aus dem In- und Ausland, sich an einer Festschrift für den Kolonialhistoriker Peter Sebald zu beteiligen. Vgl. Heine/van der Heyden (Hg.) (1995).

[224] So wurde in der DDR die seit den 50er Jahren einzige deutschsprachige "Geschichte Afrikas. Von den Anfängen bis zur Gegenwart" erarbeitet. Vgl. Büttner (1976b) Teil I; Loth (1976) Teil II; Mährdel (Autorenkollektiv) (1983) Teil III; Büttner (Autorenkollektiv) (1984).

Afrika Bulletin (1995). Studienführer für afrikabezogene Lehrveranstaltungen. Sommersemester 1995, Berlin

Against Racism, Apartheid and Colonialism. Documents published by the GDR 1949-1977 (1978), Berlin

Against Racism, Apartheid and Colonialism. Documents published by the GDR 1977-1982 (1983), Dresden

ANC Women Section (Ed.) (o.J.): International Dishes, Neubrandenburg

Ansprenger, Franz (1991): Zur Wiedervereinigung der deutschen Afrikawissenschaft. In: Internationales Afrikaforum 1, S. 71-77

Antirassismus - Antiimperialismus. Der Beitrag der Christen zum Kampf gegen rassistische und kolonialistische Unterdrückung (1971), hrsg. vom Sekretariat des Hauptvorstandes der Christlich-Demokratischen Union Deutschlands, Berlin

Apartheid - unmenschlich und widerchristlich. Eine Erklärung der CDU und das KAIROS-Dokument südafrikanischer Christen (1986), hrsg. vom Sekretariat des Hauptvorstandes der Christlich-Demokratischen Union Deutschlands, Berlin

Apartheid und Menschenrechte (1967), Berlin

Arnold, Anne-Sophie (1977): Politische und militärische Aspekte des Kampfes um die nationale Unabhängigkeit Mocambiques. In: Militärgeschichte, Nr. 2, S. 170-182

Arnold, Anne-Sophie (1978): Der bewaffnete Befreiungskampf des angolanischen Volkes. Entwicklung und Spezifik. In: Militärgeschichte, Nr. 6, S. 656-669

Arnold, Anne-Sophie (1980): Der Kampf der patriotischen Kräfte Simbabwes für nationale Unabhängigkeit und Demokratie. In: Militärgeschichte, Nr. 6, Berlin, S. 670-684

Arnold, Anne-Sophie (1991): Zur Lage der Afrika-Studien an der Universität Leipzig. In: Vereinigung von Afrikanisten in Deutschland (Hg.), Rundbrief Nr. 52, S. 28ff.

Arnold, Rainer (1976): Zur Kulturauffassung Diedrich Westermanns. In: Ethnographisch-Archäologische Zeitschrift 3, S. 435ff.

Arnold, Rainer (Hg.) (1979): Gedichte aus Mocambique, Leipzig

Arnold, Rainer (Hg.) (1983): Ich bin das Land. Prosa, Lyrik, Dokumente wider die Apartheid, Leipzig

Ashiwaju, Michael (1968): Lehrbuch der Yoruba-Sprache, Leipzig 1968, 2. Auflage 1981

Autorenkollektiv (1980): Entwicklung und Kampf der kommunistischen Bewegung in Asien und Afrika, hrsg. von der Akademie für Gesellschaftswissenschaften beim Zentralkomitee der SED, Berlin

Babing, Alfred (1980): Nationaler Befreiungskampf in Namibia - eine Schlüsselfrage für Aktionen gegen Imperialismus, Kolonialismus und Neokolonialismus. In: aala 8, S. 1037-1046

Barth, Hans Martin (1994): Nach Magdeburg, Rostock, Schwerin und Ost-Berlin über Windhoek und Shambyu am Kavango. Rückblick auf DDR-Afrikanistik vom "Fernen Westen" her. In: van der Heyden, Ulrich et al. (Hg.), Engagiert für Afrika. Die DDR und Afrika II, Münster/Hamburg, S. 253-265

Barthel, Günther & Rüdiger Gaudes (1977): Über die Arbeit des Wissenschaftlichen Beirates für Asien-, Afrika- und Lateinamerikawissenschaften beim Ministerium für Hoch- und Fachschulwesen der DDR. In: aala 5, S. 659-666

Barthel, Günter (1995): Reflexionen aus der Retrospektive. Gedanken zu den Orientwissenschaften der DDR. In: Wiener Zeitschrift für die Kunde des Morgenlandes 85, S. 31-40

Bassarak, Gerhard & Günter Wirth (1977): Herausforderung des Gewissens. Über den ökumenischen Beitrag zum Kampf gegen den Rassismus, Berlin

Becker, Jörg (1980): Wir haben viel nachzuholen. Broschüre mit Übersetzungsvorschlägen. In: Börsenblatt des Deutschen Buchhandels 70, S. 2075-2077

Benzing, Brigitte & Reinhardt Bolz (Hg.) (1976): Methoden der afrikanistischen Forschung und Lehre in der BRD. Eine kritische Bilanz. 5. Jahrestagung der Vereinigung von Afrikanisten in Deutschland (VAD) 1973 (= Studien der Vereinigung von Afrikanisten in Deutschland, Bd. 8), Hamburg

Berg, Frank et al. (1991): Pro und contra politikwissenschaftlicher Forschung in der DDR. In: BISS Public. Wissenschaftliche Mitteilungen aus dem Berliner Institut für Sozialwissenschaftliche Studien, Nr. 5, Berlin, S. 5-30

Berger, Christfried (1986): Die Stimme der Piccolo-Flöte. Zum Entwicklungsengagement der Kirchen in der DDR. In: Der Überblick. Zeitschrift für ökumenische Begegnung und internationale Zusammenarbeit, Nr. 3, Hamburg, S. 31ff.

Boesak, Allan (1987): Das Evangelium verlangt, auf der Seite der Unterdrückten zu stehen, Berlin

Böhme, H. J. (1975): Hörsaal und Praxis. Interview mit dem Minister für Hoch- und Fachschulwesen, Prof. H. J. Böhme. In: Wochenpost 4, S. 17

Brauner, Siegmund & Irmtraud Herms (1979): Lehrbuch des modernen Swahili, Leipzig, 2. Auflage 1982, 3. Auflage 1986

Brauner, Siegmund & Joseph K. Bantu (1964): Lehrbuch des Swahili, Leipzig, 2. Auflage 1967

Brauner, Siegmund & Michael Ashiwaju (1965): Lehrbuch der Hausa-Sprache, Leipzig, 2. Auflage 1966

Brauner, Siegmund et al. (1974a): Die Asien- und Afrikawissenschaften im Dienst des proletarischen Internationalismus. In: WZ KMU G, Nr. 5, S. 409-421

Brauner, Siegmund (1974b): Lehrbuch des Bambara, Leipzig

Brauner, Siegmund et al. (1975): Diedrich Westermann (1875-1956). Werdegang, Leistungen, Widersprüche und Irrwege eines bürgerlichen Afrikanisten. In: aala 3, S. 493-521

Brauner, Siegmund (Autorenkollektiv) (1985): Karl-Marx-Universität Leipzig - Schwerpunkt afrikawissenschaftlicher Lehre und Forschung. In: WZ KMU G, Nr. 6, S. 530-548

Brehme, Gerhard (1980): Einige Tendenzen der Verfassungsentwicklung in Asien und Afrika. In: Staat und Recht 3, S. 235-245

Brehme, Gerhard (1982): Der Süden Afrikas im Aufbruch, Berlin

Broszinski-Schwabe, Edith (1988): Kultur in Schwarzafrika. Geschichte - Tradition - Umbruch - Identität, Leipzig/Jena/Berlin

Büttner, Thea (1976a): Geschichte Afrikas. Von den Anfängen bis zur Gegenwart Teil I: Afrika von den Anfängen bis zur territorialen Aufteilung Afrikas durch die imperialistischen Kolonialmächte, Berlin

Büttner, Thea (1976b): D. Westermanns "Geschichte Afrikas". Eine kritische Bewertung seiner historischen und anderen gesellschaftspolitischen Konzeptionen. In: Ethnographisch-Archäologische Zeitschrift 3, S. 421ff.

Büttner, Thea (Autorenkollektiv) (1984): Afrika vom Zusammenbruch des imperialistischen Kolonialsystems bis zur Gegenwart, Berlin

Büttner, Thea (1992): The Development of African Historical Studies in East Germany. An Outline and Selected Bibliography. In: History in Africa, vol. 19, Atlanta, S. 133-146

Dammann, Ernst (1988): August Klingenheben als Wissenschaftler und als Mensch. In: Brauner, Siegmund & Ekkehard Wolff (Hg.), Progressive Traditions in African and Oriental Studies, Berlin, (= Asia-Africa-Latin America, special issue 21), S. 26-36

Dammann, Ernst (1993): Dreißig Jahre Afrikanistik in Marburg. In: Alma Mater Philippina, hrsg. vom Marburger Universitätsbund e.V., Marburg, S. 9ff.

Die Afrika-, Nahost- und Asienwissenschaften in Leipzig (1985): In: WZ KMU G, Nr. 6, S. 500-513

Die Geschichte des African National Congress (ANC) 1912 - 1987 (1987). Hrsg. vom Solidaritätskomitee der DDR/Vertretung des ANC in der DDR, Berlin

Dietrich-Friedländer, Marianne (1968): Lexique Susu-Français, Conakry

Dietrich-Friedländer, Marianne (1974): Lehrbuch der Susu-Sprache, Leipzig

Dietrich-Friedländer, Marianne (1982): Lehrbuch des Malinke, Leipzig

Döge, Peter (1994): Umbau der universitären und außeruniversitären Forschungslandschaft. In: Berliner Debatte Initial., Nr. 1, S. 86-93

Dokumente zur Geschichte der Südafrikanischen Kommunistischen Partei 1915-1980 (1984), Berlin

Döring, Hans-Joachim & Wolfgang Heuer (1991): Ergebnisse der Bestandsaufnahme: Erstellen einer Bibliographie zu entwicklungspolitischer Bildungsarbeit und entsprechenden Unterrichtsmaterialien im Rahmen des Forschungsprojektes Grundlagen, Anregung und Förderung entwicklungspolitischer Bildung und Aktionen in den neuen Bundesländern im Auftrag des Franziskanischen Bildungswerkes e.V., Berlin (Manuskript)

Drechsler, Horst (1996): Südwestafrika unter deutscher Kolonialherrschaft. Die großen Land- und Minengesellschaften, 1885-1914, Stuttgart

Dummer, Egon (Autorenkollektiv) (1989): Entwicklungsländer heute. Revolutionäre Kräfte im Kampf für Frieden und sozialen Fortschritt, Berlin

Dummer, Egon (1989): Sozialistische Staaten und Entwicklungsländer heute. Revolutionäre Kräfte im Kampf um Frieden und sozialen Fortschritt, hrsg. von der Akademie für Gesellschaftswissenschaften beim Zentralkomitee der SED, Berlin

Dzokanga, Adolphe (1979): Dictionnaire Lingala-Francais suivi d'une Grammaire Lingala, Leipzig

Eberhardt, Roland (1982): Die Politik der MPLA-Partei der Arbeit und der Regierung der Volksrepublik Angola auf dem Gebiet von Arbeit und Löhnen. In: aala 10, S. 263-272

El-Solami-Mewis, Catherine (1987): Lehrbuch des Somali, Leipzig

Eschke, Doris (1989): Strategie und Politik der EG gegenüber den Entwicklungsländern. In: aala 17, S. 797-810

Ferguson, P. (Hg.) (1994): Trinity Term 1994. African Studies Oxford University, Oxford

Fiebach, Joachim (1976): Die Toten als die Macht der Lebenden. Zur Theorie und Geschichte vom Theater in Afrika, Berlin

Fiebach, Joachim (1979): Kunstprozesse in Afrika. Literatur im Umbruch, Berlin

Förderungsgesellschaft Wissenschaftliche Neuvorhaben mbH (Hg.) (1994): Tätigkeitsbericht 1993 der geisteswissenschaftlichen Forschungsschwerpunkte, München

Förderungsgesellschaft Wissenschaftliche Neuvorhaben mbH (Hg.) (1995): Tätigkeitsbericht 1994 der geisteswissenschaftlichen Forschungsschwerpunkte, München

Forstreuter, Burkhard et al. (1993): Zur Geschichte der Afrikanistik an der Berliner Universität/Humboldt-Universität (= Berliner Afrikanistische Arbeitsblätter 1), Berlin

Göschel, Hans (1991): Was kann die DDR in die entwicklungspolitische Diskussion in Deutschland einbringen? In: Engels, Benno (Hg.), Das vereinte Deutschland in der Weltwirtschaft. Beiträge zu einer deutsch-deutschen Außenwirtschaftstagung des Deutschen Übersee-Instituts, Hamburg, S. 169ff.

Grapow, Heinrich (1950): Die Begründung der Orientalischen Kommission von 1912. Aus der Geschichte der Akademie in den letzten fünfzig Jahren, Berlin

Gründer, Horst (1990): Kolonialismus und Marxismus. Der deutsche Kolonialismus in der Geschichtsschreibung der DDR. In: Fischer, Alexander & Günther Heydemann (Hg.), Geschichtswissenschaft in der DDR II: Vor- und Frühgeschichte bis Neueste Geschichte, Berlin, S. 671-709

Haasis, Hellmut G. (1990): Rezension zu Kossok, Manfred (Hg.), Vergleichende Revolutionsgeschichte - Probleme der Theorie und Methode, Vaduz/Lichtenstein (1988). In: Internationale wissenschaftliche Korrespondenz zur Geschichte der deutschen Arbeiterbewegung, Nr. 2, Berlin, S. 254

Hackethal, Eberhard & Christian Mährdel (1982): Revolutionstheoretische und methodologische Fragen der sozialen Umwälzungen in Asien, Afrika und Lateinamerika. In: Leipziger Beiträge zur Revolutionsforschung. Lehrheft 1: Vergleichende Revolutionsgeschichte - Probleme der Theorie und Methode, Leipzig, S. 42-72

Hafez, Kai (1995): Orientwissenschaft in der DDR. Zwischen Dogma und Anpassung, 1969-1989, Hamburg

Hafner, Annemarie & Jürgen Herzog (1988): Sklave - Kuli - Lohnarbeiter. Formierung und Kampf der Arbeiterklasse in Kolonien und national befreiten Ländern. Ein historischer Abriß, Berlin

Heilmann, Peter (1984): 35 Jahre DDR - 35 Jahre Beziehungen der DDR zu den Entwicklungsländern auf dem Gebiet des Hochschulwesens. In: aala 12, S. 813-820

Heine, Bernd et al. (Hg.) (1990): Erasmus Network on African Studies. Student-Guide, Köln 1990

Heine, Peter & Ulrich van der Heyden (Hg.) (1995): Studien zur Geschichte des deutschen Kolonialismus in Afrika. Festschrift zum 60. Geburtstag von Peter Sebald, Pfaffenweiler

Herms, Irmtraud (1975): Gesprächsbuch Deutsch - Swahili - Titabu Cha Mazungumzo Kijerumani, Leipzig, (2. Auflage 1981)

Herms, Irmtraut (1976): Westermanns Klassifizierung der afrikanischen Sprachen. In: Ethnographisch-Archäologische Zeitschrift 3, S. 443ff.

Herms, Irmtraud (1987): Wörterbuch Hausa-Deutsch, Leipzig

Heydemann, Günther (1988): Der Theorieboom in der marxistisch-leninistischen Geschichtswissenschaft in der DDR seit 1967. Ursachen - Entwicklung - Perspektiven. In: Deutschland Archiv, S. 289-306

Heynoldt, Joachim (1979): Der Umgestaltungsprozeß der Landwirtschaft in der VR Mocambique. In: aala 7, S. 497-505

Hoffmann, Gerd-Rüdiger (1988): Wie und warum im subsaharischen Afrika Philosophie entstand. In: Moritz, Ralf et al. (Hg.), Wie und warum entstand Philosophie in verschiedenen Regionen der Erde? Berlin, S. 194-197

Höftmann, Hildegard (unter Mitarbeit von Stephen Mhando) (1963): Wörterbuch Suaheli - Deutsch, Leipzig (2. Auflage 1967)

Höftmann, Hildegard (1972): The Structure of the Lelemi Language, Leipzig

Höftmann, Hildegard (1976): Westermanns sprachwissenschaftliches Werk - eine kritische Analyse. In: WZ HUB G, Nr. 2, S. 183-188

Höftmann, Hildegard (unter Mitarbeit von Irmtraut Harms) (1979): Wörterbuch Swahili - Deutsch, Leipzig

Hopfmann, Arndt & Hartmut Schilling (1988): Unterentwicklung, sozialökonomische Multisektoralität und gesellschaftlicher Fortschritt in Entwicklungsländern. In: aala 16, Berlin, S. 773-790

Hopfmann, Arndt et al (1992): Entwicklung und Abwicklung. Eine Dokumentation zu Entstehung, Werdegang und Beseitigung regionalübergreifender "Dritte-Welt"-Forschung und -Lehre an der Karl-Marx-Universität Leipzig. In: Utopie kreativ, Nr. 21/22, S. 143-155

Höpp, Gerhard (Hg.) (1991): Entwicklung durch Reform. Asien und Afrika im 19. Jahrhundert Berlin, (= aala, Sonderheft 3)

Hutschenreuter, Klaus (1976): Einige Bemerkungen zur kolonialpolitischen Konzeption Diedrich Westermanns in den vierziger Jahren. In: Ethnographisch-Archäologische Zeitschrift 3, S. 451ff.

Institut für Afrika-Studien. Universität Bayreuth (Hg.) (1995a): Afrikaforschung an der Universität Bayreuth, Bayreuth

Institut für Afrika-Studien. Universität Bayreuth (Hg.) (1995b): Afrikaforschung an der Universität Bayreuth. Bibliographie, Bayreuth

Institut für Ethnologie und Afrika-Studien der Universität Mainz (Hg.) (1985): Zehn Jahre Institut für Ethnologie und Afrika-Studien, 1975 - 1985, Mainz

Jegzentis, Peter & Wirth, Volker (1991): Zum Stand der entwicklungstheoretischen Diskussion in der DDR in den 80er Jahren. Ein Literaturüberblick. In: Peripherie. Zeitschrift für Politik und Ökonomie in der Dritten Welt 41, S. 71-88

Kannapin, Klaus (Autorenkollektiv) (1985): Imperialismus und Industrialisierung der Entwicklungsländer (= IPW-Forschungshefte 2), Berlin

Kim, G.F. et al. (1982): Geistige Profile Asiens und Afrikas. Aktuelle Fragen der ideologischen Auseinandersetzung in der nationalen Befreiungsbewegung, Berlin

Kocka, Jürgen (1992): Die Auswirkungen der deutschen Einigung auf die Geschichts- und Sozialwissenschaften (Friedrich-Ebert-Stiftung), Bonn

Kommentiertes Vorlesungsverzeichnis, Institut für Afrikanistik. Universität Leipzig, Wintersemester 1995/96, Leipzig

Kossok, Manfred (1982): Revolution und Weltgeschichte im Werk von Walter Markov. In: Markov, Walter: Weltgeschichte im Revolutionsquadrat, hrsg. und eingeleitet von Manfred Kossok, 2. Auflage, Berlin, S. VII-XV

Kubitscheck, Hans Dieter (1994): Zur Einleitung. In: Fachbereich Asien- und Afrikawissenschaften. Bilanz 1993, Berlin, S. 2

Kubitscheck, Hans Dieter (1996): Das Südostasien-Institut an der Humboldt-Universität zu Berlin. Zur Geschichte der Südostasienwissenschaften (= Working Papers, No. 1), Berlin

La Guma, Alex (Ed.) (1978): Apartheid. A Collection of Writings on South African Racism by South Africans, 2. Auflage, Berlin

Landeshochschulkommission Berlin (1992): Stellungnahmen und Empfehlungen zu Struktur und Entwicklung der Berliner Hochschulen, Berlin

Lange, P. Werner (1992): Rezension: Henry Morton Stanley. Sein Weg nach Afrika. Biographie, Berlin 1990. In: ZfG 40, S. 220-221

Legère, Karsten (1990): Wörterbuch Deutsch-Swahili, Leipzig

Liebscher, Gertrud (Autorenkollektiv) (1981): Neokolonialismus. Neue Erscheinungen, Berlin

Lindner, Gerhard (1976): Diedrich Westermann und die Phonetik an der Berliner Universität. In: WZ HUB G, Nr. 2, S. 189ff.

Loth, Heinrich & Harald Schreiber (1991): Prinzipien deutscher Entwicklungspolitik. Gegenwart und geschichtlicher Hintergrund, Magdeburg

Loth, Heinrich (1976): Geschichte Afrikas. Von den Anfängen bis zur Gegenwart Teil II: Afrika unter imperialistischer Kolonialherrschaft und die Formierung der antikolonialen Kräfte 1884-1945, Berlin

Lüders, Michael (1995): Karl May im Fach. In: Die Zeit, 6. Januar

Mährdel, Christian & Arnd Krause (1985): Die Gründung und Entwicklung eines Lehr- und Forschungsbereichs zu Grundfragen der Nationalen Befreiungsbewegung. In: WZ KMU G, Nr. 6, S. 568ff.

Mährdel, Christian (1977): Afrikanische Parteien im revolutionären Befreiungskampf. Ein Beitrag zur Analyse und Theorie der nationalen Befreiungsrevolution der Gegenwart, Berlin

Mährdel, Christian (Autorenkollektiv) (1983): Geschichte Afrikas. Von den Anfängen bis zur Gegenwart Teil III: Afrika vom Zweiten Weltkrieg bis zum Zusammenbruch des imperialistischen Kolonialsystems, Berlin

Mährdel, Christian (1983): Vorbemerkung zu Leipziger Beiträge zur Revolutionsforschung. Lehrheft 4: Sozialistische Alternative gesellschaftlicher Entwicklung in Afrika und Asien in der Gegenwart. Analytische Studien revolutionärer Prozesse, Leipzig

Markov, Walter (1974a): Erinnerungen an den Beginn. In: aala 2, S. 789-793

Markov, Walter (1974b): Zu einigen Ergebnissen und Problemen der Erforschung der Geschichte der nationalen Befreiungsbewegung. In: Wissenschaftliche Mitteilungen. Historiker-Gesellschaft der DDR, Nr. 2, S. 49-53

Markov, Walter (1989): Zwiesprache mit dem Jahrhundert, Berlin/Weimar

Meyer-Bahlberg, Hilke & Ekkehard, Wolff (1986): Afrikanische Sprachen in Forschung und Lehre. 75 Jahre Afrikanistik in Hamburg (1909-1984), Berlin/Hamburg

Ministerrat der DDR, Ministerium für Hoch- und Fachschulwesen (1974): Studienplan für die Grundstudienrichtung Regionalwissenschaften zur Ausbildung an Universitäten und Hochschulen der DDR (Nomenklatur-Nr. 580), Berlin

Ministerrat der DDR, Ministerium für Hoch- und Fachschulwesen (1983): Studienplan für die Grundstudienrichtung Regionalwissenschaften zur Ausbildung an Universitäten und Hochschulen der DDR (Nomenklatur-Nr. 510 12 2), 2. überarbeitete Auflage, Berlin

Ministerrat der DDR (1990): Ministerium für Wirtschaftliche Zusammenarbeit: Grundlinien der Entwicklungspolitik der DDR, Berlin

Mohrmann, Ute & Walter Rusch (1991): Vier Jahrzehnte Ethnographie an der Humboldt-Universität zu Berlin. In: Geschichte der Völkerkunde und Volkskunde an der Berliner Universität. Zur Aufarbeitung des Wissenschaftserbes (= Beiträge zur Geschichte der Humboldt-Universität zu Berlin, Nr. 28), Berlin, S. 61-72

Nationalkomitee für Asien-, Afrika- und Lateinamerikawissenschaften der Deutschen Demokratischen Republik gegründet (1980). In: aala 8, S. 229-236

Oberlack, Markus (1994): Das präkoloniale Afrika und die Kontroverse um die "Asiatische Produktionsweise" in der DDR-Historiographie, Münster/Hamburg

Pasternack, Peer (1995): Hochschule in die Demokratie. Fallstudie Karl-Marx-Universität Leipzig 1989-1993, Berlin

Raible, Wolfgang (1992): Impressionen beim Evaluieren. Zur Abwicklung der kulturwissenschaftlichen Einrichtungen der ehemaligen DDR-Akademie der Wissenschaften. In: Arnold, Heinz Ludwig & Frauke Meyer-Gosau (Hg.), Die Abwicklung der DDR, Göttingen, S. 58ff.

Rathmann, Lothar (Autorenkollektiv) (1974): Grundfragen des antiimperialistischen Kampfes der Völker Asiens, Afrikas und Lateinamerikas in der Gegenwart, 2 Bde, Berlin

Rathmann, Lothar (1988): North-South University Co-operation and its Practical Implications. In: Higher Education Policy. The Quarterly Journal of the International Association of Universities 4, S. 46ff.

Reinecke, Brigitte (1972): The Structure of the Nkonya Language, with Texts and Glossary, Leipzig

Reinecke, Brigitte (1990): Afrikanische Sprachen am Seminar für Orientalische Sprachen. In: Das "Seminar für Orientalische Sprachen" in der Wissenschaftstradition der Sektion Asienwissenschaften der Humboldt-Universität zu Berlin (= Beiträge zur Geschichte der Humboldt-Universität zu Berlin, Nr. 25), Berlin, S. 72f.

Revolutionäre Entwicklungsformen in Asien und Afrika: Klassen - Parteien - politische Macht (1985): Leipziger Beiträge zur Revolutionsforschung. Lehrheft 11, Leipzig

Richter, Eberhardt (1984): Wissenschaftliche Arbeiten zu Sprachen Asiens und Afrikas in der DDR (1950-1983). In: aala, 4, Berlin, S. 670-686

Richter, Renate (1987): Lehrbuch der amharischen Sprache, Leipzig

Robbe, Martin (Autorenkollektiv) (1989): Wege zur Unabhängigkeit. Die antikoloniale Revolution in Asien und Afrika und die Zukunft der Entwicklungsländer, Berlin

Robbe, Martin (1993): Verlorene Visionen? Entwicklungsländerforschung in der DDR. In: hochschule ost, Nr. 5, S. 14-24

Rüger, Adolf (1976): Diedrich Westermanns Beitrag zur Geschichtsschreibung über Afrika. In: WZ HUB G, Nr. 2, S. 197ff.

Rusch, Walter & Irmgard, Sellnow (1976): Diedrich Westermann und die Ethnographie. In: WZ HUB G, Nr. 2, S. 191f.

Rusch, Walter (1976): Wissenschaftliche Kolloquien zum Schaffen von Diedrich Westermann aus Anlaß seines 100. Geburtstages, Leipzig und Berlin 1975. In: Ethnographisch-Archäologische Zeitschrift, S. 389ff.

Schirmer, Gregor (1993): Zum Verhältnis von Politik und Gesellschaftswissenschaften in der DDR. In: Schiff ohne Kompaß? Marxistische Gesellschaftswissenschaften und sozialistische Politik, hrsg. von der Grundsatzkommission beim Parteivorstand der PDS, Berlin, S. 9ff.

Schmidt, Waldtraut (1974): Das Wirken des Instituts Ökonomik der Entwicklungsländer an der Hochschule für Ökonomie "Bruno Leuschner" für die Ausbildung von Studierenden aus afrikanischen, asiatischen und lateinamerikanischen Ländern. In: aala 2, S. 779-787

Schwanitz, Wolfgang (1993): Vereint entzweit. Deutsche Akademiker zwischen Zerschlagung und Einpassung aus der Sicht eines Berliner Orientalisten 1986-1992. In: Berliner Debatte Initial 4, S. 54-64

Sebald, Peter (1988): African Studies in the GDR helped by the ANC. In: van der Heyden, Ulrich (Ed.), 75 Years of the African National Congress of South Africa, 75 Years of Struggle against Colonialism and Racism, Berlin, S. 107ff.

Sievers, Hans-Jürgen (1988): Allan Boesak. Hunger und Durst nach Gerechtigkeit (= Reihe Christ in der Welt, Heft 68), Berlin

Solidaritätskomitee der DDR (Hg.) (1974): Südliches Afrika im Brennpunkt der Weltöffentlichkeit. Fakten, Informationen, Berlin

Spanger, Hans-Joachim & Lothar Brock (1987): Die beiden deutschen Staaten in der Dritten Welt. Die Entwicklungspolitik der DDR - eine Herausforderung für die Bundesrepublik Deutschland? Opladen

Afrikaforschung in Frankfurt (1989); Begleitheft zur Ausstellung anläßlich des 75jährigen Bestehens der Frankfurter Universität, 8. 11. bis 16. 12. 1989, hrsg. v. d. Stadt und Universitätsbibliothek Franfurt/M. in Verbindung mit dem Frobenius - Institut, Frankfurt/M.

Stier, Peter (1977): Die Herausbildung einer marxistisch-leninistischen Avantgardepartei in der Volksrepublik Mocambique. In: aala 5, S. 635-645

Stoecker, Helmuth (1976): Diedrich Westermanns ideologische Stellung und seine Haltung gegenüber den Völkern Afrikas. In: WZ HUB G, Nr. 2, S. 177ff.

Stoecker, Helmuth (Hg) (1977): Drang nach Afrika. Die koloniale Expansionspolitik und Herrschaft des deutschen Imperialismus in Afrika von den Anfängen bis zum Ende des Zweiten Weltkrieges, Berlin

Stoecker, Helmuth (1985): Diedrich Westermann's Historical Views and Attitudes to African Peoples (in Russisch). In: Izuschenie istorii Afrikii. Problemij i dostischenija, Moskva, S. 187ff.

Studien zu bürgerlich-kapitalistischer Entwicklung in Asien und Afrika (1987): Leipziger Beiträge zur Revolutionsforschung. Lehrheft 18, Leipzig

Tjulpanow, S.J. (1972): Politische Ökonomie und ihre Anwendung in den Entwicklungsländern, Berlin

Tschetschorke, Hans (1984): Zur Rolle und zum Vorgehen der Geheimdienste imperialistischer Hauptländer und Südafrikas sowie der Geheimdienste prokapitalistischer Staaten bei der Verwirklichung der neokolonialen Politik des Imperialismus gegen die Staaten sozialistischer Entwicklung/Orientierung und die kämpfenden Befreiungsorganisationen im subsaharischen Afrika, Potsdam, Diss. A

Tschetschorke, Hans (1987): Die Sicherung der Arbeit der kommunistischen und Arbeiterparteien unter den Bedingungen der Illegalität. Erfahrungen und Anforderungen bezüglich der Ausbildung von Kadern kommunistischer und Arbeiterparteien durch das Institut für Internationale Beziehungen der Hochschule des MfS, Potsdam, Diss. B

van der Heyden, Ulrich & Heike Liebau (1995): Diskussionen und Berichte: Missionsgeschichte - Kirchengeschichte - Weltgeschichte. Christliche Missionen im Kontext nationaler Entwicklungen Afrikas, Asiens und Ozeaniens. In: aala 23, S. 289-295

van der Heyden, Ulrich (1992a): Die Afrikageschichtsschreibung in der ehemaligen DDR. Versuch einer kritischen Aufarbeitung. In: Africa Spectrum 2, Hamburg, S. 207-211

van der Heyden, Ulrich (1992b): Zwischen Bevormundung und Kreativität. Die Afrika-Geschichtsschreibung in der DDR. In: Berliner Debatte Initial, Nr. 4, Berlin, S. 33-46

van der Heyden, Ulrich (1993a): Die historische Afrika-Forschung in der DDR. Versuch einer Bilanz der Afrika-Geschichtsschreibung. In: van der Heyden et al. (Hg.),

Die DDR und Afrika. Zwischen Klassenkampf und neuem Denken, Münster/Hamburg, S. 108-130

van der Heyden, Ulrich (1993b): Die Afrika-Geschichtsschreibung im Osten Deutschlands - langsamer Abbruch und zäher Neuanfang. In: Internationales Afrikaforum 2, Köln, S. 181-187

van der Heyden, Ulrich (1994a): Sichten auf die historische Afrikawissenschaft in der DDR. Ein Rundtischgespräch mit Afrikawissenschaftlern. In: aala 22, S. 539-571

van der Heyden, Ulrich (1994b): Die historischen Afrikawissenschaften in der DDR. In: van der Heyden et al. (Hg.), Engagiert für Afrika. Die DDR und Afrika II, Münster/Hamburg, S. 230-252

van der Heyden, Ulrich (1996): Geht die Abwicklung weiter? In: hochschule ost, Nr. 2, S. 191-202

van der Heyden, Ulrich (im Druck): Die Afrikawissenschaften in der DDR. Eine akademische Disziplin in der DDR zwischen Exotik und Exempel

Voigt, Manfred et al. (1989): Lehre und Studium der Asien-, Afrika- und Lateinamerikawissenschaften im 40. Jahr der Deutschen Demokratischen Republik. In: aala 17, S. 789-796

Weber, Max (1989): Rationalisierung und entzauberte Welt. Schriften zu Geschichte und Soziologie, hrsg. von Friedrich Hauer und Wolfgang Küttler, Leipzig

Weinberger, Gerda (1975): An den Quellen der Apartheid. Studien über koloniale Ausbeutungs- und Herrschaftsmethoden in Südafrika und die Zusammenarbeit des deutschen Imperialismus mit dem englischen Imperialismus und den burischen Nationalisten (1902-1914), Berlin

Wer macht was? Die 400 führenden Institutionen der Bundesrepublik Deutschland und ihre Repräsentanten (1988), Gütersloh

Winter, Heinz-Dieter (1989): Die DDR und die Staaten Asiens, Afrikas und Lateinamerikas - Zusammenwirken und Dialog für Frieden und Fortschritt. In: aala 17, S. 581-590

Zentraler Forschungsplan der marxistisch-leninistischen Gesellschaftswissenschaften der DDR bis 1975 (1972). In: Einheit, S. 169-184

Zentraler Forschungsplan der marxistisch-leninistischen Gesellschaftswissenschaften der DDR, 1986 bis 1990 (1986). In: Einheit, S. 681-692

Wolf Hagen Krauth

Die Asien- und Afrikawissenschaften in der DDR Wissenschaftssoziologische Bemerkungen

Gewisse, selbst richtige Erkenntnisse halten
zu früh nützliche Forschungen an.
(Gaston Bachelard)

Die folgenden Bemerkungen verstehen sich als Beitrag zu einer Soziologie des wissenschaftlichen Wissens in der DDR. Sie sind tastend, denn ein Konsens über die Leitbegriffe für ein solches Unternehmen liegt nicht vor, die empirische Arbeit befindet sich in den Anfängen. Es werden grundlegende Merkmale der kognitiven Gestalt der Asien- und Afrikawissenschaften beschrieben und als Kennzeichen einer Gesellschaftswissenschaft im Realsozialismus der DDR gedeutet.

I

Seit gut zwei Jahrhunderten ist die Produktion wissenschaftlicher Erkenntnisse in Europa kein zufälliges Ereignis mehr, das von Amateuren oder den für Lehre zuständigen Universitätsprofessoren nebenbei hervorgebracht wird. Der auf Dauer gestellte und erwartbare Sachverhalt Wissenschaft hat nicht nur immense Folgen für die moderne Gesellschaft, sondern setzt seinerseits bestimmte institutionelle Gegebenheiten und Erfindungen voraus. Geld, Organisationsbildung und Recht sind die wichtigsten.

Zur normativen Absicherung einiger zentraler Erwartungen an das, was Wissenschaft, Forschung und akademische Lehre sind, dürfen, sollen und welche Grenzen ihnen gesetzt sind, bildet sich ein national verfaßtes Wissenschaftsrecht. Sehr bald macht die Dauerproduktion wissenschaftlicher Erkenntisse auch spezifische Organisationsbildungen innerhalb der etablierten Universtitätsstrukturen erforderlich. Mit der Durchsetzung von Forschungsinstituten und -laboren wird die Hervorbringung neuen Wissens auch an die formalen und informellen Regelungen für gesellschaftliche Entscheidungsbildung gebunden. Es kommt zur Zentralisierung und Hierarchisierung der Entscheidungen über die Verfolgung von Theorieprogrammen, die Durchführung von Experimenten bzw. empirischen Un-

tersuchungen oder die Wahl von Forschungsproblemen bzw. Themen mit eminenten Folgen für die Zeithorizonte wissenschaftlichen Handelns. Schließlich kann spätestens die "big science" unseres Jahrhunderts nur kontinuieren, wenn genügend wissenschaftlich ausgebildetes Personal vorhanden ist. Dies setzt ein breitere Schichten der Bevölkerung inkludierendes Bildungssystem sowie die Verberuflichung der Forscherrolle voraus. Beides erfordert, daß bezahlt werden kann. Damit wird schließlich wissenschaftliche Arbeit auch an die Effekte des Wirtschaftssystems sowie ihrer Legitimierung in der Öffentlichkeit geknüpft.
Diese allgemeinen Reproduktionsbedingungen bilden die Grundlage für nationale Experimente mit spezifischen strukturellen Kopplungen zwischen der Wirtschaft, der Politik, der Öffentlichkeit eines Landes und seinem Wissenschaftssystem. So mag etwa versucht werden, durch Auswechselung des Personals, Einfluß auf die Theorieproduktion zu nehmen, wie dies in der DDR in den 50er und 60er Jahren zur Beseitigung "bürgerlicher" und "idealistischer" Wissenschaftsauffassungen und der Implementierung "fortschrittlicher" "sozialistischer" Theorietraditionen gemacht worden ist. Man kann Organisationsbildungen forcieren und eine "sozialistische Akademie der Wissenschaft", in der Hoffnung gründen, es lasse sich so schneller wissenschaftliche Erkenntnis in technologisch avanciertes Wissen und verkäufliche Produkte transferieren. Schließlich kann eine recht enge Kopplung durch direkte Auftragsfinanzierung der Forschung etwa durch Wirtschaftsunternehmen erfolgen.
Die Liste dieser Mechanismen kann leicht weitergeführt werden - und muß dies auch im Verlauf der Klärung spezifischer nationaler Wissenschafts- und Forschungsstrukturen. An dieser Stelle dient sie allerdings nur dem Zweck zu verdeutlichen: Wissenschaft findet immer innerhalb einer konkreten gesellschaftlichen Umwelt statt und ihre Verbindungen zu ihr betreffen ganz unterschiedliche Arbeits- und Kommunikationsbedingungen. Eine Beschreibung des kognitiven Profils einzelner Disziplinen im Realsozialismus der DDR vor dem politischen Umbruch wird deshalb nicht nur spezifische Merkmale aufweisen. Um so genauer gilt es, die Eigenheiten deutlich werden zu lassen. Wer die Autonomie der Wissenschaft des Westens allerdings mit Autarkie verwechselt, dürfte es schwer haben, diese Eigenheiten zu erkennen.

Die Mehrzahl der den Transformationsprozeß kommentierenden Studien zur Veränderung von Disziplinen und Disziplinfeldern orientieren ihre Analysen an einem implizit bleibenden Vergleich sozialistischer und "westlicher" Wissenschaft. Unterscheidungen wie Fremd- und Selbststeuerung, Lenkung und Autonomie, Parteilichkeit und Wertfreiheit leiten die Beobachtung. Die Beschreibungen des wissenschaftlichen Wissens in der DDR und seiner Veränderung knüpfen damit eher an Traditionen der politischen Soziologie als solchen der Wissen-

schaftsforschung an. Begründet wird dies zumeist mit dem Hinweis auf inhärent politische Reproduktionsbedingungen aller Wissenschaft im Sozialismus.
Drei unterschiedliche Theoriemotive lassen sich ausmachen. Erneute Bedeutung hat die Totalitarismustheorie erlangt. Im Rahmen einer Analyse "totalitärer" Wissenschaft (oder "Wissenschaft in totalitären Systemen") geht es darum, Vergleichslinien zu historisch früheren Steuerungsversuchen von Wissenschaft zu ziehen. Wo der Gedanke der "Durchherrschung" der DDR-Gesellschaft als erfolgreichem Durchgriff der Politik der SED im Zentrum steht, werden im Rahmen einer Theorie "moderner Diktaturen" [1] zwar bestimmte Merkmale des klassischen Totalitarismusbegriffes für eine Beschreibung der DDR nicht angesprochen, aber sowohl an einem hierarchischen Gesellschaftsmodell wie an der Idee der Steuerung von der gesellschaftlichen Spitze her, die durch Politik besetzt gedacht wird, festgehalten. Die dritte Interpretationsvariante gewinnt ihren Vergleichspunkt an der Idee der modernen Gesellschaft und ihrer funktionalen Differenzierungstypik. Für die DDR entwickelt sie die Vorstellung einer mangelnden Differenzierung gesellschaftlicher Handlungsbereiche bzw. einer Rücknahme gesellschaftlicher Differenzierung durch die Politik mit der Folge von Effizienzeinbußen und dem Anwachsen des Krisenpotentials.[2]
In Untersuchungen zur Wissenschaft in der DDR verfolgen alle drei Interpretationsmuster die Disziplinengeschichte als Geschichte der Programme der SED-Wissenschafts- und Forschungspolitik und ihrer Wandlungen, des Einflusses von Parteizugehörigkeit auf wissenschaftliche Karrieren, von Zensur und Selbstanpassung, wissenschaftlichen Leitorganisationen und Leitdisziplinen. Hierfür sprechen eine Vielzahl von programmatischen Äußerungen über die "einheitliche und planmäßige Führung und Leitung" aller Lebensbereiche der sozialistischen Gesellschaft. Bedenken lassen sich von einer Soziologie aus aktivieren, die beispielsweise in der Beobachtung von formalen und informellen Entscheidungswegen sensibel geworden ist für die Steuerungsdurchgriffe begrenzende Komplexität von Organisationen.[3] Dagegen sprechen schließlich die Äußerungen einer Vielzahl von Wissenschaftlern aus der DDR, wenn sie die Selbstbestimmung ihres wissenschaftlichen Alltags beschreiben.
Für eine wissenschaftssoziologische Untersuchung von Disziplinprofilen wird es deshalb von hoher Bedeutung sein, sich den Blick nicht vorschnell durch frühen Anschluß an eine gesellschaftstheoretische Option oder das Alltagswissen zu

---

1 Siehe z.B. Jürgen Kocka (1998). Von "kommoder Diktatur" hat neuerdings Engler (1996) gesprochen.

2 Vgl. Meuschel (1992); Thaa et al. (1992).

3 Mit Bezug auf Grundlagen, Verfahren und Grenzen der Planung im realen Sozialismus noch immer erhellend Masuch (1981).

verengen oder aufgrund schnell erreichter Übereinstimmungen mit Vorwissen präzise Analysen zu früh zu stoppen. Sie muß hinter den Mitteilungen, die Asien- und Afrikawissenschaften seien politisch vollkommen fremdgesteuert gewesen, und dem Kommentar, durch die Propagierung dieser Sichtweise wollten die ehemals "führenden" Fachvertreter nur ihre eigene Verantwortung für den Gang der disziplinären Dinge verschleiern[4], die Sachverhalte in den Blick bekommen. Sowohl für den Alltag wie für Verschriftlichungen der unterschiedlichsten Sorten gilt, daß man vieles nicht äußerte, was es gab, und es vieles nicht oder so nicht gab, wie mündlich oder schriftlich verkündet wurde.[5]

In den folgenden Abschnitten werden einige grundlegende Merkmale der kognitiven Gestalt der Asien- und Afrikawissenschaften beschrieben: Die Kompatibilisierung von Ideologie und Wissenschaftsbegriff mit seinen Folgen für das Profil der Disziplinen (Abschnitt II); die Formen der Selbstbeobachtung (Abschnitt III); die duale Struktur der wissenschaftlichen Gemeinschaft und die Orte der Kommunikation (Abschnitt IV); sowie Organisation und Entscheidung als Struktur von Gesellschaftswissenschaft im realen Sozialismus der DDR (Abschnitt V).

II

Ideologien liefern nicht-traditionalen Gesellschaften eine Rechtfertigung der Werte, denen man die Stiftung von Konsens und sozialer Ordnung zutraut. Im realen Sozialismus ist der Marxismus-Leninismus das kognitive Konstrukt, in dem die Gesellschaft ihre Einheit kodifiziert und erhalten sieht.[6] Im Verbund mit

---

[4] So die Debattenlage zwischen Barthel, Hafez und Walther (1997). Selbst Sozialwissenschaftler von Profession haben oft sehr holzschnittartige Vorstellungen. So schreibt etwa Frank Adler (1991): 159 der SED nicht nur ein "unkontrolliertes Machtmonopol" zu, sondern meint gar, dem Triumvirat Honecker, Mittag, Mielke als "entscheidendes konstitutives Merkmal ... die ungeteilte, unkontrollierte, nur z.T. nach allgemein verbindlichen juristisch fixierten Regeln ausgeübte Verfügungsgewalt über den gesamten Reproduktionsprozeß" zuschreiben zu müssen.

[5] Diese methodische Maxime gilt selbstverständlich nicht nur für soziologische Analysen sozialistischer Verhältnisse.

[6] Im Realsozialismus wird die romantische Idee der gesellschaftlichen Einheit als Einheit der Werte durchgeführt. Freilich will man nicht darauf warten, bis sich die Einheit zeigt, sondern man vertraut darauf, sie gestützt auf die Wissenschaft durch geeignete Zwecksetzungen für die arbeitsteiligen Organisationen sowie eine sozialistische Moral für die zu vergesellschaftenden Subjekte herstellen zu können. Deutlich erkennbar ist, weshalb Wissenschaft und Ideologie, Wahrheit und Wert nicht ge-

dem "demokratischen Zentralismus" als aus der Ideologie abgeleiteter Koordinationsform von Organisationen soll der Marxismus-Leninismus zwischen den unterschiedlichen arbeitsteiligen Organisationen die als Bestandteile der Gesellschaft betrachtet werden, eine rationale, an Zwecken orientierte, leitbare und planbare Einheit zu schaffen. Das Ganze der Gesellschaft wird somit selbst als Organisation verstanden, deren Teile weitere Organisationen sind, die zueinander im Verhältnis von Zweck und Mittel stehen. Auf diese Weise, versichert die Ideologie, könne das historische Subjekt Proletariat in der Organisationsform Arbeiterpartei die Anarchie kapitalistischer Verhältnisse überwinden und die Gesellschaft auf der Grundlage wahren Wissens über die gesellschaftlichen Verhältnisse und ihre Dynamik menschlichen Zwecken und Zielen gemäß gestalten.[7]
Die Integration der unterschiedlichen gesellschaftlichen Aufgabenbereiche durch einen gesamtgesellschaftlich geltenden, seine wissenschaftlichen Grundlagen betonenden Werterechtfertigungskosmos bedeutet, daß der Möglichkeitsraum für systemspezifische Zwecke und Werte aller gesellschaftlichen Bereiche, also etwa der wissenschaftlicher Erkenntnis und Wahrheit klar vorgezeichnet ist. Die zeitlichen, sachlichen oder auch sozialen Merkmale wissenschaftlicher Wahrheit, die Wege und Formen wissenschaftlichen Erkennens, die Kommunikation der Forschenden und Lehrenden können nur mit Bezug auf Ideologie und in Übereinstimmung mit ihr formuliert und entwickelt werden. Im ND-Ton der achtziger Jahre: "Das Studium der wissenschaftlichen Weltanschauung der Arbeiterklasse und der Politik der revolutionären Partei ist die entscheidende Grundlage der wissenschaftlichen Bildung". Forschung und Lehre müssen mit den aus der Analyse der "welthistorischen und DDR-spezifischen Bedingungen des real existierenden Sozialismus" abgeleiteten Entwicklungstendenzen kompatibel gehalten werden.[8]
Jedwede Disziplin kann nur als Wissenschaft im Sozialismus getrieben werden; sie ist an allgemeine Vorausetzungen für das gebunden, was Wissenschaftlichkeit heißen und wie wissenschaftliche Kommunikation vonstatten gehen kann. Freilich nimmt der Kommunikations- und Abstimmungsbedarf mit den Ideologieproduktionsorganisationen in dem Maße zu, wie gesellschaftliche Werte durch Lehre und Forschung tangiert werden. Die Naturwissenschaften auf dieser Grundlage als unbetroffen auszublenden wäre vorschnell. Zwar sind die Interfe-

---

trennt werden: Gemeinschaft besteht und sie ist machbar zugleich.

7 Ideologie ist die Sicherheitsbasis für alle Gesellschaftsbereiche. Auch für die Parteipolitik, der sie als "zuverlässiger Kompaß" (Honecker) bei der Beobachtung und Bewertung von Strukturen und Ereignissen dient, da sich eine sozialistische Avantgardepartei nicht wie miteinander konkurrierende Parteien in westlichen Demokratien an den Wählern orientieren kann.

8 ND, 20. März 1980

renzpunkte von Natur- bzw. Ingenieurwissenschaften mit dem ideologischen Wertekosmos eingeschränkt, zu prekären Situationen aber kommt es immer dann, wenn aufgrund des Generalisierungsniveaus einer Theorie oder einer konkreten Problematik Wertfragen tangiert sind oder berührt zu werden scheinen: dies gilt beispielsweise für die Geschichtsschreibung naturwissenschaftlicher Disziplinen, für erkenntnistheoretische Fragen, Kybernetik und Systemtheorie oder auch die Humangenetik.

Soll die Einheit der Gesellschaft auf stabilen Boden gestellt werden, kann die Verbindung von Wissenschaft und Ideologie nicht als regulierender Eingriff nach Konfliktfällen durchgeführt werden. Vielmehr bedarf es einer Vorwegkoordination, die den Normalbetrieb sicherstellt und Abweichungen zu einem Ausnahmefall macht, der unter genau angebbaren Bedingungen geschieht und deshalb behandelbar wird.[9] Um dies zu leisten, muß die Institutionalisierung dessen, was als wissenschaftliches Wissen mitteilbar und akzeptierbar ist, auf einer Belehrung durch Ideologie aufruhen.
Kodifiziert werden die zentralen Koordinierungen zwischen sozialistischer Wissenschaft und gesamtgesellschaftlicher Ideologie in dem von der Wissenschaftstheorie ausgearbeiteten Wissenschaftsbegriff. Die von prominenten Angehörigen des Instituts für Theorie und Organisation der Wissenschaft (ITW) - auch die Theorie der Disziplinen wird als Wissenschaftstheorie in der DDR einheitlich und zentral in einer Organisation betrieben - formulierten Bestimmungen halten fest, daß Wissenschaft von ihrem Zweck her gedacht werden muß: dem Beitrag zur gesellschaftlichen Arbeit. Entsprechend bezeichnen Günter Kröber und Hubert Laitko als "Funktion" der Wissenschaft die "Sicherung und Reproduktion der jeweils herrschenden Produktionsverhältnisse".[10] Oder in handlungstheoretische Begriffe übersetzt: "Wir ... gestalten mit Hilfe der sozialistischen Wissenschaftsorganisation aus der Fülle des objektiv Möglichen gerade jene Wege der Wissenschaftsentwicklung, die den perspektivischen Erfordernissen unseres sozialistischen Staates optimal entsprechen."[11] Ende der achtziger Jahre heißt es ebenso leistungsbezogen[12], aber weniger theoriesprachlich bei Kröber: "Ihre

---

[9] Die Reichweiten sind bekannt: sie erstrecken sich von öffentlichen Skandalisierungen durch Prozesse in politisch besonders wichtig erscheinenden Fällen bis hin zur Findung von semantischen Formen, die für pädagogische Einflußnahmen geeignet sind, indem sie bei den kritisierten Forschern eine noch nicht genügend ausgebildete Fähigkeit zur Erkenntnis dieses unauflöslichen Zusammenhanges feststellen.

[10] Kröber/Laitko (1976): 61.

[11] Laitko/Parthey (1970): 438.

[12] Der im folgenden benutzte Begriff "Leistung" bezeichnet die Beziehungen eines Teilsystems der Gesellschaft zu anderen Teilsystemen. Unterschieden werden diese

Hauptfunktion ist es, das für die Existenz und die Entwicklung der Gesellschaft notwendige Wissen zu erzeugen."[13]
Stabilisierung und Fortentwicklung der sozialistischen Gesellschaft als Aufgabe und Vorgabe für die Suche nach Erkenntnis schränkt offenkundig die institutionellen Garantien für den Einsatz wissenschaftlicher Neugier durch eine Wertvorgabe drastisch ein. Als Wissenschaft bezeichnet, gewollt und gesucht wird nur das nützliche Wissen. Im Ensemble der gesellschaftlichen Arbeitsteilung des Sozialismus wird die Wissenschaft diejenige Organisationsabteilung, die für die Produktion gesellschaftlich erforderlicher Erkenntnisse zuständig ist und das herbeischafft, was die Gesellschaft noch nicht weiß, von dem sie aber weiß, daß sie es wissen will. Wer sich als Forscher auf Wissenschaft einläßt und einen Beitrag liefert, hätte somit immer schon einen gesellschaftschaftlichen Auftrag, die von ihm zu treibende marxistisch-leninistische Wissenschaft muß nicht erst von außen "instrumentalisiert" oder "politisiert" werden: sie ist es in ihrem Kern immer schon.[14]
Die Rede des Minister für Hoch- und Fachschulwesen, Hans-Joachim Böhme, anläßlich der Gründung des Nationalkomitees für Asien-, Afrika- und Lateinamerikawissenschaften am 6. November 1979 vor den versammelten Wissenschaftlern aus Universitäten, der Akademie der Wissenschaften und weiteren außeruniversitären Forschungseinrichtungen beschreibt den Erwartungshorizont näher. Unter Berufung auf Lenins zeitdiagnostische Analysen vor der II. Internationale hält er fest, daß ein Verständnis der internationalen und nationalen Prozesse nur im Rahmen einer Theorie möglich ist, die diese Vorgänge vom "Standpunkt der weltweiten Klassenauseinandersetzung zwischen Sozialismus und Imperialismus" analysiert.[15] Aufgrund der Verschärfung des internationalen Klassenkampfes sei "die Verstärkung der Zusammenarbeit der Länder des realen Sozialismus mit den jungen afrikanischen Staaten eine Aufgabe von strategischer Bedeutung geworden". Deshalb erwarten "Partei und Regierung ... von den Wissenschaftlern

---

Beziehungen von denen des Systems zu sich selbst ("Reflexion") sowie denen zur Gesamtgesellschaft ("Funktion"). Zur Begrifflichkeit vgl. Luhmann (1981). Diese Unterscheidung macht erkennbar, so die im Text vertretene These, daß in der sozialistischen Wissenschaft Funktion und Leistung zusammenfallen.

13 Kröber (1988): 12.

14 Wissenschaft und Ideologie einander entgegenzusetzen ist für den Marxismus-Leninismus eine falsche, der kapitalistischen Gesellschaft entsprechende Konzeption der spätbürgerlichen Philosophie. Konsequent werden die Verhältnisse im realen Sozialismus als "Einheit von Politik und Wissenschaft" auf der Grundlage der marxistisch-leninistischen Ideologie betrachtet.

15 Böhme (1980): 230.

... Unterstützung für die weitere Gestaltung unserer Politik." Zur Konkretisierung folgt dann eine in den meisten politischen Texten begegnende formelhafte Wendung Erich Honeckers: "Die vor uns stehenden Aufgaben zwingen zu einem noch tieferen Eindringen in die wissenschaftlichen, gesellschaftlichen und sozialen Prozesse." Gegen Ende des Rede wird überdies deutlich, daß es nicht nur wissenschaftliche Leistungen sind, an die die Politik denkt. Das "tätige Engagement" soll von Wissenschaftlern und Studenten nämlich "in der Forschung und im praktischen Einsatz" gezeigt werden.[16] Lobend und motivierend hebt Böhme hervor, "daß sich Studenten der regionalwissenschaftlichen Sektionen mit großem politischem Verantwortungsbewußtsein und mit bemerkenswerten fremdsprachlichen Kenntnissen im praktischen Einsatz bewähren. ... Die bedeutsamen, täglich zu lösenden Aufgaben in der Politik unserer Republik gegenüber den jungen afrikanischen Staaten erfordern einen solchen, im Studienplan nicht vorgesehenen Einsatz".[17] Durch solidarisches und "prinzipienfestes marxistisch-leninistisches Auftreten" müßten die Regionalwissenschaften als "Disziplinen, die in ihrer Aussage stets sehr deutlich die Interessen der jeweils herrschenden Klasse widerspiegelten" und so "Gradmesser für Freundschaft und Zusammenarbeit mit den Völkern, Gradmesser für unsere Aufrichtigkeit und Ehrlichkeit gegenüber den Menschen" seien, für die Erhöhung des "internationalen Ansehens und Einflusses" der DDR sowie die "Entwicklung des internationalistischen Bewußtseins unserer Menschen, insbesondere der Jugend"[18], Sorge tragen. Die Anerkennung dieser Leitwerte für die wissenschaftliche Arbeit, die auf der Grundlage der primären Leistungsorientierung der Gesellschaftswissenschaften selektiv auf Forschungsthemen und -perspektiven wirkten, machte Wissenschaft zur Wissenschaft im Sozialismus. Der ideologisch immer wieder beschworene "Kampf gegen Imperialismus, Kolonialismus und Rassismus" wurde als legitimer Ausgangs- und Zielpunkt für Forschung auch von solchen Asien- und Afrikawissenschaftlern angesehen, die der DDR heute kritisch gegenüberstehen. Dies gilt besonders für die große Zahl der mit Gegenwartsproblemen in Asien und Afrika befaßten Wissenschaftler, die zumeist politisch motiviert waren und politisch wirken wollten.[19]

---

[16] ebenda.

[17] Böhme (1980): 231.

[18] ebenda.

[19] Legitimation, Erwartungskommunikation, Motive und tatsächliche politische Wirksamkeit müssen allerdings deutlich auseinandergehalten werden. Eine Vielzahl von Asien- und Afrikaforschern beklagten nach dem politischen Umbruch die mangelnde Resonanz von Staat und Partei für ihre Arbeit.

Die Spezifik dieser über gesellschaftliche Zwecke, über den Leistungsaspekt wissenschaftlichen Wissens konstituierten Form von Wissenschaft wird besonders deutlich, wenn man sie dem Konzept der Anwendung wissenschaftlich produzierten Wissens in außerakademischen Kontexten gegenüberstellt. Während die Chance einer Nutzung von Wissen dem kognitiven Kern einer Disziplin äußerlich bleibt, hat die konstitutive Leistungsorientierung Auswirkungen auf die organisatorische und kognitive Gestalt des gesamten Faches. Sie bestimmt die Art der Institutionalisierung an den Hochschulen, die Gliederung der Lehr- und Forschungsbereiche, die Themenwahl für Forschungsvorhaben, die Forschungsintensität und den Forschungsumfang. Als Grundlage für die finanzielle und ideelle Unterstützung von Lehr- und Forschungsschwerpunkten führte die Leistungsorientierung in den Regionalwissenschaften zu einer deutlichen Präferenz für den Erwerb und die Vermittlung von Wissen mit engem Kontakt zu Gegenwartsproblemen der Gesellschaft. Altorientalistische, altsprachliche oder auch literarisch-kulturhistorische Lehr- und Forschungsrichtungen gerieten unter Luxusverdacht. An vielen Hochschulen kam es zum Wegfall philologischer Ausbildungsmöglichkeiten, einzelne Hauptfachstudiengänge wurden eingestellt oder gänzlich ausbildungsfern in kleinen Arbeitseinheiten an der Akademie der Wissenschaften betrieben. Disziplinäre Themenwahl und Themenwechsel folgten keinen theoretischen oder methodischen Gesichtspunkten sondern vollzogen sich entlang der "Gegenstände", die politische Akteure in ihren Handlungskontexten beobachten. Der wissenschaftliche Wissenserwerb und die Wissensvermittlung in den Teildisziplinen richtete sich primär an Staaten aus. Die Regionalwissenschaften der DDR erhielten auf diese Weise die Merkmale einer "komplexen Länderkunde", die Wissen über Wirtschaft, Politik, Sprache, Literatur und Religion einzelner, im historischen Verlauf auch wechselnder Länder bereitstellt. Die der sozialistischen Wissenschaft aufgegebene "Abbildung" der Einheit ihres Gegenstandes versuchten die Einzeldisziplinen durch die Forderung nach interdisziplinärem Zusammenwirken der Vertreter von Sprach-, Literatur-, Kultur- oder Wirtschaftsabteilung zu erreichen. Das marxistisch-leninistische Paradigma bot hierfür zumindest im Kern gute Ausgangschancen. Alle Fächer teilten die gesellschaftswissenschaftliche Grundauffassung ihres Gegenstandes; das Basis-Überbau-Konzept sowie die Vorstellung der Entwicklungsdynamik von Produktivkräften und Produktionsverhältnissen lieferten die Anleitung für die grundsätzliche Auffassung über die Beziehungen der gesellschaftlichen Teilbereiche.

Die fachwissenschaftliche Segmentbildung entlang einer politischen Perspektive der Weltbeobachtung legt die Frage nahe, ob statt von der Binnendifferenzierung der Asien- und Afrikawissenschaften in der DDR nicht angemessener von einer reinen Organisationsgliederung gesprochen werden sollte, die weniger den Er-

fordernissen wissenschaftlichen Erkenntnisgewinns als allgemein- oder wissenschaftspolitischen Zwecksetzungen folgt.[20]
Ein eminenter Effekt für das kognitive Profil hat sich im Verlauf der Forcierung der wissenschaftlichen Arbeitsteilung ungeplant und ungewollt ergeben. Die im Zuge der Hochschulreform vollzogene Verteilung der Lehr- und Forschungsschwerpunkte auf einzelne Hochschulen und außeruniversitäre Forschungseinrichtungen schuf organisatorische Alleinzuständigkeiten und band Wissenschaftler wie Studenten an einen Ort. In den kleinen Disziplinen der Asien- und Afrikawissenschaften scheint überdies das Zuständigkeitsprinzip nicht allein auf Organisationsebene, sondern häufig bis zum einzelnen Forscher getrieben worden zu sein. Die Aufteilung der Welt in Lehr- und Forschungsressorts ließ jeden zum fast konkurrenzlosen Kenner seiner eigenen Materie werden. Hierdurch wurden die Disziplinkomplexe insgesamt stark von Personen abhängig.[21] Die qua Verbindlichkeit des gesellschaftstheoretischen Theorie- und Methodenarsenals ausgeschaltete Paradigmakonkurrenz sowie die Etablierung der geschilderten thematischen Zuständigkeiten hat letztlich dazu geführt, daß fachliche Kontroversen nicht besonders zahlreich waren und durch die Beschwörung von mehr "wissenschaftlichem Meinungsstreit" auch nicht erkennbar zunahmen. Ganz zweckgemäß kennzeichnet das Feld eine ruhige Form der Bereitstellung von Wissen, über dessen Nützlichkeit zuvor entschieden worden war.

Neben der Zurichtung durch die konstitutive Leistungsorientierung stehen all jene Disziplinen, die Gesellschaften als Ganze beschreiben und analysieren unter einer weiteren, die Erkenntnisdynamik erheblich einschränkenden Existenzbedingung. Der Marxismus-Leninismus ist nicht nur das Paradigma für gesellschaftswissenschaftliche Disziplinen, sondern er bestimmt auch das Bild, das sich die Gesellschaft von sich selbst macht. Veränderungen an den Kernkonzepten des Historischen Materialismus, der Politischen Ökonomie oder des wissenschaftlichen Kommunismus bleiben, weil die Gesellschaft glaubt, selbst die wah-

---

[20] Diese Eigenart ist selbstverständlich nicht DDR-spezifisch, sondern betrifft alle Disziplinen, deren Gegenstand sich nicht der wissenschaftlichen Differenzierung sondern einem politischen Blick verdankt, mithin auch die Länderwissenschaften im Westen, sei es in ihrem scheinbar monodisziplinären Gewand, sei es in der fächerübergreifend etablierten Organisationsform eines Lateinamerika-, Amerika- Großbritannien- oder auch Frankreich-Zentrums. Eine Vielzahl von Problemen der Institutionalisierung und Entwicklung hängen mit dieser Konstitution zusammen. Weil nicht systemtypisch, bleiben sie weiter akut.

[21] Daß dies eine Gemeinsamkeit zumindest "kleiner" DDR-Gesellschaftswissenschaften gewesen sein könnte, legt Häder (1991): 79 nahe, der mit Blick auf die Soziologie von einer "Personifizierung von Forschungslinien" spricht.

ren gesellschaftswissenschaftlichen Einsichten der Klassiker zu verkörpern, keine ausschließliche Angelegenheit wissenschaftlicher Fachgemeinschaften. Der Status des gesellschaftlichen Selbstbildes als objektive Wahrheit macht Unterschiede zu Erkenntnissen der ebenfalls mit dem Anspruch auf Feststellung objektiver Wahrheiten auftretenden Gesellschaftswissenschaften in ganz besonderer Weise prekär. Begriffliche Umdispositionen im paradigmatischen Kern tangieren potentiell das Verständnis des gesamten Alltagslebens.[22] Da die Vorstellung einer Grenze, die Unterscheidungen zwischen gesellschaftlicher und wissenschaftlicher Beschreibung der Gesellschaft nahelegen und legitimieren könnte, nicht existiert, bergen Änderungen am grundbegrifflichen Gebäude gesellschaftswissenschaftlicher Disziplinen stets das Risiko der Entstehung einer zweiten Wahrheit. Für eine Ideologie, welche die Herstellung gesellschaftlicher Einheit durch gesamtgesellschaftliche Planung sowie die Fähigkeit zur Domestizierung der Zukunft für ihre epochale Leistung hält, ist dies ganz besonders angsterregend. Um einen Konflikt zu verhindern, werden Ideologie und Wissenschaftsbegriff gekoppelt. Das leninistische Erbe bindet die Sicherung und Weiterentwicklung des Wahren auf dem Feld der Gesellschaftstheorie als "Diktatur des Proletariats" an eine konkrete Partei, deren Mitglieder und Leitung.[23] In jedem Falle können die gesellschaftswissenschaftlichen Disziplinen an dieser für ihre kognitive Identitätsbildung zentralen Stelle nicht ohne Rücksicht auf die Erkenntnisse und Werte, welche die Partei der sozialistischen Ideologie abgewinnt, über die Wahrheit und Unwahrheit wissenschaftlicher Erkenntnisse disponieren.[24] Allerdings bietet die Kolonialgeschichtsschreibung bis Mitte der siebziger Jahre ein gutes Beispiel für innovative Impulse, die einerseits aus der gesellschaftswissenschaft-

---

[22] Es gilt freilich: je weiter die Gesellschaftsformation zeitlich entfernt ist, um so lokkerer wird dieser Zusammenhang. Anstöße zur Diskussion über Grundbegriffe der marxistisch-leninistischen Formationstheorie kommen deshalb nicht zufällig aus den gegenwartsproblemfernen Bereichen der altorientalistischen Forschung.

[23] Merkwürdigerweise kommt die Partei in den für eine Veröffentlichung der UNESCO entworfenen Organisationsschemata, die die Beziehungen des DDR-Wissenschaftssystems zu seiner gesellschaftlichen Umwelt zeigen, nicht vor. Vielmehr wird der Eindruck erweckt, "science management" sei eine Angelegenheit zwischen Ministerien und Wissenschaftseinrichtungen. Vgl. Schema 1 A in: Academy of Sciences of GDR (1985): 82-83.

[24] Auf der Ebene der Codierung siedelt Luhmann die Ausdifferenzierung von Teilsystemen in der Gesellschaft an. Für die Wissenschaft heißt dies, daß sie ihre Urteile über Wahres und Falsches von den immer mitlaufenden politischen und moralischen Konnotationen freihält und in dieser Hinsicht ohne Konkurrenz innerhalb der Gesellschaft ist. Vgl. zu unterschiedlichen Aspekten der Ausdifferenzierung von Wissenschaft Luhmann (1990): 273ff., 293f., 636ff.

lichen Perspektive des Marxismus, andererseits aus einer mit der vorhandenen Forschung inkompatiblen Werthaltung herrührten. Solange die Übernahme und Anwendung historisch-materialistischer Gesellschaftstheorie kognitive Orientierungen bot, die "blinde Flecke", d.h. die ungeprüften Voraannahmen und latenten Beobachtungsperspektiven konkreter Forschungen sichtbar zu machen imstande war, wurde der Ertrag dieser Forschungen von der internationalen Fachgemeinschaft geschätzt. So wurden im Übergang zu den siebziger Jahren im "kapitalistischen Ausland" theoretisch wie empirisch orientierte Fragestellungen an DDR-Publikationen angeschlossen. Innerhalb der DDR scheint sich allerdings die mangelnde Rückkopplung zwischen den Ergebnissen der einzelnen Forschungsarbeit und der Grundlagentheorie zum Hindernis entwickelt und nur wissenschaftlich fruchtlose Wiederholungen der paradigmatischen Arbeit zugelassen zu haben: nicht die Stasi, sondern Stasimorphie war das Kernproblem der Gesellschaftswissenschaften.

III

Debatten über die Selbstbeobachtung wissenschaftlicher Disziplinen lenken den analytischen Blick oft allzu schnell auf die Spezialunternehmungen der Theorie- und Methodengeschichte. Übersehen wird so die alltägliche Form disziplinärer Selbstbeobachtung in den Forschungsveröffentlichungen selbst. In Fachzeitschriften und Monographien wird der Stand der Forschung zu Beginn der Darstellung referiert, fortlaufend in den Fußnoten weiterverfolgt und das begriffliche und methodische Instrumentarium im Kontext der aktuellen Diskussionen und ihrer Ergebnisse beschrieben. Auf diese Weise vergewissern sich Autor und Leser der wissenschaftlichen Fruchtbarkeit und Legitimität von Problemstellung und -lösung.

Nicht nur in den Publikationen der Asien- und Afrikawissenschaften, sondern auch der anderer gesellschaftswissenschaftlicher Disziplinen der DDR fällt auf, daß diese Techniken des Anschlusses an die Kommunikation von Erkenntnissen sehr spärlich benutzt werden. Meist widmet sich ein Text unvermittelt der Sache, so als wüßten ohnehin alle potentiellen Leser, welche Forschungslücken mit welchen methodischen bzw. begrifflichen Instrumenten zu füllen sind. Ermöglicht wurden derartige Unterstellungen und Erwartungen durch die Institutionalisierung des Marxismus-Leninismus als Paradigma der Gesellschaftswissenschaften. Seine Verbindlichkeit und die durch stete Auszeichnung kanonischer Lehrwerke anvisierte "Einheitlichkeit" seiner Verwendung in der wissenschaftlichen Arbeit schaffen im Verbund mit der langfristigen Ankündigung von Forschungsaufga-

ben im Rahmen der Planerstellung jenes Maß an Erwartungssicherheit, das in multiparadigmatischen und ausschließlich medial vermittelten wissenschaftlichen Kommunikationszusammenhängen durch den Text selbst erst hergestellt werden muß. Daneben begünstigen der Verzicht auf Konkurrenz[25] und die Etablierung einer republikweiten Arbeitsteilung wenig diskursive, Ergebnisse mitteilende Darstellungsformen. Gerade die zuweilen doch eingestreuten Zitate lassen deutlich erkennen, daß sie nicht im Zusammenhang mit der Erkenntnisproduktion stehen, sondern ihr Zweck das Signalement von Konsens ist. Zitiert wird das unbezweifelbar Richtige. In dieser Weise können sowohl zeitgenössische Fachkollegen wie Klassiker oder "Neoklassiker" - der Vorsitzende des ZK der SED etwa - herangezogen werden. Bemerkenswert ist überdies, daß die Grenzen des beobachteten diziplinären Wissens sehr häufig mit den Landesgrenzen zusammenfallen. Die disziplinäre Fachgemeinschaft wird als national verfaßt behandelt, d.h., es wird eine an politischen Grenzen entlanggeführte wissenschaftliche Homogenität unterstellt, die dann Aussagen plausibilisiert wie: "Auf nationalen und internationalen Kongressen und Symposien ... vertrat er die DDR-Sinologie".[26] Eine Betrachtung von Stil und Argumentation regionalwissenschaftlicher Texte erbringt mithin keine Hinweise darauf, daß in den Asien- und Afrikawissenschaften der DDR der Skeptizismus organisiert gewesen ist.[27]
Systemtypische Charakteristika weist in den Regionalwissenschaften auch die wissenschaftliche Beobachtung der disziplinären Vergangenheit auf. Mit wenig Übertreibung kann formuliert werden: das Feld hat gar keine wissenschaftliche Geschichte. Es besitzt eine Entstehungserzählung, die die endgültige Ablösung der "bürgerlichen Fachtradition" durch eine marxistisch-leninistische Regionalwissenschaft feiert, und es wird in der Folge durch die "einheitliche", "kontinuierliche" und "planvolle" Lösung von Aufgaben geschichtslos. Entsprechend ist die Vergangenheitsbeobachtung geschrieben als quantitative Bilanz des Getanen, wissenschaftlich erfolgreich Erledigten im Kontext der Veränderung organisatorischer und personeller Gegebenheiten[28]: "Die publizierten Beiträge zur Wirtschafts- und Sozialgeschichte des Alten Orients waren häufig Grundproblemen der gesellschaftlichen Entwicklung gewidmet und erbrachten neue und weiterführende Erkenntnisse hinsichtlich der bestehenden politischen, ökonomi-

---

25 Der von der Gewerkschaft getragene "sozialistische Wettbewerb" bezweckte nicht die Einführung von Konkurrenz sondern die zusätzliche Übernahme von Verpflichtungen bzw. ihre vorzeitige Erfüllung.

26 Richter et al. (1985): 554.

27 "Organized scepticism" hält Robert K. Merton für einen der vier das Wissenschaftssystem kennzeichnenden und erhaltenden Werte.

28 Vgl. als Beispiele etwa Richter et al. (1985); Neumann (1991).

schen und sozialen Strukturen."[29] Die Selbstbeobachtung der wissenschaftlichen Arbeit folgt so der Logik ihrer Umwelt. Sie beschreibt nicht die Auseinandersetzung um Erkenntnisgewinn, sie konstruiert keine Theorie- Methoden- oder Themengeschichte. Sie verzeichnet, für Leistungsbezieher und Geldgeber leicht lesbar, die Vielzahl der in unterschiedlichen Themenbereichen mit Erfolg erledigten Arbeiten, dokumentiert so den Fleiß der Wissenschaftler und den produktiven Beitrag der Wissenschaft zur gesellschaftlichen Arbeit.

IV

"Die DDR ist ohne ihre Nachbarn nicht zu beurteilen".[30] Diesen Hinweis von Günter Mittag darf man ernst nehmen. Für eine Untersuchung der in der DDR betriebenen Wissenschaft schützt er vor einer allzu lokalen Orientierung bei der Suche nach den Bestimmungsfaktoren des kognitiven Profils.

Die Bildung der wissenschaftlichen Gemeinschaft der Asien- und Afrikawissenschaften als derjenigen Forscherinnen und Forscher, die füreinander bedeutsame wissenschaftliche Beiträge leisten, folgt dem Wissenschaftsbegriff. Dies hat eine scharfe Zweiteilung der Wissenschaftswelt mit entsprechend unterschiedlichen Möglichkeiten des Anschlusses an Ergebnisse, der diskursiven Auseinandersetzung mit wissenschaftlichen Produkten sowie Kooperationschancen zur Folge.

Auf der einen Seite, jener der wissenschaftlichen und gesellschaftlichen Wahrheit, stehen die Vertreter der marxistisch-leninistischen Gesellschaftswissenschaften. In der Multilateralen Plankommission als Einrichtung der Regionalwissenschaften sozialistischer Staaten, widmen sich Repräsentanten der Akademien Bulgariens, Ungarns, Kubas, der MVR, Polens, von SSR, Tschechoslowakei und DDR dem "Studium der ökonomischen, sozialen, politischen, ideologischen und kulturellen Prozesse in den Entwicklungsländern Asiens, Afrikas und Lateinamerikas".[31]

Den anderen Teil der wissenschaftlichen Gemeinschaft bilden all jene, deren Forschungsveranstaltungen "objektiv" der Verschleierung eben dieser Wahrheiten dienen: die "bürgerlichen Wissenschaftler". Die Beobachtung von Hervorbringungen dieser Fachvertreter geschieht nicht primär um der Erkenntnis willen, sondern als Teil der ideologischen und politischen Auseinandersetzung. Freilich kann auch dieser Zweck sehr rigide Kopplungen bewirken. Ob die festgestellte

---

[29] Neumann (1991): 361.

[30] Mittag (1995): 20.

[31] Nach Auffassung der Beiträge in diesem Band war die wissenschaftliche Kooperation in der MPK aber weder besonders eng noch erfolgreich.

Fixierung der DDR-Geschichtswissenschaft auf ihr bundesrepublikanisches Pendant[32] auch für die Regionalwissenschaften gilt, ist durch die vorliegenden Forschungen nicht zu beantworten. An einzelnen Fällen ist allerdings ablesbar, daß Unternehmungen des anderen forciertes Verhalten erforderlich macht: man muß unmittelbar reagieren und deutlich negieren.[33]
Aufgrund der Zweiteilung der wissenschaftlichen Welt kann die Mitgliedschaft in internationalen Gesellschaften und die Teilnahme an deren Tagungen nicht umstandslos als Indikator für die kommunikative Integration in eine weltweite Fachgemeinschaft der Regionalforscher angesehen werden. Zu deutlich sind die Hinweise, daß Beteiligung nicht primär wissenschaftlichem Erkenntnisgewinn sondern der Standpunktvertretung und Gewinnung von Informationen für den ideologischen Kampf gedient hat.[34]
Die vorliegenden Befunde zur Dichte der Rezeption westlicher Literatur deuten darauf hin, daß es zumindest in den achtziger Jahren kaum eine auf Dauer gestellte, systematische und auf Erkenntnis zielende Beobachtung "bürgerlicher" Forschungen gab. Wenngleich die ideologieorientierte Polemik seltener wird und die Diskussion von Sachfragen in den Vordergrund tritt, lassen die Besprechungen erkennen, daß nur in sehr abstrakter Weise gelernt werden kann, wie es nicht geht: da die "bürgerlichen" Analysen nicht auf einem Verständnis des gesamtgesellschaftlichen Entwicklungsprozesses aufruhen, vermögen sie keine wissenschaftlich fundierten Antworten auf vergangene oder gegenwärtige gesellschaftliche Konfliktlinien zu geben. Angesichts der mangelnden Belehrungspotentiale solcher Lektüren ist es nicht erstaunlich, wenn sich nur wenige Fachvertreter damit befassen und große Bereiche westlicher Forschung gar nicht wahrgenommen werden.
Im Unterschied zu den gegenwartsbezogenen Regionalwissenschaften hat die Orientierung am historisch-materialistischen Paradigma in der Altorientalistik aber auch in den sprachwissenschaftlichen Forschungsbereichen nicht zu einer Segregation aus der weltweiten Fachgemeinschaft geführt. Die vielfältigen internationalen Kooperations- und Kommunikationsbeziehungen reichten von Auslandsgrabungen über die Organisation von Tagungen und Ausstellungen bis hin zur konkreten disziplinspezifischen Zusammenarbeit im Rahmen der Edition und Bearbeitung von Quellenmaterial. Deutliches Zeichen für die Erhaltung der er-

32 Middell (1993: 20).

33 Ganz allgemein hat Lepsius die Rolle im beiderseitigen Verhältnis als das der "negativen Vergleichsgesellschaft" bezeichnet. Bleek (1991): 62 hat in analoger Weise die Bildung der "Identität durch Gegenidentität" charakterisiert.

34 Vgl. in diesem Band die von Kampen geschilderte Vertretung in der Europäischen Gesellschaft für Chinastudien.

kenntnisorientierten Kommunikationsbeziehungen ist die "Orientalistische Literaturzeitung", in der Fachvertreter des westlichen Auslandes nicht nur veröffentlicht, sondern einzelne Themenbereiche auch betreut haben. Dies bedeutet freilich nicht, daß die Organisation sowie die paradigmatischen Grundlagen der altorientalistischen Forschungen untypisch gewesen wären.

Die signifikanten wissenschaftlichen Kommunikationen der DDR-Regionalwissenschaftler finden allerdings nicht in Monographien oder Zeitschriften statt sondern in den jeweiligen Hochschul- und Akademieinstituten sowie den zur Reintegration der arbeitsteilig strukturierten lokalen Institute gegründeten Wissenschaftlichen Räten.[35]
Die Sektionen der Asien-, Afrika-, Lateinamerika (AALA) -Wissenschaften waren 1967 lokal konzentriert und thematisch verteilt worden. In der Arbeitsteilung von Forschung und Lehre wurde Leipzig für Nordafrika und den Nahen Osten, Berlin für Asien, Halle für den Orient und das Altertum zuständig. Daneben wurde Asien- und Afrikaforschung auch außeruniversitär betrieben. Dies vor allem an der Akademie der Wissenschaften.[36] An diesen Standorten sind für die jeweils vertretenen Forschungs- und Lehrbereiche eine große Zahl von Wissenschaftlerinnen und Wissenschaftlern konzentriert, die, so die übereinstimmende Auskunft, eine intensive wissenschaftliche Kommunikation unterhalten haben. Die Zentralität des Mündlichen, der direkten Interaktion ist ein Spezifikum der Gesellschaftswissenschaften im realen Sozialismus. Sie hängt mit der Form zusammen, in der Wissenschaft als kognitives Unternehmen voranschreitet: als Entscheidung über Wissensgewinnung in einem als hierarchisch gedachten Gefüge von Organisationen. In ihnen wird planmäßig festgelegt, was erforscht werden soll, der Konsens organisiert, über Differenzen in Wahrheitsfragen entschieden und das zukünftig mit Anspruch auf Wissenschaftlichkeit Erforschbare und Mitteilbare von Fachrepräsentanten unzweideutig und bindend festgelegt. Die Disziplinentwicklung wird von Interaktionen, mündlicher Kommunikation und Entscheidungen in Organisationen bestimmt, während Schriftliches - Publikationen, Forschungsmonographien oder Zeitschriftenbeiträge etwa in der vom ZENTRAAL herausgebenen Zeitschrift "Asien, Afrika, Lateinamerika" (aala) - in den Hintergrund tritt. Veröffentlichungen sind eher Ausweis der Aufgabenerledigung als eine Aufforderung zu weiterer erkenntnisorientierter Kommunika-

[35] Für die Regionalwissenschaften der ZENTRAAL, für die Ostasienwissenschaften der Wissenschaftlichen Rat für internationale Arbeiterbewegung und der Wissenschaftliche Rat für Außenpolitische Forschung; für die Orientalistik der Wissenschaftliche Rat für Archäologie und Alte Geschichte.

[36] Neben den Studien im vorliegenden Band als Übersicht: Krauth (1998).

tion. Auch innerhalb der einzelnen Wissenschaftlerkarrieren haben Publikationen nur eine Nebenrolle gespielt. In der Absicht, die durch Rahmensetzungen qua Recht, Forschungsplanung und Mittelallokation beförderten organisatorischen und kognitiven Arrangements weiter zu stabilisieren, war an den Lehr- und Forschungseinrichtungen im Laufe der Jahrzehnte vor allem die Personalrekrutierung als konsequente Kaderpolitik betrieben worden. Sie schuf eine Situation, in der für Karrieren neben der wissenschaftlichen Qualität stets weitere Kriterien eine wichtige Rolle gespielt haben. Für den einzelnen Wissenschaftler war das Management des Eindrucks innerhalb der wissenschaftlichen Einrichtung, der er angehörte, von ausschlaggebender Bedeutung.[37] Die lokale Zentrierung der Regionalwissenschaften und der Organisationscharakter der Karrieren haben zu einer Lockerung der im Wissenschaftssystem sonst üblichen engen Kopplung von Laufbahn und Publikation geführt.[38] Ausdruck findet der verminderte Wert wissenschaftlicher Publikationen im Rahmen von Organisationen und Organisationskarrieren auch in der Forderung vor allem von Gesellschaftswissenschaftlern, Analysen der DDR-Wissenschaft müßten die mündliche Kommunikation ins Zentrum der Betrachtung rücken.

Eine herausgehobene Rolle für die fachwissenschaftliche Kommunikation war den "Wissenschaftlichen Räten" zugedacht. Sie repräsentierten die Einheit der Fächer über den lokalen, spezialisierten Instituten an Hochschulen und Akademien. Da selbstverständlich auch in den einzelnen Instituten Entscheidungen über Forschungorientierungen sowie die Fortsetzung einzelner Arbeitsvorhaben gefällt werden mußten, verfolgte der für die Regionalwissenschaften im Jahr 1966 gegründete Zentrale Rat für Asien-, Afrika- und Lateinamerikawissenschaften den Zweck, das "theoretische Niveau" und die "praktische Wirksamkeit" der Wissenschaften durch strategische Entscheidungen über die Entwick-

---

[37] Pollack (1992): 502 hat generalisierend davon gesprochen, die Arbeit in Organisationen der DDR habe weniger Leistungs- als Sozialaspekte aufgewiesen. Nicht Karriere, Spitzenleistungen, Excellenz seien bedeutsam gewesen, sondern die guten Beziehungen zu den Kollegen.

[38] Einige Effekte dieser Trennung für die Forschungsleistungen wurden bereits Mitte der 80er Jahre gesehen. Das Kaderentwicklungsprogramm für die Asien- und Afrikawissenschaften des MHF für 1986 bis 1995 formuliert deshalb als Ziel, zukünftig jeden Lehrstuhl bzw. jede Dozentur auszuschreiben und über Mehrfachvorschläge eine "Verbesserung der Leistungsstimulierung" zu erreichen. Gefordert wird zudem ein höheres Maß an Mobilität bei den wissenschaftlichen Mitarbeitern, die Erhöhung der "qualitativen Anforderungen" an Oberassistenten und unbefristete Assistenten sowie eine Erhöhung der Zahl der Nachwuchskader mit Zusatzstudium im sozialistischen Ausland.

lung der gesamten Forschung des Feldes zu befördern. Er war für das Ganze und Herausgehobene, für die "Grundfragen" zuständig. In diesem Zusammenhang initiierte der Rat orts- und fachübergreifenden Forschungsunternehmungen und betreute als Herausgeber die wichtigsten Publikationsmedien, einschließlich der zentralen Zeitschrift *aala*. Von den Tagungen und Konferenzen der Räte, von den Diskussionen in ihren Arbeitskreisen sollten Impulse für den erforderlichen Themenwandel im Fachgebiet, die Gewährleistung interdisziplinärer Zusammenarbeit und die Verbesserung der Beziehungen zur gesellschaftlichen Umwelt ausgehen. Diese Ziele zumindest hat der ZENTRAAL nach übereinstimmender Auffassung für die Asien- und Afrikawissenschaften nicht erreicht.[39] Auch die von manchen beobachtete Schaffung einer wissenschaftsinterner Öffentlichkeit für die den Grundfragen gewidmeten Diskussionen vermag kaum die Realität der Verhältnisse zu beschreiben. Die permanenten Mitglieder des Rates waren ausgewählte Repräsentanten der Lehr- und Forschungsorganisationen, ihre Erörterungen der Fachentwicklung nicht öffentlich und auch die vom zentralen Rat veranstalteten Tagungen und Konferenzen waren nicht für alle zugänglich, sondern durch Delegation geregelt.[40]

Gestalt und Verbindlichkeit gewannen die Diskussionen über die kognitive Profilbildung durch die Aufgabe des ZENTRAAL, die für die zentrale Forschungsplanung wichtigen Projekte zu besprechen, ihren Fortgang sowie die planmäßige Fertigstellung zu kontrollieren. Der Forschungsplan ist die Form, in der die Dynamik der Wissensproduktion in Entscheidungsprozessen festgelegt und mit den Zwecken, die die Gesellschaft sich setzt, in Übereinstimmung gebracht wird. Der "Zentrale Forschungsplan der marxistisch-leninistischen Gesellschaftswissenschaften" bildete für den jeweiligen Fünfjahreszeitraum die Spitze der Planhierarchie. In ihm wurden zum einen diejenigen Vorhaben formuliert, deren disziplinweite oder sogar fachübergreifende Bedeutung eine koordinierte und kognitiv "einheitliche", ideologiekompatible Bearbeitung erforderte, wie etwa Lehrbücher. Teil des Z-Planes waren zum anderen vor allem Projekte, die über die jeweilige Fachdisziplin hinaus einen Bildungsauftrag für die Gesellschaft verfolgen sollten. Die dem Zentralen Plan zukommende gesellschaftliche Bedeutung steigerte das Ansehen der beteiligten Disziplinen und brachte den beteiligten Wissenschaftlern Reputationsgewinne.[41]

---

39 Vgl. Einzelberichte in diesem Band.

40 Das Prinzip der Repräsentation ist eine durchgängige Struktur der Asien-und Afrikawissenschaften. Eine Professionsvertretung aller interessierten und qualifizierten Fachwissenschaftler existierte nicht.

41 Auch die Bindung von Legitimität und Reputation an die Planhierarchie als Zeichen

Das normalwissenschaftliche Alltagsleben der meisten Asien- und Afrikawissenschaftler haben allerdings die in den jeweiligen Universitätssektionen, Akademieinstituten bzw. den einzelnen Wissenschaftsbereichen erstellten Pläne bestimmt. Nimmt man alle Planebenen dieser als hierarchisch gedachten Organisationsvielfalt in den Blick, gewinnt man einen Eindruck von den immensen Abstimmungsbemühungen, die sich bei der Kompatibilisierung der Entscheidungen über zweckgemäße Wissensbereitstellung ergeben haben müssen. Wenn festgestellt worden ist, daß Plankorrekturen und Planerfüllung unterhalb des Z-Planes flexibel gehandhabt werden konnten, so erscheint dies angesichts der Komplexität des Unterfangens weniger als Gewährung von Spielräumen, denn als notwendige Anpassung der Entscheidungen an die Kontingenzen des täglichen Lebens. Immerhin mußten Kompetenzen und Forschungsinteressen von vorhandenem Personal mit Gesichtpunkten der Organisationsprofilierung auf jeder Ebene, vom Wissenschaftsbereich über Institute bis hin zur Großorganisationen wie Akademie oder Universität, in Einklang gebracht werden mit den Profilbildungsbemühungen der Räte sowie schließlich den Vorstellungen der Parteiinstitute, der staatlichen Stellen mit ihren "Beiräten" und der ZK-Wissenschaftsabteilung über die gesellschaftlich notwendige Richtung und Dynamik wissenschaftlicher Lehre und Forschung. Es drängt sich die empirisch freilich noch zu überprüfende Vermutung auf, der Alltag des Modells Wissenschaft als Organisation habe sich als langwieriges, wissenschaftlich unspektakuläres Sitzungsgeschehen zur Verabschiedung von wenig überraschenden, weil von den Konsensbedingungen in enge Grenzen gezwungenen Entscheidungen über zukünftigen Wissensgewinn vollzogen. Das Verfahren erforderte die Mitarbeit einer großen Zahl von Personen, brachte gleichwohl einige wenige durch Ämterhäufung in einflußreiche Positionen. Ein unmittelbar steuernder Durchgriff ist in diesem vielgestaltigen Organisationsgeschehen nur schwer durchführbar, aber wohl auch nicht erforderlich, weil der routinierte und routinisierte Entscheidungsalltag Überraschungen und starke Abweichungen kaum befüchten läßt. Was bleibt sind immer mögliche und, mehr oder weniger sichtbar, auch stets erfolgte Devianzen[42] einzelner Wis-

für gesellschaftliche Bedeutsamkeit des Wissens statt an disziplinäre Erkenntnisfortschritte zeigt die Dominanz des Leistungsbezuges der realsozialistischen Gesellschaftswissenschaften. Genauere Klärung setzt allerdings weitere Forschungen zum Belohnungssystem voraus.

42 Die Durchgriffsmacht, die manche den realsozialistischen Verhältnissen zuschreiben, ermöglicht sogar ein Erstaunen darüber, daß es hinter verschlossenen Türen nicht der sozialistischen Moral entsprechend zugegangen ist, ja gar eine Boheme sich gebildet hat (vgl. Ausstellung im Deutschen Historischen Museum: Bohème und Diktatur, Berlin, 27.6.-15.11.1997). Freilich kennzeichnen solche Erwartungen

senschaftlerinnen und Wissenschaftler. Hierauf hat die Partei als Vertreter der herrschenden Klasse zumeist sofort reagiert, sei es durch Verbot von Publikationen, eine Versetzung in öffentlichkeitsferne Arbeitsbereiche, Entlassung in die Produktion oder gar durch zeitweise Inhaftierung. Die Erinnerung der Fachgemeinschaft an derartige, oft spektakulär inszenierte Fälle dürfte ein übriges zur Abweichungsverminderung getan haben.

V

Im Gegensatz zu Selbstbeschreibungen westlicher Gesellschaften, in denen seit Beginn dieses Jahrhunderts Strukturbegriffe dominieren, die ihre Zentrumslosigkeit feststellen, halten die Fremd- und Selbstthematisierungen sozialistischer Gesellschaften in ihrer Kritik am "Kapitalismus" daran fest, die als ineffizient und selbstzerstörerisch beobachtete "Anarchie der gesellschaftlichen Verhältnisse" durch eine auf wahre wissenschaftliche Erkenntnis gegründete arbeitsteilige Organisation, Planung und Leitung zu überwinden. Die Gesellschaft beschreibt ihre Struktur und Prozesse so, als sei sie die umfassende organisatorische Einheit von Organisationen wie Partei, Staatsorganen, Gewerkschaft, Akademien, Universitäten, Kombinaten etc.[43]

Das Paradox des realen Sozialismus als Organisationsgesellschaft ist deutlich erkennbar: um die für alle Teile der Gesellschaft richtigen Zwecke in Planungsentscheidungen festlegen zu können muß das Ganze der Gesellschaft von einem Teil in der Gesellschaft repräsentiert werden. Als Kandidaten kommen dogmengeschichtlich hierfür das Proletariat bzw. die Partei als Avantgarde des Proletariates in Betracht. Im Anschluß an die Sowjetunion ist das realsozialistische Experiment in der DDR als Diktatur des Proletariates unter Führung der Partei durchgeführt worden. Zum einen ist die sozialistische Partei Teil der Gesellschaft. Sie beobachtet die Welt durch eigene wissenschaftliche Institute, sie bildet an eigenen Hochschulen ihre Kader aus; diese kommunizieren mit andere wissenschaftlichen Repräsentanten über den Fortgang von Forschung und Lehre; die Partei verfügt über ein eigenes Massenmedium zur Verbreitung ihrer Sicht

---

mehr die mangelnde Schärfe der Beobachtungsinstrumente als das Beobachtete selbst.

[43] Auf die Organisationsförmigkeit realsozialistischer Gesellschaften ist mehrfach hingewiesen worden. So hat Rigby (1982) von einer "monoorganisational society" gesprochen. Andere Beobachter haben sich der Analogie zur Fabrik bedient (Bahro, Meyer, Harding, Lenin). Pollack (1990) u. (1994) hat die DDR als "Organisationsgesellschaft" bezeichnet.

der Welt. Gleichzeitig repräsentiert sie das Ganze der Gesellschaft durch die führende Rolle, die sie spielt. In ihrer Repräsentanteneigenschaft beansprucht sie demokratisch zentralistisch, einheitlich das Ensemble der gesellschaftlichen Organisationen zu leiten und durch die formale Verabschiedung des Planes die Zukunft der Gesellschaft, ihre Ziele sowie die erforderlichen Mittel zu bestimmen und durch Bilanzierung ihre Erfüllung zu kontrollieren. Als Teil ist die Partei abhängig von der Ideologie und versucht Richtigkeit ihrer gesellschaftstheoretischen Überzeugungen durch Forschung in ihren gesellschaftswissenschaftlichen Akademien zu sichern. Als Repräsentant des Ganzen formuliert sie selbst die Ideologie, an der sich die Einheit gewährleistende Verteilung der gesellschaftlichen Aufgaben orientiert.

Im Rahmen dieses gesellschaftlichen Selbstverständnisses ist auch die Wissenschaft in der DDR ein Organisationsexperiment. Freilich in einem nichttrivialen Sinne: Es werden nicht nur Organisationen geschaffen, in denen gelehrt und geforscht wird, sondern Wissenschaft als Organisation betrieben. Die Asien- und Afrikawissenschaften werden als ein Ganzes betrachtet, das aus Teilen besteht; das Ganze wird als Zweck, die Teile als Mittel gedeutet und schließlich wird die Zweckbeziehung durch eine hierarchische Stellenorganisation mit Befehlsbeziehungen und Reservierung der Umweltkontakte in der Spitze konkretisiert. Die wissenschaftliche Arbeitsteilung durch die Vergabe von Zuständigkeiten an einzelne Einrichtungen vollzogen. Deren Einheit gewinnt zum einen Gestalt in einer hierarchisch höher gedachten Organisation sowie dem auf dieser Ebene ausgearbeiteten Plan. Auf diese Weise ist alles sowohl Ganzes wie zweckmäßiger Teil eines übergeordneten Ganzen: ZENTRAAL, Wissenschaftliche Räte, Nationalkommitee, Wissenschaftliche Beiräte, Multilaterale Problemkommission, Universitätssektionen und -institute, Akademieeinrichtungen und Forschergruppen. Erwartet wurde vom Konzept Wissenschaft als Organisation eine Effizienzsteigerung durch Arbeitsteilung und Vermeidung von Doppelarbeit, die durch Weisungstrukturen beschleunigte Formulierung und Bearbeitung von Forschungsprogrammen und sonstigen Leistungsverpflichtungen, eine für Innen- wie Außenwelt deutliche Sichtbarkeit der geltenden wissenschaftlich beglaubigten Auffassungen über Vergangenheit, Gegenwart und Zukunft der außereuropäischen Gesellschaften.

Die nichtintendierten Folgen der organisierten wissenschaftlichen Arbeitsteilung sind erheblich gewesen. Neben der gewollten lokalen und fachlichen Spezialisierung haben sich Zuständigkeiten für Forschungsgegenstände, Themen und Methoden verfestigt. Ihre Anerkennung ist von den beteiligten Wissenschaftlern schließlich eingefordert und wegen des Rückhaltes, den der arbeitsteilig organisierte Modus bot, mit gutem Gewissen und mit Monopolanspruch verteidigt worden. Daß es "einen wissenschaftlichen Meinungsstreit" kaum gab und die "unterschiedlichen Meinungen ... mehr nebeneinander" standen, ist deshalb wenig erstaunlich.[44] Im Verbund mit der geringen Größe der Asien- und Afrikawissenschaften hat sich eine starke Personabhängigkeit der Forschung ergeben. Das Verfahren der Bestimmung von Forschungszielen durch Entscheidungen von Fachrepräsentanten haben die Abhängigkeit von einzelnen, ihren Leistungen, Motiven, aber auch ihrem Ansehen in der gesellschaftlichen Umwelt noch verstärkt. Motivationsfragen, in den sechziger Jahren noch unbeachtet, weil vom Zweck der Regionalwissenschaften, der DDR und dem weltweiten Sieg des Sozialismus zu dienen, als miterledigt gedacht, spielen in der Form von Daueranimation (Agitation), Sozialsystemkulten (Auszeichnungen, Gedenktage, Feiern)[45] und Zahlungen (ökonomische Hebel) eine zunehmend wichtigere Rolle.

Freilich: Aufrufe zu dynamischem Verhalten wirken auch in Gesellschaften nicht unbedingt zielsicher, die sich auf ein Gesetz der intensiv erweiterten Reproduktion berufen können.

Literatur

Academy of Sciences of GDR (Hg.) (1985): Science and Technology Policy and the Organisation of Research in the German Democratic Republic, Berlin, Paris

Adler, Frank (1991): Ansätze zur Rekonstruktion der Sozialstruktur des DDR-Realsozialismus. In: Berliner Journal für Soziologie, S. 157-175

Bleek, Wilhelm (1991): Der Umbruch in der DDR und wir in der Bundesrepublik. In: Glaeßner, Gert-Joachim (Hg.), Eine deutsche Revolution, Frankfurt/M. S. 60-79

Böhme, Hans-Joachim (1980): Nationalkomitee für Asien-, Afrika- und Lateinamerikawissenschaften der Deutschen Demokratischen Republik gegründet. In: aala 2, S. 229-232

Engler, Wolfgang (1996): "Kommode Diktatur" oder "totalitäres System"? Die DDR im Kreuzverhör der Enquete-Kommission. In: Soziologische Revue 19, S. 443-449

Häder, Michael (1991): Nun kann auch die soziologische Methodik zusammenwachsen. In: Sahner, Heinz (Hg.), Sozialforschung im vereinten Deutschland und in Europa, München, S. 77-84

---

[44] Robbe in: Hafez (1995): 488.

[45] Der Tatbestand, daß sie im Realsozialismus besonders zahlreich waren, deutet darauf hin, daß die gesellschftliche Selbstbeobachtung das zentrale Risiko in der Stabilisierung und Reproduktion von wertbasierten Erwartungskomplexen vermutet hat. Für Analysen der Wissenschaft muß dieser Komplex deutlich von der Funktion des Reputationsmechanismus unterschieden werden. Reputation betrifft den Leistungskontext.

Hafez, Kai (1995): Orientwissenschaften in der DDR, Zwischen Dogma und Anpassung, 1969-1989, Hamburg

Kocka, Jürgen (1998): Wissenschaft und Politik in der DDR. In: Kocka, Jürgen & Renate Mayntz (Hg.): Wissenschaft und Wiedervereinigung. Disziplinen im Umbruch, Berlin, S. 435 -459

Krauth, Wolf-Hagen (1998): Asien- und Afrikawissenschaften. In: Kocka, Jürgen & Renate Mayntz (Hg.), Wissenschaft und Wiedervereinigung. Disziplinen im Umbruch, Berlin, S. 21-78

Kröber, Günter & Hubert Laitko (1976): Wissenschaft als soziale Kraft, Berlin

Kröber, Günter (Hg.) (1988): Grundlagen der Wissenschaftsforschung, Berlin

Laitko, Hubert & Heinrich Parthey (1970): Wissenschaft und Gesellschaftsformation. In: wissenschaft und fortschritt 20, Heft 10, S. 436-439

Luhmann, Niklas (1981): Theoretische und praktische Probleme der anwendungsbezogenen Sozialwissenschaften. In: Ders., Soziologische Aufklärung, Bd. 3, Opladen, S. 321-334

Luhmann, Niklas (1990): Die Wissenschaft der Gesellschaft, Frankfurt/M.

Masuch, Michael (1981): Kritik der Planung: Naturwüchsigkeit und Plan im realen Sozialismus, Darmstadt

Meuschel, Sigrid (1992): Legitimation und Parteiherrschaft in der DDR, Frankfurt/M.

Mittag, Günter (1995): Ich hatte es immer mit Widersprüchen zu tun. In: Pirker, Theo et al., Der Plan als Befehl und Fiktion. Wirtschaftsführung in der DDR, Opladen, S. 19-31

Neumann, H. (1991): Forschungen zur altorientalischen Geschichte in der DDR (1980-1990). In: Altorientalische Forschungen 18, S. 346-370

Pollack, Detlev (1990): Das Ende einer Organisationsgesellschaft. Systemtheoretische Überlegungen zum gesellschaftlichen Umbruch in der DDR. In: Zeitschrift für Soziologie 19, S 292-307

Pollack, Detlev (1992): Zwischen alten Verhaltensdispositionen und neuen Anforderungsprofilen. Bemerkungen zu den mentalitätsspezifischen Voraussetzungen des Operierens von Interessenverbänden und Organisationen in den neuen Bundesländern. In: Eichener, Volker (Hg.), Organisierte Interessen in Ostdeutschland, Marburg, S. 489-508

Pollack, Detlev (1994): Kirche in der Organisationsgesellschaft, Stuttgart/Berlin/Köln

Richter, E. et al. (1985): Asienwissenschaftliche Forschung und Lehre in Leipzig. In Wissenschaftliche Zeitschrift der KMU Leipzig, Gesellschaftswissenschaftliche Reihe 6, S. 549-567

Rigby, T.H. (1982): Introduction: Political Legitimacy, Weber and Communist Monoorganisational Systems. In: Rigby, T.H. & F. Feher (Hg.), Political Legitimation in Communist States, London, S. 1-25

Thaa, Winfried et al. (1992) Gesellschaftliche Differenzierung und Legitimitätsverfall des DDR-Sozialismus, Tübingen

Walther, Wiebke (1997): "Orientwissenschaften in der DDR. Zwischen Dogma und Anpassung" - Anmerkungen zu einer Hamburger Dissertation, auch Erinnerungen einer Betroffenen. In: Der Islam 74, S. 107-136

Thea Büttner

Die Afrikawissenschaften in der DDR. Überlegungen zu einer weiterführenden Analyse*

Kommentar zum Vortrag von Ulrich van der Heyden

Die bisherigen Diskussionen zur Aufarbeitung der Afrikawissenschaften in der DDR haben mir erneut Defizite und Lücken bei der konkreten Analyse afrikabezogener einzel- oder multidisziplinärer Wissenschaftsentwicklungen und inhaltlicher Profilierungen verdeutlicht. Dabei sollte berücksichtigt werden, daß es in diesen Bereichen auch im Vergleich zu den Orient- und Asienwissenschaften unterschiedliche Gewichtungen einzelner Disziplinen - die für das subsaharische Afrika wichtigen ethnologischen Forschungen werden häufig vergessen - gibt. Außerordentlich heterogen gestalten sich auch die Bindungen an die mutterwissenschaftlichen Hauptdisziplinen und deren Traditionslinien sowie deren Einbettung in korrelate gesellschaftliche Interessen und ideologische Strömungen.
Es gibt einen gewissen Vorlauf bei der Analyse der Afrika-Historiographie und ihrer Traditionen in der DDR.[1] Auch wurde die wissenschaftsgeschichtliche Aufarbeitung einzelner Zentren der Afrikawissenschaften in Lehre und Forschung, u.a. der Afrikanistik an der Berliner Universität, fortgesetzt.[2] Sehr interessante Reflexionen existieren weiterhin zu den modernen Entwicklungsländerforschungen.[3] Gleichwohl werden die aufgrund des Fehlens von auf verläßlichen Kriterien beruhender Vorarbeiten die Grenzen bisheriger Einschätzungen zu inhalt-

---

* Erweiterter Kommentar zu den Ausführungen von U. van der Heyden auf der Konferenz "Asien- und Afrikawissenschaften im Umbruch" an der Berlin-Brandenburgischen Akademie der Wissenschaften, Berlin 4.-5. Okt. 1995.

[1] Büttner (1992): 133-146; van der Heyden (1993): 108-130 (mit umfangreichen bibliographischen Hinweisen); vgl. auch allgemein Ansprenger (1991): 71ff.

[2] Geschichte der Afrikanistik (1993): 1ff. Die letzte wissenschaftsgeschichtliche Aufarbeitung für das Afrika-Institut Leipzig findet sich in: Brauner (Autorenkollektiv) (1985): 530ff.

[3] Robbe (1993): 14-24; Reetz (1991); Jegzentis/Wirth (1991): 77ff.

lich-paradigmatischen und methodischen Fragen einzelner Disziplinen im Verbund der Afrikawissenschaften, aber auch zu übergreifenden Forschungsrichtungen sichtbar. Sie lassen auch den internationalen Kontext östlicher wie westlicher Provenienz sowie langfristige Traditionslinien häufig außer acht.
Gefragt sind hiermit für weiterführende Diskussionen vor allem Analysen und vergleichende Reflexionen zur inhaltlichen Substanz, zu kognitiven und innovativen Aspekten von Ergebnissen der Afrikawissenschaften in der DDR in den 80er Jahren, die den Hintergrund zwischen Bruch und Kontinuität seit der Wende im neuen Spannungsfeld gesellschaftlicher Realität und wissenschaftlicher Anforderung verdeutlichen helfen. Dabei kann meines Erachtens in den folgenden Ausführungen zunächst nicht auf die Herausarbeitung einiger Aspekte der Entwicklung der Afrikawissenschaften in beiden Teilen Deutschlands und deren unterschiedlichen internationalen Einbindung verzichtet werden. Auch sei daran erinnert, daß vieles Erklärbare zum Zeitpunkt des Umbruchs seine Wurzeln auch in früheren Entwicklungen hat.

1.

Bei einem Vergleich der Afrikastudien in der DDR mit den außerordentlich vielfältigen, wenn auch aufgesplitterten Zweigen der afrikabezogenen Lehre und Forschung in den Altbundesländern beeindruckt die Vielfalt disziplinär oder multidisziplinär, auch überregional orientierter Publikationsreihen. Allein ein oberflächlicher Überblick bringt mehr als 20 ständige afrikabezogene Publikationsreihen zutage, ohne die Jahrbücher für Völkerkunde, Veröffentlichungsreihen der Sprachwissenschaften, der Entwicklungsländerforschungen u.a.m. einzubeziehen. An diese Feststellung schließen sich Fragen nach der Quantität und letztendlich Qualität der Publikationen und der Verlagspolitik in der DDR an. Die zunächst zahlenmäßig kleine Schar von Afrikaspezialisten in der DDR hatte bis in die 70er Jahre genügend Gelegenheit, ihre Forschungsergebnisse, zum großen Teil aus Promotions- und Habilitationsschriften hervorgegangen, in Monographien publik zu machen. Das erfolgte vor allem in den auch nach dem Zweiten Weltkrieg weitergeführten "Veröffentlichungen des Instituts für Orientforschung" der Dt. Akademie der Wissenschaften zu Berlin, innerhalb der seit 1959 ebenfalls im Akademie-Verlag erscheinenden »Studien zur Kolonialgeschichte und Geschichte der nationalen und und kolonialen Befreiungsbewegung" (11 Bände), seit 1966 fortgesetzt unter der Bezeichnung "Studien zur Geschichte Asiens, Afrikas und Lateinamerikas" sowie in den Veröffentlichungen der Museen für Völkerkunde zu Leipzig und Dresden. Sogar einige Quelleneditionen, in späteren Jahren ein außerordentlich vernachlässigter Bereich, erschienen in diesen Jahren. Bedauerlich bleibt, daß - vielfältige monographische Einzelpublikationen der Sprach- und Literaturwissenschaftler in verschiedenen Verlagen ausgenommen - in den 80er Jahren nicht nur afrikabezogene Themen, sondern auch monographische Arbeiten immer weniger in die seit 1974 vom Zentralen Rat für Asien-, Afrika- und Lateinamerikawissenschaften[4] herausgegebene Publikationsreihe "Studien über Asien, Afrika und Lateinamerika" (bis 1990 insgesamt 40 Bände) Eingang fanden, obwohl gerade Ende der 80er Jahre mit Darstellungen zur deutschen Kolonialpolitik[5] wiederum ein Hoffnungsschimmer aufkam. Auch eine Reihe Länderübersichten und die vierteilige "Geschichte Afrikas"[6] vermochten nicht, das Fehlen von auf umfangreicher Quellenauswertung beruhenden monographischen Arbeiten zu ersetzen. So entstanden nicht nur aus dem politischen Umfeld erklärbare Defizite vor allem auch im Verhältnis von Empirie und Theorie. Dissertationen oder Habilitationen wurden nicht mehr - hier stellen die völkerkundlichen Publikationen noch eine lobenswerte Ausnahme dar - gedruckt und konnten nur noch in den zuständigen Bibliotheken eingesehen werden. Allerdings sollte bei diesen Einschätzungen nicht vergessen werden, daß es in der DDR keine "Deutsche Forschungsgemeinschaft" oder ähnliche Institutionen gab, die Gelder (vor allem in westlichen Währungen) für ausreichende Forschungen vor Ort, in den Archiven und Bibliotheken westlicher Länder oder auch als Druckzuschüsse bereitgestellt hätten.

Und ein weiterer Gedanke zu diesem Komplex. Es besteht in den Altbundesländern nach wie vor eine tiefe Kluft zwischen den philologischen, kulturhistorischen, ethnologischen, religionswissenschaftlichen und den mehr entwicklungsländerspezifischen ökonomischen, soziologischen, zeithistorischpolitologischen Disziplinen der aktuellen Afrikawissenschaften. Das wird in voneinander abgegrenzten Forschungszentren und sogar Vereinigungen reflektiert. Das macht die Problematik der multidisziplinären und im Ansatz versuchten interdisziplinären Orientierung in den Wissenschaftsdisziplinen der früheren DDR gleichermaßen aktuell, fordert aber immer wieder zu differenzierten und kritischen Einschätzungen heraus. Waren die ZP-Großprojekte innerlich hohl und nur mit dirigistischen Mitteln künstlich zusammengehalten, oder bargen sie nicht doch auch im Theoriebereich innovative Erkenntnisse in sich? Konkrete Analysen und Antworten stehen noch aus. Wertvolle Erfahrungen in der multidisziplinären Kooperation konnten insbesondere in der Lehre und in Einzelforschungsgebieten u.a.

---

4 Barthel (1993): 5-13.

5 Sebald, P. (1988).

6 Büttner (1976); Loth (1976); Mährdel (1981) und Autorenkollektiv (1984)

am Afrika-Institut der Leipziger Universität gewonnen werden. Sie stehen bekanntermaßen nicht allein und werden national und international im Modell der Bayreuther Universität und an Wissenschaftseinrichtungen der USA, Frankreichs und Englands, hier an der School of Oriental and African Studies der Londoner Universität, erfolgreich praktiziert.

2.

Die obengenannten Disziplinen haben nach dem Zweiten Weltkrieg verschiedene Phasen ihrer Entwicklung nicht nur vor dem Hintergrund internationaler Theorie- und Methodenentwicklung, sondern auch objektiver Veränderungen des Forschungsgegenstandes - ich denke vor allem an die qualitativ neuen Prozesse der Dekolonisation und Unabhängigkeitserlangung in den 60er Jahren in Afrika - durchlaufen. Es ist zweifelsohne ein großer Unterschied, ob Wertungen vorzunehmen sind für frühere Phasen, die teilweise in der Aufarbeitung kolonialistischen und rassistischen Gedankengutes sehr viel Ähnlichkeiten mit den Afrikawissenschaften in der BRD aufweisen, oder für spätere Entwicklungen. Dazu liegen, u.a. zur Überwindung der in der philologischen, ethnologischen und kulturhistorischen Afrika-Literatur außerordentlich zählebigen Kulturkreislehren[7], der Neuorientierung der Methoden sowie des erwähnten Neubeginns durch vergleichende Kolonialismus-Forschungen, speziell unter Nutzung der Archivbestände zur deutschen Kolonialpolitik in den universitären Zentren fur außereuropäische Geschichte in Leipzig und Berlin, einige Studien vor. Es ist unbestritten, daß diese Arbeiten auch die Forschungen in der BRD beeinflußten. Aber nicht nur in der Kolonialgeschichtsschreibung, sondern auch in den weitaus älteren und aus den traditionellen orientalischen Disziplinen hervorgehenden Sprachwissenschaften und philologischen Bereichen erfolgte eine Neuorientierung, ein tiefgehender Wandel im Hinblick auf die Erforschung moderner afrikanischer Sprachen, Literaturen und Kulturen. Sie brachten an der Akademie der Wissenschaften und der Humboldt-Universität in Berlin[8] nach dem Zweiten Weltkrieg eine gewisse Kontinuität der Wissenschaftsentwicklung, an der Universität Leipzig nach einer Phase kolonialfaschistischer Liquidierungen in der Orientalistik und des Instituts für Afrikanische Sprachen an dem 1960 neu gegründeten Afrika-lnstitut ein Anknüpfen an die progressiven Traditionen der 20er und 30er Jahre sowie einen methodologischen und methodischen Neuanfang.[9]

[7] Zwernemann (1983): 150ff.

[8] Reinecke (1990): 69ff.

[9] Brauner (1988): 5ff. u. 8ff.

In den folgenden Phasen erfolgte durch das Hinzutreten anderer Disziplinen (u.a. Ökonomie, Rechtswissenschaft, Soziologie), die theoretisch von der Entwicklungsländerforschung insgesamt beeinflußt wurden, eine Konzentration auf Untersuchungen von mehr innergesellschaftlichen und politischen Prozessen in Afrika. Seit dieser Zeit, vor allem seit den 70er Jahren, differgieren die Forschungslinien und teilweise -inhalte zwischen West und Ost. Etwas sehr vereinfacht scheinen Diskussionen, die die folgende Entwicklung der Afrikawissenschaften in der DDR nur unter dem Desiderat zunehmender Politisierung, wissenschaftspolitischer Verkrustung und Einmischung durch den Partei- und Staatsapparat sehen. Es gab auch in den 70er und sogar erneut in den 80er Jahren nicht nur quantitative, sondern auch qualitative Felder der Entwicklung, einschließlich einer auch vor dem Hintergrund des Marxismus inhaltlich - substantiellen Professionalität. Fakt bleibt, daß die Afrikaspezialisten in der DDR - und das hat mit dem internationalen Kontext zu tun - zunehmend von westlichen Forschungszentren isoliert wurden und wertvolle Diskussionen, die im Westen von substantiellem Gehalt geführt wurden, nur sektoral reflektiert werden konnten. Aber diese Abgrenzung war leider über viele Jahre beiderseitig und wurde erst Ende der 80er Jahre durch veränderte politische Rahmenbedingungen aufgebrochen.

3.

Für die Beurteilung von langfristig wirkenden innovativ-kognitiven Aspekten einzelner Forschungslinien in der Geschichte der Afrikawissenschaften in der DDR möchte ich für die weitere Debatte mehr Grundsätzlicheres im Rahmen der internationalen Methodologie- und Methodendiskussionen als nur den politischen Zusammenbruch der ostdeutschen Wissenschaftslandschaft anmahnen.[10] Oft wird letztere nur als ein abgeschlossenes Kapitel betrachtet. Dem ist natürlich nicht so. Auch ihre Bedeutung erneuert sich, soweit sie neben "analytischer Feinarbeit" auch perspektivische Orientierungen[11] für die weitere Wissenschaftsentwicklung und vor dem Hintergrund der Mannigfaltigkeit von konkurrierenden Fragestellungen, und dazu gehören auch marxistische, entsprechend Lösungswege für den Gegenstandsbereich, also für Afrika, anzubieten vermögen.

So gesehen, ist der Stand der inhaltlichen Aufarbeitung in den bisherigen Diskussionen, es sei denn, man akzeptiert die formelle Einteilung in "politikfreie" Leistungen (sog. Nischen) sprach- und literaturwissenschaftlicher, ethnologi-

---

10 Jarausch/Middell (1994): 13ff.

11 Mommsen (1952): 342ff.

scher, kolonial-, kultur- und religionsgeschichtlicher Forschungen und in von marxistisch-leninistischen Dogmen geprägten bzw. überlagerten Ergebnissen von Disziplinen der mehr politologischen Entwicklungsländerforschung, nicht befriedigend. Sie enthalten ungenügende Aussagen über Theorie- und Forschungsfortschritte, über inhaltliche Herausforderungen auch an die internationalen westlichen Schulen und nicht zuletzt an afrikanische Wissenschaftler. Einige wenige, aber nicht minder bedeutsame Forschungsergebnisse, z.T. multidisziplinär oder überregional angelegt und auf alle Fälle international rezipiert, seien hier zur Diskussion gestellt. Die im Referat erwähnten soziolinguistischen und modernen sprach- sowie bildungspolitischen Untersuchungen,[12] die Publikation international beachteter Wörterbücher und Grammatiken, Veröffentlichungen afrikanischer Gegenwartsliteratur, Märchen sowie Volksdichtungen und literaturkritische Arbeiten,[13] neue Fragestellungen zum Kolonialismus und Antikolonialismus[14] u.a.m. verdienen Erweiterung und Vertiefung. Interessantes Neuland[15] wurde zweifelsohne auch in Projekten zu völker- und staatsrechtlichen Fragen Afrikas, u.a. zum traditionellen Rechtssystem im nationalstaatlichen und modernen nationalstaatlichen und völkerrechtlichen Rahmen (zusammen mit Ethnologen, Soziologen und Historikern), oder in Arbeiten zur ökonomischen Integration und Industrialisierung in Afrika, in soziologischen Analysen zum afrikanischen Dorf und der bürokratischen Bourgeoisie in einigen Ländern Afrikas beschritten. Besonders erwähnenswert bleiben die Forschungen zur Ideengeschichte und Philosophie in Afrika, wozu es 1986 ein von der UNESCO gesponsertes Projekt gab, spezifische regionale Analysen und vergleichende Studien zur Staatsgenese einzelner Völker in vorkolonialer Zeit (Ethnologen und Historiker) und die Beteiligung an internationalen, universalhistorisch geprägten Diskussionen zur Periodisierung der Geschichte der Völker Afrikas. Letztere standen vor allem in Zusammenhang mit der Erarbeitung der achtbändigen UNESCO History of Africa. Auch einige mit dem Aufschwung der Entwicklungsländerforschungen seit den 70er Jahren und deren theoretischen Diskussionen allgemein im Zusammenhang stehende zeithistorisch-politologische Studien, u.a. zur politischen Rolle des Militärs in einigen Ländern Afrikas, auch Nigerias, zur Entwicklung der Gewerkschaftsbewegung in Kenia und im südlichen Afrika, verdienen ob ihrer Brisanz in der gegenwärtigen Entwicklung Afrikas besondere

---

[12] Studien zur nationalsprachlichen Entwicklung (1982).

[13] Arnold (1990).

[14] Robbe (Autorenkollektiv) (1989).

[15] Detaillierte bibliographische Angaben für die im folgenden genannten Komplexe sind an dieser Stelle nicht möglich, vgl. u.a. bis 1985: Brauner (Autorenkollektiv) (1985): 530ff.; Büttner (1992): 139ff.

Aufmerksamkeit. Die darin zu findenden Ansätze einer sachlich-kritischen Distanz bei der Herausarbeitung der Mannigfaltigkeit, des Umfangs und der Tiefe der realen gesellschaftlichen Entwicklungsprozesse sind weiterhin ausbaufähig. Eine Reihe der genannten Studien wurde auch in der DDR aus den verschiedensten Gründen, nicht zuletzt ob der begrenzten finanziellen Mittel an den Universitäten und anderen wissenschaftlichen Bereichen, des teilweise ungenügenden Stellenwertes im Rahmen der durch zentrale Planvorgaben gekennzeichneten Geistes- und Sozialwissenschaften sowie der Verlage, nicht kontinuierlich und langfristig genug betrieben. Neue internationale Trends in der Forschung und im Presse-und Publikationswesen - Reaktionen auf kurzfristige "Mode"themen wie zur Rolle der Frau in Afrika oder die Neubearbeitung und -edition von Forschungsreisenden in Afrika[16] kamen häufig sehr spät - wurden nur sehr zögernd umgesetzt. Einige Themenstellungen und Ergebnisse wurden in Kooperation mit den Forschungen in den sozialistischen Ländern erzielt und fanden auch in den westlichen Ländern Resonanz.

4.

Es existierten eine Vielzahl bilateraler und insbesondere in der Entwicklungsländerforschung multilateraler Beziehungen zu Lehr- und Forschungsgremien, aber auch Einzelpersönlichkeiten, in Leningrad (St. Petersburg), Moskau, Warschau, Krakow, Prag, Bratislava und Budapest. Sie fanden häufig Eingang in zahlreiche Akademie- und Universitätsverträge sowie in die von der multilateralen Problemkommission "Ökonomie und Politik der Entwicklungsländer" getroffenen Vereinbarungen. Letzere organisierte im regelmäßigen Turnus Symposia und Tagungen im Plenum und einzelner Arbeitsgruppen, deren Materialien in zahlreichen Publikationen (vorwiegend in russischer Sprache) und in dem in der DDR erscheinenden "Information Bulletin" Verbreitung fand. Festzuhalten gilt, daß diese Zusammenarbeit im Kontext von Außenpolitik und wissenschaftlicher Grundlagenforschung sehr unter dem Zwang ungerechtfertigter Regulierungen litt und nur ein Teil der Disziplinen mit diesen Projekten verankert war. Die Arbeitsgruppe "Geschichte Afrikas und der nationalen Befreiungsbewegung" spielte in diesem Kreis eine marginale Rolle, vermochte aber doch zu einigen Aspekten des Antikolonialismus und Nationalismus eine Reihe interessanter, zum Teil in englischer Sprache verfaßter Publikationen (8 Editionen) hervorzubringen. Unübersehbar aber bleibt, daß es eine Reihe langjähriger gemeinsamer

[16] Seit 1984 im Rahmen der Reihe "Klassische Reisen" des Brockhaus Verlages Leipzig.

Forschungsprojekte von Vertretern verschiedener Disziplinen vor allem auf bilateraler Ebene gab. Expressis verbis seien Projekte der Sprachwissenschaftler (Studien zur nationalsprachlichen Entwicklung in Afrika, 1982), der Soziologen (Afrika. Gegenwärtige soziale Prozesse und Strukturen, 1986) und der Historiker (Izushenie Istorii Afriki. Problemy i dostishenia, 1985) genannt. Sicherlich bedarf es weiterer Analysen, um diesen beachtlichen Fundus von Ergebnissen der Zusammenarbeit zwischen einigen Forschungszentren der Ostblockländer zu werten. Sie sind gegenwärtig bis auf eine bescheidene Wiederbelebung einiger Universitätskontakte abgebrochen. Aber verdienen nicht die großen wissenschaftlichen humanistischen Traditionen der traditionellen Afrikanistik, z.B. der Schule von D.A. Olderogge an der St. Petersburger Universität, der breitgefächerten russischen und tschechischen Orientalistik, der Ethnologie, der neueren und neuesten Geschichte, der Äthiopistik in Warschau u.a.m., die nur teilweise in den Strudel stalinistischer Dogmatisierungen und Liquidierungen gerieten, sowie deren Einflüsse auf die verschiedenen Zweige der Afrikawissenschaften in Deutschland Ost wie West eine besondere Beachtung? Vielleicht eine neue Forschungsaufgabe?

Und natürlich wurden einzelne Forschungsergebnisse auch in den internationalen Diskurs eingebracht. Sie waren keineswegs nur eine politiknahe "Auftragspublizistik", sondern sind vor dem Hintergrund objektiver Grenzen bei der Verbreitung deutschsprachiger Literatur allgemein und einem in der DDR aus politischen Gründen praktizierten "Reisekader"-Auswahlsystem trotzdem sehr differenziert einzuschätzen. Neben der Beteiligung an vielfältigen Aktivitäten der Weltkongresse einzelner Disziplinen, in deren Gefolge DDR-Wissenschaftler an mehreren Projekten beteiligt waren, sei für die Auslandswirksamkeit der Afrikawissenschaften noch auf folgende Aspekte hingewiesen. Es bedurfte zweifelsohne großer Anstrengungen, um fremdsprachliche Editionen von DDR-Autoren oder die Übersetzung von bekannten internationalen Arbeiten verlagsmäßig durchzusetzen. Die im Akademie-Verlag unter der Redaktion der Zeitschrift "Asien, Afrika und Lateinamerika" (aala) erschienen special issues, von 26 Nummern sind sieben der afrikanischen Problematik gewidmet, sowie die in Vorbereitung der Internationalen Afrikanistenkongresse in Afrika publizierten vier Bände "African Studies"[17] und die Edition einiger monographischer Arbeiten zur Kolonialgeschichte in englischer Sprache stellten einem mehr internationalen Leserkreis kognitiv neueste Ergebnisse verschiedener Disziplinen vor. Relativ

[17] Markov (1967); Studien Asien, Afrika, Lateinamerika, vol. 32/1978, hrsg. v. Th. Büttner, vol. 33/1983 hrsg. v. G. Brehme u. Th. Büttner, vol. 40/1990 hrsg. v. Th. Büttner u. A. Kress.

gering - und das scheint mir ein echtes Defizit zu sein und ist nicht nur aus dem komplizierten Genehmigungsverfahren für Publikationen im westlichen Ausland erklärbar - blieb die Zahl afrikabezogener Publikationen in Sammelbänden, gemeinsamen Projekten und Zeitschriften in der BRD oder anderen Ländern außerhalb der sozialistischen Staatengemeinschaft.

5.

Eines der schwierigsten Felder der kritischen Aufarbeitung von Leistung und Defiziten innerhalb der Afrika-und Entwicklungsländerforschungen in der DDR sind die Beurteilung der vielen Studien zugrundeliegenden theoretisch-paradigmatischen Aspekte. Viele marxistische Diskussionen werden nur, um nicht zu sagen ausschließlich, als Prozeß fortschreitender Dogmatisierungen herrschaftsstabilisierender ideologischer Konzeptionen gesehen. Nicht zuletzt vor dem Hintergrund des Scheiterns antikapitalistischer Modelle der sozialistischen Orientierung in den Entwicklungsländern, vor allem im subsaharischen Afrika, stehen insbesondere die auch für Afrika relevanten formationsspezifischen, revolutions- und entwicklungstheoretischen Konzeptionen unter Kritik. Das hat zweifelsohne seine Berechtigung. Nicht einverstanden kann man sich allerdings mit der auch vom Referenten pauschal vorgenommenen Abqualifizierung dieser theoretischen Positionen als starre, in sich undifferenzierte und überholte Denkschemata. Hierbei werden allgemeine Fragen nach der bisherigen und künftigen Rolle marxistischen Denkens, das keineswegs so homogen, wie oft behauptet wird, ist, innerhalb der Vielfalt geschichtsträchtiger Ideen, Methodologien und Methodendiskurse in der Wissenschaftsgeschichte berührt.

Es gab seit Mitte der 80er Jahre unter dem Einfluß des "neuen Denkens" innerhalb der zeitgeschichtlich-politologischen und die internationalen Beziehungen berührenden Diskussionen ein Aufbrechen der einseitigen Konfrontations-, Klassenkampf- und finalistischen Revolutionssichten. Neu und verstärkt wurden vor allem Fragen nach der Bedeutung kapitalistischer Transformationen und Reformen für den sozialen Fortschritt[18] in einigen Ländern Afrikas, einschließlich Südafrikas, gestellt.

Erwähnung finden sollten auch die ebenfalls in dieser Zeit in der DDR, entsprechend dem internationalen Vorlauf in den westlichen Ländern allerdings verspätet beginnenden Diskurse und Forschungen zu verschiedenen Aspekten von Entwicklung und Unterentwicklung in der Dritten Welt. Die zunächst von Ökono-

[18] Robbe (1993): 20ff.

men, Soziologen, Philosophen getroffenen Einschätzungen wurden bald auch in ihrer historischen Ursächlichkeit Gegenstand mannigfaltiger, oft interdisziplinärer Kolloquia und Forschungsobjekte von Historikern. Erkennbar war das Bemühen, dieser Thematik neue Erkenntnisse und Sichtweiten abzugewinnen und einige Aspekte in die häufig sehr zersplittert geführten internationalen Diskussionen einzubringen.[19] Bei den Analysen zum Beziehungsgeflecht aufkommender Industriekapitalismus in Europa - transatlantischer Sklavenhandel - Kolonialismus hatten marxistische Autoren keinerlei Berührungsängste, Themenstellungen und Lösungsansätze einzelner theoretisch-methodologischer Schulen in der BRD[20], den USA und Frankreichs aufzugreifen. Das war übrigens in einigen Bereichen ein fruchtbarer reziproker Prozeß. Eine parteilich oder staatlich verordnete generelle Abstinenz von anderen Theorien existierte hierbei natürlich nicht.

6.

Abschließend seien einige wenige Worte zu den Diskussionen - Was bleibt aus dem Osten? Was entsteht neu? Gibt es mehr Bruch als Kontinuität? - angeführt. Natürlich ist es für eine noch in der DDR emeritierte Hochschullehrerin nicht einfach, registrieren zu müssen, daß insbesondere in den Afrikawissenschaften - es gibt Unterschiede zu einigen asienwissenschaftlichen und orientalistischen Disziplinen - sehr schmerzhafte institutionelle und personelle Einschnitte und Verdrängungen erfolgten, die ganze Lehr- und Forschungsbereiche und damit auch -projekte, an der Leipziger Universität u.a. die profilierten Literaturwissenschaften, zum Erliegen brachten. Dieser Prozeß ist noch nicht abgeschlossen. Besonderes Interesse verdienen doch die nach dem Umbruch seit 1990 außerordentlich großen Aktivitäten von Afrikaspezialisten Ost wie West, gemeinsame internationale und nationale Kongresse zu gestalten und gemeinsame Publikationsvorhaben, u.a. auf kolonial-, missions- und ideengeschichtlichem Gebiet, anzugehen. Sie verdeutlichen die Leistungs- und Innovationsfähigkeit von Spezialisten aus den neuen Bundesländern, aber auch den Forschungsvorlauf, der auf einigen Gebieten erreicht worden war. Der Forschungsschwerpunkt "Moderner Orient" Förderungsgesellschaft Wissenschaftliche Neuvorhaben mbH und die Afrikanistik an der Humboldt-Universität Berlin vermochten zumindest zeitweise einen entsprechenden institutionellen Rahmen dafür zu bieten. Insgesamt scheint es mir allerdings mehr Bruch als Kontinuität gegeben zu haben. Aber Wissenschaftsgeschichte ist langfristiger und so eng nicht zu sehen. Geblieben sind u.a.

---

[19] Vgl. bibliographische Angaben insgesamt bei Herzog (1990): 585-598.

[20] U.a. von Borries (1987): 153ff.

die Publikationen, die in nationalen und internationalen Bibliotheken stehen und natürlich gelesen werden, sogar im Falle von Sprachlehr- und Wörterbüchern oder historischen Kompendien für die Ausbildung uneingeschränkt genutzt werden. Und: es gibt im universitären Bereich der Afrikanistik und Afrikastudien in Leipzig und Berlin, allerdings durch viele neue finanzielle Zwänge zu wesentlichen disziplinären und personellen Einschränkungen gezwungen, Neuberufungen, eine neu konzipierte Magister- und Zweifachausbildung sowie neue Forschungslinien. Entstanden sind oder werden sich konsolidieren mehr regionale Zentren und Varianten innerhalb der gesamtdeutschen Wissenschaftslandschaft, die die ostdeutschen Traditionslinien aus der DDR-Zeit nur bedingt nutzen.
Aber das scheint mir ein neues, gleichermaßen wiederum mit kritischen Augen zu sehendes Kapitel der Analyse und Aufarbeitung wissenschaftlicher Ergebnisse zu sein.

Literatur (bibliographische Auswahl)

Ansprenger, F (1991): Zur Wiedervereinigung der deutschen Afrikawissenschaft. In: Internationales Afrikaforum, Nr. 1, Köln, S. 71ff.

Arnold, R. (Hg.) (1990): Rise to opulence. Approaches to Asian and African Literatures, Berlin

Autorenkollektiv (1984): Geschichte Afrikas, Bd. 4, Berlin

Barthel, G. (1993): Die Asien-, Afrika- und Lateinamerikawissenschaften in der ehemaligen DDR. Versuch eines Resümees. In: hochschule ost, Nr. 5, S. 5-13

Brauner, S. & N.V. Ochotina (1982): Studien zur nationalsprachlichen Entwicklung in Afrika, Soziolinguistische und sprachpolitische Probleme, Berlin (Studien Asien, Afrika und Lateinamerika 34)

Brauner, S. (Autorenkollektiv) (1985): Karl-Marx-Universität Leipzig - Schwerpunkt afrikawissenschaftlicher Lehre und Forschung. In: WZ KMU G, Nr. 6, S. 530-548

Brauner, S. & E. Wolf (Hg.) (1988): Progressive Traditions in African and Oriental Studies. Asia, africa, latinamerica, special issue 21, Berlin

Büttner, T. (1976): Geschichte Afrikas, Bd. 1, Berlin

Büttner, T. (1992): The Development of African Historical Studies in East Germany. In: History in Africa, Atlanta, S. 133-146

Geschichte der Afrikanistik an der Berliner Universität, Humboldt-Universität zu Berlin. In: Berliner Afrikanische Arbeitsblätter, Nr. 1, Berlin (1993), S. 1ff.

Herzog, J. (1990): Historischer Prozeß und Unterentwicklung in Asien und Afrika Forderungen an den Historiker und wie er sich ihnen stellen kann. In: aala 18, Berlin, S. 585-598

Jarausch, K.H. & M. Middell (Hg.) (1994): Nach dem Erdbeben. (Re-)Konstruktion ostdeutscher Geschichte und Geschichtswissenschaft, Leipzig

Jegzentis, P. & V. Wirth (1991): Zum Stand der entwicklungstheoretischen Diskussion in der DDR in den 80er Jahren - ein Literaturüberblick. In: Peripherie 41, Berlin, S. 77ff.

Loth, H. (1976): Geschichte Afrikas, Bd. 2, Berlin

Mährdel, C. (1981): Geschichte Afrikas, Bd. 3, Berlin

Markov, W. (Hg.) (1967): Karl-Marx-Universität Leipzig, Berlin

Mommsen, W. (1992): Perspektivgebundenheit und Objektivität historischer Forschung. In: ZfG 40, S. 342ff.

Reetz, D. (1991): Die Entwicklungsländerforschung in der DDR nach der Wende, Köln (Berichte des Bundesinstituts für ostwissenschaftliche und internationale Studien 7)

Reinecke, B. (1990): Afrikanische Sprachen im Seminar für Orientalische Sprachen. In: "Das Seminar für orientalische Sprachen" in der Wissenschaftstradition der Sektion Asienwissenschaften an der Humboldt-Universität zu Berlin, Berlin, S. 69ff. (Beiträge zur Geschichte der Humboldt-Universität zu Berlin 25)

Robbe, M. (Autorenkollektiv) (1989): Wege zur Unabhängigkeit. Die antikoloniale Revolution in Asien und Afrika, Berlin

Robbe, M. (1993): Verlorene Visionen ? Entwicklungsländerforschung in der DDR. In: hochschule ost, Nr. 5, S. 14-24

Sebald, P. (1988): Togo 1884-1914, Berlin

van der Heyden, U. (1993): Die historische Afrika-Forschung in der DDR. Versuch einer Bilanz der Afrika-Geschichtsschreibung. In: van der Heyden et al. (Hg.), Die DDR und Afrika. Zwischen Klassenkampf und neuem Denken, Hamburg, S. 108-130

von Borries, B. (1987): "Hochmut", "Reue" oder "Weltbürgersinn"? Zur Kolonialepoche in historischen Überblicksdarstellungen und allgemeinem Geschichtsbewußtsein. In: Nestvogel, N. & R. Tetziaff (Hg.), Afrika und der deutsche Kolonialismus. Zivilisierung zwischen Schnapshandel und Bibelstunde, Hamburg, S. 153ff.

Zwernemann, l. (1983): Cultural History and African Anthropology. A Century of Research in Germany and Austria, Uppsala

Günter Barthel

Erfahrungen und Visionen bleiben - Gedanken zur Demontage der gegenwartsorientierten Orientwissenschaft in den neuen Bundesländern

Kommentar zum Vortrag von Kai Hafez und Gerhard Höpp

Zunächst möchte ich es eingangs als glückliche Fügung bezeichnen, daß mit Kai Hafez ein Unbeteiligter an den Erfolgen und Mißerfolgen sowie den Irrungen und Wirrungen der DDR-Wissenschaftsgeschichte zu Wort gekommen ist, denn ein echter Insider aus dem angesprochenen Wissenschaftsbetrieb wäre wahrscheinlich auch ein halbes Dezennium nach dem Untergang des angeblich sozialistischen Deutschlands noch nicht in der Lage, sich frei zu machen von Wehleidigkeit, Schönfärberei und Fehldeutungen oder gar von Reinwaschungsversuchen. Wie schwer es ist, sich diesen Gefahren zu verweigern, hat der Kommentator selbst, der ja nicht nur zu den Betroffenen, sondern zeitweise zu den an verantwortlicher Stelle Involvierten zählte, bei der Formulierung seiner Gedanken für diese Begegnung gespürt.

Vor all zu großen Hoffnungen, daß wir mit unserer Tagung einen Schlußstrich unter die Bemühungen zur Aufarbeitung der DDR-Wissenschaftsgeschichte ziehen könnten, sei vorab gewarnt, weil das erlebte Geschenk der deutschen Einheit auch fünf Jahre nach jenem denkwürdigen Ereignis der Wiedervereinigung tagtäglich noch genügend Beispiele dafür produziert, daß künstliche Mauern neu errichtet werden und es vielen Mitmenschen aus den alten Bundesländern schwerfällt, sich eine objektivierende Bewertung der ostdeutschen Vergangenheit zu eigen zu machen. Vielfach verfestigt sich der Eindruck, daß auch wir Wissenschaftler bei unseren Begegnungen aneinander vorbeireden, weil uns Inhalte, Strukturen, Methoden und Motive der jeweils anderen Seite immer noch fremd geblieben sind.
Mein Leitmotiv für die folgenden Ausführungen soll sein, daß man Geschehenes nicht ungeschehen machen kann, aber um eine generelle wie persönliche Aufarbeitung sollten wir uns mit den Mitteln vernunftbegabter Wesen bemühen.

Sicherlich ließen sich zu jedem der eben gehörten Gedanken weiterführende, relativierende und einschränkende oder im Einzelfall sogar gegensätzliche Überlegungen vortragen. Dies soll jedoch nicht im Rahmen einer zeitmäßig eng bemessenen Diskussion erfolgen, auch schon deshalb nicht, um der Gefahr eines beckmesserischen Scheindisputs oder gar einer unproduktiven ideologischen Schuldzuweisung vorzubeugen.
Vielmehr soll in den folgenden zehn Punkten auf gewichtige inhaltliche Aspekte der Beurteilung der Orientwissenschaften in der DDR hingewiesen werden, die - zumindest aus meiner Sicht - in den Ausführungen von Kai Hafez und Gerhard Höpp zu kurz gekommen scheinen.

Erstens ist schwer nachzuvollziehen, warum wider besseres Wissen - und zwar nicht nur heute - darauf verzichtet wird, die Rolle der SED im wissenschaftlichen Leben der orientalistischen Einrichtungen konkret vorzustellen. Von vielerlei Seiten wurde wiederholt auf die generelle Verantwortung dieser Partei auch für die Profilierung der gegenwartsbezogenen Orientwissenschaften aufmerksam gemacht. Konkrete Aussagen zur Rolle der Abteilung Wissenschaften im ZK der SED und detaillierte Ausführungen über die Mechanismen und die Vollstreckungsgehilfen an der Basis der Parteihierarchie vermißt man aber immer wieder schmerzlich.
Müßte - um einige Ansätze zur Disputation zu bieten - nicht etwas gesagt werden zu den Aufgaben und Handlungen jenes Mitarbeiters in der Abteilung Wissenschaften des ZK der SED, der unmittelbar zuständig war für die Anleitung und Kontrolle der Sprach- und Regionalwissenschaften? Welcher Platz war den sogenannten Sekretären für Wissenschaft der jeweiligen Kreisleitungen der SED an den Universitäten und den Sekretären der Grundorganisationsleitungen der jeweiligen Sektionen bei der Umsetzung der Beschlüsse der Parteispitze zugewiesen und wie agierten sie vor Ort? Und schließlich, welche Rolle spielten die Parteigruppenorganisatoren in den orientalistischen Institutionen in Berlin, Leipzig und Halle? Die zuletzt angeschnittene Frage besitzt dabei eine besondere Bedeutung, weil es doch in praxi die Parteigruppenorganisatoren an den Instituten bzw. Lehr- und Forschungsbereichen waren, die nicht nur die wissenschaftlichen Leitlinien durchdrückten, sondern in hohem Maße auch für das allgemeine Klima an den einzelnen Einrichtungen verantwortlich zeichneten. Die Namen der Parteigruppenorganisatoren sind bekannt, sie tauchen als Forscher und Publizisten meist von Rang und Namen z.B. in den entsprechenden Abschnitten des Buches "Orientwissenschaft in der DDR" von K. Hafez auf, ja sie werden durchweg alle der Orthodoxie zugerechnet, aber ihr Wirken als Transmissionsriemen der Partei findet keine Erwähnung. Woran liegt diese Zurückhaltung? Eventuell ist sie in dem Wunsch begründet, parteipolitische Aspekte auszuklammern, um den eigentlichen wissenschaftlichen Recherchen mehr Aufmerksamkeit schenken zu

können? Dies wäre verständlich, würde aber einen entscheidenden Faktor der Analyse ausklammern! Oder sollte die Abstinenz darin begründet liegen, daß die einst gewichtigsten Parteigruppenorganisatoren auch heute noch zum unverzichtbaren Bestand der Wissenschaftslandschaft gehören? Jedenfalls muß es doch stark verwundern, daß alle verantwortlichen staatlichen Leiter der zur Diskussion stehenden Institute ihre Einrichtungen verlassen mußten, während einige Parteisekretäre den Sprung in die neue Zeit geschafft haben.

Zweitens sei wenigstens angedeutet, daß eine erschöpfende Analyse der Formierung, Konsolidierung und Entfaltung der gegenwartsbezogenen Orientwissenschaften der DDR nicht umhin kommen wird, auch die Wirksamkeit des Ministeriums für Staatssicherheit ins Visier zu nehmen. Dieses Repressionsinstrument von Partei und Staat nahm schließlich Aufgaben wahr, die weit über die Bespitzelung von Mitarbeitern auch der von unserer Tagung tangierten Einrichtungen hinausgingen. Über seine direkten und indirekten Kanäle wußte sich dieses Ministerium in den Besitz von Informationen zu Personen und zu Forschungsergebnissen zu bringen und machte seinen Einfluß bei der personellen Besetzung von Funktionen, bei der Bestimmung von Leitlinien der Forschung und bei der Ausbildung von ihm delegierter Studenten geltend. Auch auf diesem Gebiet wäre zu hinterfragen, welche Rolle das Ministerium selbst, die jeweiligen Bezirksverwaltungen und die unmittelbaren und mittelbaren Mitarbeiter an den Institutionen spielten. Der Referent weiß aus Kenntnis der über ihn beim MfS angelegten vierbändigen Akte, daß sich diese Krake keineswegs ausschließlich um das Wohl und Wehe der observierten Wissenschaftler "sorgte", sondern daß das Interesse höher angebunden war. In der Akte abgeheftete Strukturpläne und aus Schreibtischen entwendete Forschungsresultate lassen erahnen, daß das genannte Ministerium auch ein "aktiver" Gestalter der Wissenschaftspolitik gewesen ist.

Drittens muß davor gewarnt werden, die Orientalistik und die gegenwartsbezogene Orientforschung der DDR und das Agieren ihrer Protagonisten durch die gleiche Schablone zu betrachten, die man auf vergleichbare Einrichtungen und Personen in demokratischen Staatswesen anzuwenden geneigt ist. Wenn K. Hafez beispielsweise in seinem erwähnten Werk konstatiert, daß "in keinem einzigen Beitrag der Orientwissenschaftler während der gesamten Zeit der Existenz der DDR ... die marxistisch-leninistische Theorie kritisiert oder gar in ihren Grundlagen abgelehnt wurde" (S. 247) und daß "die Orientwissenschaft der DDR ... keine Rebellen (kannte), die Tabubereiche zu durchbrechen versuchten" (S. 420), so hat er mit diesen Feststellungen durchaus recht. Einmal abgesehen von der Tatsache, daß es Rebellen wohl überall schwer haben, wo sollte denn das Rebellentum in der DDR enden? Ganz sachlich sei unterstrichen, daß es die Nonkonformisten auch in der DDR gegeben hat, doch zu erwarten, daß sich dies in einer Veröffentlichung nachweisen läßt, demonstriert wenig Sachkenntnis der realen Verhältnisse in einer Diktatur. Eine Partei, Staat und ihre Ideologie prinzipiell in Frage stellende Positionierung eines Orientwissenschaftlers wäre niemals in der DDR gedruckt worden und erst recht nicht in die Buchhandlungen und Bibliotheken gelangt. Um es mit anderen Worten zu markieren, eine Handvoll Rebellen hat wohl unter den Orientwissenschaftlern der DDR existiert, doch sie alle resignierten unter den gegebenen Umständen. Und noch eins sei festgehalten, kaum einer, der sich heute als bedingungsloser Gegner des alten Regimes hinstellt, war vor 1989 als solcher auszumachen.

Viertens seien mit Blick auf die vielgestaltigen Fäden zwischen Außenpolitik und Orientwissenschaften in den vorgeblich sozialistischen Staaten ganz allgemein und in der DDR im besonderen einige zusätzliche Argumente vorgetragen, die die Sichtweise speziell von K. Hafez nicht untergraben sollen, sondern die eine differenziertere Betrachtung befördern mögen. Auch wenn der Referent mit seiner generalisierenden These von der Unterordnung der Orientforschung unter die Belange und Ziele der Außenpolitik im großen und ganzen der Realität entspricht, ist sie insgesamt doch viel zu pauschal. Die Masse der Orientwissenschaftler der DDR arbeitete nicht unter dem unmittelbaren Patronat des Ministeriums für Auswärtige Angelegenheiten, sondern gestaltete Forschung und Lehre an Universitäten, die dem Ministerium für Hoch- und Fachschulwesen bzw. seinen Vorläuferinnen unterstellt waren. Nur eine absolute Minderheit von Orientwissenschaftlern wirkte in den sogenannten ZP-Projekten mit, die Mehrheit fand sich in den Forschungsplänen des MHF und der Hochschulen wieder. Auch der ZENTRAAL war juristisch zumindest von 1966 bis 1969 und wieder ab 1987 dem MHF unterstellt und läßt sich schon gar nicht für die letzten drei Jahre seiner Existenz in einen Befehlsempfänger des MfAA umfunktionieren. Und ganz falsch ist es, den Eindruck zu erwecken, als ob alle Orientwissenschaftler der früheren DDR mehr oder weniger bewußt als Akteure der Außenpolitik gehandelt hätten. Die Bindung an die Außenpolitik vollzog sich keinesfalls geradlinig, sie war im Einzelfall subtiler Natur, wurde nicht von allen Wissenschaftlern unmittelbar wahrgenommen und ließ auch Forschungen zu, die nicht vom MfAA initiiert oder abgesegnet worden waren. Sie war allerdings - und dies sei ausdrücklich betont - immer latent gegenwärtig und nicht nur den Sprach-, Kunst- und Literaturwissenschaftlern sowie den Mediävisten ein ständiger Stein des Anstoßes.

Fünftens fehlt bei der kritischen Untersuchung der Arbeit der Orientwissenschaftler der DDR das weite Feld der Sprachforschung und -ausbildung. Diese Gebiete auszuklammern ist keinesfalls opportun, nicht etwa deswegen, weil die in der Sprachvermittlung engagierten Kollegen quantitativ die größte Einzelgrup-

pe unter den Disziplinen stellten, sondern weil qualitative Parameter ihre Einbindung in die zu beurteilenden Strukturen und Paradigmen erheischen.
Zu den Faktoren, die für eine Untersuchung auch der sprachlich orientierten Disziplinen sprechen, zählen folgende Gesichtspunkte: Das Gros der Sprachforschung und -ausbildung ging in keiner Weise mit den Haupttätigkeitsfeldern der traditionellen Arabistik oder Orientalistik konform. Im Vordergrund der Aktivitäten standen nicht Arbeiten zu den klassischen Themen des Untersuchungsgegenstandes, sondern bewußt wandte man sich dem modernen Arabisch, dem Ivrith und dem modernen Türkisch zu. Da die Arabischlehrkräfte z.B. nach der Stundentafel der Fachrichtung Nahostwissenschaften aus dem Jahre 1974 mit insgesamt 1118 Stunden rund dreißig Prozent des Ausbildungsvolumens bestritten, war auch ihr Anteil an der Ausformung des Absolventenbildes adäquat hoch. Die Mehrzahl der Lehrkräfte sah sich durch Dolmetschereinsätze im Auftrag der Partei- und Staatsspitze in die Lage versetzt, die Sprach- und Landeskenntnisse auf einem hohen Niveau auszubauen, und erlebte die außenpolitischen Grundorientierungen am unmittelbarsten und noch dazu im direkten Kontakt mit den führenden Vertretern der SED oder der Ministerien. Nicht unterschätzt werden sollten die Resultate der Forschungen aus diesem Bereich, die weit über das übliche Maß der Beschäftigung mit einer Sprache hinausgingen. Auf dem Fundament solider Sprachkenntnisse waren z.B. die arabistischen Sprachwissenschaftler auch in Gegenstände politischer oder soziolinguistischer Natur involviert. K. Hafez führt unter seinen gedruckten Quellen u.a. Dieter Blohm an, der sich gemeinsam mit anderen Verfassern dem Thema "Die Völker im Kampf gegen imperialistische Einmischung und innere Reaktion - für ökonomischen und sozialen Fortschritt" zuwandte. (S. 503)
Andere, durchaus lesenswerte und gediegene Veröffentlichungen dieses Genres fehlen bei K. Hafez allerdings aus unverständlichen Gründen. So sei beispielsweise auf die Aufsätze von Dagmar Glaß und Wolfgang Reuschel "'Al-umma al-'arabiya' im Sprachgebrauch der Baathisten um Michel Aflak und Salahadin Bitar" sowie von Eckehard Schulz und Günther Krahl unter Mitarbeit von Hans- Hermann Elsäßer "Arabische Sprache und Gesellschaft. Gedanken zum Sprachwandel" in "Die Araber an der Wende zum 21. Jahrhundert", Berlin 1987, hingewiesen.

Sechstens geht in der vorliegenden Darstellung leider der sozialpsychologische Aspekt, speziell mit Blick auf die wichtigsten Akteure völlig unter. Es bedarf keines Hinweises darauf, daß wir heute und hier mit dem Ansinnen, Ursachen und Folgen von Verhaltensmustern aufzudecken, total überfordert wären. Doch Wege und Irrwege der Orientwissenschaftler der DDR lassen sich erst vollständig aufarbeiten, wenn bestimmte Psychogramme der agierenden Wissenschaftler Berücksichtigung finden. Manch einer, der mit großer Berechtigung zu den Orthodoxen gezählt wird, offenbart bei genauer Kenntnis seiner Person ein nuancenreiches Spektrum menschlicher Stärken und Schwächen. Und nicht jeder, der früher von den Studenten als Hardliner und heute von zumeist selbsternannten Richtern als unverbesserlicher Bösewicht qualifiziert wurde bzw. wird, gab im allerkleinsten Kreis Töne von sich, die eine solche Qualifizierung rechtfertigen würden. Wie bereits an anderer Stelle klassifiziert, gab es nur eine kleine Gruppe bedingungsloser Jasager, die überwiegende Mehrheit zählte zu den Mitläufern, Opportunisten und Feiglingen, und nur ein zahlenmäßig bescheidenes Häuflein verdient die Anerkennung als Demokrat und Oppositioneller.

Siebentens bewegt mich mit Blick auf den Vortrag von G. Höpp doch eine traurige Bilanz. Obwohl selbst nicht in der Wissenschaftshistorie bewandert, gehört nicht viel Sachkenntnis dazu, um zu konstatieren, daß es noch nie in der Geschichte der deutschen Orientalistik und Orientforschung einen solch schmerzlichen Aderlaß gegeben hat wie nach 1989. Wenn dazu noch Beachtung findet, daß sich hinter jedem Abbau von Stellen menschliche Schicksale und Tragödien verbergen, dann gebietet schon ein Gefühl von Anstand, die Veränderungen nach der Wende sehr ausgewogen unter die Lupe zu nehmen. Wenn man z.B. bedenkt, daß von den Asien-, Afrika- und Lateinamerikawissenschaftlern der ehemaligen DDR über 80 % ihren Job verloren und daß sich am Orientalischen Institut in Leipzig die Zahl der ostdeutschen Mitarbeiter von 46 auf sieben verringert hat, dann kann sich ein Gefühl für die angedeutete Dimension einstellen. Als Ironie der Geschichte kommt noch hinzu, daß sich unter den negativ Evaluierten, den Abgewickelten und den Entlassenen nicht nur viele kluge Köpfe und wahre Sprachgenies befinden, sondern daß vom Strudel der Neubewertung und Neugestaltung auch Kollegen erfaßt wurden, die ihren Platz schon immer in einer gesamtdeutschen Orientwissenschaft bestimmt hatten.
Hauptleidtragende des angesprochenen Prozesses sind natürlich die Studierenden, die mit einem geringeren Lehrangebot und oft mit weniger Qualität der Wissensvermittlung vorliebnehmen müssen. Am Orientalischen Institut in Leipzig sind z.B. die jeweils auf den Orient spezialisierten Disziplinen Geographie, Philosophie, Soziologie, Pädagogik, Wirtschaftsgeschichte und Außenwirtschaft dem Rotstift ersatzlos zum Opfer gefallen. Die verbliebenen nichtphilologischen Disziplinen spielen nunmehr nur noch ein mehr oder weniger geduldetes Mauerblümchendasein.

Achtens gebietet es mir das Gefühl der Selbstachtung vor meinem eigenen wissenschaftlichen Werk, eine Lanze für ein komplexes und multidisziplinäres, wenn möglich sogar interdisziplinäres Herangehen an die Probleme der Völker und Staaten Nordafrikas und des Vorderen Orients zu brechen. Jede nur auf die Philologie ausgerichtete Orientalistik und jedes nur eindimensionierte Betrachtungsraster bergen von Anfang an die Gefahr in sich, bei der Bearbeitung von Themen der Vergangenheit und Gegenwart die komplizierte und komplexe Realität aus dem Auge zu verlieren.

Diese Feststellung gilt natürlich vice versa, denn ohne ein Mindestmaß an Sprachkenntnissen läßt sich die Wirklichkeit fremder Länder nicht erfassen. Der regionalwissenschaftliche Ansatz von Forschung und Lehre sollte auch zukünftig - natürlich unter Verzicht auf eine wie auch immer geartete ideologische Dominanz - einen Platz im Ensemble der Orientwissenschaften behalten. Der Blick nach Frankreich, Großbritannien und den USA belegt, daß man das eine tun kann, ohne das andere zu lassen.

In diesem Kontext bieten sich auch Überlegungen zu dem von den Veranstaltern gewünschten Vergleich der kognitiven Strukturen von Forschung und Lehre in den Orientwissenschaften vor und nach der Wende an. Skizzenhaft sei aus Sicht des Vortragenden angemerkt, daß die Entwicklung nach 1989 zur fast vollständigen Zerschlagung von Inhalten, Methoden, Strukturen und Institutionen der Asien-, Afrika- und Lateinamerikawissenschaften der DDR geführt hat. Doch was zeigt sich unter dem Strich? Der institutionelle Rahmen der Vergangenheit existiert nicht mehr, doch an seine Stelle traten nicht Strukturen, die sich in Übereinstimmung mit internationalen Wissenschaftstrends befinden, sondern wiederbelebt wurden tradierte Elemente der deutschen Wissenschaftsgeschichte. Nicht neue, interessante und in die Zukunft weisende Formen der Wissenschaftslandschaft der alten Bundesländer wurden übernommen, sondern traditionelle Formen der deutschen Orientalistik wurden übergestülpt. Dies mag dort gerechtfertigt sein, wo zu Zeiten der Parteidiktatur wichtige philologische Disziplinen an ihrer Weiterexistenz gehindert worden waren, aber in anderen Bereichen signalisieren manche der Veränderungen einen Rückschritt.

Eine einmalige Chance zur Reformierung im Osten wie im Westen wurde vertan. Als Gewinn kann zwar die Befreiung vom sogenannten marxistisch-leninistischen Grundlagenstudium, von der erweiterten Ausbildung in Marxismus-Leninismus und anderen ideologischen Überfrachtungen gewertet werden, doch die aufgerissenen fachlichen Löcher und die Verminderung der Lehrangebote und der Lehrstunden stehen auf der Verlustseite. Und ob man die Übernahme von so manch einer Scholastik aus dem Westen und die Einpflanzung von Wissenschaftlern aus der zweiten oder gar dritten Garnitur in die Einrichtungen im Osten als Meisterstück wird feiern können, kann getrost mit Skepsis verfolgt werden.

Und zur inhaltlichen Seite der Medaille sei angefügt, daß der Marxismus staatssozialistischer Prägung zu Grabe getragen worden ist und sich erfrischende pluralistische Sichtweisen Bahn gebrochen haben, aber die Erbkrankheit der Beschäftigung mit dem Orient ist scheinbar nicht auszurotten, noch immer ist das eigene Haus das Maß aller Dinge und der Eurozentrismus erfreut sich nach wie vor einer großen Anhängerschar.

Neuntens sei der Wunsch signalisiert, daß sich über kurz oder lang mutige Köpfe finden mögen, die nach den gleichen Kriterien, wie sie zur Zeit den Recherchen und Bewertungen der ostdeutschen Orientforschung zugrundegelegt werden, auch die westdeutsche Orientforschung einer Evaluierung unterziehen. Der Kommentator ist sich sicher, daß so manch unerquickliche Wahrheit ans Tageslicht kommen würde. Denn auch westdeutsche Orientforscher waren und sind nur Menschen und mußten - zwar unter geringeren Zwängen als ihre ostdeutschen Kollegen - ihr Forscherdasein unter den Bedingungen einer bipolaren Welt gestalten und gelangten in so mancher Abhandlung zu Einschätzungen, über die man heute besser den Mantel der Nächstenliebe deckt.

Zehntens und abschließend sei noch ein allgemeiner Satz erlaubt. Wissenschaftliche Arbeit wird gemessen und sie muß sich dem Urteil der Geschichte stellen. Gefragt sind nicht nur Resultate menschlichen Denkens im Elfenbeinturm und gute Formen der Vermittlung des erreichten Kenntnisstandes an die heranwachsende Jugend, vielmehr geht es auch um Praktikabilität der Theorie. Wie der Arzt nicht nach seinem Buchwissen beurteilt wird, sondern an seiner heilenden Hand, so sollten auch wir uns stets gewärtig sein, daß auch unsere Forschungsergebnisse mehrere Adressaten haben, u.a. auch die Länder, über die wir forschen und lehren.

So gesehen, hat vieles, was in der untergegangenen DDR unter schwierigen Bedingungen erarbeitet wurde, vor dem Schiedsrichter der Geschichte keinen Bestand. Doch hüten wir uns vor Selbstgefälligkeit und befragen uns täglich, ob unser heutiges Tun vor dem deutschen Volk und den orientalischen Völkern bestehen wird.

Kleinbreitenbach, 03.10.1995

Hartmut Schilling

Die Regionalwissenschaften der DDR als Modell einer Entwicklungswissenschaft?

Kommentar zum Beitrag von Waltraud Schelkle

Obwohl die Zeitvorgabe für meinen Kurzkommentar knapp bemessen ist, möchte ich mit einer insofern persönlichen Bemerkung beginnen, als ich mich ungeschminkt zu meiner Motivation äußere.

Ich habe lange darüber gegrübelt, ob meine Zusage, als Akteur, wenn auch sozusagen nur in der Rolle des Sekundanten oder bestenfalls eines Zeitzeugens, an dieser Konferenz mitzuwirken, guten Gewissens und unter Wahrung meiner Selbstachtung aufrechtzuerhalten war.
Mir war klar, daß das nur abhängig gemacht werden konnte vom Verständnis der *Zielsetzung* dieser Konferenz, über die zumindest die Einladung sich nicht ganz eindeutig geäußert bzw. manches offen gelassen hatte.
Sollte es sich handeln um eine nachträgliche Rechtfertigung der offensichtlich politisch und ideologisch motivierten, brachialen "Abwicklung" in den Asien-, Afrika- und Lateinamerikawissenschaften der vormaligen DDR nach deren Anschluß an die BRD? Dann hätte ich mich nach den in diesem Prozeß gewonnenen Erfahrungen hinsichtlich unwissenschaftlicher Vorgehensweise (ohne Evaluierung, voreingenommen, klischee-behaftet, ohne jedes partizipatorische oder auf akademische Gleichberechtigung zielende Moment) und der erlittenen Demütigungen einer solchen Alibi-Veranstaltung verweigern müssen.
Oder sollte es sich bei der heutigen Tagung darum handeln, nüchtern und unvoreingenommen zu prüfen, ob und – wenn ja – welche Chancen die *in* und *mit* den Regionalwissenschaften der DDR akkumulierten Erfahrungen eröffnen, um zur Auflösung des offenbar in der gesamten Bundesrepublik, also auch der alten, spürbaren Reformstaus auf dem Gebiet der Regional- und Entwicklungswissenschaften beizutragen.
Der Umstand, daß ich hier rede, indiziert, daß ich mich für diese zweite mögliche Interpretation der Sinngebung dieser Veranstaltung entschieden habe. Wenn also

in der Einladung gefragt wird: "Wurden im Umbruch Chancen zur Neugestaltung der Disziplinen ergriffen?", dann beziehe ich diese Frage nicht nur und nicht einmal in erster Linie auf den Osten, die neuen Länder, wo ohnehin für die Kernbereiche der Regionalwissenschaften die "Abwicklung" das dominierende Phänomen war, sondern auf das gesamte einschlägige bundesrepublikanische Wissenschaftssystem, und halte einen solchen Bezug - ebenso wie die bislang eher verneinende Antwort, wodurch Handlungsbedarf signalisiert wird - für ausgesprochen wichtig und geboten.
Der bisherige Verlauf der Konferenz hat mich meinen Entschluß zur Mitwirkung indes fast schon wieder bereuen lassen. Wäre da nicht der Text von Waltraud Schelkle und die von ihr praktizierte Herangehensweise an die Thematik, die mir meine Mitwirkungsentscheidung erleichtert haben und mein Festhalten daran bestimmen. Die Studie von Waltraud Schelkle - und der auf ihr basierende Vortrag - geben m.E. im Unterschied zu anderen hier vorgetragenen Analyseversuchen eine solide, seriöse Grundlage für die Aufnahme eines konstruktiven Diskussionsprozesses, in dem zumindest die wissenschaftspolitischen und wissenschaftsstrukturellen Erfahrungen der DDR-Regionalwissenschaften sine ira et studio transparent und verwertbar gemacht werden können.
Allerdings scheinen mir *thematische Diskussionsrunden* und *kleinere Diskussionsgruppen* mit kompetenten Teilnehmern (zu denen Altorientalisten und "klassische" Philologen nicht gehören, da sie im Grunde nicht zu den Regionalwissenschaften der DDR zählten, obgleich sie ihnen als "Ausgewählte Gebiete" organisatorisch angeschlossen blieben und die DDR sich den Luxus leistete, sie unter den Auspizien der "Bewahrung und Pflege des kulturellen Erbes" weiter zu fördern, ohne sie extensiv zu entwickeln) besser als dieses heterogene Plenum geeignet, diesen Diskussionsprozeß zu befördern. Vorausgesetzt natürlich, daß man denn einen solchen aufhellenden Diskurs *überhaupt will* und es nicht vorzieht, ideologisch geprägte, vielfach durch Uninformiertheit genährte Vorurteile, Mythen und Klischees weiter zu bedienen und zu kolportieren.
Wenn ich mich über die zu kommentierende Studie, in der dieser Wille spürbar ist, so anerkennend äußere, so bedeutet das sicherlich nicht - und das erwartet wahrscheinlich auch niemand von mir -, daß ich *alle* Thesen oder Beobachtungen von Waltraud Schelkle teile. Hier ist - aus unterschiedlichen Gründen, von denen die Prozeßdistanz des bzw. der heute Beobachtenden und Analysierenden nur einer unter mehreren ist - *manches* Wichtige und weniger Wichtige zu präzisieren, zu relativieren oder zu korrigieren und zu ergänzen. Wobei hinzu kommt, daß die Betroffenen, die vormaligen Akteure, die Regionalwissenschaftler der DDR, von denen viele mit der zunehmenden Prozeßdistanz (hier aber im zeitlichen Sinne!) auch so ihre Schwierigkeiten haben, gewiß nicht zu allen Detailfragen eine *ein-*

heitliche Meinung vertreten; und das nicht erst hier und heute. Schließlich werden auf dieser Konferenz auch manche Kämpfe von früher *noch einmal* ausgetragen, und Opportunismus ist keineswegs ein systemgebundenes Phänomen.
Wenn ich von *Präzisierungsbedarf* in bezug auf die zu kommentierende Studie gesprochen habe, so betrifft das inhaltliche Fragen wie beispielsweise den in den DDR-Regionalwissenschaften verbreiteten Entwicklungsländer-Begriff (war er wirklich nur eine Modifikation seines westlichen Synonyms und nicht eher kategorialer Ausdruck eines ganz anderen theoretisch-methodologischen Ansatzes?) oder den Sektor-Begriff und andere - ebenso wie wissenschaftsstrukturelle Fragen, etwa die Bewertung der Rolle des MHF-Beirats oder das angesprochene Phänomen der "Ressortforschung". Was das letztere angeht, so ist das in der hier behaupteten Absolutheit meines Wissens weder als "Verteilung von Zuständigkeiten" vorgegeben noch tatsächlich so praktiziert worden; sicher gab es thematische Domänen, auch - wie anderswo - Unikate, was angesichts des personellen und materiellen Ressourcenmangels, der in der DDR auch auf diesem Gebiet zu verzeichnen war, nicht verwundern kann; aber das war wissenschaftspolitisch *nicht so beabsichtigt und gewollt*; und es ist im Faktischen auch zu relativieren, denn ich möchte nicht aufrechnen, wieviel unterschiedliche Personen innerhalb und außerhalb der Regionalwissenschaften zu Themenkomplexen wie etwa Industrialisierung, Agrarentwicklung, Rohstoffexport, Auslandskapital usw., ja selbst zu Fragen der unterschiedlichen Entwicklungswege oder der Unterentwicklungstheorie geforscht und sich dazu in verschiedenen Formen geäußert haben, wobei quantitative Analysen von AALA-Publikationen in einem begrenzten Zeitraum sicher kein hinreichender und verläßlicher Indikator sind.

Zu präzisieren oder zu relativieren wäre unter anderem auch die Feststellung von der auffallend geringen Rolle entwicklungsstrategischer und entwicklungspolitischer Untersuchungen. Das hängt zwar auch mit dem Konstruktionswiderspruch der DDR-Regionalwissenschaften zusammen, die viele Disziplinen einschloß - wie etwa die Japanologie, die Nordistik oder Sinologie, Mongolistik, usw. - die im dogmatisierten marxistischen Verständnis nichts mit Entwicklung im engeren Sinne zu tun hatten, von der AALA aber auch bedient werden mußten. Hier scheint mir aber darüber hinaus sicher auch manches durch das angelegte westliche Raster der Interpretation speziell von Entwicklungsstrategie zu fallen. Denn einerseits wurden in der DDR natürlich Fragen der gesellschaftlichen Verfaßtheit und der Möglichkeiten ihrer Veränderung durchaus als entwicklungsstrategische Fragen verstanden und in nicht geringer Quantität behandelt. Also Fragen nach den gesellschaftlichen Entwicklungswegen, nach Eigentumsstrukturen und sozialökonomischen Umgestaltungen, nach dem Verhältnis von Ökonomie und Politik, institutionellem und ideellem Überbau bei der Minimierung von Unterentwicklung bzw. in den Transformationsprozessen, nach Abhängigkeiten, Ausbeutungsmechanismen und Wegen zu ihrer Einschränkung etwa durch Nationalisierungen oder nach der ökonomischen Rolle des Staates bzw. des Privatkapitals im Entwicklungsprozeß, ganz abgesehen von der Thematisierung der Industrialisierungsproblematik, den Fragen nach Agrarreformen und Agrarmodernisierung oder der Bildungsproblematik, per se bzw. im Zusammenhang mit der konzeptionellen Suche nach Wegen zur Eindämmung des Bevölkerungswachstums. Behandelt wurde das schon und sogar ziemlich ausgiebig; ob immer in einer problemadäquaten Weise, liegt auf einer anderen Bewertungsebene.

Andererseits ist aber auch hervorzuheben, daß infolge der provinziell-bornierten, abstinenten Haltung der politischen Führungsspitze gegenüber der Dritte-Welt-Problematik die artikulierte gesellschaftliche Nachfrage nach diesem Wissen in der DDR in der Tat sehr gering und der Bedarf an konkreten, anwendungsorientierten regional- oder entwicklungswissenschaftlichen Detailstudien wegen der Marginalität praktischer Entwicklungszusammenarbeit, die zudem nicht mit Solidaritätsleistungen der Bevölkerung verwechselt werden sollte, begrenzt und nicht sehr drängend war. Und dort, wo diese Entwicklungszusammenarbeit über die rein kommerziellen Beziehungen hinaus partiell erfolgte, etwa in Form von Berater- oder Lehrtätigkeit oder medizinischer Hilfeleistung in einigen Ländern, waren in aller Regel nicht die Regionalwissenschaften und ihr Personalbestand gefragt, sondern einschlägige, vielfach nicht mit Entwicklungsländer-Bedingungen vertraute Fachleute.

Ich würde für die DDR-Regional-(und Entwicklungs)wissenschaften in ihrer Gesamtheit in Anspruch nehmen wollen, daß sie zeit ihres Bestehens und zunehmend in den 80er Jahren versucht haben, die politisch Verantwortlichen der DDR zu mehr Verständnis und mehr Engagement für die Lösung des Nord-Süd-Konflikts und überhaupt für die Dritte-Welt-Problematik zu bewegen. Und zwar nicht konfrontativ, sondern ausgehend von den Grundlagen des Systems, von der Akzeptanz seiner Grundwerte und Prinzipien und unter Wahrung der systeminternen Spielregeln, was beispielsweise einschloß, daß selbst geringe, oft nur verbale politische Ansätze in dieser Richtung von den publizierenden Wissenschaftlern - etwa durch extensives Zitieren - über Gebühr gelobt wurden. Das hatte weder mit "bedingungsloser Ja-Sagerei" etwas zu tun noch mit "Feigheit" oder formierter "demokratischer Opposition", weshalb ich diese eindimensionale Barthelsche Typisierung der politischen Verhaltensweisen "der DDR-Regionalwissenschaftler" auch als unzutreffend zurückweisen muß, was nicht heißen soll, daß Opportunismus nicht virulent war, und zwar mit hohem, bis in die Gegenwart reichendem Kontinuitätsgrad.

Ich berühre damit einen Problemkreis von mehr grundsätzlicher Relevanz, auf

den auch die kommentierte Studie an verschiedenen Stellen und in verschiedenen Zusammenhängen eingeht: nämlich die Frage nach dem *Verhältnis von Wissenschaft und Gesellschaft*. Mir scheint, daß das ein Kernpunkt im Hinblick auf das Anliegen dieser Konferenz ist.
Das zeigt sich bereits bei der Beurteilung der Entstehungsgründe und der Genese der DDR-Regionalwissenschaften in den frühen (nicht erst mit der Sektionsbildung in den späten) 60er Jahren. Waltraud Schelkle macht dafür vordergründig oder allein das Bestreben geltend, die orientalistische Forschung und Lehre im Sinne der herrschenden Partei ideologisch zu profilieren, d.h. mit dem Marxismus-Leninismus zu durchdringen. Ohne zu bestreiten, daß dieses Moment in den wissenschaftspolitischen Intentionen zweifelsfrei eine bedeutende Rolle gespielt hat, aber auch auf viel Entgegenkommen auf dem Fachgebiet gestoßen ist, meine ich, daß diese Erklärung zu kurz greift und etwas einseitig ist. Die Beziehungen zwischen gesellschaftlichen Realprozessen und Wissenschaft, deren Reaktion auf diese Prozesse, werden hier m.E. unzulässigerweise ausgeblendet.
Wie gestaltete sich das gegenstandsbezogene gesellschaftliche Umfeld in der Entstehungsperiode der DDR-Regionalwissenschaften?
Es kann m.E. nicht unberücksichtigt bleiben, daß sich in dieser Zeit in Asien und Afrika, partiell auch in Lateinamerika, gesellschaftliche Umbrüche von welthistorischer, weltbewegender Dimension vollzogen haben: das Kolonialsystem brach sukzessive zusammen; es realisierten sich mehr oder weniger konfrontative nationale Befreiungsbewegungen; neue selbständige Staaten entstanden und mit ihnen (für diese Räume) neuartige Problemfelder: Fragen nach der Ausgestaltung der gewonnenen nationalen Eigenstaatlichkeit, nach der selbständigen Ausformung nationaler Wirtschaften, Bildungssysteme und kultureller Institutionen im weitesten Sinne, nach den weiterführenden Möglichkeiten, auch strukturelle koloniale Bindungen zu lösen und Anschluß an das Entwicklungsniveau der fortgeschritteneren Gesellschaften zu finden.

All diesen - hier nur summarisch aufgelisteten und grob umrissenen - Prozessen waren die traditionellen asien- und afrikabezüglichen Disziplinen in ihrer betont philologischen Gestalt nicht mehr gewachsen, wenngleich ihre früheren Verdienste um das Aufbrechen des dominierenden eurozentristischen Weltbilds unbestritten (ebenso wie ihre Affinität zum faschistischen Regime unvergessen) blieben; all das konnte mit dem philologischen Wissenschaftskonzept, das sich auf den Erkenntnisgewinn aus originären Quellen mit Hilfe spezifischer Sprachbeherrschung beschränkt, nicht mehr kognitiv verarbeitet werden. Es war die wissenschaftsstrukturelle und -organisatorische Entfaltung der in den klassischen Philologien bereits keimhaft angelegten Komplexität durch die gegenstandsorientierte Integration moderner sozial- und geisteswissenschaftlicher Disziplinen herangereift und wurde in der DDR mit der (durchaus nicht gewaltsamen) Schaffung der Regionalwissenschaften vollzogen, nicht ohne einen gravierenden Konstruktionswiderspruch (zwischen dem geographisch-organisierenden und dem formationell organisierenden Prinzip), auch nicht durchgängig (flächendeckend) und konsequent, aber immerhin. Und zwar eben aufgrund des von den beteiligten Wissenschaftlern reflektierten Drucks, der von der Gestaltung der gesellschaftlichen Realprozesse und der ihnen immanenten Herausforderungen ausging, und der diese Wissenschaftler (u.a. über die Aktivitäten des einschlägigen MHF-Beirats, der bereits vor der Bildung des ZENTRAAL bestand) zur Mitwirkung an der wissenschaftsstrukturellen, wissenschaftsorganisatorischen und wissenschaftskonzeptionellen Neuorientierung motivierte.

Dieses Verständnis des Verhältnisses von Wissenschaft und Gesellschaft, wie es sich hier ausdrückt, hat auch auf den folgenden Stufen der Ausformung der DDR-Regionalwissenschaften eine tragende Rolle gespielt. Es reduziert sich nicht auf ein "normatives Wissenschaftsprogramm" mit seinen wissenschaftsethischen Komponenten, obwohl es wohl auch kaum davon zu trennen ist. Aber prägend war zweifellos ein Verständnis von Wissenschaft, das diese in ständiger Kommunikation mit der wechselnden gesellschaftlichen Wirklichkeit sieht, aus der letztlich die Impulse für wissenschaftliches Handeln entstehen - nicht als formeller expliziter Auftrag, wohl aber als bewußt verinnerlichtes Anliegen, das auf die Mitwirkung an (natürlich gesellschaftlich zu erzielenden) Problemlösungen mit den spezifischen Mitteln der Wissenschaft gerichtet ist. Während ich also die Auffassung von der kognitiven Autonomie der Gesellschaftswissenschaft, die ihre Themen und Problemstellungen vorgeblich aus sich selbst gewinnt, für auf einer Fiktion beruhend halte, scheint es mir bedenkenswert, das in den DDR-Regionalwissenschaften praktizierte Wissenschaftsverständnis auf seine Verallgemeinerungswürdigkeit hin genauer zu prüfen.

Schließlich muß ich nachdrücklichere Einwände geltend machen, wenn und wie in Studie und Vortrag von Frau Dr. Schelkle aus den *quantitativen Makroproportionen der regionalwissenschaftlichen Studiengänge* weitreichende Schlußfolgerungen auf den Charakter und das Profil der DDR-Regionalwissenschaften gezogen werden.

Ganz abgesehen davon, daß die reine *Stundenanzahl* für die jeweiligen Fächer noch nicht unbedingt etwas sagt über ihre studienprägende und -lenkende Qualität und Intensität, gelange ich aus der praktischen Kenntnis der dozierten Fachinhalte (die Frau Schelkle naturgemäß verschlossen bleiben mußte) sowie mit einer wahrscheinlich extensiver gefaßten *Definition* von "Regionalstudien" doch zu *anderen Zuordnungen* und damit zu anderen Aussagen über die profilprägenden Proportionen; wenngleich ich einräumen muß, daß ich mich dabei auf die praktizierten Stu-

diengänge an der Leipziger ANW-Sektion beziehe, aber dort waren wahrscheinlich auch die typkonstituierenden Merkmale der DDR-Regionalwissenschaften am stärksten entwickelt, und die Anzahl der Studierenden war am größten.
In meiner Interpretation, die u.a. das Lehrgebiet 6 des Studienplans (Grundprobleme der nationalen Befreiungsbewegung) oder große Teile des Lehrgebiets 8 (Zeitfonds für die Spezialisierung in einer gesellschaftswissenschaftlichen Disziplin zur Verfügung der Sektion) bereits den Regionalstudien zuordnet, ergibt sich, daß selbst nach den Vorgaben des amtlichen Studienplans von 1983

- nur 14,5 % des verfügbaren Gesamtstundenfonds auf das marxistisch-leninistische Grundstudium (MLG) entfielen,
- 12,6 % auf die Ausbildung in einer gesellschaftswissenschaftlichen Disziplin,
- aber 25,3 % auf Regionalstudien,
- und 47,4 % auf die Sprachausbildung.

Auch in der seit 1983 praktizierten Studienkonzeption für die Ausbildung regionalwissenschaftlicher Ökonomen an der Leipziger Sektion verhielt es sich - trotz der dort vorgesehenen und auch umgesetzten Extensivierung z.B. der Politischen Ökonomie über das Maß des MLG hinaus - durchaus ähnlich: Auf die Regionalstudien entfielen immerhin noch gut 22 %. Selbst wenn man, was durchaus seine Berechtigung hat, die Grundausbildung in Marxismus-Leninismus mit der Ausbildung in einer gesellschaftswissenschaftlichen Disziplin i.e.S. stundenmäßig zusammenrechnet, kommt man nur auf knapp 28 Prozent. Von "mehr als dreimal soviel" wie für die Regionalstudien kann also schwerlich die Rede sein, ebenso wie 600 Stunden für marxistische Grundausbildung gegenüber 750 Stunden mehr oder weniger expliziter Regionalstudien in der Leipziger Version kaum von einer Untergewichtung der letzteren zeugen. Daß die Regionalstudien sich dabei nicht ausschließlich auf nur eine Region, Subregion oder ein einzelnes Land konzentrierten, sondern hierunter auch Dritte-Welt-bezogene Lehrinhalte subsumiert wurden, war neben dem theoretisch-methodologischen Ansatz hochgradig dem Bemühen geschuldet, eine höhere Einsatzdisponibilität der Absolventen zu erreichen. Und fehlende Auslandspraktika hatten wenig mit der Ausbildungskonzeption, aber sehr viel mit den gegebenen Rahmenbedingungen zu tun.
Jedenfalls würde ich sehr in Frage stellen, daß die regionalwissenschaftliche Ausbildung in der DDR summarisch als ein "allgemein gesellschaftswissenschaftliches Studium mit Sprachausbildung" charakterisiert werden kann, und bestreiten möchte ich, daß dabei der *entwicklungswissenschaftliche* Bezug nur oder vor allem durch die hohe Gewichtung der spezifischen Sprachausbildung hergestellt wurde.
Regionalstudien und die Vermittlung von Regionalkenntnissen, einschließlich - wie gesagt - auf die Dritte Welt in ihrer Gesamtheit bezogener Lehr- und Studieninhalte, wurden weder unterbelichtet oder gar verdrängt, noch haben die gesellschafts-

wissenschaftlichen Disziplinen *innerhalb* der Regionalwissenschaften es an einem originären und substantiellen *entwicklungswissenschaftlichen* Beitrag zum angestrebten Resultat der regionalwissenschaftlichen Studiengänge mangeln lassen.
Ihre "Abwicklung" ist daher wohl doch eher auf den weltanschaulich-politischen Dissens zu den neuen Herrschenden als auf erwiesene Leistungsunfähigkeit zurückzuführen. Sie paßten einfach nicht in die verheißenden "blühenden Landschaften" konservativer Restauration - weder innergesellschaftlich noch im Hinblick auf die globale Nord-Süd-Problematik.
In den Regionalwissenschaften der DDR war man sich in hohem Maße der Defekte in Forschung und Lehre wie auch der Konstruktionswidersprüche des Wissenschaftsbereiches bewußt und hat sich damit auf den verschiedenen Ebenen und zunehmend häufiger auseinandergesetzt, allerdings lange Zeit ohne einschneidende, wesentliche Resultate. Nur - ohne diesen sukzessive reflektierten Reformbedarf wäre es wohl kaum möglich gewesen, einen konstruktiven Lösungsversuch so rasch zu entwickeln, wie das im Frühjahr 1990 - noch *vor* der deutschen Vereinigung - mit dem Konzept des "Integrierten Studiengangs Regional- und Entwicklungsstudien" an der Leipziger Universität der Fall war.
Dieses Konzept, das in der kommentierten Studie hinreichend charakterisiert ist (das stringent entwicklungswissenschaftlich ausgerichtet, aber neben der spezifischen Sprachausbildung mit einer mutterwissenschaftlichen Nebenfachausbildung versehen war, das disziplinintegrativ von Entwicklungs-Politikwissenschaftlern, Entwicklungs-Soziologen und Entwicklungs-Ökonomen getragen werden sollte und in dem regionalbezogene Geschichts- und Kulturwissenschaften nur noch eine komplementäre Rolle hätten spielen können) war am ehemaligen Bereich Grundfragen der Leipziger ANW-Sektion entworfen und initiiert worden. Es wurde von Franz Nuscheler, dem Leiter der für den Entwicklungsländer-Bereich vom Leipziger Rektor berufenen Strukturkommission, die aber nie konstituiert worden ist, nach eigener Redaktion und geringen Modifikationen den Leipziger Universitätsbehörden und dem zuständigen sächsischen Ministerium als Antrag eingereicht. Dort hat es das Schicksal aller Nach-Wende-Initiativen erfahren, die darum bemüht waren, DDR-Erfahrungen (im dreifachen Hegelschen Sinne) "aufzuheben" und dadurch für das vereinigte Deutschland fruchtbar zu machen: Es wurde nicht einmal einer Antwort für würdig befunden bzw. die Antwort wurde implizit mit der "Abwicklung" gegeben. Es wurde folglich auch nie praktisch erprobt.
Wahrscheinlich würde es sich aber lohnen, wenn eine nächste Generation verantwortungsbewußter, Dritte-Welt-engagierter und für die ungelöste Problematik des globalen Nord-Süd-Konflikts sensibilisierter deutscher Wissenschaftler auf diese Ansätze und Initiativen zurückkommt, sie aufgreift und sie nicht dem geschichtlichen Vergessen überantwortet.

Danksagung

Die im Namen der Arbeitsgruppe Wissenschaften und Wiedervereinigung wirkenden Herausgeber haben vielen für ihre bereitwillige Unterstützung und Kooperation zu danken.

Die Autorinnen und Autoren sind die eigentlichen Schöpfer dieses Buches. Wir sind ihnen zu vielfältigem Dank verpflichtet, besonders für ihre Bereitschaft, sich mit ihren Kapiteln mehrmals der internen und externen Kritik zu stellen.

Konsultanten und Kommentatoren haben eine wichtige Rolle bei der Gestaltung des Projektes gespielt. All jenen Kolleginnen und Kollegen, ohne deren Mithilfe als Diskutanten auf Tagungen und Workshops oder Interviewpartner dieses Projekt sicher zum Scheitern verurteilt gewesen wäre, gilt unser Dank. Viele Informationen dieses Bandes beruhen allein auf der Auskunftswilligkeit einer Vielzahl beteiligter Forscherinnen und Forscher und zur Verfügung gestellten schriftlichen und mündlichen Zeugnissen.

Zum anderen gilt der Dank der Herausgeber den Mitarbeiterinnen und Mitarbeitern der Archive, hier insbesondere des Archivs der Berlin-Brandenburgischen Akademie der Wissenschaften (BBAW), die uns die zumeist noch unbearbeiteten Bestände problemlos zugänglich machten, und allen Bearbeitern mit Rat und Hilfe zur Seite standen. Auch den Mitarbeiterinnen und Mitarbeitern des Bundesarchivs in Berlin-Lichterfelde, der Stiftung Archiv der Parteien und Massenorganisationen der DDR im Bundesarchiv (SAPMO) sowie des Universitätsarchivs Leipzig sei für ihre gute Kooperation gedankt.

Dank schulden wir dem Stifterverband für die Deutsche Wissenschaft für seine großzügige Finanzierung unserer Konferenz im Herbst 1995 und der Workshopserie Ende 1996.

Siegbert Hein war als sorgfältiger Korrekturleser der Manuskripte eine große Hilfe, ebenso wie die studentischen Mitarbeiter des Teilprojekts: Bettina Heitkamp, Brigitte Salzberger und Nicolas Tchegloff. Die Daten- und Materialsammlung sowie die Druckvorbereitung lag bei Ihnen in den besten Händen.

Berlin, im Januar 1998

Wolf-Hagen Krauth Ralf Wolz

Abkürzungsverzeichnis

AALA	Asien - Afrika - Lateinamerika
ABMVk	Abhandlungen und Berichte des Staatlichen Museums für Völkerkunde Dresden
AcAnHu	Acta Antiqua Academiae Scientiarum Hungaricae
AcOrHu	Acta Orientalia Academiae Scientiarum Hungaricae
AdW	Akademie der Wissenschaften (der DDR)
AfO	Archiv für Orientforschung
AoF	Altorientalische Forschungen
A-Plan	AdW-Forschungsplan
ArOr	Archív Orientální
BArch	Bundesarchiv
BBAW	Berlin-Brandenburgische Akademie der Wissenschaften
BEI	Brandenburgisches Entwicklungspolitisches Institut e.V.
blz	(vormals Berliner LehrerInnenzeitung). Zeitschrift der GEW Berlin
BTT	Berliner Turfantexte
CAJ	Central Asiatic Journal
CSSH	Comparative Studies of Society and History
DAW	Deutsche Akademie der Wissenschaften (zu Berlin)
DFG	Deutsche Forschungsgemeinschaft
Diss.	Dissertation
DMG	Deutsche Morgenländische Gesellschaft
DOG	Deutsche Orient-Gesellschaft
DPB	Demotische Papyri aus den Staatlichen Museen zu Berlin
DZPh	Deutsche Zeitschrift für Philosophie
EAZ	Ethnographisch-Archäologische Zeitschrift
EOS	Erweiterte Oberschule
EpoG	Entwicklungspolitische Gesellschaft e.V.
FAZ	Frankfurter Allgemeine Zeitung
Fob Gewi	Forschungsbereich Gesellschaftswissenschaften (der AdW)

FSU	Friedrich-Schiller-Universität (Jena)
FU	Freie Universität (Berlin)
FuB	Forschungen und Berichte (Staatliche Museen zu Berlin)
GEW	Gewerkschaft Erziehung und Wissenschaft
Habil.	Habilschrift
HBO	Hallesche Beiträge zur Orientwissenschaft
HfÖ	Hochschule für Ökonomie, Berlin-Karlshorst
HPB	Hieratische Papyri aus den Staatlichen Museen zu Berlin
HSP	Hochschulsonderprogramm
HUB	Humboldt-Universität zu Berlin
IDP	The International Dunhuang Project
IfÖE	Institut für Ökonomik der Entwicklungsländer, HfÖ Karlshorst
IGfW	Internationale Gesellschaft für Weltwirtschaft e.V.
IIB	Institut für Internationale Beziehungen, Potsdam-Babelsberg
IPW	Institut für Internationale Politik und Wirtschaft
IWVWW	Internationale Wissenschaftliche Vereinigung Weltwirtschaft und Weltpolitik (IWVWW) e.V.
JGF	Jahrbuch für Geschichte des Feudalismus
JWG	Jahrbuch für Wirtschaftsgeschichte
KAI e.V.	Koordinierungs- und Aufbauinitiative für die Forschung in den Ländern Berlin, Brandenburg, Mecklenburg-Vorpommern, Sachsen, Sachsen-Anhalt und Thüringen e.V.
KeiBi	Keilschriftbibliographie
KMU	Karl-Marx-Universität (Leipzig)
KUB	Keilschrifturkunden aus Boghazköi
MAGA	Mitteilungen zur Alten Geschichte und Archäologie (in der DDR)
MAS	Modern Asian Studies
MDOG	Mitteilungen der Deutschen Orient-Gesellschaft
MEGA	Karl Marx - Friedrich Engels, Gesamtausgabe
MfK	Ministerium für Kultur (der DDR)
MHF	Ministerium für Hoch- und Fachschulwesen (der DDR)
MIO	Mitteilungen des Instituts für Orientforschung
MittSAG	Mitteilungen der Sudanarchäologischen Gesellschaft e.V.
MittWB	Mitteilungen aus der Arbeit am Wörterbuch der ägyptischen Sprache
MJ	Museums-Journal. Berichte aus den Museen, Schlössern und Sammlungen in Berlin und Potsdam
MLU	Martin-Luther-Universität (Halle-Wittenberg)
MPK	Multilaterale Problemkommission
MS	Manuskriptstufe
MTSG	Magisterteilstudiengang
ND	Neues Deutschland
NSW	Nichtsozialistisches Wirtschaftsgebiet
OLZ	Orientalistische Literaturzeitung

SAPMO	Stiftung Archiv der Parteien und Massenorganisationen der DDR im BArch
SAW	Sächsische Akademie der Wissenschaften (zu Leipzig)
SGKA	Schriften zur Geschichte und Kultur der Antike
SGKAO	Schriften zur Geschichte und Kultur des Alten Orients
SS	Sommersemester
SW	Sozialistisches Wirtschaftsgebiet
TMH NF	Texte und Materialien der Frau Professor Hilprecht-Sammlung Vorderasiatischer Altertümer im Eigentum der Friedrich- Schiller-Universität Jena, Neue Folge
TU	Technische Universität (Berlin)
VAM	Vorderasiatisches Museum (der Staatlichen Museen zu Berlin)
VEB	Volkseigener Betrieb
VS	Vorderasiatische Schriftdenkmäler der Staatlichen Museen zu Berlin
WB	Wissenschaftsbereich
WI	Die Welt des Islams
WIP	Wissenschaftler-Integrationsprogramm
WM	Wissenschaftliche Mitteilungen (der Historiker-Gesellschaft der DDR)
WS	Wintersemester
WZ HUB G	Wissenschaftliche Zeitschrift der Humboldt-Universität zu Berlin, Reihe Gesellschaftswissenschaften
WZ KMU G	Wissenschaftliche Zeitschrift der Karl-Marx-Universität Leipzig, Gesellschafts- und Sprachwissenschaftliche Reihe
WZ MLU G	Wissenschaftliche Zeitschrift der Martin-Luther-Universität Halle-Wittenberg, Gesellschafts- und Sprachwissenschaftliche Reihe
ZÄS	Zeitschrift für Ägyptische Sprache und Altertumskunde
ZI AGA	Zentralinstitut für Alte Geschichte und Archäologie (der AdW)
ZIG	Zentralinstitut für Geschichte (der AdW)
ZfA	Zeitschrift für Archäologie
ZfG	Zeitschrift für Geschichtswissenschaft
Z-Plan	Zentraler Forschungsplan

Die Autorinnen und Autoren

Barthel, Günter, Orientwissenschaftler, 1975-1993 ord. Professor für Ökonomie der Länder Nordafrikas und des Nahen Ostens, von 1993-1996 Professor für Wirtschaft des Modernen Orients an der Universität Leizpig.

Büttner, Thea, Afrikahistorikerin, ord. Professorin für Geschichte Afrikas an der Sektion Afrika-/Nahostwissenschaften der KMU Leipzig. Emeritierung 1990.

Hafez, Kai, Historiker und Politologe, Studium der Nahostwissenschaft an der Georgetown University Washington D.C., Wissenschaftlicher Mitarbeiter am Deutschen Orient-Institut Hamburg, seit 1997 Dozent am Institut für Politische Wissenschaft der Universität Hamburg.

Höpp, Gerhard, Arabist und Islamwissenschaftler, bis 1991 Professor am Institut für Allgemeine Geschichte der AdW, Leiter des Wissenschaftsbereiches Geschichte der Entwicklungsländer. Seit 1992 Wissenschaftlicher Mitarbeiter des Forschungsschwerpunktes Moderner Orient (seit 1996 Geisteswissenschaftliches Zentrum (GWZ) Moderner Orient) Berlin.

Kampen, Thomas, Sinologe, 1990-1995 Wissenschaftlicher Mitarbeiter am Institut für Internationale Politik und Regionalstudien der Freien Universität Berlin. Seit 1996 Wissenschaftlicher Mitarbeiter am Sinologischen Seminar der Universität Heidelberg.

Krauth, Wolf-Hagen, Soziologe, Hochschulassistent am Institut für Soziologie der Freien Universität Berlin. Seit 1994 Referent für die Betreuung der Interdisziplinären Arbeitsgruppen der BBAW.

Neumann, Hans, Altorientalist (Assyriologie), bis Ende 1991 Wissenschaftlicher Mitarbeiter des Zentralinstituts für Alte Geschichte und Archäologie der AdW, Forschungsgruppenleiter Vorderasien. Bis Ende 1996 als Wissenschaftlicher Mitarbeiter im Rahmen des WIP am Altorientalischen Seminar der FU Berlin beschäftigt, z.Zt. Lehrstuhlvertretung Assyriologie an der Universität Heidelberg.

Rothermund, Dietmar, Südasienwissenschaftler, ord. Professor am Südasien-Institut Heidelberg.

Schelkle, Waltraud, Volkswirtschaftlerin, 1989-1992: Wissenschaftliche Mitarbeiterin am Deutschen Institut für Entwicklungspolitik, Berlin - dort zuständig für die Entwicklungszusammenarbeit mit Indien. Seit Oktober 1992 Hochschulassistentin am Institut für Wirtschaftspolitik und Wirtschaftsgeschichte der FU Berlin.

Schilling, Hartmut, Politökonom und Regionalwissenschaftler. Bis 1990 ord. Professor (Prof.Dr.sc.oec.) und Leiter des Lehrstuhls Ökonomie der Entwicklungsländer/Entwicklungstheorie an der Sektion Afrika-/Nahostwissenschaften der KMU Leipzig.

van der Heyden, Ulrich, Afrikahistoriker und Politologe, bis 1991 Wissenschaftlicher Mitarbeiter am Institut für Allgemeine Geschichte der AdW. 1992-1995 Wissenschaftlicher Mitarbeiter am Forschungsschwerpunkt Moderner Orient Berlin, seit 1996 DFG-Stelle am Seminar für Afrikawissenschaften der Humboldt-Universität zu Berlin.

von Schwerin, Kerrin, Südasienwissenschaftlerin, Privatdozentin, 1988-1990 Entwicklungsdienst (DED) in Nepal. Lehraufträge Universität Heidelberg, Universität Stuttgart, Otto-Suhr-Institut, FU Berlin, Ethnologisches Institut, FU Berlin.

Wolz, Ralf, Historiker, seit 1994 Wissenschaftlicher Mitarbeiter der Arbeitsgruppe *Wissenschaften und Wiedervereinigung* an der BBAW.